证据科学技术译丛

丛书主编：李玉基　郑志祥
丛书主审：魏克强　郭　武

Handbook of Research on Network
Forensics and Analysis Techniques

网络取证与分析技术研究手册

〔印〕G. 施瑞瓦斯塔瓦（Gulshan Shrivastava）
〔印〕P. 库马（Prabhat Kumar）
〔印〕B. B. 古普塔（B. B. Gupta）　　　著
〔法〕S. 巴拉（Suman Bala）
〔印〕N. 戴伊（Nilanjan Dey）

秦冠英　张静茹　**主译**
胡向阳　**主审**

甘肃省证据科学技术研究与应用重点实验室　**组译**

科学出版社
北　京

图字:01-2022-4112号

内 容 简 介

随着网络时代的到来,网络数字技术发展迅猛,大量在线网络新型威胁层出不穷,网络犯罪形态多样,亟需创新理论研究来保护网络免受犯罪侵袭。本书是目前出版的一本用于研究网络取证与分析技术的超前性著作,研究内容涉及网络、物联网、车载移动网、网络犯罪取证、大数据、加密货币、基于手的生物识别技术以及网络恐怖主义等领域安全的前沿性理论问题。

本书可作为网络取证专业人员、计算机取证从业者、工程师、网络犯罪研究人员和法律专家学者,以及寻求取证工具开发相关研究人员的参考。

First published in the English language under the title "Handbook of Research on Network Foresics and Analysis Techniques" edited by Gulshan Shrivastava; Prabhat Kumar; B. B. Gupta. Copyright © 2018 by IGI Global, www.igi-global.com.

图书在版编目(CIP)数据

网络取证与分析技术研究手册/(印)古尔善·施瑞瓦斯塔瓦(Gulshan Shrivastava)等著;秦冠英,张静茹主译. —北京:科学出版社,2024.1
(证据科学技术译丛/李玉基,郑志祥主编)
书名原文:Handbook of Research on Network Forensics and Analysis Techniques
ISBN 978-7-03-076003-6

Ⅰ.①网… Ⅱ.①古… ②秦… ③张… Ⅲ.①计算机网络-应用-证据-调查-研究 Ⅳ.①D915.13-39

中国国家版本馆 CIP 数据核字(2023)第 130037 号

责任编辑:谭宏宇/责任校对:郑金红
责任印制:黄晓鸣/封面设计:殷 靓

科 学 出 版 社 出版
北京东黄城根北街 16 号
邮政编码:100717
http://www.sciencep.com

南京展望文化发展有限公司排版
上海锦佳印刷有限公司印刷
科学出版社发行 各地新华书店经销
*
2024 年 1 月第 一 版 开本:B5(720×1000)
2024 年 1 月第一次印刷 印张:31 3/4
字数:535 000
定价:260.00 元
(如有印装质量问题,我社负责调换)

证据科学技术译丛

编委会

丛书主编： 李玉基　郑志祥

丛书主审： 魏克强　郭　武

编　　委：（按姓氏笔画排序）

丁要军　史玉成　安德智

李玉基　郑永红　郑志祥

秦冠英　郭　武　魏克强

证据科学技术译丛之《网络取证与分析技术研究手册》为甘肃省级一流学科——证据科学 学科建设特色成果之一。

丛 书 序

证据是"以审判为中心的刑事诉讼制度改革"的核心要素。证据科学是研究证据采集、物证鉴定、证据规则、证据解释与评价的一门证据法学与自然科学的交叉学科，其理论体系与应用研究是一个具有创新性和挑战性的世界性课题。证据科学是发现犯罪、证实犯罪的重要手段，是维护司法公正和公平正义的有力武器之一。随着科学技术的迅速发展和我国法治化进程的快速推进，我国证据科学技术研究、学科发展和人才培养取得了长足发展，国内专家也已出版多部证据科学技术领域的著作，并形成了一套相对完善的证据科学理论和方法体系。然而，相对欧美等国家对证据科学研究和应用，我国对于证据科学的研究仍处于起步阶段，对国外证据科学体系了解相对欠缺，在一定程度上限制了我国证据科学技术与国际前沿的有效衔接。为顺应学科交叉融合发展和司法实践需要，甘肃省证据科学技术研究与应用重点实验室以甘肃省级一流学科"证据科学"为依托，历时三年完成"证据科学技术译丛"系列丛书的编译工作，为我国证据科学技术注入了国外血液，有力推动了我国证据科学技术的发展与实践应用。

该译丛遴选了国外证据科学技术领域最前沿或影响力较大（多次再版）的经典著作，其内容涵盖了犯罪现场勘查技术、血迹模拟技术、枪伤法庭科学技术、文件检验技术、毒品调查技术、反恐程序与技术、火灾现场证据解读技术、网络及数字取证与调查技术、指纹技术、法医植物学、法医微生物学、法医毒理学、法医病理学、爆炸物识别调查与处理技术、法医影像技术、法医人类学、毒品物证信息解读技术、犯罪现场毛发和纤维、爆炸物和化学武器鉴定技术、法医埋葬学土壤分析技术、环境物证及犯罪心理学技术等多个领域。该译丛是我国第一套证据科学技术领域的译著，是一套物证信息解读技术研究与应用及我国法庭科学/司法鉴定高层次专业人才培养和科学研究工作非常有价值的国外参考资料，对推动我国证据科学学科发展、法学与自然科学的深度交叉融合发展具有十分重要的意义。该译丛汇集了领域多位知名专家学者的集体智慧，可供广大法庭科学/司法鉴定从业人员和相关研究人员借鉴和参考。

中国工程院院士，法医毒物分析学家

2023 年 1 月 16 日

引　言

21世纪以来,网络犯罪正在加速危害网络安全,网络空间犯罪治理成为各国面临的共同性问题,任何威胁危害网络安全的行为都会造成网络处于不安全状态,网络并非法外之地,网络犯罪应当受到严厉处分,以维护网络安全秩序。

当今世界,科技正在改变人类社会发展轨迹,人工智能(AI)、机器学习、算法等科技革命的飞速演进,使得网络犯罪智能进化程度日益显明。网络犯罪范围、手段和方式也发生着急剧变化,如无线传感网、移动自组织网、社交物联网等受到的入侵、攻击、检测和预防。同时,网络犯罪与网络取证密切关联,如网络恐怖主义犯罪造成全球性的网络安全问题,使人们意识到网络犯罪取证的紧迫性和重要性,网络犯罪取证面临多重艰难选择,暗网空间犯罪取证更是如此。网络犯罪工具包的发展,在一定程度上有效遏制了网络犯罪的迭代升级,然而,网络犯罪组织(个人)不断突破网络技术,致使网络防火墙失灵,造成网络取证困难度增加。利用网络追踪在IP网络中创建数字证据、分布式环境中实现网络犯罪数字取证、僵尸网络攻击中成功取证等技术使网络犯罪取证得到提升,遏止了网络犯罪加速扩张的动力。当然,网络犯罪因其依托于"无边界"的网络生成,犯罪实施范围较广、方式多样、社会危害性严重,破坏网络生态环境的健康发展,必须对网络犯罪行为给予有效地追诉。

当前,大数据的充分研究为网络犯罪取证提供了帮助,也给犯罪组织(个人)提供了犯罪的有力工具。大数据分析和机器学习、生物识别、音频水印和加密货币中的安全和隐私问题,依然是网络取证中关注的焦点。同时,大数据安全、大数据对网络安全的影响和挑战、大数据环境下安全与隐私的挑战、大数据对网络犯罪与取证带来的挑战,阶梯式异常检测性能的各种机器学习方法衍生的安全,随机样本数量音频水印获取、比特币及基于指关节指纹强大生物识别系统的安全和隐私问题,已成为网络空间中犯罪组织(个人)实施犯罪的热点区域,行为人利用大数据分析技术、机器学习、算法、音频水印图像模拟、人体指纹生物特征伪造等方式,不断在网络空间制造犯罪,引发网络空间安全危险加重。因此,需对网络空间中大数据、机器学习、算法、音频水印、指纹等的取证认真加以研究,从而发现犯罪、追究犯罪,实现网络空间生态环境洁净健康。

  在我国,网络用户(包括互联网、自组网、物联网等)规模数量大,分布广,实现网络信息流的全面监测较为困难,网络犯罪手段和方式呈现多样化,网络金融犯罪、网络诈骗犯罪、网络秩序犯罪等利用网络作为工具实施犯罪及攻击网络本身的犯罪,呈现出波浪式、螺旋式上升趋势,犯罪组织(个人)在科技力量的助推下,不断调整犯罪线路,将虚拟空间与现实空间的犯罪紧密结合,实现犯罪目的,扰乱社会秩序,造成社会安全环境风险升高,因此,处分网络犯罪行为紧迫急切,网络取证与分析技术成为网络犯罪取证的迫切需要。

译者前言

网络作为现代社会不可或缺的信息流动共享平台，为人类社会进步与发展提供了广阔空间。但是，网络犹如一柄"双刃剑"，在推动人类社会从野蛮走向文明，从愚昧走向智慧，从原始走向现代的进程中，网络空间治理也相伴而生，网络越轨及犯罪成为威胁人类社会和平发展的全球性安全议题。

《网络取证与分析技术研究手册》由 Shrivastava、Gulshan 等学者合著，从网络、社交物联网和车载移动网络安全、拒绝服务攻击；网络犯罪与网络取证；大数据分析和机器学习、生物识别、音频水印和加密货币中的安全和隐私三大部分对网络取证问题进行了理论上的研究。著者集中围绕无线传感器网络；网络安全；移动自组织网络中的攻击与控制；基于跨层的网络入侵检测与预防；网络服务中的安全问题；社交物联网的安全缺陷；基于入侵探测系统到聚集攻击车载移动网络中的人工智能；基于网络攻击中的僵尸探测：机器学习技术的使用；硬盘攻击与僵尸：网络分析、研究策略与减缓攻击；印度网络安全与网络取证；网络攻击、网络犯罪和网络恐怖主义；网络犯罪工具包的发展；利用网络追踪在 IP 网络中创建数字证据；分布式环境中的数字取证；僵尸网络攻击中计算机成功取证分析；大数据对安全的影响；大数据分析的影响与网络安全挑战；大数据环境下安全与隐私的挑战；大数据对安全的影响；大数据安全问题与防御计划；提高阶梯式异常检测性能的各种机器学习方法比较；减少随机样本数量的音频水印；比特币：去中心化的数字加密货币；一种基于指关节指纹的强大生物识别系统等多个方面的网络取证主题，对网络取证技术层面的理论问题及实践操作加以全面阐述，使读者能"见一叶而知深秋，窥一斑而见全豹"。

当今世界，百年未有之大变局与中华民族伟大复兴的战略全局同步交织、相互激荡，构成了我们这个时代鲜明的特征、复杂的环境和现实的抉择。面对中国式现代化实践中的"中国之问、世界之问、人民之问、时代之问"，中国学者承担着构建中国社会学自主知识体系的重任，有别于西方社会学新的理论研究范式，习近平新时代中国特色社会主义思想，创造性地回答了新时代构建中国社会科学理论伟大变革的研究范式。面对日益突飞猛进的科技，人类社会形成的既有秩序面临严峻挑战，网络在加速全球资讯互联互通的同时，也催生了网络越轨犯罪行为的迭代升级，我国成为网络大国的同时，网络空间越轨犯罪也成为不可小觑的犯罪治理领域。"他山之石、可以攻玉"，本书的翻译出版，在一定程度上弥补了我国网络取证研究领域中的不足，对网络取证领域的理论研究与实践指导具有重要的现实意义。书中所涉内容基本涵盖了目前基于人工智能、大数据、算法算力、指纹检验、音频水印等的较为前沿的理论研究成果，能为我国理论研究者和实务工作者提供一定的借鉴和帮助。

　　本书译者秦冠英为甘肃政法大学教授，法学博士、博士后，长期从事刑事法学研究，致力于网络犯罪、网络恐怖主义、反恐与国家安全理论等方面的理论研究，兼任 2011 国家司法文明协同创新兰州基地特聘研究员、中南财经政法大学反恐怖主义研究中心特聘研究员、中国——上海合作组织国际司法交流合作培训基地境内研修中心项目负责人、中国反恐与地区安全协同创新研究院副秘书长、甘肃政法大学国家安全与反恐法治战略研究中心主任、中南财经政法大学反恐怖主义研究中心甘肃基地主任等。译者张静茹系中南财经政法大学 2022 级侦查学博士研究生，在法庭科学、网络侦查取证、大数据侦查等方面具有一定的理论研究积累，为本书的翻译竭尽心力。虽然本书译者在翻译过程中尽量保证能够与原文意思一致，但确因水平所限，书中所译难免有错漏，敬请读者批评指正。本书翻译得到甘肃省教育厅项目（2020A-085）、甘肃省科技厅项目（20CX9ZA075）的资助。感谢中南财经政法大学刑事司法学院院长、博士生导师胡向阳教授对本书翻译文稿的审定，本书才得以顺利完成并定稿。在此，还要特别感谢黄天源、芦雅丽、张伽铭、郭凌雪、王德智等诸位同学不辞辛劳对本书翻译工作的贡献。希望本书的出版为推进我国国家治理体系和治理能力现代化添砖加瓦，为实现中华民族的伟大复兴贡献智慧。

　　本书翻译具体分工：

　　秦冠英：第一、二、三、四、五、六、七、八、九、十章等部分。

　　张静茹：第十一、十二、十三、十四、十五、十六、十七、十八、十九、二十、二十一、二十二章。

《网络取证与分析技术研究手册》

古尔善·施瑞瓦斯塔瓦	印度国立巴特那理工学院
普拉波哈特·库马	印度国立巴特那理工学院
古普塔	印度国立库鲁克赛特拉理工学院
苏曼·巴拉	法国橙色实验室
尼兰加·戴伊	印度理工学院

信息安全、隐私和伦理进步系列丛书分册(AISPE)

献给我们的朋友和家人,感谢他们在本书写作过程中的不懈支持!

本书顾问委员会

希曼尼·班萨尔,印度捷普信息技术学院
施鲁蒂·科利,英国工作和养老金部
牧野三典,日本中央大学
阮努吉亚,越南杜伊坦大学
古拉夫沙玛,比利时布鲁塞尔自由大学
斯坦库·洛雷达纳·米哈拉,罗马尼亚蒂米什瓦拉波利特尼卡大学
蒂娜·托马齐克,斯洛文尼亚马里伯大学

编者列表

费罗兹·艾哈迈德·艾哈迈德/印度加利米亚大学 …………… 414
罗希特·阿南德/印度潘特工程学院 …………… 69,390
曼纳特乔特辛格·阿内贾/印度旁遮普大学 …………… 91
阿鲁希·阿罗拉/印度英迪拉甘地德里女子技术大学 …………… 123
戴安娜·贝贝卡鲁/意大利都灵理工学院 …………… 238
阿布舍克·巴哈德瓦吉/印度潘特工程学院 …………… 69
塔伦普里特·巴蒂亚/印度旁遮普大学 …………… 91
梅德萨利姆·布勒尔/突尼斯斯法克斯大学 …………… 414
C.切拉潘/印度 GMK 工程技术大学 …………… 281
D.伊兹尔马兰/印度韦洛尔大学 …………… 194
普里扬卡·脱欧/印度拉吉夫甘地普鲁奥多基维什瓦维迪亚拉亚大学 …………… 61
萨钦·杜贝/印度马尔维亚国立理工学院 …………… 172
萨钦·古普塔/印度维韦卡南达专业研究院 …………… 390
阿南达库马尔·哈尔多拉伊/印度阿克沙亚工程技术学院 …………… 316
海马拉塔·杰亚普拉卡什/印度蒂加拉贾尔工程学院 …………… 369
阿莎·约瑟夫/印度韦洛尔大学 …………… 260
拉姆戈帕尔·卡希亚普/印度萨加尔科学技术研究院 …………… 299
曼珠·哈里/印度安贝德卡尔高等通信技术研究院 …………… 3,151
普拉桑特·库马尔/印度诺伊达高等工程技术学院 …………… 414
拉文德尔·库马尔/印度 HMR 技术管理学院 …………… 436
里马·库马瑞/印度加利莫拉斯大学 …………… 42
卡维桑卡尔·利拉桑卡尔/印度印度斯坦科学技术学院 …………… 281
M.K.卡维塔戴维/印度蒂加拉贾尔工程学院 …………… 369

M.马尼坎达库马尔/印度蒂加拉贾尔工程学院 …………………………………… 332
P.西瓦桑卡/印度国家技术教师培训研究院 …………………………………… 281
比布登杜·帕蒂/印度C.V.拉曼工程学院 ……………………………………… 22
比诺德库马尔·巴塔纳亚克/印度西克沙奥阿诺南德汉大学 ………………… 22
彭升龙/中国台湾东华大学 ……………………………………………………… 390
阿尔伯特·D.皮尔森/加纳海角海岸大学 ……………………………………… 299
普拉齐/印度北帽大学 …………………………………………………………… 106
R.阿尔西/印度韦洛尔大学 ……………………………………………………… 194
卡萨拉普·拉马尼/印度斯里维迪安尼凯斯坦工程学院 ……………………… 343
E.拉马努卡姆/印度蒂加拉贾尔工程学院 ……………………………………… 332
阿鲁穆鲁根·拉穆/印度班纳里安曼理工学院 ………………………………… 316
玛玛塔·拉特/印度C.V.拉曼工程学院 ………………………………………… 22
S.葛莎/印度韦洛尔大学 ………………………………………………………… 369
古拉夫·沙玛/比利时布鲁塞尔自由大学 ……………………………………… 91
卡维塔·夏尔玛/印度库鲁克谢特拉国立技术学院 ……………………… 42,123,151
古尔善·施瑞瓦斯塔瓦/印度巴特那国立理工学院 ……………… 91,151,390,414
尼迪·锡德瓦尼/印度工程技术友好学院 ……………………………………… 390
K.约翰·辛格/印度韦洛尔大学 ………………………………………………… 260
阿卡什·辛哈/印度巴特那国立理工学院 ……………………………………… 69
索纳姆/印度安贝德卡尔高等通信技术研究院 ………………………………… 3
阿斯温·斯里拉吉/印度潘特工程学院 ………………………………………… 69
索拉布兰扬·斯里瓦斯塔瓦/印度马尔维亚国立理工学院 …………………… 172
胡姆·斯温/印度西克沙奥阿诺南德汉大学 …………………………………… 22
苏米特库马尔·亚达夫/印度英迪拉甘地德里女子技术大学 ………………… 123
赛埃达·埃尔法纳·佐霍拉/沙特阿拉伯泰夫大学 …………………………… 151

序 言

介绍

在当今的数字世界,网络应用程序的发展几乎波及了所有领域。几乎所有这些应用程序都在互联网上运行,所以存在黑客攻击的最大可能性。因此,在运行任何应用程序时,网络安全都很重要。许多新技术正在发展,以减缓互联网上网络应用程序的威胁。网络安全与分析最主要的领域包括:网络犯罪、大数据安全和使用加密货币。

网络安全与取证计算机两者进行合并,形成的一个术语称为"网络取证",它是一种数字取证,旨在对信息收集系统的网络流量进行分析,从而影响与法律证据相关联的各种安全防范和入侵者的检测。

网络查询利用网络取证系统随时间快速变化的动态信息特征来完成。因此,这是一项重要的任务。攻击者试图从网络通信中窃取重要信息。网络取证分析将这些危险的操作与法律制定相结合,从而引起法律的实施。

网络取证已经由一种相对不确定的谍报技术成为许多调查的重要组成部分。定期使用这些工具的有:地方、州和联邦法律执行部门的审查人员和分析人员、在军队和其他政府组织内部,以及在私人"电子发现"行业。在过去的十年里,取证研究、工具和过程的变革取得了非常大的成功,许多领先领域依靠这些工具频繁得到有效结论而不用再进行辨别。此外,似乎有一种广泛的信仰,通过大众媒介的描述得到加强,那些先进的工具和有成就的从业者,可以从政府、私人机构,甚至有成就的个人可能遇到的任何设备中提取可操作的信息。计算机取证分析领域和其他安全领域一样变化迅速。所以,它成了讨论的热点。因此,这些任务和工具将是本书讨论的焦点。

实现网络取证的主要任务是网络安全、社交物联网和移动车联网安全、拒绝服务攻击、网络犯罪、网络取证、大数据分析和机器学习、生物识别、音频水印和加密货币。这些任务有助于保护在不同领域使用不同类型数据的安全。此外，它还适用于不同类型的网络（如 MANET、VANET）和技术（如 SNoT、IoT）。

本书的目的

本书探讨了网络安全与分析的主要方法，包括网络犯罪、大数据安全和加密货币。网络安全与取证计算机理论相结合时，便形成了一个术语称为"网络取证"，网络取证仅仅只是数字取证的一种，旨在分析与法律证据关联的信息收集系统的网络流量，从而对和这些与证据有关的各种安全漏洞和入侵检测进行分析。可以利用该系统动态信息随时间快速变化的特征进行网络调查，因此，这是一个至关重要的任务。入侵者试图从发生在网络通信中窃取重要信息，网络取证分析对这些易受攻击的操作与法律相结合，从而引起法律的实施。例如：分析聊天记录。少数一些工具可被用来进行网络取证，如线鲨。网络取证的另一种分类是处理无线通信及其传输的无线取证。在这类取证中，IP 网络语音传输技术起着关键性的作用。

本书的结构

本书分三部分共 22 章，第一部分共有 8 章，主要讨论了网络安全、社交物联网安全、车载移动网络安全和拒绝服务攻击；第二部分共有 6 章，主要关注的是网络犯罪和网络取证；第三部分介绍了大数据的安全与隐私问题、大数据安全下的机器学习、生物识别、音频水印和加密货币。下面是对每个章节的简要概述：

第一部分：网络、社交物联网和车载移动 网络安全，拒绝服务攻击

第一章：本章描述了全球通信正在从有线交流向无线交流转变，无线传感器网络（WSN）需求正在增加，无线传感器网因其被广泛应用而变得非常普遍，无线传感器网是一种被密集分布在小尺寸传感器节点上的网络，用来监控网络运行的环境。在无线传感网络中，传感器节点感知数据，并将数据发送到基站。这些传感器节点包括感应、计算、传输和功率等四个基本元素。传感器节点更多地受限于传感器的计算力和存储量。在无线传感器网络中，能量感知也是路由

协议设计中一个必要性问题,本章的焦点在于对无线传感器网络提出一种观点。此外,本章还描述了无线传感网的组成、挑战及分类,比较了 LEACH、SEP 和 TEEN 协议的结果。

第二章:本章描述了在移动自组织网络中,网络取证研究方法的运用,概述了各种各样的网络攻击与控制。讨论了随着网络用户的快速增长,更多个人可以接触到全球范围内的信息并进行沟通和创新,网络在全球范围内对存储的敏感问题授权机器进行协调、讨论、处理和逐步查明,只是网络利用的一个方面。在移动自组织网络(MANETs)中,这些集线器可根据网络拓扑排列方式的不同进行自主配置,由于移动自组织网络会面临一些显著的困难,使得网络多个中心点之间的基本连接变得更为紧密。例如,在中心点中,同时确保移动自组织网络运行的优化和执行安全控制时,就不能保证网络安全运行。在移动自组织网络中,当出现恶意集线器时,应对的原则之一是设计密集型安全运行架构,使得 MANET 免受来自不同方向的攻击。在这个阶段,任何攻击都可能激起全部通信运行,从而减弱整个架构的应对能力。如此,安全成为 MANET 的一个重要组成部分。这部分内容阐述了存在于 MANET 的真实攻击和控制手段,目的是给专家们在系统安全领域进行更多的研究开辟道路。在这部分完成时,基础性安全元素和确定性问题随着物联网从移动系统中崛起已初具特征。本文针对无线网络具有的弱点进行了详细的研究,讨论了计算机安全的目标,MANET 协议中的各种安全问题,MANET 中的攻击类型如黑洞攻击、缓存中毒攻击、路由列表中毒攻击等。详细讨论了与网络拥堵控制相关联的安全问题,并特别强调了在这一领域的价值贡献。详述了在移动自组织网络中如何控制应对安全攻击,还详述了入侵检测系统,最后,特别强调了物联网。本文目的是鼓励新的研究人员在计算机安全这一辉煌领域获得新发现。

第三章:本章论述了随着技术的日益精进,网络安全按照人们的需求也在不断被改变和完善,然而,网络攻击者总是试图通过无线网络新技术来破坏这种安全。在此,作者基于网络跨层技术提出建立网络入侵检测系统(IDS),IDS 使用不同防御技术对不同网络层级上新的未知入侵进行探测,跨层侦测能够检测到同一层级的入侵。同时,在本章中,作者也论述了"蜜罐"和它们攻击的不同类型,并且还论述了在移动自组织网络(MANET)中结构化和非结构化网络的分类以及各种攻击类型。

第四章:本章论述了在当今的数字世界中,安全是一个重要的方面。技术领域日益突飞猛进,尤其是网络应用程序的发展。网络中几乎所有的应用程序都可能遭到攻击和威胁,因此,任何网络应用程序的开发,安全总是首要的。对网络应用程序而言,大量技术的发展是为了减缓和防御这种威胁。本章概述了网络应用程序安全的重要领域,并基于当前的研究策略,对未来研究进展勾勒出一个主要图景。作者解释了努力发展安全网络应用程序工作尚不成功的主要问题和障碍,在这点上,区分了三种基本的安全特性,一个网络应用程序应该具备:验证性、完整性、准确性,并描述与破坏这些特性中相对应的漏洞,以及包含这些漏洞攻击载体所具有的破坏特性。

第五章:本章回顾了社交物联网络中与安全相关的各种威胁。在社交物联网中,各种设备与"社交物"积极互动,存在于物联网中的易感状态普遍存在于社交物联网中,除了一些新的、需要被强调的易感状态之外,本章也强调了一些新的补救措施用于增加社交物联网的安全,提出了一些可靠的模型和一种全面安全解决方案的建议,在不久的将来,这些建议将会变成现实。

第六章:本章论述了车辆自组网(VANETs)属无线自组网,它没有固定的集中式结构统一指挥,由于存在这种缺陷,常常会面临各种安全威胁。安全是无线网络中最重要的组成部分之一,因此,对这些缺陷要给予足够充分的重视。这些安全威胁中最常见的是RREQ洪泛攻击。本章论述了使用人工神经网络作为分类器来检测攻击和根据遗传算法使用优化技术来减少特征子集的选择。首先,洪泛攻击使用了NS-2进行,通过对整个网络流量和数据包传输率来研究攻击的严重性和影响。本章阐述了在误用和异常两种不同检测条件下,对洪泛攻击的检测,并得出测定多个恶意节点的准确率为99%。同样,在特性减少方面,文章认为能够将特性减少到18个。此外,与现有方法相比,假正向率降低到显著的水平。

第七章:本章提出了一种现实世界的僵尸网络检测模型,该模型具有较高的准确性,它能借助网络流量特征,在较短的时间内减少误报数量。在本章中,作者使用现存的数据集,创建了自己现实世界的僵尸网络和正常流量,目的是训练和测试这种僵尸网络监测模型。为了从网络流量中提取僵尸网络监测的重要特征,软件流和读取数据分别被作为流量收集器和输出器来使用。在本章中,作者阐述了使用各种机器学习算法来分析结果,如随机树、研究决策树和支持向量机。作者还应用了特征减少和提取技术,通过消除不相关的特征集,从整个特征集中提取重要的特征子集,以便在最短的时间内获得更为准确的结果。作者从结果中分析得出结论认为：随机树在检出率、准确率和假正向率三种算法中表现最优。

第八章：本章总结并介绍了在过去的几十年，就像Mirai僵尸网络攻击一样，美国和欧洲存在着大量危险性的DDOS攻击中断网络服务。这些攻击从金融利益到政治动荡。时至今日，一些DDOS攻击的解决建议在报告攻击之后才被提出，但损害已经造成了。如果这些防御措施开启太迟，防火墙状态表就可能被淹没，导致防火墙重启或处于锁定状态，从攻击者的角度看，这反而加剧了DDOS的攻击，该服务不再向合法用户提供。为了更好地了解这些攻击，威胁探测技术和一些有效的预警措施发挥着重要的作用，阻止严重损害和确保网络安全。因此，在本章中，作者分析了DDOS攻击的各个方面和僵尸网络，包括它们的攻击类型与特征。还提出了一种减轻DDOS攻击网络的方法。在技术上，通过观察网络，在网络路由器中设置正确的配置和过滤规则，大量恶意DDOS信息流被有效过滤，高效消除了不良信息流。此外，确定网络数据包的优先级，在数据包到达后并不会拒绝向客户发送。本章以近来发生的WannaCry勒索病毒软件攻击案为例进行总结，提出了未来进一步研究的方向。

第二部分：网络犯罪和网络取证

第九章：本章回顾了近年来网络取证的文献并解释了计算机的作用，印度的网络取证。本章还讨论了印度网络法律的漏洞，比较了印度、美国和欧洲法庭系统。

第十章：本章通过定义网络攻击是对网络空间资源和服务的一种攻击作为开篇，并和传统恐怖主义进行了比较。本章主要论述了网络攻击的各种机制并将其分为三大主要类型：物理、电子和网络攻击。

作者进一步详述了网络攻击、网络犯罪和网络恐怖主义的定义、类型和详细资料，并对这些术语进行了比较和对比。此后，讨论了网络恐怖袭击网络资源和服务的各种实例，其中包括电子邮件、社交媒体、卫生和紧急服务、军事通信、政府和企业服务器以及物联网(IoT)。在第二节中，讨论了作为网络恐怖主义的主要参与者国家和组织的作用与影响。在此，作者还介绍了网络恐怖袭击的主要工具。在第三节中，作者提到恐怖组织向网络恐怖主义发展的倾向性因素。之后阐述了阻止恐怖分子袭击的技术，并进一步详述阻止恐怖袭击有效和有用的方法。在此,作者讨论了打击恐怖袭击的主要预防措施和实践做法。

第十一章:本章提出了网络取证,由于人们应用法律方面的诸多原因,网络取证变得日益广泛和重要。没有任何一台计算机和网络能够代表最先进的而被用来实施犯罪的技术,在可预测的未来,这种状况仍将持续。为了克服这些问题,本章作者将犯罪进行了分类,并且按照犯罪类型的不同,详述了不同类型犯罪工具及其作用。因此,作者首先做的是理解网络犯罪的重要性,进而对网络犯罪工具加以改善以避免未来这些问题的出现。除此之外,在网络犯罪一些方面需要进一步加以研究,在本章中,作者对网络工具包的发展研究主要有三个方面的贡献。第一,网络工具包能够实现不同类型的计算机犯罪,对一种犯罪行为而言,电脑是最主要的原因。当个人成为网络犯罪的主要目标时,电脑被作为一种工具而不是一个目标。第二,网络工具包能够实现不同类型的网络犯罪,网络犯罪的任何方式都不是完美的,除非能够对网络漏洞和网络安全系统给出一个全面的建议。第三,作者论述了网络犯罪中使用的最重要的工具,取证专家审查计算机犯罪需要一套专用的工具和非常专业的技术支持。然而,依靠计算机设备的类型和数字证据的分类,侦查人员可以选择使用一种工具或多种工具。本章所讨论的研究领域,相对新的相关文献仍然较少。

第十二章:本章主要聚焦于对带有时间戳的数据包进行数字签名来创造证据,通过使用一种技术(被命名为树链技术)对 Merkle 树使用的 IP 数据包流进行数字签名。同时,作者使用了一种优化算法(即双对数算法)移动 Merkle 树,目的是平衡时间和空间成本,以便利用网络跟踪生成数字证据。在不同平台上对网络跟踪进行实验表明,网络跟踪在一段相对合理的时间内,大概 10 秒内,能够传递数字证据给外部应用。

第十三章:本章作者强调查阅了当前计算机取证领域内的文献,阐述了该领域内的主要挑战,介绍了目前学者们研究的一种架构。这种架构组成了计算机"全视之眼"操作系统的一部分,能够及时地进行主动监控和识别网络犯罪模型,而使用作为常规应用程序的工具不可能实现这样的监控。提出的这种架构使得核心模态组的使用能够监控系统中所有进程中几乎所有的活动,用户模式应用程序组件将分析这些进程的活动并映射到已知的威胁模型中。这种架构在独立主机和虚拟分布式系统上得以实施,包括计算集群和云系统。并且作者还讨论了与现实生活相关的案例研究。

第十四章：本章阐述了"僵尸"网络取证分析中最具挑战性的任务之一就是"僵尸"网络隐藏者的身份，追溯这些命令和控制非常困难。这种攻击来源于受损的"僵尸"，因而，这些受损"僵尸"就是那些无犯罪行为而成为受害者的无辜民众，取证的终极目的是希望发现攻击主机大脑的"僵尸"主控机的真正源头。一种正确的计算机取证调查要求提供具体的证据。本章讨论现存的研究涉及僵尸网络攻击和发现攻击真正来源的取证方法，不仅要找到发生网络"僵尸"攻击的证据，而且要找到网络"僵尸"攻击发生时尤其是使用受损僵尸攻击的证据，还要收集能够证实受损僵尸并不是"僵尸"网络攻击源的证据，还要辨认和收集在"僵尸"主控机控制下命令和指挥网络攻击的证据。识别"僵尸"主控机攻击的真正来源和发现证据的取证分析从未停止，在特殊标记日程的帮助下，就能识别出主脑的"僵尸"主控机，用具体的证据来确认攻击的真正来源，从而很容易减轻"僵尸"网络的影响。

第三部分　大数据分析与机器学习、生物识别、音频水印和加密货币中的安全与隐私

第十五章：本章特别讨论了大数据的四个关键性组成因素：大数据准确吗？大数据安全吗？大数据可持续访问吗？大数据规模大吗？命令和海量价值数据的生成是一个广泛昂贵的过程，需要大量的假设和巨量资本，从而产出具有深度领先信息流的集群。今天，财富500强集团中大约有75%的组织基于云端设立，互联网中心报道显示新插写式应用程序中大约有80%被转移至云端存储。针对这些数据，作者想要强调的是上述4个因素在特殊设定中，可以根据需要利用云端技术达到创新阶段。因此，创新应当是具有能够追踪上亿条口令和页面的能力，而且有权调查大量的特殊信息和社交数据，巨大的数据需要创新资本和风险投资，从这些风险投资中增加投资回报率，确保大数据资源给予的所有信息都是真实可靠的，无论如何都要保护大数据，以便获得足够可靠的信息。当大数据变得非常庞杂时，进行设定并经过仔细分析以便获得更为优质的信息，流年笑掷，未来可期。

第十六章：本章回顾了大数据和网络安全对大多数商业而言，充满着机遇和风险。网络安全领域和大数据非常类似，都是使用一种被定义的术语来描述大量被挖掘和分析的数据集，用来检测数据模式及行为发展趋势。总体上被描

述为种类、速率和体积的集合。思考有关网络安全的观点，认为大数据在分析论方面开辟了新的可能性，并且安全解决方案能够保护大数据免受未来的网络攻击。对网络安全而言，大数据提供了新的可能性，也为使用这种高科技获取大量敏感性个人信息的网络犯罪提供了可乘之机。本章重点从知识技术层面论述了大数据分析及网络安全解决方法所面临的挑战。

第十七章：本章阐述了处理大量商业数据的一种大数据分析方法。大部分企业使用大数据机制是为了储存、处理和分析数据字节，帮助企业做出决定来保留和改善与客户间的关系，随着大数据领域的扩大，在大数据存储方面，对用户保密和隐私信息的存储应当作出必要的努力。在大数据发挥作用的领域，安全基础设施必须被建造和强制部署。为了提高大数据的安全和隐私，必须持续不断地提升数据安全基础设施，制定安全政策和法律，确保大数据的存储安全，杀毒软件开发人员需要慷慨地交换有关大数据安全威胁的信息，行业负责人应当经常一起研讨，提出共同应对新恶意软件攻击的办法，大数据分析的基础设施也能够使用入侵检测服务，分析系统和环境行为以便锁定可能的恶意攻击活动。对于任何类型的大数据系统，当考虑到安全和隐私时，都应当建立基于信任的环境。此外，需要进行密钥管理，认证方法和访问控制是该领域需要进一步研究的理论。

第十八章：本章详述了各种安全和隐私问题以及影响大数据存储、处理和交换的因素，诸如数据存储和计算，现有身份认证的不可扩展性、访问控制和加密方案，可扩展实时监控系统的缺乏及缺少可扩展的安全分析等多个基础设施层的使用。本章从大数据应用前景出发，提出了各种隐私保护技术：如数据管理、数据分类可以避免网络钓鱼和破坏性攻击，数据发现可以阻止数据提前过滤，数据计量和基于身份的访问控制及访问管理，应用程序级别加密，透明加密、数据编辑或数据隐私保护的数据欺骗，数据传输保护阿帕奇诺克斯网关，阻止嗅探攻击的轻量级目录访问协议，Apache Falcon 数据集，Cloudera 导航，核查协调器，SELinux 强制访问控制策略。因此，大数据组织需要采用三个关键的安全控制：预防、检测和管理，确保大数据安全周期。此外，在本章中，作者提出了各种加密技术用来保护敏感隐私数据，如可搜索加密方案、顺序保存加密方案和同态加密方案。在未来，提供高度安全的大数据环境，实现应用程序安全，而不是设备安全，隔离具有敏感数据的设备和服务器，采用反应性和前瞻性的保护机制，定期审计、分析日志和跨组织更新攻击信息，这些都将有助于更好地实现数据的组织。

第十九章：本章探索了在紧急需求状况下，隐蔽性分析器运行的高维特征，以便发现在这种高维特征下最好的机器学习工具。根据作者的观点，支持向量机是最好的机器学习工具，但在学习大量训练样本和大维集合特征时，它的速度会减慢。因此，在本章中，作者给出了最好的机器学习工具通过不同的晶体管分析仪学习不同特征向量的使用，以便检测伪装影像。此外，期待深度学习成为一种新工具，能够自动提炼学习特征并更有效地检测到伪装影像。在未来，深度学习将在图像视觉、模式识别、隐藏分析、推荐系统等所有研究领域中占据标准地位。

第二十章：本章以哲学为导向，讨论了音频水印技术，提出了可忽略的比特错误率和体现水印的高峰值信噪比（PSNR），以及恢复不同类型的.wav压缩文件，此外，讨论了信号质量并未显著下降的原因。与现有技术相比，音频水印技术更可靠、更强大。

第二十一章：本章讨论了比特币加密货币中现存的挑战，其中，每笔安全交易都使用了加密算法，而不需要第三方来完成交易。最初，作者关注了很多与比特币有关的问题，比如，比特币和其他可用货币之间的区别，谁创造了比特币？谁印制了比特币？等等。之后，作者讨论了比特币的各种特征和演示了比特币如何进行交易，为了更好地理解这一交易过程，作者举了一些案例，每个案例都配有容易理解的图文。最后，作者将安全问题和网络犯罪与处罚一起进行了讨论。

第二十二章：本章提出了一种指关节指纹生物识别系统（FKP），一种生物新特征。这种指关节指纹生物识别系统基于的生物特征超越了其他生物识别特征，因为它的属性清晰可辨、尺寸小巧、模型稳定，容易获取和使用等。近来，基于特征提取功能的信息理论在图形特征提取上广受欢迎，本章最重要的贡献是基于这种生物特征提出四个信息理论，可用于基于生物识别的人员身份认证系统。香港理工大学使用他们设计和制造的设备对包含了 7 960 张图像的 $\sum_{1}^{k} h(k) \times g(k) \times e^{-[g(k)/n^n]}$ FKP 数据集进行了实验，这种特征的匹配精准度达到了 92%，证明了基于这种指纹识别系统的认证系统具有占有市场的能力。实验结果也表明基于特征功能的信息理论能将图像丰富的内容转换为特征提取，具有较高的精度和效率。显而易见，高斯特征与其他的特征相比，是最具偏见的能力和改善性能。作者指出,未来的发展方向,是利用更多的信息理论特征来提高基于指关节指纹生物识别的人员身份认证系统的匹配精度。

古尔善·施瑞瓦斯塔瓦　　　印度国立巴特那理工学院
普拉波哈特·库马　　　　　印度国立巴特那理工学院
B. B.古普塔　　　　　　　　印度国立库鲁克赛特拉理工学院
苏曼·巴拉　　　　　　　　法国橙色实验室
尼兰加·戴伊　　　　　　　印度理工学院

致　谢

业余者入侵系统，专业者侵犯人——布鲁斯·施奈尔

　　编者要感谢本书所有编纂人的帮助，更具体地说，感谢参与评审过程的作者和审稿人的帮助。如果没有他们的支持，这本书就不会面世。

　　首先，编者要感谢每位作者的贡献。我们真诚地感谢每一章节的作者，他们贡献了自己的时间和专业知识。我们相信，作者团队将知识和技能完美结合写成了本书。我们感谢每一位作者为本书所付出的时间、耐心、毅力和努力。

　　其次，特别感谢出版社团队，他们展示出的编辑、校对和持之以恒令人钦佩。

　　最后，编者衷心感谢审稿人在提高本书质量、一致性和内容呈现方面所作出的宝贵贡献。大多数作者也是审阅人，我们非常感谢他们所担负的双重任务。

　　编者通过本书的出版，想对所有支持、分享、讨论、阅读、撰写、提供意见、允许引用评论，以及帮助编辑、校对和设计的人表示感谢。

目 录

序言 ………………………………………………………………… xiii
致谢 ………………………………………………………………… xxiii

第一部分　网络、社交物联网和车载移动网络安全，拒绝服务攻击

第一章　无线传感器网络：一种技术的调查 ………………………… 3
　　　索纳姆　印度安贝德卡尔高等通信技术研究院
　　　曼珠·哈里　印度安贝德卡尔高等通信技术研究院

第二章　网络安全：移动自组织网络中的攻击与控制 ……………… 22
　　　玛玛塔·拉特　印度C.V.拉曼工程学院
　　　胡姆·斯温　印度西克沙奥阿诺南德汉大学
　　　比布登杜·帕蒂　印度C.V.拉曼工程学院
　　　比诺德库马尔·巴塔纳亚克　印度西克沙奥阿诺南德汉大学

第三章　基于跨层的网络入侵检测与预防 …………………………… 42
　　　里马·库马瑞　印度加利莫拉斯大学
　　　卡维塔·夏尔马　印度库鲁克谢特拉国立技术学院

第四章　网络服务中的安全问题 ……………………………………… 61
　　　普里扬卡·脱欧　印度拉吉夫甘地普鲁奥多基维什瓦维迪亚拉亚大学

第五章　社交物联网的安全缺陷 ……………………………………… 69
　　　阿斯温·斯里拉吉　印度潘特工程学院
　　　阿卡什·辛哈　印度巴特那国立理工学院

xxv

　　　　阿布舍克·巴哈德瓦吉　印度潘特工程学院
　　　　罗希特·阿南德　印度潘特工程学院

第六章　基于入侵探测系统到聚集攻击车载移动网络中的人工智能 ……… 91
　　　　古尔善·施瑞瓦斯塔瓦　印度巴特那国立理工学院
　　　　古拉夫·沙玛　比利时布鲁塞尔自由大学
　　　　曼纳特乔特辛格·阿内贾　印度旁遮普大学
　　　　塔伦普里特·巴蒂亚　印度旁遮普大学

第七章　基于网络攻击中的僵尸探测：机器学习技术的使用 ………… 106
　　　　普拉齐　印度北帽大学

第八章　拒绝服务攻击与僵尸：网络分析、研究策略与减缓攻击 …… 123
　　　　苏米特库马尔·亚达夫　印度英迪拉甘地德里女子技术大学
　　　　卡维塔·夏尔玛　印度库鲁克谢特拉国立技术学院
　　　　阿鲁希·阿罗拉　印度英迪拉甘地德里女子技术大学

第二部分　网络犯罪与网络取证

第九章　印度网络安全与网络取证 ………………………………… 151
　　　　卡维塔·夏尔玛　印度库鲁克谢特拉国立技术学院
　　　　古尔善·施瑞瓦斯塔瓦　印度巴特那国立理工学院
　　　　曼珠·哈里　印度安贝德卡尔高等通信技术研究院
　　　　赛埃达·埃尔法纳·佐霍拉　沙特阿拉伯泰夫大学

第十章　网络攻击、网络犯罪和网络恐怖主义 …………………… 172
　　　　索拉布兰扬·斯里瓦斯塔瓦　印度马尔维亚国立理工学院
　　　　萨钦·杜贝　印度马尔维亚国立理工学院

第十一章　网络犯罪工具包的发展 ………………………………… 194
　　　　R.阿尔西　印度韦洛尔大学
　　　　D.伊兹尔马兰　印度韦洛尔大学

第十二章　利用网络追踪在 IP 网络中创建数字证据 ……………… 238
　　　　戴安娜·贝贝卡鲁　意大利都灵理工学院

第十三章　分布式环境中的数字取证 ························· 260
　　　阿莎·约瑟夫　印度韦洛尔大学
　　　K.约翰·辛格　印度韦洛尔大学

第十四章　僵尸网络攻击中计算机成功取证分析 ················· 281
　　　卡维桑卡尔·利拉桑卡尔　印度印度斯坦科学技术学院
　　　C.切拉潘　印度GMK工程技术大学
　　　P.西瓦桑卡　印度国家技术教师培训研究院

第三部分　大数据分析与机器学习、生物识别、音频水印和加密货币中的安全与隐私

第十五章　大数据对安全的影响 ···························· 299
　　　拉姆戈帕尔·卡希亚普　印度萨加尔科学技术研究院
　　　阿尔伯特·D.皮尔森　加纳海角海岸大学

第十六章　大数据分析的影响与网络安全挑战 ················· 316
　　　阿鲁穆鲁根·拉穆　印度班纳里安曼理工学院
　　　阿南达库马尔·哈尔多拉伊　印度阿克沙亚工程技术学院

第十七章　大数据环境下安全与隐私的挑战 ··················· 332
　　　M.马尼坎达库马尔　印度蒂加拉贾尔工程学院
　　　E.拉马努卡姆　印度蒂加拉贾尔工程学院

第十八章　大数据对安全的影响：大数据安全问题与防御计划 ······ 343
　　　卡萨拉普·拉马尼　印度斯里维迪安尼凯斯坦工程学院

第十九章　提高阶梯式异常检测性能的各种机器学习方法比较 ····· 369
　　　海马拉塔·杰亚普拉卡什　印度蒂加拉贾尔工程学院
　　　M.K.卡维塔戴维　印度蒂加拉贾尔工程学院
　　　S.葛莎　印度韦洛尔大学

第二十章　减少随机样本数量的音频水印 ···················· 390
　　　罗希特·阿南德　印度潘特工程学院
　　　古尔善·施瑞瓦斯塔瓦　印度巴特那国立理工学院

　　　　　　　萨钦·古普塔　印度维韦卡南达专业研究院
　　　　　　　彭升龙　中国台湾东华大学
　　　　　　　尼迪·锡德瓦尼　印度工程技术友好学院

第二十一章　比特币：去中心化的数字加密货币 …………………… 414
　　　　　　　费罗兹·艾哈迈德·艾哈迈德　印度加利米亚大学
　　　　　　　普拉桑特·库马尔　印度诺伊达高等工程技术学院
　　　　　　　古尔善·施瑞瓦斯塔瓦　印度巴特那国立理工学院
　　　　　　　梅德萨利姆·布勒尔　突尼斯斯法克斯大学

第二十二章　一种基于指关节指纹的强大生物识别系统 …………… 436
　　　　　　　拉文德尔·库马尔　印度HMR技术管理学院

细 目

序言 ………………………………………………………………… xiii
致谢 ………………………………………………………………… xxiii

第一部分　网络、社交物联网和车载移动网络安全，拒绝服务攻击

第一章　无线传感器网络：一种技术的调查 ………………………… 3
　　索纳姆　印度安贝德卡尔高等通信技术研究院
　　曼珠·哈里　印度安贝德卡尔高等通信技术研究院

本章阐述了随着全世界对无线传感器网络（WSN）的需求正在增加，全球通信如何从有线通信发展到无线通信。无线传感器网因其被广泛应用而变得非常普遍，无线传感网是一种被密集分布在小尺寸传感器节点上的网络，用来监控选择运行的环境。在无线传感器网络中，每个传感器节点都会检测数据并将其发送到基站，这些传感器节点有四项基本任务——传感、计算、传输和功率，由于尺寸小，这些传感器节点在计算能力和存储资源方面受限较大，能量意识也是无线传感网络中路由协议设计的一个基本问题，本章的焦点在于对无线传感器网络提出一种总的看法。此外，本章还描述了无线传感器网的组成、分类及挑战，比较了 LEACH、SEP 和 TEEN 协议的结果。

第二章　网络安全：移动自组织网络中的攻击与控制 ………………… 22
　　玛玛塔·拉特　印度 C.V.拉曼工程学院
　　胡姆·斯温　印度西克沙奥阿诺南德汉大学
　　比布登杜·帕蒂　印度 C.V.拉曼工程学院
　　比诺德库马尔·巴塔纳亚克　印度西克沙奥阿诺南德汉大学

本章阐述了随着互联网用户的快速增长,更多的人如何访问全球信息和通信技术。因此,互联网作为使智能物品和机器能够协调、交流、计算、运算的一个全球平台,使用问题逐渐出现,在移动自组织网络(MANETs)中,单个网络节点可以根据网络拓扑结构的变化进行自主配置。便携式集线器之间的紧密连接更为关键,因为它们面临着严峻挑战,比如在保护其配置的同时,保证其安全地运行以及在集线器之间执行安全的转向操作。由于不良节点的存在,在移动自组织网络(MANETs)中,原则性的挑战之一是网络运行规则的设计过于强调安全设定,保护移动自组织网络遭受其他路由的攻击。本章强调了在移动自组织网络(MANETs)中主要的攻击和控制机制,旨在为研究人员在网络安全领域的研究开辟更多探索方向。在本章结尾,强调了移动网络物联网的基本安全机制和问题。

第三章　基于跨层的网络入侵检测与预防 ……………………………… 42

里马·库马瑞　印度加利莫拉斯大学

卡维塔·夏尔玛　印度库鲁克谢特拉国立技术学院

随着移动计算技术日益迅猛发展,移动网络安全问题随着技术发展的需要而不断改变。网络攻击者总是试图学习一些新技术来打破无线网络的安全墙设置,为了阻止我们的网络被攻击,各种网络防御技术应运而生,防火墙和加密技术被用来阻止网络遭受恶意软件的攻击,但并不足以保护网络免受攻击,许多研究人员采用新的架构和技术及机制,保护和检测恶意节点以及网络的活跃度,被命名为入侵检测系统(IDS)。IDS 安全墙确保网络安全,实现对网络持续不断地监控和采取适当行动应对威胁。在本章中,我们试图想要解释,一些网络攻击或检测可以通过开发网络入侵检测系统技术得到解决,以及利用加密跨层信息来提高检测的准确性。

第四章　网络服务中的安全问题 ……………………………………… 61

普里扬卡·脱欧　印度拉吉夫甘地普鲁奥多基维什瓦维迪亚拉亚大学

本章介绍了安全性是当今数字世界的一个重要方面。随着各个领域的发展,科学技术也处于不断的发展之中,尤其是基于 Web 应用的发展。由于所有的 Web 应用都在互联网上,因此针对这些应用的攻击和威胁存在极大的可能性。这使得在开发任何 Web 应用时都要考虑到安全性这一因素。目前,大量技术被开发用于减轻和防范因特网上基于 Web 应用程序受到的威胁。本章概述了与 Web 应用安全相关的重要领域,通过对当前使用的策略方案进行排序,形成总体认知,以进一步推动未来的研究和进步。首先,本章阐述了具备安全性的 Web 应用开发失败的主要问题和障碍。接下来,本章总结了 Web 应用程序应当具备的三个基本安全属性:验证性、完整性和准确性,并介绍了破坏这些属性所产生的漏洞以及包含这些漏洞的攻击载体。

第五章 社交物联网的安全缺陷 ………………………………………… 69

阿斯温·斯里拉吉　印度潘特工程学院

阿卡什·辛哈　印度巴特那国立理工学院

阿布舍克·巴哈德瓦吉　印度潘特工程学院

罗希特·阿南德　印度潘特工程学院

本章阐述了社交物联网的安全缺陷,从本质上而言,物联网是一个动态的结构,连接现实世界和具有通过共享网络收集和共享数据的虚拟世界,社交物联网通过多种方式连接现实世界与虚拟世界,就像任何其他连接到互联网上的设备一样,也容易受到各种安全困扰和隐私攻击。通常而言,安全的社交物联网应当是没有人为干预,而且必须避免使用数据采集设备。正如在本章中将要讨论的,安全攻击类型对物联网将构成巨大威胁。如没有采取必要的安全措施,而将大量收集的信息允许入侵者滥用这些信息中的个人数据。本文详细讨论了针对不同层级网络不同类型的攻击,还讨论了在社交物联网中,应当考虑设备安全最好可能的潜在解决方案。

第六章 基于入侵探测系统到聚集攻击车载移动网络中的人工智能 ………… 91

古尔善·施瑞瓦斯塔瓦　印度巴特那国立理工学院

古拉夫·沙玛　比利时布鲁塞尔自由大学

曼纳特乔特辛格·阿内贾　印度旁遮普大学

塔伦普里特·巴蒂亚　印度旁遮普大学

本章介绍了车载自组织网络(VANETs)是如何在各种车辆和路边单元之间提供通信的。分散的 VANETs 容易受到许多安全攻击。而洪水攻击是 VANETs 环境的主要安全威胁之一。本章提出了一种混合入侵检测系统,该系统使用人工神经网络作为分类引擎,使用遗传算法作为特征子集选择的优化引擎,提高了准确性和其他性能指标。这些性能指标是在误用和异常两种情况下计算的。将计算出的各种性能指标与其他研究人员的工作进行比较。得到的结果表明,这种算法具有很高的准确度和精确度,误报率可以忽略不计。这些性能指标被用来评估入侵系统并与其他现有算法进行比较。该分类计算适用于多个恶意节点。除了机器学习技术外,本章还观察了网络参数的影响,如吞吐量和数据包交付率。

第七章 基于网络攻击中的僵尸探测:机器学习技术的使用 ……………… 106

普拉齐　印度北帽大学

本章描述了僵尸网络是如何成为当今网络上最主要的网络威胁,并成为进行大规模分布式攻击的关键平台。尽管在僵尸网络检测和分析领域进行了大量研究,但机器计算新技术借助于代码加密和混淆处理的帮助,使得僵尸网络更具复杂性、破坏性和难以检测性。本章提出了一种基于流量分析和机器学习技术的僵尸网络行为检测新模型。流量分析行为不依赖于有效载荷分析,因此所提出的技术不受代码加密和机器通常使用的其他规避技术的影响。本章对基准数据集以及实时生成的流量进行分析,以确定利用流量分析进行僵尸网络检测的可行性。实验结果清楚地表明,所提出的模型能够以较高的准确率和较低的误报率将网络流量分类为僵尸网络或正常流量。

第八章　拒绝服务攻击与僵尸:网络分析、研究策略与减缓攻击 ············ 123

　　苏米特库马尔·亚达夫　印度英迪拉甘地德里女子技术大学
　　卡维塔·夏尔玛　印度库鲁克谢特拉国立技术学院
　　阿鲁希·阿罗拉　印度英迪拉甘地德里女子技术大学

本章阐述了网络拒绝服务(DOS)攻击所显示的后果和危害如何导致研究成果、商业软件和创新思考的激增。在 DOS 攻击中,其变体 DDOS 的入侵可能相当严重,另一方面,僵尸网络是一组由互联网连接的劫持设备,这些僵尸网络服务器被用于有效地执行 DDOS 攻击。在本章中,作者聚焦于分析和减缓 DOS 攻击与僵尸网络,试图提出一种自己的见解。同时,作者还提出了一种防御机制来减轻系统免受僵尸网络 DDOS 攻击,这种防御机制通过使用访问列表的配置得以实现,精巧设计的恶意软件在巨大利益的驱动下,成为一种在线网络犯罪武器。本章的最后一部分,提出了对超过 150 多个国家计算机发动的 WannaCry 勒索软件攻击的见解。

第二部分　网络犯罪与网络取证

第九章　印度网络安全与网络取证 ·· 151

　　卡维塔·夏尔玛　印度库鲁克谢特拉国立技术学院
　　古尔善·施瑞瓦斯塔瓦　印度巴特那国立理工学院
　　曼珠·哈里　印度安贝德卡尔高等通信技术研究院
　　赛埃达·埃尔法纳·佐霍拉　沙特阿拉伯泰夫大学

本章介绍了网络取证,也被称为计算机取证,是数字取证科学的一个分支。涉及计算机和数字存储介质中的证据检查。网络取证的目的是对数字媒体的识别、保存、恢复、分析、提出事实和意见等,从而进行有法可依的调查,并关注数字信息。尽管计算机取证通常与基于网络的犯罪分析有关,但它也可能用于民事诉讼。由网络取证分析组成的证据通常要经过类似的程序,并作为补充数据证据来使用。随着计算机取证技术的进步,网络取证渴望的是保护用户和保留公民主体地位。本章显示出,额外研究需要了解网络取证研究的含义,以提高网络犯罪侦查。

第十章 网络攻击、网络犯罪和网络恐怖主义 …………………… 172
索拉布兰扬·斯里瓦斯塔瓦　印度马尔维亚国立理工学院
萨钦·杜贝　印度马尔维亚国立理工学院

本章阐述了随着现代社会的发展,我们日常生活的每个角落对互联网和网络服务依赖程度越来越高,同时,对网络服务的中断、破坏的威胁也以同样的速度同步发展。"网络恐怖主义"是其中一种可能造成严重潜在的和致命破坏的威胁,与"互联网破坏行动"和"黑客行动主义"等非致命性术语相比,网络恐怖主义涵盖了对现代社会结构的巨大破坏,令人望而生畏。尽管网络恐怖主义快速增长,然而,因其所具有的特性,与传统的恐怖袭击相反,网络恐怖主义似乎还远远未对平民生活和社会造成直接威胁。由于距离遥远,人们缺乏对网络恐怖主义反击机制的关注和重视。通过应用有效的技术并保持我们的警觉,可以在很大程度上避免网络恐怖袭击,并在袭击发生时迅速恢复。本章的结论是:需要进行更多的研究,以确定互联网上个人和专业研究仍然是薄弱的。

第十一章 网络犯罪工具包的发展 …………………………… 194
R.阿尔西　印度韦洛尔大学
D.伊兹尔马兰　印度韦洛尔大学

本章介绍了网络犯罪,又被称为计算机犯罪,包括与个人电脑或系统相关联小程序运行中的任何违法活动。尽管我们已经开发出了相当数量的计算机程序,用来保护我们信息传输网的安全,然而,这些程序必须得到显著升级。此外,我们更加需要那些知道怎样发现计算机网络安全事件,以及既具有侦查天赋又具备熟知网络运行专业知识的人。这样,使得我们在侦查网络犯罪时才能经受住他人的攻击,同时,熟悉网络运行方式和监测网络犯罪工具,就可以知道何人、何地、何事、何时及何因实施了网络犯罪,网络犯罪工具使我们的工作更富有成效。

第十二章 利用网络追踪在IP网络中创建数字证据 ……………… 238
戴安娜·贝贝卡鲁　意大利都灵理工学院

计算机取证是一种在公开法庭上以合法的、可接受的方式收集、分析和报告数字证据的实践。网络取证是计算机取证的一种,主要用于网络流量的监控与分析,包括局域网和广域网/互联网,以便识别安全事件、调查欺诈和网络滥用。在本章中,作者讨论了创建高速网络取证工具时的挑战,提出了网络追踪,一种防篡改设备,旨在经由网络流量数字签名产生具有证明价值的证据。由于每个 IP 包进行数字签名并不总是有效,作者使用了默克尔树这种特定技术来创建数字签名流和实现多包发送,通过使用优化的默克尔树遍历算法来实现数字签名,以节省时间和空间。通过实验,作者证明网络追踪签名快速且可在短时间内生成数字证据。

第十三章　分布式环境中的数字取证 ·················· 260

阿莎·约瑟夫　印度韦洛尔大学

K.约翰·辛格　印度韦洛尔大学

本章是关于一种数字取证框架正在实施的阐述,该框架可以与独立系统以及分布式环境,包括云系统一起使用,并结合了网络取证的概念和操作系统的安全框架,这种框架组成了数据和事件监控的核心机制,系统监控是在内核模式下由各种内核模块完成的,而取证模型模块是在用户模式下使用内核模块收集来数据完成。因此,作者提出了一种犯罪模型的映射机制,使得规则集的使用来源于通常状况下的网络或数字犯罪模式,这种决策算法可以很容易地从计算机集群中的节点进行扩展,甚至扩展到云系统。作者讨论了在分布式环境和云扩展中进行数字取证所面临的挑战,以及提出框架应用的一些研究案例。

第十四章　僵尸网络攻击中计算机成功取证分析 ·················· 281

卡维桑卡尔·利拉桑卡尔　印度印度斯坦科学技术学院

C.切拉潘　印度 GMK 工程技术大学

P.西瓦桑卡　印度国家技术教师培训研究院

计算机取证的成功在于对可用证据进行完整分析。这不仅是通过分析可用的证据,而且还需要寻找新的具体证据来完成。这些证据通过网络攻击过程中的数据日志加以获取。在对网络攻击尤其是僵尸网络攻击进行分析时,存在许多挑战。首先,也是最重要的是,它隐藏了策划者,即僵尸主控机的身份。它通过其子集的命令与控制(C&C)发出要执行的命令。追溯 C&C 本身就是一项复杂的任务。其次,它损害了无辜的受损僵尸设备。本章讨论分析了以主动和被动方式来解决这些挑战。本章最后讨论了如何分析才能找到真正的策划者,以保护无辜的被攻击系统,并保护受僵尸网络影响的受害者系统/组织。

第三部分　大数据分析与机器学习、生物识别、音频水印和加密货币中的安全与隐私

第十五章　大数据对安全的影响 …………………………… 299

拉姆戈帕尔·卡希亚普　印度萨加尔科学技术研究院

阿尔伯特·D.皮尔森　加纳海角海岸大学

本章背后的动机是突出大数据的质量、安全问题、优点和缺点。在最近的研究中，问题与挑战在于社交媒体数据与其他图像视频数据的指数级增长。大数据安全威胁不断上升，影响着数据异质、适应性和隐私保护分析。大数据分析有利于网络安全，但如果不提供新信息，进行数据驱动计算并花费确定的信息度量，就无法开发新的应用程序，本章演示如何保护大数据的固有属性。

第十六章　大数据分析的影响与网络安全挑战 …………………………… 316

阿鲁穆鲁根·拉穆　印度班纳里安曼理工学院

阿南达库马尔·哈尔多拉伊　印度阿克沙亚工程技术学院

为了仔细检查或评估大量的、不断出现的、性质多样的数据，新技术应运而生。随着这些技术的应用越来越广泛，进而被称为大数据技术，用于不断发现各种内外部数据源，识别数据隐性关联，制定前瞻性战略，为经济增长和新的创新提供必需的参考，本章主要分析了大数据对个人和社会的实践运用。同时，集中讨论在七个重要领域的关键用途：大数据业务优化和客户分析、大数据与医疗、大数据与科学、大数据与金融、大数据作为开放和效率的推动者、大数据与科学、大数据与金融、大数据作为政府开放和效率的助推器、大数据与新兴能源分配系统以及大数据安全。

第十七章　大数据环境下安全与隐私的挑战 …………………………… 332

M.马尼坎达库马尔　印度蒂加拉贾尔工程学院

E.拉马努卡姆　印度蒂加拉贾尔工程学院

在信息时代，大数据正在彻底改变商业格局。这些数据的生成，是由每个用户从服务器、终端产品、智能手机、电器、卫星和一系列其他车辆传感器中产生的，诸如军事、农业等。终端用户在网络上做的任何事情都可以被跟踪、存储和分析，也可以从各种不同来源对用户进行分析，如社交媒体上的帖子、信用卡或电子现金购买，互联网搜索，移动电话定位等等。用户愿意提

供与他们真实身份相关联的私人信息,以换取更快更好的数字服务。但是,从安全的角度来考虑,这些公司还不具备收集用户个人信息的基本权利,更多的风险与大数据安全密切关联,本章的主要目的是探求大数据环境中的安全关注和隐私问题。

第十八章　大数据对安全的影响:大数据安全问题与防御计划 ……………… 343

卡萨拉普·拉马尼　印度斯里维迪安尼凯斯坦工程学院

大数据在主要商业领域具有极大的重要性,但是,安全和隐私面临的挑战也使得数据存储、处理和交换变得令人担忧。大数据储存组织最重要和最敏感的数据能够执行多层级的复杂数据,对任何组织而言,这种挑战就是允许任何终端用户获得有价值的数据时,确保其具有安全的数据访问权。大数据访问特权不受监管,将导致价值数据和敏感数据的丢失或被盗。访问特权升级也会带来内部威胁,再者,大数据的计算架构并不会去关注会话记录。因此,识别潜在的安全问题和采取补救缓解机制正成为一个挑战。因此,在本章中,多种多样的大数据安全问题与大数据安全防御机制被加以讨论。

第十九章　提高阶梯式异常检测性能的各种机器学习方法比较 ……………… 369

海马拉塔·杰亚普拉卡什　印度蒂加拉贾尔工程学院

M.K.卡维塔戴维　印度蒂加拉贾尔工程学院

S.葛莎　印度韦洛尔大学

近年来,隐蔽分析器使用高维覆盖表示法对隐蔽图像进行智能检测,检测率很高。因此,隐蔽人员正在努力解决这个问题,保护封面元素的依赖性,并保护隐藏秘密信息的检测。任何阶差分析算法都可以通过两种方式来取得成功:1) 提取最敏感特性来暴露信息隐藏的足迹;2) 设计或建立一个有效的分类器引擎,通过学习所有的隐蔽敏感特征,来更好地检测隐蔽图像。在本章中,作者采用第二种方式改进了隐蔽异常检测,本章提出了一种应用机器学习工具对转向分析问题进行比较的观点,并且提出能产生较高检测率的最佳分类器设计。

第二十章　减少随机样本数量的音频水印 ……………………………………… 390

罗希特·阿南德　印度潘特工程学院

古尔善·施瑞瓦斯塔瓦　印度巴特那国立理工学院

萨钦·古普塔　印度维韦卡南达专业研究院

彭升龙　中国台湾东华大学

尼迪·锡德瓦尼　印度工程技术友好学院

数字信号水印是一种通过主机信号不可识别且安全地传输自由数据的方法，包括浸入和脱离实际主机。一些算法规则已经被研究，用于主机音频文件中，强大而安全地嵌入和提取水印，但它们在压缩和重新取样方面还没有产生良好的效果。在本章中，提出了一种利用随机载波将水印浸入音频信号序列中来压缩波文件的好方法，水印在量化前，进行自适应差分脉冲码调制（ADPCM）后，水印被顺利地嵌入到音频流中。该方案已经被付诸实施，而且将其参数与已知最佳的听觉水印方法进行了比较，使用工具去测量这些参数，生成了结果和表格值，发现了较大的峰值信噪比（PSNR）和较小的比特误差率（BER），强有力地证实了该方案的可行性。

第二十一章　比特币：去中心化的数字加密货币 …………… 414

费罗兹·艾哈迈德·艾哈迈德　印度加利米亚大学
普拉桑特·库马尔　印度诺伊达高等工程技术学院
古尔善·施瑞瓦斯塔瓦　印度巴特那国立理工学院
梅德萨利姆·布勒尔　突尼斯斯法克斯大学

在本章中，讨论的是确保交易安全的一种数字去中心化的加密货币系统，通过加密技术和独立于任何中心化的第三方来实现。也讨论了比特币的不同特征，以及用一些事实和案例来说明两个比特币用户之间如何进行交易。互联网的快速发展促进了对所有类型的在线交易和比特币网络交易的网络攻击。在本章中，还讨论了伴随网络犯罪和对网络犯罪的惩罚出现的一些安全问题。

第二十二章　一种基于指关节指纹的强大生物识别系统 …………… 436

拉文德尔·库马尔　印度HMR技术管理学院

在各种生物识别指标中，手部生物识别技术被广泛使用并长达20年之久。基于手部生物识别技术变得非常流行，因为它们在人群中的接受度更高，易于使用、精确度高、价格便宜等等。本章提出了一种新的手部生物识别技术，被称为手指指关节指纹（FKP）个人认证系统。FKP是从手指指骨关节获得图像并以其内部皮肤模式为特征，像其他生物识别力一样，FKP也具有高度的辨识能力。该系统由四个模块组成：图像采集、ROI的提取、特征选择和提取、特征匹配。提出了基于信息理论新特征的匹配理论，并且，通过对来自数据库660个不同手指的7 920张图像进行实验，评估了该系统的性能，根据匹配率评估了该系统的有效性，获得了预期结果。

第一部分

网络、社交物联网和车载移动网络安全,拒绝服务攻击

第一章
无线传感器网络：一种技术的调查

索纳姆　印度安贝德卡尔高等通信技术研究院
曼珠·哈里　印度安贝德卡尔高等通信技术研究院

摘要

本章阐述了全球通信如何从有线通信向无线通信转换，随着无线传感器网络(WSN)的需求日益增加，应用日渐普遍，WSN是一种将小尺寸的传感器密集部署的节点网络，用于监控可选择性的运行环境。在无线传感器网络中，每个传感器节点检测数据并将其发送到基站。这些传感器节点发挥四个基本功能：组成传感、计算、传输和功率。由于尺寸小，这些传感器在运算能力和信息储存方面受到限制。能力唤醒在WSN路由协议中必须加以设计。本章聚焦于WSN网络并提出一种总的观点。除此之外，本章阐述了WSN网络的组成部分、面临的挑战和具体分类，并比较了LEACH、SEP和TEEN协议的结果。

引言

在计算机时代的初期，每台单独的计算机都有一个独立运行系统。早期，没有将每个计算机加以连接的方法，因此，无论何时需要将一个文件传输到另一个系统的时候，需要使用存储媒介来传输，如软盘。如果一个组织发现在整个组织中有能力实现信息分享，这个组织就能够以更有效、更高效的方法运行，计算机网络几乎对任何组织都可以提供解决方法，每个组织对网络的设置都有两种选择，一种是完全的有线网络，使用有线网连接计算机；另一种是无线网络，使用无线电频率(radio frequencies)连接计算机，无线网络在组织间提供移动通信。相反，许多组织将无线网络和有线网络结合在一起使用(Rathee et al., 2016)。

无线传感器网络因其低电功率和较好传感性,对它的使用与日俱增,无线传感器网络(WSN)被广泛用于智能交通、健康监测、战争监视、天气预报、物联网(IoT)等多种应用程序中,无线传感器网设定了许多传感器节点。通过这些传感器节点,可以感知数据,如温度、湿度等。从环境中获取数据并进行处理,这些处理后的数据由传感器节点加以聚合,然后被传输到基站(BS)。

无线传感器网的结构

近年来,无线传感器网的使用和设计已成为一个热门的研究领域。在科学界,无线传感器网是一个快速崛起的领域,无线传感器网组成了许多小的传感器节点来监控网络环境的活动,如温度、压力、火灾等。在无线传感器网络中,传感器节点功率有限,因此,许多路由技术主要集中在节能方面。

无线传感器网是一种特定的应用性技术,如温度传感器节点只测量温度,压力传感器节点只测量压力。无线传感器网组成了传感器节点网,传感器节点在指定地点随机排列而无须人员去摆放。网络环境中的传感器节点将数据发送到基站,基站存储所有测量参数并提供给最终用户。

传感器节点小如尘埃。在市场中,许多颗粒可被利用,如NOW、Dot等。传感器节点中的收发器从环境中收集信息。传感器节点受到电池功率、通信范围、计算容量和内存等因素的限制。传感器节点由于受到能量的限制,使得网络密度降低,传感器节点会出现缓慢坏死。无线传感器网络可以安装在恶劣的环境中,因此,许多传感器节点会出现故障或无法操作,这就要求无线传感器网络具备一定的容错能力。由于无线传感器网的网络拓扑结构不断在变化,所以,很难用新的传感器节点替换有故障的传感器节点,无线传感器网络中实施节能路由协议,是解决这一难题的最佳解决方案。

图1-1说明了无线传感器网络的结构,传感器节点所在区域组成了无线传感器网,传感器节点通常发散分布在一个传感器场域中,这些传感器节点感知环境和收集数据,并将这些感知数据传送到基站或沉淀数据的节点,用户可通过互联网或卫星访问这些感知数据。

无线传感器网的类型

无线传感器网络主要有两种类型:
结构化的无线传感器网和非结构化的无线传感器网

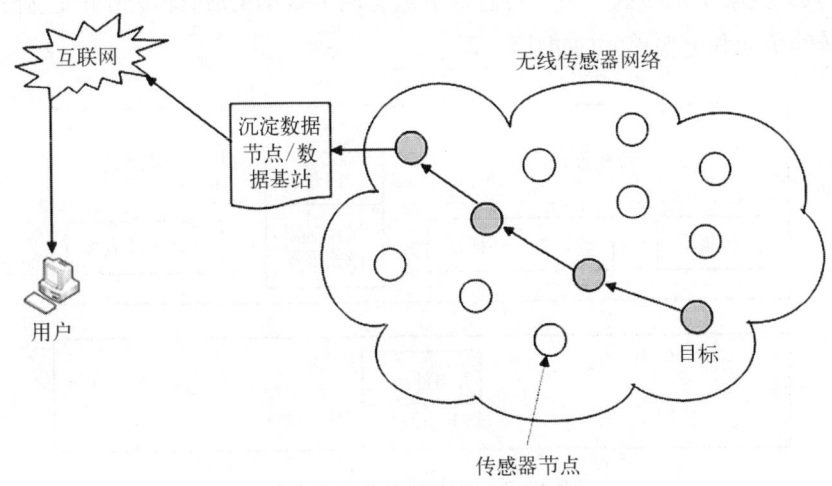

图 1-1　无线传感器网络结构图示

1. 结构化的无线传感器网：结构化无线传感器网是一种传感器节点网，以预先计划方式布置的网络。网络传感器节点被安放在特殊的位置，有助于实现全网覆盖。无线传感器网络被用于许多日常生活中的活动和服务，其中，包括跟踪和监测不同区域，一些被用于军事、灾害管理、医疗保健领域的病人监测等。在这种网络中，由于在传感器领域安放的分布式节点较少，这种网络的运行较慢。

2. 非结构化的无线传感器网：非结构化的无线传感器网是一种具有多个传感器节点的网络，传感器节点被任意安放，由于传感器节点的随意部署，在非结构化的无线传感器网络中，还有未覆盖的区域。在非结构化网络中，网络运行中无人负责执行相应的报告和监控功能，因而，进行故障检测和连接管理较为困难，这种网络的可扩展性不如结构化网络（Sharma, Bala, Bansal, & Shrivastava, 2017）。

无线传感器网的组件

1. 传感器节点

许多小的传感器节点形成了一个无线传感器网络，传感器节点是一种小型设备，用于收集数据，处理数据，通过无线通信系统将数据传输到网络中的另一个节点。正如一些被命名的微粒一样，无线传感器节点被取名为 NOW、WiSense 和 FireFly 等。使用传感器节点来收集诸如声音、温度、压力、湿度和振动，也用于收集人的健康变化参数。一个传感器节点有四个基本组成，即传感单元、处理单元、传输单元和电源单元(如图1-2)。

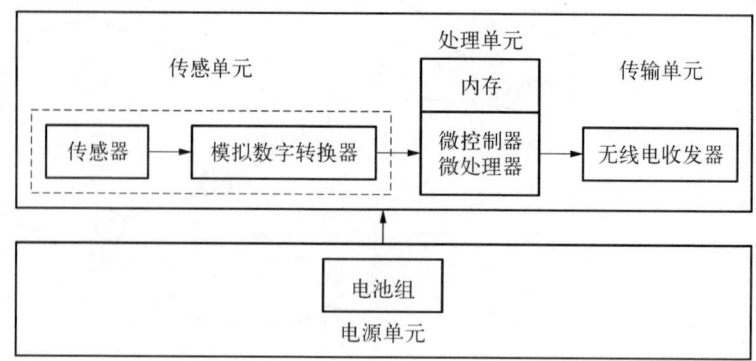

图1-2 传感器节点结构图示

传感器节点的主要部分是由无线电收发器、微处理器、微控制器、数据转换器、传感器和电池组成。下面是对传感器节点组成的简要描述：

无线电收发器：在传感器节点中，无线电收发器支持无线传感器节点间的无线通信。从本质上而言，它是一种传输媒介，可以是无线电频率、无线红外射线等。无线电收发器包括一个具有低数据速率和单信道的短程无线电设备。本质而言，无线电收发器有四个不同的功能模型：空闲模式、待机模式、传输模式和接收模式。

微处理器：微处理器控制传感器节点其他组成部分的功能，并对采集到的传感器数据信号进行处理和计算(Mishra, Singhadia, & Pandey, 2014)。微处理器有四种节能模式：① 关闭；② 休眠；③ 空闲和④ 激活。在休眠模式,CPU和大部分计算机的内外设被关闭，仅只有外部事件发生时才能激活。在空闲模式,CPU仍处于休眠状态，其他外设均处于激活状态,CPU和所有外设在激活模式下都处于活跃状态。

内存：传感器节点以芯片的形式组成内存用来存储数据,内存需求依赖于独立的应用程序。从本质上来说，闪存通常用来存储常用数据且闪存的存储容量大。

传感器：传感器节点转换物理现象为电子信号。电子传感器有很多类型，例如：热传感器、电磁传感器、机械传感器等。它能测量温度、光强度、声音等环境因素，传感器能量消耗可以通过传感器节点开启或关闭状态的时间来测量。

模拟数字转换器：它将模拟信号转换为数字信号以便于阅读。

电池：传感器节点电池向所有传感器节点组件供电，网络的使用周期取决于传感器节点的使用周期，而传感器节点的使用周期取决于其电池的使用周期。传感器节点较便宜、重量轻、尺寸小，由于传感器节点被安放在无人管理的环境中，所以，不可能更换网络传感器节点中的电池。因此，为无线传感器网络设计了节能路由协议。

2. 基站（中央网关）

基站被称为中央网关或挖掘节点，基站包括处理器、USB 接口板、天线和无线电板。无线传感器网络至少要有一个基站，所有的传感器节点都会将感知数据传输到基站来进行处理和决策，这些基站具有较高的计算能力和处理能力。基站在本质上常常被认为是静态的，但在一些情况下，基站能够动态地从传感器节点收集数据。

3. 簇头

无线传感器网络中，由簇头实现数据融合和数据聚合功能。在一簇中，所有感知节点聚合形成一个簇头，这个簇节点被认为高度可靠、高能量和更安全。

4. 继电器节点

继电器节点常被用来提高网络的可靠性，它通常是一个中间节点，被用来与相邻节点连接。一个场域中的设备没有控制这些继电器节点。节点处理器的速度大约在 8 MHz 左右。

无线传感器网络的组织层级

在任何应用程序配置无线传感器网络之前，理解无线传感器网络的架构非常重要。如图 1-3 所示，传感器网络有三个交叉面，分为五层。三个交叉面包括：

电源管理面：传感器节点利用能量进行传感、处理、传输和接收。电源管理面平衡传感器节点的电源等级，有助于提高传感器网络的效率。

移动管理面：使用移动管理可以检测传感器节点的移动。传感器节点可以跟踪相邻节点和电源等级。当网络拓扑结构改

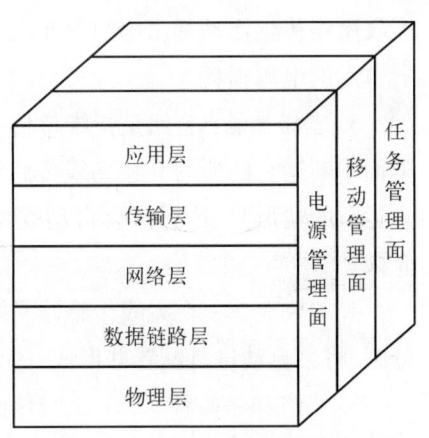

图 1-3 无线传感器网络的组织层级图示

变移动性时,管理面就会保持同网络的连接。

任务管理面:任务管理面有助于将感知任务调整到一个指定的区域。

无线传感器网络被认为是一个五层的架构,具体架构划分组成如下(Singh, Kumar, & Singh, 2017):

- 物理层:该层的主要功能是频率选择、信号调制和数据加密。
- 数据链路层:该层负责数据流的多路复用、数据帧检测、媒体访问控制(MAC)和错误控制。
- 网络层:该层的主要功能是路由。该层将传感器节点感知的数据包接受沉淀。
- 传输层:传输层维护节点之间的数据流。接收节点和传感器节点之间的端对端传输是传输层的主要任务。
- 应用层:采用 SMP,即应用层中的传感器管理协议被用来使得次级层透明的软、硬件到达终端用户。

无线传感器网络的特点

无线传感器网络具有以下许多特点:

1. 网络拓扑结构:无线传感器网络具有动态的网络拓扑结构,节点故障、能量消耗、信道衰落、节点添加或删除是传感器网络拓扑结构变动的因素。

2. 受限的能量:无线传感器网络中放置的传感器节点在能量和运算能力上高度受限,传感器节点电源单元供给是节点中非常重要的组成部分,因为所有的无线网络传感活动都由电源单元来支持,应减少多余的传感器活动,以节省传感器节点的电源损耗。

3. 容错性能:容错是指维持传感器网络功能正常运行,不因传感器节点故障而中断运行的能力。在无线传感器网络中,如果出现传感器节点损坏或者停止运行的情形时,传感器会自动发出指令重新进行自我配置,而不需要人为地介入。

4. 自动调配:在无线传感器网络中,传感器节点随机分配,这些节点一旦被分配,将会自动进行配置并形成一个通信网络。

5. 应用程序的特殊性:无线传感器网络是一种独立运行的应用程序,由于应用程序类型的不同,我们必须设计出不同的传感器网络。

6. 可量测性:无线传感器网络随着新节点的增加、网络扩容及故障节点的替换等,可以被升级。这些不会发生网络超载,只是网络规模的扩容。

7. **本地计算**:在无线传感器网络中,传感器节点将从邻近节点收集到的数据,进行原始数据缓冲并加以处理,而后传输到基站。这有助于减少传输设备的数量并节省能源,这种功能通常被称为数据聚合。

8. **多重跳跃**:在无线传感器网络中,由于距离、能耗、障碍物等因素的存在,传感器节点间的直接通信受到限制。因此,传输数据包必须从一个节点跳转到另一个节点,才能最终到达端点。

9. **核心数据**:在无线传感器网络中,所有的节点都同等重要。在无线传感器网络中,传感器节点没有全球识别标识,因为它仅仅只是关注数据问题,而不去强调特定的传感器节点问题。

无线传感器网络的应用

- **医疗卫生**:传感器网络也被广泛应用于医疗卫生领域。在一些现代化的医院,建立了无线传感器网络,用以监测病人、医生及控制医院的药物管理。每位病人都配备了小巧轻便的传感器终端,来监测病人的身体参数,如心跳、血压等。

- **军事领域**:无线传感器网络广泛应用于军事领域,如核、生物及化学攻击的探测,敌方军队侦察,战场监视等。在战场中,应当需要的网络自组织、容错性和安全。

- **环境监测**:环境监测应用于动物追踪、森林监测、洪水探测和天气预报。在这些应用中,传感器节点监控温度、压力、湿度等环境因素。当发生火灾时,传感器节点可以发出报警,指明火灾状态。

- **法律实施**:无线传感器网络适用于法律执行。无须依赖公共蜂窝网络,无线传感器网络可以帮助警方访问主数据库,轻松追踪犯罪。无线传感器网络被安装在高犯罪率的地区周围,来捕获枪声。在枪击发生后,传感器可激发照相机快速捕捉枪击者,提供给执法机关。

- **交通**:无线传感器网络可以安装在交通控制系统中,来检测高速车辆,并预报交通信息,让旅客避开拥堵道路。传感器网络通常安装在车辆中,以监测压力,特别是运载火车、卡车等重型货物的车辆。

- **农业**:无线传感器网络有助于监测湿度等级、温度和土壤条件。也被常常用来监测农作物的储存条件。无线传感器网络可以通过与牛连接一个传感器节点,来跟踪牛的位置和健康状况。

• **智能建筑群**:智能建筑技术有助于提高用户的舒适度和减少能量消耗。在建筑群中使用传感器,检测并控制火灾和烟雾。通过适当的湿度、空调控制等来减少能量浪费,并监测建筑物内可能损坏建筑物的振动。

• **太空探索**:许多太空机构在太空探索项目上投入了数十亿美元。无线传感器网络能够被用于探索其他行星和小行星。

无线传感器网络协议的分类

无线传感器网络路由协议基于网络功能模式、网络节点参与方式和网络结构进行分类,这种分类如图1-4所示。

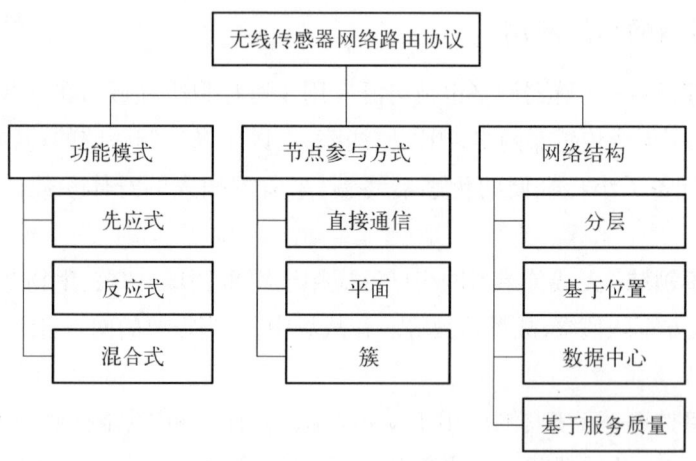

图1-4　无线传感器网络路由协议的分类图示

基于功能模式的无线传感器网络协议

根据功能模式,路由协议可分为三种类型:

• **先应式**:在网络中,由于每个节点维护的路由信息都指向每个其他节点,这些协议也被称为表驱动式的路由协议。每个节点所生成一个路由表单都是用来查找目标节点的路径。无论网络拓扑结构如何变化,每个传感器节点都会更新其路由表单。这种协议不适用于大型网络。

• **反应式**:反应式协议也被称为按需路由协议或源启动路由协议。在这个路由协议中,传感器节点按需搜索路由等,无论何时,当一个节点想要传输数据时,它就会搜索到目标节点的路径并建立连接。

- **混合式**：它是先应式和反应式路由协议的组合。

基于网络节点参与方式的无线传感器网络协议

- **基于直接通信路由协议**：基于间接通信的无线传感器网络路由协议,感知数据直接被传输到基站或接收节点,在这类协议中,数据不需要进行多次跳变。

- **平面路由协议**：在这种路由协议中,所有传感器节点都发挥着类似作用,并以一种"点对点"的模式进行通信,通过多重路由将数据发送到基站或接收节点。如果一个远距离的节点试图到达接收节点,它需要找到一个优化路径。

在无线传感器网络中,无数的传感器节点被随意安放,因而,为每个传感器节点分配全球标识符(IDs)是不可能的,由于缺乏全球标识符,很难选择一组特定的传感器节点来进行查询。因此,数据从具有显著冗余的传感器节点安放区域进行发送。这种布局形成了核心数据路由。在核心数据路由中,基站向某一选定区域的传感器节点发送查询信息,并等待来自位于该区域内传感器节点的数据。

- **基于簇的路由协议**：在这类协议中,这些区域被分为许多小的簇。在每个簇中,选择一个直接与基站通信的簇头。这类协议为网络提供了测量和节能通信。

基于网络结构的无线传感器网络协议

分层路由协议：在这类协议中,网络节点被组织成小的簇,根据一些网络参数,从每个簇中选择一个簇头。簇头从所有正常节点中收集数据,并将数据发送到其他的簇头。在无线传感器网络中,这些形成的簇和各种特殊任务,即数据聚合、数据融合等加以分配,使传感器网络更节能。它增加了整个系统的可测量性、生命周期和能源效率,例如：LEACH(低能耗自适应分群分层结构)(Sharma & Gupta, 2016)。

- **基于位置的路由协议**：在这类协议中,传感器节点位置的信息被指定,并可以从 GPS 中,亦即通过全球定位系统信号或通过搜寻相邻节点坐标获得数据信息。利用传感器节点的位置信息,可以形成最优路径,有助于提高传感器节点的性能。像网络 IP 地址一样,无线传感器网络没有设定这类寻址计划,所以,在节能方式上,位置信息被用于路由数据。

• 基于中心数据的路由协议:这些协议是基于查询的一类协议,依赖于确定的优先数据,因此,它消除了许多冗余数据的传输。SPIN(经由协商的信息传感器协议)是中心数据协议的一个范例。基站向正常节点发送查询数据,等待节点进一步处理数据并回复,依靠查询传感器从关联区域收集的特定数据和传输到基站的信息,从而减少传输次数。

• 基于服务质量的路由协议:考虑网络可靠性、延迟性、带宽等减少能量消耗的服务质量指标至关重要。传感器网络平衡数据质量之间以及传感器节点和接收节点间数据传输的能量消耗,序列分配路由(SAR)和端到端延迟(SPEED)无状态协议是基于服务质量路由协议的范例。

无线传感器网络的安全

在无线传感器网络中存在许多问题,安全是一个重要且极具挑战性的问题。由于恶劣的网络环境,传统网络中使用的安全常规技术无法应用于无线传感器网络。无线传感器网络易受各种类型的攻击,比如,对手可以轻易窃听流量,模拟网络节点之一故意向其他各节点提供误导性信息。因传感器节点被随机部署在场域中而无人员管理,因此,安全对于传感器网络至关重要。由于无线传感器网络使用的是无线通信,很容易受到攻击者的侵害。无线传感器网络是一个包含小型传感器节点的网络,因此,在无线传感器网络中实现安全性十分复杂。无线传感器网络的安全目标具有机密性、完整性、身份验证性、可用性、耐受性、效率性、饱满性和可扩展性。

由于无线传感器网络的传输属性,随着传感器节点资源受限及不受控制的安放环境,无线传感器网络极易受到攻击。在无线传感器网络中,错误的节点插入、恶意数据、路由攻击在传感器节点中,是一些可能的威胁。提出诸如对称方法和不对称方法等各种加密机制,来确保无线传感器网络中的安全服务。在无线传感器网络中,安全可以通过加密与身份验证的方法来实现。

安全服务

1. 保密:除授权用户可以看到网络节点秘密信息之外,未经授权用户无权查看。

2. 诚信：保证接收者节点信息在传输过程中不被篡改。

3. 设备身份验证：设备身份验证意味着提供了设备身份的确认。

4. 信息验证：信息源正确或无法验证信息。

5. 不可否认：阻止否认过去的承诺行为。

6. 可用性：传感器节点必须始终可用，阻止因停电、节点故障或系统升级引起的服务中断，通过确保这种可用性来阻止拒绝服务攻击。

7. 数据更新：数据更新服务确保消息的正确顺序，且无重复使用。

8. 耐受性：即使节点受损也要延长传感器节点的使用寿命。

9. 访问控制：访问控制是对资源存取的限制。

10. 撤回：拒绝认证或授权。

无线传感器网络攻击主要分为两种类型：基于主机攻击和基于网络攻击。

基于主机攻击可分为以下三类：

1. 用户损害：包括无线传感器网络用户的损害。例如，通过泄露传感器节点的密码和密钥证书来欺骗用户。在无线传感器网络中，没有管理员的请求指令，各种攻击是不可能发生的，除非用户曾考虑过使用基站来存储密钥。

2. 硬件损害：在这些攻击中，攻击者通常试图通过篡改硬件来提取存储在传感器节点中的程序代码和密钥。攻击者还可能尝试将恶意代码写入被篡改的传感器节点中。

3. 软件损害：在这类攻击中，攻击者企图破坏传感器节点上的软件。运行在传感器节点和操作系统上的应用程序更易受到攻击，如缓冲区溢出等。因此，安全编码有助于免受攻击。

基于网络的攻击可分为两种方式：特定层损害和特定协议损害

攻击包括如下操作：

1. 中断消息：通过这种操作威胁可用性服务。主要目的是发起拒绝服务攻击，拒绝服务攻击也被称为无线电干扰。这种攻击通过直接向多个接收器发送无线电信号，来中断接收器的信息接收。

2. 拦截消息：通常在应用程序层上运行。通过这种操作，来威胁消息保密服务。在此操作中，攻击者可以窥探消息中所携带的信息。密钥管理是对抗密码分析的必要技术之一。

3. 修改现存消息：通常在网络层和应用层运行。通过这种方法，威胁消息的完整性。在这种方法中,攻击者试图混淆或误导发送者和接收者,例如,破坏路由控制数据包,从而消耗能量在更多错误的路由上。密钥管理是对抗密码分析的一种必要技术。

4. 编造错误消息:威胁消息服务的真实性。在此操作中,攻击者企图通过报告错误的传感器读数或传播虚假路由错误信息,来曲解通信协议中涉及的各方。还可以通过淹没网络中的虚假消息来启动 DoS 攻击。

5. 重置现存消息:通过重置现存消息威胁消息更新服务。中间人攻击会使用这种操作,违反了网络的机密性、完整性、真实性和服务可用性。时间感知加密协议被用于阻止这种类型的攻击。

挑战

- **有限的能源容量**:传感器的电池电量有限。在无线传感器网络中,替换传感器节点的电池非常困难。因此,为传感器网络设计的路由协议应当非常节能,以延长网络的使用周期。

- **软硬件问题**:一组传感器网络是由大量被部署的传感器网络节点组成,廉价的传感器是组成传感器网络的首选。在无线传感器网络中,软件应当独立于硬件,且具有轻质、低耗的特点。

- **不可靠的无线通信**:在无线传感器网络中,传感器节点通过无线介质实现通信,噪声大,容易出错。由于传感器节点的增加、删除和节点故障等原因,网络的拓扑结构经常发生变化。因此,基于无线传感器路由能量的有限和传感器的移动,应当考虑网络拓扑结构的动态性调整,以维持与其连接覆盖范围相关联特定应用程序的需求。

- **差异化结构**:不同种类的无线传感器网络中,所有传感器节点都不是完全相同一的并起着不同作用。例如,在所有的传感器集群中,传感器节点会选择一个集群头(CH)并向其发送数据,所使用的能量远超其他传感器节点。当两个不同的传感器网络需要彼此交换信息时,此时才会出现同质化。在跨越不同的系统时,就需要统一的通信接口,从而实现有效的信息交换。

- **节点故障**:在无线传感器网络中,传感器节点可能会出现无法正常工作或频繁卡死的情况。为保持传感器网络功能不会发生任何中断情形,允许容错的出现。

- **QoS(服务质量)**:传感器网络给用户提供服务质量的服务。无线传感器网络被用于实时应用程序,因此,对传感器网络而言,提供高品质的服务非常重要。

- **安全**:无线传感器网络环境恶劣,因此,安全是一个极具挑战性的问题。攻击者可以在网络中插入恶意节点、拦截数据、修改节点硬件等(Saini & Khari, 2011),在无线传感器网络中实现安全非常复杂。

(网络路由)协议

迄今为止,人们为无线传感器网络设计出了许多路由协议。为了实现设备的高效运行和增加网络使用周期,为无线传感器网络设计了节能路由协议。其中,包括 LEACH、SEP 和 TEEN 路由协议。

LEACH 路由协议

LEACH 路由协议代表一种低能耗分层分群路由协议,这种分层路由协议的设计是为了增加网络的使用周期。由海因泽尔曼,万德拉卡桑和巴拉克里希南在 2000 年提出。它是一种节能协议,在这个协议中,节点组成了小的簇并由每个簇选定一个簇头,所有的传感器节点发送数据到簇头,簇头压缩收集到的数据并发送给基站,用户通过基站实现数据访问(Miglani, Bhatia, Sharma, & Shrivastava, 2017)。

LEACH 路由协议有两个阶段:

1. 设置阶段:这一阶段有三个主要基本步骤,包括:簇设置、簇头广告和传输计划表单创建。

2. 稳定阶段:这一阶段有三个步骤,包括:数据聚合、数据压缩和数据传输到基站。

如果传感器节点随机数值"r"小于阈值 T(n),则将这一节点选择为簇头。传感器节点在 0 和 1 之间选择一个随机数值,使用方程式(1)就可以计算出阈值,将一个阈值赋值为 T(n)。

方程式(1):T(n)= p/1-p×(r mod p-1)

p 就是可能的簇头。

TEEN 路由协议

阈值敏感的节能传感器网络协议被用于在某一时间周期内发送给实时应用

程序的数据。在这类协议中,传感器节点可以连续不断地感知网络环境,每簇的簇头发送一个硬阈值(HT)给其他非簇头节点,这被称为感知数据属性。簇头也会发送软阈值(ST),改变感知属性,激发特定节点打开数据传输器,数据传输将会开始。因此,硬阈值常被用于使感知数据以较低频率传输,且当感知数据属性在阈值范围内时,数据传输才会开始。通过簇中节点传输数据时,以下条件必须是真实的。

1. 感知属性当前阈值应大于硬阈值(HT)。
2. 感知属性当前阈值与感知阈值(SV)的差值应等于或大于软阈值(ST)。

当传感器节点发送数据时,感知阈值赋值应等于感知属性当前阈值。仅当感知属性处于关联范围内时,硬阈值才会试图减少通过允许节点发送数据的传输数据量。软阈值通过移除所有的传输来减少传输数据量,一旦硬阈值的感知属性很少或没有变化时,所有的数据传输将以其他方式进行传送。

SEP 路由协议

稳定选择协议是 LEACH 路由协议的增强版本,是一类异构感知协议。在稳定选择协议中,簇头(CH)的选择是根据每个节点的概率随机进行,传感器节点持续感知数据并发送给关联簇头(CH),簇头(CH)将数据发送给基站(BS)。在这类协议中,很少有传感器节点被称为高级节点和其他节点所具有的高能量,低能量节才被认为是普通的节点。由于高级节点的能量较高,因此,高级节点相对于普通节点有更多的机会成为簇头。在无线传感器网络中,通过每个传感器节点的初始能量来选择传感器节点簇头的概率更有利。

假设 n 是传感器网络中传感器节点总数,m 是节点总数 n 的比例,那么,这些节点的能量比其他节点多 α 倍

$$每个正常节点的能量 = E0$$

$$每个节点成为簇头(CH)的最佳概率 = Popt$$

$$高级节点数 = m \times n \tag{2}$$

$$每个高级节点的能量 = E0(1+\alpha) \tag{3}$$

$$正常节点 = (1-m) \times n \tag{4}$$

$$正常节点成为簇头的概率,Pnor = Popt/(1+m.\alpha) \tag{5}$$

$$高级节点成为簇头的概率,Padv = Popt(1+\alpha)/(1+m.\alpha) \tag{6}$$

模拟

MATLAB(2011 b)被用作模拟器来实现和比较 LEACH、SEP 和 TEEN 协议在能源消耗、传感器网络寿命等方面的性能。

在 MATLAB 模拟器中性能测试如下：

1. 每一轮测试过程中的卡死节点数。
2. 每一轮测试过程中每个节点的平均能量。

实验中所采用的各种参数值见表 1-1：

表 1-1 网络参数值域表

参数	值域
网络区域	$100 \times 100 \text{ m}^2$
（数据）沉淀位置	15 050
n（字节数）	200
E0（原始能量）	0.3 J
每个节点的最佳概率	0.1
M	0.2
A	1
ETX（每个节点的传输器能量）	50 nJ/bit
ERX（每个节点接收的能量）	50 nJ/bit
EDA（扩充的能量）	5 Nj
rmax（轮次）	1 000

结果

图 1-5 分别绘制了 LEACH、SEP 和 TEEN 路由协议在每一轮测试中每个节点的平均能量图，红色曲线显示的是 LEACH 路由协议，绿色曲线显示的是 SEP 路由协议，蓝色曲线显示的是 TEEN 路由协议。LEACH 协议表现出的抛物线性质，代表每个节点的平均能量随着测试次数的增加而迅速减小。SEP 协议

初始时表现为直线性质,结束时才显示为略微的抛物线性质。TEEN 协议自始至终几乎均呈现为直线,但对于小型网络而言,SEP 和 TEEN 协议在最后均显示出相同的性质。因此,对小型网络而言,SEP 和 SEEN 两种协议的性能几乎与 LEACH 协议相一致。

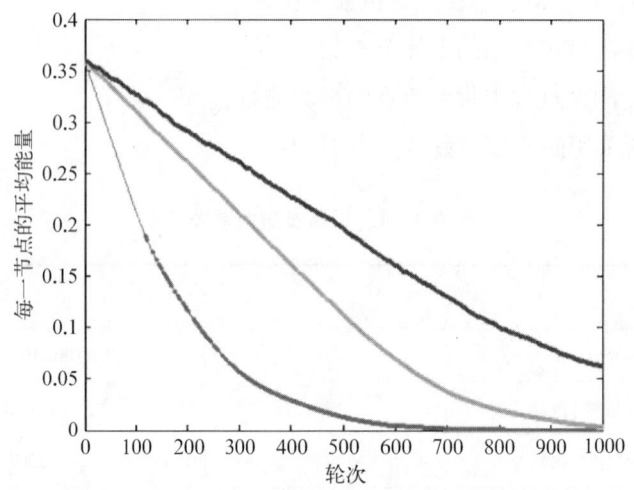

图 1-5　每一轮测试中每个节点的平均能量图示

如图 1-6 所示的每轮测试过程中节点卡死曲线图。图示表明,在 1 000 轮测试结束时,当使用 LEACH 协议时,出现 199 个节点卡死;当使用 SEP 协议时,

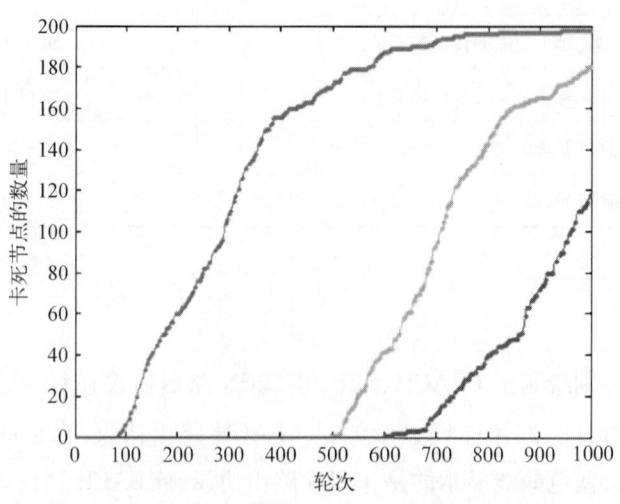

图 1-6　每一轮测试过程中节点卡死曲线图示

出现 180 个节点卡死；当使用 TEEN 协议时，出现 119 个节点卡死。相比 LEACH 协议和 SEP 协议，TEEN 协议具有更好的性能，传感器节点卡死较为迟延且较少卡死。

相关著作

1. 在 Rathee，Sing 和 Nandini(2016)的著文中，作者描述了无线传感器网络的架构、挑战、应用及与它有关的各种协议分类，这篇文章提出并概览了各种安全协议，使得无线传感器网络成为一个安全网络。

2. 在 Arora，Sharma 和 Sachdeva(2016)的著文中，作者试图通过超越现有协议，利用改进后的协议来提高熟练度和不同参数设定。作者评估了在不同节点密度下的 TEEN 协议实施情况，包括流量、PDR(数据包发送比率)和延时。

3. 在 Kahn，Rakesh，Bansal 和 Chaudhary(2015)的著文中，作者分析了协议的有关性能指标，进一步创建了一个普遍的观点。在这篇文章中，作者对 LEACH、SEP 和 TEEN 三个无线传感器网络路由协议进行了比较研究。

4. 在 Sharma，Sethi 和 Bhattacharya(2015)的著文中，作者简要介绍了无线传感器网络，包括广泛采用的无线传感器网络架构和无线传感器节点。聚焦于无线传感器网络中的关键性问题，包括每个包的能量、低能耗、平均包延迟、每轮的能量消耗、数据包大小、距离、第一个节点卡死的时间。同时，还聚焦于基于网络结构方案的分层路由协议，并解释了神经网络如何有助于为无线传感器网络提供有效能量。

5. 在 Aswale 和 Ghorpade(2015)的著文中，作者提供了一份关于路由指标的调查报告，这些被选择的指标作为分类状态和 QoS(服务质量)及 WMSNs(无线多媒体传感器网络)路由技术的标准。在文章中，作者讨论了公开性问题及为保证 QoS 协议的发展，讨论了有效路由协议未来的研究方向。

6. 在 Dhawan 和 Warauch(2014)的著文中，作者梳理了无线传感器网络路由协议的分类和 LEACH 协议中的问题和缺点。作者详细提出 LEACH 协议的一些升级版本，并对其一些特性进行了比较。

7. 在 Mishra，SInghadia 和 Pandey(2014)的著文中，作者提出了一种新的协议，这种协议在无线传感器网络中基于稳定选择协议能量分级(ELBSEP)而提出。作者分析并比较了 LEACH、SEP、ESEP、TEEN、TSEP 和 ELBSEP 等协议的结果。这种模拟结果显示出，ELBSEP 协议与其他协议相比，其运行、流量及节能效率和网络寿命均优于其他协议。

8. 在 Singh，Dua 和 Mathur（2012）的著文中，概述了关于协议架构设计问题、协议分类及 ns－2 模拟器工具。

9. 在 Singh，Sing 和 Singh（2010）的著文中，作者通过考察无线传感器网络协议的一些分类标准，包括位置信息、网络分层、数据中心、路径冗余、网络动态、服务质量需求、网络异构性等，对无线传感器网络路由协议进行了概述。同时，还讨论了每一类别的一些示例协议，并比较了它们的优势和局限。

10. 在 Yick，Mukherjee 和 Ghosal（2008）的著文中，作者将无线传感器网络路由协议中的问题分为三类：一是通信协议栈和网络服务；二是内部平台和底层操作系统；三是配置和部署。在文章中，作者比较了不同的构架设计、协议、算法、服务等。

结论

在本章中，我们讨论了无线传感器网络及其类型、应用程序和挑战。本章还提出了 LEACH、SEP 和 SEEN 三种路由协议各自的比较结果。这些路由协议性能通过对网络使用寿命和卡死节点数量等参数来进行测量。通过对传感器网络使用寿命的结果进行研究和分析，发现采用 TEEN 协议对传感器网络的使用寿命优于 LEACH 协议和 SEP 协议，而 SEP 协议优于 LEACH 协议。因此，就传感器网络的使用寿命和能耗而言，整个 TEEN 协议是最佳的路由协议。

参考文献

Arora, V. K., Sharma, V., & Sachdeva, M. (2016). A survey on LEACH and other's routing protocols in wireless sensor network. *Optik-International Journal for Light and Electron Optics*, 127(16), 6590–6600. doi:10.1016/j.ijleo.2016.04.041

Aswale, S., & Ghorpade, V. R. (2015). Survey of QoS routing protocols in wireless multimedia sensor networks. *Journal of Computer Networks and communications*, 7.

Dhawan, H., & Waraich, S. (2014). A comparative study on LEACH routing protocol and its variants in wireless sensor networks: a survey. *International Journal of Computers and Applications*, 95(8).

Khan, A. R., Rakesh, N., Bansal, A., & Chaudhary, D. K. (2015, December). Comparative study of WSN Protocols (LEACH, PEGASIS, and TEEN). In *Proceedings of the 2015 Third International Conference on Image Information Processing (ICIIP)* (pp. 422-427). IEEE.

Miglani, A., Bhatia, T., Sharma, G., & Shrivastava, G. (2017). An energy efficient and trust aware framework for secure routing in LEACH for wireless sensor networks. scalable computing. *Practice and Experience*, 18(3), 207–218.

Mishra, Y., Singhadia, A., & Pandey, R. (2014). Energy Level Based Stable Election Protocol in Wireless Sensor Network. *International Journal of Engineering Trends and Technology, 17*(1), 32–38. doi:10.14445/22315381/IJETT-V17P206

Rathee, A., Singh, R., & Nandini, A. (2016). Wireless Sensor Network-Challenges and Possibilities. *International Journal of Computers and Applications, 140*(2).

Saini, R., & Khari, M. (2011). Defining malicious behaviour of a node and its defensive methods in ad hoc network. *International Journal of Computers and Applications, 20*(4), 18–21. doi:10.5120/2422-3251

Sharma, K., Bala, S., Bansal, H., & Shrivastava, G. (2017). Introduction to the special issue on secure solutions for network in scalable computing. *Scalable Computing, Practice and Experience, 18*(3), iii–iv.

Sharma, K., & Gupta, B. B. (2016). Multi-layer defense against malware attacks on smartphone wi-fi access channel. *Procedia Computer Science, 78,* 19–25. doi:10.1016/j.procs.2016.02.005

Sharma, S., Sethi, D., & Bhattacharya, P. P. (2015). *Wireless Sensor Network Structural Design and Protocols: A Survey.* Communications on Applied Electronics.

Singh, N., Dua, R., & Mathur, V. (2012). Wireless sensor networks: Architecture, protocols, simulator tool. *International Journal (Toronto, Ont.), 2*(5), 229–233.

Singh, S. K., Kumar, P., & Singh, J. P. (2017). Localization in Wireless Sensor Networks Using Soft Computing Approach. *International Journal of Information Security and Privacy, 11*(3), 42–53. doi:10.4018/IJISP.2017070104

Singh, S. K., Singh, M. P., & Singh, D. K. (2010). A survey of energy-efficient hierarchical cluster-based routing in wireless sensor networks. *International Journal of Advanced Networking and Application, 2*(02), 570–580.

Yick, J., Mukherjee, B., & Ghosal, D. (2008). Wireless sensor network survey. *Computer Networks, 52*(12), 2292–2330. doi:10.1016/j.comnet.2008.04.002

关键术语和定义

拒绝服务： DoS（拒绝服务）是网络上的一种攻击类型，旨在中断主机和互联网的连接。

异构性： 异构性是特征和内容上的不同状态。

服务质量： QoS（服务质量）是对一种服务整体性能的测量，如计算机网络。

无线传感器网络： WSN（无线传感器网络）是一种小型传感器节点网络，被密集部署于环境监控。

第二章
网络安全：移动自组织网络中的攻击与控制

玛玛塔·拉特　印度 C.V. 拉曼工程学院
胡姆·斯温　印度西克沙奥阿诺南德汉大学
比布登杜·帕蒂　印度 C.V. 拉曼工程学院
比诺德库马尔·巴塔纳亚克　印度西克沙奥阿诺南德汉大学

摘要

　　本章阐述了随着互联网用户的快速增长，更多的人如何访问全球信息和通信技术。因此，互联网作为使智能物品和机器能够协调、交流、计算、运算的一个全球平台使用的问题逐渐出现，在移动自组织网络（MANETs）中，单个网络节点可以根据网络拓扑结构的变化进行自主配置。便携式集线器之间的紧密连接更为关键，因为它们面临着严峻挑战，比如在保护其配置的同时，保证其安全地运行以及在集线器之间执行安全的转向操作。由于不良节点的存在，在移动自组织网络（MANETs）中，原则性的挑战之一是网络运行规则的设计过于强调安全设定，保护移动自组织网络遭受其他路由的攻击。本章强调了在移动自组织网络（MANETs）中主要的攻击和控制机制，旨在为研究人员在网络安全领域的研究开辟更多探索方向。在本章结尾，强调了移动网络物联网的基本安全机制和问题。

引言

　　移动自组织网络作为新时代出现的一种核心技术，面临的基本安全挑战包括网络中无缝通信的可靠性。无线通信网络没有基站和接入点等任何基础设备，因而，存在非常多的脆弱点。通信设备可以自由地向任何方向移动，仍然能够保持与其他通信节点的连接。由于移动自组织网络所具备的这种特性，高度安全的移动自组织网络协议设置就非常重要。同样,由于网络拓扑结构的动态变化,网络变化呈现出动态性改变,因此,网络是分散的而且在许多方面比有线网络更加脆弱。

移动自组织网络是一种特殊的网络,由电子设备、平板电脑、个人电脑、手机和具有特殊指定通信能力的机器等连接在一起而形成一个系统。是一种灵活关联主机隐蔽连接的自组织结构。路由器可以随意移动并可自由组合,基于这种线路设置,系统远程拓扑网络可以快速而随意的改变(Huang et al., 2014)。在移动自组织网络中(Madan Mohan et al., 2013),每个节点都可以作为路由器来运行,由于拓扑结构的动态变化,通常不能保证集线器的可访问性(Ling et al., 2012)。同样,它也不能保证在任何两个集线器间不会出现损害的状况。集线器间的远程连接很容易遭到攻击,这种连接攻击包括了诸如被动窃听、主动干扰等(Sridhar et al., 2013)。由于移动自组织网络设备的不灵活性,无论何时进行任何一种极端计算来执行加密时,都会影响其安全性。由于存在这种问题,因此,能够提供高度安全的解决方案和提供诸如身份验证、机密性、完整性、不可否定性和可用性的安全服务,建立一种安全的连接至关重要。因而,每层网络都需要提供安全(Madan Mohan et al., 2013)。

移动自组织网络中的安全机制

近年来,移动自组织网络因具有节点自动配置及自行维护功能而备受青睐(Jain et al., 2014)。在这类特殊的网络中,也存在许多开放性的安全问题,诸如开放的网络架构、共享媒介、资源限制以及可变的网络拓扑结构等。在网络模型的网络层中,当数据包从一个移动设备传输到另一个移动设备的过程中,各种各样的攻击就会发生。有一些高级别攻击,它们不会到路由表单,但会改变数据包的传输。因为下层协议存在的任何弱点,都会引起对已验证的设备拒绝服务,进而出现大量的网络攻击和其他许多问题的发生(Choudhury et al., 2015)。在数据链接层,网络加密协议的任何缺陷都会引起各种攻击,同样,另一种被称为拒绝服务(DoS)的网络攻击也会发生(Dolk et al., 2017)。在这种攻击中,攻击者通过将特定节点成员与网络组隔离来阻止网络与特定节点成员之间的通信(Mejri et al., 2017),有许多杰出的学者提出了安全协议,从而阻止了网络中的这类攻击(Rath et al., 2016)。在移动自组织网络中,实现安全的基本目标是在多跳跃无线信道上保持可持续连接(Umamaheswari et al., 2015),以便在网络等级中,提供链接级安全解决方案和安全机制条款(Paramasivan et al.,2015)。在移动自组织网络中,通常采取主动传输和被动传输两种方法来实现数据源和数据目的地间的数据传输。在设计移动自组织网络安全解决方案时,由于安全解决方案中蕴含的复杂逻辑,应仔细检查增加网络性能的影响(Nakhaee et al.,2011)。作为每一个相似的结果,都应该有一个平衡的标准等级,仅只有最终结果才应当被加以实施。在网络层中,有一些入侵者从节点的路由表单中远程窃取数据,发起路由攻击(Yu et al.,2009)。在转发攻击中,网络入侵者或攻击者改变数据包的目标地址,使得来自通信通道的信息被转移到黑客计算机上,而不是转移到目标计算机上。特殊攻击机制及其合并完全依赖于底层协议的设计(Forouzan,2006),在信息认证、技术和安全通信中,采用了基于密钥共享的单向哈希函数。为了实现更高的安全性,这些数据必须与系统的 MAC 地址一起发送(Safan et al.,2014)。发送者的 MAC 地址由接收者在接收数据前进行验证,而且只能由接收者发送确认,在这种情况下,网络上的数据将会更少,因而,在攻击发生时,数据无须进行重复传输(Yu M et al.,2009)。根据路由协议的请求,可以基于源路由或使用距离向量路由或链路状态路由。基于安全源的路由机制增加了节点识别而动态创建的路由路径(Shakshuki,2013;Miglani et al.,2017),这有助于防止中间节点更改它们的路由列表。在安全链路状态路由中,一个特定的源节点识别其相邻节点,并将其路由表单传送给网络中的每个其他节点,目的是验证已发现相邻节点的进程并传送信息给相邻节点。一些协议还使用数字签名进行身份验证(Jain et al.,2014;Sharma et al.,2017)。

移动自组织网络的漏洞

移动自组织网络面临的各种漏洞如下:

• **集中式管理缺乏**:由于移动自组织网络没有集中监控服务器的原因,因此,在一个高度活跃和大规模特别网络中实现流量跟踪并不容易。

• **可测量性**:在移动自组织网络中,网络节点自由地、公开地移动造成网络本身处于频繁的变动之中,因此,这种小型网络的安全问题完全可以应对(Al-Nahari et al.,2013)。

• **资源限制**:由于限制了访问资源,有时移动自组织网络工作区会出现网络中断因为突然有限的电源耗尽或一些异常情况下,在这种情形下,移动自组织网络中的资源被解锁而不受任何控制器控制,导致入侵者很容易访问网络资源(Bhatsanghave et al., 2012)。

• **拓扑变化**:由于网络拓扑结构的高频变化,网络信息共享在特定类别下的节点组,如特定的实时组(Pease et al., 2016)被暴露在相邻节点中,导致信息泄漏给网络其他部分而造成信息溢出。如果电源供应有限,移动自组织网络中的节点只是一种自我运行行为。

移动自组织网络中计算机安全的目标

为了发展一种安全的移动自组织网络,我们必须遵守业已存在的标准化目标设定和将要讨论的一些目标,具体包括:

• **可用性**:一个节点总是提供被设定的服务。其关键部分集中在拒绝服务攻击上。而一些未经专门设定的节点使得一些网络服务不可用(Qiankun, et al., 2011)。

• **完整性**:它指的是保证用户身份信息的过程。在移动自组织网络中,仍然存在诸如恶意攻击和突然改变等带来的挑战(Sharma et al., 2012)。两者的区别在于故意意图的不同,即在恶意攻击中,攻击者故意改变信息,而在突然改变中,这种信息改变是由运行良好的节点突变形成的。

• **机密性**:有时候,一些信息只有被授权的人才有访问权限,其他未经授权的人,不应当获取这些机密信息。

• **真实性**:真实性的检查为了判别节点是否为模拟器。必须通过对参与者各自的代码进行加密来保护其身份(Baozhu Li et al., 2010)。在此,竞争对手能够模拟一个缓冲节点,通过这种方式获得隐私资源,甚至还会散发一些有害信息。

• **不可拒绝性**:不可拒绝性保证了信息接收者和发送者无法拒绝他或她没有发送或接收的这类信息。被拒绝的一个实例是建立真实性,例如,如果一个节点确认它收到的信息是非法的或不真实的(Nicola et al., 2011),这个节点就会使用这些错误的信息作为证据来警告其他已经被拒绝的节点(Zhu et al., 2011)。

• **身份验证性**:由有关当局颁发的诚信证书,将向不同权限级别的用户分配访问权限,并通常使用一种授权程序。

移动自组织网络协议中的安全问题

杰出的研究人员在研究移动自组织网络安全方面,设计出了大量基于安全的协议(Sridhar et al.,2013),比如,移动自组网络中基于按需距离矢量协议(Rango et al.,2011)。关于对网络层的各种攻击,提出了安全移动自组网络按需距离矢量协议和方法识别(Madan Mohan et al.,2013)。多方安全计算协议和提出的方法识别聚焦于移动自组网络按需距离矢量协议和安全移动自组网络按需距离矢量协议,进而分析安全移动自组网络按需距离矢量协议,以便识别针对算法造成的未决威胁,如计算机层中的错误指令、潜在威胁等。在另一种方法中,作者使用了动态源路由协议,这种方法包含了节点之间需要的识别机制,并使用识别和授权证书来完成,导致隐私问题的出现等(RSA Algorithm,2017)。作者使用定向服务移动自组织网络,来维护分布式方法,以便保持服务的可用性(Nishanthini et al.,2013)。在其他一些新颖的方法中,作者聚焦于如何安全地传输音频,以及在路由上使用流式循环法对每个节点的音频进行加密和解密,形成双重安全来得以实现(Naqi. et al.,2013)。基于本章所研究移动自组织网络协议的功能,对移动自组织网络(Rath et al.,2016)中存在的一些安全机制做出总结,如表2-1所示。

表2-1 基于移动自组织网络的协议及其基本安全机制综述一览表

序号	作者	年份	协议/建议	全称	使用的安全机制
1	乔杜里等	2015	MAODV	可修改移动自组网络按需距离矢量协议	黑洞攻击防范机制
2	黄等	2014	MEP-AODV	多路径节能概率移动自组网络按需距离矢量协议	身份验证后下一个跳跃节点的仔细选择机制
3	杰恩等	2014	EESM-AODV	节能安全多路径移动自组网络按需距离矢量协议	基于节能技术的多路径路由安全使用决定机制
4	莫汉等	2013	PC-AODV	功率控制移动自组网络按需距离矢量协议	基于需求的节点功率选择级别检查机制
5	西三尼等	2013	E-AODV	增强型移动自组网络按需距离矢量协议	解决跳跃选择期间的链路故障和影响安全问题
6	斯里达尔等	2013	EN-AODV	节能型移动自组网络按需距离矢量协议	基于能量级使用革新安全技术选择新路径
7	阿里等	2012	NCLBR	节点中心型负载平衡路由协议	检查负载平衡方法的一种阈值准则,避免超载

续表

序号	作者	年份	协议/建议	全称	使用的安全机制
8	纳哈瑞等	2013	RB-AODV	接收器型移动自组网络按需距离矢量协议	接收器发送所有可能和可用路径信息,避免以无效路径传输
9	帕蒂尔	2012	E-AODV	增强型移动自组网络按需距离矢量协议	仔细处理链路故障以支持服务质量
10	吉尔奇	2012	O-AODV	最优型移动自组网络按需距离矢量协议	确定能级阈值,延迟路由请求包的到达时间
11	夏尔马	2012	AODV-PP	优先级和功率型移动自组网络按需距离矢量协议	使用强功率优先选择下一级节点,避免能量突然损失导致链路故障,阻止进一步的攻击
12	纳克海	2011	一种新的通信模型	基于Petri网络的模型	使用PetriNet模型实现可靠通信
13	朱等	2011	可改善的AODV	基于Web的时间延迟型移动自组网络按需距离矢量协议	通过为小功能提供信道容量来控制安全,处理移动节点上的关键任务
14	李等	2010	AODV_BD	播送型移动自组网络按需距离矢量协议	考虑到链路故障是漏洞的主要原因,使用播送方法通知所有相邻节点链路的修复或故障
15	库马尔等	2010	MRAODV	修复反转型移动自组网络按需距离矢量协议	依靠节点较长时间的稳定性,在路由中选择合适路径

移动自组织网络中的攻击类型

在移动自组织网络中,攻击被分为两大类(Schweitzer et al.,2016)。根据网络传输过程中攻击计算机或计算设备时所使用的机制类型,攻击可以是主动的,也可以是被动的(Huang et al.,2007)。在被动攻击类型中,攻击者进行窃听而不改变原始信息。但在主动攻击中,攻击者携带信息并操纵信息,也可以删除信息(Liu et al.,2014)。

外部攻击

在外部攻击中,攻击者通过传播假路由信息来实现网络干扰,该攻击会破坏节点以获取服务。

内部攻击

在内部攻击中，入侵者也通过使用一些恶意技术干扰网络并参与网络功能。有时候，攻击者会捕获一个孤立的节点，并将其作为载体来获取网络信息。在表2-2中，指定了在移动自组织网络中常见的各种攻击类型。

表2-2 移动自组织网络中不同层面的各种攻击详述一览表

层 名	攻击方式	详 细 描 述
应用层	拒绝	表明拒绝全部或部分通信
	恶意攻击	通过攻击程序框架，有害集线器损害了系统中备用集线器的正常运转
传输层	会话劫持	在这类攻击者中，用户通过获取用于进入框架并监视信息的会话ID，进入特定客户会话状态的路径
数据链路层	拒绝服务	每个集线器都共享一个单独的远程通道，所以一个恶性的集线器通过发送假包裹来耗尽这个通道，占用集线器的电池控制
	介质访问控制目标攻击	中断介质访问控制程序
物理层	设备篡改	特定远程系统中的集线器又少又小，可手持，完全不像有线设备，因此，可以毫不费力地被偷走或损坏
	干扰	攻击者以特定的最终目标筛选远程介质，以发现来自发送中心集线器获得的重复性目标集线器。侵略者必须具备有能力的传送器发送信号到重复的目标，从而干扰其行动。最常见的干扰类型是随机噪声和脉冲

黑洞攻击

在正常的移动自组织网络路由进程中，任何具有新路由的中间节点都可以使用发送方发送指向目的地的RREQ信息。攻击者通过研究这种方式，攻击者节点应发送者请求发送一条指向目的地的路由要求，向路由发送应答信息。实际上，这个攻击者节点没有到达目的地的路径(Debarati Roy et al.，2015)，因此，它是一个错误信息。源节点感知到这样的信息后，就会将重要数据发送给攻击者节点，误认为它是指向目的地的正确中间节点。然而，该节点会使数据移位，没有将其发送到适当的通道，从而导致数据传输失败。当一组这样的攻击节点集中进行攻击时，就被称为协同黑洞攻击。

第二章 网络安全：移动自组织网络中的攻击与控制

缓存中毒攻击

攻击者发送一个流行的域名系统反应，并提供富有损害性的信息，真正的域名系统服务器则将这些信息予以保留而被认为是"有害的"。因此，未来用户将会努力访问这些具有损害性的空间而不是直接指向攻击者所选择的新 IP 地址。用户将继续从域名系统接收不真实的 IP 地址，直到这些损害性的信息存储被清除。表 2－3 显示出在移动自组织网络层中存在的重要的攻击类型。

表 2－3　移动自组织网络层中的各种攻击一览表

攻击类型	详　细　描　述
蠕虫洞攻击	有害集线器在系统的某个区域获取数据包，并将数据包推送到系统另一区域，在此，这些数据包又被重新发送到系统。两个碰撞的攻击者之间形成的信道被称为虫洞
黑洞攻击	在这类攻击中，一个恶意集线器向一个故障集线器传送合法有限的信息数据时，减少并控制数据包的发送量
拜占庭攻击	包括了不同的攻击者，在密谋中工作，来降低系统的运行。例如，创建数据循环，特别是减少数据包，选择不合理的数据包发送方式
路由表单中毒攻击	在这类攻击中，恶意集线器向系统中发送制造的定向数据包刷新和错误信息或者向已授权的集线器调整真实数据更新
路由缓存中毒攻击	一个恶意集线器可以对任何集线器发送 DOS 攻击，通过调整传输源数据中哪些不真实的数据包来实现
重放攻击	与简单改变数据包内容相反，攻击者只是设定一个特定的最终目标来努力提高电池功率、传输速度和便携式集线器的计算限制等，重新发送陈旧的数据包
快速攻击	这类攻击包括整个系统移动通过攻击者。如果没有攻击者，源集线器将无法找到任何受保护的方式
水母攻击	这是一种特定的暗间隙攻击，有害集线器通过重新排序数据包或扩展跳跃数据包来攻击系统，从而记住最终目标防止攻击被识别，造成系统遭到破坏或延迟是由于电路原因引起的

移动自组织网络中与网络拥塞控制相关的安全问题

由于网络传输信道的严重拥塞，移动设备变得脆弱、不安全和易受攻击。因此，在考虑拥塞控制和服务质量的同时，规划数据流量安全机制必不可少。通常而言，在网络中，有三种类型的流量监控：恒定比特率（CBR）、可变比特率

（VBR）和间歇性比特率。如果网络负载的数据包数量高于网络的数据容量，即网络可以处理的数据包数量，就会发生网络拥塞。安全拥塞控制强调的方法和技术，用于控制拥塞和将负载保持在网络容量以下，从而禁止攻击。由于流量拥塞，作为网络负载功能的数据包延迟和数据包吞吐量被过分夸大。当负载增加时，吞吐量不断变化，直到负载达到网络数据容量，但当负载超过网络数据容量时，由于拥塞，吞吐量会减少。表2-4详细描述了本文研究安全机制的学者。

表2-4 安全机制研究者一览表

序号	作者	年份	贡献	安全拥塞控制	详细描述
1	唐等著	2002	RALM	设计一个可靠的多点传送传输协议	当遭受到流量负载、多播源数量和移动性等网络条件时，就实现了可靠性，并显示出低端到末端延迟和最小控制过载
2	彭等著	2003	拥塞控制改进方案	提出了一种针对移动自组织网络的多播拥塞控制方案	方案克服了现存多播拥塞控制协议的缺点，而且在流量稳定性、增强反对不端行为接收器等方面，实现了良好性能
3	耶拉哈纳等著	2009	TASR	提出了一种新的无线自组网络路由协议	提出了一种根据数据包相关路径的时间戳值在多条路径之间分配负载的方案
4	拉希迪等著	2009	无线自组网按需平面距矢量路由协议	该方案提出了一种基于拥塞控制的信任协议	拥塞控制部分保证了网络的稳定性和在高度信任的网络节点上分配负载。并由网络节点上的代理服务器来实施
5	古玛兰等著	2010	拥塞探测和控制无线自组网按需平面距矢量路由协议	该方案提出了针对无线自组网的早期检测和控制路由协议	该协议检测节点级别的拥塞，并通过利用拥塞节点的非拥塞前继器和拥塞节点的后续节点来发现拥塞状态
6	周元等著	2010	无线自组网按需平面距矢量路由协议常规分析	为了克服无线自组网按需平面距离矢量路由协议局部网络拥堵的缺点	无线自组网按需平面距离矢量路由协议在路由发现进程中，没有考虑节点的当前负载，导致局部网络拥塞，采用模糊控制理论和早期随机检测理论，来克服和改进这些不足
7	塔巴什等著	2011	链路层传输控制协议	该方案基于模糊推理系统提出	基于预期吞吐量和实际吞吐量的因素，动态调整拥塞窗口大小，从而提高移动自组网络传输控制协议的性能。该方案不依赖于明显存在的网络，只需发送方修改即可

续 表

序号	作者	年份	贡献	安全拥塞控制	详细描述
8	凯达等著	2012	最优链路状态路由协议	该方案处理无线自组织网络中多流量的拥塞控制	这种协议考虑了不同编号节点的随机路径移动模型的移动自组织网络性能。通过在网络中发送多重流量,控制不同的区域大小
9	凯达等著	2012	无线自组网按需平面距离矢量路由协议和最优链路状态路由协议分析	该方案处理移动自组织网络中多重流量的传输控制协议拥塞控制	这种协议考虑了不同编号节点的随机路径移动模型的移动自组织网络性能,在网络中发送多重流量
10	斯里尼瓦斯等著	2012	链路层拥塞方案	该方案设计了无线自组网络的链路层拥塞控制	这种协议测量了每个节点路径的带宽和延迟。基于累积值,接收方计算新的窗口大小,并将该信息作为反馈发送给发送方

移动自组织网络中针对安全攻击的控制

随着技术的发展,网络中新型安全攻击的数量不断增加。在此,提出了几种针对安全问题的策略,如带有机密性能的保密性和完整性,以及查询监视器的访问控制(Shakshuki et al., 2013)。网络保护也因这种控制而出现。防火墙、入侵检测系统和加密电子邮件是用于网络保护的三种基本控制机制,这些机制将在本章的章节中进行详细讨论。在接下来的章节中,将会简要讨论其他一些控制机制。

授权软件使用和完整性检测

应为关注的高级别管理组织保存一个经授权的软件清单。特殊系统所需软件应获得许可,包括服务器、工作站和必要的外部设备,并持续监控被授权人群。在上述部分所列软件应当进行持续性检查,检查软件的完整性,验证软件未被修改。如果使用了自动化系统,该软件的状况应与其前述版本进行交叉检查。在紧急情况下,如果计算机中安装了任何未经批准的软件,则必须执行定期扫描,在出现任何违反配置的状况时,必须生成警报消息(Liu et al., 2014)。验证程序合法性和信息正确性的交叉检查技术,需要定期更新和更改,这些更改只应在真实权威的监督下进行。

授权技术和日志应用程序的发展

应使用应用程序白清单技术,允许计算机系统只运行那些经过批准的软件,并严格限制在工作系统上使用的其他软件。提供操作系统软件的硬件供应商可能会事先就此问题进行协商。软件库存工具可以部署在整个组织系统中,以跟踪存储库的任何细微变化,并立即通知授权方(Paramasivan et al., 2015)。基于程序的安全只有在进行日志维护的情况下才会获得成功。

自动扫描工具和常规漏洞报告

自动扫描工具不仅应当检查系统中应用程序的上传和下载,而且,还应监控应用程序的版本号及补丁程序级别。定期漏洞报告——这种漏洞报告应定期生成(Security, 2017),并应突出与组织网络每个相关软硬件组件的漏洞级别。该报告应直接指向威胁情报机构,以修复易受攻击的活跃软件。在此所讨论的软件库存系统必须和硬件资产库存系统连接,以便实现从一个控点追踪与监控所有设备和相关软件。保持追踪的软件库存工具与程序,还应追踪安装在个人工作站上哪些未经授权的软件。这种操作针对不知道授权监控程序的情况下,来检查软件的安装情况。在网络上,监控可疑文件类型的交换,各种危险的文件类型,诸如扩展名为.exe 的可执行文件、.zip 的压缩文件和.msi 的写入式文件,都应仔细监控和决定是否予以屏蔽。如果系统组织有时需要这类型的文件,那么,在提供使用之前,对所有这类文件都需要进行仔细扫描。模拟机也具有安全系统,应当被用于运行应用程序,但基于较高风险因素的存在,它在网络环境下不应当被安装使用。

移动自组织网络入侵检测系统

入侵检测系统(IDS)(Pattanayak et al., 2014)已被证明是防护系统中最不可少的组成部分。现在,设计的高级入侵检测系统是为了保护网络免受外部攻击,因为普通的加密技术和身份验证机制很容易被入侵者破坏。因此,随着更多定制功能被添加到系统中,复杂系统变得更加脆弱,导致系统面临更多的安全攻击。因此,入侵检测系统(IDS)可以被用作网络系统的二级保护来源(Kang et al., 2013)。如果系统检测到攻击,则会立即发出警报,启动预防机制以保护系统。IDS 可以基于主机或基于网络而设计(Yi et al., 2015)。在基于网络的

IDS 中,数据包的捕获和分析是在数据传输中完成的,而在基于主机的 IDS 中,则是通过分析操作系统日志目录和应用程序手册来发现问题。作为一种检测技术,IDS 可以是异常检测系统、误用检测系统或基于规范的检测系统。大量研究人员提出了 IDS 网络中的移动代理设计,因为移动代理有助于通过节点提供信息给先前已经注册过或已达成协议的主机节点。IDS 基本目的是在分布式方法中将这种入侵检测系统分散在移动代理之间(Bridges et al., 2013)。在 IDS 中使用移动代理的优点包括:减少节点功耗、确保网络传输安全。对于检查个人电脑架构或对未经批准确认、开发或文件调整的系统而言,IDS 是一种策略部署(Yang et al., 2017),同样,它可以被用来检查已经运行的程序,它也可以侦测到电脑结构是否已成为被系统集中攻击的目标。例如,暗开或执行异议攻击。IDS(Dolk et al., 2017)可以通过不断地观察与解析系统的异常运行、一些例外的攻击和哪些与日常运行不同的运动来完成定位。依靠信息积累系统和识别工具,IDS 可分为两类,依赖于信息积累系统的 IDS 类型包括:基于网络的 IDS (NIDS)和基于主机的 IDS(HIDS)。

从移动自组织网络到安全物联网技术的兴起

在当前技术发展环境下,物联网(IoT)提供的物物联网,其发展趋势前途无限(Miorandi et al., 2012)。虚拟物联网提供的平台,形成物品间的相互连接网,使得物联网络达成末端用户网。移动自组网(MANET)的最新发展表明,它能够在没有预定义基础设施的情况下,动态地形成网络和网络运行,进一步显示出,在智慧城市中,基于应用领域的许多物联网取得了巨大成功。物联网(IoT)和无处不在的计算,使得移动自组织网络在当下的技术中,变得备受青睐(Reina et al., 2013)。本节关注的主要安全方面包括:物联网与移动自组织网络的关联、移动自组织网络中基于物联网应用程序的相关问题,并特别分析了智能环境对智能协议的需求。

随着互联网用户的快速增长,越来越多的人能够获得全球信息和通信技术,因此,利用互联网作为全球平台,逐渐出现智能体与机器间的对话、交流、运算和计算(Bellavista et al., 2013)。每天,世界各地都有数十亿人在使用互联网,浏览和访问万维网,进行诸如发送和接收电子邮件,下载大量音视频文件、游戏以及使用社交网站的动画等。与此同时,使用互联网作为与智能体进行通信和消息传输的通用平台,它们间相互协调的逐渐增加,成为另一个问题。在此背景下,术语"物联网"(物联网)基本上用来指具有先进互联网技术的智能体(Airehrour et al.,2015)和所有用于实现这种理想愿景的支持技术,并将正确的应用和服务技术结合在一起,以获得新商机。因此,为移动自组织网络和物联网设计高效安全的路由协议就显得十分必要。在点对点传输的每一个节点中,在大量安全路由中,为了确保通过身份验证的移动节点安全,加密技术被加以使用(Hua et al.,2011)。运行在每个节点间的身份验证机制和中间加密节点,能够确保每一个与加密路由信息相连的数字信号得到检查。有时,通常会使用一种米制测量工具用来检查数据包的真实性。对路由信息而言,安全协议的最终目的在于存储更多有效信息,通过高效计算这些信息数据和其他基于安全的操作,以便实现路由协议安全最优化,从而避免做出低效率的决定。因此,对于物联网环境而言(Qin et al.,2014),最终目标是设计出高能、高效的路由协议,从而保证各个可能的安全方面都被加以考虑。

本部分对物联网与无线网的安全性做出了详细论述和分析。物联网技术将互联世界中的所有对象物都视为虚拟物(Silva et al.,205)。这些对象物可以是一种设备、服务和进程,并能提供某种方法而保持与互联网连接。因此,物联网可被看作是未来互联网发展趋势的一部分,它集成了不同的技术解决方案。所以,需要建立标准的网络传输协议,来支持物联网的特定需求。移动自组织网络可被理解为无线网络中能够相互间进行动态通信、自我组织、自我配置的移动节点组(Tan et al.,2015)。当今,随着物联网技术的逐渐普及,普遍存在的网络计算变得更为重要,正如在网络环境下高效运行的智能产品一样。根据 Paolo 等的研究(2013),无线网络,诸如无线传感器网络和移动自组织网络,已成为许多物联网应用和智慧城市建设相似领域中主要的技术支撑。由于物联网具有自我设置的能力,因而其应用就显得更为有效(Caroline et al.,2013)。这些应用领域范围从学术兴趣到学术研究,并且很快与技术相结合,在环境监测、交通管理和公共安全相关系统中得到使用。在物联网环境中,管理安全是一项非常具有挑战性的任务,因为许多不同的设备是通过网络进行连接的。目前研究表明,基于物联网的互联网极易受到大量攻击,如恶意软件、僵尸网络、DoS(拒绝服务)攻击,基于网络的恶意软件、安卓恶意软件和垃圾邮件(Shrivastava et al.,2010)。因此,需要在物联网中为通信安全而开发一种标准的安全框架(Hua et al.,2011)。物联网可以是任何类型的自组网络,它的基本要求包括可用性、真实性和不可否定性等,也是基本安全规则的特征。机密性指的是确保信息永远不会被泄露给错误的来源。在移动自组织网络中,安全性条款规定,不允许恶意节点在未经授权的情况下,访问有关路由的重要信息。所以,无论从任何真实的节点起,还是在传输讯息时,这些信息都不能被泄露于外。同样,安全完整性的另一个特性是指在信息传输过程中,要确认节点接收到的数据指向正确目标地址。

为移动自组织网络设计安全有效的路由协议面临很大的挑战,但是,这对维护网络路由信息和安全却非常有用。加密技术通常用于保证路由信息在传输过程中的安全,安全协议被嵌入到路由机制中,以便验证和证实点对点间传输的数据包。在信息数据包传输到下一个节点之前,所有中间节点都需验证、检查与信息数据包相关联的数字签名。

用于战场、坦克、步兵及空中飞行器通信系统中所包含的物联网,都是使用了移动自组织网络通信技术。为此,拜恩于2006年开发了一套基于密码组的密钥交换系统。针对用于战场环境下的物联网,大量基于密码的通信方案被提出,这些方案支持动态群组计划。运用这种方法,各类移动自组网络中存在的组节点可以接收到无线信息,并使得这些信息在实时系统中直接传输成为可能,仿真实验结果表明,这些方案具有良好的动态性和经久耐用性。在软件定义的网络结构中,最重要的是网络统计数据,如传输率、带宽消耗率、延迟率等(Qin et al., 2014)。然而,在物联网中,由于大量设备的复杂状态信息以一种松散耦合的方式被存储于分布式网络中,在测量物联网的网络性能时,因为设备类型信息不同和数据类型时间敏感的问题,很难选择一个参数进行测量。近年来,主要用于无线网络的 SDN 技术中,Silva 等(2015)提出了在物联网平台建立一种共生资源共享机制,旨在为物联网选择一种更好的性能评测标准。物联网多联网环境中数据采集组件和设备的相关信息被存储在数据库中,之后,这些信息被分层组件进行使用。分析人员也会通过结合外部软件工具对系统进程加以控制。从概念上来看,中央控制器随着每一次数据量的急剧增加,都会提高数据信息量。由于移动自组织网驱动下物联网技术的出现,在高速移动和动态环境中存在的智能物体之间,已经成功实现了迅速地交流和互动。移动自组织网与物联网的衔接,在许多具有挑战性的领域正发挥着举足轻重的作用,包括诸如智慧城市、交通管理、控制、监控和物流等先进领域。

结论

网络安全是数据传输中最重要的因素,前述章节聚焦于在移动自组织网络中首要的安全问题及其控制,本章阐述的部分内容强调了路由不同层级下的安全问题,以及如何通过结合智能预防控制策略来解决这些问题,不同于移动自组织网络中普遍的和传统的安全问题,本章更加强调网络层的安全问题,着力强调有着基本路由机制设置的网络层。除此之外,本章讨论了移动自组织网络中存在的不同攻击,以及强调在商业组织中的控制机制,在本章的最后一部分,重点强调入侵探测系统作为一种安全框架加以讨论。同样,结合各种机制问题,讨论了物联网技术的安全性。这些机制覆盖了从移动自组织网络到安全物联网的传输等诸多方面。

参考文献

Ahmed, A. S., Kumaran, T. S., Syed, S. S. A., & Subburam, S. (2015). Cross-layer design approach for power control in mobile ad hoc networks. *Egyptian Informatics Journal*, *16*(1), 1–7. doi:10.1016/j.eij.2014.11.001

Airehrour, D., & Gutierrez, J. A. (2015). An analysis of secure MANET routing features to maintain confidentiality and integrity in IoT routing. In CONF-IRM (p. 17).

Ali, A., & Huiqiang, W. (2012, March). Node centric load balancing routing protocol for mobile ad hoc networks. In *Proceeding of International MultiConference of Enginners Computer Scientists*.

Al-Nahari, A., Mohamad, M. M., & Al-Sharaeh, S. (2013, December). Receiver-based AODV routing protocol for MANETs. In *Proceedings of the 2013 13th International Conference on Intelligent Systems Design and Applications (ISDA)* (pp. 126-130). IEEE. 10.1109/ISDA.2013.6920721

Basurra, S. S., De Vos, M., Padget, J., Ji, Y., Lewis, T., & Armour, S. (2015). Energy efficient zone based routing protocol for MANETs. *Ad Hoc Networks*, *25*, 16–37. doi:10.1016/j.adhoc.2014.09.010

Bellavista, P., Cardone, G., Corradi, A., & Foschini, L. (2013). Convergence of MANET and WSN in IoT urban scenarios. *IEEE Sensors Journal*, *13*(10), 3558–3567. doi:10.1109/JSEN.2013.2272099

Bhatsangave, S. P., & Chirchi, V. R. (2012). OAODV routing algorithm for improving energy efficiency in MANET. *International Journal of Computers and Applications*, *51*(21).

Bridges, C. P., & Vladimirova, T. (2013). Towards an agent computing platform for distributed computing on satellites. *IEEE Transactions on Aerospace and Electronic Systems*, *49*(3), 1824–1838. doi:10.1109/TAES.2013.6558023

Brindha, C. K., Nivetha, S. K., & Asokan, R. (2014, February). Energy efficient multi-metric QoS routing using genetic algorithm in MANET. In *Proceedings of the 2014 International Conference on Electronics and Communication Systems (ICECS)*. IEEE. 10.1109/ECS.2014.6892695

Chibelushi, C., Eardley, A., & Arabo, A. (2013). Identity management in the internet of things: The role of manets for healthcare applications. *Computer Science and Information Technology*, *1*(2), 73–81.

Choudhury, D. R., Ragha, L., & Marathe, N. (2015). Implementing and improving the performance of AODV by receive reply method and securing it from Black hole attack. *Procedia Computer Science*, *45*, 564–570. doi:10.1016/j.procs.2015.03.109

Corriero, N., Covino, E., & Mottola, A. (2011). An approach to use FB-AODV with Android. *Procedia Computer Science, 5*, 336–343. doi:10.1016/j.procs.2011.07.044

Da Silva, E., Dos Santos, A. L., Albini, L. C. P., & Lima, M. N. (2008). Identity-based key management in mobile ad hoc networks: Techniques and applications. *IEEE Wireless Communications, 15*(5), 46–52. doi:10.1109/MWC.2008.4653131

De Rango, F., Veltri, F., & Fazio, P. (2011). Interference aware-based ad-hoc on demand distance vector (IA-AODV) ultra wideband system routing protocol. *Computer Communications, 34*(12), 1475–1483. doi:10.1016/j.comcom.2010.09.011

Dolk, V. S., Tesi, P., De Persis, C., & Heemels, W. P. M. H. (2017). Event-triggered control systems under denial-of-service attacks. *IEEE Transactions on Control of Network Systems, 4*(1), 93–105. doi:10.1109/TCNS.2016.2613445

Forouzan, B. A., & Mosharraf, F. (2012). *Computer networks: a top-down approach* (p. 931). McGraw-Hill.

Halder, T. K., Chowdhury, C., & Neogy, S. (2014, August). Power aware AODV routing protocol for MANET. In *Proceedings of the 2014 Fourth International Conference on Advances in Computing and Communications (ICACC)* (pp. 331-334). IEEE. 10.1109/ICACC.2014.84

Harishankar, S., Woungang, I., Dhurandher, S. K., Traore, I., & Kaleel, S. B. (2015, March). E-MAnt Net: An ACO-Based Energy Efficient Routing Protocol for Mobile Ad Hoc Networks. In *Proceedings of the 2015 IEEE 29th International Conference on Advanced Information Networking and Applications (AINA)* (pp. 29-36). IEEE.

Hua, Z., Fei, G., Qiaoyan, W., & Zhengping, J. (2011). A Password-Based Secure Communication Scheme in Battlefields for Internet of Things. *China Communications, 8*(1), 72–78.

Huang, Y. M., Yeh, C. H., Wang, T. I., & Chao, H. C. (2007). Constructing secure group communication over wireless ad hoc networks based on a virtual subnet model. *IEEE Wireless Communications, 14*(5), 70–75. doi:10.1109/MWC.2007.4396945

Huang, Z., Yamamoto, R., & Tanaka, Y. (2014, February). A multipath energy-efficient probability routing protocol in ad hoc networks. In *Proceedings of the 2014 16th International Conference on Advanced Communication Technology (ICACT)* (pp. 244-250). IEEE. 10.1109/ICACT.2014.6778932

Ikeda, M., Kulla, E., Hiyama, M., Barolli, L., Miho, R., & Takizawa, M. (2012, July). Congestion control for multi-flow traffic in wireless mobile ad-hoc networks. In *Proceedings of the 2012 Sixth International Conference on Complex, Intelligent and Software Intensive Systems (CISIS)* (pp. 290-297). IEEE. 10.1109/CISIS.2012.83

Jain, H. R., & Sharma, S. K. (2014, August). Improved energy efficient secure multipath AODV routing protocol for MANET. In *Proceedings of the 2014 International Conference on Advances in Engineering and Technology Research (ICAETR)*. IEEE. 10.1109/ICAETR.2014.7012847

Jain, H. R., & Sharma, S. K. (2014, August). Improved energy efficient secure multipath AODV routing protocol for MANET. In *Proceedings of the 2014 International Conference on Advances in Engineering and Technology Research (ICAETR)*. IEEE. 10.1109/ICAETR.2014.7012847

Kishor, A. (2008, December 11). Scan your network for security vulnerabilities using GFI languard. *Helpdeskgeek*. Retrieved on August 25, 2017 from http://helpdeskgeek.com/product-reviews/scan-your-network-for-security-vulnerabilities-using-gfi-languard/

Kumar, P., Kumar, R., Kumar, S., & Kumar, R. D. (2010). Improved modified reverse AODV protocol. *International Journal of Computers and Applications, 12*(4), 22–26. doi:10.5120/1665-2242

Li, B., Liu, Y., & Chu, G. (2010, August). Improved AODV routing protocol for vehicular Ad hoc networks. In *Proceedings of the 2010 3rd International Conference on Advanced Computer Theory and Engineering (ICACTE)* (Vol. 4, pp. V4-337). IEEE.

Li, Y., & Hu, W. (2010, September). Optimization strategy for mobile ad hoc network based on AODV routing protocol. In *Proceedings of the 2010 6th International Conference on Wireless Communications Networking and Mobile Computing (WiCOM)*. IEEE. 10.1109/WICOM.2010.5601193

Liu, L., Zhu, L., Lin, L., & Wu, Q. (2012). Improvement of AODV routing protocol with QoS support in wireless mesh networks. *Physics Procedia, 25*, 1133–1140. doi:10.1016/j.phpro.2012.03.210

Liu, W., & Yu, M. (2014). AASR: Authenticated anonymous secure routing for MANETs in adversarial environments. *IEEE Transactions on Vehicular Technology, 63*(9), 4585–4593. doi:10.1109/TVT.2014.2313180

MadhanMohan, R., & Selvakumar, K. (2012). Power controlled routing in wireless ad hoc networks using cross layer approach. *Egyptian Informatics Journal, 13*(2), 95–101. doi:10.1016/j.eij.2012.05.001

Malek, A. G., Chunlin, L. I., Zhiyong, Y., Hasan, A. N., & Xiaoqing, Z. (2012). Improved the energy of ad hoc on-demand distance vector routing protocol. *IERI Procedia, 2*, 355–361. doi:10.1016/j.ieri.2012.06.101

Mall, R. (2009). *Real-time systems: theory and practice*. Pearson Education India.

Mejri, M. N., & Ben-Othman, J. (2017). GDVAN: A New Greedy Behavior Attack Detection Algorithm for VANETs. *IEEE Transactions on Mobile Computing, 16*(3), 759–771. doi:10.1109/TMC.2016.2577035

Miglani, A., Bhatia, T., Sharma, G., & Shrivastava, G. (2017). An Energy Efficient and Trust Aware Framework for Secure Routing in LEACH for Wireless Sensor Networks. Scalable Computing. *Practice and Experience, 18*(3), 207–218.

Miorandi, D., Sicari, S., De Pellegrini, F., & Chlamtac, I. (2012). Internet of things: Vision, applications and research challenges. *Ad Hoc Networks, 10*(7), 1497–1516. doi:10.1016/j.adhoc.2012.02.016

Nakhaee, A., Harounabadi, A., & Mirabedini, J. (2011, October). A novel communication model to improve Mobile Ad hoc Network routing reliability. In *Proceedings of the 2011 5th International Conference on Application of Information and Communication Technologies (AICT)*. IEEE. 10.1109/ICAICT.2011.6110971

Nishanthini, C., Rajkumar, G., & Jayabhavani, G. N. (2013, January). Enhanced performance of AODV with power boosted alternate path. In *Proceedings of the 2013 International Conference on Computer Communication and Informatics (ICCCI)*. IEEE. 10.1109/ICCCI.2013.6466148

Paramasivan, B., Prakash, M. J. V., & Kaliappan, M. (2015). Development of a secure routing protocol using game theory model in mobile ad hoc networks. *Journal of Communications and Networks (Seoul), 17*(1), 75–83. doi:10.1109/JCN.2015.000012

Patil, V. P. (2012). Efficient AODV Routing Protocol for MANET with enhanced packet delivery ratio and minimized end to end delay. *International journal of scientific and Research Publications, 2*(8).

Pattanayak, B. K., & Rath, M. (2014). A mobile agent based intrusion detection system architecture for mobile ad hoc networks. *Journal of Computational Science, 10*(6), 970–975. doi:10.3844/jcssp.2014.970.975

Pease, S. G., Phillips, I. W., & Guan, L. (2016). Adaptive intelligent middleware architecture for mobile real-time communications. *IEEE Transactions on Mobile Computing, 15*(3), 572–585. doi:10.1109/TMC.2015.2412932

Peng, J., & Sikdar, B. (2003, December). A multicast congestion control scheme for mobile ad-hoc networks. In *Proceedings of the Global Telecommunications Conference GLOBECOM'03* (Vol. 5, pp. 2860-2864). IEEE.

Qiankun, Z., Tingxue, X., Hongqing, Z., Chunying, Y., & Tingjun, L. (2011). A Mobile Ad Hoc Networks Algorithm Improved AODV Protocol. *Procedia Engineering*, *23*, 229–234. doi:10.1016/j.proeng.2011.11.2494

Qin, Z., Denker, G., Giannelli, C., Bellavista, P., & Venkatasubramanian, N. (2014, May). A software defined networking architecture for the internet-of-things. In *Proceedings of the 2014 Network Operations and Management Symposium (NOMS)*. IEEE. 10.1109/NOMS.2014.6838365

Rashidi, R., Jamali, M. A. J., Salmasi, A., & Tati, R. (2009, October). Trust routing protocol based on congestion control in MANET. In *Proceedings of the International Conference on Application of Information and Communication Technologies AICT '09*. IEEE. 10.1109/ICAICT.2009.5372623

Rath, M., & Panda, M. R. (2016, December). MAQ system development in mobile ad-hoc networks using mobile agents. In *Proceedings of the 2016 2nd International Conference on Contemporary Computing and Informatics (IC3I)* (pp. 794-798). IEEE. 10.1109/IC3I.2016.7918791

Rath, M., & Pattanayak, B. K. (2017). MAQ: A Mobile Agent Based Quality of Service Platform for MANETs. *International Journal of Business Data Communications and Networking*, *13*(1). doi:10.4018/IJBDCN.2017010101

Rath, M., Pati, B., & Pattanayak, B. K. (2017, January). Cross layer based QoS platform for multimedia transmission in MANET. In *Proceedings of the 2017 11th International Conference on Intelligent Systems and Control (ISCO)* (pp. 402-407). IEEE. 10.1109/ISCO.2017.7856026

Rath, M., Pati, B., Pattanayak, B. K., Panigrahi, C. R., & Sarkar, J. L. (2017). Load balanced routing scheme for MANETs with power and delay optimisation. *International Journal of Communication Networks and Distributed Systems*, *19*(4), 394–405. doi:10.1504/IJCNDS.2017.087386

Rath, M., Pattanayak, B. K., & Pati, B. (2015). Energy Competent Routing Protocol Design in MANET with Real Time Application Provision. *International Journal of Business Data Communications and Networking*, *11*(1), 50–60. doi:10.4018/IJBDCN.2015010105

Rath, M., Pattanayak, B. K., & Pati, B. (2016). Energy Efficient MANET Protocol Using Cross Layer Design for Military Applications. *Defence Science Journal*, *66*(2), 146–150. doi:10.14429/dsj.66.9705

Rath, M., Pattanayak, B. K., & Pati, B. (2016). QoS Satisfaction in MANET Based Real Time Applications. *International Journal of Control Theory and Applications*, *9*(7), 3069-3083.

Rath, M., Pattanayak, B. K., & Pati, B. (2016). Resource Reservation and Improved QoS for Real Time Applications in MANET. *Indian Journal of Science and Technology*, *9*(36). doi:10.17485/ijst/2016/v9i36/100910

Rath, M., Pattanayak, B. K., & Pati, B. (2016, March). Inter-layer communication based QoS platform for real time multimedia applications in MANET. In *Proceedings of the International Conference on Wireless Communications, Signal Processing and Networking (WiSPNET)* (pp. 591-595). IEEE. 10.1109/WiSPNET.2016.7566203

Rath, M., Pattanayak, B. K., & Pati, B. (2017). Energetic Routing Protocol Design for Real-time Transmission in Mobile Ad hoc Network. In *Computing and Network Sustainability* (pp. 187–199). Singapore: Springer. doi:10.1007/978-981-10-3935-5_20

Rath, M., Pattanayak, B., & Pati, B. (2016). A Contemporary Survey and Analysis of Delay and Power Based Routing Protocols in MANET. *Journal of Engineering and Applied Sciences (Asian Research Publishing Network)*, *11*(1).

Rath, M., Pattanayak, B., & Pati, B. (2016). Comparative analysis of AODV routing protocols based on network performance parameters in Mobile Adhoc Networks. In *Foundations and Frontiers in Computer, Communication and Electrical Engineering* (pp. 461-466).

Rath, M., Rout, U. P., Pujari, N., Nanda, S. K., & Panda, S. P. (2017). Congestion Control Mechanism for Real Time Traffic in Mobile Adhoc Networks. In *Computer Communication, Networking and Internet Security* (pp. 149–156). Singapore: Springer. doi:10.1007/978-981-10-3226-4_14

Reina, D. G., Toral, S. L., Barrero, F., Bessis, N., & Asimakopoulou, E. (2013). The role of ad hoc networks in the internet of things: A case scenario for smart environments. In *Internet of Things and Inter-Cooperative Computational Technologies for Collective Intelligence* (pp. 89–113). Springer Berlin Heidelberg. doi:10.1007/978-3-642-34952-2_4

Geeksforgeeks.org. RSA. (n.d.). Algorithm in Cryptography. Retrieved May 25, 2017 from http://www.geeksforgeeks.org/rsa-algorithm-cryptography

Safa, H., Karam, M., & Moussa, B. (2014). PHAODV: Power aware heterogeneous routing protocol for MANETs. *Journal of Network and Computer Applications*, *46*, 60–71. doi:10.1016/j.jnca.2014.07.035

Sankaranarayanan, V. (2010, September). Early detection congestion and control routing in MANET. In *Proceedings of the 2010 Seventh International Conference on Wireless And Optical Communications Networks (WOCN)*. IEEE.

Schweitzer, N., Stulman, A., Shabtai, A., & Margalit, R. D. (2016). Mitigating denial of service attacks in OLSR protocol using fictitious nodes. *IEEE Transactions on Mobile Computing*, *15*(1), 163–172. doi:10.1109/TMC.2015.2409877

Shakshuki, E. M., Kang, N., & Sheltami, T. R. (2013). EAACK—a secure intrusion-detection system for MANETs. *IEEE Transactions on Industrial Electronics*, *60*(3), 1089–1098. doi:10.1109/TIE.2012.2196010

Sharma, K., Bala, S., Bansal, H., & Shrivastava, G. (2017). Introduction to the Special Issue on Secure Solutions for Network in Scalable Computing. Scalable Computing. *Practice and Experience*, *18*(3), iii–iv.

Sharma, S., & Patheja, P. S. (2012). Improving AODV routing protocol with priority and power efficiency in mobile ad hoc WiMAX network. *International journal of computer technology and electronics engineering*, *2*(1), 87-93.

Shrivastava, G., Sharma, K., & Rai, S. (2010, December). The Detection & Defense of DoS & DDoS Attack: A Technical Overview. In *Proceeding of ICC* (Vol. 27, p. 28).

Silva, R., Silva, J. S., & Boavida, F. (2015, April). A symbiotic resources sharing IoT platform in the smart cities context. In *Proceedings of the 2015 IEEE Tenth International Conference on Intelligent Sensors, Sensor Networks and Information Processing (ISSNIP)*. IEEE. 10.1109/ISSNIP.2015.7106922

Sreenivas, B. C., Prakash, G. B., & Ramakrishnan, K. V. (2013, February). L2DB-TCP: An adaptive congestion control technique for MANET based on link layer measurements. In *Proceedings of the 2013 IEEE 3rd International Advance Computing Conference (IACC)* (pp. 1086-1093). IEEE.

Sridhar, S., Baskaran, R., & Chandrasekar, P. (2013). Energy supported AODV (EN-AODV) for QoS routing in MANET. *Procedia: Social and Behavioral Sciences*, *73*, 294–301. doi:10.1016/j.sbspro.2013.02.055

Sun, E., Zhang, X., & Li, Z. (2012). The internet of things (IOT) and cloud computing (CC) based tailings dam monitoring and pre-alarm system in mines. *Safety Science*, *50*(4), 811–815. doi:10.1016/j.ssci.2011.08.028

Sun, Y., Bai, J., Zhang, H., Sun, R., & Phillips, C. (2015). A Mobility-Based Routing Protocol for CR Enabled Mobile Ad Hoc Networks. *International Journal of Wireless Networks and Broadband Technologies*, *4*(1), 81–104. doi:10.4018/ijwnbt.2015010106

Tabash, I. K., Ahmad, N., & Beg, S. (2011, October). A congestion window control mechanism based on fuzzy logic to improve tcp performance in manets. In *Proceedings of the 2011 International Conference on Computational Intelligence and Communication Networks (CICN)* (pp. 21-26). IEEE. 10.1109/CICN.2011.5

Tan, S., Li, X., & Dong, Q. (2015). Trust based routing mechanism for securing OSLR-based MANET. *Ad Hoc Networks*, *30*, 84–98. doi:10.1016/j.adhoc.2015.03.004

Tang, K., Obraczka, K., Lee, S. J., & Geria, M. (2002, October). A reliable, congestion-control led multicast transport protocol in multimedia multi-hop networks. In *Proceedings of the 5th International Symposium on Wireless Personal Multimedia Communications* (Vol. 1, pp. 252-256). IEEE. 10.1109/WPMC.2002.1088171

The Cisco Network Simulator. (n.d.). Router Simulator & Switch Simulator. Retrieved June 6, 2017 from http://www.boson.com/netsim-cisco-network-simulator

Tsikoudis, N., Papadogiannakis, A., & Markatos, E. P. (2016). LEoNIDS: A low-latency and energy-efficient network-level intrusion detection system. *IEEE Transactions on Emerging Topics in Computing*, *4*(1), 142–155.

Umamaheswari, S., & Radhamani, G. (2015). Enhanced antsec framework with cluster based cooperative caching in mobile ad hoc networks. *Journal of Communications and Networks (Seoul)*, *17*(1), 40–46. doi:10.1109/JCN.2015.000008

Valikannu, R., George, A., & Srivatsa, S. K. (2015, February). A novel energy consumption model using Residual Energy Based Mobile Agent selection scheme (REMA) in MANETs. In *Proceedings of the 2015 2nd International Conference on Signal Processing and Integrated Networks (SPIN)* (pp. 334-339). IEEE.

Wei, W., Zhang, J., Wang, W., Zhao, J., Li, J., Shen, P., ... Hu, J. (2013). Analysis and Research of the RSA Algorithm. *Information Technology Journal*, *12*(9), 1818–1824. doi:10.3923/itj.2013.1818.1824

Yang, Y., Xu, H. Q., Gao, L., Yuan, Y. B., McLaughlin, K., & Sezer, S. (2017). Multidimensional Intrusion Detection System for IEC 61850-Based SCADA Networks. *IEEE Transactions on Power Delivery*, *32*(2), 1068–1078. doi:10.1109/TPWRD.2016.2603339

Yerajana, R., & Sarje, A. K. (2009, March). A timestamp based multipath source routing protocol for congestion control in MANET. In *Proceedings of the IEEE International Advance Computing Conference IACC '09* (pp. 32-34). IEEE. 10.1109/IADCC.2009.4808975

Yi, Z., & Dohi, T. (2015). Toward Highly Dependable Power-Aware Mobile Ad Hoc Network–Survivability Evaluation Framework. *IEEE Access: Practical Innovations, Open Solutions*, *3*, 2665–2676. doi:10.1109/ACCESS.2015.2507201

Yu, M., Zhou, M., & Su, W. (2009). A secure routing protocol against byzantine attacks for MANETs in adversarial environments. *IEEE Transactions on Vehicular Technology*, *58*(1), 449–460. doi:10.1109/TVT.2008.923683

第三章
基于跨层的网络入侵检测与预防

里马·库马瑞　印度加利莫拉斯大学
卡维塔·夏尔玛　印度库鲁克谢特拉国立技术学院

摘要

　　随着移动计算技术日益迅猛发展,移动网络安全问题随着技术发展的需要而不断改变。网络攻击者总是试图学习一些新技术来打破无线网络的安全墙设置,为了阻止我们的网络被攻击,各种网络防御技术应运而生,防火墙和加密技术被用来阻止网络遭受恶意软件的攻击,但并不足以保护网络免受攻击,许多研究人员采用新的架构和技术及机制,保护和检测恶意节点以及网络的活跃度,被命名为入侵检测系统(IDS)。IDS 安全墙确保网络安全,实现对网络持续不断地监控和采取适当行动应对威胁。在本章中,我们试图想要解释,一些网络攻击或检测可以通过开发网络入侵检测系统技术得到解决,以及利用加密跨层信息来提高检测的准确性。

背景

　　入侵的意义在于,任何一组程序运行的设置,都是企图破坏资源信息的完整性、机密性或可用性(Heady et al., 1990)。在有线网络中几乎没有漏洞,但是,当我们谈及无线网络时,每一步、每一种方法,都成为黑客攻击的目标。防火墙和加密软件通常用来保护我们的系统,然而,对网络安全来说远未企及。因此,我们需要开发一种新的架构和机制,用以保护无线网络安全。"网络蠕虫"被称为红色警报,在 2001 年,它感染了许多基于 Windows 操作系统的服务器。为了保护无线网络免受这种蠕虫的攻击,许多公司认为防火墙能保护企业内部的局域网(Zhang, Lee, & Huang, 2003)。无线网络不需要底层基础架构,而是根据网络节点的移动不断改变其设置。许多主机同时连接,从而形成自己的拓扑结构或基础架构,同时,也产生了许多网络攻击的漏洞。无线网络不能直接进行通信,需要通过中间节点实现信息交换。为了检测和提供网络安全,需要用有效的入侵检测系统来弥补传统安全机制。

入侵检测系统(IDS)通常用来保护我们的网络。入侵检测能持续不断的监视网络并发出警告,而且能检测是否有可疑的网络行为正在发生(Mishra, Nadkarni, & Patcha, 2004)。无线传感器网络主要是由传感器聚合点和节点组成。传感器网络的主要优势在于能够自行组织和修复,主要用于不能使用有线网络的区域。无线传感网络的多种应用能检测气候改变,监控栖息地和环境,并且被用于军事设备和监视设施。然而,在无线传感网络中存在的一个问题是无线传感器网络的节点总是暴露出其物理安全攻击。为了预防这类攻击,无线传感网络提供了各种安全机制,例如,密钥交换、身份验证和安全路径。然而,如果没有消除掉所有的安全攻击,这些安全机制不能确保所有网络层级的安全。一种可能的解决方法是在有入侵检测系统的无线传感器网络中,必须解决其安全攻击的有效范围(Ananthakumar, Ganediwal, & Kunte, 2015)。

引言

基于跨层的入侵检测系统的利用信息实现跨层;它能有效甄别网络入侵。在侦测网络上的恶意代码之前,首先针对多层面进行多级检测。采用跨层设计的主要目标是:1)侦测协议层的多层攻击;2)利用信息实现能源拥堵;以及3)在多层级上能更准确地检测入侵。

1. 入侵检测:入侵检测有两个层级,即一级检测和二级检测,两个层级使用的是两种方法。

a. CIDS-1:通过检测一个层级上的 DOS 攻击来获得信息,并分享给其他层级。

b. CIDS-2:在这种攻击中,DoS 的多层检测被用来侦测相同层级。

2. CIDS(基于入侵检测的跨层)-1:一级检测方法用于检测来自不同层级的恶意代码。此外,网络中的二级检测方法用于检测真正的恶意代码。

3. CIDS(基于入侵检测的跨层)-2:这是检测的第二种方法;二级检测在同一层级上展开,类似于第一种方法。在一级检测中,仅仅是使用大量的监控,但在二级检测中,检测应用于同一层级(Thamilarasu, Balasumbramanian,

Mishra, & Sridhar, 2005)。

基于跨层的防范技术被用于确保多重路由的安全(CLDASR)。这种方法用于丢弃恶意数据包并提高认证和预防性能。在认证方法中,当任何数据源想要发送数据包时,它就会生成一个哈希值,用目的地密钥来加密数据或数据包。如果中间节点收到数据包,则用哈希值进行加密,并附加其 ID,最后用共享对称密钥对整个信息进行加密。当目的地接收这些信息时,目的地节点通过使用密钥以相反的顺序解密信息,并验证数据源发送的哈希值(Babu & Sekharaiah, 2014)。2004 年,在 Mishra,Nadkarni 和 Patcha 的讨论中,作者解释了如何阻止入侵。传统上,入侵检测系统只是在攻击发生时进行识别,但它有一些局限性,无法阻止 IDS 进行检测。各种检测技术被用于检测入侵,如防火墙。防火墙检测到攻击时,仅仅能阻止端口号,但不能分析使用端口号的流量。然而,在入侵检测系统的案例中,通过打开端口来监控和分析流量,但无法阻止攻击。为了解决这一问题,一些研究人员发现了一个新的系统,即入侵防御系统(IPS)。IPS 能在攻击期间提供预防并能采取恰当的方式对抗攻击。入侵防御系统与入侵检测系统非常相似,两种系统旨在提供和区分来自网络正常活动中未被授权的活动。入侵防御系统有多个预定义条件,例如一组签名或触发反应。所有的 IPS 条件都根据 IDS 系统来进行。我们需要一些新方法来保护我们的系统和网络资源。在任何毁灭性入侵攻击之前,入侵防御系统都会保护我们的系统。

入侵防御系统:被定义为一种能够检测任何未知、已知形式的网络攻击,这种能够阻止攻击的系统被称为入侵检测系统。它是主动式和内联式设备,可以检测和丢弃数据包,以及在到达目的地之前断开连接,并阻止所有具有相同 IP 来源的流量(恶意资源)(Khari, Shrivastava, Gupta, & Gupta, 2017)。当检测到入侵时,它也会产生一些错误的警报。入侵预防系统的要求有如下几个方面:

- **准确性:** 这是入侵防御系统最高级别的要求。当任何未知活动被检测到时,它会产生假警报。然而,在入侵防御系统中是不被允许的,产生假警报的原因仅仅是依据单一检测方法由系统产生。无论何时,当任一合法流量被阻止时,都会给已授权用户造成困扰,并引发 DoS 攻击,这种 DoS 攻击来自防御系统本身(Shrivastava, Sharma, & Rai, 2010)。

- **可靠性和可用性:** 入侵防御系统应当是可靠的且具有高效的可用性。在攻击发生的任何时候,它必须是能够利用的。可靠性是指在不干扰其他系统的情况下,以错误的方式运行任何一种功能的能力。

• **性能**：这也是入侵防御系统一个重要的要求。当攻击者在网络上制造了瓶颈时，任何系统的性能都会下降，入侵防御系统也不例外。

• **不明攻击的预测和对最近攻击简单签名的修改**：入侵防御系统必须提供灵活的方法更新新签名，以及应对新攻击类别的能力，这个系统必须有一种方法来应对新的攻击，而不需要签名。1988 年，Smaha 解释了如何侦测入侵，可用的检测入侵方法有多种。

  ○ 这种方法可以找寻系统是否运行得良好或不好。例如，如果客户打印一个输出，并迅速增加了 3 000%，这种绝对值远大于安全官的预期值，就可能成为怀疑与调查的安全漏洞。

  ○ 入侵检测的第二种技术是监控那些根据其定义为"坏"的行为。例如，如果任何人试图打印机密性文字文件时，此时，安全官应调查用户的行为，是否被授权阅读或访问该文件。

2016 年，Viadya，Mirza 和 Mali 系统地阐述了关于入侵、入侵检测和入侵检测系统。

入侵：一些非官方人员不允许通过信息源访问、阅读和编辑任何数据。

入侵检测：通过使用自动化软件系统，试图窃取和破解安全漏洞。

入侵检测系统：检测并试图中止入侵检测活动的安全系统。

有时，入侵也被称为黑客或破解者，试图毁坏和利用系统。入侵检测系统是一种可以侦测网络和系统运行的软件应用程序，被用于检测非官方用户。IDS 系统就像一个警报系统，在恶意活动发生时发出警报，其目的是检测计算机攻击，有两种类型的 IDS。

• **NIDS（网络入侵检测系统）**：网络入侵检测系统的网络捕获或监控所有网络流量。网络上的任何数据包这套系统都能侦测到。并且，它以签名的方式匹配数据包，如果它的匹配出现可疑数据，那么数据包将被加以删除。

• **HIDS（主机入侵检测系统）**：它不仅检测网络流量和单机电脑流量，而且会检查全部电脑文件夹及检测恶意进程。然而，每台计算机上加载于软件的运行合约，比网络入侵检测系统更为有效，因为它能够检测到计算机内部攻击进程。2012 年，Hashmi、Saxena 和 Saini 陈述了网络入侵攻击的不同类型。

手动攻击：在这种攻击中，攻击者远程扫描设备漏洞，破解并安装恶意代码。

半自动攻击：在 DoS 网络中,它由一个主站和各种副站组成。攻击者设计自动脚本来破坏这些机器并安装恶意代码。然后使用主站来指定攻击类型。

自动攻击：在这种攻击中,自动生成自动攻击,因此,它不需要在副站和攻击者机器之间建立通信。在这种攻击中,攻击者提前已考虑好与攻击类型、受害者地址及攻击时间等相关联的所有情况。

通过信息交流,作者解释了攻击的种类,主要有两种：

直接信息交流攻击：直接交流出现在攻击发生时,主站和副站都知道彼此如何相互交流信息及用何种方式进行交流,交流的方式多种多样。如主站的任务是对 IP 地址进行强制编码,然后安装在副站机器上来创建僵尸。副站把 IP 地址存放在文件夹里。这种方法的主要缺点是通过对恶意站点进行检测,就可以绘制出整个 DDoS 网络图谱。当任何一个站点暴露时,通过网络扫描,主站和副站也会暴露。

间接信息交流的攻击：它是间接性通信攻击,设置了一个间接性层级,用以增加 DDoS 网络的连续性。

2004 年,Kuwatly,Sraj,Al Masri 和 Artail 认为,动态蜜罐是一个为入侵检测而设计的。蜜罐被定义为"一个蜜罐就是一个信息系统源,这个信息系统源的价值是对未授权资源或非法资源加以使用",所有蜜罐都以类似的方式发挥作用。在蜜罐系统中,它们储存未经授权的资源并且没有生产成本。我们正在讨论的蜜罐不应当被监测到任何流量,因为蜜罐未经授权。任何连接到蜜罐的尝试都是一种探测、妥协和攻击,蜜罐分为两种,即：

低交互蜜罐：它是一个服务和操作系统的模仿,模仿服务的一个例子是 FTP 服务。FTP 的端口数是 26,低交互系统的发展是简单的并且没有大的危机。然而,这里有一些事项需要联系网络。登录系统仅仅有部分信息并且企图阻碍认知活动。然而,攻击者通过完成指令能确定低交互蜜罐。低交互蜜罐的例子是幽灵、KF 感应器和 Honeyd。克服低交互蜜罐的问题是重新导向高交互蜜罐。

高交互蜜罐：它具有复杂的解决方案,并且涉及直接真正的运行系统和应用。它能获取大量信息,并且允许攻击者进入相关的授权系统,在这个授权系统中攻击情景将被记录和研究。高交互蜜罐的例子是蜜网和 Sebek。

2009 年,在 Ramanujam,作者陈述了入侵检测系统使用高级蜜罐的结构。每一步骤的活动的定义如下：

- **负载均衡器**：它会收到一个来自虚拟 IP 地址的请求。如果数据包是碎片化的，那么它会重新组成数据包。负载均衡器的主要功能是保持 IDS 程序和发送数据包的联系。

- **入侵检测系统**：入侵检测系统以它的认知攻击数据为基础检查即将到来的数据包，并且通过 TCP 联系，得到负载均衡器的布尔值。当通过负载均衡器收到结果时，它终止联系。

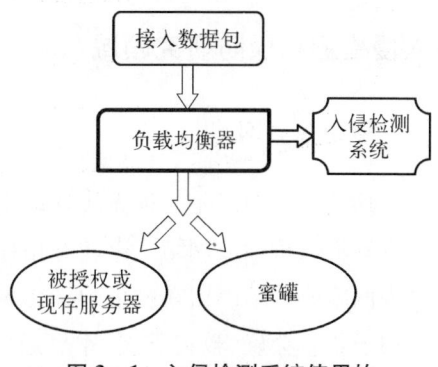

图 3-1　入侵检测系统使用的高级蜜罐结构

如果负载均衡器的结果是真实的，那么就意味着任何攻击的存在，数据包就会被发送到蜜罐，否则，数据包则会被发送到现存服务器或原始服务器或被授权服务器。

负载均衡器在用户和服务器之间提供了安全通信，具有三项功能：用于处理硬件故障的高可用性，集群（簇）的高速运转及确保均衡器本身不会成为安全漏洞。高可用性意味着，只需简单地定期间隔性连接服务器，且当没有响应时从服务器池中加以删除。负载均衡器面临的挑战是保护其不受其他无关信息的干扰。负载均衡器仅处理一些已知端口数量的流量，同时抛弃未知端口的流量，负载均衡器通常使用 proxy-ARP 系统。

第二个重要部分是入侵检测系统保护我们的系统免受恶意攻击。它以 TCP 服务器的方式运行，并且以已知的端口感应客户需求。当一个联系被建立时，入侵检测系统会分出一个子程序来处理收到的这组数据包，并检查和处理已知攻击的数据。如果检测到任何入侵，入侵检测系统自动做出决定是否将其发送到产品服务器或蜜罐。

2009 年，在 Beqiri，作者阐述了 TCP/SYN 滥用和端口扫描攻击。作者专注于探测网络协议攻击的研究，包括 TCP/SYN 滥用攻击和端口扫描攻击，在网络上最为常见。TCP/SYN 滥用是一种 DOS 攻击，在这种攻击中，攻击者首先使用唯一的 IP 地址发送一组 SYN 数据包，之后向服务器发送确认并等待无法接收的回应。最终，攻击者将部分占有的服务器内存消耗殆尽。第二种攻击是端口扫描攻击，它是一种探测和监视攻击。在这种攻击中，攻击者没有损坏网络数据的目的。然而，攻击者会尝试收集被攻击网络的信息，在网络中，存在多种端口扫描攻击。

入侵检测和预防研究领域

移动车载网络

移动车载网络是一种无线移动主机的集合,形成了一种缺乏任何中央管理节点的临时桥梁或网络。以动态拓扑为基础,这种动态拓扑意味着节点能自动进入网络或持续停留在网络中。在 MANET 中没有集中控制点。MANET 常被应用于紧急会议、救灾支援、军事通信、感应网络和可携带计算机。在 MANET 中的协议地址要求必须保持网络完全连接。在无线网络中,通信范围会受到限制。MANET 的一大优势是,任何设备都可在任何方向上实现独立运行和自由转换。MANET 的主要挑战是配备的每种设备都可提供正确的路径流量信息(Jayakumar & Gopinath,2007;Mobile ad hoc network,2017)。现存有多种 MANET 类型。

- **车辆特设网络**:它用于提供车辆和路边设备的通信。它有助于车辆在发生事故期间时以智能方式行驶。
- **智能电话特设网络**:存在于像蓝牙和 Wi-Fi 的硬件中,它使可利用的智能手机创造点对点的网络。
- **基于互联网的移动特设网络**:它是联系移动节点和修复互联网网关节点的特设网络。

MANET 中的攻击

在网络层,发生并存在的两种攻击类型如下:

- **被动攻击**:在这种攻击中,攻击者在没有扰乱路径协议的情况下,获得了全部与网络和它们的节点相关的有价值信息。攻击者获得了重要的节点信息、网络拓扑信息、节点位置和节点标识,各种被动攻击的类型有以下几种:
  ○ **窃听**:MANET 给全部网络节点提供无线连接。任何节点在信号覆盖范围内发送信息到另一节点时,如果未加密,攻击者将会获得有关节点的全部关键信息。
  ○ **位置泄露**:在被动攻击中,攻击者不会直接损坏网络节点。在攻击中,即使网络被加密,攻击者仅窃取流量以获得受害位置。
  ○ **流量分析**:当网络被加密时,流量分析仍然发挥着作用。在军事通信中,通过流量分析来获得重要信息。

- **主动攻击**：在这种攻击中，攻击者手动发送入侵信息，如修改数据设置，输入新代码，伪造数据，编造、筛选和删除一些数据包。这种攻击降低了网络服务器的前置性信息。这种攻击的一些攻击通过单个活动引发，另一些通过群体活动引发。
  - **路径**：所有节点都会寻找最佳路径发送数据包，恶意节点则尝试发现漏洞并发起协议攻击（Nadeem & Howarth, 2013）。
  - **休眠剥夺**：它旨在否认攻击，在这种攻击中，攻击者以制造一个合法节点的方式，尝试用一个节点进行攻击，攻击者主要的目的是保持受害节点的休眠模式。攻击者用如下方式制造滥用攻击：
- 攻击者传播路径请求到指定目的地，这个目的地包含在网络地址范围内。
- 所有节点发送路径请求到目的地 IP 地址。
- 在发送路径请求到节点之后，入侵者会继续发送路径请求到相同的目的地。
  - **黑洞**：在网络中，无论何时任何节点需要发送数据到目的地时，首要请求的路径建立在发送和接收节点之间。当节点请求的路径指向目的地节点时，节点发送的路径请求（RREQ）会指向网络中的全部节点。当入侵者收到这些路径请求时，会充当为全新路径并可能成为网络众多路径中的一部分。当入侵者选择作为中间节点时，就会接收到数据包并且可能会删除所有数据而不是发送数据包，这被称为黑洞（BH）攻击。
  - **灰洞**：灰洞攻击与黑洞攻击略有不同。在灰洞的整个攻击中，首先，它需要捕获路径并成为网络路径中的一部分，就如黑洞攻击一样。在这种攻击中，攻击者收到节点数据时，先筛选节点数据包而不是发送数据包。
  - **冲刷**：首先，在无线网络中，任何节点发送的路径请求都会到达所有节点。除此之外，攻击者同时在网络中发送和接收路由数据包。此时，攻击者还会快速发送路径数据包到它的邻近节点。由于传输速度高，攻击者的请求会最早到达目的地节点。当目的地节点收到路径数据包请求后，会第一时间接受并拒绝接受其他路径的重复请求。接收者认为这些路径数据包合法有效，将会进一步进行数据通信。使用这种方式，入侵者能成功实现在发送者和接收者之间的攻击（Babu & Sakharaiah, 2014）。
  - **女巫攻击**：在无线网络中，每个节点都有一个唯一的地址并通过这个地址来识别所有的节点。通过利用这一优势，攻击者使用这一特性制造出更多的假身份，这被称为女巫攻击。在这种攻击中，攻击者可以使用任意身份或使用任何节点身份在路由进程中制造误导。

■ **恶意数据包丢弃**：通过路由搜索程序，能够识别源节点与目的节点间的路径。当这种路径连接被建立时，发送者开始发送数据包到相应的节点，中间节点会确定通往目的地节点的下一跳跃节点。这个进程一直持续到数据包被发送到目的地。中间节点的任务是发送数据包到所有源节点。然而，任何恶意节点都能决定删除或丢弃数据包而不是发送数据包。由于这种恶意误导行为，在某些情况下，由于过载一些节点无法携带数据包，甚至无法将数据包发送到目的地。

网络层攻击的例证（Nadeem & Howarth, 2013）

• **休眠剥夺攻击例证**：在这种攻击中，如果在无线网络中存在一个中间节点（入侵者），任何源节点随时都可发送 RREQ 并且接收 RREQ。它可能会单独发送 RREQ 或在网络上重复发送 RREQ。这种攻击的主要目的是发送无用控制流量并强迫节点冻结其睡眠模式。直到节点完全耗尽或停止工作（Ierace，Urrutia, & Bassett, 2005）。

• **黑洞攻击例证**：在这种攻击中，入侵者收到节点数据包或被丢弃而不是发送。在图 3-2 和图 3-3 中，它显示源节点如何发送数据包并如何重复发送 RREQ。N5 显示的是图 3-2 和图 3-3 中的恶意节点（Sen, 2011）。

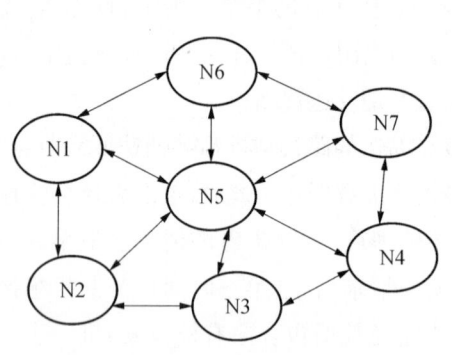

图 3-2　没有任何攻击节点的 N5 入侵者网络图示

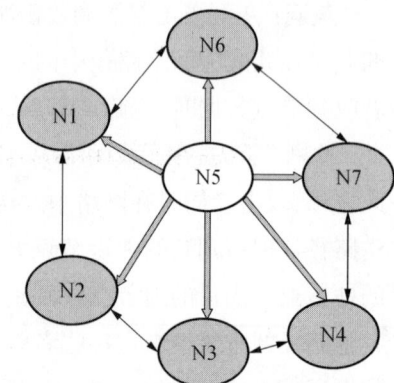

图 3-3　入侵者生成的恶意 RREQ 图示

• **灰洞例证**：在灰洞例证中，入侵者丢弃的仅是已选节点数据包，而发送其他节点数据包。

- **冲刷攻击例证**：这种攻击的发生是为了早点将 RREQ 传输到目的地，并且尝试停止合法节点的 RREQ。当任何源节点试图发送数据包到目的地时，入侵者获悉 RREQ 并企图增加一些延迟，发送 RUSH 到 RREQ，以压制随后任何合法的 RREQs。

无线传感器网络

无线传感器网络是节点和聚合点的结合。传感器节点具有自我识别和自我修复的能力。在网络中没有任何中心节点，所有通信需通过中间节点实现。传感器节点的主要目的是收集来自周围环境中的信息，并发送给节点聚合点。无线传感器网络的各种应用列举如下：
- 气候变化检测
- 环境和栖息地监视
- 军事应用和监督
- 自组织性
- 低电力供给
- 有线宽带支持

大多数传感器网络被用于不能部署有线网络的区域。传感器网节点在每个 OSI 模式层中，总会暴露出大量安全攻击。为检测 WSN 中的攻击，（研究人员）提出了针对身份验证、安全路径和密钥交换等大量与安全相关的解决方法。这种安全机制能检测到某些级别的攻击但无法消灭高级别的安全攻击。在 WSN 中，能够检测全部高级别攻击的可能的解决方式是入侵检测系统。然而，入侵检测系统的缺陷在于，只能检测到入侵，而无法阻止攻击。当入侵检测系统检测到入侵时，它会发出警报来通知管理员采取恰当的方法用以对抗入侵者（Ananthakumar, Ganediwal, & Kunte, 2015；Butun, Morgera, & Sankar, 2014；Messai, 2014）。

无线传感器网络中的攻击

由于无线传感器网络具有去中心化的多层跳跃属性，因而会发生各种网络攻击，主要有：

1. 主动式攻击：这种攻击经常通过删除、丢弃和篡改网络数据包来实现。攻击者也会将一些精心设计的信息写进网络中以扰乱网络运行，引起拒绝网络服务攻击。

2. 被动式攻击：被动攻击具有静默的属性，它从网络上提取重要信息而不会损害网络资源和网络本身。使得这种攻击更容易实现却难以检测。当它从网络上获取信息时，不会修改网络上的任何信息。攻击者的意图是获得更多的网络信息知识，以及分析路径信息，进而为主动攻击做准备。

3. 无线网状网络：它是一种潜在的传输网络宽带接入，为移动主机提供WLAN网络覆盖和连接，并为网络运营商和网络使用者提供低成本的固定设备（Sichitiu，2005）。在网格结构中，它通过无线节点组成。

无线网状网络是由网状路由器、网状客户端和网状网关组成。网状客户端是用户的笔记本电脑、手机和其他无线设备，而网状路由器则是转发往来的流量。网状网络始终保持一致并提供冗余空间。在网格拓扑结构中，在网状拓扑结构中，当一个节点不在工作状态时，其他节点仍然可以相互通信。这种通信通过各种无线技术得以实现，包括802.16，802.15 和 802.11（Sharma & Shrivastava，2011）。它通过将数据从一个节点发送到另一个节点来形成一个无线自组网络。

4. 同质化无线传感器网络：无线传感器网络被用来监测敏感信息，如战场上的敌人动向或任何区域内任一建筑物的位置。它主要应用于军事、卫生、生态领域。它是传感节点，感知并检测工业环境中的周围情况和异常情况。在工业应用中，主要用于检测无线介质入侵攻击。为了检测这些攻击，我们需要设置入侵检测系统，它由自主传感器组成，用于监测我们生存的物理环境。数以千计的小型传感器网络组成了无线传感器网络，它自动感知并发现路径，进而将感知数据传输到基站。感应节点的主要缺点是能源消耗，它的能量有限，为了节省能源，需要基于聚类的路由协议。WSN经常被用来从实时环境中收集信息，有两类无线传感器网络。

a. 非结构或异构无线传感器网络：在这种传感器网络中，感应节点以自组方式加以设置，这意味着没有任何的固定结构。所有的传感器节点具有不同的功能和不同的电池消耗。在异质网络中，使用不同的拓扑结构，使得网络与HWSN相比更加复杂（Al-Hamadi & Chen，2015；Uplap & Sharma，2014）。

b. 结构或同质无线传感网络：在这种网络中，所有节点在电池能量和硬件复杂性方面都是相同的，没有复杂的网络布置，使用单一网络结构。由于它消耗更少的能量，所以全部传感节点在相同时间里，能量会全部耗尽。然而，它的缺陷在于所有传感节点都可作为簇头，且都具备与硬件相关联的能力。在这种网络中，需要提供额外电池能量和更复杂的硬件，以满足任何一个簇头的需求。

5. 无线自组网络：无线网络已成为我们日常生活中一个重要的组成部分，存在于各种应用程序中。这种数量的增加不断挑战安全环境（Thamilarasu，Balasubramanian，Mishra，& Sridhar，2005）。无线自组网络有着不同的网络结构。它由多个移动节点组成从而能够实现彼此通信。另外，互相连接的节点可以不受任何限制随意改变其位置。在无线自组网络中，为了保证网络安全，入侵检测系统被用于减少入侵而不是消灭入侵。它有一个内在的漏洞，这个漏洞造成阻止入侵困难（Zhang & Lee，2000）。

DOS 攻击

1. 碰撞：在无线网络中，当任何一个节点传输数据时，另一个节点也以相同的方式同时尝试传输数据，就会发生数据传输碰撞。这种攻击的主要意图是阻止对确定节点的访问或者通过不断的重复发送数据，直至完全耗尽传输节点的能量（Thamilarasu，Balasubramanian，Mishra，& Sridhar，2005）。

2. 数据包丢弃：它通过拒绝向目的地节点提供服务来影响节点的可用性，这种攻击的主要意图是在网络层随机地丢弃数据包。

3. 误导：这种攻击是对方节点将数据包发送到错误的目的地节点而得以发生。对方节点向目的地发送虚假的路由错误信息，以否认节点服务的可用性。（Thamilarasu，Balasubramanian，Mishra，& Sridhar，2005）。

入侵检测种类

1. 基于异常的入侵检测系统：这种入侵检测系统持续监测网络活动并将其分为正常活动和非正常活动，它根据阈值来监测入侵。如果任何网络活动低于阈值，就是正常的，否则就被检测为不正常的或入侵。但是，基于异常的 IDS 能够识别新的和未识别的入侵，但有时甚至不能监测到众所周知的安全攻击（Ananthakumar et al.，2015；Nadeem & Howarth，2013）。

2. 基于知识的入侵检测系统：这种系统包含了基于知识数据的所有攻击签名和模式。这种系统熟悉攻击技术并试图加以运用。当有任何企图的攻击发生时，就会触发警报。当一系列事件发生时，会降低网络性能且能监测到未知攻击，出现原因是没有现有规则加以匹配（Nadeem & Howarth，2013）。

3. 基于签名或滥用的入侵监测系统：它是基于规则的入侵检测系统，它针对不同的安全攻击预先定义了规则。它可以检测到预定义规则被打破并将这种攻击进行分类。它非常适合于已知的入侵,但它不能检测到没有预定义规则的新攻击。在无线网络中,所有节点都有自己的 IDS。IDS 的组成包括各种组件,如数据包监测、合作引擎、检测和响应引擎(Mishra, Nadkarni, & Patcha, 2004; Nadeem & Howarth, 2013)。

4. 基于规范的入侵检测系统:它定义了一套约束规则,并告知正确协议和正确的程序操作。这种检测技术监控程序的执行情况,使其符合定义的约束规则。这种检测器监测的是正常数据流量背景下的入侵行为,这些检测器能正确检测出恶意事件(Mishra, Nadkarni, & Patcha, 2004; Nadeem & Howarth, 2013)。

a. 执行规则。
b. 入侵检测系统以给定的限制和规范监控协议的正确运行。
c. 如果出现任何偏差,都会被认为是入侵。

5. 混合入侵检测系统:它是一种基于异常和签名的混合型入侵检测系统。通常包含两个检测模块:一个模块通过使用签名来检测已知的攻击。另一个模块用来检测和学习恶意模式,并学习节点配置文件的正常和异常行为。这个模块通常很少出错,在攻击方面的监测更为精确(Ananthakumar et.al., 2015)。

入侵检测系统的组件

为了提高 MANET 节点的效率,我们必须在入侵检测系统中使用数据挖掘技术,但是,在 MANET 中,数据挖掘技术通常无法用于检测所有的攻击。因此,我们使用基于入侵检测技术的集群而不是数据挖掘技术,以检测新的攻击。传统的入侵检测系统仅仅检测预定义数据组,而不能检测实际的数据集阈值。传统入侵检测系统更昂贵且耗时,需手动收集所有正常数据,然后在无线网络中进行数据分析。为了检测新的攻击类型,我们优先使用了关联性算法,这种算法能够提高效率和入侵检测系统的运行。入侵检测系统中的组件,常被定义为如下几类:

1. 本地数据收集:在这个组件中,它收集与客户有关的所有信息,如流量模式,以及来自 MAC 地址和经由关联模块网络层的追踪攻击(Shrestha, Han, Choi, & Han, 2010)。

2. 监视组件:它会监视所有本地事件以及它的相邻节点活动。这个组件包括组件监视、事件活动和流量模块(Ananthakumar et al., 2015)。

3. 分析和局部检测:它对网络活动、网络运行和网络行为进行分析和监测

(Ananthakumar et al., 2015)。

4. 联合检测：它以表决为基础来检测网络入侵和网络异常。在这种检测中，如果检测节点保持确认较低或入侵证据较弱，它可以通过信道从相邻节点汇集信息，从而做出联合决定(Shrestha, Han, Choi, & Han, 2010)。

5. 警报管理：无论何时检测到任何入侵时，警报就会响起，并发送信息给管理员，由管理员采取恰当的行动来对抗入侵。

6. 入侵响应：入侵响应取决于入侵类型。它识别恶意节点并重新组织网络连接，向合法用户发送重新认证并提供新的通信通道(Zhang & Lee, 2000)。

入侵检测系统架构

如图 3-4 所示，入侵检测系统的工作步骤如下：

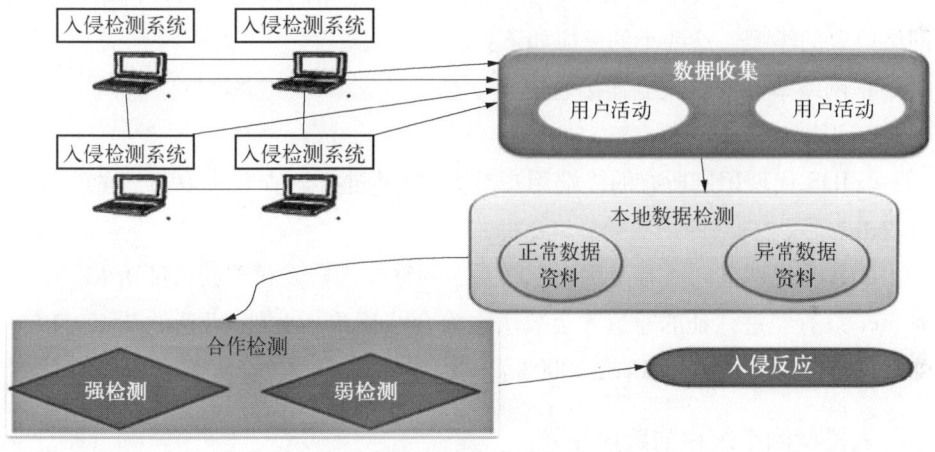

图 3-4　入侵检测系统架构

1. 数据收集：数据收集是 IDS 架构的第一个模块。它实时收集来自各种数据源的数据。它收集移动节点内的用户活动以及他们在 IDS 代理中可观察到的无线电范围内的通信活动(Zhang & Lee, 2000)。

2. 本地数据检测：本地数据检测是入侵检测系统架构的第二个模块。它包括了异常检测。用于分析由上层模块即数据收集模块收集的本地数据。它检测用户的正常和异常数据资料。正常数据资料包括正常的行为模式，异常情况包括异常的行为模式。在无线网络上，存在着许多新的攻击类型。随着无线应用的使用越来越多，这些攻击不断增加。我们不能用简单的专业规则来检测这些攻击,需要用安全可靠的新检测规则来更新这些规则。因此,检测无线网络上的新攻击类型依赖于异常检测。在测试过程中,本地数据检测模块检测正常和异常网络活动,异常网络活动将被记录下来(Shrestha, Han, Choi, & Han, 2010; Zhang & Lee, 2000)。

3. 联合检测:在这个检测阶段,检测的是两种数据类型。

a. 如果任何节点的检测会被认为是入侵或异常,且具有非常高的准确性和强有力的证据时。它就会独立决定并告诉所有网络有关节点攻击和起初的反应。

b. 如果任何节点检测到的较弱证据被认为是异常或入侵时。在这种情况下,授权调查员将会开展更为广泛的调查,并策划一个全球合作的入侵检测进程。在这个进程中,它将 IDS 信息传播到他们所有的相邻节点中。

4. 入侵反应:入侵反应取决于入侵的类型、证据的确定性以及网络应用和网络协议的类型。这些小的反应如下:

a. 网络节点间的反复连接通信。

b. 识别被攻击的节点。

c. IDS 代理识别所有的终端用户节点,对其进行调查并采取适当的行动对付攻击。

d. IDS 代理也向所有使用视觉联系人的终端用户发送重新认证请求。

e. 只有经过认证的通道才会被认定为合法用户。此外,可疑的节点可以排除在网络之外(Zhang & Lee, 2000)。

入侵检测系统中的跨层技术

如果与有线网络加以比较,MANET 由于其无线网络属性,自组网络将会面临多种挑战。为了检测网络中的所有入侵,我们需要入侵检测技术。然而,有时入侵检测系统也无法检测出一些新的攻击类型。因此,我们在入侵检测系统中已经使用了跨层技术。传统方式是在路由器、调度、速率和功率控制之间提供分层,但对移动自组无线网络而言则是无效的。

- 路径在路由层中测量
- 介质接入到 MAC 层
- 功率和速率控制在物理层,有时在 MAC 层

如果没有提供跨层,那么路径是在几条路径间进行选择,因为没有路由信息

被维持,所以 IDS 无法检测到任何恶意节点和拥堵。因此,路由就会选择拥挤路径或任意第二路径,可能包含恶意节点。在跨层相互作用的帮助下,入侵检测系统在 MAC 层提供网络安全并决定可能的路径。在跨层入侵检测系统中,我们选择正确的分层组合。这对来自任何层级中检测到的任一攻击都至关重要。DOS 攻击在 MAC 层级中的检测得到增强。路由和 MAC 层是用来检测路由攻击的低效方式。这种跨层技术的检测效率更高,而且它增加了 MANET 中的真实主动性并减少了攻击(Shrestha, Han, Choi, & Han, 2010)。

入侵检测的必要性

通过加密和身份验证来防止入侵,并在移动自组网络中使用,但不能消除入侵,因为在移动节点中,加密和身份验证无法检测入侵。如果为网络提供任何入侵检测技术,在网络中总会出现一些漏洞并被利用。入侵检测系统是防御网络攻击的第二道墙,对于任何网络都是必要的。为了向网络提供安全通信,需要使用入侵检测系统和回应技术(Zhang, Lee, & Huang, 2003)。我们为什么需要入侵检测系统,这是一个重要的问题。为了回答这个问题,我们设计了一个场景,在这个场景中,我们把入侵检测系统和防盗警报加以比较。例如,为了防止汽车被盗而安装的车锁系统,如果有人破坏车锁并企图偷盗该车时,防盗报警检测就会向车主发出警报。正如这种防盗报警系统一样,当有恶意攻击时,网络入侵检测系统就会检测到这种恶意攻击。如果入侵者试图破坏防火墙安全设置并且尝试访问已授权的任何数据时,入侵检测系统会向系统管理员发出警报。

入侵检测的挑战

在 MANET 中,入侵检测系统面临多种挑战。在入侵检测中,主要的挑战是它是一种固定网络,在无线网络中不能直接运行。在固定网络中,固定网关和路由检测流量,但在非结构网络中,它仅用于观测连接在无线电范围中的一个节点。非结构化网络的主要缺点是在无线电范围之外的攻击者很容易逃脱(Nadeem & Howarth, 2013)。

入侵检测系统是一个提供安全防御机制的工具。然而,入侵检测系统中面临基于如下讨论的一些挑战。

• IDS 技术正面临各种各样的增强与改进。对于网络组织者而言,最重要的是能够清晰描述他们对于网络入侵检测应用的需求和期待。入侵检测系统技术有多种自动化功能,当检测到入侵时,能自动通知管理员。入侵检测系统持续不断地监控所有网络恶意活动和保持对热点事件的监控,仍显得尤为重要。然而,IDS 的问题是,它不能对过去一段时间内检测到的入侵行为进行分析,仍需要人工按时间顺序排列进行分析活动。

- IDS 的运行在很大程度上取决于它是如何被部署的。在运行阶段和设计阶段都需要大量的计划。有两种类型的 IDS 系统,一种是基于网络,另一种是基于主机系统的。许多组织选择基于网络的 IDS,而不是基于主机的 IDS,因为它具有监测能力。它有能力监测许多系统,并且不需要在生产系统上安装任何软件。这种系统不同于基于主机的系统。

- IDS 技术的主要挑战是,它是主动的而不是被动的。IDS 技术对攻击签名发挥着作用。当任何未知攻击发生时,这些签名数据库会被更新。签名频率因人而异并不断发生变化(Sarmah, 2001)。

当前入侵检测技术存在的问题

在任何环境中,检测入侵检测技术都是极其复杂的。主要原因是自组网络有着固定的结构。如果研究人员对有线网络进行评估,其中,流量监测是在交换机、路由器和网关上进行,而移动专网没有流量监测点,IDS 可以收集整个网络的稽核数据。IDS 不能检测到真的或假的警报。这一点指出了 IDS 技术的问题(Zhang, Lee, & Huang, 2003; Zhang & Lee, 2000)。

- 不要应用 IDS 技术在固定设备或有线网络上。
- 用于无线自组网中的通信模式。
- IDS 无法检测较慢链路、限制宽带和电池能耗高和成本贵的网络上的入侵(Zhang & Lee, 2000)。

结语

本章提出了一种基于跨层理念设计较好的入侵检测系统。在本章中,解释了不同类型的入侵攻击及预防技术。在跨层 IDS,试图在不同层检测新的未知入侵。我们也注意到,单层检测无法检测到某些层的攻击。通过使用跨层检测,增强了认证和检测的性能。在本章中,对蜜罐和各种类型的攻击及其结构和挑战进行了讨论。同时,还解释了 MANET 中不同类型的攻击以及自组网的结构和非结构类型。

参考文献

Al-Hamadi, H., & Chen, I. R. (2015). Integrated intrusion detection and tolerance in homogeneous clustered sensor networks. *ACM Transactions on Sensor Networks*, *11*(3), 47. doi:10.1145/2700830

Ananthakumar, A., Ganediwal, T., & Kunte, A. (2015). Intrusion detection system in wireless sensor networks: A review. *International Journal of Advanced Computer Science and Applications*, *6*(12), 131–139. doi:10.14569/IJACSA.2015.061218

Babu, K. S., & Sekharaiah, K. C. (2014). CLDASR: Cross Layer Based Detection and Authentication in Secure Routing in MANET. *International Journal of Computer Networks and Wireless Communications*.

Beqiri, E. (2009). Neural networks for intrusion detection systems. In *Global Security, Safety, and Sustainability* (pp. 156-165).

Butun, I., Morgera, S. D., & Sankar, R. (2014). A survey of intrusion detection systems in wireless sensor networks. *IEEE Communications Surveys and Tutorials*, *16*(1), 266–282. doi:10.1109/SURV.2013.050113.00191

Hashmi, M. J., Saxena, M., & Saini, R. (2012). Classification of DDoS attacks and their defense techniques using intrusion prevention system. *International Journal of Computer Science and Communication Networks*, *2*(5), 607–614.

Heady, R., Luger, G., Maccabe, A., & Sevilla, M. (1990, August). The architecture of a network level intrusion detection system (technical report). University of New Mexico.

Ierace, N., Urrutia, C., & Bassett, R. (2005). Intrusion prevention systems. *Ubiquity*, *2005*(June), 2–2. doi:10.1145/1071916.1071927

Jayakumar, G., & Gopinath, G. (2007). Ad hoc mobile wireless networks routing protocols–a review. *Journal of Computational Science*, *3*(8), 574–582. doi:10.3844/jcssp.2007.574.582

Khari, M., Shrivastava, G., Gupta, S., Gupta, R. (2017). Role of Cyber Security in Today's Scenario. *Detecting and Mitigating Robotic Cyber Security Risks*, *177*.

Kuwatly, I., Sraj, M., Al Masri, Z., & Artail, H. (2004, July). A dynamic honeypot design for intrusion detection. In *Proceedings of the IEEE/ACS International Conference on Pervasive Services ICPS '04* (pp. 95-104). IEEE.

Messai, M. L. (2014). Classification of Attacks in Wireless Sensor Networks. arXiv:1406.4516

Mishra, A., Nadkarni, K., & Patcha, A. (2004). Intrusion detection in wireless ad hoc networks. *IEEE Wireless Communications*, *11*(1), 48–60. doi:10.1109/MWC.2004.1269717

Nadeem, A., & Howarth, M. P. (2013). A survey of MANET intrusion detection & prevention approaches for network layer attacks. *IEEE Communications Surveys and Tutorials*, *15*(4), 2027–2045. doi:10.1109/SURV.2013.030713.00201

Ramanujam, T. (2009). Intrusion Detection System Using Advanced Honeypots. *International Journal of Computer Science & Information Security*, *2*(1).

Sarmah, A. (2001). Intrusion detection systems; definition, need and challenges. Retrieved March 2017 from https://www.sans.org/reading-room/whitepapers/detection/intrusion-detection-systems-definition-challenges-343

Sen, J. (2011). Secure Routing in Wireless Mesh Networks. In *Wireless Mesh Networks*. InTech. doi:10.5772/13468

Sharma, K., & Shrivastava, G. (2011). Public Key Infrastructure and Trust of Web Based Knowledge Discovery. *International Journal of Engineering, Sciences and Management, 4*(1), 56–60.

Shrestha, R., Han, K. H., Choi, D. Y., & Han, S. J. (2010, April). A novel cross layer intrusion detection system in MANET. In *Proceedings of the 2010 24th IEEE International Conference on Advanced Information Networking and Applications (AINA)* (pp. 647-654). IEEE. 10.1109/AINA.2010.52

Shrivastava, G., Sharma, K., & Rai, S. (2010, December). The Detection & Defense of DoS & DDoS Attack: A Technical Overview. In *Proceeding of ICC* (Vol. 27, p. 28).

Shrivastava, S. (2013). Rushing Attack and its Prevention Techniques. *International Journal of Application or Innovation in Engineering & Management, 2*(4), 453–456.

Sichitiu, M. L. (2005, May). Wireless mesh networks: opportunities and challenges. In *Proceedings of World Wireless Congress* (Vol. 2).

Smaha, S. E. (1988, December). Haystack: An intrusion detection system. In *Proceedings of the Fourth Aerospace Computer Security Applications Conference* (pp. 37-44). IEEE.

Thamilarasu, G., Balasubramanian, A., Mishra, S., & Sridhar, R. (2005, November). A cross-layer based intrusion detection approach for wireless ad hoc networks. In *Proceedings of the IEEE International Conference on Mobile Adhoc and Sensor Systems Conference*. IEEE. 10.1109/MAHSS.2005.1542882

Uplap, P., & Sharma, P. (2014, May). Review of heterogeneous/homogeneous wireless sensor networks and intrusion detection system techniques. In *Proceedings of Fifth International Conference on Recent Trends in Information, Telecommunication and Computing* (pp. 22-29).

Vaidya, H., Mirza, S., & Mali, N. (2016). Intrusion Detection System. *International Journal of Advanced Research in Engineering, Science & Technology*, 3.

Wang, X., Wong, J. S., Stanley, F., & Basu, S. (2009, July). Cross-layer based anomaly detection in wireless mesh networks. In *Proceedings of the Ninth Annual International Symposium on Applications and the Internet SAINT'09* (pp. 9-15). IEEE. 10.1109/SAINT.2009.11

Wikipedia. (n.d.). Mobile ad hoc network. Retrieved May 2017 from https://en.wikipedia.org/wiki/Mobile_ad_hoc_network

Zhang, Y., & Lee, W. (2000, August). Intrusion detection in wireless ad-hoc networks. In *Proceedings of the 6th annual international conference on Mobile computing and networking* (pp. 275-283). ACM.

Zhang, Y., Lee, W., & Huang, Y. A. (2003). Intrusion detection techniques for mobile wireless networks. *Wireless Networks, 9*(5), 545–556. doi:10.1023/A:1024600519144

第四章
网络服务中的安全问题

普里扬卡·脱欧　印度拉吉夫甘地普鲁奥多基维什瓦维迪亚拉亚大学

摘要

　　本章介绍了安全性是当今数字世界的一个重要方面。随着社会各个领域的发展，科学技术也处于不断的发展之中，尤其是基于 Web 应用的发展。由于所有的 Web 应用都在互联网上，因此针对这些应用的攻击和威胁存在极大的可能性。这使得在开发任何 Web 应用时都要考虑到安全性这一因素。目前，大量技术被开发，用于减轻和防范因特网上基于 Web 应用程序受到的威胁。本章概述了与 Web 应用安全相关的重要领域，通过对当前使用的策略方案进行排序，形成总体认知，进一步推动未来的研究和进步。首先，本章阐述了具备安全性的 Web 应用开发失败的主要问题和障碍。接下来，本章总结了 Web 应用程序应当具备的三个基本安全属性：验证性、完整性和准确性，介绍了破坏这些属性所产生的漏洞以及包含这些漏洞的攻击载体。

引言

　　在分布式环境中，万维网是提供静态页面的来源，被称为 Web 应用程序（Li & Xue, 2011）。万维网是世界上最突出的通过互联网提供 Web 服务、信息和数据访问服务的网络技术（Li & Xue, 2011）。在不同企业和商业领域中各种应用程序的自动化，数据框架技术改进是必要的。随着信息成为各类机构和组织的基本资产，能够有效地获取信息、分配信息、从信息中提取数据以及利用数据成为一种迫切的需要。一些攻击者不仅可以修改数据，而且会滥用和破坏发布在互联网上的各种数据，因此需要采取针对这些攻击的安全性保护措施（Thuraisingham, 2003; Shrivastava, Sharma, & Bawankan, 2012）。Web 应用程序和服务是自描述的或模块化的,可以在互联网上的任何地方进行发布和访问。这些应用程序可以使用任意一种编程语言编写,并通过互联网在任何平台上运行。Web 服务在网络服务框架中发挥着三个基本作用,服务请求者、服务代理和服务提供者。服务提供者可以是任何能够提供服务的商业模式、组织和企业。服务请求者可以是任何需要服务的组织,而服务代理则充当服务提供者和请求者之间的中介(Kuyoro Shade et al., 2012)。

Web 服务是对于科学家和研究人员最有吸引力和最重要的研究领域,是分布式环境发展和进步的一项重要技术。除了 Web 服务所具备的优点,还面临一些重大的挑战,使 Web 服务在互联网上的部署成为关键。Web 服务最具挑战性的领域是安全和隐私。如今安全服务部署是困难的,同时这也是分布式和异构应用程序的主要问题。一些电子商务模式向客户业务提供类似 B2C 和 B2B 的服务,安全问题是其提供安全 Web 服务的重要问题。所有的 Web 应用程序和服务都是在万维网上运行的,因此需要强大的安全架构来保护它们并使其在互联网上安全运行。本章介绍了 Web 服务的安全和隐私措施的基本术语,还定义了难以通过互联网提供安全 Web 服务的安全线程。

安全的基本原则

在互联网上的分布式应用程序中,端到端服务和应用程序安全性具备一些基本要素。这里描述了 Web 服务和应用程序安全架构所需的基本安全原则。

1. 认证:这个安全术语基本上是指对终端用户、注册的系统实体以及正在声明的其他组件进行验证。认证是在互联网上对用户真实性进行检查的过程,它可以是任何凭证,可以解释以下属性,如人的身份、角色、群体等,可以与认证原则相结合。

2. 授权:授予访问资源权限的安全术语,提供访问控制。只有经过身份验证的用户才能通过互联网访问资源和服务,作用类似于防止威胁和未经授权的访问。访问控制确保了只有经过授权的用户才能访问、控制和修改资源,不会发生未经授权的访问。

3. 密码学:它提供了有助于保护数据免遭更改和滥用的安全机制和技术。在发送方使用加密算法,通过将原始数据或信息加密成第三方无法读取的形式来提供数据的保密性,在接收方使用反向算法,其中包含解密密钥,帮助解密加密数据。还有其他算法,如 RSA、Diffie Hellman 算法等用于安全密钥生成,负责机密信息的共享,其他术语数字签名确保完整性和有效性。因此,数据应当是由真实人员发送的有效数据,在通过介质传输期间没有被更改或修改。

4. 可用性:这是安全性的重要原则之一,它确保了互联网上的任何资源和服务对用户是可用的。在各种攻击和线程限制用户访问资源的情况下,使真正的用户可以在互联网上使用资源,可能是互联网中的重要问题。其中 Dos 攻击是对资源可用性的主要攻击之一,这类攻击造成互联网上产生了巨大的流量并使真正的用户无法使用服务。

5. 问责:确保对事件发生的每一个行为负责。问责提供对安全事件记录的安全审核,并将监视事件授予系统。安全性中的不可否认性确保了数据发送、接收和无可争议的验证。

6. 安全管理:它提供了良好的安全架构,包括各种安全策略、维护、风险管理、评估、身份验证和授权机制。这确保了安全框架适用于任何服务和应用程序(Sharma, Shrivastava, & Singh, 2012)。

7. 完整性:它基本描述了数据的正确性和准确性,并确保数据从源到目标的原始状态。完整性是安全的重要参数之一,它提供了从发送者到接收端的数据精度,即发送者发送的每个比特被另一端接收是正确且未经修改的形式。数据完整性是由数字签名等各种安全方法维护的。消息的完整性对于各个领域都是必要的,特别是在机密信息共享介质中,发送者的身份和机密信息非常重要,因此对消息的完整性要求很高。

8. 保密性:保证信息在传输过程中对第三方保密。这个过程需要对消息进行编码,使得消息无法被其他用户读取并且数据保密。加密是创建密文(加密信息)的技术,可以被为其生成消息的认证用户解密和读取。为了完成这个过程,负责用户机密性的密钥在发送者和接收者之间的通信中共享。在这种技术中,加密算法是通过复杂的数学计算和函数来设计的,使其难以解密。

9. 不可否认性:主要用于确保消息原始发送者的身份。根据这一原则,双方都不能否认特定消息不是由其发送的,这是对消息发起者的一种身份证明。不可否认性在任何交易中,受到任何人或权威的法律质疑时会发挥作用。通信各方之间的不可否认性由数字证明提供。在此过程中,双方都通过数字签字确认其可存储为电子文档的身份,因此双方都不能否认他们之间共享信息。

WEB 安全攻击

安全系统中存在许多漏洞,而攻击和线程可能通过获取这些安全路径的优势进入这些漏洞。因此,有必要设计和开发出满足所有安全基本原则,并具有难以突破的复杂体系架构和安全体系结构。由于存在某些漏洞,许多威胁可能会损害 Web 服务的可用性、完整性、身份验证等安全原则,并且可能会通过后台入侵来损害 Web 服务。在此讨论了一些可以轻易进入传统 Web 应用程序系统或入侵 Web 服务(如网站等)的威胁。以下是各种不同的 Web 应用中因干扰和危害互联网上 Web 服务而可能发生的基本威胁和攻击。在不同的 Web 应用程序中可能发生的基本威胁和攻击,这些威胁和攻击可能会干扰和损害互联网上的 Web 服务。

SQL 注入

SQL 注入是 Web 应用程序中的严重漏洞之一。数据库可以通过 SQL 语句执行访问、创建或存储操作,其中许多漏洞是由输入验证和 SQL 语句的动态执行创建的。当攻击者成功破解安全参数时,他们将输入 SQL 语句,并将此输入作为 SQL 语句运行。SQL 注入是通过在 URL 参数值中插入一些随机值字母和字符作为请求或者通过 Web 登录表单的提交来启动。为了防止 SQL 注入,有多种可用的方法和技术,但要解决这些类型的攻击,最重要的是克服应用程序的漏洞。以下常见的漏洞使得 SQL 注入成为可能,如通过 Web 应用程序的认证和验证过程、具备对应数据库的知识、联合注入各种 SQL 查询、不同注入查询破坏数据库、远程过程调用等(Saijadi & Pour,'2013; Sharma & Shrivastava, 2011)。

缓冲区溢出

缓冲区溢出是对 web 应用程序的应用层的严重攻击之一。在输入数据量大的情况下,可能会发生这种攻击。而缓冲区溢出攻击的基本漏洞是输入验证。当攻击者将数据写入分配的内存边界之外,超出缓冲区限制时,就会发生缓冲区溢出攻击。缓冲区溢出可能会导致系统崩溃、内存访问错误、结果不正确并破坏系统的安全性(Gupta, 2012)。缓冲区溢出攻击的基本漏洞包括零终止字符串、格式化字符串包含了各种格式(如打印 f_print 格式输出到标准输出)、打印输出宽字符版本为 printf 流,打印输出到流的格式为 Fprintf 数据等(Ggupta, 2012)。

拒绝服务攻击(DoS)

DoS 攻击是对于 Web 应用程序和资源的服务可用性的攻击。而互联网上对应用层的攻击最为突出。拒绝服务攻击通过应用常见的攻击过程发起，因此，有必要在架构或安全协议中采用强有力的方法来保护各种网络和资源免受此类破坏性安全攻击。促进互联网上各种应用服务器、网络主机或其他 Web 资源之间的安全性，使其免受网络攻击的危害是应对网络安全重要挑战的必要举措。今天，由于技术的进步，许多应用程序通过在互联网上运行来提供服务，因此保护 Web 应用程序的资源(如服务器、网络资源和网络功能)免受对 Web 应用程序的最严重攻击，如拒绝服务攻击(DoS)、SQL 注入、跨脚本攻击和其他应用层攻击十分必要。拒绝服务攻击的主要目标是拒绝任何真实的客户端机器访问 Web 应用程序服务。DoS 攻击与其他类别的系统威胁或其他应用层攻击有很大不同，这种威胁的主要目的是窃取或滥用个人信息，但主要目标是在网络上创建巨大的流量或通过创建指向目标机器的大量网络流量来使各种应用程序或 Web 服务器超载。通常，此类攻击会通过耗尽或损坏目标机器的重要资产来阻止有效用户使用 Internet 或 Web 应用程序。拒绝服务攻击指向或针对网络上的任何设备、系统、主机，但主要针对 Web 应用程序资源或 Web 服务器，如 SMTP 服务器、域名服务器或其他 Web 应用程序服务器使用多种方法，使得最频繁或最重要的服务无法提供给请求的客户端机器，其中最常见的方法是通过压倒网络带宽(Shrivastava, Sharma, & Rai, 2010)。

错误处理不当

当攻击者故意在 web 应用程序请求中添加或插入恶意代码，从而生成大量错误消息时，就会发生此类攻击。

窃听

窃听是 Web 服务安全面临的重要而严重的威胁之一。这些类型的用户已经仔细检查了大部分使用 Web 应用程序进行传输的数据和网上交易。攻击者可以窃取消息并访问和使用所有信息。因此，必须要保持安全传输使授权用户能访问重要信息，而窃听者无法访问。

捕获和重放攻击

信息或消息是通过互联网进行传输,因此可以被攻击者捕获。这种类型的攻击大多发生在第三方或攻击者之间获得某种信息共享时。因此,黑客可以捕获并重放一个用于资金转移的 SOAP 请求,或者修改请求。

会话劫持攻击

为了在互联网上共享信息,客户端和服务器之间建立了连接。因此,对于像银行交易这样的安全通信,可以通过创建会话来完成。会话劫持可以控制用户的会话并访问凭据。当黑客窃取一个有效的会话 ID 并利用该 ID 获取特定用户的权限和重要信息时,就会发生会话劫持攻击。通过会话劫持,攻击可以以有效身份访问服务,或者通过嗅探用户详细信息来验证用户。会话劫持通常有三种类型:主动会话、被动会话和混合会话劫持。主动会话劫持通常介于客户端和服务器机器上的 Web 服务中的 62 个安全问题之间,有时它们会通过 DOS 攻击中断它们之间的连接,而 DOS 攻击通过向服务器机器发送连续请求来创建巨大的网络流量(Bharti & Chaudhary, 2013)。被动会话劫持与主动会话劫持类似,只是攻击者在传输过程中会默默检查并捕获数据,以备将来使用。混合会话劫持是主动和被动会话劫持攻击的结合。三种不同类型的会话劫持攻击可以劫持会话,监听流量并捕获信息,然后非法获取该信息(Bharti & Chaudhary, 2013)。

WEB 服务漏洞及对策

Web 服务中存在以下漏洞及其对策:

1. 无效输入:这是可以进行最大攻击的重要漏洞之一。因此,有必要在处理输入请求之前对其进行验证。由于这个漏洞,攻击者可以轻松地通过网站传递任何恶意信息(Garfinkel & Spafford, 2002)。

   a. 使用所有输入值数据类型、字段大小正确验证用户请求。
   b. 输入请求应遵循所有输入参数的特定格式。
   c. 检查有效的输入值及其模式。
   d. 根据库销毁所有输入值。

2. 错误处理不当:有时错误处理程序不正确也是编程的漏洞。攻击者可以故意在输入端中插入错误,从而生成错误消息。而处理大量错误消息是非常困难的(Garfinkel & Spafford, 2002)。

  a. 通过测试网站来检查每个错误响应。

  b. 错误消息中未提供应隐藏的重要细节。

  c. 不使用具有重要凭据的错误消息工具。

  d. 开发人员级别的信息仅限于其他用户。

  3. 参数修改：在这种类型的漏洞中，攻击者可以在不访问站点的情况下通过使用 URL、查询字符串、get 方法等来修改输入参数值或数据(Garfinkel & Spafford, 2002)。

  a. 不允许用户输入参数。

  b. 在处理之前仔细检测和检查 HTTP 请求源。

  c. 使用动态参数检测。

  4. 目录遍历：攻击者可以从 web 服务器访问文件、目录。对于这种访问，攻击者可以使用 HTTP 请求来渗透 web 服务器和 web 应用程序(Garfinkel & Spafford, 2002)。

  a. 不允许访问根目录。

  b. 始终更新 web 应用程序服务。

  c. 使用的 Web 应用程序筛选器和输入验证。

  d. 针对所用漏洞的 Web 解决方案。

结语

  如今，web 服务安全及其挑战在许多研究人员和科学家中非常流行。这一领域非常重要，因为每天都在进行新的技术开发，所以许多为全球连接创建的新的 web 应用程序应运而生。本章讨论了 web 服务及其相关问题、各种安全原则、web 服务威胁和漏洞及其对策。在此讨论了几乎所有关于 Web 应用程序和服务安全的重要问题。这项调查可能涵盖所有要点，并帮助研究人员为其研究工作和进一步发展确定未来的方向。

参考文献

Bharti, A. K., & Chaudhary, M. (2013). Prevention of Session Hijacking and Ip spoofing with Sensor Nodes and Cryptographic Approach. *International Journal of Computers and Applications*, 76(9).

Curphey, M., & Arawo, R. (2006). Web application security assessment tools. *IEEE Security and Privacy*, *4*(4), 32–41. doi:10.1109/MSP.2006.108

Durai, M. K. N., & Priyadharsini, K. (2014). A Survey on Security Properties and Web Application Scanner. *International journal of computer science and mobile computing, 3*(10). 10.4018/978-1-59904-280-0.ch001

Garfinkel, S., & Spafford, G. (2002). *Web security, privacy & commerce*. O'Reilly Media, Inc.

Gupta, S. (2012). Buffer Overflow Attack. *IOSR Journal of Computer Engineering, 1*(1), 10–23. doi:10.9790/0661-0111023

Kimbahune, V. V., Deshpande, A. V., & Mahalle, P. N. (2017, January). Lightweight Key Management for Adaptive Addressing in next Generation Internet. *International Journal of Ambient Computing and Intelligence, 8*(1), 50–69. doi:10.4018/IJACI.2017010103

Kuyoro Shade, O., Frank, I., Awodele, O., & Okolie Samuel, O. (2012). Security issues in web services. *International Journal of Computer Science and Network Security, 12*(1).

Li, X., & Xue, Y. (2011). A survey on web application security. Vanderbuilt University, Nashville, TN.

Matallah, H., Belalem, G., & Bouamrane, K. (2017, October). Towards a new model of storage and access to data in Big Data and Cloud Computing. *International Journal of Ambient Computing and Intelligence, 8*(4), 31–44. doi:10.4018/IJACI.2017100103

Rafique, S., Humayun, M., Gul, Z., Abbas, A., & Javed, H. (2015). Systematic Review of Web Application Security Vulnerabilities Detection Methods. *Journal of Computer and Communications, 3*(09), 28–40. doi:10.4236/jcc.2015.39004

Sajjadi, S. M. S., & Pour, B. T. (2013). Study of SQL Injection Attacks and Countermeasures. *International Journal of Computer and Communication Engineering, 2*(5), 539–542. doi:10.7763/IJCCE.2013.V2.244

Sharma, K., & Shrivastava, G. (2011). Public Key Infrastructure and Trust of Web Based Knowledge Discovery. International Journal of Engineering. *Sciences and Management, 4*(1), 56–60.

Sharma, K., Shrivastava, G., & Singh, D. (2012). Risk Impact of Electronics-Commerce Mining: A Technical Overview. In *Proceedings of the International Conference on Computing Communication and Information Technology 2012* (pp. 93-96).

Shrivastava, G., Sharma, K., & Bawankan, A. (2012, May). A new framework semantic web technology based e-learning. In *Proceedings of the 2012 11th International Conference on Environment and Electrical Engineering (EEEIC)* (pp. 1017-1021). IEEE. 10.1109/EEEIC.2012.6221527

Shrivastava, G., Sharma, K., & Rai, S. (2010, December). The Detection & Defense of DoS & DDoS Attack: A Technical Overview. In *Proceeding of ICC* (Vol. 27, p. 28).

Thuraisingham, B. (2003, November). Security issues for the semantic web. In Proceedings of the 27th Annual International Computer Software and Applications Conference COMPSAC '03 (pp. 633-638). IEEE.

Zhang, L. J. (2007). Challenges and opportunities for web services research. In *Modern Technologies in Web Services Research*. Hershey, PA: IGI Global.

第五章
社交物联网的安全缺陷

阿斯温·斯里拉吉　印度潘特工程学院
阿卡什·辛哈　印度巴特那国立理工学院
阿布舍克·巴哈德瓦吉　印度潘特工程学院
罗希特·阿南德　印度潘特工程学院

摘要

　　本章阐述了社交物联网的安全缺陷,从本质上而言,物联网是一个动态的结构,连接现实世界和具有通过共享网络收集和共享数据的虚拟世界,社交物联网通过多种方式连接现实世界与虚拟世界,就像任何其他连接到互联网上的设备一样,也容易受到各种安全困扰和隐私攻击。通常而言,安全的社交物联网应当是没有人为干预,而且必须避免使用数据采集设备。正如在本章中将要讨论的,安全攻击类型对物联网将构成巨大威胁。如没有采取必要的安全措施,而将大量收集的信息允许入侵者滥用这些信息中的个人数据。本文详细讨论了针对不同层级网络不同类型的攻击,还讨论了在社交物联网中,应当考虑设备安全最好的可能的潜在解决方案。

引言

　　物联网实现嵌入不同传感器、执行器和网络连接的物理设备联网,这使得物理设备能够反复收集和共享数据,这些设备配备了特殊的传感器来执行特定的任务。物联网(NoT)允许通过连接不同对象建立的网络远程感知或控制对象(Atzori, Iera, & Morabito, 2010),这也为建立物理世界和人工世界之间的关系创造了一个机会。随着物联网的发展,智能电网、虚拟发电厂、智能家居和智能城市也得到了发展,而其中的网络安全问题也变得愈发紧迫。通常,物联网有望提供超越机器对机器(M2M)通信的设备、系统和通信的高级连接。这些设备使用传感器和其他设备收集一些重要数据,并具有共享数据的能力。数据在这些设备的网络之间流动,并且可以被任何设备访问。"物联网"这个术语最早是由宝洁公司的 Kevin Ashton 创造的。

上述物联网概念早在 1982 年就被讨论过,卡内基梅隆大学改造的可乐机成为第一台联网设备。物联网的概念于 1999 年在剑桥麻省理工学院的 Auto-ID 中心开始流行。尽管行业中有许多应用和潜力,但在行业领导者和消费者中采用物联网仍然存在障碍。许多 NoT 设备未能证明它们在社会中的相关性。为了弥合这种相关性,公司必须确定使这些设备更安全的价值所在。

在某些应用环境中,可能会集成一些物联网设备,由此产生的模式是物联网社交网络。物联网社交网络有可能以更有效的方式支持许多新颖的应用程序和网络应用程序。物联网社交网络可以塑造成任何所需的形状,以更有效的方式实现任何所需的应用,并提高了可信度和安全性。SNoT 服务器同时包含网络层和应用层。社交物联网设备不是推荐的网络解决方案,但它们使由数万亿个互联设备组成的世界更易于管理。另一个有趣的术语是物维网(WoT),它用于描述方法、软件架构风格和编程模式,以便让现实世界的对象成为万维网的一部分。

如上所述,SNoT 是连接虚拟世界和现实世界的一种非常通用的方式,但由于所有数据和流程都连接到互联网,因此总是有可能被人或黑客攻击。在这种情况下,必须使用一些特殊技术来保护数据和其他的有用信息。现有的 SNoT 安全系统存在许多缺陷,导致需要一些现代技术来改善这种有缺陷的网络安全性。这可以通过使用防火墙和协议保护网络来实现,但端点上的设备会带来重大问题。每个设备都有自己的特定任务,但有些设备相互链接并且可以丢弃。很难检测和解决此类设备的问题。网络中主要有两种攻击或威胁,第一个是从通道收集数据的接口攻击,可以通过研究通过链路的数据传输来完成。另一种是分布式拒绝服务(DDoS)攻击。DDoS 可以通过阻碍 M2M 通信来执行(Shrivastava et al., 2010)。SNoT 架构基本上分为三层:应用层、传输层和感知层。最后一个负责与外部世界的交互。射频识别(RFID)和无线传感器网络(WSN)、泛洪、虫洞和污水池、女巫攻击、广播认证、外部攻击、链路层安全、选择性转发攻击和 HELLO 泛洪攻击是用于攻击感知层的一些技术。

物联网

物联网（NoT）是一种通过网络连接、计算能力、传感器与日常用品增强的对象的场景，这些设备在没有或只有最少人为干预的情况下生成、交换、存储和消费数据（Rose, Eldridge, & Chapin, 2015）。这些设备不能与计算机混淆，因为这些设备正在生产、交换和存储数据，但不被视为计算机。因设备而异，尽管基于 NoT 的任何单一或可靠的设备定义都不存在，但我们可以肯定地说，现实世界和虚拟世界的集成催生了 NoT 设备。这些设备借助 RFID（射频识别）、NFC（近频通信）或 WSN（无线传感器网络）（Winter, 2015）等短距离无线技术连接到互联网。为了增加仪器、跟踪以及自然和社会过程，可以通过合并物理世界与虚拟世界来制造一些特殊设备。这种混合设备是 NoT 设备（Sinha & Kumar, 2016）。这些设备在许多领域都有应用。这样的工业物联网只不过是一些多功能传感器的分布式网络，可以在任意距离上精确控制和监控许多复杂的过程（Huberman, 2016）。在一个广阔、动态和不断扩展的世界中，互联网基础设施中的每个对象都是一个非设备（Farash, Turkanović, Kumari, & Hölbl, 2016）。使用物联网设备的主要思想是通过在日常生活中使用智能对象来弥合人类物理世界和虚拟机世界之间的差距。这些智能对象通过处理和提供任何类型的有用信息或命令来帮助人机交互。因此，传感器或执行器可以集成到建筑物或车辆中，并且接口环境可以指示它们的状态和周围环境（Makhoul, Guyeux, Hakem, & Bahi, 2016）。在非常高的抽象层次上，物联网可以理解为超大规模、超复杂的人机界面环境（Delic, 2016）。物联网不仅促进了人机交互，还促进了机器与机器的交互。虽然物联网的定义没有严格的定义并且通常难以捉摸，但使用的物联网术语是指在日常生活中的物理对象中使用传感器、执行器或电机来感知周围环境和物理参数（Fjäder, 2016）。这些设备无论其功能或用途如何都可以连接，并且可以通过传输协议进行通信。物联网设想世界拥有可以通过互联网进行通信、交换或共享他们收集或存储的数据并相互合作以提供增值产品的智能对象（Yachir, Amirat, Chibani, & Badache, 2016）。从广义上讲，物联网是通过使用互联网为产品添加一些附加价值（Lee, 2016）。许多其他定义由各种标准化组织提供，例如 ITU、IEEE、3GPP 和 IETF。

有一种不同类型的物联网是局域网（LAN），没有任何"物体"连接到互联网。社交媒体网络、工业互联网和传感器网络都是物联网的变体。这种术语上的区别使从不同的垂直领域（例如，医疗、运输、金融、安全关键、农业、高保证、性能关键等）中分离案例变得容易。最近进行了一些研究以整合社交网络和物联网，被称为社交物联网（Kleinberg，2008）。物联网是将事物连接到互联网并使用连接来共享数据、有用信息和控制这些事物的媒介。物联网作为当今世界的机器对机器市场而存在。物联网的工作原理是可以感知、控制和编程的隐形智能网络结构。启用 NoT 的产品可以直接或间接地相互通信，因为它们嵌入了传感器和最新技术。在 20 世纪 90 年代初，互联网连接在工业中并不是那么好，因此没有主要使用 NoT 设备，但在 2000 年，互联网连接成为许多应用程序的规范，正如预期的那样，物联网成为当今技术的主要部分。如今，物联网中有超过 500 亿台设备（Sinha et al.，2017）。

在我们称之为互联网之前，制造商已经将物体连接到互联网。到 20 世纪 90 年代中期，嵌入式产品被添加到网络服务器中。目前，M2M 制造商已经连接了高度集成的高价值资产跟踪系统、报警系统和车队管理系统。而另一方面，消费者已经连接了像热固性塑料、能源系统、照明控制系统和远程视频流媒体盒子等，而且还可连接更多物体。这些系统大多与网络浏览器相连，可以通过移动应用程序或使用智能手机访问。这些系统也可能使用与其他网站在目前情况下使用的相同协议。科学证明，某个问题，如果由大量的人回答，总是比由少的、更有知识的人回答更准确。这也是物联网背后的理念，使其准确可靠。

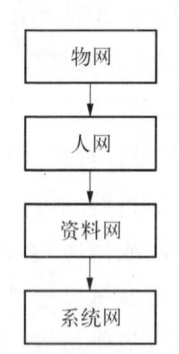

图 5-1 物联网的主要架构

物联网的主要架构如图 5-1 所示。由于 RFID 是物联网的一项基本技术，其历史（Minerva，Biru，& Rotondi，2015）从 RFID 的诞生以及如何导致 NoT 的出现开始。RFID 技术的起源可以追溯到二战时期。一位苏格兰物理学家 Robert Alexander Watson-Watt 爵士发现，雷达技术可以用来创建一个无源 RFID 系统（"识别敌我"{IFF}系统），它可以检测飞机是敌是友。之后，通过 20 世纪 50 年代和 60 年代，RFID 领域的进一步进展已经被开发出来。通过应用无线电波发明了电子物品监控标签（1 比特）。因此，RFID 被商业化了。后来在 20 世纪 70 年代，RFID 系统被用于追踪核材料。此外，随着工作频率范围的扩大（VHF、UHF、etc.），RFID 技术在各个领域都得到了应用。

1999 年至 2003 年间，一家名为 Auto-ID 中心的机构得到了多家公司、RFID 供应商和美国国防部的援助，用于研发 RFID 技术。该机构为 RFID 设备制定了两个空中接口协议,即电子产品代码(EPC)编号系统和网络架构,以在 Internet 上搜索与 RFID 标签相关的数据。"物联网"一词在 2000 年被 Auto-ID 中心使用,倡导以 EPC 系统作为连接物联网基础的世界理念。

NoT 不是一个单一的新技术。相反,几个互补的技术发展提供了一些能力,这些能力加在一起有助于缩小虚拟和现实世界之间的差距。这些能力包括:

- 通信与合作
- 可寻址性
- 识别感应执行
- 嵌入式信息处理
- 定位
- 用户界面

NoT 可以被视为一个巨大的网络,由通过一系列中间技术连接的设备和计算机网络组成,其中许多技术(如 RFID、无线连接)可以作为这种连接的推动者。

- **标记事物**:RFID 的实时项目的可追溯性和可寻址性。
- **感受事物**:传感器充当从环境中收集数据的主要设备。
- **缩小事物**:微型化和纳米技术引发了更小物品与"物"或"智能设备"互动与连接的能力。
- **思考事物**:通过传感器嵌入设备中的智能已形成与互联网的网络连接,可以使"物"实现智能控制。

一项研究显示,到 2020 年,世界将拥有 500 亿台物联网设备,而世界总人口将达到 76 亿。这意味着平均每个人将有 6.58 台设备,这意味着 NoT 将主宰未来的技术。

社会物联网(SNoT)几乎利用了作为已经存在物联网中出现的所有东西,但同时也为这个所谓的"网络"结构提供了一个新模式。SNoT 即使是一个新范式,基本上也是物联网的一个改进形式。它采用了新发展的技术,如云计算、机器学习和其他平台,并探讨了这些技术的影响。物联网(NoT)被提出的结构,就像人类的神经系统和人类的社会网络(Ning & Wang, 2011),以用于其未来的应用。在这些被提出的结构中,人类社交网络是最适合 NoT 的泛在性结构。社交网络是一个软件平台,在这个平台上,许多具有相同背景、兴趣、从事类似活动或具有现实生活联系的个人聚集在一起（Shi, Wan, Cheng, Cai, Li, & Li, 2015）。通过利用智能手机不断扩大的普遍性，人们不断地生产内容，并通过社交网络轻松地与他人分享（Kim, Maron, & Mosse, 2015）。这些可以被视为类似于不断生成数据并与其他设备共享此数据以完成某些任务的设备。因此，SNoT是从人类社会网络架构应用到物联网的概念中得出的。这种"智能物体的社会网络"，类似于人类的社会网络服务，在网络中的物体之间引入了一种社会关系（Atzori, Iera, & Morabito, 2011）。SNoT中的设备，基于它们的"社会角色"，积极地协作或独立地参与它们各自的任务（Kim, Maron, & Mosse, 2015）。

物联网的主要目标是让物体拥有自己的社会网络，类似于人类的社会网络，通过为"人"和"物"定义两个不同的层次，但同时赋予人们建立保护其隐私规则的权力。用户只被允许访问SNoT中物体之间自主互通的结果（Geetha, 2016）。因此，物联网中的事物已经很智能了，当它们成为SNoT的一部分时，就获得了社会性的附加功能（Atzori, Iera, & Morabito, 2014）。这些社会性事物不仅获得了通知网络中其他事物的能力，还获得了与它们协商的能力，以产生一种有效的互操作性（Petroni, n.d.）。例如，当无人驾驶汽车连接到SNoT时，它们不仅能够通信（就像今天的无人驾驶汽车），还能与对方和附近的其他物体（交通摄像头、人行道传感器）进行协商，从而得出结果，例如，防止即将发生的事故或至少减少其影响（Geetha, 2016）。

采用物联网的社会网络架构带来了许多好处（Atzori, Iera, & Morabito, 2011）：

- 人类社会网络模型可以被利用来解决这个网络架构中的各种问题（与广泛的互连对象网络有内在联系）。
- 通过建立一定程度的可信度，可以最大限度地提高"友好"对象之间的交流水平。
- 这种网络结构可以被修改，以确保网络的可导航性，从而有效地检测和识别对象和服务，可扩展性也需要像人类的社会网络那样。

各种社会关系（Atzori, Iera, Morabito, & Nitti, 2012）已被提出并实施于社交物联网，其中包括：

- **代际物品关系**：同一生产批次中制造的物品中得以体现。这种关系在设备故障和设备报废的情况下得到升级。

- **共同地点物品关系**：属于同一地点物品之间建立的关系（执行器、RFID、传感器）。
- **共同工作物品关系**：建立在反复相互协作的设备之间，以提供共享的应用，如远程医疗和应急响应。
- **所有权物品关系**：同一个人所有的多个设备之间建立的关系（智能电视、智能手机、PC 等）。
- **社会物品关系**：因用户之间的关系（朋友、同学和家人）而偶尔或经常接触设备之间建立的关系。

SNoT 是一个建立在三个主要目标上的架构，即发现对象和相关服务，组成与管理可信度。该网络结构的基本组件包括 ID 管理、对象分析和所有者控制。此外，这个结构还有关系管理、服务发现、服务构成、可信度管理和服务应用程序接口（API）等组件。

SNoT 的架构由三层组成（Atzori, Iera, & Morabito, 2011）：

1. 感知层：该层可被视为 SNoT 架构中的物理层。这一层也被称为感知层，因为它包含用于从周围收集数据的传感器（Sethi & Sarangi, 2017）。传感器可以看作是检测环境中某些物理参数并将相应数据发送给另一个电子器件的一种换能器，就像微控制器一样。感知层的设备包括传感器网络、智能卡、阅读器和 RFID 标签。

2. 传输层：该层负责与其他智能事物、服务器和网络设备的连接。有时，这一层也被称为网络层。它包括各种网络的混合，包括 3G/4G 通信网络、互联网、数据库、大数据模块和云计算平台。它负责传输和处理从感知层收集的数据。长距离有线和无线通信协议、海量智能信息处理技术、网络集成技术是传输层（Jain, 2015）的基础技术。

3. 应用层：该层负责向用户提供面向应用的特定服务。充当消费者与社会物联网的接口。它控制着整个 SNoT。它建立了 SNoT 的各种应用，如智能健康、智能家居和智能城市（Sethi & Sarangi, 2017）。该层采用云计算、模糊识别、数据挖掘等各种智能技术和机器学习方法来处理海量数据并提供计算得出的有效信息（Jain, 2015）。

现有研究已为 SNoT 提出了不同的信任模型。已经让各种研究人员在人类和 SNoT 之间建立成功的界面。SNoT 有望连接物理世界中的大量智能设备，如智能手机、执行器、射频识别（RFID）标签、传感器以及虚拟桌面和云端数据等虚拟对象（Chen，Bao，& Guo，2016）。智慧社区、智慧城市、电子健康、智能家居等多种应用将建立在这一新范式之上。

社交物联网的安全缺陷

自从计算机网络诞生以来，它只是实现了两台计算机之间的连接，信息保护和未经授权的访问一直是人们关注的主题（Shipley，2013），互联网的出现在很大程度上扩大了这些担忧。随着物联网的兴起，网络安全风险越来越多地共同影响用户的隐私和人身安全（Gupta et al.，2017）。由于物联网（NoT）是社交物联网（SNoT）的基本概念，它继承了 NoT 的一切，包括安全和隐私问题、复杂性以及自身的漏洞。继承的安全和隐私问题包括未经授权访问的脆弱性、隐私泄露、数据盗窃以及对网络安全的各种严重威胁。在 SNoT 中，安全保障与安全性本质上是不可分割的。无论是有意还是无意，对 SNoT 中的设备（例如核反应堆、车辆或起搏器）的操作都可能对正在操作或靠近它们的人类造成潜在危险（Shipley，2013）。

SNoT 中的风险比 NoT 中的更复杂。SNoT 中对象之间的过程和通信应该是自动化的，这意味着人为干预受到了限制。因此，解决 SNoT 中的安全性非常困难，因为在没有人工干预的情况下将对象引入主动控制过程将增加系统的复杂性（Romdhani，2017）。尽管设备身份验证在 NoT 中并不是一个严重的问题，但在实施 SNoT 时，它将成为加强安全性的关键部分。SNoT 的巨大潜在风险还有另一个因素。这个因素是将传感器和其他数据采集设备嵌入到普通设备中，这些设备将记录用户的活动（Hajdarbegovic，n.d.）。当这种具有无处不在的数据收集和错误安全性的设备被黑客入侵时，它可能会将所有这些信息泄露给具有恶意意图的人。可以想象，这将为黑客浏览机密信息并收集有关 SNoT 中设备用户的关键详细信息提供参考。例如，智能电视和平板电脑会收集浏览历史记录并跟踪用户的在线活动，如果未经许可使用这些信息，可能会侵犯用户的隐私并给用户带来不便和困扰（Ramirez，2015）。

在将传统网络安全措施应用到 SNoT 架构之前，需要对其进行重新设计。通过互联网的高级数据流量流可以通过网络防火墙和协议进行管理，但端点处的设备完全嵌入，具有独特和明确任务的可用资源有限，仍将构成实现物联网社交网络时的问题。这些嵌入式设备采用小硅片尺寸设计和制造，以实现低功耗。这些嵌入式设备面向任务的内存容量和处理能力，使它们"无头"（Shipley，

2013），缺乏人工干预可能导致其无法确定应用程序的真实性，缺乏区分不需要的命令和所需命令的判断能力。这也将导致加密抑制和无错误性能下降。此外，一些链接设备很便宜，而且基本上可以丢弃。如果检测到此类设备的漏洞，则很难应用补丁或软件更新，甚至很难通知消费者有关修复的信息。

关于网络安全的讨论一般从介绍网络中的安全攻击话题开始，无论是单纯的 Internet 还是 SNoT。根据互联网工程任务组的定义，攻击被定义为对系统安全性的攻击，源自智能威胁。因此，一种智能行为是一种有计划地尝试（一种技术或方法）以逃避安全服务和违反系统的安全协议（Shirey, 2000）。一般来说，根据对系统的影响，攻击可以是主动的，也可以是被动的。主动攻击旨在修改系统的资源并改变其操作。而被动攻击仅用于从系统泄漏或获取有关系统的信息，而不修改系统中的任何内容。攻击可能是由内部人员或系统或组织外部实施的。内部攻击是由安全边界内的某人或简称为"内部人员"实施的攻击，他们有权访问和使用系统资源。内部人员不是以预期的方式使用它，而是以违反组织或系统协议的方式使用它们。外部攻击是由非法或未经授权的用户从安全边界之外执行的。外部攻击是互联网领域的常见攻击，由恶作剧者、黑帽黑客以及国际恐怖主义和好战管理机构实施（Shirey, 2000）。

SNoT 中两个设备之间的通信存在两种类型的安全攻击，包括：

• **推理攻击**：这种攻击是一种隐私攻击，通过分析逻辑，研究设备之间的数据传输并形成特定模式来进行。这是一个违反信息安全的案例（Jain, 2015），信息安全或信息安全被描述为保护信息和相关系统免受非法访问、暴露、使用、破坏、更改或破坏（Vacca, 2012）。这种攻击通常在主要安全级别进行，获取信息并编译这些信息以获取在顶级和复杂安全级别保护的信息。例如，在 SNoT 中，黑客可以简单地使用来自网络中的通用设备数据（例如，用户的活动和看似微不足道的信息）侵入私人信息和其他机密与敏感系统。

• **拒绝服务（DoS）攻击**：拒绝服务攻击是指通过向服务器或机器（受害者）发送巨大的不良流量以耗尽服务和带宽或其连接能力，来抑制合法用户连接到特定网站或访问特定网络资源，或降低有效用户的正常服务（Prasad, Reddy, & Rao, 2014）。即使在互联网时代，互联网服务器和网络设备也因 DoS 而面临巨大风险。在 SNoT 中，事物可以通过用不需要的请求和流量充斥其界面而变得无效。由于设备之间的相互联系和 SNoT 的整体结构，这肯定会对网络中的其他设备产生一些不利影响。这将降低个人（用户）或组织（实施 SNoT 的组织）的活动,可能会造成困扰、经济损失甚至生命损失。这种攻击有一个扩展类型,叫作分布式拒绝服务攻击。DDoS 攻击是一种大规模的 DoS 攻击。它本质上是通过利用互联网上的"僵尸网络"对受害者服务器或设备的服务进行协调攻击。僵尸网络是那些被攻击者通过隐蔽地安装恶意黑客软件获得的计算机或设备。攻击程度取决于僵尸网络的规模,例如,一个大型的僵尸网络可以用来搞垮一个企业集团(Criscuolo, 2000)。

分布式拒绝服务攻击的一般架构如图 5-2 所示。

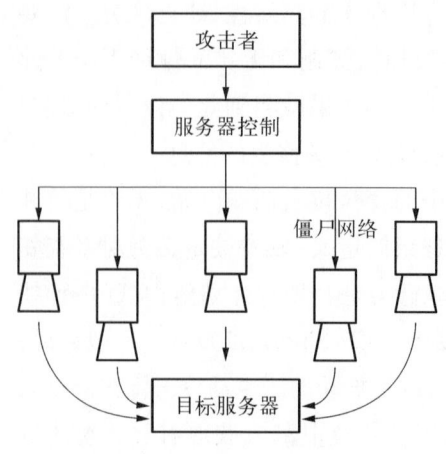

图 5-2 分布式拒绝服务攻击的一般架构图示

SNoT 架构的每一层都有单独的漏洞。每一层都要考虑社交网络安全的整体缺陷。

感知层

这一层的主要漏洞是传感器网络和 RFID 标签。传感器网络中的节点承担着数据采集、集成、协作和传输等职责。传感器网络的低成本阻碍了他们拥有有效且量身定制的安全系统。成本也是 RFID 标签安全性的一个缺点(Bhabad & Bagade, 2015)。RFID 缺乏有效的安全性,允许通过伪造非法访问它和相应的社会对象。标签可以被更改或解码,这可能会向恶意黑客泄露敏感信息,例如金钱(以数字形式)。传感器网络中的主要安全问题(Hu, 2016)包括:

- **洪水攻击**:这是一种 DoS 攻击。设备被大量数据淹没,导致设备内存缓冲区过载,从而阻碍服务提供商。在感知层,这种攻击的潜在受害者可能是传感器。当传感器受到损害时,其整个操作依赖于传感器的设备可能会变得无用。洪水可能由以下原因引起:
  - **攻击者**:向 SNoT 中的设备泛滥恶意或不受欢迎的数据或数据包。
  - **合法(Flash Crowd)**:当许多真实用户同时请求设备服务和资源时,设备接口会被请求淹没,导致内存缓冲区过载。
  - **激进的合法用户**:这些合法用户在短时间内反复请求服务。这些频繁的请求会使设备过载,从而降低其性能。

- **虫洞攻击**：虫洞攻击主要发生在移动自组织网络（MANET）中。SNoT 中存在各种设备（静态或动态），它们彼此异类连接（有线或无线）。虫洞攻击不需要访问网络中的主机。攻击者为数据传输创建更短的路径，滥用路由算法，获取数据并将其重新传输到网络中的另一个节点。虫洞攻击不同于传统的网络安全攻击，因此很难被检测到。
- **陷洞攻击**：在传感器网络中，作为节点的传感器，当长时间无人看管时，极易受到陷洞攻击。受到威胁的节点开始从网络中的其他节点吸引信息。此后，这种攻击先于其他攻击，如选择性转发攻击、网络劫持、网络修改等。
- **污水池攻击**：污水池攻击类似于天坑攻击。在污水池攻击中，恶意节点将网络特定区域的所有信息吸引到"污水池"并替换基站节点。
- **恶意节点的信任相关攻击**：恶意节点具有欺骗性，它可以破坏 SNoT 的基本功能。恶意节点在社交网络中表现出与人类相似的行为。因此，该节点执行以下与信任相关的攻击（Chen, Bao, & Guo, 2016）：
  - **自我提升攻击**：受感染或恶意节点开始在 SNoT 中提升其相关性（通过提供有用的建议），使其成为首选服务提供商，最终开始提供故障服务。
  - **洗白攻击**：在这种攻击中，恶意节点突然消失并重新加入网络以侵蚀其不良声誉。
  - **歧视性攻击**：受感染或恶意节点会在没有任何社交链接或不熟悉节点的情况下开始攻击节点。这是基于社交行为，即社交网络中对朋友的倾向。
  - **共谋攻击**：这种攻击涉及恶意节点，它在社交网络中显示人性，提升友好节点并针对特定节点进行攻击。共谋攻击有两种类型（Chen，Bao，& Guo，2016）：
    - **恶意攻击**：网络中的一个或多个恶意节点开始破坏合法节点的信誉，通过给出负面建议来降低该节点成为 SNoT 中服务提供商的可能性。
    - **恶意毁谤攻击**：这是另一种串通攻击。在这种攻击中，恶意节点通过提供正面推荐来提高另一个恶意节点的声誉。这增加了该恶意节点成为服务提供者的可能性。在这种攻击中，恶意节点也可以与其他恶意节点协作以提高彼此的声誉。
- **女巫攻击**：女巫攻击中受感染节点利用了真实节点的故障。当网络中某个节点发生故障时，真实链路会绕道通过恶意节点进行进一步通信，这可能会为其他攻击打开大门，例如选择性转发攻击，从而导致数据丢失、数据盗窃和数据操纵。

- **外部攻击**：这种攻击源于对 SNoT 中服务提供商的可信度的担忧。在实施 SNoT 时，组织和个人可能会与服务提供商（如云服务提供商）共享信息（敏感和琐碎）以获取他们的服务。这些提供的信息真实性在于管理员。信息可能被提供者或服务提供公司的人员滥用，或者信息可能从提供者处泄露给外部人员。

- **选择性转发攻击**：在选择性转发攻击中，其中一个节点被感染或可能成功进行虫洞攻击。恶意节点选择性地过滤掉来自受感染网络节点的一些数据，并将其重新传输到下一个节点。丢弃的数据可能包含敏感信息，这些信息可能对网络中设备的运行至关重要。

- **泛洪攻击**：这是一种泛洪攻击。在 SNoT 中，每个对象都有一个相邻设备。在泛洪攻击中，每个对象都会通过 HELLO 消息向所有根据其带宽可访问的邻居宣布自己。恶意节点将拥有巨大的带宽，因此成为网络中最大节点数的邻居。最终，该恶意节点将向相邻节点发送 HELLO 消息，并降低其对合法用户的可用性。

- **广播认证**：基站需要向网络中的传感器节点广播数据和命令。当通信没有安全性时，传感器可能会执行不需要的操作且无法满足为网络制定的要求。现有的有线和无线网络安全解决方案不适用于无线传感器网络，因为后者的资源和内存有限。基于现有技术的广播认证无法处理这些资源受限的设备。必须为这些无线传感器网络引入新方法或改进现有方法（Eldefrawy, Khan, Alghathbar, & Cho, 2010）。

- **缓冲区溢出攻击**：此攻击旨在淹没缓冲区中的预定义空间，这可能导致数据覆盖和内存损坏。对于那些拥有运行控制系统的 SNoT 对象来说，这是一个主要风险缓冲区溢出攻击有两种基本类型（Ayala, 2016）：
  - **函数指针攻击**：这种类型的缓冲区溢出攻击是通过覆盖最终执行的异常处理程序或函数指针来执行。
  - **堆栈溢出攻击**：这是一种网络攻击，它使用缓冲区溢出来欺骗系统执行随机代码。

传输层

- **DDoS/DoS 攻击**：DDoS 攻击是由多个僵尸设备（僵尸网络）发起和执行的攻击。它首先填充大量不必要的流量数据或数据包，以捕获并完全耗尽内存资源并减少设备的带宽。因此，有效用户将无法访问设备或请求服务。DoS/

DDoS 还通过压倒资源和限制合法设备的正常访问来攻击云端。

● **伪装攻击**：这是一种利用虚假身份通过真实访问识别来获得对设备或服务器未经授权访问的攻击类型。有缺陷的授权过程可以为伪装攻击者打开大门。通过检测程序中的漏洞并找到绕过身份验证过程的方法，可以使用被盗的密码和登录凭据发起这些攻击。伪装攻击者获得的访问范围取决于他设法获得的授权程度（Prasad, Reddy, & Rao, 2014）。

● **IP 欺骗攻击**：这种攻击类似于伪装攻击，通过伪装成有效用户来访问各种受限制的资源或窃取可能是机密敏感的信息。攻击者通过伪造该用户的源 IP 地址将自己伪装成合法用户，并将 IP 数据包发送到易受攻击的系统，该系统可能是 SNoT 中的一个对象，以获得授权访问并随后执行恶意活动（Hu, 2016）。

● **中间人攻击**：中间人攻击是互联网、NoT 和 SNoT 的网络层中一个突出的安全攻击。基本上，这种攻击使用各种技术，旨在拦截两个节点之间的通信。当攻击者成功中断受害者的连接时，他可以取代代理服务器（Cekerevac, Dvorak, Prigoda, & Cekerevac, 2017）。如图 5-3 所示，这种攻击可以通过以下方法进行：

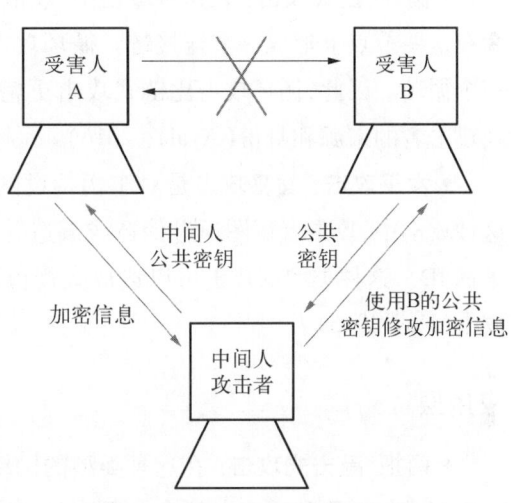

图 5-3　中间人攻击示意图示

○ **地址解析协议（ARP）缓存中毒**：ARP 缓存中毒是最早的中间人攻击方法之一。这种方法被认为是最简单的执行方式，但在攻击者成功实施后却是最有效的。在这种攻击中，攻击者加入与受害者相同的子网，并利用 ARP 的不安全特性，窃听这些受害者之间的网络通信（Sanders, March 2010）。

○ **DNS 欺骗**：DNS 欺骗是另一种用于中间人攻击的方法。它被用来向主机提供虚假的 DNS 信息，当他们试图访问一个服务器或网站时，主机会被重新定向到原始服务器或网站的欺诈性副本，该副本是由攻击者创建的，用于从无辜的受害者那里窃取机密和敏感数据（Sanders, April 2010）。

○ **会话劫持**：会话可以被定义为一个已建立的对话，它包含了各种设备之间连接明确的设置、维护和终止。会话劫持是对设备之间会话的恶意利用(Sanders, May 2010)。

  ○ **SSL 劫持**：安全套接字层(SSL)或传输层安全(TLS)是一套协议,旨在通过利用加密来保护网络通信。SSL 劫持利用了连接从非加密到加密的过渡。例如,浏览器中 HTTP 到 HTTPS 的转换(Sanders, June, 2010)。

  • **蓝精灵(Smurf)**：这种网络攻击是一种地址欺骗的类型。通过向受害者网络传输稳定的互联网控制信息协议(ICMP)数据包,这些数据包被攻击者修改过,保持发送者的地址与目标计算机的地址之一相同。在 SNoT 的背景下,响应数据包的设备可能会意外崩溃或进行不希望的操作(Zhu, Joseph, & Sastry, 2011)。

  • **循环/链式攻击**：在这种攻击中,攻击者通过多个节点转移以保持匿名,从而在这些节点上形成一个连接链。循环攻击与链式攻击非常相似,连接链形成一个循环。因此,循环攻击比链式攻击更糟糕,因为在 SNoT 中,前者更难追踪到攻击者的来源和身份(Ayala, 2016)。

  • **女巫攻击**：女巫攻击是对车辆特设网络(VANETs)的一个主要威胁。在这种攻击中,攻击者试图通过伪造或编造并进一步显示多个身份来违反唯一的车辆 ID。这种类型的攻击可以造成大规模的拒绝服务或其他各种类型的安全攻击(Hu, 2016)。

应用层

  • **门把-敲击式攻击**：在这种类型的网络攻击中,攻击者在各种系统上尝试一些常见的密码和用户名组合。很明显,这将导致一些失败的登录尝试。如果这些来自特定的主机或几个主机的失败登录尝试没有被追踪以检测门把手攻击,这种攻击将被忽视,可能在未来造成潜在的系统破坏(Ayala, 2016)。

  • **敏感信息的泄露**：云服务或 SNoT 系统的潜在漏洞可能会将许多私人和敏感信息泄露给心怀叵测的人。这可能会导致身体和心理上的创伤或财物、财产的损失。

  • **数据破坏**：攻击者可以通过前面提到的各种攻击手段入侵云服务或 SNoT 中涉及的其他数据存储系统。这种非法侵入最终会导致攻击者破坏数据,这可能导致严重的财物和关键信息损失。甚至可能导致知识产权的损失。

  • **灰姑娘攻击**：这是一种网络攻击,通过恶意利用系统或网络内部时钟使安全软件失去能力。这种操纵会导致安全软件许可的过早终止,导致系统或网络暴露在潜在的网络攻击中(Ayala,2016)。

• **侧信道攻击**:这种攻击分析了从加密系统的物理实现中获得信息(功耗、定时信息、电磁泄漏甚至声音)(Singer,2004)。这可以被认为是一种推理的攻击类型。推断出来的信息可以用来解密加密信息,而不需要拥有原始密钥。

• **硬件篡改**:即使SNoT的软件层面可以尽可能地保证安全,但要防止黑客对物理系统的攻击是非常困难的。也就是说,SNoT的设备不是防篡改的;其硬件可以很容易地通过打开它并操纵探头和针头而被访问。

• **盗窃**:由于SNoT中的物体不需要人类的干预,长时间离开这些设备会不可避免地导致盗窃行为(Hu,2016)。

这些设备的处理能力很有限,而且在大多数情况下,设计和编程并不复杂,因此,攻击者可以简单地制造一个设备的克隆,或操纵数据和软件,以使该设备的运行失去作用或出现错误。

可能的解决方案

尽管传统网络中存在的许多复杂问题在互联网时代已经得到解决,但在社会化物联网中,这些问题可能必须被加以改造,以便在SNoT中实施。SNoT中的自动化导致了各种新型威胁的发展,这些威胁还没有被发现或充分解决。所需的安全措施应在启动"社会事物"的第一时间建立。安全不应该被视为机器的附加物,而应该是"社会事物"活动的一个组成部分。对于SNoT中设备的安全性,应满足以下要求(Hu,2016):

• **数据保密性和完整性**:数据保密性是通过加密过程(加密和解密)来保持的,而数据完整性是通过认证码或附在数据有效载荷上的加密散列来保持的。数据保密性和数据完整性确保了设备之间发送或接收数据的可信度。这两点都可以作为应对各种截获、中断和修改的攻击载体来支持。

• **对等认证和系统可用性**:对等认证与系统可用性密切相关。对等认证包括一个对等体在建立通信连接之前验证另一个对等体的身份。因此,对等体根据认证放弃或接受另一个对等体链接请求的能力,以避免可能的外部攻击,如拒绝服务攻击。额外的设备描述符可以相互提供和验证,可以增强对等体认证。

• **授权证明**:这可以禁止未经授权的实体与设备通信并执行某种行动。因此,授权证明可以避免被恶意的外部人员捏造。

• **不可否认性:** 由于对等体(发送方或接收方)的运行与其命令相联系,它不能在通信后停止运行。

可以使用各种技术来保护 SNoT 中的设备。以下是其中一些技术(Shipley,2013):

数字签名: 目前,用户的数字签名被附加到一个文件或软件上,以便在系统中认证和授权执行。这样一来,用户和系统之间就能保持一定程度的可信度。如果这个概念被纳入 SNoT,也就是说,如果我们为 SNoT 中的对象分配一个加密开发的数字签名,就可以在社交联系的设备中建立信任基础。在"社会事物"首次启动时,其完整性和真实性可以通过该数字签名来验证。但是,这种方法不能保护设备免受不同运行时并发症和恶意意图的影响。

访问限制: 网络中设备的访问权限可以用各种方法来调节。在 SNoT 中,社会事物的访问权限可能必须根据其在网络中的角色加以限制。这种规定确保设备只能访问对其运行至关重要的资源和信息。这种限制的好处是,如果一个设备被破坏,访问控制确保攻击者对网络剩余部分有最小的访问权限。因此,任何安全漏洞的有效性都可以通过访问控制来减弱。

设备验证: 当一个设备连接到 SNoT 时,在发送和接收数据之前,应该加以验证。在传统的社交网络中,用户根据一对用户名和密码来验证他/她。同样,在 SNoT 中,在授权之前,应根据一组凭证(也称为信任令牌)对机器进行认证,这些凭证应存储在安全的存储空间。这可能有助于社会物联网中设备的自动化操作。安全存储设施(也称为密钥库)根据加密操作的执行情况有两种类型,即被动密钥库和主动密钥库。被动钥匙库以加密形式存储和检索凭证,加密操作由设备的 CPU 执行,而非主动钥匙库加密操作的应用程序接口(API)执行,这确保了凭证永远不会被泄露。密钥库可以是硬件类型或软件类型,前者用于需要高安全性和广泛加密要求的设备,后者用于安全性要求一般的低成本嵌入式系统。

防火墙: 在 SNoT 中,为了防止漏洞利用和各种网络攻击,设备应安装深度数据包检测功能和防火墙,以调节预定到达机器的流量。防火墙或入侵防御系统(IPS)的必要性源于嵌入式系统协议与一般网络协议不同。深度数据包检查能力确保识别隐藏在设备特定协议中的恶意有效载荷。常规的互联网流量是由网络设备处理的,因此设备不需要过滤更高级别的流量,而应该以最佳的资源利用来处理设备特定的流量。

补丁和软件更新：SNoT 中的设备应在其运行开始后接收必要的补丁和软件更新。必要的安全补丁和软件更新应在运行设备前得到认证。认证和实施不应耗尽带宽，影响社会事物的经常性连接。另外，补丁的交付不应损害 SNoT 中机器的功能安全。

目前已经提出了几种类型的信任模型，其中一些已经实施，用以协助采取安全措施。这些模型包括(Hu, 2016)：

• **直接信任模式**：在网络建立之前，节点的凭证预先分布在所有参与节点之间。

• **信任网站模式**：只有当一个对等体的证书已经被另一个受信任的对等体验证时，该对等体才接受该证书。

• **层次化的信任模型**：这是一个复杂的信任模型。在这种模式下，信任是由各种信任锚来处理的，形成一个分层的基础设施。这种基础设施可以是信托中心基础设施(TCI)或公钥基础设施(PKI)。

• **主观的信任模式**：节点根据自己的经验与潜在服务提供者的共同友好节点判断来评估另一个节点可信度(Nitti, Girau, Atzori, Iera, & Morabito, 2012)。

• **担保人和基于信誉的信任模型**：这个信任模型是在社会物联网的保证人和信誉的基础上形成的。前者要求一个设备在接受另一个设备的服务时，按规定的佣金率提供一个担保人；后者利用一个设备的声誉来评估其可信度(Xiao, Sidhu, & Christianson, 2015)。

通常，当设备被部署时，其安全和信任证书在制造时或在该设备生命周期的后期阶段被分配，用于建立该设备的可信度。即使这种可信度通常会随着时间的推移而减弱，但它是基于以下的期望(Hu, 2016)：

1. 该设备的硬件及其制造和组装阶段是强大和值得信赖的，因此硬件组件的篡改不应泄漏任何有关该设备运行的敏感信息。

2. 固件的设计及其进一步的发展应该是健全的、完整的和真实的。在安装固件之前，软件中的大部分漏洞都应该被记录下来并加以修复。

3. 使用加密技术的数字签名的创建、管理和分发应该是值得信赖的，并得到充分的保障。

尽管固件设计是安全进行的，但攻击者可以修改固件并在其中插入恶意代码。这可能导致操作各种系统进程所使用的凭证,进行内部网络攻击。因此,固件图像验证在 SNoT 中的设备安全方面起着关键作用。与具有动态固件镜像(可下载的固件镜像)的设备相比,具有刷新或静态固件镜像的设备可以管理更高的可信度。如果一个固件个别组件的升级有许多固件图像的变化,这些固件图像的认证将是令人厌烦的任务(Hu, 2016)。然而,这个问题可以通过有效的固件补丁机制来减少。网络上的固件更新(修补)机制应该包括一个有效的、毫不费力的修补过程,其中包括真实性检查和强大的完整性,减少服务中断,并支持需要时的版本回滚。

与信任有关的攻击可以通过在节点之间强制执行真实性、共同利益和合作来加以对抗,以防止恶意节点入侵 SNoT。一般来说,入侵检测技术可以用来识别不良节点,一旦检测到攻击节点就可以将其驱逐出网络(Chen, Bao, & Guo, 2016)。数据追踪能力、网络取证能力和网络犯罪取证机制的进步,也有助于在未来防止 SNoT 的安全和隐私威胁。

就研究路线图而言,本章介绍了一种基于当前域名系统(DNS)架构的机制,该机制是专门为物联网的应用而开发的。对 DNS 架构的可行性进行了评估,并对该架构的三级缓存策略进行了分析,该机制是为运输物流领域特别开发的。

结语

在本章中,我们讨论了在新出现的社交物联网技术中发现的各种安全威胁。大多数的安全威胁都是从互联网上传到 SNoT 的。SNoT 是物联网的一种改进形式。根据 OASIS 的说法,物联网是一种基础设施,物理世界通过利用无处不在的传感器连接到互联网。在 NoT 中,物理以及虚拟物体都有身份、属性和个性。它们使用智能接口,并完全融入信息网络。物联网中的事物积极参与信息、商业和社会进程,并能够与外部环境(现实世界)以及其他设备互动。SNoT 是一个相对新颖的范式。SNoT 可以被简单地定义为将人类社会网络的概念落实到 NoT 架构中。在 SNoT 中,智能设备成为社会的活跃"分子",与邻近的"社会事物"互动,并与它们协商,以实现用户的特定任务。

SNoT 的基础设施,就像互联网上的其他系统一样,容易受到各种安全威胁的影响。如果这些漏洞没有得到适当解决,这将使 SNoT 的实施具有挑战性。大部分的漏洞已经存在于互联网和 NoT 上,因此,这些漏洞已经在一定程度上得到解决。但是，由于 SNoT 的性质而出现的新漏洞，必须尽快检测和解决。这些漏洞的主因之一是 SNoT 中设备的自动化。甚至传感器网络和 RFID 标签的安全性也有待充分解决。即使是加密安全的系统有时也容易受到网络攻击的影响。

本章还讨论了一些可能的解决方案，以加强社会物联网的网络安全。数据的保密性和完整性、同行认证、授权证明和不可抵赖性是在 SNoT 中实施安全措施的基本要求。大多数设备可以在一定程度上使用加密系统来保证安全。可信度是建立对等认证和授权证明的一个关键决定因素。为了促进 SNoT 中物体之间的可信度，已经提出并实施了各种信任模型。在这些信任模型中，本章简要讨论了其中的几个。由于物联网和社交物联网技术是一种新的现象，而且当今的创新进展速度很快，人们普遍期待为这些技术开发出一种独特的、新颖的安全解决方案，假设将 25 年的安全性压缩到紧凑的时间框架内，在该时间框架内，迭代设备将实现商业化。

参考文献

Atzori, L., Iera, A., & Morabito, G. (2010). The internet of things: A survey. *Computer Networks, 54*(15), 2787–2805. doi:10.1016/j.comnet.2010.05.010

Atzori, L., Iera, A., & Morabito, G. (2011). Siot: Giving a social structure to the internet of things. *IEEE Communications Letters, 15*(11), 1193–1195. doi:10.1109/LCOMM.2011.090911.111340

Atzori, L., Iera, A., & Morabito, G. (2014). From" smart objects" to" social objects": The next evolutionary step of the internet of things. *IEEE Communications Magazine, 52*(1), 97–105. doi:10.1109/MCOM.2014.6710070

Atzori, L., Iera, A., Morabito, G., & Nitti, M. (2012). The social internet of things (siot)–when social networks meet the internet of things: Concept, architecture and network characterization. *Computer Networks, 56*(16), 3594–3608. doi:10.1016/j.comnet.2012.07.010

Ayala, L. (2016). Cyber Standards. In *Cybersecurity Lexicon* (pp. 199–200). Apress. doi:10.1007/978-1-4842-2068-9_28

Bhabad, M. A., & Bagade, S. T. (2015). Internet of things: Architecture, security issues and countermeasures. *International Journal of Computers and Applications, 125*(14).

Cekerevac, Z., Dvorak, Z., Prigoda, L., & Cekerevac, P. (2017). Internet of things and the man-in-the-middle attacks–security and economic risks. *Journal MESTE, 5*(2), 15–25.

Chen, R., Bao, F., & Guo, J. (2016). Trust-based service management for social internet of things systems. *IEEE Transactions on Dependable and Secure Computing, 13*(6), 684–696. doi:10.1109/TDSC.2015.2420552

Criscuolo, P. J. (2000). *Distributed denial of service: Trin00, tribe flood network, tribe flood network 2000, and stacheldraht (No. CIAC-2319)*. California Univ. Livermore radiation lab. doi:10.2172/792253

Delic, K. A. (2016). On Resilience of IoT Systems: The Internet of Things (Ubiquity symposium). *Ubiquity, 2016*(February), 1.

Eldefrawy, M. H., Khan, M. K., Alghathbar, K., & Cho, E. (2010). Broadcast Authentication for Wireless Sensor Networks Using Nested Hashing and the Chinese Remainder Theorem. *Sensors (Basel), 10*(9), 8683–8695. doi:10.3390100908683 PMID:22163679

Farash, M. S., Turkanović, M., Kumari, S., & Hölbl, M. (2016). An efficient user authentication and key agreement scheme for heterogeneous wireless sensor network tailored for the Internet of Things environment. *Ad Hoc Networks, 36*, 152–176. doi:10.1016/j.adhoc.2015.05.014

Fjäder, C. O. (2016). National Security in a Hyper-connected World. In Exploring the Security Landscape: Non-Traditional Security Challenges (pp. 31-58). Springer International Publishing. doi:10.1007/978-3-319-27914-5_3

Geetha, S. (2016). Social internet of things. *World Scientific News, 41*, 76.

Gupta, M., Shrivastava, G., Gupta, S., Gupta, R. (2017). Role of Cyber Security in Today's Scenario. *Detecting and Mitigating Robotic Cyber Security Risks*, 177.

Hajdarbegovic, N. (2017). Are we creating an insecure internet of things (iot)? security challenges and concerns. *Toptotal. Accessed Feb, 1.*

Hu, F. (2016). *Security and Privacy in Internet of Things (IoTs): Models, Algorithms, and Implementations*. CRC Press. doi:10.1201/b19516

Huberman, B. A. (2016). Ensuring Trust and Security in the Industrial IoT: The Internet of Things (Ubiquity symposium). *Ubiquity, 2016*(January), 2. doi:10.1145/2822883

IEEE Internet Initiative. (2015). Towards a definition of the Internet of Things (IoT) (Revision-1). Retrieved from http://iot.ieee.org/images/files/pdf/IEEE_IoT_Towards_Definition_Internet_of_Things_Revision1_27MAY15.pdf

Kim, J. E., Maron, A., & Mosse, D. (2015, June). Socialite: A flexible framework for social internet of things. In *Proceedings of the 2015 16th IEEE International Conference on Mobile Data Management (MDM)* (Vol. 1, pp. 94-103). IEEE. 10.1109/MDM.2015.50

Kleinberg, J. (2008). The convergence of social and technological networks. *Communications of the ACM, 51*(11), 66–72. doi:10.1145/1400214.1400232

Lee, D. W. (2016). A Study on Actual Cases & Meanings for Internet of Things. *International Journal of Software Engineering and Its Applications, 10*(1), 287–294. doi:10.14257/ijseia.2016.10.1.28

Makhoul, A., Guyeux, C., Hakem, M., & Bahi, J. M. (2016). Using an epidemiological approach to maximize data survival in the Internet of Things. *ACM Transactions on Internet Technology, 16*(1), 5. doi:10.1145/2812810

Neha, J. A. (2015). Social Networking and Securing the IoT. *International Journal of Science and Research*.

Ning, H., & Wang, Z. (2011). Future internet of things architecture: Like mankind neural system or social organization framework? *IEEE Communications Letters, 15*(4), 461–463. doi:10.1109/LCOMM.2011.022411.110120

Nitti, M., Girau, R., Atzori, L., Iera, A., & Morabito, G. (2012, September). A subjective model for trustworthiness evaluation in the social internet of things. In *Proceedings of the 2012 IEEE 23rd International Symposium on Personal Indoor and Mobile Radio Communications (PIMRC)* (pp. 18-23). IEEE. 10.1109/PIMRC.2012.6362662

Petroni, M. J. (n.d.). The Social Network of Things. *CauseIT*. Retrieved June 05, 2017, from http://www.causeit.org/the-social-network-of-things/

Prasad, K. M., Reddy, A. R. M., & Rao, K. V. (2014). *DoS and DDoS attacks: defense, detection and traceback mechanisms-a survey*. Global Journal of Computer Science and Technology.

Ramirez, E. (2015). *Privacy and the IoT: Navigating policy issues*. US FTC.

Romdhani, I. (2017). Security Concerns in Social IoT. In Securing the Internet of Things (pp. 131–132). Cambridge, MA: Syngress. Retrieved May 08, 2017. doi:10.1016/B978-0-12-804458-2.00008-1

Rose, K., Eldridge, S., & Chapin, L. (2015). The internet of things: An overview. *The Internet Society (ISOC)*.

Sanders, C. (2010). Understanding Man-in-The-Middle Attacks-Part 2 DNS spoofing. *Windows Security.com*.

Sanders, C. (2010, June). Understanding Man-In-The-Middle Attacks-Part 4: SSL Hijacking.

Sanders, C. (2010, March). Understanding Man-in-the-Middle Attacks - ARP Cache Poisoning (Part 1).

Sanders, C. (2010, May). Understanding Man-In-The-Middle Attacks - Part 3: Session Hijacking.

Sethi, P., & Sarangi, S. R. (2017). Internet of Things: Architectures, Protocols, and Applications. *Journal of Electrical and Computer Engineering*.

Shi, T., Wan, J., Cheng, S., Cai, Z., Li, Y., & Li, J. (2015, October). Time-bounded positive influence in social networks. In *Proceedings of the 2015 International Conference on Identification, Information, and Knowledge in the Internet of Things (IIKI)* (pp. 134-139). IEEE. 10.1109/IIKI.2015.37

Shipley, A. J. (2013). Security in the internet of things, lessons from the past for the connected future. *Security Solutions, Wind River, White Paper*.

Shirey, R. (2003). RFC 2828–Internet security glossary. Retrieved from http://www.faqs.org/rfcs/rfc2828.html

Shrivastava, G., Sharma, K., & Rai, S. (2010, December). The Detection & Defense of DoS & DDoS Attack: A Technical Overview. In *Proceeding of ICC* (Vol. 27, p. 28).

Singer, A. P. (2004). U.S. Patent No. 6,724,894. Washington, DC: U.S. Patent and Trademark Office.

Sinha, A., & Kumar, P. (2016). A Novel Framework for Social Internet of Things. *Indian Journal of Science and Technology, 9*(36). doi:10.17485/ijst/2016/v9i36/102162

Sinha, A., Kumar, P., Rana, N. P., Islam, R., & Dwivedi, Y. K. (2017). Impact of internet of things (IoT) in disaster management: A task-technology fit perspective. *Annals of Operations Research*.

Vacca, J. R. (2012). *Computer and information security handbook*. Newnes.

Winter, J. (2015). Algorithmic discrimination: Big data analytics and the future of the internet. In *The future internet* (pp. 125–140). Springer International Publishing. doi:10.1007/978-3-319-22994-2_8

Xiao, H., Sidhu, N., & Christianson, B. (2015, August). Guarantor and reputation based trust model for social internet of things. In *Proceedings of the Wireless Communications and Mobile Computing Conference (IWCMC), 2015 International* (pp. 600-605). IEEE. 10.1109/IWCMC.2015.7289151

Yachir, A., Amirat, Y., Chibani, A., & Badache, N. (2016). Event-aware framework for dynamic services discovery and selection in the context of ambient intelligence and Internet of Things. *IEEE Transactions on Automation Science and Engineering, 13*(1), 85–102. doi:10.1109/TASE.2015.2499792

Zhu, B., Joseph, A., & Sastry, S. (2011, October). A taxonomy of cyber attacks on SCADA systems. In *Proceedings of the 2011 international conference on Internet of things (iThings/CPSCom) and 4th international conference on cyber, physical and social computing* (pp. 380-388). IEEE. 10.1109/iThings/CPSCom.2011.34

第六章
基于入侵探测系统到聚集攻击车载移动网络中的人工智能

古尔善·施瑞瓦斯塔瓦　印度巴特那国立理工学院

古拉夫·沙玛　比利时布鲁塞尔自由大学

曼纳特乔特辛格·阿内贾　印度旁遮普大学

塔伦普里特·巴蒂亚　印度旁遮普大学

摘要

本章介绍了车载自组织网络(VANETs)是如何在各种车辆和路边单元之间提供通信的。分散的 VANETs 容易受到许多安全攻击。而洪水攻击是 VANETs 环境的主要安全威胁之一。本章提出了一种混合入侵检测系统,该系统使用人工神经网络作为分类引擎,使用遗传算法作为特征子集选择的优化引擎,提高了准确性和其他性能指标。这些性能指标是在误用和异常两种情况下计算的。将计算出的各种性能指标与其他研究人员的工作进行比较,得到的结果表明,这种算法具有很高的准确度和精确度,误报率可以忽略不计。这些性能指标被用来评估入侵系统并与其他现有算法进行比较。该分类计算适用于多个恶意节点。除了机器学习技术外,本章还观察了网络参数的影响,如吞吐量和数据包交付率。

引言

车载自组织网络(VANET)是移动自组织网络(MANET)的特殊类别。在 MANETs 中节点可以随机移动,而在 VANETs 中的节点不遵循随机移动。节点模拟车辆运动,沿轨道方向移动。由于人口的增加,车辆数量呈指数级增长。车辆数量的增加往往会提高道路事故发生的可能性。据调查,全世界每天有 120 万人丧生(Raw et al., 2013)。我们需要有这样一种机制:通过这种机制,车辆可以实现智能化并自行处理道路安全问题。这一概念是以 VANETs 为基础用以提供安全可靠的驾驶环境。VANETs 主要允许 V2V(车辆到车辆)和 V2I(车辆到基础设施)这两种类型的交互(Al-Sultan et al., 2014)。除了这些基本交互之外,还有另一个交互可以处理关键信息,如驾驶员的疲劳检测,这种类型的交互称为车内交互。VANETs 符合 IEEE 802.11p 专用短程通信(DSRC)。这些车辆装有由传感器组成的车载单元(OBU)。通信必须通过路边单元(RSU)并且以协助感知消息(CAM)的形式发送(Alheeti et al., 2015),在 VANETs 中,OBU 负责与包括其他车辆和路边单元基础设施在内的外部网络进行交互。

  VANETs 的应用数量巨大,并且都是安全应用程序,可让其他车辆了解道路状况并防止一些事故的发生。还有基于用户的应用程序,用户可以通过在驱动程序下载一些媒体文件或访问天气状况等进行娱乐(Kabir, 2013)。VANETs 具有高度的移动性,但缺乏固定的基础设施,无法保证端到端的连接。自动配置是它的又一缺点。应用数量巨大,其中一些涉及救生应用,与 VANETs 相关的高移动性、可扩展性和容错性等挑战很少。在这些挑战中,最关键的是安全性。有两种解决方案可以应对这些攻击——基于加密的解决方案和入侵检测系统(IDS)。在本章中,我们使用了基于 IDS 的解决方案,因为加密解决方案在确定新类型的攻击时证明不具有稳健性并且是资源密集型的。由于 VANETs 中的漏洞,可能会出现各种类型的攻击。我们重点关注 RREQ Flooding 攻击,因为它构成了其他各种攻击的基础,例如分布式拒绝服务(DDoS)(Shrivastava et al., 2010),其入侵者节点试图向不存在的节点发送多个路由请求消息,从而消耗了本应专用于合法节点进行服务的通道。安全是任何行业和任何领域不可或缺的组成部分。我们需要安全感,因为它给人一种安定和保证的感觉。所以车载网络也需要安全保障。可是不良影响也可能导致生命损失。安全领域虽然已经有很多研究,但仍然有很多不足之处,由于无人驾驶汽车正成为近期的研究热点,因此有必要在网络安全领域,尤其是车载网络领域进行研究。

  在本章其余部分安排如下:第 2 节介绍了不同研究人员在相关领域所做的工作;第 3 节是入侵检测系统的概述;第 4 节概述了人工智能技术;第 5 节解释了拟议的工作;第 6 节和第 7 节是结果与结语部分。

相关工作

  针对各种安全攻击的解决方案分为密码学和 IDS。Zhou(2007)提出了公钥基础设施(Sharma & Shrivastava, G., 2011),其中每个节点都有公钥。在发送信息时,发送者使用其私钥对消息进行签名并添加证书颁发机构(CA)证书。接收方验证签名。Hao 等提出的另一种替代方案(2011)是群组签名,但这在本质上很复杂,因为每当车辆进入群组时,其公钥和车辆会话密钥都必须更改并传输给群组。另一种解决方案是提供身份验证,即车辆将使用其私钥对消息进行添加证书。该解决方案由 Daeinabi 等提出(2016)。Grover 等(2010)提出了一种通过使用会话密钥和带有序列号的数字签名来对抗 Sybil 攻击的解决方案。

Tajbakhsh 等(2009)提出模糊关联规则 IDS(FARIDS)和基于关联的分类(ABC)。检测模型包括学习和检测阶段。在学习阶段,基于模糊化将特征转化为条目,选择合适的条目后诱导经归纳形成规则,然后进行过滤。检测阶段使用分类算法匹配和标记规则以识别攻击。该模型用于已知和未知攻击。

Hoque 等(2012)提出了一种利用遗传算法来检测不同网络入侵的入侵检测系统。该系统使用了著名的 KDD Cup99 数据集。Hoque 等在论文中提出了两个阶段:第一阶段通过证明网络数据产生了新的染色体;第二阶段以前一阶段为输入,输出攻击或正常的数据类型。经检验,结果表明检测率显著,但可以通过在检测阶段使用更多的混合技术来进一步提高检测率。

Jongsuebsuk 等(2013)通过对每个攻击进行实验,提出了用来检测已知攻击和未知攻击的模糊遗传算法 IDS。然后在未知攻击的情况下,将模糊遗传算法与决策树进行对比。结果发现,该模型将模糊规则的参数传递给遗传算法 GA。

Panja 等(2014)提出了一种混合入侵检测系统,首先使用自适应神经模糊推理系统(ANFIS),然后使用遗传算法(GA)和应用层过滤。ANFIS 是模糊逻辑和神经网络的结合。该模块由数据采集、处理、分类和响应 4 个阶段组成。ANFIS 有 5 个输入层用于将攻击分类为正常、探测、DOS、R2l 和 U2R。之后,被传递到模糊推理模块进行模糊化和去模糊化。而应用遗传算法 GA 是为了提高检测效率;应用级过滤是为了对来自遗传算法 GA 的结果过滤,使检测更加准确。

Benaicha 等(2014)提出使用遗传算法 GA 的 IDS。该模型分别从五种不同的攻击类型和规则中提取特征,针对每种攻击类型建立了 80 条规则,并将其反馈到 GA 模型中。经过 400 条规则之后,进行进化过程,计算适应度函数,从而形成规则集。

Alheeti 等(2015)提出了一种多级入侵检测系统。该模型由 3 个阶段组成：第一阶段对数据进行聚合和处理；第二阶段是训练数据集组成，经过上一阶段处理后的数据传递给人工神经网络进行数据训练；最后一个阶段是检测引擎，在这个阶段数据被分类为正常或异常。该模型是针对 DOS 攻击的检测而设计的。

Sen 等(2014)提出了反向传播神经网络(BPNN)。BPNN 由多个隐藏层组成。本章进行了两个实验，一个是 70 - 30 分割的数据集，另一个是 80 - 20 分割的数据集，并且在每个隐藏层使用不同数量的节点数。训练在 1 000 个阶段上进行，隐藏层数固定为 4 层。选取的特征数为 40 个，然后对所有特征赋一个数值进行归一化处理，形成混淆矩阵。

DDOS 攻击(Gupta et al., 2010)是为人熟知的一类攻击。它使用 SNORT IDS 来监控网络。IP 标识符标识 IP 地址，然后传递给 ANN 引擎，将其与现有模式进行比较以检测攻击。检测阶段之后，就进入了防御阶段，在此阶段中它发挥着阻止攻击并且只允许合法数据包通过的作用。它还使用了其他 snort ids 的输出，来确定其算法是否过时，如果算法过时就需要重新训练。最后一个阶段是知识共享，每个检测器将加密的消息发送到其他 IDS。该数据集使用 80% 的训练集和 20% 的测试集。

Barati 等(2014)提出了一种基于网络的异常入侵检测系统，该系统利用 GA 和 MLP 检测 DDOS 攻击。ANN 由 3 层组成：从遗传算法 GA 接收的数据被传递到内部层；中间层负责处理数据；外部层提供输出。

Sandhya G 等(2014)提出了一种结合 k 均值聚类和遗传算法的模型，该模型用于在没有任何实际签名的情况下检测未知攻击。当前迭代中的种群依赖于下一次迭代中生存的适应度函数。交叉阶段由 k 均值运算确定，其中包括计算中心和将每个数据重新分配到最接近的聚类操作。

Shanmugavadivu 等(2011)提出了基于模糊逻辑的入侵检测系统。该系统使用 KDD Cup 99 数据集，选取了 34 个连续属性。这些属性被挖掘出来形成了影响整个攻击的最关键属性。之后，创建模糊规则并将其传递给推理引擎以对测试数据进行测试。该系统对于所有类型的攻击——DOS、U2R(用户到 root)、探测和 R2l(远程到本地)都具有良好的准确性。

Selim 等(2011)提出使用 ANN 和决策树的 IDS。决策树是用作有效分类器的if-else语句。该系统由3层组成：第一层对数据进行分类；第二层负责确定攻击类型；最后一层由每种攻击类型的模块组成。

入侵检测系统概述

正如我们所见，VANETs容易受到许多安全攻击，因此需要有一些措施来应对这些攻击。现有一些解决方案可供我们选择，如组密钥、加密策略等。当要检测新的攻击时，这些解决方案并不是万无一失的，它们只能作为入门级的防护。除了这些解决方案，还需要另一层的防护，这层防护就是入侵检测系统（IDS）。入侵检测系统（IDS）是检测网络中任何异常行为的硬件或软件。IDS的功能分为3个阶段：首先是事件监测，包括对异常行为数据的聚合；其次是分析过程，包括统计、模式匹配、机器学习等技术；最后一个阶段是响应生成，对异常行为进行报警并报告给管理层。我们将IDS分为以下几类：

1. 基于异常的IDS：本系统以行为为依据监控网络，如果发现一切正常，则通过节点（或网络）；如果发现异常，就会引发警报。这些IDS被称为训练数据集，用来研究网络的正常行为。而对网络正常行为的研究被称为剖析。对数据集进行训练的方法多种多样。其中有些是半监督学习和无监督学习。这种IDS的优点是可以检测到没有签名的新攻击。

2. 基于签名的IDS：此IDS监视网络并查找异常模式。这些异常模式也称为签名。正因如此，这些IDS将获取事件的签名与已知签名进行比较以检测任何攻击。这些类型的IDS可以有效地检测已知的攻击，并且适用于外部攻击。更新签名的复杂性及其检测新攻击的效率低下是这些IDS存在的缺点。

在本章中，我们首先采用了人工智能的方法来实现IDS，其次使用人工神经网络（ANN）来检测RREQ洪水攻击，然后使用遗传算法（GA）来减少数据集中的特征数量。

人工智能技术

人工神经网络

人工神经网络（ANN）是受人类中枢神经系统特别是大脑影响的机器学习技术的一个分支。ANN是连接神经元的系统，其中每个神经元都能连接到所有其他神经元。神经元通常是最重要的处理单元。大脑通过交换神经元之间的脉冲来处理信息。神经元与每一个输入相连接,其权重与特定的输入相关联,并产生结果。ANN 在计算机科学中将同样的思想应用于基于分类或预测的问题。ANN 是一种灵活的系统,借助该系统,网络组织会因输入、与输入相关的权重或任何其他参数的变化而发生变化。在这个神经网络中,还有一层被称为隐藏层。多层感知器由输入层、一个或多个隐藏层以及最后的输出层组成。隐藏层的数量取决于应用程序。此外,每个隐藏层的神经元数目是应用程序特定的,隐藏层也称为处理层。输入层由与数据集中特征数量一样多的神经元组成。该处理在隐藏层中进行,最终在输出层形成输出。每个输入与一个权重相关联。ANN 分两个阶段工作——训练阶段和测试阶段。在训练阶段,计算权重并注明性能指标,但是,需要改变权重和偏差值。如果没有获得性能指标阈值,由于权重和偏差值的变化,我们需要回到第一层并使用训练函数再次计算值(Balkanli et al., 2014)。由于我们是从最后一层向后移动到第一层,因此称为反向传播。这种反向传播通过计算被称为局部梯度的每一层梯度来工作。

遗传算法

遗传算法是一种模仿自然进化方法的人工智能启发式方法。进化是生物体通过在本节后面描述的 GA 运算在代际间连续改进的过程。遗传算法用于优化问题。它遵循最优生存的原则,即在连续几代中选择最优特征个体,从而改进和提高系统的效率。遗传算法从初始种群开始,这个初始种群是从种群列表中随机选择的。初始种群初始化后,对适应度函数进行评价。基于评价结果,应用选择、交叉、变异等遗传算法算子。整个过程重复进行,一直到停止准则匹配为止。在本章中,遗传算法 GA 一直用于子集选择。

建议方法

本文所提出的系统利用 ANN 检测 RREQ 洪水攻击,在特征子集选择方面采用 GA 进行优化。网络模拟器 ns - 2.35 用于发起 RREQ 洪水攻击。该算法适用于多个恶意节点,并在评估准确性和误报率等性能指标上取得了显著的结果。VANET 环境的仿真是通过 SUMO 完成的。MOVE 模拟器生成的.tcl 文件作为 NS - 2.35 的输入。实施过程一般涉及三个阶段:第一阶段是通过发起攻击来创建数据集;第二阶段是数据预处理;最后一个阶段是分类优化引擎。图 6 - 1 显示了这一系统架构。

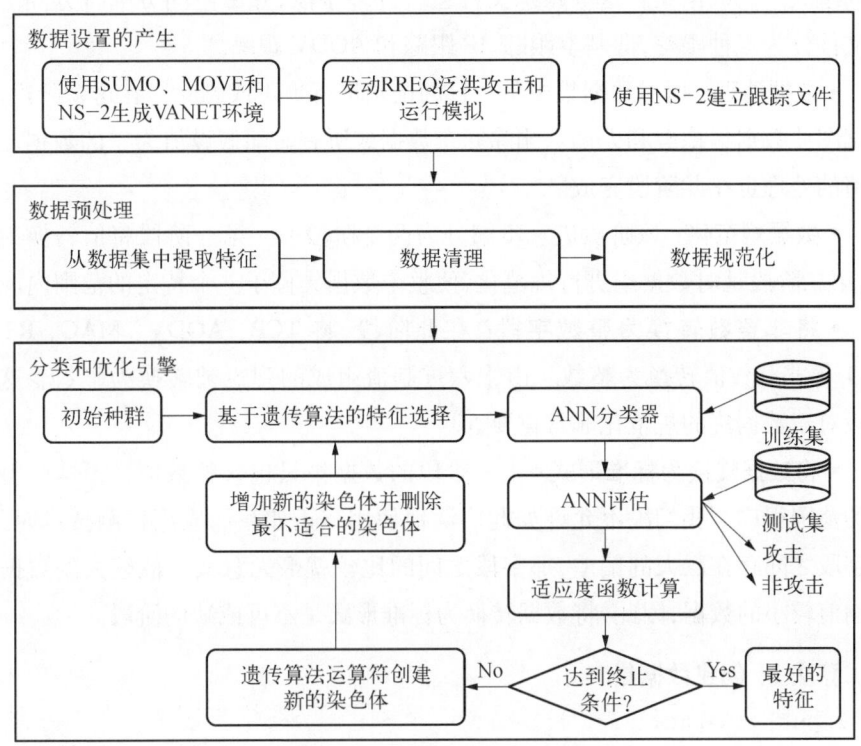

图 6-1 提出的系统架构图示

创建数据集

为了创建数据集,集成 SUMO、MOVE 和 NS-2.35 建立了 VANET 环境。MOVE 文件的输出是 NS-2.35 使用的 tcl 脚本。跟踪文件的输出被收集为正常 AODV 和 RREQ 洪水攻击下 AODV 两种不同场景的输出。这种攻击的目的是消耗网络带宽,耗尽网络资源。

数据预处理

真实数据由错误数据组成,由于是原始数据,所以可用性不高。这就需要将这种原始数据转换成有意义的信息。为了实现这一目标,需要对数据进行预处理。如上所述,我们提出的架构中数据预处理阶段主要包括三个步骤:从数据集中提取特征、数据清理和数据规范化。

- **从数据集中提取特征**:攻击者在发起攻击时获得的正常.tr 和恶意.tr 文件

共同组成一个数据集。这些跟踪文件包含许多字段,并由空间分隔符分隔。跟踪文件分为三种跟踪,即基本跟踪、IP 跟踪和 AODV 跟踪。

- **数据清理**:指对数据集中不一致的记录进行更正或删除。在这个阶段,我们试图使数据集稳健和无偏。删除冗余数据或所有时间假设值为零的数据。缺失值的处理也在此阶段完成。
- **数据规范化**:该阶段进一步细分为两个阶段——第一阶段将值转换为数值,第二阶段是对数据集进行规范化,使整个数据集位于一个特定的范围内。
- **将非整数转换为整数字段**:在此阶段,将 TCP、AODV、MAC、RTR、AGT 等非整数值转换为整数。由十六进制值组成的列也被转换为整数。这个阶段对于数据集的规范化非常重要。
- **将数据转换为标准形式**:上一阶段的数据集只包含整数值。但这些整数值的范围很广。我们决不允许如此广泛地使用。正如我们应用检测技术时,如果字段之间存在巨大的偏差,那字段之间的比较就毫无意义。值较大的数据会影响值较小的数据;因此,将数据转换为标准形式是不可或缺的阶段。

算法 1:创建数据集

Input: MOVE.jar

Output: Two trace files normal.tr and attack.tr

1. no_of_vehicles ←20
2. simulation_time ← 200
3. for each node n
4. set node's cordinates
5. end for
6. for each edge e
7. lanes ← 20
8. speed ←30
9. priority ←70
10. initialize edge id
11. end for
12. for each flow f
13. initialize flow id
14. no_of_vehicle_per_flow ←no_of_vehicles/no_of_flow

```
15.end for
16.CreateVehicle()
17.ConfigVehicle()
18.call Visualize()
19.add_Connection()
20.normal.tr ←NS2()
21.RREQ_Flooding()
22.Attack.tr ←NS2()
```

分类引擎

采用 ANN 作为分类引擎,根据训练阶段学习的知识将特征分为两大类——正常类和攻击类。输入通过传递函数传递到隐藏层进行处理,然后输出传递到下一个隐藏层(如果是多个隐藏层)或输出层(如果是单个隐藏层),最终输出。由于该过程是从第一层到最后一层的,因此它是前馈网络。反向传播技术用于更新与每个输入相关联的权重,以改进训练函数。这种权重的更新是从外层到内层进行的,因此称为反向传播。将 Levenberg-Maquardt 算法用作反向传播,如下所示:

$$xk+1 = xk - [JTJ + \mu I] - 1JTe$$

其中,xk 为当前值,xk+1 为更新值,I 是恒等式,e 为网络误差,J 为雅可比矩阵,μ 为标量。整个训练和测试过程,包括计算权重的输出和更新,称为前馈反向传播网络。图 6-2 显示了分类引擎的工作流程。

优化引擎

采用 GA 作为优化引擎,减少特征数量。对初始种群进行随机选择,并对其进行特征子集选择。它被传递给 ANN 分类器。分类精度被认为是适应度

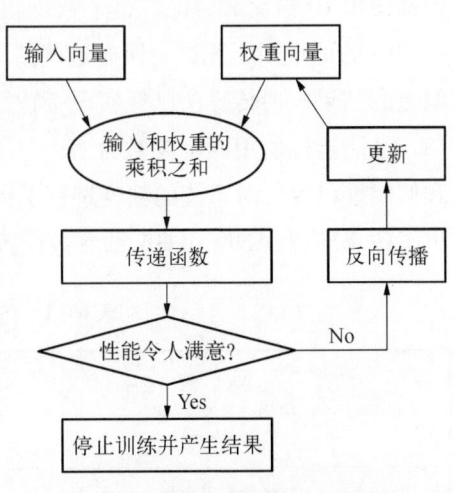

图 6-2 分类引擎工作流程图示

函数。计算每个特征集染色体的适应度值。不利于增强系统精度的特征被删除。

在本章中,我们已经使用了包装器方法选择子集。最好的特性集被保留,而最少的特性集被从列表中删除,从而修改特性集。

算法 2:特征选择

Input: Initial population

Output: Feature subselection

1.do｛ For each chromosome c

2.Calculate fitness function

3.Create vector using mutation

4.Create new individual using crossover

5.end for

6.if fitness value is greater than the previous individual

7.add the individual to the list

8.else

9.remove the least fit individual

10.｝while(stopping criteria is not met)

结果和讨论

在误用检测和异常检测两种场景下对性能指标进行了评估。在这两种场景中都使用 10 倍交叉验证。整个数据集被分成 10 个相等的子集,每个数据集中有 10% 的记录用于测试。所有这些结果的平均值都被考虑在内,以避免任何有偏差的结果。遗传算法已经实现了特征子集选择。系统中剩下的最终特征数为 18。性能指标使用四个参数计算——真阳性(TP)、真阴性(TN)、假阳性(FP)和假阴性(FN),对系统的精度进行了评估。表 6-1、表 6-2 和表 6-3 分别给出了仿真环境、ANN 和 GA 的参数设置。

表 6-1 仿真环境参数表

参　　数	数　　值
节点数量	20
恶意节点数量	2

续 表

参　数	数　值
频道类型	无线
路由协议	AODV
MAC 类型	802.11
数据包大小	1 000
接口队列类型	排队/拖尾/优先级
仿真时间	200

表 6-2　ANN 参数表

参　数	数　值
网络类型	前馈式背景
训练函数	文贝格-马夸特方法
性能函数	均方误差
层数	2
每层神经元数量	10
传递函数	通道
最大次数	1 000
验证检查	6
数据分配	随机

表 6-3　GA 参数表

参　数	数　值
遗传算法	散射交叉,单点突变
选择方法	随机
交叉率	0.8

续表

参　数	数　值
突变率	0.02
种群规模	200
最大代数	100
停止代数	50

评估了各种性能指标,结果见表6-4和表6-5。表6-4显示了误用检测的结果,表6-5显示了异常检测的结果。我们的方法与现有算法的对比分析如表6-6所示。我们的方法尤其在准确性和假阳性方面效果显著。我们的方法与其他现有方法准确性的图形比较如图6-3所示。

表6-4　结果(误用检测)

精准度	1
特异度	1
灵敏度	0.99
准确度	0.99
F计量度	1
假阳性率	0

表6-5　结果(异常检测)

精准度	0.97
特异度	0.97
灵敏度	0.99
准确度	0.95
F计量度	0.98
假阳性率	0.03

表6-6 提出的方法与其他现有方法不同性能指标比较表

算　法	精准度	特异度	灵敏度	准确度	F计量度	假阳性率
提出的方法	1	1	0.99	0.99	1	0.01
基于ANN和决策树的入侵检测系统（Selim et al., 2011）	NA	NA	NA	0.95	NA	0.10
SNORT（入侵检测系统）	0.96	0.97	0.9	0.93	NA	NA
基于GA和MLP的入侵检测系统（Barati et al., 2014）	1	NA	0.99	NA	0.99	0.03
基于ANN的无人驾驶汽车（Alheeti et al., 2015）	NA	0.87	0.98	NA	NA	0.12
基于ANN的入侵检测系统（Saied et al., 2016）	1	1	0.96	0.98	NA	NA

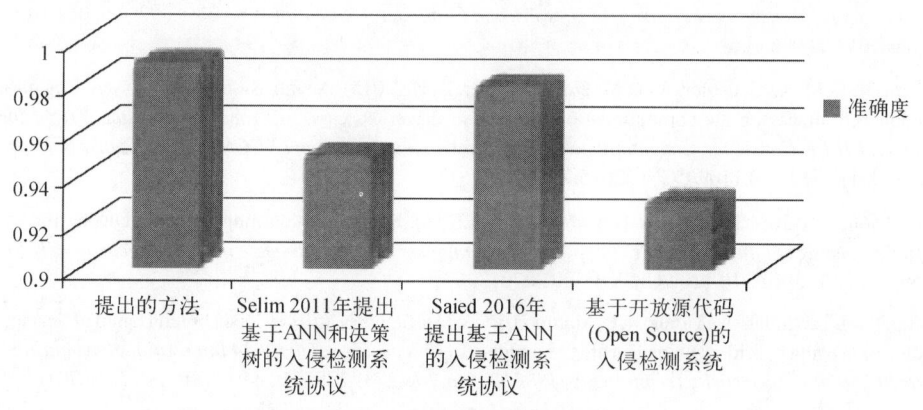

图6-3 不同协议的准确度图示

结语

由于安全是无线网络特别是车载网络不可缺少的一部分，因此对车载网络中可能出现的威胁进行应对十分必要。最严重的安全威胁之一是RREQ洪水，合法用户由于资源不可用而被拒绝访问服务。在本章中，我们已经在ns-2中发起了泛洪攻击，并评估了网络的数据包传递和吞吐量：两者都急剧下降。我们提出了基于ANN检测攻击的算法，并进一步应用GA进行特征子集选择，以在误用和异常两种不同场景下获得更好的结果。我们提出的算法与现有方法相比，能够检测出多个恶意节点，准确率更高。我们的系统精度达到99%。

此外，特征数量减少到18个。此系统不需要任何硬件，因此简单且性价比高。本章展示了显著的结果，但未来的着力点在于检测带有加密恶意条目的攻击。此外，使用的数据集专门用于泛洪攻击。我们希望扩展我们提出的算法，通过添加更多其他攻击的记录，使我们的算法更具通用性。还可以使用其他技术来减少功能的数量，甚至减少到18个以下。

研究是永无止境的。本章展示了显著的效果，但未来的着力点在于检测带有加密恶意条目的攻击。此外，使用的数据集专门用于泛洪攻击。我们希望扩展我们提出的算法，通过添加更多其他攻击的记录，使其更具通用性。还可以使用其他技术来减少功能的数量，甚至减少到18个以下。

参考文献

Al-Sultan, S., Al-Doori, M. M., Al-Bayatti, A. H., & Zedan, H. (2014). A comprehensive survey on vehicular Ad Hoc network. *Journal of Network and Computer Applications, 37*, 380–392. doi:10.1016/j.jnca.2013.02.036

Alheeti, K. M. A., Gruebler, A., & McDonald-Maier, K. D. (2015). An intrusion detection system against malicious attacks on the communication network of driverless cars. In *Proceedings of the 2015 12th Annual IEEE Consumer Communications and Networking Conference (CCNC)*, Las Vegas, NV (pp. 916-921). IEEE. 10.1109/CCNC.2015.7158098

Balkanli, E., Alves, J., & Zincir-Heywood, A. N. (2014). Supervised learning to detect DDoS attacks. In *Proceedings of the 2014 IEEE Symposium on Computational Intelligence in Cyber Security (CICS)*, Orlando, FL. IEEE. 10.1109/CICYBS.2014.7013367

Barati, M., Abdullah, A., Udzir, N. I., Mahmod, R., & Mustapha, N. (2014). Distributed Denial of Service detection using hybrid machine learning technique. In *Proceedings of the 2014 International Symposium on Biometrics and Security Technologies (ISBAST)* (pp. 268-273). IEEE. 10.1109/ISBAST.2014.7013133

Benaicha, S. E., Saoudi, L., Guermeche, S. E. B., & Lounis, O. (2014). Intrusion detection system using genetic algorithm. In *Proceedings of the Science and Information Conference (SAI)*, London, UK (pp. 564-568). IEEE.

Daeinabi, A., & Rahbar, A. G. (2013). Detection of malicious vehicles (DMV) through monitoring in Vehicular Ad-Hoc Networks. *Multimedia Tools and Applications, 66*(2), 325–338. doi:10.100711042-011-0789-y

Grover, J., Gaur, M. S., & Laxmi, V. (2010). A novel defense mechanism against sybil attacks in VANET. In *Proceedings of the 3rd international conference on Security of information and networks* (pp. 249-255). ACM. 10.1145/1854099.1854150

Gupta, B. B., Joshi, R. C., Misra, M., Meena, D. L., Shrivastava, G., & Sharma, K. (2010). Detecting a Wide Range of Flooding DDoS Attacks using Linear Prediction Model. In Proceedings of the 2nd IEEE International Conference on Information and Multimedia Technology (ICIMT 2010) (Vol. 2, pp. 535-539).

Hao, Y., Cheng, Y., Zhou, C., & Song, W. (2011). A distributed key management framework with cooperative message authentication in VANETs. *IEEE Journal on Selected Areas in Communications*, 29(3), 616–629. doi:10.1109/JSAC.2011.110311

Hoque, M. S., Mukit, M., Bikas, M., & Naser, A. (2012). An implementation of intrusion detection system using genetic algorithm. *International Journal of Network Security & Its Applications*, 4(2), 109–120. doi:10.5121/ijnsa.2012.4208

Jongsuebsuk, P., Wattanapongsakorn, N., & Charnsripinyo, C. (2013, January). Network intrusion detection with Fuzzy Genetic Algorithm for unknown attacks. In *Proceedings of the 2013 International Conference on Information Networking (ICOIN)*. IEEE. 10.1109/ICOIN.2013.6496342

Kabir, M. H. (2013). Research issues on vehicular ad hoc network. *International Journal of Engineering Trends and Technology*, 6(4), 174–179.

Panja, B., Ogunyanwo, O., & Meharia, P. (2014, June). Training of intelligent intrusion detection system using neuro fuzzy. In *Proceedings of the 2014 15th IEEE/ACIS International Conference on Software Engineering, Artificial Intelligence, Networking and Parallel/Distributed Computing (SNPD)*. IEEE. 10.1109/SNPD.2014.6888688

Raw, R. S., Kumar, M., & Singh, N. (2013). Security challenges, issues and their solutions for VANET. *International Journal of Network Security & Its Applications*, 5(5), 95–105. doi:10.5121/ijnsa.2013.5508

Saied, A., Overill, R. E., & Radzik, T. (2016). Detection of known and unknown DDoS attacks using Artificial Neural Networks. *Neurocomputing*, 172, 385–393. doi:10.1016/j.neucom.2015.04.101

Sandhya, G., & Julian, A. (2014, May). Intrusion detection in wireless sensor network using genetic K-means algorithm. In *Proceedings of the 2014 International Conference on Advanced Communication Control and Computing Technologies (ICACCCT)* (pp. 1791-1794). IEEE.

Selim, S., Hashem, M., & Nazmy, T. M. (2011). Hybrid multi-level intrusion detection system. *International Journal of Computer Science and Information Security*, 9(5), 23–29.

Sen, N., Sen, R., & Chattopadhyay, M. (2014). An effective back propagation neural network architecture for the development of an efficient anomaly based intrusion detection system. In *Proceedings of the 2014 International Conference on Computational Intelligence and Communication Networks (CICN)*, Bhopal, India (pp. 1052-1056). IEEE. 10.1109/CICN.2014.221

Shanmugavadivu, R., & Nagarajan, N. (2011). Network intrusion detection system using fuzzy logic. *Indian Journal of Computer Science and Engineering*, 2(1), 101–111.

Sharma, K., & Shrivastava, G. (2011). Public Key Infrastructure and Trust of Web Based Knowledge Discovery. International Journal of Engineering. *Sciences and Management*, 4(1), 56–60.

Shrivastava, G., Sharma, K., & Rai, S. (2010, December). The Detection & Defense of DoS & DDoS Attack: A Technical Overview. In *Proceeding of ICC* (Vol. 27, p. 28).

Tajbakhsh, A., Rahmati, M., & Mirzaei, A. (2009). Intrusion detection using fuzzy association rules. *Applied Soft Computing*, 9(2), 462–469. doi:10.1016/j.asoc.2008.06.001

Zhou, T., Choudhury, R. R., Ning, P., & Chakrabarty, K. (2007). Privacy-preserving detection of sybil attacks in vehicular ad hoc networks. In *Proceedings of the Fourth Annual International Conference on Mobile and Ubiquitous Systems: Networking & Services MobiQuitous '07*, Philadelphia, PA. IEEE. 10.1109/MOBIQ.2007.4451013

第七章
基于网络攻击中的僵尸探测：机器学习技术的使用

普拉齐　印度北帽大学

摘要

本章描述了僵尸网络是如何成为当今网络上最主要的网络威胁，并成为进行大规模分布式攻击的关键平台。尽管在僵尸网络检测和分析领域进行了大量研究，但机器人计算新技术借助于代码加密和混淆处理的帮助，使得僵尸网络更具复杂性、破坏性的和难以检测性。本章提出了一种基于流量分析和机器学习技术的僵尸网络行为检测新模型。流量分析行为不依赖于有效载荷分析，因此所提出的技术不受代码加密和机器人通常使用的其他规避技术的影响。本章对基准数据集以及实时生成的流量进行分析，以确定利用流量分析进行僵尸网络检测的可行性。实验结果清楚地表明，所提出的模型能够以较高的准确率和较低的误报率将网络流量分类为僵尸网络或正常流量。

引言

计算机网络的可扩展性，以及其体系结构和各种软件应用程序，使人们能够在远程以高效的方式，非常轻松地完成最普通的任务和最复杂的活动。世界各地人们的日常生活和组织商业模式都发生了巨大变化。越来越多的人连接到互联网以完成他们的日常琐事并从新的商业模式中受益。虽然互联网给终端用户带来了许多新途径，但也带来了与之相关的风险。遗憾的是，犯罪分子获得了这些革命性的技术进步，以网络犯罪（Shrivastava, 2016）的形式利用现代远程通信系统，以身体或精神骚扰受害人谋取个人利益为目的，对个人或群体实施犯罪。互联网使用量的增长和技术进步的加速整合了来自多个来源的信息，这些信息反映了信息量和信息类型的规模（Matallah et al., 2017）。下一代互联网的不断进步提高了人们对安全高效通信的要求,以应对新兴应用程序带来的新挑战(Kimbahune et al.,2017)。近年来,僵尸网络被用来发起诸如勒索软件、分布式拒绝服务(Distributed Denial of Service,DDoS)(Shrivastava et al.,2010)、分布式计算任务、垃圾邮件等多个分布式网络攻击。高感染率、大量非法活动和强大的反复性使僵尸网络成为最具破坏性的攻击之一(Cox,2013;David,2012)。僵尸网络的破坏影响在当今变得越来越关键(Guntuku,2014)。

通常而言,一般情况下僵尸网络的特征可以根据用于僵尸主机和僵尸客户端之间通信的命令控制服务器的特征来描述。命令和控制服务器帮助僵尸主机发出一些查询,并以一种高效的方式等待其响应,同时规避了受害者为检测僵尸网络而部署的安全措施。虽然,文献中介绍了不同类型的命令和控制,但其中最重要的是集中式和分布式。在分布式僵尸网络中,单个僵尸网络很难检测到,从而增加了僵尸网络的弹性。但是,集中式和分布式都有各自的优缺点。为了解决它们的缺点,点对点僵尸网络应运而生。迄今为止,这些攻击和威胁是最强大的,并且大多数现有的安全机制都难以检测到。

尽管近年来在防火墙和密码学解决方案领域已经发展了大量的安全解决方案,但仍然存在着局限性。识别网络入侵的防御解决方案是识别近期类型攻击的另一种方式(Shrivastava et al.,2016)。研究人员正积极致力于僵尸网络的检测,并在文献中提出了一些检测技术。僵尸网络检测技术可以分为两类:主动僵尸网络检测和被动僵尸网络检测。

主动僵尸网络检测涉及各种分析技术,这些技术直接或间接地通知命令与控制服务器或僵尸主机关于僵尸网络的分析。尽管主动僵尸网络检测技术看起来似乎前途光明,但它们存在早期检测的缺陷。一旦被识别出来,它们可以很容易地规避针对僵尸网络采取的任何行动。

被动分析网络流量是在不中断僵尸网络活动的情况下进行的。在这类场景中,网络活动被追踪(Shrivastava,2017)。被动分析中最常用的技术是检查网络数据包。网络数据包的参数针对一个大型恶意行为数据库,分析网络数据包参数,来识别僵尸网络。数据包检测技术可以很容易地整合到现有的入侵检测系统(IDS)中。入侵检测系统通过识别和分析流量被认为是对抗网络攻击最有效的技术(Denning,1987)。大多数用于僵尸网络检测的入侵检测系统都是基于规则的。这类入侵检测系统的性能取决于专家定义的规则集(Zhang et al.,2005;Roesch,1999)。在这种类型的入侵检测系统中,对传入网络流量的签名与先前识别的僵尸网络的签名进行比较。这样的检测机制可能适用于现有的僵尸网络,但无法应对快速变化的网络流量。这种依赖关系使得基于规则的入侵检测系统对僵尸网络的处理效率低下、耗时且烦琐。

基于行为或异常的入侵检测系统(Huang et al., 2016)在网络流量较大时无法对数据包进行完整检测。数据包过滤和数据包采样等技术增加了丢失恶意数据包的可能性。而且,基于行为的 IDS 增加了大量误报。

流量记录分析被认为是解决这些问题的一种有用的技术。在基于流量的分析的情况下,将几个数据包的标头聚合在一个流中,然后对流量进行分析(Strayer et al., 2008; Zhao et al., 2012)。因此,基于流的分析仅使用数据包头,基于行为的数据包分析使用有效负载,其中还有一些分析使用两者的组合(Zeidanloo et al., 2010; Wurzinger et al., 2009)。为了逃避基于行为的数据包分析技术,攻击者开始对嵌入在消息中的数据采用数据加密技术。

Haddadi 等(2016)使用流量分析技术检测僵尸网络。通过设置超文本传输协议和域名系统与真实 Web 服务器和僵尸网络命令和控制服务器的公共可用域进行通信,生成用于评估僵尸网络的正常和恶意流量的流量跟踪。从数据包头中提取特征,采用机器学习算法(Naive Bayes 和 C4.5)检测僵尸网络。该方法能够达到 97% 的检测率和 3% 的误报率。

作者研究了四种不同的僵尸网络检测系统:基于数据包的检测系统、基于流的检测系统、BotHunter(独特的网络防御解决方案,能够快速隔离被感染的机器,帮助您确定谁实际拥有您的系统)(Gu et al., 2007)和 Snort(IDS)(Roesch, 1999)。在分析 CTU‐13(13 个僵尸网络数据集)(Gracia et al., 2014)上的僵尸网络流量后,作者得出结论:基于流量的僵尸网络检测系统优于其他所有检测系统。

因此,本章旨在设计一种不使用有效载荷而只使用数据包的检测模型来检测僵尸网络。机器学习技术将被用于自动化僵尸网络检测过程,因为机器学习算法的灵活性和自动化学习能力使其比其他检测方法具有优势。

我们将使用流量导出工具从网络流量中提取重要特征。通常使用导出工具将网络数据包聚合成流量。Netflow(Cisco IOS Netflow, 2017)是 CISCO 的 IP 流量收集标准。本章使用其开源版本 Softflowd(softflowd, 2017)以流量的形式采集数据。之后,机器学习被应用于区分僵尸网络和正常流量。

第七章 基于网络攻击中的僵尸探测：机器学习技术的使用

背景

在当今时代，僵尸网络检测一直是研究人员的主要研究领域之一。尽管文献中提到了许多技术，但其中大多数都无法检测到最新类型的僵尸网络。此前提出的僵尸网络检测方法主要集中在分析恶意内容的有效载荷。有效载荷检测方法消耗更多数据，因为它们对数据具有很大的需求量。除此之外，如今的机器人使用数据加密和代码混淆等技术来隐藏其恶意内容。

2007 年提出了一个用于检测僵尸网络的框架，命名为 BotHunter，它基于 Snort 来实现基于规则的入侵检测系统（Gu et al., 2007）。此框架将机器人活动与来自 Snort 入侵检测系统的警报联系起来。该框架利用了机器人在其生命周期中执行类似操作的概念，例如扫描主机、感染某种病毒、二进制下载、连接命令和控制服务器等。BotHunter 密切监视网络流量，识别僵尸网络生命周期的不同阶段。之后，BotHunter 根据 Snort 的不同规则对有效载荷进行分析，并利用 BotHunter 的相关引擎计算得分。该得分决定了网络被机器人感染概率的大小。当机器人覆盖其生命周期的所有阶段时，BotHunter 具有很高的准确性。尽管这类系统提供了相当精确的结果，但它们并不能很好地扩展庞大而多样的网络流量。此外，由于它是基于有效载荷分析的，因此无法应对加密数据。

Strayer 等提出了一种基于网络行为的僵尸网络检测系统（Strayer et al., 2008）。作者特别关注基于 Internet 中聊天命令和控制活动，通过研究 Internet 中聊天流的不同流量特性，如数据包定时、带宽和突发持续时间。该方法分为四个不同的阶段：第一阶段对生成的流量进行过滤，通过消除可能是正常网络中继聊天的流量来区分网络中继聊天和正常流量。过滤器的设计考虑了网络中继聊天机器人的命令、网络域的白名单和黑名单以及网络流量的一些特性。在第二阶段，根据预先定义的网络应用集群，使用机器学习算法对过滤后的流量进行聚类。在这一阶段中，作者没有具体提到本文采用了哪些机器学习技术。此后，聚集的流量被传递到相关机器。在第三阶段，根据特征间的相似性对聚类后的流量再次进行聚类。因此，拓扑分析应用于相关流，以识别公共控制器。属于公共控制器的流量由人类分析师分析，以评估它们是否属于僵尸网络。由于这种方法的精确性依赖于人类分析师的专业知识，所以这是该方法的一个明显缺点。

研究者成功实现了使用分类来过滤流量，用聚类来识别不同的活动。

BotMiner 是 2008 年开发的,用于检测僵尸网络,基于对属于单个僵尸网络单个机器人的群体行为分析(Gu et al.,2008)。它对网络中一组机器上正在连续执行的相似行为进行分析和聚类,用于检测僵尸网络。他们首先应用聚类以便对类似通信类型的行为进行分组,然后应用活动聚类。从网络流量中过滤流行的安全协议的网络流量,以提高检测的准确性。因此,聚类的第二阶段将根据 Snort 识别的恶意活动应用于组流。在应用这两种类型的聚类后,BotMiner 会关联具有类似行为并执行恶意活动的机器人。在此过程中,BotMiner 能够对现有的大多数流行僵尸网络进行检测,检测率达到 99%,误报率约为 1%。

在没有命令和控制服务器签名的先前知识时,BotSniffer 在基于网络异常检测的概念上被提出(Gu et al.,2008)。这种方法可以用来识别命令和控制服务器以及机器人。它假设所有属于同一僵尸网络的机器人都具有很强的同步性和空间性以及它们的响应行为和活动之间的时间相关性。该系统捕获属于单个僵尸网络的多个机器人的活动和响应之间的这种强相关性,并利用各种统计技术来识别数量受限的假阳性和假阴性的僵尸网络。研究人员已经在大量真实世界的网络跟踪上评估了所提出的方法。

Zeidanloo 等提出了一种用于检测一般僵尸网络的系统,例如,网络中继聊天和基于点对点的僵尸网络(Zeidanloo et al.,2010)。这种方法关注的是属于单个僵尸网络的多个机器人之间的行为相似性以及通信模式。此外,这项工作不依赖于任何先前关于僵尸网络或其签名的知识。研究人员使用分类和聚类来区分正常流量和僵尸网络流量。2012 年,研究人员提出了一种通过观察网络流量特征来检测僵尸网络的方法(Zeidanloo et al.,2012)。这种方法的工作原理与 BotMiner 的方法非常相似。该方法分为 3 个不同的阶段:过滤、检测恶意活动和监测网络流量。这些不同阶段被用来对不同类型的机器人按其群体行为进行分组。该方法在 6 小时的时间内间隔流量。然而,并没有提出不同流量段大小的影响。因此,无法确定这种方法的正确性。

所有基于群体行为的方法都不适合早期检测僵尸网络,因为它们要求僵尸网络在检测之前执行恶意活动,并基于群体行为的方法假定监控网络上有多台机器被僵尸网络感染。反之,如果单个系统受到监控网络上僵尸网络的影响,这种方法就变得不可行。

Giroire 等提出了一种在主机端检测僵尸网络而不需要进行群体行为分析的方法(Giroire et al.,2009)。作者在假设机器人需要频繁地与它的 bot-master

通信以执行其期望的功能。bot-master 和 bot-client 之间需要以命令和响应的形式频繁通信。因此,机器人与它的 bot-master 之间的通信存在一种规律性,这种规律性可能会分布在很长的时间跨度上。通过在一定时间内以某种规律性监视与恶意目的地之间的传入和传出网络流量,可以轻松捕获这种通信。为了区分正常目的和恶意目的,作者设计了一个真实目的的白名单。持续性特征用来捕捉访问目的地的时间规律性。僵尸网络检测是通过识别来自/到非白名单/目的地的超过一定阈值水平的持久通信来实现。该方法在真实网络流量的性能评估上存在较低的误报数量。

根据被监测流量命令和响应之间的相关性,评估监测网络节点以确定它们与僵尸网络的关系(Wurzinger et al.,2009)。它在网络流量内部找到响应,然后观察较早的流量来识别相应的命令。在命令和响应模式的基础上,建立检测模型来识别类似的活动和僵尸网络的存在。然而,以这种形式生成的模型是针对特定类型的僵尸网络。为了评估所提出方法的性能,针对不同类型的僵尸网络自动生成了 18 个模型,例如互联网中继聊天(IRC)系统、超文本传输协议(HTTP)和点对点(P2P),并在公开可用的数据集上评估它们的性能。性能结果显示了评估过程中的低误报率。

研究者使用数据包有效载荷信息进行检测,这样当在僵尸网络流量中使用加密技术时,这类系统很容易失败。

Arshad 等提出了一个基于异常的系统(Arshad et al.,2011),该系统不需要任何关于机器人签名、命令与控制地址和僵尸网络协议的先验信息。提出的方法利用了僵尸网络的固有特性。一般来说,所有的机器人都会连接到它们的bot-master,接收并执行这些命令。显而易见,所有属于单个僵尸网络的机器人都会收到相同的指令,这就造成了 NetFlow 技术特征之间的相似性,导致它们执行相同类型的攻击。该方法将在不同时间窗口中具有相同网络流量和攻击的机器人进行聚类,并执行相关性以识别所有被僵尸网络感染的主机。本文针对互联网上的各种正常和恶意网络轨迹对所提出的方法进行了评估。

赵等设计了一个利用流量间隔和流量行为分析检测僵尸网络的系统(Zhao et al.,2012)。该系统是借助数据包头提取的特征与分类器一起用于僵尸网络的检测。对僵尸网络进行检测是将网络流量特征、贝叶斯网络和决策树结合起来。研究者重点研究了利用域名系统(DNS)技术和超文本传输协议(HTTP)的 P2P 僵尸网络。所提出的技术是从各种来源收集的恶意流量和正常流量的组合上进行评估，LBNL 数据集用于正常流量和来自 Honeynet 项目跟踪的恶意流量。评价结果清晰显示检测率在 60% 以上，误报率在 5% 以下。

Kirubavathi 和 Anitha 提出了一种基于流量利用多层前馈神经网络的超文本传输协议（HTTP）僵尸网络检测系统（Kirubavathi & Anitha, 2016）。他们重点研究了数据包比率、检测僵尸网络数据包的初始长度等特征。一般来说，基于 HTTP 协议的僵尸网络并不与命令与控制服务器保持持久连接，而是通过机器人向命令与控制服务器发送周期性的请求来下载命令与控制服务器给出的所有指令。作者从数据包头中提取了传输控制协议特征。在实验室模拟不同的僵尸网络，对提出的系统进行性能评估。

一些研究者采用大规模的主动 DNS 探测来评估基于 DNS 缓存值的 DNS 特征查询（Ma et al., 2015）。然而，该方法会引发高安全性警报并增加攻击者的检测概率。

本文回顾了不同研究者对 HTTP 中周期性通信检测的研究及其局限性（Eslahi et al., 2015）。作者提出了三种根据周期性来确定不同通信模式的措施。为了通过匹配消息间的相似度来表征僵尸网络流量，探索了周期性的层次。作者能够以 80% 的准确率检测到超文本传输协议僵尸网络通信。然而，这项工作存在大量误报的问题。因此，有必要将其与其他特征相结合以取得更好的效果。

攻击者在网络级别发起了一系列的安全威胁（Suriya & Khari, 2012）。研究者将攻击分为两类：主动攻击和被动攻击。此外，研究者还提出了在设计网络安全路由协议（Miglani et al., 2017）时应该考虑的一些安全问题。

对移动自组织网络易受攻击的特性以及各种安全措施如密码学、入侵检测系统、安全协议等进行了回顾，以便能够利用这些漏洞对网络节点进行安全防护（Saini & Khari, 2011）。

Khari 和 Kumar 讨论了攻击者用来攻击在受害者系统上运行的 Web 应用程序以检索机密和敏感细节技术的数量（Khari & Kumar, 2016）。攻击者可以通过 SQL 注入、跨站点脚本等多种攻击技术来利用 Web 应用程序的漏洞。

本文提出了一种不同类型的 Web 应用漏洞（Khari & Sangwan, 2016）。作者还讨论了研究者针对这类漏洞提出的各种动态和静态分析方法。特别是，作者重点研究了研究者对跨站点脚本攻击的研究。

为了防止在SQL注入攻击期间未经授权访问数据库,Khari和Kumar提出了一种新的用户认证技术(Khari & Kumar, 2016)。在SQL注入攻击时,攻击者利用Web应用程序的漏洞来获取对管理员凭据的访问权限,从而控制整个网站。本文提出了一种用于身份验证的SQL注入保护器,在身份验证时除了使用用户名和密码外,还使用了salt和用户名及密码的散列值。由于这些值是在动态时间内创建的,所以攻击者将无法访问这些值。

Khari和Karar讨论了IDS、黑洞测试等研究者提出的各种防止SQL注入攻击的方法(Khari & Karar, 2013)。

从以上讨论可以清楚地看出,许多研究人员通过多种方法提出了不同的僵尸网络检测技术。然而,它们中的大多数能够检测到基于Internet中继聊天或基于超文本传输协议或基于Peer-2-Peer特定类型的僵尸网络。在本章中,作者的目标是提出一个以高精度和低误报率识别所有类型僵尸网络的僵尸网络检测系统。

本章的聚焦点

本部分讨论了在检测僵尸网络、生成和收集僵尸网络及正常流量时使用流量分析的优势,以用于网络流量分析的不同类型的机器学习算法。

早期提出的大部分工作集中于有效载荷分析,分析基于TCP或UDP协议有效载荷的内容,以识别恶意行为。与许多其他算法相比,这种类型的分析提供了很高的准确性,但也受到许多限制。基于有效载荷的分析技术是资源消耗操作,在执行分析时会消耗大量时间。当网络流量非常高,这类技术就会失效。此外,新的机器人开始使用数据加密、代码混淆技术以便从用户身上隐藏内容,从而达到破坏数据包检查技术的目的。数据包检查技术也引起了对侵犯隐私的关注。

流量分析技术可以解决有效载荷检测技术引起的大多数担忧。流量分析技术是基于僵尸网络中的所有机器人都表现出相似行为的概念。这些技术使用流量生成工具根据数据包中的信息整合数据。网络行为以一组特征为特征。因此,这些特征可用于区分正常流量和僵尸网络流量。基于流量的分析不使用有效负载,因此这种技术不受代码加密和代码混淆技术的影响。

因此,本章探讨了利用数据包检测僵尸网络的可能性。网络流量以流量的形式聚合,以从网络流量中提取有用特征。之后,将设计一个有效的机器学习模型来高精度实时检测僵尸网络。我们提出的工作分为不同阶段：数据收集、流量提取、流量分析和特征提取。

数据收集

为了设计一个基于机器学习的僵尸网络检测系统，需要一个数据集对模型进行训练。数据集还应包括具有所有基本特征的真实网络流量。在分析时，选取的模型将在维多利亚大学的 ISOT 数据集（Saad et al., 2011）上进行评估。ISOT 数据集是许多公共网站上在线可用的各种正常和恶意僵尸网络数据集的集合。为了表示非恶意数据，ISOT 中的正常数据包含 2 个不同的数据集，这类研究集中于匈牙利的爱立信研究中心的交通实验室和劳伦斯伯克利国家实验室。恶意数据集实际上由 2 个不同的僵尸网络组成：storm 和 waledac。此外，CTU 大学的 CTU（Gracia et al., 2014）数据集被用于僵尸网络流量数据集。Zeus 僵尸网络被用来实时捕获数据。Zeus 僵尸网络是非常流行的窃取敏感细节的僵尸网络。除了以上收集的数据外，Alexa Internet, Inc.（Alexa, 2017）还用于收集正常的流量。该站点显示 500 个良性站点。Softflowd[NetFlow（一种 CISCO 软件）的开源版本]也被用来实时捕获流量。为了均衡网络流量，TCPRelay 用于重放这些数据集的跟踪文件。最后，在 Wireshark 的帮助下捕获重放的流量。

流量提取

为了从捕获的数据中构建流量，NfDump 使用了 nfcapd 和 nfdump（NfDump, 2017）。Nfdump 是一个开源且用户友好的流量导出器，可以与多个 NetFlow 技术版本协同工作。它可以很容易地从已经捕获的流量中导出流量，并借助 Softflowd 捕获实时流量。作为输入，它可以使用实时网络流量以及以 pcap 文件的形式预先捕获的数据来提取重要特征。默认情况下，nfdump 从流量中提取 48 个特征。

流量分析

为了将流量分类为僵尸网络流量或正常流量，需要对一组属性的值进行分析。该方法的作用分为两个阶段：训练和检测阶段。在训练阶段，利用恶意和非恶意属性值对分类器进行训练，以便将数据分为两个不同的类别：正常和恶意。一旦训练阶段完成，检测阶段开始观察交通网络，并根据不同属性的值对流量进行分类。每当属性显示恶意值时,就会将流量标记为可疑。

为了达到分析目的,我们使用了三种最著名的机器学习算法(Alpaydin,2004):SVM,Random Tree 和 REPTree 来准确区分僵尸网络和正常流量:

1. 支持向量机器(SVM):在支持向量机器中,每个数据实例都可以按照一个超平面进行分类。该算法的目标是确定一个最优超平面,以保证训练示例之间的最大最小距离。

2. 随机树:该算法通过随机选择每个节点的特征子集来重复分类数据集构造树。该算法创建若干棵树,最后对每棵树进行投票。这种算法降低了过度拟合的风险。即使在大数据集上也能有效地工作,即使大量数据缺失也具有很高的准确性。

3. REP 树:减少误差修改树使用回归树的概念,在不同的迭代次数下创建多个树。然后,在所有可用的树中选出最好的树。REP 树是以信息增益为分裂准则,根据均方误差对树进行剪枝决策树的快速版本。

特征提取

为了开发一个准确、可扩展、实时的机器学习模型,在高维数据上使用特征选择技术是非常重要的。选择合适的特征集降低了复杂度,提高了准确性并节约了时间。

特征选择技术大致可分为两类:包装器和过滤器。

在包装方法中,特征子集是根据正在用于性能评估的分类器加以选择,即特征的有效性取决于分类器的性能。因此,使用不同的特征子集来评估特定分类器的性能,并选择分类器性能最佳的特征集作为最终输出。

过滤方法选择特征子集,而不考虑任何特定的分类器。它评估特征的效用并根据它们在性能评估中的相关性进行排序。它们的性能独立于任何分类器。

本章采用相关特征选择(CFS)作为过滤方法,WrapperSubsetEval 作为包装方法。最佳优先搜索将使用上述特征选择方法来识别最佳特征集。

结果

为了确定分类器的性能,本章采用了 WEKA 机器学习框架。为了从给定的 pcap 文件中提取和导出重要特征,使用了 nfcapd 和 nfdump。交叉验证方法用于评估模型的性能和有效性。在评估过程中,数据集被分为 10 个子数据集,其中 9 个用于训练目的,1 个用于测试目的。如此重复操作,直到所有的子集都被精确地用于测试目的。采用检测率(DR)、误报率(FPR)、准确率等不同的性能度量来评估各种分类器的性能。DR 定义了网络流量中从入侵总数中检测出的入侵比率。FPR 指定被识别为入侵正常流量的百分比。准确性决定了流量分类器能够正确区分为僵尸网络和正常流量的百分比。本章的目的是实现高 DR 和高精度以及低 FPR。

根据以下公式确定上述参数:

$$DR = \frac{TP}{TP + FN}$$

$$FPR = \frac{FP}{TN + FP}$$

$$Accuracy = \frac{TP + TN}{TP + TN + FP + FN} \times 100$$

其中,True 正(TP)是正确识别为入侵的比率,True 负(TN)是正确分类为正常流量实例的数目。假阳性(FP)定义了被错误分类为僵尸网络类型的正常流量实例的数量。假阴性(false negative,FN)定义被错误分类为正常流量的僵尸网络流量实例的数量。

表 7-1 列出了 SVM、随机树和 REP 树的 DR、FPR 和准确度。这些数值是 10 次模拟结果的平均值。

表 7-1 采用完整特征集算法在不同性能指标上的性能一览表

	检测率(DR)	误报率(FPR)	准确性(Accuracy)
SVM(支持向量机器)	0.965 1	0.000 16	99.941 1
Random Tree(随机树)	0.990 2	0.000 07	99.981
REP Tree(减少误差修改树)	0.993 2	0.000 12	99.982

从表 7-1 可以清晰地看出,所有算法的准确率都很高,超过了 99%。此外,它们的检测率超过 96%。从表中可以看出,随机树和 REP 树在准确率和性能上都优于 SVM,REP 树的性能略优于随机树。此外,随机树和 REP 树的检测率都

在99%以上,因此只有不到1%的僵尸网络实例仍未被检测到。表1的结果表明,与正常网络流量相比,僵尸网络具有某些独特的特性。

图7-1展示了不同算法:SVM、随机树和REP树在准确率方面的性能。在所有的三种算法中,REP树和随机树比SVM更准确,分类准确率在99.98%以上,而错分率在0.02%以下。

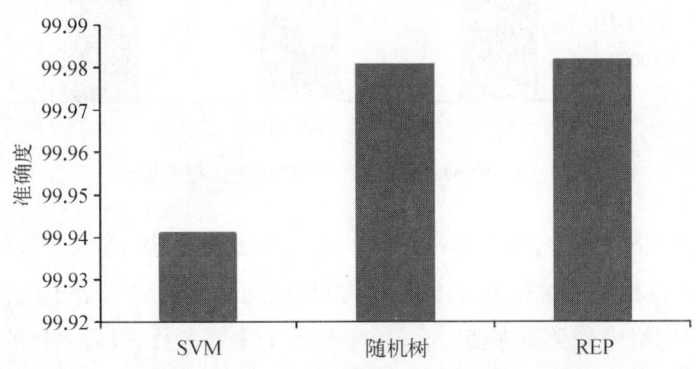

图7-1 SVM、随机树和REP树的准确率图示

图7-2显示了模型在DR方面的性能,REP树的检测率最高,其次是随机树。与随机树和REP树相比,SVM的性能并不理想。

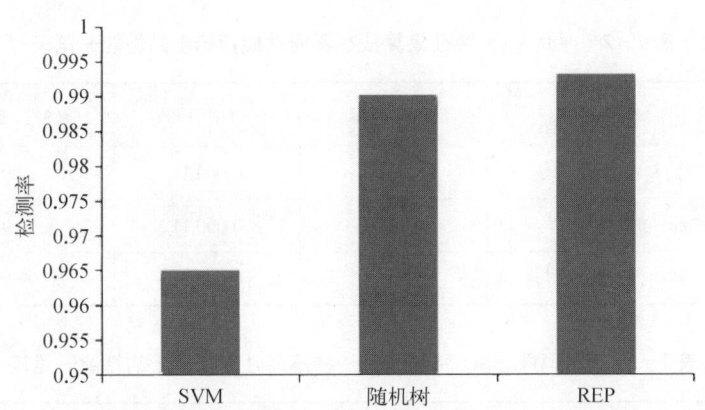

图7-2 SVM、随机树和REP数的检测率图示

图7-3展示了FPR方面的模型性能。对于一个好的分类器而言,假阳性率应该是最低的。在分析过程中,确定了SVM具有最高的FPR。而随机树的FPR最小。

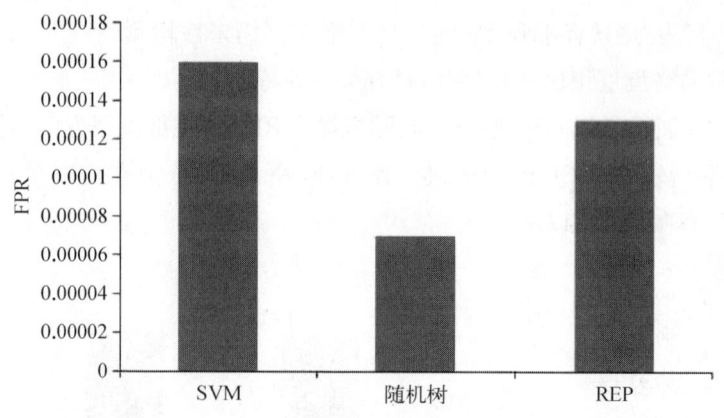

图 7-3 SVM、随机树和 REP 树的误报率图示

在整体评估过程中,作者得出结论:在所有分类器中,随机树最好,因为在达到与 REP 树相似的检测率和准确率的同时,随机数提供了最小的假阳性率。在评估僵尸网络中分类器性能时,误报率是一个重要参数,因为大量的误报会中断用户的正常功能,因此不符合要求。

为了确定一些关键的区分属性以及上述算法在特征子集上的有效性,使用包装器和过滤器特征选择方法 CFSSubsetEval(Filter)和 Wrapper 方法重新评估 ML 算法(表 7-2 和表 7-3)。

表 7-2 采用 CFS 特征集算法在不同性能指标上的性能一览表

	检测率(DR)	误报率(FPR)	准确性(Accuracy)
SVM(支持向量机器)	0.964 1	0.000 18	99.933 9
Random Tree(随机树)	0.988 2	0.000 11	99.971 2
REP Tree(减少误差修改树)	0.994 5	0.000 17	99.975

表 7-3 采用 Wrapper 特征集算法在不同性能指标上的性能一览表

	检测率(DR)	误报率(FPR)	准确性(Accuracy)
SVM(支持向量机器)	0.964 6	0.000 16	99.94
Random Tree(随机树)	0.988 9	0.000 11	99.975 6
REP Tree(减少误差修改树)	0.996 4	0.000 17	99.980 3

表 7-2 描述了使用 CFS 算法（基于相关性的属性评价）选取特征子集时不同模型的性能。在 CFSSubsetEval 的情况下，每个特征都会根据 w.r.t 信息增益进行评估或排序。如果信息增益高，则该特征将具有最低的秩等。从表 7-2 可以看出，总体来说，使用 CFSSubsetEval 确定的特征子集进行评价时，SVM、随机树和 REP 树的性能相对于使用整个特征集进行评价时有所下降。

表 7-3 给出了使用 Wrapper 算法选择特征子集时模型的性能。在包装器方法中，对于不同的分类器，特征子集是不同的。虽然 REP 树的 DR 值在使用包装器方法生成的特征集时有所增加，但是包装器方法并不能提高其他算法的性能。

结语

本章提出了一种基于网络流量特征的僵尸网络检测模型，该模型能够以较高的准确率和最小的误报率检测僵尸网络。为了训练和测试模型，作者利用现有数据集生成了真实世界的僵尸网络和正常流量，由于机器学习算法不能直接应用于网络流量，因此流量收集器（Softflowd）和导出器（nfdump）被用来提取重要的特征向量。此后，使用机器学习算法（随机树、REP 树和 SVM）对这些特征向量进行分析，区分僵尸网络流量和正常流量。并且采用特征选择方法提取重要特征，剔除无关特征。在使用完整特征集和特征子集分析了各种模型在不同度量上的性能后，作者得出结论：随机树和 REP 树的性能要优于 SVM。在现实场景中，作者推荐使用随机树，因为它具有最小的 FPR，而 DR 的精度与 REP 树相当。在设计现实生活中的僵尸网络预防解决方案时，FPR 是非常重要的度量，因为高 FPR 将产生大量的误报，并为用户创建一个令人烦恼的解决方案。

参考文献

Alexa. (2017) Retrieved March 1, 2017, from https://www.alexa.com/topsites

Alpaydin, E. (2004). *Introduction to Machine Learning*. MIT Press.

Arshad, S., Abbaspour, M., Kharrazi, M., & Sanatkar, H. (2011). An anomaly based botnet detection approach for identifying stealthy botnets. in *Proceedings of the IEEE International Conference on Computer Applications and Industrial Electronics*, Penang, Malaysia (pp. 564–569).

Cisco. (n.d.). IOS NetFlow. Retrieved March 1, 2017 from http://www.cisco.com/en/US/products/ps6601/products_ios_protocol_group_home.html

Cox, O. (2013). Citadel's defences breached. *Symantec*. Rederived March 13, 2017, from http://www.symantec.com/connect/blogs/citadel-s-defenses-breached

David. (2012). Open DNS Security Talk: The Role of DNS in Botnet Command & Control. *Open DNS Inc*. Rederived March 13, 2017, from info.opendns.com/rs/opendns/images/WB-Security-Talk-Role-Of-DNS-Slides.pdf

Denning, D. E. (1987). An intrusion-detection model. *IEEE Transactions on Software Engineering*, *13*(2), 222–232. doi:10.1109/TSE.1987.232894

Eslahi, M., Rohmad, M., Nilsaz, H., Naseri, M., Tahir, N., & Hashim, H. (2015). Periodicity classification of http traffic to detect http botnets. In *Proceedings of the IEEE Symposium on Computer Applications Industrial Electronics*, Langkawi, Malaysia (pp. 119–123). 10.1109/ISCAIE.2015.7298339

García, S., Grill, M., Stiborek, J., & Zunino, A. (2014). An empirical comparison of botnet detection methods. *Computer Security Journal*, *45*, 100–123. doi:10.1016/j.cose.2014.05.011

Giroire, F., Chandrashekar, J., Taft, N., Schooler, E., & Papagiannaki, D. (2009) Exploiting Temporal Persistence to Detect Covert Botnet Channels. In: E. Kirda, S. Jha, & D. Balzarotti (Eds.), *International Workshop on Recent Advances in Intrusion Detection: Recent Advances in Intrusion Detection*, LNCS (Vol. 5758, pp. 326-345). Springer, Berlin, Heidelberg 10.1007/978-3-642-04342-0_17

Gu, G., Perdisci, R., Zhang, J., & Lee, W. (2008). BotMiner: clustering analysisof network traffic for protocol- and structure- independent botnet detection. In *Proceedings of the 17th conference on Security symposium,* San Jose, CA (pp. 139-154).

Gu, G., Porras, P., Yegneswaran, V., & Fong, M. (2007). BotHunter: Detecting malware infection through IDS-driven dialogcorrelation. In *Proceedings of 16th USENIX Security Symposium on USENIX Security Symposium*, Boston, MA (pp. 167–182).

Gu, G., Zhang, J., & Lee, W. (2008). BotSniffer: Detecting botnet commandand control channels in network traffic. In *Proceedings of the Network and Distributed System Security Symposium*, San Diego, CA.

Guntuku, S. C., Hota, C., Singh, K., & Thakur, A. (2014). Big data analytics framework for peer-to-peer botnet detection using random forests. *Information Sciences*, *278*, 488–497. doi:10.1016/j.ins.2014.03.066

Haddadi, F., Phan, D. T., & Zincir-Heywood, A. N. (2016). How to choose from different botnet detection systems? In *Proceedings of the IEEE/IFIP Network Operations and Management Symposium*, Istanbul, Turkey (pp. 1079–1084). 10.1109/NOMS.2016.7502964

Huang, C. T., & Sakib, M. N. (2016). Using anomaly detection based techniques to detect HTTP-based botnet C&C traffic. In *Proceedings of the IEEE International Conference on Communications*, Kuala Lumpur, Malaysia.

Khari, M., & Karar, A. (2013). Preventing SQL-Based Attacks Using Intrusion Detection System. *International Journal of Science and Engineering Applications*, *2*(6), 145–150. doi:10.7753/IJSEA0206.1006

Khari, M., & Kumar, M. (2016). Comprehensive study of web application attacks and classification. In *3rd International Conference on Computing for Sustainable Global Development*, New Delhi, India (pp. 2159-2164).

Khari, M., & Kumar, N. (2013). User Authentication Method against SQL Injection Attack. *International Journal of Scientific & Engineering Research.*, *4*(6), 1649–1653.

Khari, M., & Sangwan, P. (2016). Web-application attacks: A survey. In *Proceedings of the 3rd International Conference on Computing for Sustainable Global Development*, New Delhi, India (pp. 2187-2191).

Kimbahune, V. V., Deshpande, A. V., & Mahalle, P. N. (2017). Lightweight Key Management for Adaptive Addressing in Next Generation Internet. *International Journal of Ambient Computing and Intelligence*, *8*(1), 50–69. doi:10.4018/IJACI.2017010103

Kirubavathi, G., & Anitha, R. (2016). Botnet detection via mining of traffic flow characteristics. *Computers & Electrical Engineering*, *50*, 91–101. doi:10.1016/j.compeleceng.2016.01.012

Ma, X., Zhang, J., Li, Z., Li, J., Tao, J., Guan, X., ... Towsley, D. (2015). Accurate DNS query characteristics estimation via active probing. *Journal of Network and Computer Applications*, *47*, 72–84. doi:10.1016/j.jnca.2014.09.016

Matallah, H., Belalem, G., & Bouamrane, K. (2017). Towards a New Model of Storage and Access to Data in Big Data and Cloud Computing. *International Journal of Ambient Computing and Intelligence*, *8*(4), 31–44. doi:10.4018/IJACI.2017100103

Miglani, A., Bhatia, T., Sharma, G., & Shrivastava, G. (2017). An Energy Efficient and Trust Aware Framework for Secure Routing in LEACH for Wireless Sensor Networks. Scalable Computing. *Practice and Experience*, *18*(3), 207–218.

NfDump. (2017). Retrieved March 1, 2017 from http://nfdump.sourceforge.net/

Roesch, M. (1999). Snort—Lightweight intrusion detection for networks. In *Proceedings of the 13th USENIX conference on System administration*, Seattle, WA (pp. 229-238).

Saad, S., Traore, I., Ghorbani, A., Sayed, B., Zhao, D., & Lu, W. et al. (2011). Detecting P2P botnets through network behavior analysis and machine learning. In Proceedings of ninth annual international conference on privacy, security and trust, Montreal, Canada (pp. 174–80).

Saini, R., & Khari, M. (2011). An Algorithm to detect attacks in mobile ad hoc network. In *International Conference on Software Engineering and Computer Systems* (pp. 336-341). Springer, Berlin, Heidelberg 10.1007/978-3-642-22203-0_30

Shrivastava, G. (2016, March). Network forensics: Methodical literature review. In *Proceedings of the 2016 3rd International Conference on Computing for Sustainable Global Development (INDIACom)* (pp. 2203-2208). IEEE.

Shrivastava, G. (2017). Approaches of network forensic model for investigation. *International Journal of Forensic Engineering*, *3*(3), 195–215. doi:10.1504/IJFE.2017.082977

Shrivastava, G., Sharma, K., & Kumari, R. (2016, March). Network forensics: Today and tomorrow. In *Proceedings of the 2016 3rd International Conference on Computing for Sustainable Global Development (INDIACom)* (pp. 2234-2238). IEEE.

Shrivastava, G., Sharma, K., & Rai, S. (2010, December). The Detection & Defense of DoS & DDoS Attack: A Technical Overview. In *Proceeding of ICC* (Vol. 27, p. 28).

Softflowd. (n.d.). Retrieved March 1, 2017 from http://www.mindrot.org/projects/softflowd/

Strayer, W. T., Lapsely, D., Walsh, R., & Livadas, C. (2008). Botnet Detection Based on Network Behavior. In W. Lee, C. Wang, & D. Dagon (Eds.), *Botnet Detection. Advances in Information Security* (Vol. 36, pp. 1–24). Boston, MA: Springer. doi:10.1007/978-0-387-68768-1_1

Supriya, K. M. (2012). Mobile Ad Hoc Netwoks Security Attacks and Secured Routing Protocols: A Survey. In N. Meghanathan, N. Chaki, & D. Nagamalai (Eds.), *Advances in Computer Science and Information Technology, Networks and Communications* (Vol. 84, pp. 119–124). Berlin, Heidelberg: Springer. doi:10.1007/978-3-642-27299-8_14

Wurzinger, P., Bilge, L., Holz, T., Goebel, J., Kruegel, C., & Kirda, E. (2009) Automatically Generating Models for Botnet Detection. In M. Backes & P. Ning (Eds.), *Computer Security – European Symposium on Research in Computer Security, LNCS* (Vol 5789, pp. 232-249). Springer, Berlin, Heidelberg 10.1007/978-3-642-04444-1_15

Zeidanloo, H. R., Manaf, A. B., Vahdani, P., Tabatabaei, F., & Zamani, M. (2010). Botnet detection based on traffic monitoring. In *Proceedings of the International Conference on Networking and Information Technology*, Manila, Philippines (pp. 97-101).

Zeidanloo, H. R., & Rouhani, S. (2012). *Botnet detection by monitoring common network behaviors.* Lambert Academic Publishing.

Zhang, J., & Zulkernine, M. (2005). Network intrusion detection using random forests. In *Proceedings of the Third Annual Conference on Privacy, Security and Trust,* St. Andrews, Canada (pp. 53–61).

Zhao, D., Traore, I., Ghorbani, A., Sayed, B., Saad, S., & Lu, W. (2012). Peer to Peer Botnet Detection Based on Flow Intervals. In D. Gritzalis, S. Furnell, & M. Theoharidou (Eds.), *Information Security and Privacy Research: IFIP Advances in Information and Communication Technology* (Vol. 376, pp. 87–102). Berlin, Heidelberg: Springer. doi:10.1007/978-3-642-30436-1_8

第八章
拒绝服务攻击与僵尸：
网络分析、研究策略与减缓攻击

苏米特库马尔·亚达夫　印度英迪拉甘地德里女子技术大学
卡维塔·夏尔玛　印度库鲁克谢特拉国立技术学院
阿鲁希·阿罗拉　印度英迪拉甘地德里女子技术大学

摘要

　　本章阐述了网络拒绝服务（DoS）攻击所显示的后果和危害如何导致研究成果、商业软件和创新思考的激增。在 DoS 攻击中，其变体 DDoS 的入侵可能相当严重，另一方面，僵尸网络是一组由互联网连接的劫持设备，这些僵尸网络服务器被用于有效地执行 DDoS 攻击。在本章中，作者聚焦于分析和减缓 DOS 攻击与僵尸网络，试图提出一种他们的见解。同时，他们还提出了一种防御机制来减轻我们的系统免受僵尸网络 DDoS 攻击，这种防御机制通过使用访问列表的配置得以实现，精巧设计的恶意软件在巨大利益的驱动下，成为一种在线网络犯罪武器。本章的最后一部分，提出了对超过 150 多个国家计算机发动的 WannaCry 勒索软件攻击的见解。

引言

　　近年来，网络犯罪技术的变化变得更加明显和汹涌。其中一个明显的例子是 DDoS（分布式拒绝服务）攻击，现在出现了新的变化，利用 IoT（物联网）来扩大其目标区域（Bhatt et al., 2017; Yadav et al., 2018）。物联网在某种程度上影响了数字技术，改变了我们的思维和生活方式（Dey et al., 2017）。该技术有望通过提供便利和实际改善我们与周围环境的沟通来缓解我们的生活（Jain & Bhatnagar, 2017; Elhayatmy et al., 2018）。网络攻击中使用了"互联网匿名性"

的概念,改变了其规模和范围。互联网是一个必须不断发展并且安全应该是优先事项的领域。微软公司的联合创始人比尔·盖茨正确地指出:"互联网正在成为未来地球村的市政广场"。互联网为我们提供了大量的资源和服务,并成为众多商业活动的平台,如网上银行、网上购物、宣传、营销、广告等(Tayal,2017)。与目前的电路交换网络(ATM、模拟电话网络等)相比,互联网是一个开放的平台,因此这使得攻击者更容易对连接到互联网的设备实施网络攻击。这背后的原因是,前者是使用通用计算硬件在软件中实现。而且,使用服务器的标准化和开放技术可以通过互联网到达。因此,像这样的服务就像基于 HTTP 服务一样遭受互联网的威胁(Mukherjee et al.,2016)。本章将重点讨论拒绝服务攻击(Carl 等,2006)和僵尸网络分析(Alejandre et al.,2017),它们的检测(Park & Lee,2001)和缓解(Zhang et al.,2016)。Art Wittmann 曾恰当地说过:"正如我们已经认识到的那样,认为安全始于和终于购买预包装防火墙的想法是完全错误的。"因此,在本章中提出了针对 DoS 攻击和僵尸网络的混合缓解技术(Shrivastava et al.,2010)。

人类一直都拥有好奇心,交流和好奇心鼓励并导致大量研究的产生。这些年来,在线金融交易领域中,攻击者已经将他们的重点从交易转向商业化和货币利润。大多数属于大型组织的计算机系统包含了关于用户或商业活动的宝贵信息。攻击者经验丰富,知道信息检索、位置和提取以获取经济利益的方法。因此,为了保护资源,各组织正在设置系统安全、人员配置和防御技术,以保护他们的信息和计算机系统(Matallah et al.,2017;Yamin & Sen,2018)。这可以减少成功攻击的风险,但并不能完全解决问题(Kimbahune et al.,2017)。另一方面,由于用户缺乏安全措施,一些攻击者被个人计算机所吸引。

本章第一节解释了 DoS 攻击类型、DoS 攻击技术及其症状和防御技术(Desai et al.,2016;Saha et al.,2016)。DoS 攻击的攻击者阻止了用户对资源的利用。在攻击中,用户的带宽被减少,网络被淹没,从而破坏了服务。在拒绝服务攻击之后不久,分布式攻击也出现了。在分布式攻击中,单独的网站被用来执行,作为分布式拒绝服务(DDoS)攻击。本章解释的 DoS 攻击类型有:拒绝服务(Denial-of-service)、高级持续性 DoS(APDoS)和分布式 DoS(Mirkovic & Reiher,2004;Feinstein et al.,2003),并列出了其症状。这些症状包括速度问题或网络性能缓慢、网站无法访问、大量垃圾邮件或电子邮件炸弹攻击、网络线路问题、连接失败问题和长时间拒绝互联网访问。DoS 攻击技术,包括 Internet 控制消息协议(ICMP)泛洪、攻击工具(Kumar et al.,2009),即 Predators Face、

Rolling Thunder、MyDoom、Stacheldraht 和 Low Orbit Ion Cannon、点对点攻击、应用层泛洪(LAND 攻击,XDoS)、服务退化攻击(Poturalski et al.,2010)、永久拒绝服务攻击、反射/欺骗攻击、分布式 DoS 攻击、DDoS 勒索、Nuke、电话拒绝服务(TDoS)、Teardrop 攻击、(S)SYN 泛洪、R-U-Dead-Yet?(RUDY)、Shrew 攻击和复杂的低带宽分布式拒绝服务攻击以及针对这些攻击所做的各种研究工作(Long & Thomas,2001;Gupta et al.,2010)。然后介绍了防御技术(Hasbullah & Soomro,2010)以及针对这些攻击提出的解决方案。防御技术包括攻击检测、响应和流量分类的组合。这些防御技术的作用是阻止被识别为非法或非法的流量,并允许另一方面被识别为合法或非法的流量(Senie & Ferguson,1998)。本章介绍的一些防御技术包括上游过滤、基于 DDS 的防御、Blackholing 和 sinkholing、防火墙、路由器、基于 IPS 的预防、交换机和应用程序前端硬件。

本章的重点随后转移到僵尸网络(Cooke et al.,2005)。机器人网络可以定义为僵尸网络。它是指连接到互联网的许多设备,可用于执行 DDoS 攻击、发送垃圾邮件和窃取数据等攻击。它由受感染的网络组成,其中每个受感染的设备都被称为"机器人"。在本章的第二部分中,将详细解释僵尸网络。现在,网络犯罪分子出于多种目的将僵尸网络作为商品出租(Danchev & Dancho,2010)。随着时间的推移,这些机器人已经升级到可以躲避检测。本章讨论了它的应用程序和架构模型,包括对等和客户端-服务器模型(Ullah et al.,2013)。在点对点模型中,数字签名可能会被使用,例如,一个僵尸网络可以被一个能够获得该网络密钥的人控制(Kang et al.,2009)。较新的僵尸网络与服务器的通信方式是集中式的。在客户-服务器模式中,僵尸网络通过使用互联网中继聊天(IRC)网络、域名和网站来运作。受感染的客户端在访问预定地点时等待来自服务器的指令(Ollmann & Gunter,2009)。拥有僵尸网络钥匙的人可以向服务器发送命令,这些命令被进一步转发给客户。执行命令的结果随后被送回给那个被称为僵尸猎人的人。在架构之后,列出了电子邮件、垃圾邮件、间谍软件、比特币挖掘、分布式拒绝服务和点击欺诈等常见的僵尸网络特征。讨论了僵尸网络检测技术(Mathews et al.,2016)以及对这些技术所做的各种研究。

本章讨论的第一个检测技术是基于 Honeypot 的僵尸网络检测技术,该技术进一步分为低互动 Honeypot 和高互动 Honeypot(Provos et al.,2007)。本章解释的第二种检测技术是基于网络的僵尸网络检测技术,其中阐述了 BotMiner

(Gu et al.,2008)、SBotMiner(Yu et al.,2010)和BotSniffer(Gu et al.,2008)等不同模型。实施中的差异有时可以用来识别僵尸网络。例如,一些僵尸网络使用DynDns.org、No-IP.com和Afraid.org等服务,这些服务是免费的域名系统(DNS)托管服务,本身不承载攻击。这个服务器将子域指向互联网中继聊天服务器,并迎合机器人的需求。相反,它们提供的参考点,可以被删除(Choi et al.,2007),从而使整个僵尸网络失去能力。我们讨论了这些遏制僵尸网络的对策,以及实现这一目的的现有软件,如诺顿反僵尸软件。

作者通过基于访问列表的配置提出了一个僵尸网络DDoS缓解系统。它们被设计在ISP(互联网服务提供商)的边缘路由器上,以防止对ISP上的网络流量进行DDoS攻击。访问控制列表通过使用数据包过滤限制用户和设备对网络的访问,以此来保护系统。本章的最后一部分提供了对WannaCry勒索软件攻击的理解,该攻击锁定了150多个国家的计算机。总体而言,本章聚焦于以下主题:

- 拒绝服务攻击:
  - DoS攻击的类型
  - DoS攻击技术
  - DoS攻击效果
  - DoS攻击的防御技术
- 僵尸网络:
  - 僵尸网络架构
  - 僵尸网络应用程序
  - 僵尸网络功能
  - 僵尸网络检测技术
  - 僵尸网络的应对策略
- **一种使用访问控制列表保护网络免受僵尸网络DDoS攻击的方法**
- **案例研究:WannaCry勒索软件攻击**

背景

在拒绝服务攻击中,攻击者会阻止已认证合法用户的资源使用。换句话说,服务被淹没在网络中而被中断。这也减少了提供给用户的带宽。根据2004年CSI/FBI的调查报告1,17%的受访者发现了针对他们的DoS攻击,受访者表示DoS是对他们最常见和最昂贵的网络攻击,甚至在专有信息被盗之前也是如此。

这些 DoS 攻击可分为以下两种形式：
- **崩溃攻击**：发送导致崩溃的目标信息。
- **泛洪攻击**：用流量淹没目标，剥夺了合法用户的服务。

在拒绝服务攻击出现后不久，分布式攻击也出现了。在此类攻击中，会使用单独的站点执行分布式拒绝服务（DDoS）攻击。作为网络攻击的分布式拒绝服务（DDoS）攻击，会使用大量唯一的 IP 地址。犯罪者可能使用数以千计的 IP 地址。DDoS 的规模在被发现后会急剧上升，2016 年超过了每秒 1TB。在过去的几年中，用于 DDoS 攻击的工具、方法和技术得到了改进，并且变得更加复杂和有效。这使得追踪和发现真正的攻击者变得困难。攻击技术已经变得如此先进，以至于现有技术不得不屈服于如此大规模的攻击。DoS 攻击类似于一群人站在电影院的入口或大门处，持有有效的门票。据说正常服务在不被允许进入时会被中断。通常高利润组织、跨国公司、金融公司等的知名网络服务器是网络犯罪分子的目标。可能会进行勒索和以赎金形式进行的行动。在分布式拒绝服务（DDoS）攻击中，传入流量会涌入系统。许多唯一的 IP 地址用于 DDoS 攻击。这实际上造成了以下问题：

- 封锁一个 IP 地址并不能遏制攻击
- 区分来自用户和攻击者的合法和非法流量是非常烦琐的事情
- 涉及 IP 地址欺骗，破坏了入口过滤

随着互联网的普及，为了卑鄙目的滥用互联网的不法分子数量也在增加。机器人是攻击网络的最常见选择。换句话说，机器人不过是一种恶意软件。机器人的编写和编程方式是为了访问互联网并劫持主机。僵尸网络被用来作为拒绝服务（DoS）攻击、发送垃圾邮件和垃圾邮件端口。它还被用作加载诈骗网页的平台。通常情况下，受害者会被骗去自己安装僵尸程序。这通常是通过利用软件或浏览器的漏洞实现的。然后，机器人与被攻击的机器建立一个被称为命令和控制的通道。顾名思义，它的功能是向被攻击的机器发送命令，从而获得完全的控制权，机器人的这一特点将它与其他类型的恶意软件区分开来。一个被称为"僵尸主人"的恶意实体被用来控制所有其他被僵尸感染的机器。整个系统被称为"僵尸网络"。

市场上有许多传统防御机器人的手段，例如，在最终用户的机器上安装防病毒软件。不幸的是，这些方法不能提供足够的保护，以抵御像 DDoS 这样的攻击，而 DDoS 随着它的发展正变得越来越高效。这主要是由于杀毒软件的编程

和制作都是基于已经知道的样本,使得防御变得困难。为了跟上快速上升的恶意软件步伐,大量基于主机的防御系统开始发挥作用。通过使用静态或动态分析技术来捕获未知程序的行为。然而,这些系统有一个缺点,就是运行时耗能大,在实践中存在问题。每个用户还需要安装一个用于分析的平台。最好能有一个基于网络的检测系统来进行基于主机的分析技术,以便监督和识别被僵尸感染计算机上的流量特征。下一节给出了本章的见解。

本章的见解

在这一章中,概述了 DoS 攻击类型,之后作者以表格的形式阐述 DoS 攻击技术。然后列出了它的显著特征和防御技术。本章解释的 DoS 攻击类型包括拒绝服务(Denial-of-service)、高级持久性 DoS(APDoS)和分布式 DoS。本章解释的一些 DoS 攻击技术包括互联网控制消息协议(ICMP)泛洪,攻击工具有 Predators Face、Rolling Thunder、MyDoom、Stacheldraht、Low Orbit Ion Cannon 以及点对点攻击。应用层泛洪(LAND 攻击,XDoS),服务退化攻击,分布式 DoS 攻击,DDoS 勒索,Nuke,电话拒绝服务(TDoS),泪滴攻击,(S)SYN 洪水,Shrew 攻击,复杂的低带宽分布式拒绝服务攻击等。针对这些攻击所提出的防御技术和解决方案包括攻击检测、响应和流量分类组合。例如上游过滤、基于 DDS 的防御、blackholing 和 sinkholing、防火墙、路由器、基于 IPS 的预防、交换机和应用前端硬件。本章对僵尸网络进行了详细的解释。讨论了它的应用和体系结构模型,包括点对点和客户端-服务器模型。一些常见的僵尸网络特征,如垃圾邮件、间谍软件、比特币挖矿、分布式拒绝服务等,以及它的检测技术,如 honeypots、BotMiner 等,都将在接下来的架构模型一节中讨论。作者还提出了一个通过基于访问列表配置的僵尸网络 DDoS 缓解系统。在下面的章节中,对 DoS 攻击进行了分析。

拒绝服务(DoS)攻击

拒绝服务攻击使用了几种技术,使大流量的机器崩溃或挂起。攻击者可能会扫描数百万台连接到互联网的计算机设备,并搜索不安全的端口和其他漏洞。然后通过批处理程序在中间机器上安装守护程序,然后等待主机的命令。下面一节重点介绍 DoS 攻击的类型、具体特征、防御技术以及该领域的各种研究工作,下面列出了拒绝服务(DoS)攻击的类型。

拒绝服务攻击的类型

几个突出的例子显示了黑客使用不同类型的 DDoS 技术。本节阐述了各种类型的 DoS 攻击，如 DDoS、高级持续性 DoS(APDos)、拒绝服务即服务，具体内容如下：

- **分布式 DoS**：在这种网络攻击中，使用了超过一千个的多个唯一 IP 地址。由于涉及设备数量更多，这种多人攻击更难抵挡。DDoS 攻击的目标是网络基础设施，并使用大量的流量来填充它。一个木马程序通常使用拒绝服务(DoS)攻击来感染这些系统。图 8-1 显示了一个僵尸网络 DDoS 攻击。

- **作为服务的拒绝服务**：这些是"启动器"或"压力器"服务，由一些供应商提供，并通过网络接受付款。这些服务可以通过允许攻击者在不了解其用途的情况下对工具进行技术访问来进行未经授权的拒绝服务攻击。下一节列出了由 US-CERT 确定的 DoS 攻击表现特征。

- **高级持久性 DoS(APDoS)**：这些攻击需要专门的监测，并呈现出明显和不断增长的威胁，涉及大规模网络层 DDoS 攻击。APDoS 攻击的特点包括战术执行、大型计算能力、先进的侦察和长时间的持久性。APDoS 更有可能是由拥有高级资源和能力的特别狡猾和熟练的行为者领导。APDoS 攻击已被证明是一种明显的威胁，需要大量的监测和防御服务。在下面的部分，已经列出了 DoS 攻击的表现症状。

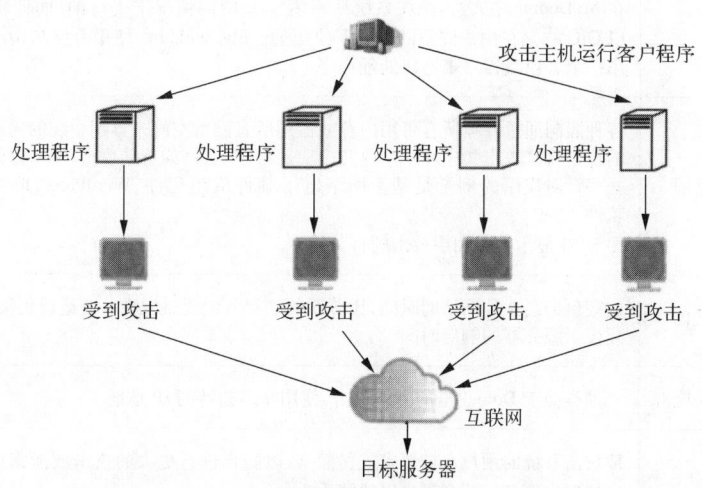

图 8-1 显示 DDoS 攻击的僵尸网络图示

拒绝服务攻击的特征

拒绝服务攻击的特征已被美国计算机应急准备小组(US-CERT)[2]确定。这些症状如下：
- 网络性能缓慢。
- 网站无法到达或可达性问题。
- 垃圾邮件或电子邮件炸弹攻击的数量急剧增加。
- 网线问题，连接失败问题。
- 互联网访问被长期拒绝。

在下一节中，DoS 攻击技术将以表格的形式一起被阐述。

DoS 攻击技术

广泛的程序用于发起 DoS 攻击。在本节中，表 8-1 列出了各种 DoS 攻击技术。图 8-2 显示了着陆攻击的结构(Damon et al., 2012)，图 8-3 显示了普通 BitTorrent 群的架构(Hoßfeld et al., 2011)。

表 8-1 DoS 攻击技术一览表

DoS 攻击技术	描述
攻击工具	政府通信总部有 PREDATORS FACE 和 ROLLING THUNDER 工具，用于 DDoS。在 MyDoom[3] 中，攻击是在系统所有者不知情的情况下进行的，而低轨道离子炮(LOIC)[4] 是在用户同意的情况下使用的。Stacheldraht[5] 使用分层结构。攻击者使用一个客户端程序来连接处理程序
应用层泛洪	各种漏洞通过吞噬所有可用内存或占用所有磁盘空间来影响系统的内存。应用层的攻击将其攻击集中在一个或几个应用程序上，例如着陆攻击，XDoS 等 一些针对应用的例子是基于网络电子邮件应用程序、WordPress、Joomla 和论坛软件 图 8-4 显示了应用层攻击的百分比[6]
服务降级攻击	这些攻击会扰乱网站的时间，比普通的僵尸入侵更难发现。会造成更集中的洪水，减缓了服务器的响应时间
分布式 DoS 攻击	一种类似于 DoS 攻击的网络攻击，使用众多独特的 IP 地址
DDoS 勒索	被攻击系统的用户会被要求支付赎金，以防止进行更大的攻击或泄露存储在系统中的用户信息。赎金通常以比特币支付[7]

续 表

DoS 攻击技术	描 述
互联网控制信息协议（ICMP）泛洪	在这种类型的泛洪中，大量 IP 数据包被发送，影响了网络的带宽。这些数据包永远不会到达所需的目的地，因为发送数据包的地址与受害者的地址是假的。类似 Unix 的主机的"ping"命令被用来用 ping flooding 来淹没网络
Nuke 数字合成软件	在这种攻击中，通过修改后的 ping 工具向目标发送无效的 ICMP 洪水数据包，使计算机的速度变慢，最后停止运行。这是通过反复发送损坏的数据来实现的
点对点的攻击	在这种攻击中，攻击者扮演的是"擂主"的角色。会指示客户端连接到受害者的网站，并断开与同行的连接
永久拒绝服务攻击	是一种破坏系统硬件的攻击，如内存崩溃、端口故障等
反射式/欺骗式攻击	需要向成千上万的系统发送特定类型的伪造请求，然后由这些系统进行回复
电话拒绝服务（TDoS）	随着 IP 语音的引入，呼叫变得便宜且自动化。通过来电显示，可以发出欺骗性的假电话
泪滴攻击	这种攻击可能会使各种操作系统崩溃，因为它涉及发送混杂的 IP 片段，因为这些片段会发生数据包的重叠。由于 TCP/IP 碎片重组中的一个错误，目标机器便无法重新组装这些数据包（Marin & Gerald, 2005）
(S)SYN 泛洪	在这种攻击中，主机发送了许多带有伪造源地址的 TCP/SYN 数据包。因此会造成合法请求的响应永远不会到来，导致半开放连接的饱和。（Lemon & Jonathan, 2002）。SYN-ACK 通信过程包括三个步骤，就像握手协议，涉及 SYN 和 ACK 信息包的发送和接收
R-U-Dead-Yet?（RUDY）	网络服务器上的会话被拒绝，使其对受害者的网络应用不可用
复杂的低带宽 DDoS 攻击	这种攻击旨在通过向系统发送复杂的请求，使目标机出现致命的缺陷
Shrew 攻击	这种攻击通过使用短的同步流量突发来破坏 TCP 连接
UDP 泛洪	用户数据报协议是一种网络协议，在目标机器的随机端口上进行数据包的泛滥，再使用 ICMP 数据包进行反馈
Ping of Death	Ping of death 通过发送大于最大容量的数据包来覆盖 IP 数据包。大数据包被分割成多个 IP 数据包，然后会被重新组合，产生的数据包导致服务器重新启动或崩溃
Slowloris	Slowloris 与目标机器建立了一个低带宽消耗的连接，并保持长时间的开放，影响其网络服务器。这是通过使用部分 HTTP 请求来实现的，这些请求被发送到目标机器上并保持未完成的状态

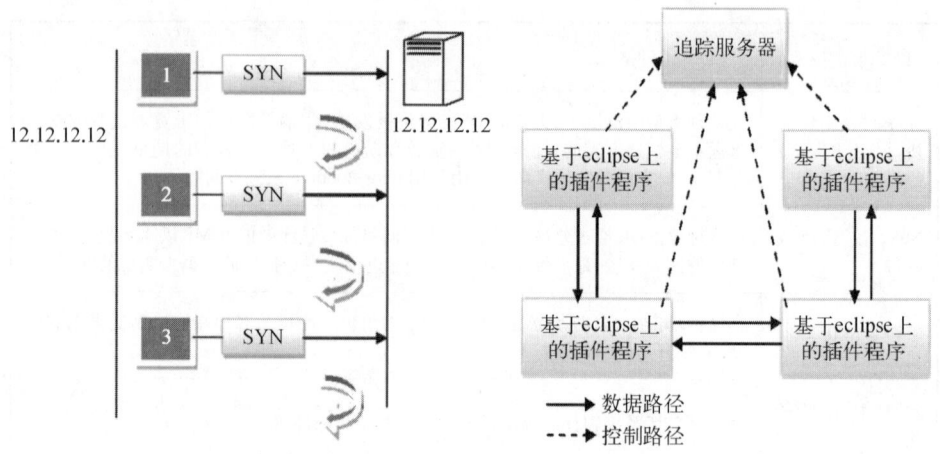

图8-2 着陆攻击结构图示　　图8-3 普通 BitTorrent Swarm 的架构图示

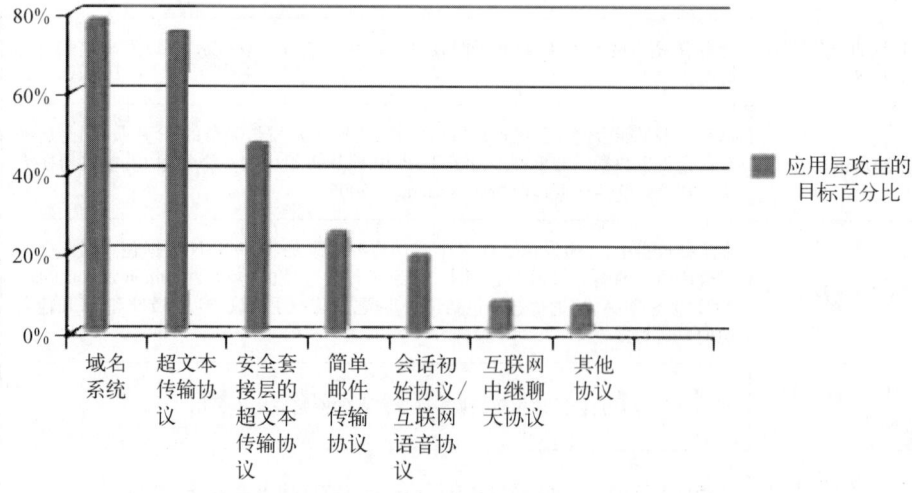

图8-4 应用层攻击目标的百分比图示

以下部分概述了防御 DoS 攻击的技术。

DoS 攻击防御技术

防御技术包括攻击检测(Jin et al.,2004)、流量分类(Douligeris et al.,2004)和响应工具的组合。这些技术的目的是阻止它们认定为非法的流量,并允许它们认定为合法的流量。

表8-2列出了这些技术的清单。

表 8-2 DoS 攻击防御技术清单一览表

防御技术	描述
应用前端硬件	与路由器和交换机一起使用,在数据包进入系统时对其进行分析。然后这些数据包会被归类为优先级、普通级或危险级
基于 DDS 的防御	它可以解决基于协议和速率的攻击,阻止具有合法内容但意图不良的 DoS 攻击
黑洞和沉库	在黑洞路由中,被攻击的 IP 地址的流量会被转发到不存在的服务器,即一个"黑洞"。在沉库中,流量被转发到一个有效的 IP 地址,用于分析而拒绝损坏的数据包
防火墙	防火墙可以证明在简单的攻击中非常有用,因为它们可以满足一个简单的规则,拒绝所有来自攻击者的传入流量
路由器	路由器可以减少泛洪的影响,并且可以进行手动设置,具有速率限制和访问控制列表功能
基于入侵防御系统(IPS)的预防	入侵防御系统(IPS)的工作原理是内容识别。如果攻击有与之相关的印记,便会发现其用途。此技术不能阻止基于行为的 DoS 攻击
交换机	大多数交换机支持访问控制列表功能,以检测和改造 DoS 攻击
上游过滤	不同的方法,如代理、数字交叉连接、隧道等,在分离不需要的流量时,只将"好"的流量发送到服务器。使用了"清洗中心"或"净化中心"的概念

下一节将概述僵尸网络。

僵尸网络

在下面一节中,提到了僵尸网络的应用、结构、特点、检测技术和缓解方法(Liu et al., 2009)。

僵尸网络的应用与架构

现在,网络犯罪分子出于多种目的将僵尸网络作为商品出租。僵尸网络由受感染的网络组成,其中每个受感染的设备都被称为"机器人"。随着时间的推移,这些机器人已经进步到可以躲避检测。图 8-5 描绘了典型的僵尸网络架构。两种僵尸网络架构如下:

1. 客户端-服务器模式

最初互联网上的僵尸网络使用这种架构来完成他们的任务。受攻击感染的客户端在访问已指定的位置时会等待来自服务器的传入命令。由僵尸牧民(操

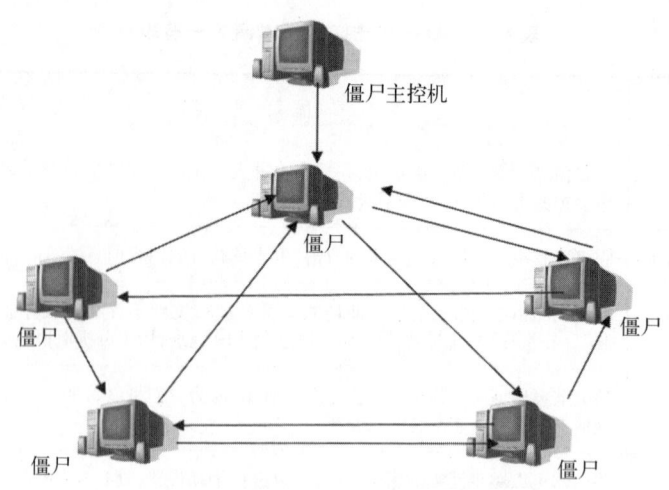

图 8-5　僵尸网络的结构图示

作僵尸网络的人)生成的命令随后会进一步转发给客户端。僵尸网络的动力引擎包括互联网中继聊天(IRC)网络、域名或网站。这些命令随后由客户端执行,所获得的结果被反馈给僵尸牧者。

2. 点对点

现在由于可以检测到互联网中继聊天(IRC)僵尸网络,僵尸牧民已经开始在 P2P 网络上输入流量和恶意软件。这些僵尸可能会使用数字签名,只允许有机会接触到僵尸网络的密钥的人控制僵尸网络。较新的僵尸网络与中央服务器通信,其中命令分发服务器和接收命令的客户端都由 P2P 机器人执行。

常见的僵尸网络特征

常见的僵尸网络特征列于表 8-3。僵尸网络检测技术已在下面的章节中列出。

表 8-3　常见的僵尸网络特征一览表

常见的僵尸网络特征	描述
分布式拒绝服务	为了连接到网络,受害者会收到很多机器人的请求
间谍软件	银行账户和信用卡号码等私人和机密信息会被发送给间谍软件的创建者,他们可以进一步滥用或出售这些数据

续 表

常见的僵尸网络特征	描 述
比特币开采	这一功能为僵尸网络的运营商带来了利润
垃圾邮件	电子邮件信息伪装成来自人们的信息,实际上它们是恶意的
点击欺诈	用户的计算机在他/她不知情的情况下访问网站,因此虚假的网络流量是为了获得金钱利益和商业利益而产生的

僵尸网络检测技术

僵尸网络的常见检测技术列举在表 8-4 中。

表 8-4 僵尸网络检测和识别技术

僵尸网络检测技术	描 述
基于蜜罐的僵尸网络检测	蜜罐是一种资源,用于检测和转移未经授权的信息系统使用(Weiler,2002)。两种类型的蜜罐是: ● 低交互蜜罐:只影响攻击者频繁请求的服务。在这种情况下,托管多个虚拟机很容易。例如 Honeyd ● 高交互蜜罐:通过难以检测来提供更高的安全性。一些蜜罐可以通过使用虚拟机来使用,因此蜜罐被破坏后的恢复是很快的
基于网络的僵尸网络检测	对基于网络的僵尸网络检测提出的一些模型如下: ● BotMiner:为了识别由机器人完成的恶意活动,BotMiner 执行了跨集群的关联性 ● SBotMiner:该方法的主要目标是找到一组产生低速率流量的机器人 ● BotSniffer:这种检测方法可以识别网络中的 C&C(命令和控制)服务器和受感染的主机。该过程是使用基于网络的异常检测来执行的,并且没有任何关于签名或 C&C 服务器地址的已知信息

针对僵尸网络的措施

一些僵尸网络使用 DynDns.org、No-IP.com 和 Afraid.org 等服务,这些服务是免费的域名系统(DNS)托管服务,本身不承载攻击,它们将一个子域指向互联网中继聊天服务器。这个服务器迎合了机器人的需求。他们提供了参考点,这些参考点可以被删除。攻击不是由这些免费的 DNS 服务托管的。相反,它们提供了可以删除的参考点,可以使整个僵尸网络瘫痪。一些僵尸网络继承了署名协议定制版本的属性,因此基于它们可以分析实现的差异,以检测僵尸网络。计算机和网络安全公司现在已经发布了对抗僵尸网络的软件,例如诺顿反机器人。在下一节中提出了针对僵尸网络 DDoS 攻击的解决方案和建议。

僵尸网络 DDOS 攻击:解决方案和建议

在上一节中,我们研究了僵尸网络是一组连接到互联网被劫持的设备。每台设备都注入了恶意软件,这些恶意软件对设备所有者是隐藏的,并由一个远程区域控制。图 8-6 显示了 2016 年第四季度僵尸网络指挥和控制(C&C)服务器的分布。一个僵尸网络 DDoS 攻击可能有多个源头,即可能由多个人以协调的方式控制。为了防止和抵御僵尸网络 DDoS 攻击,目前已经提出了许多解决方案。提出的有效解决方案之一是在 5G 移动网络中使用动态重新配置(Pérez et al., 2017)。云计算环境中的解决方案也被提出(Somani et al., 2017;Osanaiye et al., 2016),提出了一个概念性的云 DDoS 缓解框架。ixps 的黑客攻击是提出的另一项有效技术(Dietzel et al., 2016)。

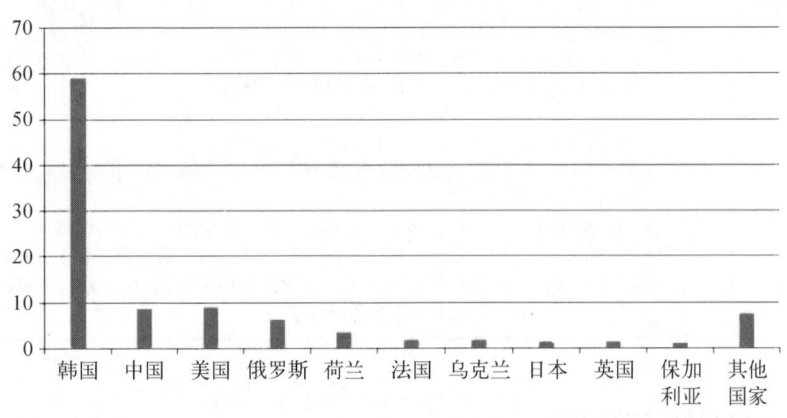

图 8-6　2016 年第四季度僵尸网络 C&C 服务器分布情况图示[8]

从不同的来源,可以获得出租僵尸网络。他们的服务通常在攻击者之间拍卖和交易。图 8-7 显示了独特 DDoS 攻击目标的分布。我们通过基于访问列表的配置提出了一个僵尸网络 DDoS 缓解系统。它们部署在 ISP(互联网服务提供商)的边缘路由器上,以防止对 ISP 网络流量的 DDoS 攻击。访问控制列表通过使用数据包过滤限制用户和设备对网络的访问来保护系统。系统效率很大程度上取决于 ISP 在实施系统时的响应能力。参与 ISP 的这种协同努力过滤掉了攻击,减少了其他路由器的负载。一旦在系统中运行每个 ISP,大多数攻击可以很容易地在其起源点附近被阻止。可疑流量首先根据其源 IP 地址被过滤掉。第一种技术催生了尽可能多地具有不同欺骗性的 IP 地址流量,第二种技术产生了没有欺骗性的 IP 地址。经过测试,我们发现使用路由器上的适当配置和过滤规则,大部分恶意 DDoS 流量可以被有效过滤。因此,这种机制可以有效地从源头上消除虚假流量,确保高优先级的数据包通过网络并到达目的地,并且不会拒绝向用户提供此类服务。图 8-8 显示在一个简单的自动化系统网络中,基于其部署位置,针对网络/传输级 DDoS 泛洪攻击对防御机制进行了分类。图 8-9 显示出进行 DDoS 响应和检测的不同区域。

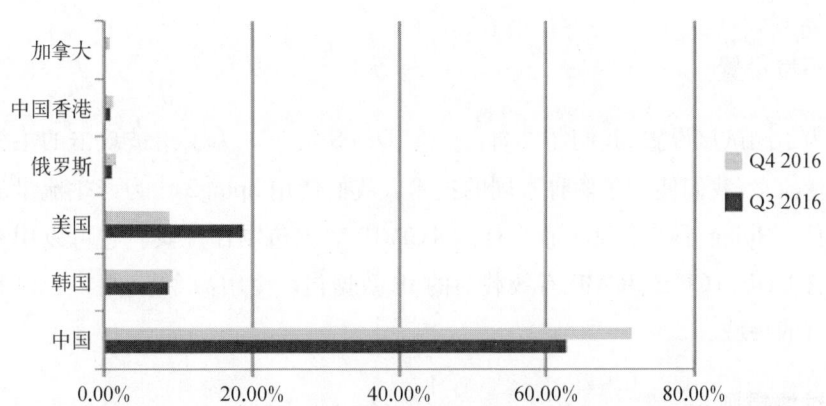

图 8-7 按国家划分 2016 年第三季度与第四季度独特 DDoS 攻击目标分布图示[9]

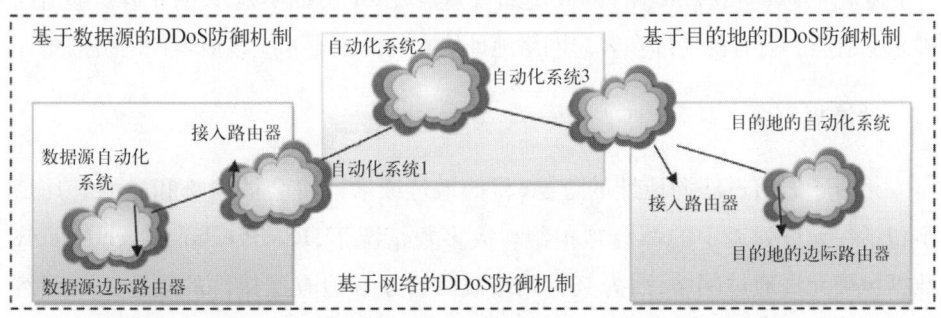

图 8-8 根据网络/传输级 DDoS 泛滥攻击的防御机制在自治系统(AS)简单网络中的部署位置,并对其进行分类

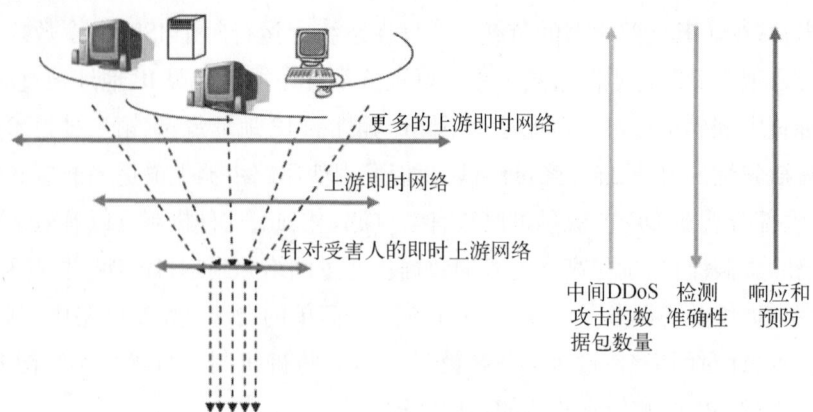

图 8-9 执行 DDoS 响应和检测的不同领域图示

环境设置

为了测试该设置,我们需要自己产生 DDoS 流量。为了给被攻击的主机产生大量流量,我们使用了两种不同的技术。我们使用 hping2 作为产生流量的主要工具。Hping 是一个面向命令行的 TCP/IP 数据包制作工具。它可以用来创建包含 UDP、TCP 或 ICMP 有效载荷的 IP 数据包。使用命令行,可以控制和修改所有的头域。

过滤规则 1

只有源地址属于客户网络的流量才能被 ISP 边缘路由器接受。任何客户网络以外的源地址都容易成为欺骗性的 IP 地址。这需要 ISP 方面实施,以防止客户参与这种恶意活动。只有源地址在客户网络地址块之外的流量才应该被客户网络接受。

过滤规则 2

相对于之前过滤源地址的过滤,目的地址或端口将会被检查和过滤。凡是不包括在允许列表中的都会被拒绝。大多数情况下,ICMP echo 和 echo-reply 数据包被允许通过网络,因为其为网络故障诊断和检查连接性的重要工具。然而,在允许来自外部网络的 ICMP 流量时必须注意。尽管建议的做法是阻止已知的恶意软件端口,以防止通过此类程序滥用网络并减少个别计算机参与僵尸等活动的机会,但这种入口过滤系统隐含地阻止任何针对未被公开访问服务器利用的端口流量,从而有效防止未使用的端口被操纵。反恶意软件供应商 Emsisoft 有一个可公开查看此类恶意软件端口的列表。从列表中可以看出,甚至一些知名的端口也会被利用,被用来运行恶意活动。因此,通过明确的只允许访问提供验证服务的特定端口,是防止网络系统被操纵的最有效方法。下一节将介绍最近 WannaCry 攻击的案例研究。

案例研究

在网络攻击中,恶意技术被用来劫持计算机设备或来自自主来源的网络,这可能是由个人或组织处理的。多年来,这些攻击已经变得更加复杂与危险。康奈尔大学的一名学生 Robert Tappan Morris 于 1988 年创建的莫里斯蠕虫遇到错误会反复复制自身并导致拒绝服务。6 000 台电脑受到这种网络攻击的影响。1999 年一个少年进入美国国防部一个部门的电脑,在其服务器上安装了一个"后门"。来自不同政府组织的数千封内部电子邮件被他截获,包括包含各种军事计算机用户名和密码的邮件。

詹姆斯利用这些信息,窃取了美国国家航空航天局的一个软件,该软件使太空探索机构损失了 41 000 美元,导致系统被关闭了三个星期。2000 年,另一个名叫 Michael Calce 的 15 岁男孩在网络空间造成了问题,他对亚马孙、雅虎、CNN 和 eBay 等主要商业网站发动了多次分布式拒绝服务攻击。这次攻击造成了 12 亿美元的损失。2009 年,谷歌总部被发现有安全漏洞,知识产权被盗,谷歌的各种服务器被黑客访问,迫使其将总部转移。

最大的数据泄露事件之一发生在 2013 年 10 月 3 日,当时 Adobe 声称客户的信用卡记录和登录数据被盗,Adobe 的软件——Photoshop、Adobe Acrobat Reader 和 ColdFusion 的源代码被曝光。黑客从系统中删除了与 290 万 Adobe 客户有关的信息,包括客户姓名、加密的信用卡或借记卡号码、到期日以及与客户订单有关的其他信息。美国国会 CRS 报告对网络攻击的经济影响进行了解释 (Cashell et al., 2004)。卡内基梅隆软件工程学院对网络攻击所做的研究工作之一解释了他们的跟踪和追踪(Lipson & Howard, 2002)。其中一项研究工作还介绍了网络攻击的对策和挑战(Li et al., 2012)。在一个简短的问题中,提到了 2014 年对美国公司的网络攻击(Walters & Riley, 2014)。在本节中,将介绍一个关于 Wannacy 勒索软件攻击的案例研究。

WannaCry 勒索软件攻击

2017年5月14日,世界各地的计算机受到网络攻击,导致机器被锁定。用户的文件和重要文件被勒索赎金。这次网络攻击主要集中在政府组织、医院、保健中心和跨国公司。勒索软件是一种劫持系统的恶意软件(有害软件)。除非支付赎金,否则用户无法访问该系统,赎金通常以比特币支付。

这种类型的勒索软件被称为"WannaCry"。这次攻击使银行、交通和其他跨国公司的系统停止运行。总的来说,这次网络攻击影响了150多个国家的20万名受害者。根据日本计算机应急小组协调中心(一个非营利组织)的数据,日本有600个地方受到影响,总共包括2 000个系统。这次攻击还关闭了各种社交媒体网站,破坏了其访问。此外,在一些地区,许多人无法参加在线驾驶考试,因为警察部门的交通网站也受到影响。俄罗斯内政部和一些公司,包括西班牙的Telefonica和美国的 FedEx 公司,均受到了打击。日立和日产汽车等跨国公司也受到影响。媒体报道有29 372个机构和数十万个系统被感染。由于学校和大学往往使用老旧和缓慢的电脑,安全性较低,并使用旧版本的操作系统,因此它们受到的打击最大。在印度尼西亚,系统的锁定影响了医院,因为系统中的文件无法被访问,这导致了延误。但是韩国的案例数量非常少。图8-10 显示了受影响最严重国家的百分比。

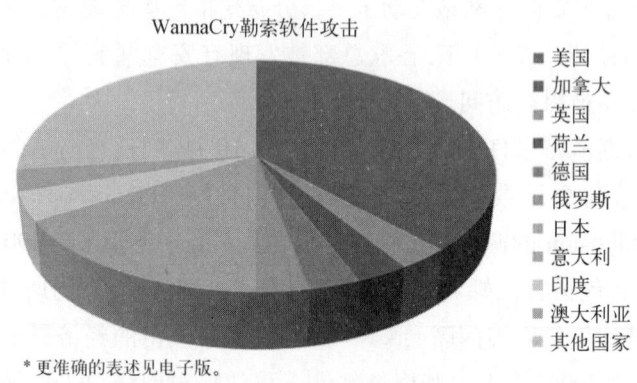

* 更准确的表述见电子版。

图 8-10 受 WannaCry 勒索软件影响最大的国家图示

这种网络攻击背后的想法是欺骗用户运行一个恶意代码。在大多数情况下,勒索软件一般通过电子邮件转发的链接和附件影响系统,这些电子邮件被称为网络钓鱼邮件。恶意软件以链接和附件的形式隐藏在这些电子邮件中。一旦这段代码被运行,恶意软件就会接管系统,使受害者无能为力。然后,系统中的重要文件和文档就会被勒索赎金。所有这些文件都被恶意软件加密,并出现一条索取赎金的信息。为了解密这些文件,必须支付赎金。如果不支付赎金,数据可能会丢失。加密的钥匙只有攻击者知道。人们正在挖掘比特币和其他各种形式的货币。加密货币已经在世界范围内掀起了风暴,一些地方已经接受加密货币作为商品和服务的支付方式。图8-11显示了比特币是如何工作的。当这种网络攻击发生时,恶意软件会接管计算机,并明确提到攻击者的要求。通常情况下,受影响系统的墙纸会被改变。它包含一条信息,指明需要支付的金额和支付的方法,以便恢复文件。攻击者大多要求300至500美元来删除恶意勒索软件。此外,如果没有在规定时间内支付所需金额,价格会翻倍。尽管在许多地区,受害者会被执法部门劝阻支付赎金。

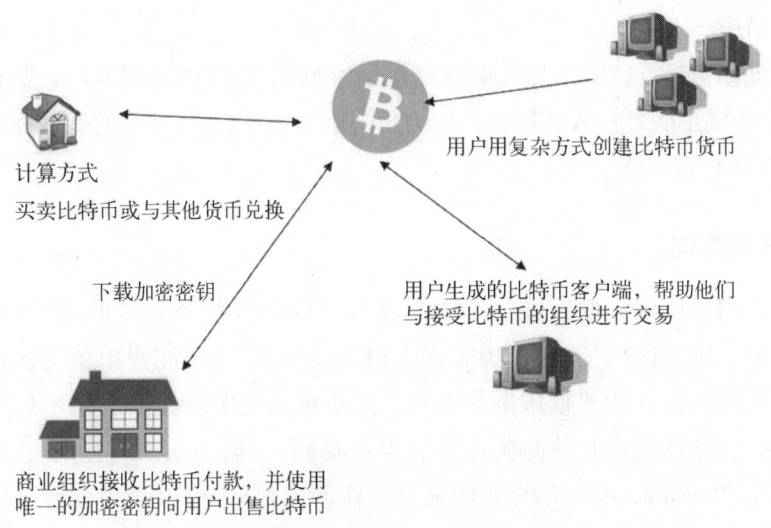

图8-11 比特币的工作原理图示

为了避免任何网络攻击,人们必须谨慎行事。用户应定期做以下事情:
- 用户应该备份他们的文件和重要文档。
- 用户应确保安全和反病毒更新,补丁一经发布就安装在计算机上。
- 备份文件应当是最新的,这使得恢复丢失的数据变得容易,这样用户就不需要支付任何赎金了。
- 人们看到,在WannaCry网络攻击中,微软旧版本操作系统的一些漏洞被利用了。因此,保持操作系统的更新至关重要。

•用户还应该寻找恶意或垃圾邮件,这些邮件经常伪装成来自公司或经常在线互动人的电子邮件。用户不应点击这些未知链接或下载任何此类未知文件。

医院面临的挑战是保护患者数据的私密性、安全地访问手术室等敏感区域并确保手术顺利进行,所采取的一些措施包括:

•**聘请专家**:所有顶级私立医院都有网络安全专家来保护患者信息和抵御私人黑客攻击。

•**专项基金**:医院在网络安全方面的支出介于200万卢比和2 000万卢比之间。

•**强密码**:使用强密码控制对敏感区域和设备的访问。

•**定期监控**:在少数情况下,聘请专门从事网络安全的第三方机构来定期监测保障措施。

印度储备银行(RBI)要求银行遵循国家网络安全单位CERT-in发布的指示,以防止蠕虫病毒侵入其系统。作为预防措施,一些运行在旧的微软操作系统上的ATM机被关闭。

未来研究方向

尽管用户可以采取措施将DDoS攻击造成的威胁降到最低,但仍有理由担忧未来。随着时间的推移,黑客将变得更受诱惑,并可能使用新的快速发展技术来计划攻击并用流量压倒受害者。这也可以克服所提出的技术包过滤技术。保护设备的关键是使防病毒签名保持最新,以防止未来的任何攻击,例如WannaCry Ransomware。作为我们未来工作的一部分,可以引入各种子网络中的检测器。这些检测器相互通信,并在其他子网络受到攻击时发出警告。为此,我们可以使用人工智能中经常使用的多智能体系统方法。另一个挑战是建立一个假设来追溯攻击的来源,因为攻击遵循一个共同的模式。此外,本文提出的技术性能需要与目前使用的其他技术在误报可能性和响应时间方面进行比较。

恶意软件的另一个演变将以thingbots形式带入物联网。Thingbots是僵尸网络的一种变体,由受污染的物联网设备组成。可以控制和监督这些物联网设备。

- 窃取重要敏感信息
- 发起攻击
- 进行其他属于网络犯罪的活动

近年来,人们观察到 thingbots 的此类活动对网络安全构成威胁。因此,迫切需要解决物联网相关的漏洞,尤其是:

- 物联网安全
- 坚持物联网设备的高标准
- 制造商和 ISP 级别应具有最佳标准实践

加密货币是一种可以加密保护的值,可以通过互联网进行数字表达和传输。它是可互操作的,即它是可转换和可转让的。互操作性是一个更实用、更可信的结果,它要求对现任者的损害更少。加密货币的未来发展如表 8-5 所示。

表 8-5 加密货币发展一览表

发展区域	描述
网上购物	比特币钱包现在可以在大多数领先的在线购物网站上使用。据观察,现在有 23 亿人使用比特币在亚马逊上购物
教育	加密货币交易将很快超越数字边界,并将被视为投资机会
隐私居于首位	要找到参与交易的比特币发件人详细资料和消费习惯非常容易。在未来,像"门罗币"这种的加密货币会因其隐私设置而更受欢迎
重要能力	研究人员正在研究新的算法(Ahuja & Yadav, 2013)(Bhushan, Gupta & Yadav, 2016)(Bhushan & Yadav, 2014)(Kamal, 2016)(Tayal, 2016)和程序,以克服区块链问题。这将扩大加密货币的范围,超越其目前的限制

结语

僵尸网络 DDoS 攻击是目前互联网上最主要的威胁之一。此外,它的早期检测也是一个很大的挑战。这主要是由于流量的特点和数量以惊人的速度变化。因此,更新过滤规则和防病毒软件是最重要的。本章主要包括对 DoS 攻击和僵尸网络的概述。它进一步提高了对僵尸网络 DDoS 攻击的测量和理解,以及如何处理它们。我们还提出了一个针对僵尸网络 DDoS 攻击的防御方法。WannaCry 勒索软件攻击的案例研究展示了目前存在的恶意软件的情况以及我们对这些攻击的准备程度。在本章中，作者对拒绝服务器攻击进行了分析，诸如服务性的 DoS、高级持久性 DoS（APDoS）和分布式 DoS 等。对 DoS 攻击方法进行了概述，包括攻击工具、低轨道离子炮、应用层洪水（着陆攻击、XDoS）、服务降级攻击、Nuke、分布式 DoS 攻击、点对点攻击、DDoS 勒索、R-U-Dead-Yet（RUDY）、Shrew 攻击、互联网控制消息协议（ICMP）泛洪、电话拒绝服务（TDoS）、泪滴攻击、(S)SYN 泛洪等。介绍了这些攻击中提出的防御技术和解决方案。本章成功地讨论了僵尸网络应用程序和架构模型，包括点对点和客户端-服务器模型。列出了电子邮件、垃圾邮件、间谍软件、比特币挖掘、分布式拒绝服务和点击欺诈等常见的僵尸网络特征以及僵尸网络检测技术。

参考文献

Ahuja, Y., & Yadav, S. K. (2013). Statistical Approach to Support Vector Machine. [IJEAT]. *International Journal of Engineering and Advanced Technology*, *2*(3), 556–559.

Alejandre, F. V., Cortés, N. C., & Anaya, E. A. (2017, February). Feature selection to detect botnets using machine learning algorithms. In *Proceedings of the International Conference on Electronics, Communications and Computers (CONIELECOMP)*. 10.1109/CONIELECOMP.2017.7891834

Bhatt, C. M., Dey, N., & Ashour, A. (2017). Internet of Things and Big Data Technologies for Next Generation Healthcare (Vol. 23).

Bhushan, M., Gupta, A., & Yadav, S. K. (2016). Big Data Suite for Market Prediction and Reducing Complexity Using Bloom Filter. *The Human Element of Big Data: Issues, Analytics, and Performance*, 281.

Bhushan, M., & Yadav, S. K. (2014). Cost based Model for Big Data Processing with Hadoop Architecture. *Global Journal of Computer Science and Technology*, *14*(2-C), 13.

Carl, G., Kesidis, G., Brooks, R. R., & Rai, S. (2006). Denial-of-service attack-detection techniques. *IEEE Internet Computing*, *10*(1), 82–89. doi:10.1109/MIC.2006.5

Cashell, B., Jackson, W. D., Jickling, M., & Webel, B. (2004). The economic impact of cyber-attacks. *Congressional Research Service Document,* Retrieved from http://www.au.af.mil/au/awc/awcgate/crs/rl32331.pdf

Choi, H., Lee, H., Lee, H., & Kim, H. (2007, October). Botnet detection by monitoring group activities in DNS traffic. In *Proceedings of the 7th IEEE International Conference on Computer and Information Technology* (pp. 715-720). 10.1109/CIT.2007.90

Cooke, E., Jahanian, F., & McPherson, D. (2005). The Zombie Roundup: Understanding, Detecting, and Disrupting Botnets. *SRUTI*, *5*, 6.

Damon, E., Dale, J., Laron, E., Mache, J., Land, N., & Weiss, R. (2012, October). Hands-on denial of service lab exercises using slowloris and rudy. In Proceedings of the 2012 information security curriculum development conference, 21-29. doi:10.1145/2390317.2390321

Danchev, D. (2010). Study finds the average price for renting a botnet. *Zdnet.com.* Retrieved from http://www.zdnet.com/article/study-finds-the-average-price-for-renting-a-botnet/

Desai, M., Patel, S., Somaiya, P., & Vishwanathan, V. (2016). Prevention of Distributed Denial of Service Attack using Web Referrals: A Review. *International Research Journal of Engineering and Technology*, *3*(4), 1994–1996.

Dey, N., Ashour, A. S., & Bhatt, C. (2017). Internet of Things Driven Connected Healthcare. In Internet of Things and Big Data Technologies for Next Generation Healthcare (pp. 3-12). doi:10.1007/978-3-319-49736-5_1

Dietzel, C., Feldmann, A., & King, T. (2016, March). Blackholing at ixps: On the effectiveness of ddos mitigation in the wild. In *Proceedings of the International Conference on Passive and Active Network Measurement* (pp. 319-332). 10.1007/978-3-319-30505-9_24

Douligeris, C., & Mitrokotsa, A. (2004). DDoS attacks and defense mechanisms: Classification and state-of-the-art. *Computer Networks*, *44*(5), 643–666. doi:10.1016/j.comnet.2003.10.003

Elhayatmy, G., Dey, N., & Ashour, A. S. (2018). Internet of Things Based Wireless Body Area Network in Healthcare. In Internet of Things and Big Data Analytics Toward Next-Generation Intelligence (pp. 3-20). doi:10.1007/978-3-319-60435-0_1

Feinstein, L., Schnackenberg, D., Balupari, R., & Kindred, D. (2003, April). Statistical approaches to DDoS attack detection and response. In DARPA Information Survivability Conference and Exposition (pp. 303-314). doi:10.1109/DISCEX.2003.1194894

Gu, G., Perdisci, R., Zhang, J., & Lee, W. (2008, July). BotMiner: Clustering Analysis of Network Traffic for Protocol-and Structure-Independent Botnet Detection. *USENIX Security Symposium*, *5*(2), 139-154.

Gu, G., Zhang, J., & Lee, W. (2008). BotSniffer: Detecting botnet command and control channels in network traffic. In *Proceedings of the Network and Distributed System Security Symposium*, San Diego, CA.

Gupta, B. B., Joshi, R. C., Misra, M., Meena, D. L., Shrivastava, G., & Sharma, K. (2010). Detecting a Wide Range of Flooding DDoS Attacks using Linear Prediction Model. In *Proceedings of the 2nd International Conference on Information and Multimedia Technology (ICIMT 2010)* (Vol. 2, pp. 535-539).

Hasbullah, H., & Soomro, I. A. (2010). Denial of service (DOS) attack and its possible solutions in VANET. *International Journal of Electrical, Computer, Energetic, Electronic and Communication Engineering*, *4*(5), 813–817.

Hoßfeld, T., Lehrieder, F., Hock, D., Oechsner, S., Despotovic, Z., Kellerer, W., & Michel, M. (2011). Characterization of BitTorrent swarms and their distribution in the Internet. *Computer Networks*, *55*(5), 1197–1215. doi:10.1016/j.comnet.2010.11.011

Jain, A., & Bhatnagar, V. (2017). Concoction of Ambient Intelligence and Big Data for Better Patient Ministration Services. *International Journal of Ambient Computing and Intelligence*, *8*(4), 19–30. doi:10.4018/IJACI.2017100102

Jin, S., & Yeung, D. S. (2004, June). A covariance analysis model for DDoS attack detection. In *Proceedings of the IEEE International Conference on Communications* (Vol. 4, pp. 1882-1886).

Kamal, S., Ripon, S. H., Dey, N., Ashour, A. S., & Santhi, V. (2016). A MapReduce approach to diminish imbalance parameters for big deoxyribonucleic acid dataset. *Computer Methods and Programs in Biomedicine*, *131*, 191–206. doi:10.1016/j.cmpb.2016.04.005 PMID:27265059

Kang, J., & Zhang, J. Y. (2009, May). Application entropy theory to detect new peer-to-peer botnet with multi-chart CUSUM. In *Proceedings of the Second International Symposium on Electronic Commerce and Security* (Vol. 1, pp. 470-474). 10.1109/ISECS.2009.61

Kimbahune, V. V., Deshpande, A. V., & Mahalle, P. N. (2017). Lightweight Key Management for Adaptive Addressing in Next Generation Internet. *International Journal of Ambient Computing and Intelligence*, *8*(1), 50–69. doi:10.4018/IJACI.2017010103

Kumar, R., Arun, P., & Selvakumar, S. (2009, March). Distributed denial-of-service (ddos) threat in collaborative environment-a survey on ddos attack tools and traceback mechanisms. In *Proceedings of the IEEE International Advance Computing Conference* (pp. 1275-1280).

Lemon, J. (2002, February). Resisting SYN Flood DoS Attacks with a SYN Cache. In *BSDCon* (pp. 89-97).

Li, X., Liang, X., Lu, R., Shen, X., Lin, X., & Zhu, H. (2012). Securing smart grid: Cyber attacks, countermeasures, and challenges. *IEEE Communications Magazine*, *50*(8), 38–45. doi:10.1109/MCOM.2012.6257525

Lipson, H. F. (2002). Tracking and tracing cyber-attacks: Technical challenges and global policy issues. Retrieved from https://resources.sei.cmu.edu/library/asset-view.cfm?assetid=5831

Liu, H. (2010, October). A new form of DOS attack in a cloud and its avoidance mechanism. In *Proceedings of the 2010 ACM workshop on Cloud computing security workshop* (pp. 65-76). 10.1145/1866835.1866849

Liu, J., Xiao, Y., Ghaboosi, K., Deng, H., & Zhang, J. (2009, December). Botnet: Classification, attacks, detection, tracing, and preventive measures. *EURASIP Journal on Wireless Communications and Networking*, *2009*(1), 1184–1187. doi:10.1155/2009/692654

Long, N., & Thomas, R. (2001). Trends in denial of service attack technology. *CERT Coordination Center*. Retrieved from https://resources.sei.cmu.edu/library/asset-view.cfm?assetid=52490

Marin, G. A. (2005). Network security basics. *IEEE Security and Privacy*, *3*(6), 68–72. doi:10.1109/MSP.2005.153

Matallah, H., Belalem, G., & Bouamrane, K. (2017). Towards a New Model of Storage and Access to Data in Big Data and Cloud Computing. *International Journal of Ambient Computing and Intelligence*, *8*(4), 31–44. doi:10.4018/IJACI.2017100103

Mathews, M. L., Joshi, A., & Finin, T. (2016, February). Detecting botnets using a collaborative situational-aware idps. In *Proceedings of the Second International Conference on Information Systems Security and Privacy* (Vol. 1, pp. 290-298). 10.5220/0005684902900298

Mirkovic, J., & Reiher, P. (2004). A taxonomy of DDoS attack and DDoS defense mechanisms. *Computer Communication Review*, *34*(2), 39–53. doi:10.1145/997150.997156

Mukherjee, A., Dey, N., Kausar, N., Ashour, A. S., Taiar, R., & Hassanien, A. E. (2016). A disaster management specific mobility model for flying ad-hoc network. *International Journal of Rough Sets and Data Analysis*, *3*(3), 72–103. doi:10.4018/IJRSDA.2016070106

Ollmann, G. (2009). Botnet communication topologies. *Retrieved from* http://www.technicalinfo.net/papers/PDF/WP_Botnet_Communications_Primer_(2009-06-04).pdf

Osanaiye, O., Choo, K. K. R., & Dlodlo, M. (2016). Distributed denial of service (DDoS) resilience in cloud: Review and conceptual cloud DDoS mitigation framework. *Journal of Network and Computer Applications*, *67*, 147–165. doi:10.1016/j.jnca.2016.01.001

Park, K., & Lee, H. (2001, August). On the effectiveness of route-based packet filtering for distributed DoS attack prevention in power-law internets. *Computer Communication Review*, *31*(4), 15–26. doi:10.1145/964723.383061

Pérez, M. G., Celdrán, A. H., Ippoliti, F., Giardina, P. G., Bernini, G., Alaez, R. M., ... Carrozzo, G. (2017). Dynamic Reconfiguration in 5G Mobile Networks to Proactively Detect and Mitigate Botnets. *IEEE Internet Computing, 21*(5), 28–36. doi:10.1109/MIC.2017.3481345

Poturalski, M., Flury, M., Papadimitratos, P., Hubaux, J. P., & Le Boudec, J. Y. (2010, September). The cicada attack: degradation and denial of service in IR ranging. In *Proceedings of the IEEE International Conference on Ultra-Wideband* (Vol. 2). 10.1109/ICUWB.2010.5616900

Provos, N., & Holz, T. (2007). *Virtual honeypots: from botnet tracking to intrusion detection*. Pearson Education database.

Saha, S., Nandi, S., Verma, R., Sengupta, S., Singh, K., Sinha, V., & Das, S. K. (2016). Design of efficient lightweight strategies to combat DoS attack in delay tolerant network routing. *Wireless Networks*.

Senie, D., & Ferguson, P. (1998). Network ingress filtering: Defeating denial of service attacks which employ IP source address spoofing. *Network. Retrieved from* https://buildbot.tools.ietf.org/html/rfc2267

Shrivastava, G., Sharma, K., & Rai, S. (2010, December). The Detection & Defense of DoS & DDoS Attack: A Technical Overview. In *Proceeding of ICC* (Vol. 27, p. 28).

Somani, G., Gaur, M. S., Sanghi, D., Conti, M., & Buyya, R. (2017). Service resizing for quick DDoS mitigation in cloud computing environment. *Annales des Télécommunications, 72*(5-6), 237–252. doi:10.100712243-016-0552-5

Tayal, D. K., & Yadav, S. K. (2016). Fast retrieval approach of sentimental analysis with implementation of bloom filter on Hadoop. In *Proceedings of the 2016 International Conference on Computational Techniques in Information and Communication Technologies (ICCTICT)* (pp. 14-18). IEEE. 10.1109/ICCTICT.2016.7514544

Tayal, D. K., & Yadav, S. K. (2017). Sentiment analysis on social campaign "Swachh Bharat Abhiyan" using unigram method. *AI & Society, 32*(4), 633–645. doi:10.100700146-016-0672-5

Ullah, I., Khan, N., & Aboalsamh, H. A. (2013, April). Survey on botnet: Its architecture, detection, prevention and mitigation. In *Proceedings of the 10th IEEE International Conference on Networking, Sensing and Control (ICNSC)* (pp. 660-665). 10.1109/ICNSC.2013.6548817

Walters, R. (2014). Cyber attacks on US companies in 2014. *Heritage Foundation Issue Brief, 4289*.

Weiler, N. (2002). Honeypots for distributed denial-of-service attacks. In *Proceedings of the Eleventh IEEE International Workshops on Enabling Technologies: Infrastructure for Collaborative Enterprises* (pp. 109-114).

Yadav, P., Sharma, S., Tiwari, P., Dey, N., Ashour, A. S., & Nguyen, G. N. (2018). A Modified Hybrid Structure for Next Generation Super High Speed Communication Using TDLTE and Wi-Max. In *Internet of Things and Big Data Analytics Toward Next-Generation Intelligence* (pp. 525-549). doi:10.1007/978-3-319-60435-0_21

Yamin, M., & Sen, A. A. A. (2018). Improving Privacy and Security of User Data in Location Based Services. *International Journal of Ambient Computing and Intelligence, 9*(1), 19–42. doi:10.4018/IJACI.2018010102

Yu, F., Xie, Y., & Ke, Q. (2010, February). Sbotminer: large scale search bot detection. In *Proceedings of the third ACM international conference on Web search and data mining* (pp. 421-430). 10.1145/1718487.1718540

Zhang, H., Cheng, P., Shi, L., & Chen, J. (2016). Optimal DoS attack scheduling in wireless networked control system. *IEEE Transactions on Control Systems Technology, 24*(3), 843–852. doi:10.1109/TCST.2015.2462741

注释：

1. See http://www.crime-research.org/news/11.06.2004/423/
2. See https://www.us-cert.gov/ncas/tips/ST04-015
3. MyDoom is a type of a computer worm, which affects MS Windows.
4. Low Orbit Ion Cannon is a torture testing and DoS attack application developed by Praetox Technologies
5. Stacheldraht is a malware acting as a DoS attack agent.
6. See http://www.thewhir.com/web-hosting-news/cloud-and-application-layer-increasingly-popularattack-targets-report
7. Bitcoin is a cryptocurrency that is accepted and used globally. The transactions are decentralized.
8. See https://securelist.com/ddos-attacks-in-q4-2016/77412/
9. See http://www.csoonline.in/analysis/ddos-attacks-q4-2016

第二部分
网络犯罪与网络取证

第九章
印度网络安全与网络取证

卡维塔·夏尔玛　印度库鲁克谢特拉国立技术学院
古尔善·施瑞瓦斯塔瓦　印度巴特那国立理工学院
曼珠·哈里　印度安贝德卡尔高等通信技术研究院
赛埃达·埃尔法纳·佐霍拉　沙特阿拉伯泰夫大学

摘要

本章介绍了网络取证,也被称为计算机取证,是数字取证科学的一个分支。涉及计算机和数字存储介质中的证据检查。网络取证的目的是对数字媒体进行识别、保存、恢复、分析、提出事实和意见等,从而进行有法可依的调查,并关注数字信息。尽管计算机取证通常与基于网络的犯罪分析有关,但它也可能用于民事诉讼。网络取证分析组成的证据通常要经过类似程序,并作为补充数据证据来使用。随着计算机取证技术的进步,人们希望网络取证保护用户并保持以公民为中心。本章表明,需要进一步研究来了解网络取证研究对改进网络犯罪侦查的影响。

引言

网络取证也被称为计算机取证,是数字测量科学的一个分支,它与个人电脑(PC)和计算机化存储媒体中发现的确认相一致。网络取证的目标是以取证方式仔细检查计算机介质,重点是识别、保护、恢复、调查和显示实时数据和推测未知数据(Shrivastava,2017)。

PC 法律科学尽管在很大程度上与审查各种基于网络不法行为有关,PC 法律科学也是取证普通程序的一部分被使用。该部分包括比较程序、数据恢复标准、例外规则和惯例,旨在进行法律审查跟踪。

从数字犯罪现场勘查检查中收集的证据,通常受制于来自其他计算机证据无法区分的规则和惯例。它已被作为各种突出案件程序的一部分加以利用,并且在美国内部乃至欧洲法院框架内都得到了认可(Guo et al.,2010)。

科学策略和主要信息被用来阐明数字时代发展的现状,例如 PC 框架、存储介质(如硬盘或光盘)、电子文档(例如电子邮件消息或 JPEG 图片)(Gupta et al.,2011)。科学调查的范围从简单的数据恢复到重现一系列事件,并逐渐被用来侦查各种不法行为,包括儿童色情娱乐、欺诈、间谍、网络跟踪、谋杀和袭击等。这种方法同样被用作数据收集类型(例如,电子披露)通用程序的一部分(Shrivastava & Gupta,2014)。

在法庭上,PC 犯罪的确认受制于数字证明标准。这就要求数据必须是真实的、可靠的和可接受的。不同国家对于计算机证明制定了特殊的、多样的规则与惯例。在英国,分析人员通常以首席警官协会的标准为指导原则,协助警方取证以保证证据的可采性与真实性。这些规则经过深思熟虑,在英国法庭上得到广泛承认。

像铁路这样的国家驱动型行政机关,是那些从行政委托人而不是立法机关的角度勾勒出来的行政机关。这些行政机关基本上是为了记录国民(即铁路)的优势,使"国家驱动"的名称合法化。这样的行政机关可以由国家的不同政府部门来组建,也由政府进行拨款。这些管理部门,例如铁路、航空管理、储蓄资金等,都是以合理的、较低的价格向全国一般社会公众开放,目的是使所有阶层的个人都能根据自身需求和条件来使用。

中央和州政府都为信息和通信技术(ICT)做出了巨大贡献,以改善其工作。因此,如果行政部门需要获得其过去对电子政务领域兴趣的回报,则以居民驱动的方式处理利益转移是基本操作。同样,这将有助于行政部门简化其未来的投机行为,以获得最大程度的回报。以居民驱动为模式的管理,主要针对的是居民。因此,无论是项目还是组织管理工作,都交由居民自己进行管理。以主体为导向的管理模式使行政部门能够时刻注意行政的性质,并在需要时对其进行加强,从而提高国家的履职能力。

虽然行政机关是最基本的管理机构设置,其作用却非常重要。互联网信息交换过程中不断出现的风险正在变为现实。美国人事管理办公室(Office of Personal Management)发生的 2 150 万人参与交易个人信息泄露事件,被认为是居民 PII(个人身份数据)信息遭受破坏最为严重的事件之一。此外,在计划设立国家行政机关时,提高数字安全管理至关重要。

生活在数字时代的公民越来越希望提高政府决策、服务和数据的透明度。此外,这些预期也在不断上升。为了灌输对服务的信心,建立信任,提供可访问性,缩小数字鸿沟,拓宽跨社会阶层(Baggili & Breitor, 2015),安全和隐私应该是设计和实施电子政务战略的关键考虑因素。

建设以公民为中心的现代创新服务,需要利用新时代的数字技术。技术在以下方面发挥着重要作用:
- 随时随地获取服务
- 跨多系统的互操作性

数字技术不仅是提高人们在一般领域熟练程度的重要推动力,而且还能加强战略的充分性,并能建立一个更加开放、直接、创新、参与和可靠的政府(Peltier, 2016)。

网络取证:时代的要求

随着现代技术的进步,对计算机服务的威胁和脆弱性随之增加。随着向公民提供服务利益的增加,维护这些服务已成为一项巨大的任务。这些服务中一些包含了国家各领域、资源等方面的机密或隐私信息,这些信息可能给敌对国和恐怖分子带来巨大的利益,需要特别的安全技术来保护这些信息。因此,信息安全和网络取证携手是为了解决网络犯罪问题,确保未来此类犯罪不再发生。

网络取证的适用性

网络取证是将计算机化信息合理纳入刑事审查的示范。在当今时代,信息安全与网络取证并驾齐驱,确保信息安全并降低网络犯罪率。

世界范围内发生任何类型的网络犯罪都涉及网络取证。随着技术的进步,解决网络犯罪变得更加容易和快捷,因此节省了大量的精力和时间。网络取证在刑法领域广为人知。然而,它在私人和企业调查中也有很多应用。在犯罪领域之外,网络取证通常可被用来确保未经授权的网络入侵或识别网络攻击或黑客。每当发生此类攻击时,各种取证工具(Hui et al., 2007)都可以用来查找攻击的证据,这可能有助于抓住攻击者。网络空间中最可能发生的攻击是由网络恐怖分子和黑客活动引发的。因此,需要高度先进的取证设备来寻找攻击的证据和痕迹,这也需要高度先进和熟练的专业人员,因为他们对信息安全和网络取证有非常好的了解(Abdullah et al., 2008)。数字犯罪学的核心是恢复对犯罪行为的确认。

数字犯罪学的重点是恢复对犯罪行为的确认。法律术语表述为"合法言论中的犯罪行为"。计算机信息内部工具的分组已有助于对不同领域诉求进行分类。网络取证科学对因各种事由而被授权的合法组织进行了标记,包括个人电脑使用者及犯罪分子使用最快的网络会话,这种方式可能会沿用至将来一段时间。网络犯罪和职业违法行为尤其有利可图,因为它们在很大程度上是以一种和平的方式实现的不法行为,获利颇丰(当前的一份报告表明,美国的网络犯罪比非法药物交换产生的报酬更高),这通常降低了被抓捕的危险,如果被抓获并起诉,通常会判处较短的刑期。法官和陪审团似乎对网络犯罪分子有一种"感伤"的观点,认为他们是精明的和被误导的人,而不是网络暴徒(Britz, 2009)。

个人电脑适用于对各种犯罪和其他非法活动进行确认。众所周知,实施故意不法行为的违法者并不是唯一在个人电脑上存储数据的人。许多实施杀人、绑架、强奸、胁迫、药物滥用、汽车抢劫、卧底工作和心理战、武器贩卖、盗窃、赌博、金融违法、特殊娱乐和犯罪黑客(例如,网络毁容和盗窃个人电脑文档等)的罪犯,还会在其个人电脑上保存相关证据。个人电脑上的这些数据对区分嫌疑人至关重要。因此,最好的网络安全组织总是不断保持并更新其犯罪数据库,以便他们可以通过唯一特征匹配或人脑识别或其他对比方法来识别犯罪分子。

例如,想想1998年发生在佛蒙特州偏僻小镇费尔黑文管状炸弹袭击事件。当时,一个名叫克里斯·马奎斯的17岁孩子在互联网上出售CB收音机。问题是他根本没有收音机可以提供,并欺骗买家。他的受害者之一是来自印第安纳州皮尔西顿的35岁男子克里斯·迪恩,他被骗了几百美元。在知道被骗之后,迪恩努力地联系马奎斯,并向其发送了一些令人沮丧的信息;尽管如此,也未能改变被骗的结果,因为迪恩无法与马奎斯取得联系。3月19日,一枚装有UPS装置的管式炸弹在马奎斯家附近被引爆;炸死了马奎斯并使他的母亲受重伤。通过对罪案现场勘查发现了一些包裹和运输UPSD的标志,这促使联邦调查局和附近的专家找到了迪恩。警方在马奎斯的电脑上找到了来自迪恩的有害信息,同时,专家们也在迪恩的电脑中找到了这些信息,尽管这个包裹的邮件名是电子版的,但里面携带管状炸弹。这些数据是在起诉迪恩时输入电脑的,迪恩目前在监狱服刑,刑期为20年至无期徒刑。

网络取证面临的挑战

网络取证最终有助于行政机关确认并论证不法行为。网络取证一个明确的观点是向法院证明提供的确认书是从授权不当行为地收集证据。然而，在这方面总有一些挑战构成障碍。也可能存在多种因素限制了网络犯罪调查的过程。网络取证调查面临的不同挑战有：

- **Windows 操作系统的"障碍"因素**：虽然其他操作系统如 Linux 和 MAC OS 被广泛使用，但大多数基于取证的工具和培训在 Windows 平台上运行良好。因此，基于取证工具的这一特点，专业人士习惯于在 Windows 平台上工作并且非常依赖它，因此他们无法以同等效率调查"实时非 Windows"系统。网络基础设施设备常常被忽视。

- **取证培训与教育**：培训主要基于认证，而不是正确理解概念，并学习使用广泛工具解决现实问题。重点始终是在规定的时间内完成课程结构，这意味着在没有正确解释为什么要教授该特定工具以及它应该如何帮助法医调查的逻辑和概念的情况下教授所有内容。此外，特别是在印度的教育系统中，一个主要的缺点是对实际教育关注较少，对理论知识关注较多，因此基础知识在更广泛的技能领域中不足，例如操作系统(Unix/Linux、Mac OS、大型机、Windows)、网络、软件开发(脚本)、系统管理、系统/网络安全、系统利用和对策、事件响应、入侵检测、日志分析和逆向工程。

- **新兴技术**：当前出现了很多新兴技术，如云计算、虚拟化技术、新兴设备等，这些技术让生活更轻松，但问题是现有工具和专业人员是否能跟上这些新兴技术的步伐(Saxena et al., 2012)。云计算在取证方面面临的一些挑战可能如下：
  - 由于存储容量有限(Bhopal 和 MP)，日志记录可能会最小化。
  - 数据有可能分布在一组不断变化的主机和数据中心。
  - 有时，存储在 RAM 中的数据不再能够被云访问。
  - 一系列监管问题可能会突然出现。
  - 由于隐私问题，其他国家/地区的法律可能会阻止或限制对存储数据的检索。

市场上一些最新的新兴设备可能是苹果 iPad、亚马孙 Kindle、惠普 Slate 等。黑客和攻击者对使用这些设备作为攻击源或目标更感兴趣，因为一旦这些设备进入市场，他们就更容易找到这些设备中的漏洞。在这些设备中发现的一些问题如下：

- 从这些设备中安全删除数据可能存在问题。
- 现有的取证工具仅涵盖流通中的一小部分移动和便携式设备。
- 使用中的取证工具可能与这些设备中使用的 Android 和 iOS 平台不兼容，因此可能是缺陷的来源。

○ **新兴的网络威胁**：网络威胁正在日益演变和加剧。这些威胁的唯一目标是创建后门并窃取目标数据和其他机密信息。虽然，已知威胁可以很容易地检测和缓解新出现的威胁，但数据库中没有存储新出现的威胁信息却不容易处理。这在很大程度上还取决于安全专家，以及他们在处理突发事件时的装备和技能。

○ **实时易失数据**：取证文件和数据始终处于易失状态，这意味着当计算设备的电源关闭时就会丢失。收集易失性数据的一些原因如下：

- 它有助于确定在系统断电时可能会丢失的犯罪活动信息。
- 它可能包含用于加密的密码。
- 有时，它还显示出反取证用途的迹象。
- 它可以帮助避免积压案件——执行实时数据收集有助于避免等待数月的全面调查。

虽然收集易失性数据有很多重要原因，但也有不少缺点，其中有一些是：

- 很难确保收集信息的完整性（使用 Hash）。
- 总是缺乏事件响应能力或取证准备计划。
- 未经测试或缺乏既定的流程和程序可能会阻碍调查进程。
- 恶意软件、rootkit 或诱杀装置可能会改变收集信息的结果。这也可能损害收集到的证据的真实性和完整性，最终可能导致错误的结果。
- 命令时间戳——有助于回答哪些命令被运行，在什么时间，以什么输出等问题。
- 不做冗长的注释。

○ **恶意软件分析**：必须很好地"驯服"恶意软件。如果正在调查某些恶意软件，它们可能会表现出不同的行为。自定义包和加密调查具有挑战性，VM 环境可能并不总是研究它们的最佳环境，因为恶意软件能够从虚拟机"跳出"到主机操作系统。因此，可能需要一个完整的模拟网络，必须清洁研究"实验室"系统，以便进行下一次分析（Shrivastava et al., 2016）。

公民中心的服务风险

以公民为中心的服务是那些从服务使用者而不是政府角度设计的服务类型。这类服务的设计主要是考虑到该国公民的利益,佐证了"以公民为中心"这一名称的合理性。这类服务由国家的各种政府组织提供、由政府资助的。这类服务如铁路服务、航空服务、银行服务等都是以可负担的低廉价格提供给该国公众,使所有阶层的人都能根据自己的需要和条件使用这些服务。

公民服务的技术和类型

建设以公民为中心的现代创新服务需要利用新时代的数字技术。技术在以下方面发挥着重要作用:
- 随时随地访问服务。
- 跨多个系统的互操作性。

它不仅是提高普通人群熟练程度的关键驱动力,而且能增强战略的可行性,使政府变得更加开放、直接、创新、参与和可靠。

在印度,国家电子政务计划由 31 个任务模式企业组成,这些企业还被授予一个州的重点和协调活动。通过创新,不同的地方政府机构,如确认出生和死亡、发布声明、收取水费、签发关税、财产评估、贸易许可证等机构,以及专注于电子行政部分的企业,如管理账户、到达记录或营业费等的企业,正由不同的中央和国家政府部门加以数字化。下文描述了中央、州、综合的不同任务模式项目领域。

中央政府提供的一些不同类型以公民为中心的服务如下:
- 银行业;
- 所得税;
- 人寿保险计划;
- 退休公务员养老金计划;
- 唯一身份证号码(UID),即 Adhaar 卡设施;
- 护照和 VISA 服务。

各州政府提供的一些基于公民的服务有:
- 各市不同地区的市政服务;
- 教育卫生设施;
- 州际交通道路运输设施;

- e-Panchayats；
- 农民农业设施；
- 公共分配方案；
- 就业交流。

主要问题

互联网正在被控制，对网络威胁的数量、速度、种类和多方面性质正在不断扩大。关键的基础设施和机密数据更容易受到恶意攻击。对于政府而言，网络防御与网络机会始终是一场博弈，需要平衡这一博弈是从技术中获益并确保公民和国家利益为主。国际期刊中提到的以公民为中心的服务必须考虑的几个网络安全要素是：

- 对信息系统的依赖；
- 增加远程访问的使用；
- 控制信息向未经授权的主体或个人传播或泄漏的挑战；
- 有关信息安全的法律；
- 国家安全，应当是高度优先的；
- 安全漏洞的后果可能是有害的，并可能产生不利影响。

与技术相关的典型电子政务系统问题是：
- 病毒攻击；
- 外部和内部攻击；
- 用户欺诈；
- 虚假身份/假冒；
- 未经授权的披露；
- 虚假信息和宣传；
- 无法恢复业务信息；
- 货币价值丢失或被盗。

最新的发展趋势

数字政府成熟度模型描绘了电子治理向智能治理的转变，每个阶段都有技术发挥作用。"公民时刻"（civic moment）的概念是一个在人、企业和政府的网络中引发一系列级联行动和数据交换的事件，它将通过移动、信息（数据分析、云和社交技术)的协同价值以及物联网的辅助具有实现的可能。

可能会有许多现在并不存在的增值服务是围绕着公民时刻而建立起来的,并将随着税务机构实时了解纳税人情况的税务建议等数据使用成为可能,从使用环境监测数据的预防性医疗保健到来自各种政府和非政府来源数据对紧急情况进行更平稳、快速的管理。

网络安全中的网络取证需求

网络取证是对从事刑事或普通审查的个人电脑和系统上发现的数据进行保护、检查和详细说明,尽管类似的程序和技术同样可以应用到公司和其他"私人"检查。关于个人在个人电脑或系统上所做的一切,从删除的记录和注册表部分到互联网历史保留和程序化的 Word 增强文档,都会出现。这些不法行为或非法演示的暗示可能会对攻击者产生负面影响,除非被精准地驱逐,而不会破坏框架的正常运行。电子邮件标题和短信日志揭示了有关数据通过的中间服务器数据。服务器日志提供了这些个人电脑框架中的每个数据,这些框架已写入了全部 Web 网页。

个人电脑适用于对各种犯罪和其他非法活动进行确认。众所周知,实施故意不法行为的违法者并不是唯一在个人电脑上存储数据的人。许多实施杀人、绑架、强奸、胁迫、药物滥用、汽车抢劫、卧底工作和心理战、武器贩卖、盗窃、赌博、金融违法、特殊娱乐和犯罪黑客(例如,网络毁容和盗窃个人电脑文档等)的罪犯,还会在其个人电脑上保存相关证据。个人电脑上的这些数据对区分嫌疑人至关重要。因此,最好的网络安全组织总是不断保持并更新其犯罪数据库,以便他们可以通过唯一特征匹配或人脑识别或其他对比方法来识别犯罪分子。

对所有熟悉科学勘查程序的法律专家而言,掌握个人电脑进行犯罪现场勘查初步分级是基础。代理人需要知道个人电脑上的数据何时可能与不法行为有关联,如何撰写合适的搜查令以扣押和搜查电脑(这可能是不法行为的一部分),以及如何从此类框架中积累和寻求数字确认。检察官和法官需要理解部分优先证据,并应有能力在适当的情况下,在整个案件中描述其部分特征。在大都市,高智商犯罪团伙不断出现,成为危害城市安全的一大痼疾。而且,这些犯罪团伙对城市的危害远远超过农村地区。当今,个人电脑和电子设备的使用无处不在,数字犯罪无疑会发生。因此,所有的检查人员,无论他是否属于国家网络犯罪监督部门,都应当对个人电脑及其操作有基本的理解和学习,以便在任何犯罪发生时，做出合法行动并采取恰当措施。事实上，即使没有参与侦破个人电脑犯罪案件的执法人员，当他发现计算机犯罪或抓获犯罪现场时，他也会意识到应当采取何种行动。

网络犯罪现场勘查和计算机检查已成为网络安全的关键，也是警察工作的前沿。目前，个人电脑就如同棍棒、配枪、无线电和捆绳一样，日渐成为执法官员必不可少的装备。因此，我们可以说，网络取证和网络安全相辅相成、互为补充。

网络安全的现实困境

互联网涉及 IT 系统、个人电脑资产以及与全球互联网相关的所有固定电话和手机。一个国家的互联网是全球互联网的一部分。由于互联网无国界，因此无法摆脱它的局限性。这就是互联网与众不同的地方。与受空间地质（海洋、航道水域和空气）限制的物理世界不同，互联网可以并且正在继续发展。扩大的互联网入口正在推动互联网发展，因为其规模与通过互联网进行的练习有关。

各国正在大力投入其 ICT 框架，以期提供更高的传输速度、协调国民经济与全球商业中心，并赋予主体或"网民"权力，使其能够接触到越来越多的电子政务。

鉴于安全问题，人们对网络基础设施安全的重视程度和兴趣有所增强。中心互联网协议是不可靠的，大量手机不断建立在同样不稳定的框架上。这标志着网络的使用范围扩大到更没有防御能力的互联网。

确保网络基础框架运行已上升为一个值得注意的测试。这是因为，数以万亿计的美元通过此系统持续流动，包括流通范围、网络商务、电子行政、旅行、交友、医疗服务及广泛的交流。电力输送、水循环以及其他一些公用事业管理都依赖于 ICT 框架。甚至一些屏障部分设置也都强烈依赖于这种电子框架。

一些安全研究指出了这种需求。他们发现官员们在安全战略和事件、创新安排、信息泄露、与金钱有关的不幸以及代表们需要的准备等方面缺乏足够的信息。

由于互联网通常是新信息的载体，因此"注意原则"的合法性并不存在。政府是否有理由提供推动力来创建集中性活动？例如，他们可以减少义务或责任激励，作为一种交换来增强网络安全，采取新的管理模式和持续性机制等。政府需要推动行业将资源投入到安全水平上，使其不受企业市场化战略支持。

网络安全进退两难的境况

当一个国家试图通过提高敌对或保护性网络战能力来提高其先进框架的安全性时,就会出现"网络安全局势",从而削弱了其他国家的网络安全。由于网络战的新颖性,网络安全难题可能比普通安全形势更难破解。

来自网络安全的多种观点表明,网络安全是网络入侵者和网络保护者之间的武器竞赛。ICT框架非常令人难以置信的是,攻击者常常聚焦于框架的缺陷。保护者可以确保重点薄弱环节的安全。然而,经由内部人员带有目的性的三次测试活动而进入框架内部安全问题值得特别注意。存储网络危险,可以允许在程序设定中包含恶意设备和编程,以及已经模糊不清或没有设置特征的危险。尽管知道已存在的危险,但由于操作要求或预算等原因,在许多情况下这些危险程序可能无法运行。

网络安全专业人员可以清除和减轻已知的威胁。然而,发现未知的威胁变得非常困难。随着新的威胁每天都会出现,专业人员需要更新技能和知识水平来应对这些威胁。

美国全球法律和关系研究学者John Herz以刻画"安全困境"这一表述而著称。这一困境表明,坚固的国家和脆弱的国家两者如何影响全球资源分配,这也解释了战争发生的本质。鉴于国家间能源收集的脆弱性和对其他国家目标的恐惧,安全困境可能会因此而上升。在"911"之前,美国通常努力通过聚集更多的"权力"来应对世界范围内的混乱。自2007年以来,美国一直在破译和收集互联网上的有关信息。

美国的网络安全问题最近由美国的爱德华·斯诺登(Edward Snowden)加以揭秘,并且他还揭秘了美国国家安全局的棱镜计划。毫无疑问,美国一直在暗中调查全球电子活动,在此期间,特别关注脸书(Facebook)、Skype、谷歌、YouTube等公司的发展动态。这产生了大量元数据(关于信息的信息)。这些元数据表明在何时、由何人安排如何收集特定信息,以及如何更改这些信息。例如,法律顾问和作家通过谁(电话/采访)和哪些人有过接触,谈话内容以及地点等等,都可以通过此类信息得到证实。

总而言之,美国一直在对世界上仅存的一切事务进行干涉。不出所料,美国专家对偷渡到香港的斯诺登非常震惊,甚至指控他背信弃义。斯诺登的揭秘引发了安全与保护之间的激烈论辩。

在21世纪,随着个人电脑和网络客户数量的大幅增长,网络状况实际上已成为一个国家"存在"的必要条件。多年来,信息和通信技术(ICT)已成为从金融、政治和社会到壁垒等领域的特有技术。与之相反,各种非法的、未经批准的、反对国家的、心理上的激进和犯罪活动也变得异常猖獗。然而,尽管听起来可能令人震惊,仅次于印度的第三个最受欢迎国家并不存在于任何陆地范围,而是一个叫作Facebook的"虚拟国家"。

当前数字创新理念的最终目标是,数字世界中发生的任何行动都会留下一条"轨迹"。显然,任何实际上无与伦比的国家,甚至是拥有先决融资条件的个人,都会努力推动这项创新,使其对自身有利。

任何数字化设计都可以看成是一把双刃剑——要么忽视它并被发现,要么进一步利用它来增加好运。数字化监控将不会改变。如今,美国直截了当地表示,这是其在"处理"ICT业务方面的创新及能力的直接结果,并且很少有基于恐惧压迫的示威活动真正发生。更重要的是,这些收集到的信息也将在不同领域发挥作用。

关键是要认识到,数字化声名鹊起为客户提供了许多不平衡的优势。未来,不仅是美国,还有许多不同的国家也有可能利用这一神秘技术。相当多的国家将会进行研究并运用这一技术。任何有洞察力的组织都可能放弃这样一个充满利益的技术,这真是令人惧怕。

攻防平衡

在许多课程中,网络战与积极和常规的战斗并不相同。这些属性往往有助于进攻。一方面,数字袭击可以立即执行。常规战中,便携式设备有利于进攻。这是因为大多数情况下人们更关注装备而很少有机会实现完美防御。多样性识别由两个独特的因素确定,这两个因素在"动态战斗"中起着至关重要的作用。正如Jervis所言,"任何进攻范围的扩大都需要入侵者穿过地面……建立有利位置寻求保护。"而在机动作战中,一些人可能会作为攻击的边界。

地形图的缺失同样有助于对先前未认知系统风险进行强有力的攻击。正如Jervis所指出的,"依赖于武器和战略这种惊人的生存力往往来源于敌对状态"。因此,网络攻击的速度应当使网络安全防御变得成为可能,而且,令人难以置信地有利于攻击。

网络战部门的费用较低,风险投资收益显著。正如美国飞行特种兵研究实验室的一份报告所指出的,"任何拥有个人电脑和互联网连接的人都可以发动攻击……"美国武装部队的一项调查表明,对美国而言,网络战与购买坦克、战机和招募大量士兵相比较,是"一种最为经济的方法",而且能带来同等效果。与此相关,事实的真相是,网络攻击是寻求避免战争的必要手段。将屏幕前意志坚定的人与网络战联系在一起。

这种潜在网络攻击的滥用,主因在于网络攻击针对的是像美国这类主要机械化国家的扩张。在同一时期,如果一个脆弱的国家没有同样发达的经济或资金,那么,进行反击的可能性不大。因此,当一个较弱或"有线"较少的国家与一个更有基础、更工业化的国家进行正面对抗时,网络保护方法可能并不重要。

与不同类型的战斗一样,网络攻击也是国家压制敌人的手段。无论如何,不像其他军事设施那样,网络攻击不需要更多的人力花费网络攻击倾向于通过不夺取生命来影响通信和经济来扼杀敌人。某些国家不愿通过野蛮手段来预演其政治封锁。同样,国家也在努力限制自己在战争中的特殊影响。网络战为双方提供了在没有死亡人数的情况下施压和提升他人安全的方法。由此可见,它并不仅仅是对不同战斗方法的对比选择,而且还可能让表达者有理由将其纳入他们通常不会面对的争论中。按照这种思路,网络战可能会引起通常冲突的反复。

攻防分化

在网络战中,进攻方可能占据优势,如果国家能够将防范和敌对的数字方法、项目和武器加以分离,参与网络战也是可以想象的。这实际上与影响许多军备控制的确认有关。不太可能的是,这种观点同样缺乏根据。与此相关的抗议是虚拟世界中存在着实现网络战斗所需的装置。作为其中一部分使用的主要可识别的物理设备是个人电脑。网络防御和网络攻击都是在非威胁阶段进行的。

世界上许多军队已经聚集了网络战项目和单位,一次网络攻击可以毫不费力地从私人场所或家中完成。在防护和敌对网络武器之间进行分类的最佳测试是区分武器。显然,这个问题并不是网络战的一种。各国也可能认为很难区分敌人的原子弹是预期制造爆炸还是控制城市社区。

敏锐的观察员可以发现一个工厂是制造原子能还是制造原子弹。个人电脑更具有典型性,使用也更具有唯一性。无论网络武器是否可能被识别出来,都很难将守卫能力和敌对能力加以区分。许多旨在组织网络战的军事组织既有保护能力,也有敌对能力,这两种能力都是由类似的机器和系统执行的。

防护和敌对模式之间的界限并不清晰时，正如一名记者所言，"测试和渗透敌人 PC 系统或攻击能力之间的对比可以归结为两次或三次击键……"在同样的情况下，区分一种武器的毁灭性标识并不可行，直到它被使用后才能知道。作为网络安全大师，Paul Kurtz 认为："你可以拥有一点代码，它可以造成相当大的危害，也可以只造成一点点危害，具体取决于你如何使用它。"

网络战最有价值的武器是执行它的"网络战士"。尽管如此，识别一个网络战士可能是极其困难的。许多军队已经"正式分配"了网络作战单元，但网络警卫和网络攻击的义务可以毫不费力地通过各种安全和洞察组织，甚至在私人部门传播。尽管网络战士引人注目，但要区分他们谨慎和敌对的能力与目标几乎是不切实际的。这是因为网络战士进行安全攻击的工具和学习都相类似，类似于断开识别项目和防火墙，能够被用来避开类似的预防措施。通过这种方式，在特定领域的这种能力和敏锐性有助于对抗网络战士。

网络安全框架

网络安全框架的提出是为了在国家层面保障网络空间安全，特别是在以公民为中心的服务方面。这个提议性框架评述了将基线安全方法与支持当前需求的原则相结合，如简化信息安全及在公民服务中攻击驱动的防御方法。

该框架的关键性环节包括用户、资源、交易、区分、分析和联盟。用户包括全球不同类型的网络安全参与者或使用者。他们可能是黑客、政府组织、非政府组织、网络恐怖分子等。一些用户（如道德黑客或政府组织）利用网络安全来保护机密信息，即以积极的方式保护机密信息，而另一些用户（如网络恐怖分子、黑客等）则以消极的方式利用网络空间，以黑客攻击机密数据，利用这些数据可以策划针对某个国家的攻击或勒索某人等。政府组织收集和维护有关公民的各种数据资源。由于与隐私相关，在不同的政府组织之间共享个人身份信息并不是很好的做法。未整合的安全架构以及工具和流程的可辨别性差，为网络罪犯利用漏洞和安全漏洞提供了许多机会。网络犯罪分子一旦利用这些漏洞，就很容易完全控制系统并窃取私人信息或机密信息。在网络犯罪案件中，为了查明案件，需要进行适当的证据收集、证据记录和证据分析。有时的重要性在于政府机构之间应该通过共享重要事实和数据，形成打击网络恐怖主义的联盟。与各机构单独工作的情况相比，这肯定有助于采取有效措施并以更快的速度进行预防。

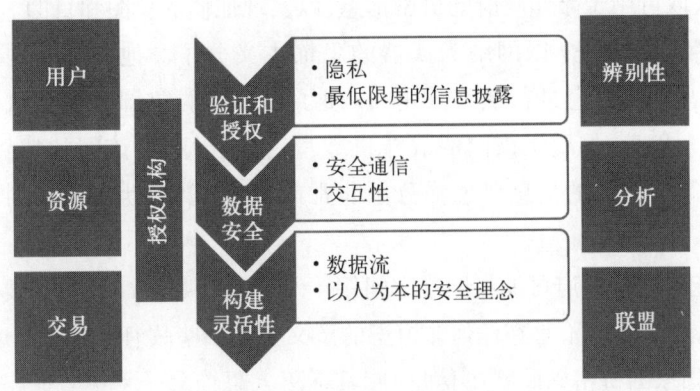

图 9-1 网络安全框架

身份验证和授权是网络安全的关键,可保护机密数据免遭未经授权而被使用。一个国家内的最高级别政府机构之间。总是使用安全的通信渠道进行信息交流,以防止其他机构窃听。该框架非常灵活,可以应用于大多数以公民为中心的服务中。

安全框架中的作用和应用程序

用户/参与者

为保障国家层面的网络空间安全(特别是以公民为中心的服务),需要对包括"敌人"行动在内的所有网络空间行动者的认知进行考量。

- **用户、操作员、管理员**:这些群体对网络安全没有负面影响。他们是以合乎道德的方式使用网络空间的行为者。
- **非敌对黑客**:一般来说,出于娱乐(例如解决赌注或争议)或炫耀为目的,他们无意中会对网络安全产生负面影响。他们并非故意提供任何伤害。这个群体主要以年轻人为主,他们将学习黑客作为一部分的爱好或激情。
- **敌对黑客**:他们的动机包括报复、嫉妒和私利。因此,这类黑客对网络安全产生了负面影响。在较小的范围内,他们可以造成很大程度的损害。例如,黑客攻击有影响力或知名人士或想要报复的人的银行账户,设置欺诈和伪造网站以入侵不同用户的登录名和密码,消耗网络带宽来创建不必要的网络流量,对目标系统造成拒绝服务攻击等(Shrivastava,2016)。
- **网络罪犯**:以网络为武器的罪犯。他们的主要目的是破坏国家政府的防御策略,获取可用于敲诈政府的机密信息,以实现他们的意图和目的。

- **网络恐怖分子**:以网络为武器的恐怖主义分子。他们利用网络空间对国家的机密军事信息进行黑客攻击,以便了解国家的防御战略和武器的高度机密及私人信息,如属于该国的战斗机数量、弹道导弹在该国的位置、陆军坦克的数量等。这类的信息对恐怖分子非常有用,可以帮助他们策划对该国的袭击。
- **政府**:某些政府可能将网络空间用于军事政治目的。某些主要将网络空间用于道德目的,而不是在任何非道德的意义上。某些政府机构雇佣道德黑客,以保护其国家的机密国防军事信息,使其不落入恐怖分子手中。铁路、航空业、电信业等不同的政府组织都部署了网络安全技术,以确保信息和数据的机密性,使其远离未经授权的用户。
- **非政府组织**:可能利用网络空间促进其政治议程,但对网络空间没有任何负面影响的团体。

资源

政府组织收集和维护有关公民的各种数据。由于隐私相关问题,无法在不同的政府组织之间交换可识别的个人信息。在纸质的官方流程中,安全要求一般是通过身份证、契约或证人等方式对公民进行身份识别来实现的。机密性一般由信封或机密记录提供。手写签名、表格、印章和公证人提供了完整性、数据来源认证和不可否认性。电子过程中的等价性通过加密、数字签名和 PKI 等技术而广为人知。

交换

了解参与者在网络安全中的作用至关重要。为此,必须了解电子政务计划不同阶段的信息。电子政务包含四个阶段,其中前三个电子政务阶段可以看作是公共部门从纸质任务和流程向数字化任务和流程转变的现代化过程。这些阶段的信息一般是从政府到公众的一个方向流动,而公民的反馈有限。电子政务倡议的第四个阶段是以开放政府为主,公民更多参与,从而形成变革型和参与型模式。这将包括 Web2.0 技术的运用,例如博客、维基 wiki、社交网络中心、通信模式、照片共享、视频广播、音频共享、虚拟世界等这些新兴的电子政务服务将成为越来越先进的交易类型,将共享个人数据实现政府部门之间的个性化与协作。

参与者身份智能和用户行为是确保网络安全的关键因素,无论是可信的内部人员、终端用户还是不法参与者。

鉴别

未整合的安全架构以及工具和流程的可识别性差,为网络犯罪分子利用漏洞和安全漏洞提供了许多机会。一旦被利用,这些网络犯罪分子就很容易完全控制系统并窃取隐私和机密信息。此外,他们能根据自己的判断来操纵整个系统。尽管网络犯罪分子能够破坏整个系统,但大多数情况下,所有这些活动都是在系统用户不知情的情况下发生的,用户觉得系统运行正常,因为正常操作没有受到干扰。诡计多端的网络犯罪分子越来越多地利用快速商业数字化和不断发展的IT基础设施,利用互联网支持的企业网络,将网络威胁放在企业和政府决策者的首位。因此,整合完整的架构并提高可见性确实很重要,以便漏洞和隐患得到很好的保护,不被黑客发现以至于其很难或根本不可能破坏整个系统。

正如人们所说,要想抓到一个犯罪分子,就必须像一个犯罪分子一样,以同样的方式去思考,去设计这样一个一体化、无风险的体系。必须像网络罪犯那样思考,而不是像安全设计者或安全测试人员那样思考,因为只有这样才能找出系统的实际漏洞和弱点。这将有助于正确覆盖所有漏洞,至少使已知的漏洞无法被利用。同时,对于安全设计人员来说,需要不断更新和教育自己了解网络世界中的最新威胁和漏洞,以便在对系统进行漏洞评估时有所帮助,从而形成一个无风险的系统。

分析

事件报告系统是以公民为中心服务运行的组成部分,因为如果一个事件未报道且案件未记录在案,则无法对其采取进一步行动。一旦报告了网络犯罪事件并采取了行动,那么可以预期所采取的行动可以有助于预防未来的犯罪事件,然而,报告隐私侵犯数量等原始数字并不一定能阻止未来事件的发生。一旦一个事件被报道,那么在对案件进行记录之后,就应该进行适当的研究,分析事件发生的原因以及未来可以采取什么样的行动过程来防止其发生,这是网络取证的主要程序之一。运营经理应了解将危险信号与运营中潜在变化联系起来的关系,以改进计划。与当今技术和系统相比,大多数政府机构使用的设备已开始过时,这使得它们容易受到世界上日益更新的威胁和漏洞的影响。威胁和漏洞的检测不应仅限于基于签名的实用程序,应该对事务和行为进行全面的模式分析,以发现零日威胁(Choras et al., 2015)。

联盟

语义互操作性是指网络实体与不同的代理系统、公民和技术进行交互的能力,以对共享信息有一致的理解,并能够解决实体概念化方面的差异。保护隐私的数据集成是一个问题。但是,需要集成才能拥有一个用于安全、身份和威胁情报的通用平台。控制网络之间的数据共享对于确定根本原因并根据情报采取预防/纠正措施至关重要。同样重要的是,有时,政府机构之间应通过共享重要事实和数据来形成打击网络恐怖主义联盟。与各机构单独工作的情况相比,这肯定有助于采取纠正措施并以更快的速度进行预防。

身份验证和授权

为了维护隐私和防止机密信息的泄露,首先需要做的是对试图访问特定信息的用户进行身份验证。为了对用户进行身份验证,需要用户提供登录名和密码,系统将其与已存储的登录名和密码数据库进行匹配。在匹配时,用户被认证。只有组织内的授权用户才有权访问信息并且仅在经过身份验证后才能访问。组织内不同人员根据其在组织内的等级享有不同的访问权限。与处于初级级别的员工相比,处于公司高级职位的员工可以访问所有类型的机密信息。

数据安全

自发现以来,网络安全的唯一目的就是保护任何组织的数据,使其不落入任何未经授权的一方,未经授权方可以利用这些数据为其谋取利益,对抗特定组织。除此之外,政府组织实施数据安全变得极其重要和必要,因为它包含高度机密的数据,可能被网络犯罪分子或恐怖分子用来策划针对国家的攻击,对人类生命和国家财产造成巨大损害。数据安全一个至关重要的方面是在双方之间建立安全通信,双方希望共享某种机密数据,使未经授权的第三方不能发觉通信通道。最好的方法是以只有相关双方才能理解的加密方式发送数据。

安全框架的优势

考虑到可能对大多数以公民为中心的服务构成挑战的安全风险,提出的数据安全框架是经过精心设计的并帮助政府机构保护其机密信息。它涵盖了以公民为中心服务的所有方面,如用户、资源、交易等。其中一个最重要的优点,最重要的优势之一是它展示了如何为公共服务的各个实体实现安全性,而不是将整个事物作为一个单一实体来涵盖安全性。

安全框架涵盖了不同的安全特性,例如隐私、信息的最小披露、安全通信、互操作性、数据流和以人为本的服务。一旦所有这些方面都得到了处理,那么开发的框架将足够安全,以保护数据不受入侵者的侵害。政府机构使用的计算机系统大多不是最新的,这使得它们在某些情况下已经过时,对恶意软件、病毒和蠕虫的防御能力也会减弱。这种类型的框架将有助于此类系统克服病毒和蠕虫的攻击。此外,防止此类攻击将有助于节省连接的带宽,否则,这些带宽会被蠕虫以及黑客和入侵者所消耗。

这种类型的框架不仅可供政府机构使用,也可供私人组织使用,以保护其私人网络和安全通信。

安全框架的缺点

该框架的一些缺点如下:

- **昂贵的设备**:为了实现上述提出的安全框架,需要先进的通信和黑客设备以及不会在任何时候中断的高速互联网连接。这类设备的安装和维护需要巨额的资金,可能会超出中小私营组织的承受范围。就政府机构而言,对此类金额的审批需要大量时间和漫长的程序。所有这些障碍和问题,都为黑客和入侵者在这些顶级组织没有防御障碍的情况下,在给定的时间内窃取信息铺平了道路。

- **配置困难**:设备安装和设置完成后,下一步将是配置整个系统,使其按照应有的方式完美运行。这需要专业知识和技能,为此需要专业人才。为了实现框架,这些配置是极其必要的。

- **定期更新**:为了维护系统并确保安全框架保护所需的机密信息,必须定期更新软件和正在使用的应用程序。此外,出于取证调查的目的,应根据需要及时更新工具,使其能够防止大部分漏洞和威胁渗入系统。一个重大问题是大多数政府官员不具备此类工作的专业知识。因此,应该为这项工作招聘和培养专门专家和独立的专业人员。

结语

上述工作中试图建立网络安全与以公民为中心的不同类型服务之间的联系。以公民为中心的服务对于一个国家运行至关重要,因为它们旨在造福于公民,为了维护此类服务,需要长期存储和维护一些重要数据。这类数据是机密的,需要加以保护。因此,网络安全和网络取证的干预是必要的。

本章简要概述了网络取证在不同生活领域的适用性及其面临的挑战。克服这些挑战是防止危险和聪明的犯罪分子实施网络犯罪必要而重要的任务。描述不同类型以公民为中心的服务以及它们面临的主要问题,包括最新趋势。

接下来概述了为什么网络安全需要进行网络取证。如前所述,网络取证是网络安全不可或缺的一部分,两者相辅相成。它们在某些方面是互补的。一方面,基于网络的安全技术有许多优点,但另一方面,正如本文前面所解释的那样,同样也存在一些需要克服的缺点。

提出的网络安全框架是根据以公民为中心进行服务的所有领域而设计,这些领域可能容易受到入侵者和黑客的攻击。网络安全框架解决了所有这些方面的问题,并承诺为机密和私人信息提供良好的防御屏障,从而保护国家财产和资产。

参考文献

Abdullah, M. T., Mahmod, R., Ghani, A., Azim, A., Abdullah, M. Z., Sultan, M., & Bakar, A. (2008). Advances in computer forensics. *International Journal of Computer Science and Network Security*, 8(2), 215–219.

Baggili, I., & Breitinger, F. (2015). Data Sources for Advancing Cyber Forensics: What the Social World Has to Offer. In *Proceedings of the 2015 AAAI Spring Symposium*.

Bhopal, M. P., & MP, I. B. (2012). A Review of Computer forensic & Logging System. *International Journal (Toronto, Ont.)*, 2(1).

Britz, M. T. (2009). *Computer Forensics and Cyber Crime: An Introduction, 2/E*. Pearson Education India.

Choras, M., Kozik, R., Torres Bruna, M. P., Yautsiukhin, A., Churchill, A., Maciejewska, I., & Jomni, A. (2015). Comprehensive approach to increase cyber security and resilience. In *Proceedings of ARES (International Conference on Availability, Reliability and Security)*, Toulouse (pp. 686-692). 10.1109/ARES.2015.30

Guo, H., Jin, B., & Huang, D. (2010). Research and review on computer forensics. In *Proceedings of the International Conference on Forensics in Telecommunications, Information, and Multimedia* (pp. 224-233). Springer Berlin Heidelberg.

Gupta, P., Singh, J., Arora, A. K., & Mahajan, S. (2011). Digital forensics: A technological revolution in forensic sciences.

Hui, L. C., Chow, K. P., & Yiu, S. M. (2007). Tools and technology for computer forensics: research and development in Hong Kong. In *Proceedings of the International Conference on Information Security Practice and Experience* (pp. 11-19). Springer Berlin Heidelberg

Khari, M., Shrivastava, G., Gupta, S., Gupta, R. (2017). Role of Cyber Security in Today's Scenario. In *Detecting and Mitigating Robotic Cyber Security Risks* (pp. 177).

Peltier, T. R. (2016). *Information Security Policies, Procedures, and Standards: guidelines for effective information security management*. CRC Press.

Saxena, A., Shrivastava, G., & Sharma, K. (2012). Forensic investigation in cloud computing environment. *The International Journal of forensic computer science, 2*, 64-74.

Shrivastava, G. (2016, March). Network forensics: Methodical literature review. In *Proceedings of the 2016 3rd International Conference on Computing for Sustainable Global Development (INDIACom)* (pp. 2203-2208). IEEE.

Shrivastava, G. (2017). Approaches of network forensic model for investigation. *International Journal of Forensic Engineering, 3*(3), 195–215. doi:10.1504/IJFE.2017.082977

Shrivastava, G., & Gupta, B. B. (2014, October). An encapsulated approach of forensic model for digital investigation. In *Proceedings of the 2014 IEEE 3rd Global Conference on Consumer Electronics (GCCE)* (pp. 280-284). IEEE. 10.1109/GCCE.2014.7031241

Shrivastava, G., Sharma, K., & Kumari, R. (2016, March). Network forensics: Today and tomorrow. In *Proceedings of the 2016 3rd International Conference on Computing for Sustainable Global Development (INDIACom)* (pp. 2234-2238). IEEE.

第十章
网络攻击、网络犯罪和网络恐怖主义

索拉布兰扬·斯里瓦斯塔瓦　印度马尔维亚国立理工学院
萨钦·杜贝　印度马尔维亚国立理工学院

摘要

　　本章阐述了随着现代社会的发展,我们日常生活的每个角落对互联网和网络服务依赖程度越来越高。同时,对网络服务的中断、破坏的威胁也以同样的速度同步发展。"网络恐怖主义"是其中一种可能造成严重和致命破坏的威胁,与"互联网破坏行动"和"黑客行动主义"等非致命性术语相比,网络恐怖主义涵盖了对现代社会结构的巨大破坏,令人望而生畏。尽管网络恐怖主义快速增长,然而,因其所具有的特性,与传统的恐怖袭击相反,网络恐怖主义似乎还远远未对平民生活和社会造成直接威胁。由于距离遥远,人们缺乏对网络恐怖主义反击机制的关注和重视。通过应用有效的技术并保持我们的警觉,可以在很大程度上避免网络恐怖袭击,并在袭击发生时迅速恢复。本章的结论是:需要进行更多的研究,以确定互联网上个人和专业功能仍然薄弱的领域。

引言

　　网络攻击或仅仅是对计算机系统和服务的攻击可以被认为是一种有意和有计划的活动,其目的是破坏设备的正常运行、损坏或窃取存储数据和改变运行系统的过程控制(Collin, 2013)。网络犯罪或更常见的"互联网犯罪"是指利用计算机和互联网服务在网络空间实施的犯罪。

　　如 Gaub(2017)所提到的,自过去几年以来,恐怖组织一直瞄准并努力在全球建立训练有素的恐怖组织。在遇到财务、组织和劳动力方面的困难时,他们开始转向潜伏期和无领导、低阻力的运作模式。

第十章 网络攻击、网络犯罪和网络恐怖主义

在继续寻找这种低阻力作战模式的过程中,随着民用和军队基础设施的现代化和计算机化,网络攻击发生的可能性大大增加。随着分布式系统的发展和网络能力的不断增强,设备和装备现在具备了相互通信和响应的能力。网络恐怖袭击的威胁可能来自武装分子、恐怖组织、专业犯罪分子、破坏性的反国家机构。这种威胁最终会造成政府文件被入侵和盗窃、数据库或财务数据损坏,从而导致这种威胁可能产生的不良影响。

但是技术知识甚至对网络空间中存在恐怖威胁的接受程度还没有达到要求。由于这种差距,国家和国际层面打击网络恐怖主义的政策和机制尚未建立。与物理恐怖袭击不同,昂贵的后勤保障和有组织的工作人员并不是网络恐怖活动的强制因素。即使是一个拥有正当计算机资源和实际攻击实施技能的黑客,也足以从遥远的国家跨越国界实施网络恐怖袭击。这种攻击的一个例子可以是捕获一个城市交通系统的控制和操纵信号服务,从而在整个城市的无数个地点造成多起事故。

对常规情况下的恐怖主义,预先规划的基础设施和包括爆炸物、自杀式炸弹等物理动态媒介是实施攻击的关键。这类攻击通过造成人员伤亡、财产破坏和平民死亡,成功地在目标人群中造成恐惧和焦虑的环境。这种恐惧的环境反过来又被用来挫伤政府的士气,迫使政府采纳或中止一项具体的政策决定。这类攻击的一个例子是2004年造成191人死亡并导致西班牙武装部队撤离伊拉克的马德里恐怖爆炸事件(Sciolino,2004)。

Furnelb 和 Warren(1999)指出:与传统恐怖主义相反,网络恐怖主义利用恶意的互联网和计算机技术以实现类似的意识形态、宗教或政治目标。为实现这些目标而开展的活动可能涉及窃取资金、数据或身份、破坏服务和基础设施、关闭组织的功能等等。在当前情况下,所有网络恐怖分子的目标和动机可能并不明显。他们的目标不是实施任何金融诈骗或勒索,而是以破坏社会结构和损害公众对其行政机制的信心。

对于世界大部分地区而言,互联网不受国界的限制。这导致网络恐怖分子可能从全球其他国家进行计算机黑客攻击。这样的黑客攻击只会消耗其跟踪中少数受感染系统来隐藏攻击踪迹。

除了此类跨国攻击之外,还存在内部威胁的可能性。一位内部人士,如一个恼怒的前雇员,可能会泄露大量信息。除了数据和身份盗窃之外,这种内部泄露还可能向系统注入恶意软件,甚至可能将受害者系统或服务的详细信息泄露给

攻击者。

在网络恐怖主义袭击期间，上述受损系统可能是私人计算机服务器、公共互联网甚至安全的政府网络。与武器和炸药的成本相比，购买和扩大计算机和互联网设施的成本要低得多。除了成本之外，攻击者的匿名性和破坏范围是使网络恐怖主义成为恐怖组织选择的其他优势。

早期，被指控网络犯罪的罪魁祸首或肇事者是年轻的黑客，他们对技术实验和信息安全问题充满好奇。然而，随着时代变迁和技术进步，高度组织化和专业化的团体已经取代了这些尝试的年轻人。现在，这些组织利用计算机攻击创造收入来源，进行军事和工业间谍活动，甚至完成国际电子战。不能期待于恐怖主义组织长期忽视这种大规模破坏和毁灭的可能性。

计算机攻击的方法

涉及各种技术的不同计算机攻击机制可以针对猎物系统的不同漏洞。正如Bayles(2001)所提出的，根据武器使用类型和对受损系统的影响，对计算机系统的攻击可分为三大类：

1. 物理攻击
2. 电子攻击(EA)
3. 计算机网络攻击(CNA)

物理攻击(又称网络物理攻击)包括对计算机系统或其传输基础设施使用常规武器(如爆炸、断开连接等)。

物理攻击中采用了爆炸、热、碎片和跳闸等常见损坏机制，以破坏计算架构的服务可用性和可靠性。为此，通常实现未经授权的物理访问以执行对布线或设备的直接操作。对炼油厂、发电厂、制造单位和输油管道等关键基础设施的网络物理攻击可能会损坏有形资产，从而造成大量损失。在这里，黑客未经授权访问系统可能对关键基础设施造成重大的网络物理攻击，不仅给所有者带来风险，而且给客户、供应商、商业伙伴、投资者和所有相关实体带来风险。除此之外，位于袭击地点附近的居民总是面临生命和财产的危险。

因此，物理攻击造成的损害可以是广泛的、高度互联的、具有大规模破坏性的，同时影响多个经济部门。

基地组织对五角大楼和世界贸易中心发动的911袭击是摧毁多个关键计算机数据库以及破坏全球连通的金融和军事通信系统的物理攻击的一个例子。

电子攻击(EA)包括利用电磁能量(EM)、反辐射武器机制或定向能量脉冲来攻击系统、设备和人群,以破坏或摧毁基础设施和民用资产。

在这里,主要目标仍然是通过使用电磁能攻击电子设备以及电子频谱来破坏敌人的通信和连接的物理基础设施。

电磁能量脉冲可以用来向微波无线电传输中注入恶意数字代码。否则,瞬时高能电磁冲击脉冲可用于使计算电路、晶体管和其他设备过载和崩溃,从而中断敌人的通信。

在此类电子攻击期间,与任何有线传输线相连的电气系统仍然是突出的目标。除此之外,EM 脉冲可能足以穿透体系结构的边界,破坏数据,扰乱软件功能,甚至永久损坏电子线路。EM 脉冲攻击也可以被视为是对目标区域内所有电子设备的 DDoS 攻击。从这种 EMP 攻击中恢复需要相当长的时间,这使得它在损害和伤亡规模方面更加糟糕。用于电子攻击的 EMP 发生器武器或设备可以被恐怖组织通过有组织的犯罪渠道获得。

第三类攻击是计算机网络攻击(CNA),它涉及通过利用计算基础设施的预先存在的弱点注入恶意实体来感染对手系统和服务。这可能包括硬件配置中的任何漏洞、软件错误、缺乏防病毒保护甚至组织中正在遵循的安全实践。

通过利用恶意代码,计算机网络攻击(CNA)能够破坏系统中数据的真实性和完整性。这种情况的一个例子可能是对运行程序逻辑的修改,导致相关系统的错误输出信号。攻击者在用恶意代码感染易受攻击的计算机系统时,还可以远程控制它进行数据窃取、间谍活动或破坏甚至其他连接计算机的功能。这种 CAN 攻击可以进一步扩展以降低、拒绝甚至破坏存储在受感染计算机网络上的信息。

在这里,必须提到 EA 攻击和 CAN 攻击的区别。例如,通过 EM 冲击脉冲损坏计算机系统的 CPU 可以被视为 EA 攻击。通过向系统中注入恶意程序或指令来执行同样的操作被视作 CAN 攻击。

到目前为止,与物理攻击相比,CAN 和 EA 类攻击的概率估计较低。相比之下,物理攻击的破坏性更大,因为它们可能会带来不可预测的后果,并为对手提供意想不到的优势。

网络攻击、网络犯罪和网络恐怖主义

所有与基于互联网的技术相关的术语都被归入"网络空间"这一总称。如

Furnelb 和 Warren(1999)所提到的,网络空间可以被认为是所有计算机、通信和网络服务基础设施的集合。它是一个技术支持的领域,支持当今所有关键服务的处理、控制和管理。

互联网作为网络空间的主要组成部分,建立在由陆地线路、无线公用电话服务和卫星通信网络组成的电信基础设施之上。所有这些技术都与计算服务协同工作,以实现关键基础设施服务的同步和数据传输。这些关键基础设施服务涉及银行和金融、发电和配电、医疗、交通和应急响应。

在网络空间(通过互联网)发起的对这些服务的任何攻击都可以归类为网络攻击。网络攻击是针对目标网站、单个计算机系统甚至来自另一个计算机系统的完整计算机系统网络发起的,目的是破坏受损系统的数据和服务的机密性、真实性和完整性。

网络攻击的类型

从服务中断到数据损坏或间谍活动,网络攻击可以分为多个类别。网络攻击的各种类型和技术大致可分为以下主要类别(Khanse, 2014):

- 拒绝单个或分布式系统的服务攻击(DoS, DDoS)(Gupta et al., 2010)
- 黑客攻击或破坏网站(XSS)
- 未经授权访问计算机系统和/或数据(强力)
- 将恶意代码注入计算机系统或网络(病毒、蠕虫)
- 使用黑客攻击机制(勒索软件)控制或劫持计算机系统的功能。

网络犯罪是广泛犯罪活动的通用术语。网络犯罪往往是一种仅通过利用互联网进行的常规犯罪(Dennis, 1998)。其中一个例子就是通过聊天室进行儿童色情和绑架。在这里,与传统方法相比,使用互联网只会促进远程和更隐蔽的犯罪执行。在非联网计算机系统上伪造文件也是借助计算机技术实施的常规犯罪。

同样,DDoS 攻击也是一种常见的在线勒索手段。正如 Shrivastava(2010)等所述,DDoS 攻击包括一系列的网站中断攻击。后来,如果网站所有者不支付"保护"或"赎金"的钱,网站所有者将受到继续此类攻击的威胁。

网络犯罪的类型

涉及身份盗窃、数据窃取、服务中断等网络犯罪的其他方面如下:

- 电子邮件钓鱼
- 信用卡诈骗
- 银行账户抢劫
- 非法下载
- 工业间谍
- 恶意软件注入
- 域名劫持
- 在线勒索
- 社会工程

综上所述,现在网络恐怖主义可以被认为是利用计算机和互联网技术实施恐怖活动。由于"恐怖主义"和"犯罪"都主要在于扰乱社会的法律和秩序,因此,网络犯罪和网络恐怖主义常常被用作同义词。

根据Collin(2013)的观点,网络恐怖主义可以被定义为在网络空间(针对计算机系统、程序、数据和互联网技术)中实施的具有政治动机的犯罪,通过造成浩劫、人员伤亡和财产损失的结果达到其迫使国家政府改变政策的目的。在所有形式中,网络恐怖主义都是恐怖集团或组织利用信息技术攻击社会关键基础设施。

前文阐述了网络恐怖主义目标的主要类别。

1. 组织性:招募新的恐怖主义分子、培训、攻击规划、筹资和通信活动均都属于网络恐怖主义的组织目标。随着恐怖组织对计算机技术的知识和技能水平不断提高,恐怖组织现在在定期举行这些活动。

2. 破坏稳定:通过对网站、计算机系统和服务的破坏、否定和扰乱来阻止其正常运行,是网络恐怖主义攻击的另一个主要目标。政府和社会越依赖基于互联网的服务,网络恐怖主义的破坏稳定目标的前景越好。

3. 破坏性:从破坏财产和设备到平民受伤甚至死亡,都可能成为恐怖组织镇压的主要工具。因此,任何针对关键基础设施服务(例如医院的供电)的网络恐怖攻击都可能对社会和政府造成重大冲击。

网络恐怖主义的动机

网络恐怖主义攻击通常是出于宗教、意识形态或政治目的的结果,其目的是在普通平民或国家机构中营造一种极度恐慌、破坏和恐怖的环境,以迫使其修改政策。

现代反社会组织的动机不再局限于为了某一单一目的而对社会造成物理伤害。今天，某种所谓的信仰成为促进和接受反社会组织提供了必要的动机基础。Lewis（2003）提到，与所谓的信仰不同，为了理解反社会者背后的动机，也必须承认某种文化的特定方面。

在这方面，网络反社会组织的影响是以暴力程度、严重程度、人员伤亡及对关键基础设施服务的破坏程度来衡量的。如，Wwimann（2005）所述，在分析网络反社会者活动的动机时，前面解释了需要考虑的不同判断参数。

伤亡率

具有某种基本信仰的反社会组织试图在网络袭击中实现最大的伤亡。相反，无某种信仰和具有世俗意识的团体对于实现其政治或社会目标仍然具有高度的选择性和区别性。

目标类型

出于世俗、政治或社会动机的团体，只限于银行、政府办公室、跨国公司和股票市场等行政目标，以表达其对既定秩序的愤怒。而具有某种基本信仰的反社会组织倾向于对具有某种基本信仰的相关人员、活动、服务和场所等造成更大的物理伤害。

日期和时间

传统或现代反社会组织在代表国家战争或斗争胜利/失败的日期实施网络袭击。另一方面，具有某种基本信仰的反社会组织往往在某些庆典、纪念活动和节日的日子里进行网络攻击。

尽管如此，网络反社会组织的根本动机始终是在受害者群体中制造恐慌和恐怖的环境。然而，根据 Veerasamy（2010）的研究，在根据上述参数对网络攻击进行分类时，这种动机可以进一步细分为以下几类。

1. 政治的：网络恐怖主义的主要行为者是负责实施物理恐怖袭击的同一团体或个人。在这个阶级中，恐怖组织团体以及赞助国都包含其中。网络恐怖主义的一个主要目标仍然是反对政府或国家的行政政策，以创造政治主导地位并迫使现有政府遵守或放弃某些政策。政治网络恐怖主义的目标是破坏、摧毁、夺取控制权、广播政治公告、抗议和报复行动。对于这些活动,平民中的恐惧和恐慌充当了主要工具。实现这一目标的主要方法包括攻击社交网络、博客及其媒体网站上知名领导人的账户。

2. 宗教信仰:为激发某些宗教信仰,实施网络恐怖袭击。此类攻击包括中断针对目标人群的服务、广播,针对某个社区的仇恨信息等。

3. 经济:除了通过攻击国家金融机构引起民众恐慌外,管理恐怖组织的金融交易也是网络恐怖分子的主要关注点。为实现财务管理目标,网络恐怖分子以银行系统和支付网关服务为目标,进行勒索、支付通过外包进行的攻击、洗钱和向恐怖分子提供资金等。扰乱民众日常生活、攻击证券交易所服务、伪造针对公职人员的虚假案件、腐败或修改银行数据库是网络恐怖分子的首选。随着技术进步,像比特币这样的虚拟货币现在被用于跨境匿名存储和转移资金。通过使用虚拟货币,任何政府都几乎不可能对货币进行精确跟踪和征税。

4. 通信:在恐怖组织的成员之间建立无法追踪且安全的沟通渠道是另一个主要目标。安全通信对于招募、执行攻击、规划未来攻击和出于任何目的消息传递都至关重要。为此,电磁传输、固定电话、移动电话、卫星和 VoIP 通信媒体是常见的选择。在互联网上,诸如聊天程序、电子邮件甚至社交媒体之类的通信应用程序都引人注目。应该注意的是,商业集团和恐怖组织中的通信除了他们的目标之外并没有太明显的区别。在这里,商业集团的目标是销售其产品或服务,而恐怖组织则专注于在群众中制造混乱。然而,这两个群体的基本目标仍然是激励另一端的个人做出回应。因此,商业集团用于合法交易的相同技术可以被恐怖集团以双重模式使用。

5. 宣传:为了向公众传播恐怖信息,恐怖分子利用社交媒体平台上的媒体、组织和热门账号网站。除此之外,聊天应用程序和手机短信也是在社会上制造恐慌的工具。正如 Furnelb 和 Warren(1999)所述,随着物联网的出现,网络恐怖主义分子可以利用任何与万维网相连的基础设施来传递信息。例如,智能电视、高速公路上的广告牌甚至电子广告牌都可能被黑客入侵以传播信息。为了实施宣传,网络恐怖分子有多种选择,从高速公路上的电子广告牌到政治领导人的 twitter 账号,再到媒体频道的网站。在这种情况下,每种媒体的安全性仍然是一个令人关注的问题,同时,任何一种媒介被入侵都可能在公众中造成破坏和恐怖气氛。

6. 剥夺：缺乏教育、贫困甚至政治自由等多种形式的剥夺可以成为网络恐怖主义群体的动机目标。这样的目标可能导致知识产权、银行和信用卡等金融数据资产被盗、欺诈、间谍活动等。

7. 筹资：与任何其他社会或商业组织一样，恐怖组织也需要经济援助来落实其意识形态。根据 Furnelb 和 Warren(1999)的观点，与任何初创企业一样，恐怖组织从支持敌国获得资金，并从支持恐怖主义意识形态的支持者那里获得捐款。对于此类筹款活动，通过电子邮件服务和社交媒体平台传递简单的信息，以接触支持者并筹集资金。在这里，像比特币这样的虚拟货币系统也被用来保持网络恐怖主义组织筹资运作的匿名性。

8. 武器采购：获取和开发针对网络空间的恶意工具与为常规攻击采购物理武器一样重要。互联网中继聊天(IRC)渠道、暗网资源、封闭论坛以及社交媒体上的秘密团体等都是获取恶意代码以换取金钱的诸多方式之一。参与恶意软件非法开发和商业化的地下行业提供工具、支持，甚至更新，以专业的方式进行网络恐怖主义攻击。

9. 招募：与筹资行动一样，招募活动也是恐怖组织运作的关键行动。恐怖组织使用在线论坛、邮件列表、聊天应用程序、twitter 等社交媒体平台。

10. 情报收集：恐怖组织利用万维网作为收集第三方目标情报的资源，计划执行操作和协调操作的行动过程。与商业组织类似，恐怖组织也通过利用情报来执行其行动，以实现其目标。

11. 训练与知识获取：从爆炸物和炸弹的组装知识到网络恐怖主义攻击的实施，学习与训练对恐怖分子至关重要。具体来说，为了实施网络攻击，熟练掌握编程语言、编写恶意代码并找到将其注入目标系统的实用方法对于实施网络攻击至关重要。网络恐怖主义分子利用网络空间的基础设施来学习和获取这些知识。除了计算机系统，互联网是化学、物理、工程等各领域知识的重要来源。事实证明，从组装炸弹到在准确的现场以高精度定时引爆炸弹，这些知识在现场实施攻击时非常有用。

此处列举了网络恐怖主义攻击动机的一些示例。网络恐怖组织可以执行以下攻击：

1. 通过引起媒体的关注，在全球、国家或地方各级获得对其事业的认可。

2. 在平民中制造对行政机构的猜疑和恐惧。

3. 施压和骚扰现有的政府军，迫使他们做出反应。

4. 破坏通信渠道和关键服务基础设施,使人们怀疑政府能否保护其平民。

5. 抑制和阻止经济增长因素,如旅游业、外国投资、援助计划对该国产生影响。

6. 使该组织被监禁的恐怖分子同胞获得自由。

7. 自我满足和对社区或政府的报复。

8. 为执行进一步行动而勒索金钱、武器和设备。

网络恐怖主义的区别

Lewis(2003)认为,在目标和动机方面,传统恐怖主义和网络恐怖主义没有明显区别。这里唯一值得注意的差异是,网络恐怖主义利用网络空间在平民中制造恐慌和恐惧,以实现其政治和宗教目标。此外,与传统的实体恐怖主义相反,由于网络恐怖主义,尚未观察到直接的大规模生命和财产实体伤亡(Stohl, 2007)。

要了解网络恐怖主义的详细区别,首先,我们需要区分恐怖主义与其他在网络空间占主导地位的威胁,如间谍活动、网络战、有组织的网络犯罪和黑客行为主义。

如前所述,恐怖主义可被视为个人或团体蓄意和非法的侵略行为,通过影响国家或政府基于政策的决定来实现对国家或政府的政治目标。

合法工具的两用性

与上面提到的机构不同,网络恐怖组织的运作方式与商业团体或组织非常相似。与商业集团类似,网络恐怖主义分子都是为了获取收益而参与的。唯一不同的是,网络恐怖主义不是像企业那样获得经济利润,而是集中在获得政治利益上。因此,网络恐怖主义分子在大多数时候也是利用这些工具和技术来获取政治收益,商业组织利用这些工具和技术在市场上赚取经济利润。这种技术的双重使用使得难以区分和打击网络恐怖主义活动。

高强度

由于其目标性质,恐怖主义本质上是由极高强度的行为构成的。在这里,强度对应于对目标的可能影响、涉及的风险程度和打击平民安全感的程度。此类行为一般由秘密和卧底团体实施,这些团体既可能受益于当地民众的支持,但是也可能缺乏物理边界。

恐慌和恐惧

恐怖主义的另一个显著特征是其意图通过暴力手段在平民中制造恐慌和恐惧。需要指出的是,黑客行为主义也是一种影响政治裁决的方法,但并不会向公众施加压力。网络恐怖主义中使用的暴力媒介可以通过操纵或破坏在物理系统基础设施上运行的信息服务来伤害平民。即便是以最小的形式,网络恐怖主义也能够扰乱现代公民社会在银行、自动取款机、铁路预订等基于信息的服务上运作的正常生活。

迄今为止,网络恐怖组织没有进行任何重大的物理破坏,而是利用网络空间和计算机技术进行理性实践,如情报收集、武器采购、筹款、恐怖分子招募、采购甚至资金转移。除此之外,与真正的商业集团类似,网络恐怖分子充分利用网络空间,开展必要的行动。

廉价

与传统的实体恐怖主义相比,网络恐怖主义在执行、风险和因果方面的成本更低。除了武器装备价格下降之外,一个主要原因还在于国家机构缺乏认识。就物理恐怖攻击而言,今天每个国家都发展了自己的国防和情报组织来反击和挫败此类攻击。

网络恐怖主义作为网络空间的恐怖主义

网络空间与恐怖主义的结合被称为网络恐怖主义。根据 Furnelb 和 Warren (1999) 的说法,它通常指对计算机系统、网络以及存储在计算机系统中各种设备上的信息的非法攻击。这种攻击可以是为了威胁或欺凌组织或政府以获取经济、社会或政治利益。如果攻击侵犯了个人、团体或组织的财产或隐私,则可将其归类为网络恐怖主义。为了恐吓和散布恐惧而进行的攻击也被认为是网络恐怖主义。除此之外,这类袭击还可能造成爆炸、飞机劫持、水/空气污染或经济损失,关键基础设施损坏。

此类攻击的目标可以是智能手机、智能电视等日常电子设备、微波炉等家用电器、自动停车门等。为了造成更大的破坏,可以将大规模基础设施,如交通控制系统、公共交通、医院、智能城市的主干、现代武器等作为攻击目标(Campbell et al., 2003)。下面提到了一些常见但被忽视的易受网络攻击的点。

- 可远程访问的电器,例如微波炉、电视和咖啡机。

- 电力和液化石油气等家庭公用事业。
- 起搏器设备。
- 空中交通管制员。
- 通信设备。
- 包含可编程芯片的旧车车身控制模块。
- 自动车库门。
- 公路或铁路交叉道口系统。
- 几乎所有现代武器系统。

网络恐怖主义的潜在攻击轨迹

通过利用传感器,设备现在正在成为"物联网"这一总括技术术语下的交互式设备。最新的和最明显的网络恐怖袭击目标预计是这些物联网设备,这些设备的出现让社会陷入恐慌和混乱。

网络恐怖分子可能的攻击媒介

一些可能的网络恐怖攻击实例如下:
- 在全国范围内封锁电子邮件服务;
- 传播推文或消息以制造恐慌,假造一种高度传播和致命的疾病正在人口中传播的谣言;
- 在个人层面永久禁用民用连接,并阻止对公用事业、健康和紧急服务的访问;
- 访问和禁用用于指挥和控制无人机和其他军事技术的信号;
- 只需入侵或闯入公司的私人公司服务器,即可了解商业机密、窃取银行信息,甚至是其员工的私人数据;
- 通过控制嵌入式物联网(IoT)设备来控制供暖、制冷、照明、安全和其他家用系统以及越来越多的车辆,从而对房屋和财产造成物理损坏(Campbell et al., 2003);
- 通过作为僵尸网络一部分运行的僵尸或僵尸计算机系统执行分布式拒绝服务攻击(DDOS)已经是一种常见且广泛使用的黑客技术,可以用于破坏、修改和监视公司数据库以及工业、商业、和防御(Shrivastava et al., 2010);
- 利用黑客监视情报和军事通信,以获取部队的位置和战略,从而在战争中获得战术优势；
- 阻止发布恐怖组织不同意的内容的网站的流量；
- 破坏政府网站或社交媒体平台网站，造成公众滋扰或不便。

网络恐怖攻击成功的关键因素

根据 Collin(2013) 的说法，这里列举了作为网络恐怖攻击成功驱动因素的主要因素。

1. 访问：访问网络空间的通用接口，用于执行攻击。
2. 控制：通过远程管理获得指挥和控制能力。
3. 挖掘：获取现场情报和地面执行攻击知识。

实现这些目标的渠道可分为以下四类：

1. 传输：跨越陆地和空间的更长线路；
2. 连接：连接到更多的点；
3. 聚合：更多的信息集中起来，并将不相干的信息联系起来；
4. 检索：更多的信息检索方式，更重要的是对知识的检索。

网络恐怖主义目标的实现

网络恐怖分子的作案手法与任何其他恐怖分子相似。网络恐怖分子在其粗心大意的地区严格利用目标人群的目标。一个网络恐怖主义者会在目标人群不小心的地方准确地加以利用。

网络恐怖主义在融合点存在三种潜在行为：

1. 破坏；
2. 变更；
3. 采集和重传(这些是一个单元)。

正如我们将看到的，这三种行为在物理世界和虚拟世界的融合是最令人发指的。

用于网络恐怖主义的技术

与传统的实体恐怖主义同义，恐怖组织还将网络恐怖主义任务外包给专业人士和犯罪集团，以换取金钱利益。这一事实在有组织犯罪和受金钱驱使的恐怖组织之间建立了经证实的联系。同样，黑客组织也是网络恐怖主义组织不可或缺的伙伴。实践中的任何技术趋势都直接受到这些群体在网络空间中的联系的影响。Stuxnet 代码泄漏到互联网空间,后来用于网络攻击,就是这种影响的一个明显例子。

正如 Lindsay(2013)所提到的,与 Stuxnet 一样,任何由国家军队开发为武器来攻击敌人资产的程序代码,如果被网络恐怖组织获得,都可能被滥用以瞄准关键基础设施并造成严重破坏。在这里,我们讨论了一些与上述具有相似潜力的技术。

恶意程序

病毒、蠕虫、勒索软件等恶意软件构成了网络恐怖组织武器库的主要部分。除了恶意软件,恶意脚本也是黑客入侵社交媒体、数据库、金融服务和网站篡改账户的常用工具。在开发此类工具的同时,网络恐怖分子还选择从专业网络犯罪分子那里购买它们,甚至聘请黑客代表他们进行网络攻击。随着技术的发展,可以预期,随着网络恐怖组织在网络空间中提高他们的知识和技能水平,类似的攻击只会在数量和严重性上进一步增加。

算法交易和大数据

使用计算机程序进行自动和快速响应的股票交易被称为算法交易。它是一个新兴的计算科学领域,正在追赶金融界的步伐。大数据一直是海量数据集存储和计算的流行术语。大数据是分析实时收集的数据的首选技术。现在,算法交易和大数据等技术被用于分析实时军事数据,以便在战场上做出决策。尽管如此,与军事领域并行,网络恐怖分子也开始使用这些技术来对网络空间的攻击场景甚至传统的物理恐怖攻击做出决策。例如,来自交通摄像头和空中交

图 10-1 用于网络恐怖主义的技术图示

通管制应用程序等实时设备的实时数据可能会被滥用,从而对道路或空中交通造成损害。因此,获得这种实时决策技术,如贸易和大数据,可以加强网络恐怖袭击对恐怖组织的伤亡影响。

生物特征

与其他模式匹配技术一样,生物特征扫描也正成为网络空间中验证个人的首选和安全技术。它包括在银行、金融服务、军事行动和政府机构等组织中创建和存储专业人员的生物特征印记。作为网络恐怖主义的一部分,任何操纵、伪造、重建和破坏这些生物特征印记的方法都可能导致非法陷害官员,从而降低他们的信誉和形象。拥有此类能力可以使网络恐怖分子在实施网络恐怖袭击和制造社会恐慌方面占据优势。

指挥和控制系统

指挥和控制技术主要用于在物理或网络空间环境中进行协调。它们的主要用途是进行金融服务、股票和设备的运作和管理。网络恐怖分子利用这些系统来进行情报获取、计划设计和组织攻击等行动的协调。利用网络上运行的拼车服务来组织睡眠单元成员会议是这种技术滥用的一个明显例子。

加密和隐写术

使用数据隐藏技术也正在成为网络恐怖分子的常见做法。随着他们知识和技术水平的提高,恐怖组织现在非常清楚在互联网和电磁传输通道上运行的严格监控系统。为了保护来自安全服务的图像、数据、文本、视频或语音消息形式的活动,恐怖分子采用加密和隐写术作为事实上的标准做法。如今,恐怖组织能够通过手机、电子邮件、聊天、文件共享甚至无线电通信对通信进行加密。他们甚至利用社交媒体平台、网站甚至色情网站,通过隐写术技术隐藏和传输信息。

网络恐怖主义对恐怖组织的吸引力

根据 Weimann(2005)的说法,恐怖组织无法准确估计实施网络攻击的实际能力和技术知识水平。但是,仍有许多因素使恐怖组织对网络恐怖袭击感兴趣。

更成功的机会

为了对计算机维护的关键基础设施服务执行协调良好的网络恐怖攻击,将自动恶意程序注入具有可见漏洞能力的计算机网络是首选选项。对于这种攻击的地面实施,仅从黑客网站复制粘贴此类程序可能足以在没有任何特殊培训和投资的情况下拆除和破坏系统。

更低的风险

随着传统的物理和地面安全领域的措施不断发展,与早期相比,执行传统的恐怖袭击并不容易。在这种情况下,通过网络空间的攻击可以成为恐怖组织的最低风险选择。由于在检测和预防网络恐怖袭击方面,安全部队的技术能力仍有相当大的差距,因此它的执行是一个更安全的选择。此外,由于系统和基础设施服务的相互联系,一个脆弱的系统被破坏会导致整个系统的损坏和崩溃。

较少的场景

据观察家称,与传统的恐怖袭击相比,网络恐怖袭击被认为强度较小,影响较低。除非网络攻击造成了实际的物理伤害或暴力,否则它不能被认为像化学、生物或核恐怖主义攻击那样具有杀伤力。

大量漏洞的计算机系统

脆弱的或配置错误的计算机系统很容易成为攻击的目标,并使这部分成为僵尸网络。这种被破坏的系统网络可以被远程控制,以关闭、监视、破坏或甚至操纵基础设施服务。通过这种僵尸网络技术,单个黑客可以通过加密的通信渠道控制被攻击的系统。它可以进一步作为机器人的集群来搜索和攻击新的系统并传播网络。

自动化网络攻击的快速扩张

网络恐怖分子普遍使用自动化攻击工具,使网络攻击的数量恶化到一个令人震惊的状态。这种网络攻击的情况已经使目前最低限度的安全措施变得非常没有意义。在这种情况下,评估针对互联网连接系统网络攻击的影响和范围的参数需要随机应变。

不足和不充分的安全实践

计算机和互联网服务的通用用户,大多数都对保护家庭计算机网络和设备的标准安全实践进行过较少或零培训。在这种情况下,由于软件产品质量低劣、安全程序和实践过时以及计算机安全培训不足,漏洞不断滋生。用于安全目的人员配备的资源不足也增加了系统和服务受损的机会。最终,这些机会成为网络攻击的切入点或引发网络恐怖分子实施恐怖活动的机会。

新软件产品中的错误

为了跟上业务和利润目标的步伐,技术提供商更多地专注于市场营销,而忽略了系统不断发展的安全需求。这导致新的软件产品的推出和释放时会一直带有旧的错误,使漏洞在整个基础设施服务中保持活力。只有当客户对安全功能有更高的认知和更大的需求时,这种场景才有望改变。

安全更新安装的延迟

尽管会定期发布最新发现的安全挑战的升级、补丁和安全修补程序,但在相当长的时间间隔内,这些修补程序未能在易受攻击的系统上得到更新。由于种种原因,这些类型的任何延迟都会使系统处于无人看守的状态,从而使网络容易受到长时间的网络攻击。因此,由于网络恐怖主义攻击,更新安全修补程序的这种延迟可能会导致整个服务基础设施的崩溃。

预防网络恐怖主义

网络恐怖主义以相同的影响规模影响国家和商业部门。商业团体是国民经济和国家机器的一部分,也是社会的主要贡献者。然而,打击企业和国家部门的网络恐怖主义不应该是相同的。因此,与传统的物理恐怖袭击一样,网络恐怖威胁也必须以截然不同的方式处理。与传统恐怖主义同义,100%预防或根除网络恐怖对任何团体或个人来说都是不可能的。鉴于这一事实,政府和商业组织必须将网络恐怖主义作为其结构政策的强制性部分。这将始终帮助他们以更好的方式应对网络攻击。

尽管网络攻击如此严重,但没有标准或硬性规则手册,甚至没有关于所有情况下网络恐怖攻击的定义、类型和原因、根除甚至预防的通用政策协议。

根据Goodman(2007)所述的方法和影响,安全测试实践可以分为两大类:

- **认证程序**:用于评估组织是否严格遵循预定义安全方法和协议的技术。
- **验证程序**:用于检查组织中实施安全程序的准确性和性能的方法。

与任何其他质量控制机制类似,这两个程序都需要对组织中的安全级别进行全面评估。

但是，可以在计算机应急响应小组（ICERT，2017）的文档中找到主动预防或网络攻击和网络恐怖主义的最佳安全实践。该资源为任何个人或组织提供了保护其信息和数字资产免受网络恐怖攻击的基本准则。

1. 通过建立安全配置来强化和保护您的系统。使用更新的入侵检测系统和最新硬件和软件保护来保护您的系统。不断更新软件供应商提供的安全补丁和修复程序。

2. 在检测到入侵时，快速响应可能的威胁，以尽量减少损害。至少，当已知缺陷时，立即更改网络配置和密码。

3. 与防病毒公司或防御组织建立联系，最好是合作跟踪和应对威胁。

4. 使用强密码、主动防火墙和最新的防病毒系统来保护您的计算机和网络。保持它们的更新，并进行定期检查，以检测和消除任何可能的问题。此外，应用过滤器从特定国家等已知威胁来源中筛选出可疑材料或消息。

5. 使用国家网络威胁数据库作为资源手册，随时更新最新的威胁和防御机制。关注有关新威胁的新闻和计算机信息报告，例如正在传播的新蠕虫或其他恶意软件，即使它不在您的直接区域。

6. 制定坚定的安全政策。如果由于异常网络活动或可疑日志而对系统的安全性和完整性产生任何疑问，请根据安全策略进行报告和响应。

7. 在社交媒体平台上收到任何可疑的电子邮件，甚至是来自未知账户或地址的聊天消息时，不得访问。他们可能招致麻烦。

8. 培训组织的员工以防范打开电子邮件附件或回复来自未知来源的消息等事情。进行定期检查以确保遵守安全预防措施。

9. 定期测试防御机制，最好使用测试或安全服务定期在系统和网络上运行演示攻击，以调查和报告任何不足或缺陷。定期审核系统并检查日志以帮助检测和跟踪入侵者。

案例分析

"震网"是一种复杂计算机蠕虫病毒的潜在示例，旨在攻击运行 Windows 操作系统的计算机（Lindsay，2013）。"震网"最初旨在仅针对特定的工业控制 SCADA 系统。"震网"蠕虫病毒的第一个版本在 2010 年被确定为能够对运行控制和监视过程的工业系统进行重新编程的间谍软件。它可能通过重新编程特定的 PLC（可编程逻辑控制器）设备来影响关键基础设施服务，例如核电站和装配线系统。

根据Kushner(2013),震网通过使用0-day漏洞攻击,在开发者知道系统的漏洞之前就利用了系统的漏洞。它还使用rootkits程序工具包和数字证书对用户和反恶意软件进行隐藏。

"震网"被认为是由美国和以色列专家开发,用于瞄准和破坏伊朗的铀浓缩计划。通过只使用特定的"级联"物理布局来攻击基础设施,"震网"可以重新编程或破坏支持的系统。伊朗纳坦兹浓缩厂的离心机布局采用级联设计,多个离心管以级联方式并联连接。

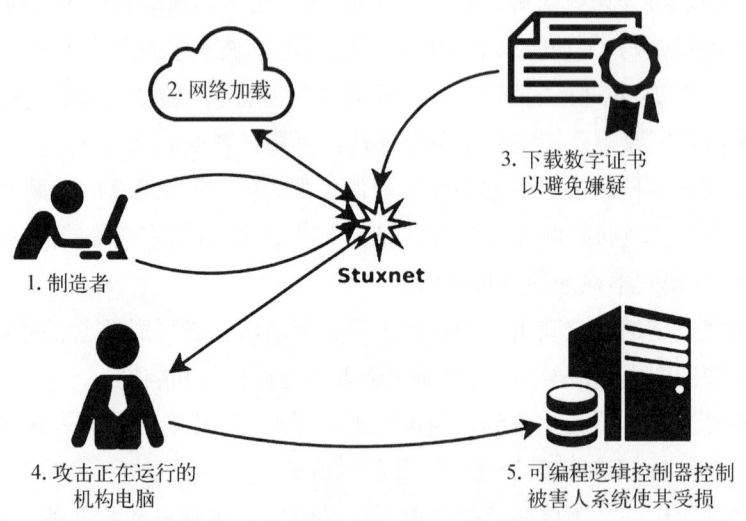

图10-2 "震网"蠕虫病毒运行原理图示

通过毁坏大约1 000台纳坦兹离心机,"震网"蠕虫病毒减少了其浓缩铀的生产,并在伊朗核设施内传播混乱。

结语

正如Stohl(2007)所指出的,网络恐怖主义在很多方面与物理恐怖主义相似。它的概念相似性允许从一个维度到另一个维度得出结论。然而,也存在着一些主要的不同点。

第一种不同源于网络恐怖主义直接针对商业部门。而在物理维度,政府拥有适当的基础设施,通过其安全服务来保护商业部门免受恐怖主义的影响。然而,在网络空间中,基于国家的安全服务几乎是不存在的,企业所有者独自承担处理网络恐怖主义的责任。这种激烈的现实迫使组织必须对网络恐怖主义产生的威胁做出反应，并采取必要措施，以最少的政府支持来维护和恢复。

第二个区别是完全阻遏网络恐怖主义组织更加困难。造成这种情况的一个突出原因是缺乏证据，以及检测和分配攻击责任的问题。如果我们不能将网络攻击的责任分配给特定的群体或个人，就不会有惩罚任何人的问题，从而导致零威慑。

网络恐怖主义威胁是真实存在的，人们没有做好充分准备来防止或检测这种攻击。除此之外，这甚至会影响到其他可能做好充分准备的组织。网络安全是公众关心的安全问题。与其他一切一样，测试只能验证已经准备好的内容。然而，高素质的专业人员可以成为 IT 安全意识的重要推动者。网络攻击对一个民族国家的公共基础设施可能造成的潜在影响。

例如，如果某家零售商的信用卡被盗，并且该事件在互联网上被公开，那么该消息就会传给世界各地的所有消费者。这导致世界各地的消费者在网上购物的安全感减弱和购买行为减少。这种改变导致从距离事件发源地数千公里的公众网上交易的下跌。网络空间使消费者行为的任何此类变化以非常快的速度传播到全球趋势中。处理网络恐怖主义的责任落在商业组织的肩上。政府置身事外这一事实迫使企业组织的执行团队做好准备并对此类事件做出反应。这种额外的运营和管理开销成本被添加到企业的日常运营中。

网络恐怖主义对现代商业组织来说是一个不容置疑的挑战。基于万维网的经济连接性迫使全球商业必须应对世界某地的传染性变化，才能迅速影响世界另一边的商业。现代网络恐怖主义组织可以充分利用这一现实的潜力。无视网络恐怖主义的威胁不会使它消失，当然也不会阻止它。网络恐怖主义仍然存在，但几乎肯定会从商业部门那里付出代价。

参考文献

Batashvili, D. (2017). EUobserver - Russia's cyber war: past, present, and future. *EUobserver*. Retrieved from https://euobserver.com/opinion/136909

Bayles, W. J. (2001). The Ethics of Computer Network Attack. *Information Warfare Site*. Retrieved from http://www.iwar.org.uk/iwar/resources/ethics-of-cna/bayles.htm

Breene, K. (2016). World Economic Forum - Who are the cyberwar superpowers? *WEForum*. Retrieved from https://www.weforum.org/agenda/2016/05/who-are-the-cyberwar-superpowers/

Campbell, R., Al-Muhtadi, J., Naldurg, P., Sampemane, G., Mickunas, M.D. (2003). Towards Security and Privacy for Pervasive Computing, Springer-Verlag Berlin Heidelberg. 1–15

Coleman, K. (2008). Hezbollah's Cyber Warfare Program. DefenseTech. Retrieved from https://www.defensetech.org/2008/06/02/hezbollahs-cyber-warfare-program/

Collin, B. C. (2013). The Future of CyberTerrorism. In *Proceedings of the 11th Annual International Symposium on Criminal Justice Issues*. Retrieved from http://www.crime-research.org/library/Cyberter.htm

Dennis, M. A. (1998). Cybercrime. *Encyclopedia Britannica*. Retrieved from https://www.britannica.com/topic/cybercrime

Furnelb, S. M., & Warren, M. J. (1999). Computer Hacking and Cyber Terrorism: The Real Threats in the New Millennium. *Computers & Security*, *18*(1), 28–34. doi:10.1016/S0167-4048(99)80006-6

Gaub, F. (2017). Trends in terrorism, European Union Institute for Security Studies (EUISS). doi:Retrieved from https://www.iss.europa.eu/sites/default/files/EUISSFiles/Alert_4_Terrorism_in_Europe_0.pdf. 10.2815/66788

Goodman, S. E. (2007). Cyberterrorism and Security Measures, Science and Technology to Counter Terrorism. In *Proceedings of an Indo-U.S. Workshop*. Retrieved from https://www.nap.edu/read/11848/chapter/6

Green, M. A. (2015). China's Growing Cyberwar Capabilities. *The Diplomat*. Retrieved from https://thediplomat.com/2015/04/chinas-growing-cyberwar-capabilities/

Gupta, B. B., Joshi, R. C., Misra, M., Meena, D. L., Shrivastava, G., & Sharma, K. (2010). Detecting a Wide Range of Flooding DDoS Attacks using Linear Prediction Model. In Proceedings of the IEEE 2nd International Conference on Information and Multimedia Technology (ICIMT 2010) (pp. 535-539).

ICERT - Indian Computer Emergency Response Team. (2017). Ministry of Electronics & Information Technology, Government of India. Retrieved from http://meity.gov.in/content/icert

Juzenaite, R. (2015). Infosec Institute - The Most Hacker-Active Countries. Retrieved from http://resources.infosecinstitute.com/the-most-hacker-active-countries-part-i/#gref

Khanse, A. (2014). Cyber Attacks – Definition, Types, Prevention, The Windows Club. Retrieved from http://www.thewindowsclub.com/cyber-attacks-definition-types-prevention

Kushner, D. (2013). The Real Story of Stuxnet. Retrieved from http://www.nytimes.com/2012/06/04/technology/cyberweapon-warning-from-kaspersky-a-computer-security-expert.html?pagewanted=all

Lewis, J. (2003). Cyber Terror: Missing in Action. *Knowledge, Technology & Policy*, *16*(2), 34–41. doi:10.100712130-003-1024-6

Lindsay, J. R. (2013). Stuxnet and the Limits of Cyber Warfare. *Security Studies*, *22*(3), 365–404. doi:10.1080/09636412.2013.816122

Rafizadeh, M. (2016). Al Arabiya - Iran's asymmetrical warfare: The cyberattack capabilities. Retrieved from http://english.alarabiya.net/en/views/news/middle-east/2016/04/02/Iran-s-asymmetrical-warfare-The-cyberattack-capabilities.html

Sciolino, E. (2004). Bombing in Madrid: The Attack. *New York Times*. Retrieved from http://www.nytimes.com/2004/03/12/world/bombings-in-madrid-the-attack-10-bombs-shatter-trains-in-madrid-killing-192.html

Shrivastava, G., Sharma, K., & Rai, S. (2010). The Detection & Defense of DoS & DDoS Attack: A Technical Overview. In *Proceeding of ICC*, December 27-28 (pp. 278–282).

Stohl, M. (2007). Cyber terrorism: a clear and present danger, the sum of all fears, breaking point or patriot games? In *Crime Law and Social Change*. Springer Science + Business Media B.V. doi:10.1007/s10611-007-9061-9

Veerasamy, N. (2010). Motivation for cyberterrorism. In *Proceedings of ISSA*. Retrieved from http://icsa.cs.up.ac.za/issa/2010/Proceedings/Research/02_paper.pdf

Weimann, G. (2005). The Sum of All Fears. *Studies in Conflict & Terrorism, Taylor & Francis.*, 28(2), 129–149. doi:10.1080/10576100590905110

第十一章
网络犯罪工具包的发展

R.阿尔西 印度韦洛尔大学
D.伊兹尔马兰 印度韦洛尔大学

摘要

　　本章介绍了网络犯罪,又被称为计算机犯罪,包括与个人电脑或系统相关联小程序运行中的任何违法活动。尽管我们已经开发出了相当数量的计算机程序,用来保护我们信息传输网的安全,然而,这些程序必须得到显著升级。此外,我们更加需要那些知道怎样发现计算机网络安全事件,以及既具有侦查天赋又具备熟知网络运行专业知识的人。这样,使得我们在侦查网络犯罪时才能经受住他人的攻击,同时,熟悉网络运行方式和监测网络犯罪工具,就可以知道何人、何地、何事、何时及何因实施了网络犯罪,网络犯罪工具使我们的工作更富有成效。

引言

　　地球不会永远依靠武器装备、生命活力和资金供给来保持运转,包含零点信息的电子将控制世界。世界大战的结果不再取决于拥有武器的多寡。世界大战将是人们所想、所见、所闻以及人们工作的信息(Sneakers,1765)。
　　计算机犯罪中最为著名的是网络犯罪。网络犯罪的特点是利用网站、网络和计算机框架进行非法运行。网络犯罪包括控制、获取和滥用数据,或者以循环的方式控制、获取和滥用个人信息。随着个人电脑犯罪向全球蔓延发展,一些可信赖的欺骗者开始搜寻新的和未受更新保护的个人电脑进行犯罪。在电子世界中,这些流氓通过改变年龄、性别取向、身份、社交、金钱地位等进行活动,然而,这仅仅只是开始,这表明,实施网络犯罪的人可以是任何人。无论如何,大多数网络犯罪分子都抱持类似的观点,用灵感来实施犯罪。

毕竟个人实施网络犯罪,毫无疑问,使用暗黑技术并不困难。信息技术犯罪的主要动机具有典型性,这种典型性对犯罪集团而言则表现为让步于"缺乏法律管辖权"。在计算机加密系统中存在的问题是如果能够远程操作计算机进程,那么,是否可以说生产或维护程序设备将是徒劳的。一些人频繁地传播恶意计算机代码,例如蠕虫病毒,这些人将试图对他人或组织造成损害。这种攻击期望粉碎或挑战他们所针对的目标人群,从而获得个人成就感。对一些计算机元凶而言,滥用计算机框架内的资源、人脉和测试,本质上都会成为煽动他们实施网络犯罪的动因。

据数字安全集团和官方媒体的报道预测,到2021年,网络犯罪造成的损害将使全球每年损失6万亿美元,而一年前只有3万亿美元。从2017年到2021年五年时间里,数字安全项目和管理在全球的消费支出预计将超过1万亿美元。据微软公司预计,到2020年,全球将有40亿人上网,联网人数将是目前人数的两倍。据估计,2017年全球勒索软件造成的损失将超过50亿美元。在接下来的五年时间里,网络犯罪可能会成为威胁世界上每个人、每个地方和每件事的最大危险。

为了解决前面提到的这些问题,法庭机构进行测试的计算机犯罪要求提供一种已开发的游戏工具和使用的升级系统。专家可根据个人电脑新配置的种类和自动证明的种类,可能会选择仪器或其他工具。基于此,本章的组织结构如下,第1部分描述了与计算机有关联的犯罪;第2部分列举了不同类型的网络犯罪案例;第3部分详细介绍了不同类型的网络犯罪工具,其中,使用案例展示了各种工具以及演示它们的作用;第4部分对本文作出总结。突出文章鲜明的观点,并强调该学科内容的丰富性和紧迫性,并对网络犯罪工具未来发展提出颇具希望的路径。

背景

网络犯罪造成的关联性危险比潜在伤亡或安全专家能够想象到的风险更为迅速,而且使得这些关联处于更大范围的危险之中(Khari et al., 2017)。网络犯罪风险的发展速度已经超过了其他数字安全危险。当前,数据犯罪者正在逐步熟练地增加不被注意的访问端口,并尽量保持着一种坚定的低姿态。一些分析师有着与众不同的洞察力。生产黑客设备的昏暗市场、黑客队伍和黑客产品的无限增长,正如大量黑客攻击与攻击系统一样,正在以某种方式与这些市场相连(Albon et al.,2014)。2013年,一些分析师研究了相关设备,这些设备分为侦查工具、扫描工具、访问和提升工具、过滤设备、维修工具、突击设备和混淆工具(Andress et al.,2013)。在此,Harbawi(2016)的工作逐一指出了发展中的高明创新与可测量工具间的漏洞。

网络犯罪给研究人员提供了一个极其丰富的研究领域,并且创造出源源不断、丰富多彩的完美小小工具,以便公开使用(Harbawi et al.,2016)。经过慎重考虑,在两类企业和学界,这种犯罪被终止侦查;然而,数据安全专家仍希望有更多预知精确风险和牢记在心的最终目标的一般风险调查,以便确保互联网框架的安全(Zuech et al.,2015)。大量有影响力的数据攻击仍在蔓延,破坏全球金融预算和个人安全。数据犯罪正经历着一个前所未有的改变,这种改变无时无刻不在被加以证明,体现在大量的数据估算、请求实时安全保护以及无法对生活在另一个合法地区的犯罪人定罪(Harichandran et al.,2016)。

就个人电脑系统和其他相关数据框架的安全、保护和高品质而言,最大的危险来自网络犯罪者实施的网络犯罪,尤其是程序员。根据过去网络犯罪者和程序员对组织、政府和个人进行攻击造成的伤害而言,这种犯罪攻击导致社会负担加重、效率丧失,合法性降低。

我们不能忽视的是,需要建立一个组织制定计划、配备设备,研发更多的安全项目,能够被用来识别危险和漏洞,解决问题,并转发安全通知(Kizza,2017)。

超级媒体、互联网、网络和基于在线网络的社交网所使用的方法,在根本上,引起了重要研究组织的关注,并对数据安全研究提出了许多新的挑战。由于数据袭击,全球个人、组织和政府正在损失大量现金。因此,数据安全被证明是世界上最棘手、最关键的问题之一(Chowdhury,2016)。

为彻底解决前面所提到的这些问题以及本部分论者所讨论需要面对数据战争所涉及的网络犯罪工具的不同类型,基于区域的服务(LBS)将客户信息公开给报复性攻击。到目前为止,用于存储保护和安全的先进方法,正在受到一种怪现象的不良影响,因此,保护LBS信息的安全这一问题的解决还有很长的路要走。具体而言,结果准确性与安全程度、保护与执行及客户间的信任都是开放性的问题(Yamin,2018)。

由于网络集线器的轻质便携性,因此特别计算大会筹委会将其写进议程加以充分考虑,这种集线器没有框架设计(Chowdhuri,2014)。随着PDA技术的广泛提高和开源无人机(UAV)技术的不断创新,扩展移动自组网引擎成为一个重要的研究领域(Mukherjee,2016)。

由于无线传感器网络的广泛应用,例如现代诊断、状态检查或康复检查,无线传感器网络(WSNs)迅速变得无处不在(Binh,2016)。

在雷利模糊条件下,利用恒定通道模型来最大限度复现和传播灾难发生的方式,不同的阻塞级都会经历大量的传输,使得阻抗体表面发生变化,减轻了不同接入口阻塞的影响(Chowdhuri,2015)。

下一代互联网 NGI 的不断进步,增强了专家的兴趣,提高了安全通信配置,通过增加应用程序来应对出现的困难(Kimbahune,2017)。低控制协调电路、生理传感器和远程通信技术的快速发展,让遥感系统跨入了另一个时代(Goswami,2016)。

智能传输系统的改善,将改变与新时代远程通信革新相结合的、不同新需求的未来层级的发展(Yang,2018)。

计算机与犯罪

计算机可以成为犯罪活动的目标,具有获取犯罪活动信息的能力(Casey et al.,2001)。这种犯罪包括计算机和网络,其中,计算机作为一种工具可能会影响犯罪的任务(www.studymode.com)。网络犯罪实际上暗指与计算机相关的犯罪;无论如何,一些人认为,计算机犯罪是网络犯罪的一部分,需要有自身的定义与理解。随着越来越多的科学家和专家将"网络犯罪"一词涵盖包括计算机犯罪和新型犯罪在内的所有犯罪术语时,有关计算机犯罪的大量文章令人感到困惑不解。

计算机犯罪技术

个人电脑犯罪被描述为欺诈行为。欺骗者通过执行、检测和重写,将这种欺诈行为与个人电脑的性能和学习予以结合(C.Laudon,2004;P. Laudon,2004)。

信息通信发展的基本内容在于提高信息的容量和广度。通常而言,行骗者都会利用单一优势进行错误信息的自动匹配,从而获得收益以及提供给更多的模糊目标(Pichard,2009)。

个人计算机犯罪或与个人计算机相关的犯罪或个人计算机研发犯罪,指的是频繁使用经由个人电脑使用授权或先进技术利用授权,从而实现非法活动目的(www.infosec.gov.hk)。

计算机促进犯罪

当前,网络、绿色软件和数据创新已扎根到全球许多国家的基金、福利、培训和商业等社会结构网中。2016年,超过30亿人(超过人口总数的40%)在使用网络。

网络的开放和对网络的精通,以及支持社会基础架构的领先数据,同样培养和提升了网络犯罪与堕落亚文化的生成(Internet Live Stats, n.d.)。网络通过提供信息渗透和利用信息选择的合法性,以及聚焦于网络犯罪类型的矫正,从而鼓励失范和不法行为。网络离散和分层的特性,助长了网络变态行为和犯罪行为,正如在某些国家,并没有一个统一的政府机构来建立这种标准,用来正确地指导和授权刑法。在少数国家,非法行为是被容许的,而在不同的国家,合法行为使犯罪人也会受到处罚,而这些处罚仅仅只会带来轻微的法律后果。

计算机网络犯罪

网络是后期环境氛围最好的状况之一。它已经变成我们创新足智多谋的一个形象,并提供给人类一种进步的精彩展示(Wall et al., 2003)。网络犯罪与个人电脑犯罪是网络犯罪的统称。网络是一把"双刃剑",既能带来大量的机遇,也能滋生犯罪(Gottschalk, 2010)。网络犯罪已成为全球问题,需要各国全面合作与贡献,从而达到全方位的合作等级。

在谷歌,以数据挖掘和点击量进行付费的独特运行目的,已成为一个令人头疼的难题。在公司签订的一组合同中,有人误导性地利用竞争者的优势地位,通过提高宣传成本来削弱其他竞争者的实力(S. Pickett, 2002; M. Pickett, 2002)。

网络犯罪中另一个值得深思的方面是带有明显特征的黑客数据犯罪,以及现实世界中的犯罪扩展到网络虚拟空间中的线上犯罪。人们可以通过制定原则来处分常见的网络犯罪,并接受新的数字特别指导方针,以应对日益增多的各种网络犯罪,这有赖于技术的支持(Jewkes et al., 2013)。

网络金融犯罪

金融犯罪是以侵害资产为特征的一类犯罪,包括非法将他人合法拥有的财产据为己有或加以利用(Larsson, 2006)。一些学者将金融犯罪的特征概括为对非法所得误导利用,通常包括不信任和掩饰自己对利益的真实想法。一些分析人士认为,一般而言,金融犯罪在很大程度上是针对资产的各种犯罪,包括非法将与他人有关的资产和利益转移或使用。包括敲诈勒索、行贿受贿、贪污、挪用内幕交易、评估侵权和数据攻击(Henning,2009)。金融和创新型犯罪,如伪造现金、逃税、知产犯罪、分期付款敲诈勒索、计算机病毒攻击和网络破坏等,这些都会影响到文明的各个层面。犯罪者精心设计的犯罪网络往往是金融犯罪的幕后推手,他们被可能获得的巨额利益所吸引。执法人员需要迅速作出反应,保证确认、巩固和扣押那些非法获得的利益。尽管如此,各种因素使得追踪犯罪或非法资源变得困难,有时甚至举步维艰(Interpol,2017)。

白领计算机犯罪

个人计算机犯罪大多发生在白领犯罪中,属于金融领域犯罪的一个特殊领域。微小的不当行为常被认为是违法、犯罪或两者兼有。白领犯罪与犯罪的特征相差甚远,白领犯罪暗含着对个人资产或管理利益所实施的犯罪。是否存在交流、隐瞒或误导财产授权的意思组成,成为判断其犯罪与否的标准之一(Simpson,2009)。白领犯罪以犯罪主体为特征,指的是上层社会中的个人,为了个人或者组织利益而实施犯罪。这种白领犯罪案件如果被侦查并定罪,就意味着由上层社会的个人或组织获得的利益被认定为犯罪。无论他们富有、受过良好教育、还是具有社会关系。很显然,他们都是因具有合法的从属关系而被加以利用(Hansen,2009)。无论如何,犯罪的主力军从来都不是来自社会经济最困难的人群。那些与金钱具有特殊关联的职业群体,更易深陷犯罪之中。这种犯罪类型可能会在底层社会作出区分。例如,合法的辩护律师帮助犯罪人洗钱,为履行营业或账务合同,经理向公开的专家支付报酬,以控制核算关系,避免损失。在两种犯罪之间,更进一步的根本区别在于,更多的犯罪类型显而易见地会受到处分,是根据犯罪获得经济利益的多寡被接受或被谴责(Brightman,2011)。

罪犯或受害人

许多案例似乎能够显示出个人计算机犯罪受害人的观点。这种观点表明,如个人、团体和公众都会成为这种犯罪的罪魁祸首。而犯罪人的观点则暗指计算机犯罪的实施者是集会的个人、团体和公众。就受害人的观点而言,认为除了恶意软件病毒和IT硬件劫持,黑客攻击是最常见的个人计算机犯罪案件。计算机犯罪研究者的研究报告指出,对受害人而言,个人计算机犯罪会造成额外工作,同时,也会对其收入造成损失。在对受害人的调查中发现,通过增强受害人对信息的控制及信息保证措施,一些受害人就能够避免受到伤害,尽管这只是一种心理上的提升训练(Hagen, Sivertsen, & Rong, 2008)。

网络犯罪案件

最近,更为重要的是数据流氓拓展了他们的认知观点,在金钱和政治思维进程的驱使下,实施的各类犯罪,在金融和个人犯罪领域,让人印象至深。随着法律权威的改变,越来越多的案件进入了法律程序层面。这些案件给检察官和法官带来了一些显而易见的困难,此外,也可能由于是新的案件(Smith, Grabosky, & Urbas, 2004)。社会发展的进步使人们的每一个需求都受制于互联网。网络使人们坐在一个地方的同时,对一切事物都了如指掌。人与人之间的交流、网上购物、数据存储、游戏、网上考试、在线活动,以及人们认为可能通过网络媒体构想着发生的每一件事。实际上,每个群体都在使用网络。随着网络及其关联优势的不断提升,网络犯罪之外的想法随之形成,网络犯罪变得无处不在。

几年之前,没有人在意通过网络实施的不道德行为。在网络犯罪问题上,印度和其他国家一样,面临网络犯罪复发率不断增长的趋势。网络犯罪被认为是无法律约束的犯罪活动,其中,个人计算机作为工具或目标被加以利用。这个定义是一个笼统的概念,诸如网络钓鱼传播侵权、信用卡诈骗、银行盗窃、非法下载、现代化监视、猥亵儿童、谈话方法绑架儿童、设计陷阱、数字压迫恐惧、创造感染扩散、垃圾邮件等。

网络犯罪是一个宽泛的概念,被用于描述犯罪活动,个人计算机或个人计算机系统作为一种工具、目标或犯罪场所,以及从电子器件到管理攻击异议的一切。这些同样涵盖了习惯性的不法行为。其中,个人计算机或个人计算机系统被用来实现非法目的(www.helplinelaw.com)。从而使我们有机会来讨论与众不同的各种网络犯罪案件。

虚假网站

犯罪分子制作虚假网站,使其看起来像真实的网站并牢记最终目标,诱使用户输入自己的数据。例如,用户名、密码、信用卡号或社会安全号。这些网站常常看起来与真正的网站没有什么区别,甚至比真正的网站更能诱惑用户。例如,一个虚构的假网站(www.bankofallahabad1.com)可以被做成与合法银行网站

(www.bankofallahabad.com)相类似的网站,而且链接唯一。此时,当用户在假网站上输入他们的数据时,骗子就得到了他们的资金账号。假网站已被证明不可避免,造成了数十亿美元的欺骗性收入,并损害了无知的网络用户的利益。这些虚假网站的设计轮廓与外观,使用户难以分辨(Abbasi,Zhang,Zimbra,Chen,& Nunamaker,2010)。

洗钱

逃税是隐瞒不法行为所得利益并将其导入真正的信用卡关联系统的一种获利途径。在犯罪所得被洗掉之前,犯罪分子使用这些非法资金是不安全的,因为他们无法弄清资金来源,也很少提及这是犯罪。在洗钱过程中,从优质的货币资产中识别现金明显变得困难,而且这些资产在犯罪分子不加识别时就使用,以无法计算的方式来支配现金。总体而言,逃税可以分为三个阶段。

- **处置**:将潜藏的非法资金注入金融系统。
- **离析**:将资产与其源头分离,时常利用未知组织作掩护。
- **融合**:资金从真正的金融系统流转回犯罪分子手中(www.gfintegrity.org)。

逃税是一种资金流。基本上,资金存放地和资金"洗白"地在不同的场所。一个骗子把一辆偷来的自行车碰巧卖给一个二手零售商店,那么,当这辆自行车从这家商店被买回来的时候,没有人会认为自行车是盗窃得来的,而且,每次都会按照这种思路进行转手,然而,这种使人困惑的信念却十分清晰,即使在最有力的非法避税报告中也不会例外(Walker,1999)。非法避税是全球金融预算体系保持勃勃生机的最大障碍之一。令人感到疑惑的是,洗钱是全球普遍测试非法避税的一种方法,常常包括不可预测的交易和超过其他外部机构的各种交叉预算机构。此外,洗钱侦查和追诉非常困难(Buchanan,2004)。

银行诈骗

银行敲诈是一种犯罪,当一个人被证实利用非法意图从银行或其他金融机构获取现金或提供现金时(legaldictionary.net)。银行和金融机构影响着当今社会金融前景的发展,尽管他们在金融领域取得了巨大成就,但也为犯罪侵害个人权利提供了通用的方法。然而,这种方法也证明了复杂、新型犯罪已成为银行及资金相关领域的主要犯罪,这与惯常的犯罪存在很大的不同(Hidarimanesh & Esfahani,2016)。对一些大型企业集团而言,虚构资金是最大的隐忧,由于这种资金勒索,每年将会损失数十亿美元(Duhart & Gress, 2016)。

• 德勤会计师事务所的报告显示,勒索事件发生的背后,是高级管理层背离现有程序而造成监管缺失。商业压力往往归于毫无意义的目标设定。避免遭受敲诈的考验主要源于客户和员工防范意识缺乏。

• 各种资源数据整合困难

• 诈骗检测工具和技术不足

在印度,媒体查实并详细报道的当前一部分敲诈事件与定期存款、贷款支付或扩大贿赂信贷便利、钓鱼及其他伪装的网络/ATM机有关。近来的典型案例表明,欺诈不仅会损害福利、工作效率和稳定的管理质量,还会严重影响某一机构的声誉。尽管行政机构对此进行了罚款,但会对工人的精神和财务专家的确信产生不利影响(www2.deloitte.com)。

预付金诈骗

分期付款敲诈是指骗子将目标受害人锁定在对没有生产出来的产品、资产管理及非货币性利益预先或直接进行的分期付款(www.actionfraud.police.uk)。以下是一些进行消费诈骗的通用伎俩。

• **受益人基金骗局**:骗子经常会编造某种故事,并且寻求你的帮助,然后,从另一个国家的银行取走你账户上的资金。

• **彩票骗局**:这种骗局声称,你在国外中彩票并赢得现金。大多数情况下,骗子会发送信件或电子邮件,要求提供你的个人资料来确认你的身份。

• **投资骗局**:一家风险投资机构和国外捐赠机构保持联系并需要帮助。这封信件或电子邮件看起来似乎是来自一个受人尊敬的投资公司或政府机构。信件将以联系机构的请求,要求为了获取一个并不存在的重大收益而提前支付某种费用。

• **情感骗局**:骗子通过为重病缠身的亲属募集资金或索要当面约会的机票费用,在交友网站或聊天室锁定诈骗对象(www.stonebridge.com)。

在全球各地,最臭名昭著的一种诈骗手段是日复一日地对办公室人员实施的欺诈,这种方法被称为分期付款。如果受益人支付了分期费用,诈骗人就会竭尽全力为受益人制定一个计划,从而攫取更多的美元(Ampratwum, 2009)。分期付款如同瘟疫,每年都能赚取大量美元(Cheng & Ma, 2009)。分期付款的骗子往往利用特有的技术,采用合理限制的冒险和受害人产品计划。制订包括宣称专家合作、优品控制、名人与机构推荐等噱头,提供不完整的真实性验证,制造批评性言论,进而对安全和利益提出暗示。

恶意代理

恶意代理是一种个人计算机程序,它利用潜在入侵程序的优先运行来帮助攻击网络或系统。一般而言,管理员程序库中包括感染、蠕虫和木马程序。通过连接这些程序中的关键节点,使得跟踪程序编写好代码并预警风险,甚至对支持其运行的附件程序使用防火墙。恶意代码是一种个人计算机程序,它为潜在入侵者的利益工作,帮助攻击计算机或计算机系统(Zeltser, 2000)。程序设计之所以被称为"恶意编程",因为它是基于程序员明确的目的编程,而不是根据特定的需要。高级恶意程序集合了间谍程序、僵尸网络程序和键盘操控程序。在僵尸网络程序中,当恶意程式信号访问时,键盘操控指令失灵,用户键入的口令、信用卡号及更多信息就有可能被滥用。恶意程序可以自动为入侵者匹配攻击程式,也可以在网络犯罪中,增强犯罪的整体计算能力(Bossler & Holt, 2009)。

身份盗用

网络获取的这些有用信息,为了受害人的利益可以进行储存和管理,也可以提供给骗子作为欺诈的证明(Bilge, Strufe, Balzarotti, & Kirda, 2009)。身份盗用的类型涵盖了犯罪、治疗、资金相关和儿童身份盗用等(investopedia.com)。随着社交网站的日益普及和遍地开花。例如,脸书(Facebook)以每周3%的信息速率高速增长。对于潜在的网络入侵者而言,通过计算机网络爬虫抓取数据较为困难,欺骗攻击针对远程个人交互系统,其特定的终极目标是访问大量的个人用户数据(Milne, 2003)。身份盗用是一种真正日益普及的犯罪,信息购买者需要采取预防措施,以免变为可能的受害者(Bilge et al., 2009)。

数字盗版

数字盗版已经成为资料下载的普遍来源[weebly.com]。数字盗版是另一种颇受青睐的程序盗用。截至2005年年底,因为高级盗用而造成的收入损失达到了50亿美元(Al-Rafee, & Cronan, 2006)。高级盗用对改善产品业务和促进计算机媒体工业的发展,带来了十分严重的危险,在最近十年里,这种盗用引起专家和人才的极大热情(Yoon, 2011)。计算机盗窃已变为一个令人极度担忧的问题,其最终目的是引起管理者、学者和商业机构的思考(Moore, & McMullan, 2009)。

网络跟踪骚扰

对网络跟踪骚扰和在线挑衅事件的好奇,似乎将成为未来与互联网关联紧密的热点问题(Ellison & Akdeniz, 1998)。

网络跟踪骚扰通常包含了与传统跟踪骚扰难以区分的一般品质,然而,在网络虚拟条件下,一些基础参数会发生改变。这种变化造成互联网的特殊功能被滥用(Ogilvie, 2000)。当谈到跟踪骚扰这个词时,可以被命名为集中在受害人身上不断重复地纠缠。例如,跟踪受害人、拨打骚扰电话、杀死受害人的宠物、毁坏受害人的财产,留下口信或打听信息。跟踪可能会通过残暴的行为来实施,例如,对受害人的身体进行伤害。高级跟踪骚扰指的是通过网络组织不断去刺激受害人或逐步削弱计算机犯罪障碍。无论是线上还是线下,跟踪者都需要控制这种周折的境况(Snyder & Crescenzi, 2009)。

儿童色情

色情作品暗示性行为的最终目的是个人内心的性能量。赤裸裸的性娱乐还包括淫秽网站、利用个人计算机制作的淫秽杂志和通过手机传播的网络色情。事实上,网络被过度地用作对青少年进行性侵犯的媒介。青少年成为网络犯罪的必然受害者。个人电脑和网络已成为每个家庭的必需,孩子们可以轻易地去访问网络。在网络上,可以很轻松地浏览色情内容。恋童癖者通过传播露骨的淫秽资料来引诱孩子们,之后,他们会想方设法约见这些孩子来满足自己的性行为,并拍摄孩子们的裸照,甚至包括性交姿势。有时候,恋童癖者在聊天室里接触孩子们,表现得像年轻人或同龄的孩子。之后,他们开始表现出对孩子们极大的友好,并赢得孩子们的肯定。此时,恋童癖者开始逐步地和孩子们交流有关性问题,使得孩子们摆脱对性的障碍,经过一段时间之后,恋童癖者会单独约孩子们见面。从此时起,虐童才正式开始,恋童癖者会给孩子们一些现金或用谎言鼓励他们应当过放荡不羁的生活。恋童癖者对青少年在性滥用方面,要么利用他们作为性物品,要么将他们的淫秽照片加以保存,并将这些照片发送在网络上(Fidelie, 2009)。

知识产权犯罪

对汽车制造商,奢侈的创作者,媒体公司以及医药机构来说,知识产权犯罪是真正的金钱烦恼。知识产权犯罪即弄虚作假者危及大众的福祉,特别是在发展中国家,根据世卫组织的数据,超过60%的药品是假冒产品(Pontell, Geis, & Brown, 2007)。受保护的创新在财富时代崛起的动力,已经通过错误行为延伸出的弱点反映出来了。网络犯罪一般与知识资产犯罪相联系。同时,调查了知识资本和分散的数字条件下的犯罪危险,表明习惯的合法处理在很大程度上不足以保护产权。与现金或美学表现不同,例如,需要罪犯进入金库或陈列室,从而带走被盗物品,学术资源犯罪要求罪犯进行技术模仿。对发生抢劫事件的一个巨大方法是将资产重新建立在其特殊的所有者手中(techtalk.gfi.com)。

网络赌博

网络博彩是一般问题,对所有自治国家的相邻街区法律或授权博彩的国家都有影响。通过利用警察权力,各州政府普遍控制了博彩业。在任何情况下,网络博彩在全国和世界范围内的发展都需要通过整体法律来组织。安提瓜是一个加勒比海小岛,于1981年从英国脱离获得独立。1997年,网络博彩在这个小岛上兴起。网络博彩是在世界体育企业(WSE)的控制之下。为了进入赌局,客户需要投入300美元。此外,每个赌注将得到WSE10%的折扣。该组织在最初15个月的运作中拿了350万美元。有人认为,整理过的违法行为已经渗透到安提瓜的博彩尝试中,那些未成年成员允许参与其中(Guan, 2003)。鉴于在禁止互联网赌博方面存在相当大的麻烦,一些科学家建议,世界各地行政部门应指导和实施在线业务的指导人员。

由于互联网赌博的法律地位不明确,必须制定法律,明确规定什么活动可为,什么活动不可为,此外还要强调世界政府的控制和网络博彩组织的自我指导。

网络犯罪工具

研究电脑犯罪的刑事专家需要安排专门工具并进一步使用一些方法。根据电脑设备的类型和自动展示的种类,经销商还可以选择小型设备。在利用电脑犯罪学工具方面,一个典型的误导性判断就是相信这些工具只是用来解决网络犯罪。虽然网络犯罪正在迅速达到10年前令人难以置信的水平,但个人电脑法律科学并不限于这种犯罪。事实上,个人电脑法律专家解决的案件中只有一小部分与网络犯罪有关。最高93%的数据从未离开过数字领域,用于检索数字证据、方法、技术和问题。这意味着绝大部分统计数据都是在虚拟框架中产生和扩展的。自动快照、电子通信、在线会谈和发短信,在没有电脑的情况下是不可思议的。对于进行科学考察的大师们来说,这意味着越来越多的证实会以数字形式明显地出现。准确地说,许多类型的证实只是在自动化的应用中非常便利。在可测量的检查方向上进行康复的自动证明需要使用特殊设备。目前的个人电脑可测量调查人员适合恢复被删除、扰乱或在移动电话革新领域被隐藏的信息;他们可以按要求在法庭上进行确认,并将在检查中发现的证据联系起来。可以包含在测试案件中,包括检查有罪方的理由、审查互联网、处理滥用资产以及使个人电脑出现关联危险的系统使用。可以要求取证专家参与真实案件,包括中断信息、讯问或任何其他类案件。通过分析框架小工具或阶段性应用策略和独立编写的犯罪学应用程序,他们能够提供关键性的相关信息而抓获罪犯。

硬件工具

有许多专门为网络犯罪组装的工具。部分设备包含克隆小工具、组成拦截器、方便容量小工具、连接器、链接,这些只是冰山一角。计算机是任何网络犯罪实验的基础。为了获得检查,需要可操作的出色的个人电脑工作站。网络犯罪测试需要大量的计算能力。一个很好的测试小工具拥有众多的多核处理器,就像你可能会得到40个(越来越高)的RAM一样,以及昂贵,并且有些难以操作的驱动器。法律节目制作人对最少的和拟议的设备必需品进行了具体排列。网络犯罪不再是一个"以个人电脑为中心"的尝试。小型设备,例如移动电话和全球定位系统小工具正在充实全国各地的实验室。这些设备需要应用在便携式PC和台式机上的特定设备。Cellebrite 的 UFED 支持超过 3 000 部手机。Paraben 组织,Cellbrite 的竞争者,它声称可以支持超过 4 000 部电话、掌上电脑和全球定位设备。在管理电话时,拥有正确的链接是最基本的。与个人电脑完全不同,手机在连接器和链接方面需要很大一部分加以制度化。实验室需要一个广泛的链接选择,以适应大量不知如何选择的手机。幸运的是,手机科学设备生产商给出了相当数量的所需链接。有几个组织制作了设备克隆小工具。法医克隆是一个特定媒体位的"比特流"副本,例如,硬盘驱动器。这些设备可以真正加快程序,克隆不同的驱动器,没有片刻延迟。它们同样可以提供编写保证、混杂信息核实、消除驱动器、审查跟踪,而这仅仅是开始。

软件工具

现有大量的网络犯罪编程项目。有一些是标准的工具,为各种各样的能力服务。其余的是需要重点关注的,填补了真正的限制性需求。这样的应用程序往往集中在一种特定的证明,电子邮件或网络,例如,当选择到程序时,应该在使用开源工具或商业创建的项目之间做出决定。两者都有其优点和缺点。例如,成本、有用性、能力和支持等因素是可以用来确定这一选择的部分标准。来自 Access Data 的 Forensic Toolkit(FTK)和来自 Guidance 编程的 Encase 被认为是最知名的商业工具通用编程。这两个程序是惊人的,可以使考试更容易,更有成效。这些应用程序具有类似"瑞士军刀"的能力。它们具有多种功能,包括:"搜索""电子邮件调查""排序""报告""密码破解"等内容。这些调查工具特别特殊,使调查人员能够用尽他们正在寻找的信息。以下是可以搜索部分数据的快速概述:"电子邮件地址""姓名""电话号码""关键词""网络地址""文件类型""数据范围"。尽管这些小工具很强大,但它们确实有一些障碍。事实上,没有一种工具可以做到这一切。因此,如果支出计划允许,实验室需要各种可访问的设备。网络犯罪专家利用编程和设备履行职责。没有一种工具能做任何事情或做得很好。大多数实验室将拥有各种各样的设备,以赋予他们所需的广阔容量,因为他们认为在初步调查时应有广泛的创新集群(Sammons, 2012)。

系统管理工具(Taboona, 2017)

Sans Sift(SANS 数字取证工具包)

用户对于逻辑和现场的反应检查,可以使用 SANS 调查取证工具包(SIFT),它是一个基于 Ubuntu 的 Live CD。Sans Sift 工具支持 RAW(dd)确认行为、高级取证格式(AFF)和专家证人格式(E01)。这些通道融合的一些小工具,例如,从结构日志中获取场景事件日志第 2 时间线,数据存档切割的碎片,检查重用部分的垃圾以及其他部分。当你第一次启动 SIFT 条件时,使用者建议你先研究桌面上的文档,使你能够清楚地了解哪些工具是开放的并如何使用。以

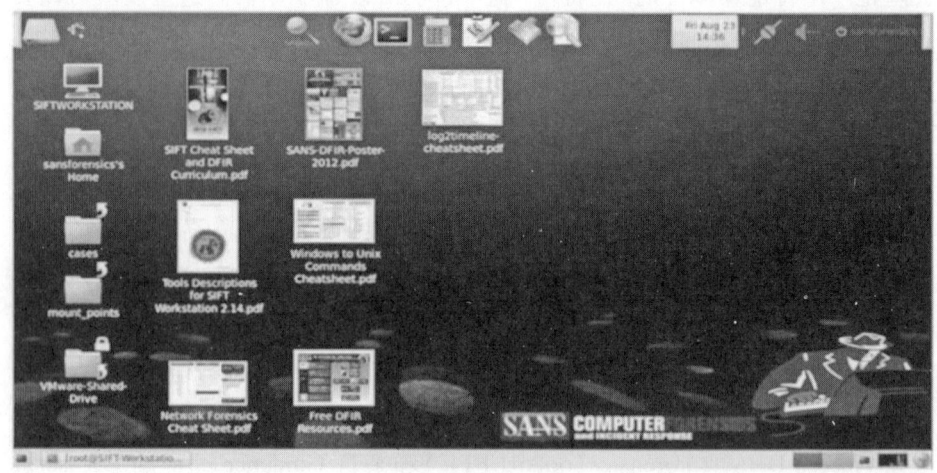

图 11-1　Sans Sift(SANS 数字取证工具包)

类似的方式,在系统中有一个可容忍的指导说明,在哪里可以找到演示。使用最好的菜单栏打开一个小工具,或者从 Windows 终端窗口中手动调取。

ProDiscover Basic(综合取证工具)

上述工具是一种必要且先进的法律审查工具,能够应用于我们的绘图中,特别促进了证据的发现。当用户合成犯罪图片时,用户能够通过内容看到数据库,

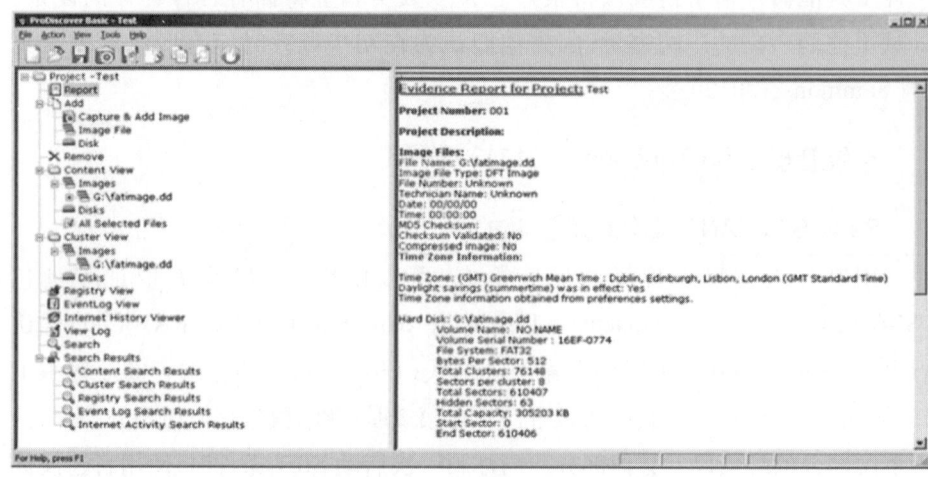

图 11-2　ProDiscover Basic(综合取证工具)

也能通过观察收集持有的这些数据。客户以类似的方式,可根据选择标准,利用上下文中的搜索焦点来检查信息。

要运行 Pro Discover Basic,首先要从"包含"焦点中融合显示或以堆砌的形式分析。利用"实质视图"和"组视图"中心点来分析信息,或利用"工具"菜单来对信息进行练习。点击"报告"的中心点,几乎完全可以看到基本的事实。

Volatility(开源内存取证分析工具)

对于事件响应和恶意软件的检查,用户可以使用 Volatility 这个内存取证工具,将来自随机存取存储器(RAM)中无用的稀缺信息加以清除。用户可以使用 Volatility 工具来获取有关运行方法的信息、开放的框架连接和框架关联,每个技术堆叠的 DLLS,设置的注册表阈值,以及处理所有上述方法中提及的 IDs。

管理员通过运行不稳定的 2.1.Standalone.exe 文件,也可以打开并激活 Windows,用户就可以使用 Volatility 工具独立的 Windows 可执行版本。除控制激活窗口外,根据可行报告来检查该区域,并定义"instability 2.1.standalone.exe-f<FILENAME>-pr ofile=<PROFILENAME><PLUGINNAME>",重新定义内存存储器为 FILENAME.PROFILENAME 将是计算机的内存转储器,为了移除信息,用户可以使用 PLUGINNAME 作为该模块的名称。

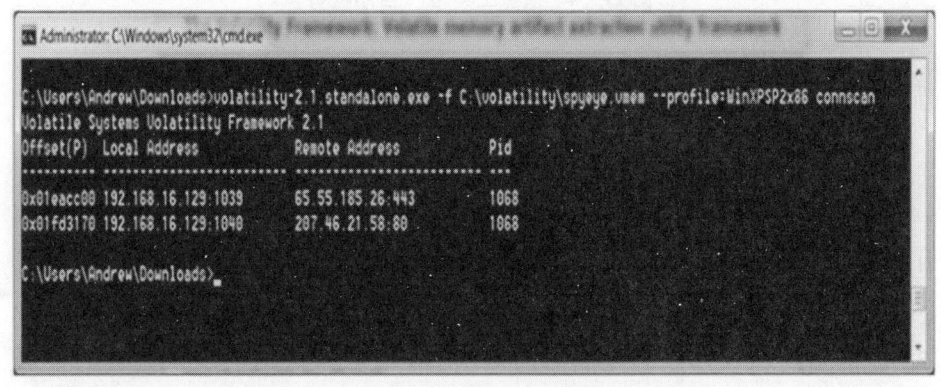

图 11-3 Volatility 开源内存取证分析工具

侦探工具箱(+自动检查)

为了对各种记录结构进行内部和外部调查,技术人员可以使用开源的数字取证工具箱,它被称为 The Sleuth Kit。对于在 sleuth kit 上的 GUI 网站,自动检查是非常必要的。侦探工具箱能够嵌入各种模块,以扩大检查范围,它还具有时间线分析、哈希过滤、文件系统分析和关键词搜索等功能。要启动"自检",你可以提出另一个防御或加载一个现有的防御。如果你提出另一个防御,应当设置一个可测量的图片或一个相邻圈来开始检查。检查策略过程结束后,技术人员可以通过工具左侧的中心点来查看结果。

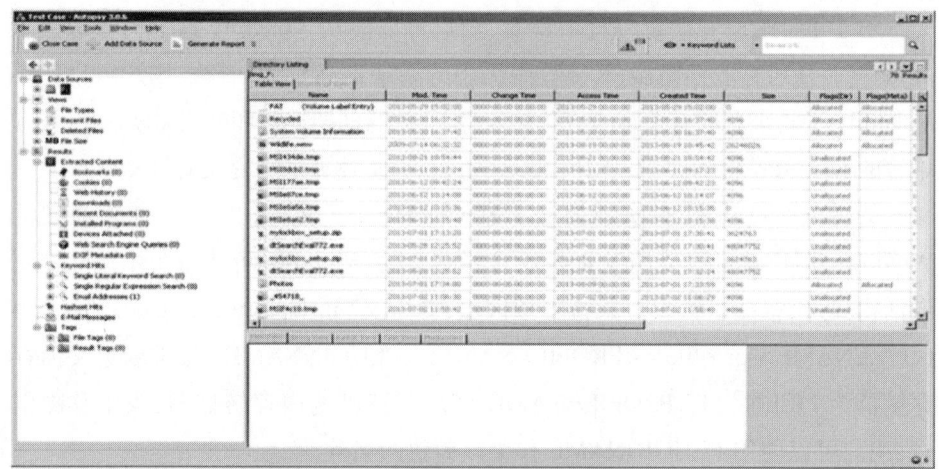

图 11-4 侦探工具箱(+自动检查)

FTK Imager(镜像制作软件)

对逻辑图片或内存转储内容的浏览,以及相邻硬盘驱动、安装驱动和 CDs/DVDs 的驱动,电脑专业人员可以使用镜像制作软件来完成。镜像制作软件是一个信息成像工具。专业人员可以对档案运用数据加密算法或消息摘要算法第 5 版中的校验工具,将犯罪图片中转录、封存的记录进行圈定、审查和恢复回收站中删除的记录(假定这些数据块没被覆盖的情况下),通过使用镜像制作软件可加载在 Windows 浏览器中查看的大量图片信息。

要启动这个工具,从"记录>包括证据项目"开始,就会看到一些证据。为了制作一个证据图像,需进入"文档>创建磁盘图像",取证人员可以从这些资源中挑选证据图像。

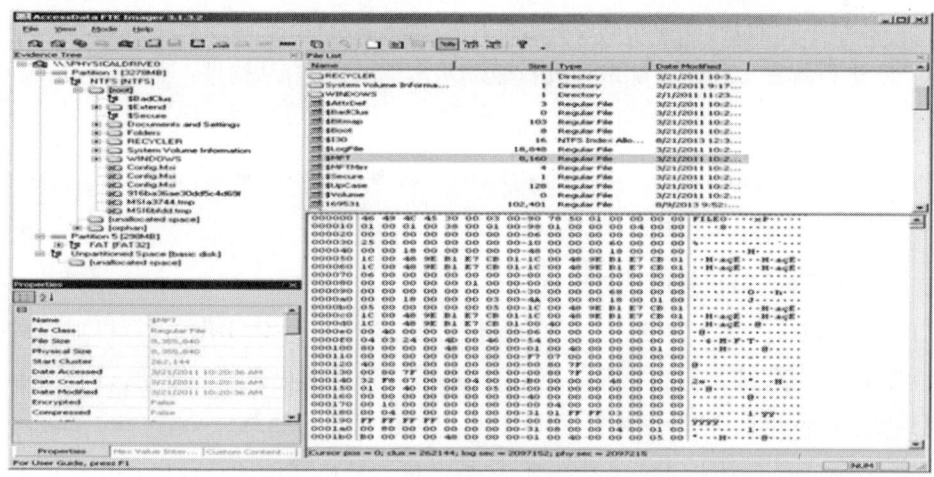

图 11－5　FTK Imager(镜像制作软件工具)

Linux dd(读取、转换并输出数据命令工具)

目前,Linux 系统的某些运行由 dd 命令加以停止(如 Ubuntu, Fedora)。Linux 的"dd"是唯一先进合法的命令工具而被使用,例如,擦除一个取证驱动器(清空一个驱动器)并制作一个驱动器的原始资料。dd 是一个强有力的工具,如果不谨慎使用,可能会产生破坏性影响。根据规定,在实践中使用该设备之前,必须在一个受保护的领域中进行。

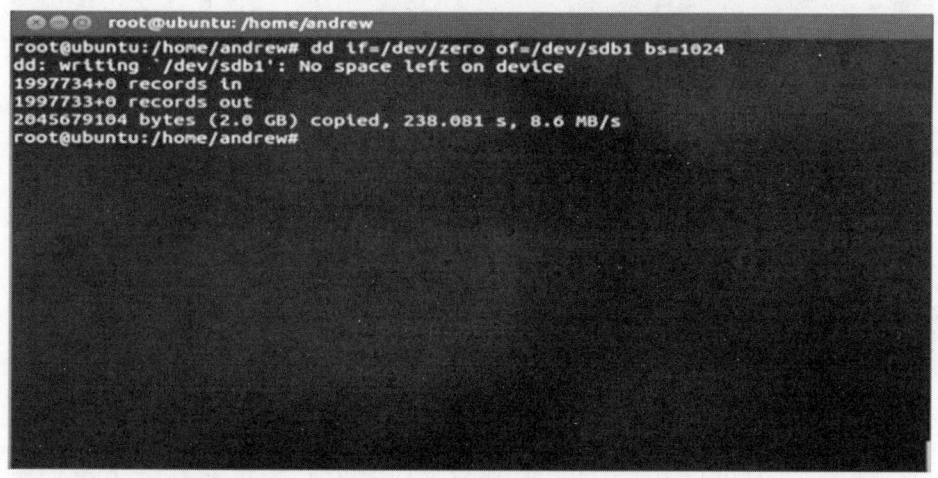

图 11－6　Linux dd(读取、转换并输出数据命令工具)

从根本上而言,要使用 dd,须先打开一个终端窗口,并通过顺序参数的赋值对 dd 进行排序。用于擦除取证硬盘驱动基本的 dd 语言结构是:

dd if=/dev/zero of=/dev/sdb1 bs=1024

if=input document, of=yield record, bs=byte estimate

CAINE(计算机辅助调查环境)

一个包含大量丰富的、先进的合法性工具,被命名为 CAINE(计算机辅助调查环境)。其组成部分包括简单使用的 GUI,部分自动化记录的开始,以及用于移动取证、网络取证、数据恢复的小工具,可以说是非常简单。

当启动到 CAINE Linux 状态时,运行来自计算机辅助调查环境相互作用下先进的科学工具,或启动应用程序菜单栏"可测量工具"按钮上依赖于每个小工具建立的简单课程。

图 11-7 CAINE(计算机辅助调查环境)

Oxygen Forensic Suite 2013 Standard(手机取证软件)

Oxygen Forensic Suite 是一个针对无线网收集确认的可预测性案件加以授权并完成取证的工具。它能收集设备信息、联系人、消息和恢复被删除的消息、通话记录、日历和任务信息。此外,该工具还包括一个记录程序,使我们能够得到客户单独的图片,录音,文件和设备数据。在这一点上,在调用 Oxygen

Forensic Suite 时,在最优菜单栏中点击"界面相邻工具"来调出 Oxygen Forensic Extractor 向导,帮助我们选择一个小工具和想要独立看到的案件事实与种类。

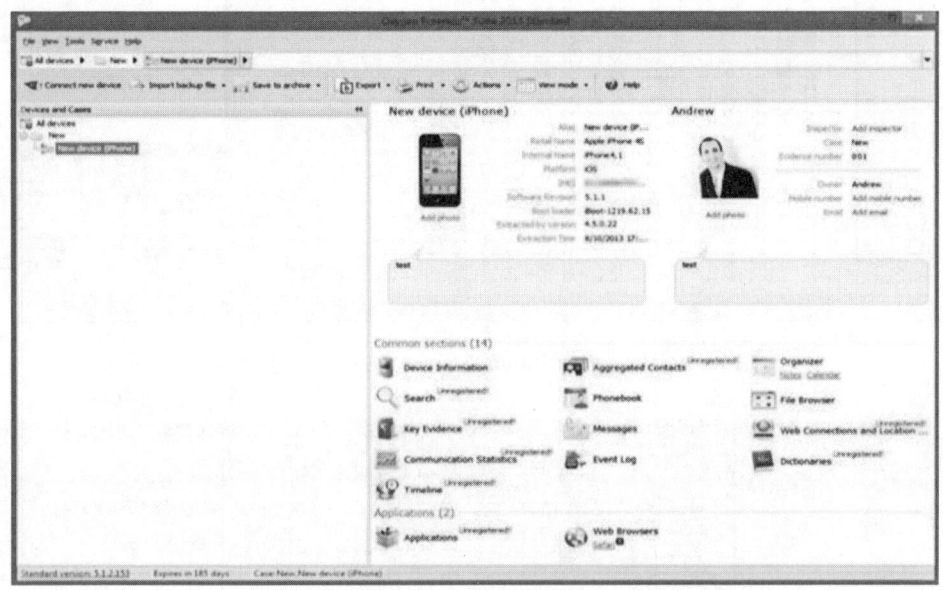

图 11－8　Oxygen Forensic Suite 2013 Standard(手机取证软件)

Free Hex Editor Neo(十六进制编辑器软件)

为了处理昂贵的记录,人们发明了一个基本的十六进制监督工具,它被命名为 Free Hex Editor Neo。然而,当在 Hex Editor Neo 的商用编辑器中建立了相当数量的升级程序时,却发现这个工具的主要作用只是堆积大量的报告(如数据库报告或合法图片)和执行练习,例如,手动数据切割、低级记录调整、信息收集或追捕伪装的数据。使用"记录>打开"将档案堆积到 Hex Editor Neo 中。数据将会出现在中间的窗口中,你可以通过物理的十六进制方式开始查看或按 CTRL+F 来进行搜索。

Bulk Extractor(取证调查工具)

Bulk Extractor 是一个个人电脑不法行为场景检查工具,涉及板块图片、文档、文件记录和焦点信息,例如,万事达卡号、电脑空间、电子邮件、网页链接及压

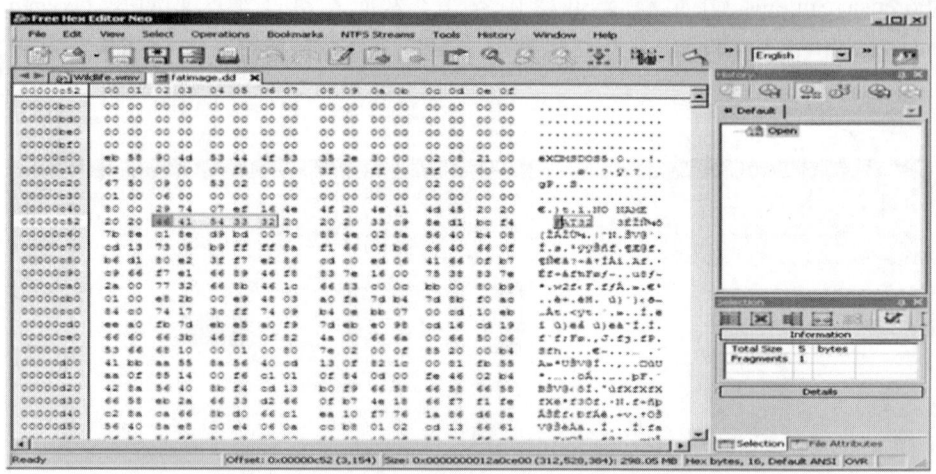

图 11-9　Free Hex Editor Neo(十六进制编辑器软件)

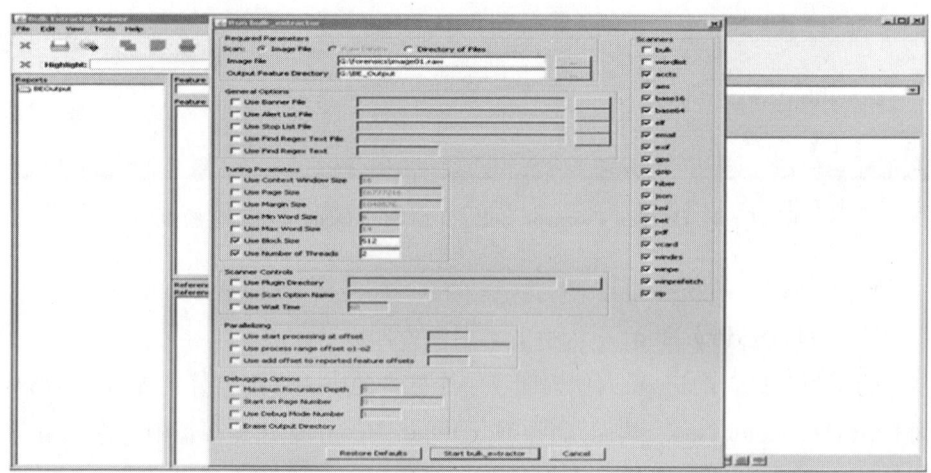

图 11-10　Bulk Extractor(取证调查工具)

缩记录。这些单独资料客观记录了电脑使用的资料记录(这种记录可以通过物理审查或使用不同的非法场景检查工具与资料来进行分析)。检查资料文件内容,就会发现像签证号码、电子邮件地址、地区名称等信息记录。同样,会在内容记录的主要部分检查出一个十进制的程序,当改为十六进制时,可以利用它作为发现该通道内的循环信息。

这个工具是一个命令行工具或 GUI 设备。在上面的案例中,我将取证设备设置为从我之前拍摄的一张法律科学图片中去分离数据,并将结果保存在一个名为"BE_Output"的文件夹中。然后,这些结果将在取证调查浏览器和以上保存的文件夹中看到。

DEFT(数字证据及取证工具箱)

在取证领域,最主要的免费和可用开源 PC 取证工具是 DEFT。这是另一个 Linux Live CD。对于调查事件反应、网络情报和计算机取证情况,DEFT 发挥了重要作用。移动取证、网络取证、数据恢复和哈希计算是 DEFT 工具的一部分。

技术人员被要求使用 DEFT 来堆栈现场状况或将 DEFT 应用到取证领域。如果有可能的话,在应用菜单栏调取需要的工具加以选择利用,生成堆栈现场状况。

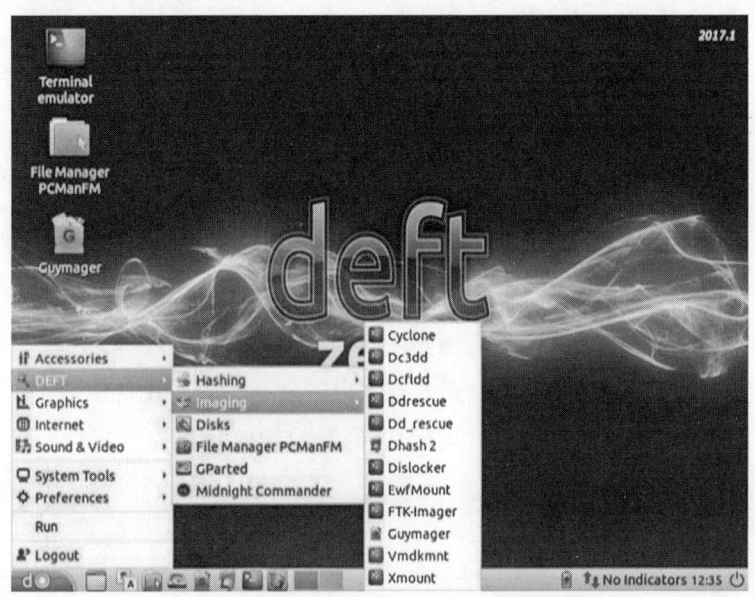

图 11-11　DEFT(数字证据及取证工具箱)

Xplico(开源网络取证分析工具)

为了分离出网络发展中的应用数据,一个开源的网络取证分析工具应运而生,并被命名为 Xplico。是对传统工具组件的升级,包括集成 TCP、MySQL 或 SQLite 数据库信息扩容及其他方面。

我们之前已经介绍了 Xplico,通过浏览器输入 HTTP://<IPADDRESS>:9876 到达网页,并以典型客户账号登录进入网页界面。建立案例并生成另一会话。当运行另一个会话时,就可以生成一个 PCAP 记录(例如从网络嗅探工具包中获取)或开始实时抓取。一旦这些会话完成了分离过程,就可利用左侧的路径菜单来查看结果。

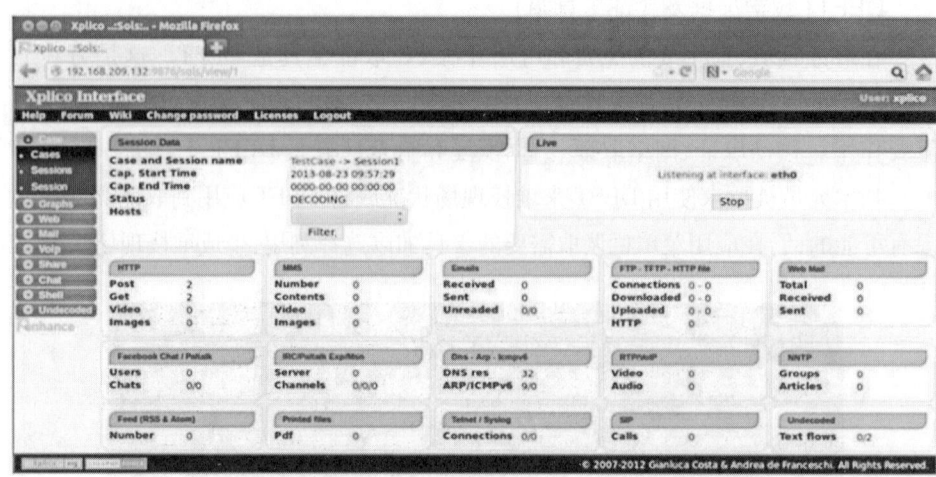

图 11-12 Xplico(开源网络取证分析工具)

Last Activity View(查看电脑操作记录工具)

Last Activity View 能够察觉到电脑客户所做动作以及设备中发生的任何事件,任何活动。例如,运行一个可执行文件,从资源管理器打开一个记录或文件

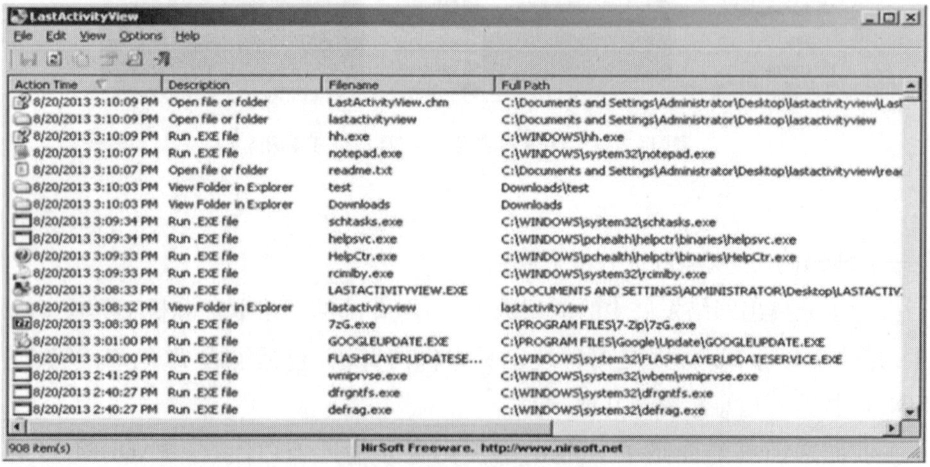

图 11-13 Last Activity View(查看电脑操作记录工具)

夹,应用程序或架构崩溃或客户端播放创建的文件,这些都将被记录下来。这些数据将被发送到 CSV/XML/HTML 记录中。

运行 Last Activity View 后,将会立即开始显示运行设备上的程序清单,并按运行时间排序,还可以利用请求抓取机器上运行的程序资源。

DSi USB Write Blocker(DSi U 盘禁止写入工具)

一个预安装的禁止 U 盘写入工具,被命名为 DSi U 盘禁止写入工具。对于防止调整元数据或时间戳并确认无效的预检十分必要。

当运行 DSi USB Write Blocker 时,它会弹出一个窗口,进行授权或削弱 USB Write Blocker。当推出改进措施并关闭应用程序时,可以从任务栏的锁存符号中注意到状态。当对一个 USB 驱动器进行检查时,首先要授权 USB 禁止写入工具,然后再连接 USB 驱动器。

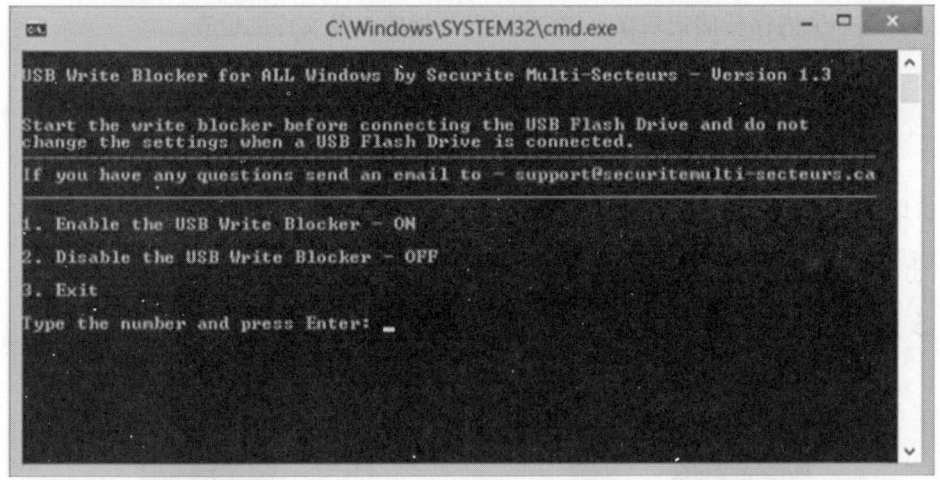

图 11-14　DSi USB Write Blocker(DSi U 盘禁止写入工具)

Mandiant Red Line(内存文件分析工具)

RedLine 提供对特定主机进行内存和文件调查的功能。它从内存中收集有关运行程序和驱动程序的数据,并积累记录框架元数据、注册表信息、事件日志、组织数据、管理、任务以及互联网浏览历史,以帮助建立一个一般危险的评估档案。

启动 RedLine 后,需要决定是收集数据还是分析数据。除非有一个内存转

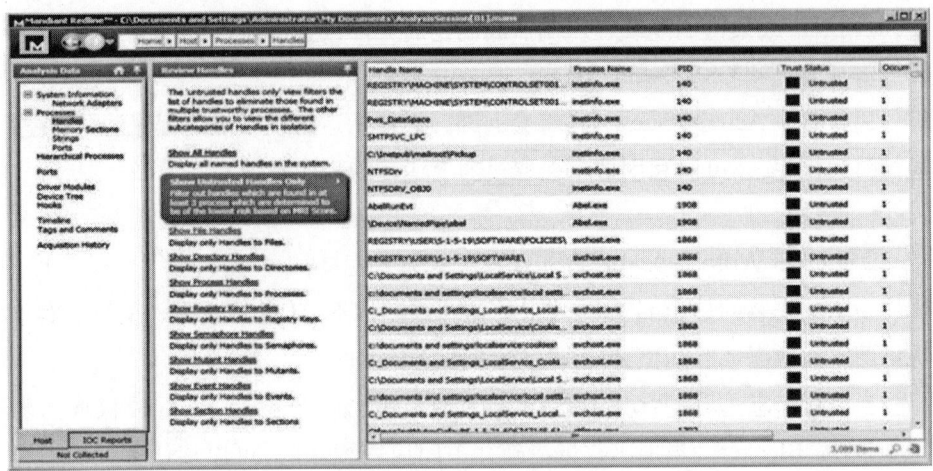

图 11-15　Mandiant Red Line(内存文件分析工具)

储文件,否则就要进行授权以积累来自机器的信息,并让这个程序运行到峰值。如果有一个内存转储记录在手边,就可以开始内存及文件的检查。

Plain Sight(多功能计算机取证环境工具)

PlainSight 是一个基于 Knoppix(Linux 发行版)的 Live CD,允许用户运行高级取证任务,如查看互联网历史记录,数据刻画,USB 设备使用信息收集,检查物理内存转储以及较大挑战的说明。

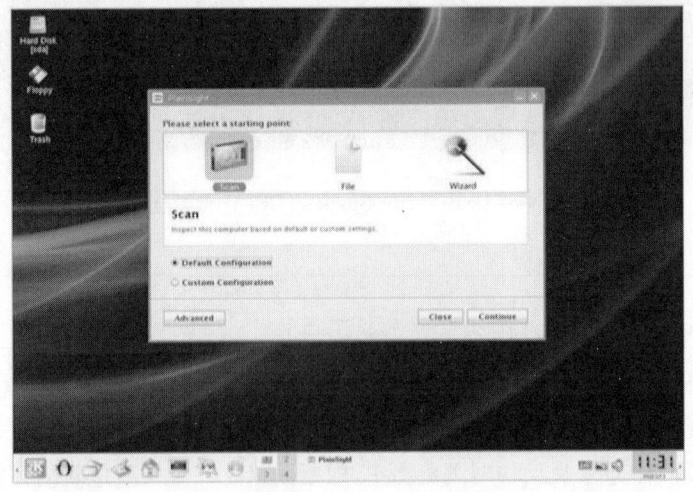

图 11-16　Plain Sight(多功能计算机取证环境工具)

当用裸眼开始查看时,弹出的窗口要求选择是否需要扫描、堆叠文件或进行压缩。当输入一个选项时,就开始了提取和分析信息的进程。

HxD(十六进制磁盘数据编辑器)

HxD 是毫无疑问的最佳选择之一。它是一个易于理解的十六进制助手,允许进行低级别的修改,改变粗略的链接或核心内存(RAM)。HxD 设计考虑到使用与执行的便利,可以毫无问题地处理大量记录。信息碎片聚集以便追踪和替换,携带,检查总量/形式及更多。

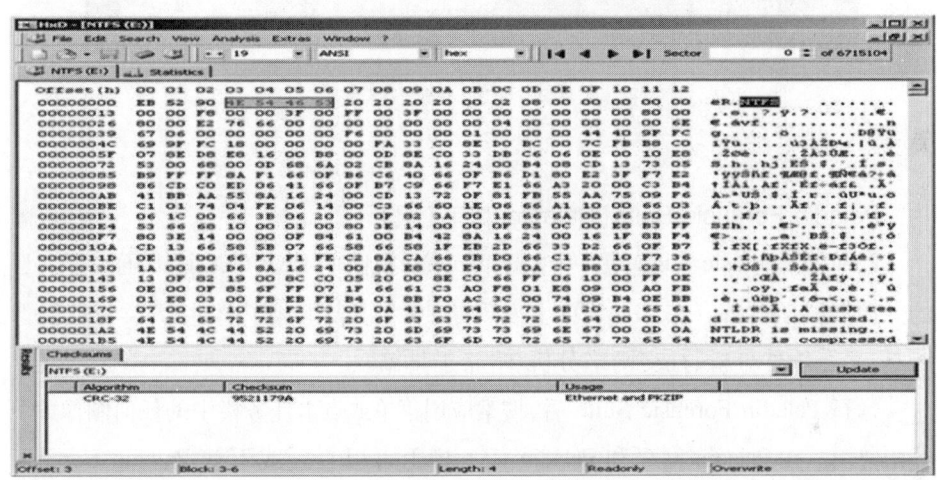

图 11-17　HxD(十六进制磁盘数据编辑器)

Helix3

HELIX3 是一个基于 Linux 的 Live CD,用于事件响应构建,计算机取证和电子发现方案。它包含了一堆开源工具,从十六进制编辑器到数据刻画软件到密码破解工具等。

HELIX3 版本是 2009R1。此版本是 HELIX 由商业供应商接管之前可用的最后一个免费版本。HELIX3 2009R1 今天仍然有效,并为数字取证工具包提供有用的补充。

当使用 HELIX3,用户必须创建 GUI 条件或在面板上输入 HELIX3。由于能够直接运行图形界面的配置(预写),将出现一个基于 Linux 的屏幕,你可以选择运行捆绑工具的图形化版本。

图 11-18　HELIX3

Paladin Forensic Suite(Paladin 取证工具)

　　Paladin Forensic Suite 是一个基于 Ubuntu 视图的 Live CD,其中压缩了大量的开源性科学设备。在 Live CD 上发现的 80 个设备组成了超过 25 类特征图像工具、恶意软件分析、社交网络分析、哈希工具等。

　　运行 Paladin Forensic Suite 后,搜索应用菜单或点击任务栏中的任何图像即可开始使用。在 Paladin 网页和 Paladin 任务栏上可以看到或下载 Paladin Forensic Suite 的快速手册。

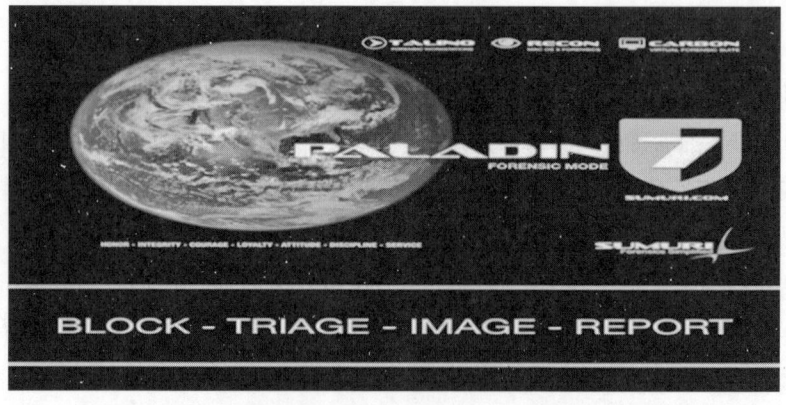

图 11-19　Paladin Forensic Suite(Paladin 取证工具)

USB 历史调查数据

USB Historian 调查 USB 数据,基本上来自 Windows 注册表,给出了与机器相关的所有 USB 驱动器概要。诸如 USB 驱动器名称、序列号、安装时间和客户账户等信息。这些数据会非常有用,针对检查信息是否被盗、被移动或被获取。

当发送 USB Historian 时,点击最佳菜单中的“+”符号来发送信息分析向导。选择要分析信息的技术来源(驱动器文件夹、Windows 文件夹和用户或单个文档/文件),然后选择要扫描的单独信息。一旦完成,数据将显示为之前的图片。

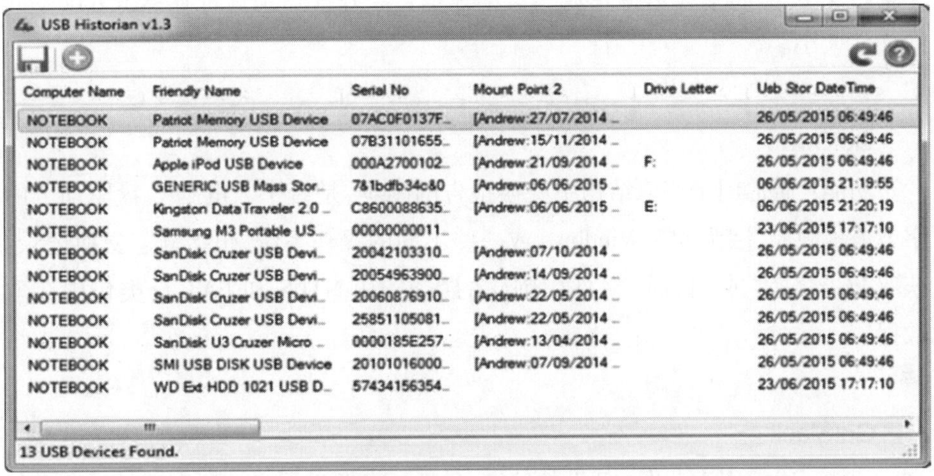

Computer Name	Friendly Name	Serial No	Mount Point 2	Drive Letter	Usb Stor DateTime
NOTEBOOK	Patriot Memory USB Device	07AC0F0137F…	[Andrew:27/07/2014 …		26/05/2015 06:49:46
NOTEBOOK	Patriot Memory USB Device	07B31101655…	[Andrew:15/11/2014 …		26/05/2015 06:49:46
NOTEBOOK	Apple iPod USB Device	000A2700102…	[Andrew:21/09/2014 …	F:	26/05/2015 06:49:46
NOTEBOOK	GENERIC USB Mass Stor…	7&1bdfb34c&0	[Andrew:06/06/2015 …		06/06/2015 21:19:55
NOTEBOOK	Kingston DataTraveler 2.0 …	C8600088635…	[Andrew:06/06/2015 …	E:	06/06/2015 21:20:19
NOTEBOOK	Samsung M3 Portable US…	00000000011…			23/06/2015 17:17:10
NOTEBOOK	SanDisk Cruzer USB Devi…	20042103310…	[Andrew:07/10/2014 …		26/05/2015 06:49:46
NOTEBOOK	SanDisk Cruzer USB Devi…	20054963900…	[Andrew:14/09/2014 …		26/05/2015 06:49:46
NOTEBOOK	SanDisk Cruzer USB Devi…	20060876910…	[Andrew:22/05/2014 …		26/05/2015 06:49:46
NOTEBOOK	SanDisk Cruzer USB Devi…	25851105081…	[Andrew:22/05/2014 …		26/05/2015 06:49:46
NOTEBOOK	SanDisk U3 Cruzer Micro …	0000185E257…	[Andrew:13/04/2014 …		26/05/2015 06:49:46
NOTEBOOK	SMI USB DISK USB Device	20101016000…	[Andrew:07/09/2014 …		26/05/2015 06:49:46
NOTEBOOK	WD Ext HDD 1021 USB D…	57434156354…			23/06/2015 17:17:10

图 11－20　USB Historian

证据收集工具(Guan, 2003)

SafeBack

功能:在客户网站通过隐匿登录,就可以得到信息交换框架大量的字节流。当运行硬盘驱动的字节流时,同时是对硬盘驱动器中大量字节流的复制,而不仅仅是文件。硬盘上的每一块数据流都会被交换到强化介质上。如果可能的话,结果将是令人震惊的,硬盘上所隐藏的信息,将会带你进入另一个世界——网络取证调查员。而这仅仅只是始于从一个介质(如硬盘)复制文件,然后到下一个介质(如磁带、相册、压缩媒体驱动器等)。

Getime

功能：通过仔细检查 CMOS 中的结构日期/时间，GetTime 用于报告故障个人电脑系统的时间和日期设置。调教 CMOS 上的日期/时间与你的手表或任何正在使用计时器上的当前时间，在确认处理个人电脑事务之前先做好 CMOS 中的结构日期/时间。

GetFree

功能：它通常用于确保电脑 C 盘上所有未分配空间(已删除的记录)的数据资料安全，并将这些数据生成一份单独报告。并评估预计将容纳未分配空间的文件大小。

GetSwap

功能：通常用于获取结构中交换报告的副本，是否个人电脑 C 盘驱动上的字节流被限制，因为 MS Windows 或一些不同的操作系统，包括静态交换记录。获取 PC"交换"或"页面"文件中创建的数据，从 NTFS 和 FAT 分类包中获取数据。

GetSlack

功能：通常用于获取 PC 上的信息，包括硬盘驱动器上的所有记录。至少包含硬盘驱动器上的一组文件空闲空间。记录没有完全充满的字节空间被称为冗余空间。冗余空间被操作系统用于不同的事情。然而，这种冗余空间无法通过正常的 PC 客户端发现。需要独特的设备才能发现。通常情况下，与检测有关的良好数据才能够被看到。

Filter_I

功能：它具有双重信息打印的功能，并从大量配对的信息中删除可能有用的信息。该设备的另一个极好的用途是帮助制作一个口诀表，以便与另一个数字法律设备"文本搜索+"一起使用。

CRCMD5

功能：它被用来确定 DOS 记录或文件集的 CRC-32 校验和，以及 128 个的 MD5 进程。

DiskSig

功能：它用于计算整个硬盘的 CRC 校验和 MD5 进程。校验和进程合并了所有进入硬盘的数据，包括已删除和未使用的扇区。默认情况下，在这个计算中会避开硬盘的启动分区。

Doc

功能：它用来报告所运行索引的内容。并给出了记录/目录名称、文件大小、记录日期和文件时间（以小时、分钟、秒为单位的创建时间）。另外还显示了只读和隐藏的记录。

Mcrypt

功能：它被用来加密和解密记录，并提供三个级别的加密。

加密的级别：

1. 限制性加密（低级别默认）。
2. DES CBF（非正常状态下的默认）。
3. 改进的 DES（最初利用 DES 进行双重加密，然后再进行限制性加密）。

Micro-Zap

功能：当利用标准的 DOS（擦除、删除）或 MS Windows（95/98/NT/2000）系统擦除或删除一个文件时，该文件并没有真正被删除。该记录仍然存在，并且可以知道如何加以恢复。微小规模的销毁实质上抹去了文件名称和与之相关的记录资料。Micro-Zap 销毁通过用十六进制 F6 的设计来覆盖记录。默认值设置为一次覆盖，然而，永久性解除的安全措施由七次覆盖来决定。

Map

功能：它被用来发现和区分 TSR（终止和保持常驻）程序。TSR 是一个在 PC 内存中运行的程序，但你可能不了解它。

M-Sweep

功能：它被用来消除旧记录的痕迹（通过 DOS 或 Windows 命令删除文件，但其内容实际上仍在硬盘或软盘上），覆盖磁盘空间所用文件并不是当前所使用的文件。最为关键的是当一台 PC 被搬到另一个办公室或被出售时，保证这些旧文件被删除。M-Sweep 可以安全地清除 8 GB 或更小硬盘中的冗余信息。

AnaDisk

功能：它是一个用于检查软盘的工具，能够执行以下命令：
-复制软盘记录
-修复信息错误的软盘
-复制软盘而不考虑其配置
-查看软盘内容
-分解软盘以决定其厚度、配置、变化和错误
-修改软盘的排列方式
-改变软盘上的信息
-物理分区和记录 ASCII 和 HEX 显示

Seized

功能：启动个人电脑，并显示一条信息表明 PC 已被锁定而无法工作

Scrub

功能：用于永久删除硬盘信息。利用每一个 0 字节和之后的每一个 1 字节来覆盖每个板块区域，最后，敲击 F6 键向磁盘驱动器写入一个十六进制。硬盘覆盖的次数可以在 1 和 32 000 之间移动，不支持非 BIOS 磁盘驱动（如超级软驱）。

Spaces

功能：它被用来制作一个包含空格（而不是其他东西）的文件。每个由 Spaces 制作的记录正好包含 10 000 个空格。空格文件是评估加密设计的完美选择。

网络安全工具（SecTools，2011）

Wireshark

Wireshark 是一个非常好的、不同于传统分析器的开源多功能网络分析器。能够被授权针对当前框架获取数据，也可以获取磁盘中的报告。分析人员可以很自然地检查到获取的数据，跳转到所需软件包的各个细节。Wireshark 有两个成功的部分，分别为一个丰富的显示通道和一个 TCP 会话生成流。它同样支持一些传统媒体种类。包括一个名为 shark 的 TCP 类型的舒适型分布。一个单一的、令人吃惊的发现是：Wireshark 远程发现了许多远程安全漏洞，所以引起持续关注，需仔细处理系统或不信任的程序。

Metasploit

2004 年，Metasploit 征服了安全世界。它是一个开放源，用来组织、验证、使用和滥用代码。技术人员可通过这种可扩展的模式来编译有效载荷、编码器、非操作生成器以及试图允许 Metasploit 框架被用于作为出血性故障出现的出口点。它带有许多特性，在模块中已做了明证的概述。这使得特定特性的构成更简单，远好于擦除互联网最黑暗角落的非法代码质疑。一种免费额外的功能是 Metasploit 是一个不稳定的 Linux 虚拟机，并可用来测试 Metasploit 和其他故障的小工具，而不需要使用服务器。

Metasploit 是完全免费的。然而，该公司在 2009 年被 Rapid7 收购，并很快增加了其业务变化。该框架本身尚未开放，但现在也提供了一个免费但有限的社区版本，一个更具指导性的快速版本（每个客户每年 5 000 美元），以及一个包含在专业版本中的完整版本。其他可以考虑的付费滥用禁忌是 Core Impact（更昂贵）和 Canvas（更少）。Metasploit 框架现在加入了一个基于 Java 和 Raphael Mudge Armitage 的官方 GUI。社区版、快速版和专业版下载都有电子图形用户界面。

Nessus

Nessus 是最主要和最熟练的缺陷扫描器中的冠军，特别是 UNIX 结构，它起初是免费开放源。然而，在 2005 年，公司关闭了源代码，并在 2008 年清除了免费的"注册饲料"框架。现在它的价格一直是 2 190 美元，这仍然击败了其对手。

免费的"Nessus Home"框架以同样的方式开放,尽管如此,它是有限的,并被批准用于家庭系统。Nessus 一直在更新,有超过 70 000 个模块。关键部分融合了远程和近程(确认)安全检查、带有在线界面的客户/服务器设计,以及用于形成自己的特定模块或了解现有模块的嵌入式脚本语言。

Aircrack

Aircrack 是一套破解 WEP 和 WPA 802.11a/b/g 的工具。执行最著名的模块计数,一旦积累了足够的编码数据包,就可以检索到远程密钥。该套件包括超过 12 个独立的工具,包括 airodump(802.11),aireplay(802.11 包),aircrack(WEP 和 WPA-PSK 破解)和 airdecap(WEP/WPA 记录解密)。

Snort

这种入侵检测和系统反感已经远超过开发测试中的愿望和 IP 框架中数据包的标记。通过对传统的探索,对内容的追求和各种预处理器,Snort 识别了大量的蠕虫(计算机网络蠕虫,可自我复制但没有危害),脆弱的滥用企图,端口的产量,以及可疑的独特线索。Snort 使用多功能的行业检查代表了计算、通过和故意运行等行为。虽然 Snort 是开源的,但 Sourcefire 的母公司提供其 VRT 认证的规则,每个传感器每年 499 美元,以及一系列补充的软件和应用程序,具有多种企业级功能。Sourcefire 还提供了一个延迟 30 天的馈赠。

Cain & Abel

UNIX 客户经常夸夸其谈,起初认为最好的免费安全工具支持他们的平台,并且认为 Windows 端口通常是一个不合时宜的想法。他们通常是对的;但是,Cain & Abel 是一个明显的例外。这款仅适用于 Windows 密钥恢复设备可以处理大量任务。它可以通过嗅探框架来恢复密码,利用词汇、蛮力和密码分析的打击来破解编码密码,记录 VoIP 话语,解释混合密码,揭示神秘的钥匙箱,解开设置的密码和分解协调的惯例。此外,它也是全方位的记录程序。

BackTrack

这个非凡的能启动 live CD Linux 的工具源于 Whax 和 Auditor 的合并。它包含大量的安全和取证工具,并提供了丰富的改进条件。增强客户监测质量,因此,客户可以毫不费力地修改传送,融入个人内容,增设额外工具,改变比例等等。BackTrack 以 Kali Linux 为主导。

Netcat

这类重要工具检查和形成数据,用于横向完成 TCP 与 UDP 之间的连接。它被期望为一个久经考验并可清晰实用的后端工具,或者被各种运行和程序轻松驱动。同时,它是一个组件丰富的框架检查工具,因为它可以制作所需任何种类的关联,包括端口定义来识别移动关联。

第一个 Netcat 是由 Hobbit 在 1995 年发布的。然而,不管它的普遍性如何,都没有被保留下来。现在到处可见的是 v1.10 源代码的复制品。这个设备的适应性和帮助性促使 Nmap 项目创建了 Ncat,重新实现了支持 SSL、IPv6、SOCKS 和 HTTP 链接、关联性处理,而这只是冰山一角。与这个强大工具相对应的是令人难以置信的灵活的 Socat、开放的 BSD'sNC、Cryptcat、Netcat6、penetrate、SBD,因此称为 GNU Netcat。

Tcpdump

Tcpdump 是一种框架嗅探器,前述所有示例(Wireshark)中先于现场的工具,而且我们中大部分人在大部分时间里都会使用它。它不会有令人欣喜的组件,无论如何,Wireshark 使用较好且存在较少安全风险,模式相近但结构资源占用量少。虽然 Tcpdump 不经常会有新的组件,但它保持自己恰当地解决错误和便携性问题的能力。令人吃惊的是,它总能发现机箱问题或查看运行情况。有一个可选择的 Windows 端口叫 WinDump,TCPdump 是 Libpcap/WinPcap 映射库的来源,被 Nmap 和各种小工具加以使用。

John the Ripper

John the Ripper 是一个用于 UNIX/Linux 和 Mac OS X 的快速密文破解工具。它的基本作用是区分弱的 Unix 密码。然而,它也为一些不同阶段的哈希值提供支持。有一个官方的免费版本,一个团体的升级改编版本(许多有贡献修复却没有得到足够的质量肯定),和一个经济明星的变体版本。

Kismet

Kismet 是一个基于适合(ncurses)802.11 协议第二层的远程系统定位、嗅探和干扰发现工具。它通过非主动嗅探(而不是更动态的工具,例如 NetStumbler)来识别协议,甚至可以对正在运行的系统执行唤醒(非信标)。因此,它可以通过嗅探 TCP、UDP、ARP 和 DHCP 数据包来识别、组织 IP 障碍,在 Wireshark/TCP 转储的完美组织中记录网络活动,甚至在下载的地图上绘制区分的系统和评估扩展。如你所愿,这个工具通常被用于驱车旅行。令人欣慰的是,还可被进一步用于战地行走、战地飞行、战地滑行等等。

OpenSSH/PuTTY/SSH

SSH(安全壳)是现在用于在远程机器上检查或执行命令的复杂程序。它建立了一种安全的混合通信,在两个非信任程序间通过一个不安全协议,从而取代了令人不安的 telnet/rlogin/rsh 程序选择。大多数 UNIX 客户运行开源的 OpenSSH 服务器和客户端。Windows 用户通常倾向于免费的 PuTTY 客户端,该客户端也可用于一些手机,以及 WinSCP。不同的 Windows 用户更乐于倾向使用基于 OpenSSH 终端的 Cygwin 程序。还有许多其他的免费和限制级用户也在考虑使用。

Burp Suite

Burp 套件是一个用于攻击网络应用的集成平台。它包含了各种工具,这些工具之间有不同的接口,是以鼓励和加速的方式攻击应用程序。大部分应用程序共享一个类似的系统,用于处理和显示 HTTP 消息、稳定性、验证、媒介、日志、警报和扩展槽。

Nikto

Nikto 是一个开源(GPL)的网络服务扫描器,针对网络服务中出现的不同事件完成测试,包括 6 400 多个可能的危险记录/CGI,检查超过 1 200 多个服务器的超时变化,并解释 270 多个服务器的具体问题。它还进一步检查服务器运行的其他问题,例如,各种记录报告的保密性,HTTP 服务器的决定权,并试图渗透现有网络服务器和程序。这种集成模块偶尔会很活跃,通常都能被唤醒。

Hping

它是由 ping 调用的,然而,它在测试发送方面提供了更多控制。此外,它有一个有用的路径追踪模块和 IP 地址不连续的备份。当使用标准实用程序的防火墙时,进行路径追踪/PIN/测试尝试时,Hping 就显得特别有价值,因而,就需要定期设置防火墙的控制集。令人惊奇的是它能适应更多的 TCP/IP 协议。遗憾的是,自 2005 年以来,它没有被升级过。Nmap 项目已经完成并注意到了 Hping 工具,它是一个具有更多组件的丰富程序,如加强 IPv6 和混响模式。

Ettercap

Ettercap 是一个人为设计并处于局域网络攻击中心的工具。它强调对运行协议的嗅探,渗透运行程序内容和其他许多令人着迷的陷阱。它支持许多动态和潜在协议(甚至是加密的)的卸载,并融合了许多系统和主机搜索组件。

Sysinternals

Sysinternals 提供了许多小的 Windows 工具,对低级别的 Windows 黑客非常有用。有些是免费的或潜在的结构源代码,而有些则是独立的,令人最满意的有如下几个。

- ProcessExplorer 监控打开文件和来自任何程序(如 UNIX)的目录。
- PsTools 监控(执行、暂停、消灭、列举)附近和远程程序。
- Autorun 自动查出可执行文件的配置并开始运行或查找存储介质结构。
- RootkitRevealer,区分日志和文件 API 的差异,证明客户模式或根目录功能。
- TCPView,检查每个程序使用后的 TCP 协议停止和 UDP 协议活动(例如 UNIX 上的 Netstat)。

大量的 Sysinternals 工具实质上组成了源代码,甚至是 Linux 的组成。微软在 2006 年 7 月采购了 Sysinternals,承诺"客户将有能力继续扩大 Sysinternals 的实用程序、专业数据和源代码"。事后不到四个月,微软就撤走了绝大部分的源代码。

W3af

W3af 是一个令人惊奇的具有普遍性、有效性和适应性强的系统,用于发现和扫描网络应用程序漏洞。它易于使用外,还突出了许多网络评估和误用模块。在某些方面,它集成了一个以网络为中心的 Metasploit。

OpenVAS

OpenVAS 是一个缺乏保护的扫描器,它是在 2005 年 Nessus 的最后一个免费类型的工具被禁止后分离出来的一个工具。OpenVAS 的模块是用 Nessus 的 NASL 同源语言编写的。这个进步似乎在一段时间内被搁置了,但升级已经被重启。

Scapy

Scapy 是一个能直面信息的控制工具,包裹生成器,排列扫描器,结构披露工具,以及捆绑嗅探器。Scapy 是一个低级别工具,可以使用 Python 编程术语与之对话。它将巧妙生成的信息或数据包裹进行分类并在网络上加以控制发送,嗅探网络上的不同信息,并进行反馈等等。有许多被推进的前置小工具用来帮助进行安全检查并将其应用于各个程序,每个人都应该在很大程度上熟悉这种令人惊讶的最好的工作系统。当没有其他选择时,无疑这种工具是最方便的,尽管更多的 Hping 和 Netca 可以提供更大的实用性。

THC Hydra

当你必须脱离远程已确认利益强大力量的束缚时,Hydra 是定期的决策者。你可以在 50 多个协议中运行快速文本引用攻击,包括 telnet、FTP、HTTP、https、smb、一些数据库,甚至更多。与 THC Amap 一样,这种下载来自终端用户 THC。其他在线智能工具有 Medusa 和 Ncrack。Nmap 安全扫描器还包含许多智能在线难解模块。

Perl/Python/Ruby

当一个网站上有许多蜜罐安全工具用来处理基本事务时,脚本术语使你能够编写自己的程序(或改变现有程序)。快捷、方便的内容能测试、滥用,甚至修改协议。像 CPAN 这样的文件装载了一些模块,如,Net RawIP 和其便利用法,极大降低了对协议的要求。众多安全工具大量使用脚本术语来实现其扩展性。例如,Scapy 通信是通过 Python 翻译器进行的,Metasploit 模块是用 Ruby 编写的,而 Nmap 的脚本启动使用 Lua。

Paros Proxy

一个基于 Java 程序的网络调解器,用于克服网络应用的缺陷。支持调节/查看 HTTP/HTTPS 消息并改变一些信息,例如,测试和发送领域。它内嵌了网站运动记录器、网站蛛网、哈希增值机和一个扫描器,用于测试常规网络应用程序攻击,例如 SQL 入侵和跨网站脚本运行。

NetStumbler

Netstumbler 是最著名的 Windows 工具,用于发现开放的远程程序并获取其重点("wardriving")。他们还为 PDA 等发布了一个名为 MiniStumbler 的 WinCE 变体。这个工具组件从开始到现在都是免费的,然而 Windows 从来未曾发布过源代码。与内置嗅探器(例如 Kismet 或 KisMAC)相比,NetStumbler 使用一种更强大的方法来管理并寻找 WAPs。

问题与挑战

个人电脑发展的工作场所并不是没有障碍的。尽管它让生活变得如此迅速和快捷,但在被称为"非法计算机化"最致命罪行的风险笼罩下,如果没有个人电脑,整个社会组织和政府工作将基本上停止。这种缺乏、强大和直接个人电脑的复制,使越来越多的人去使用电脑,更重要的是,依靠电脑作为他们日常生活方式的一部分。随着社会组织、政府工作场所和个人对电脑的依赖程度不断增加,并不断扩大其地位,因此,有罪的一方限制计算机化的侵权行为是对他们的领导和对社会各阶层归属感的感激。通过这种方式,在原始副本中,精确地理解了数字侵权行为及其对不同地区的影响,如社会-生态-政治、买方信任、青少年等。随着未来数字不法行为的模式被澄清。近来,人们对已整理好的违法者和网络犯罪的融合进行了深入交流。这样的混合肯定预示着近期一种邪恶迹象。对于所列举的不法行为,很难要求得到更多信息。这样一来,不出意料的结果将是现代网络钓鱼攻击和不同的数据欺诈手段的扩大,这可能是二维的。例如,利用呼叫中心提前告知"用户"之前的一些问题,之后再发送消息要求提供个人数据。存在于大量外部服务器集群中的个人数据总量被证实将成为泄露的重点。不难设想,犯罪者会利用信息挖掘策略来找到最天真的购物者,或者根据他们的治疗、金钱相关或个人背景,为特定的个人匹配钓鱼信息。身份盗窃也将以更加机器人化的方式进行。例如,僵尸网络不仅会成为防范管理攻击和垃圾邮件的工具,而且还会成为发现个人数据(类似于签证和政府管理的储蓄号码)的"怪物"搜寻阶段。然后,僵尸网络的控制者将得到安装程序并在他们的"数据库"上运行这些虚假性问题。

随着熟练的犯罪者处理非法避税和此类计划的联系,人们不禁要问,所有的专业知识将从哪里来,以便进行网络犯罪。可悲的是,具有大学学历的狡猾的黑帽子的数量在不断增加,他们中相当多的人在国家机关从事合法商业工作却不支付税款,被抓住的概率很低。在任何情况下,更麻烦的是,要成为对系统造成巨大破坏和进行网络犯罪的程序员,其要求比任何时候都低。互联网已经成为一个信息库,任何人都可以掌握颠覆个人电脑协议的要领,各种教学练习可以用几乎通俗易懂的语言说明如何进行支持性洪水攻击或中心人攻击。奇怪的是,最大的问题并不是那些将学习和寻找新工作机会放在一边的人。事实上,这很可能仍然是一个由科学家和网络安全组组成的小而精的团队,专门集中于发现编程中的漏洞。在这一点上,是确定无疑的,不管是否有人被说服弄明白类似团队滥用这种漏洞能的可能性,或是发现另外一种超前的补丁、防范技术,但绝大多数人都不愿意去这么做。真正的危险来自任何人都可以直接运行像"Metasploit"这样的程序,一个针对重点工作运行的系统,能够使新的模块在国外制造并随之运行。攻击者实际上不需要知道 PC 是如何运作的,只需要知道如何操作 PC。事实上,对于所有的攻击,勤奋的工作是由一小部分人完成的,然后在一定的空间里发布给人们,实际上允许任何人简单地进行攻击。僵尸网络不再是由一个真正了解基础知识的人手工制作的程序,而是开源共享的努力,期望尽可能简单地控制远程 PC,例如,僵尸、蛋头和 CSharpBot,都可以从 Source Forge 获得。

因此,该领域的阻力很小,以至于几乎任何人都可以测试和加入网络犯罪分子的行列。由于学习和适应期望值如此低,它应该激起人们如何获得和管理罪犯的另一种世界观思想,其方式不再依附于传统战略。例如,有人要闯入一个房子,他们不仅要设计有用的分钟,而且还可能知道螺栓挑选,安全协议避免,并有一个抗击的等级和克服道德的限制。在阻力方面,网络犯罪的简单性似乎与它所提供的利润率相反,而且,这些模式也暗示着一种快速发展的趋势。

结语

互联网可能的发展前景仍取决于网络违法者与普通网民的选择。当网络中潜在违法者能够引起大规模敲诈勒索事件毫无节制发生的时候,世界末日提前论的恐惧论调就会盛行。数字安全风险投资公司的一份报告显示出,2017年勒索软件造成的损害赔偿费用将超过50亿美元,这一费用远远超出其他危害造成的损失,包括信息丢失、误工期及效率低下等。发生在英国的WannaCry勒索病毒攻击,5月底前攻击了英国国民医疗服务体系,同时,还攻击了全球许多不同的组织和机构网站,是有史以来规模最大的一次勒索软件攻击。根据评估报告显示,此次攻击造成确定的损失可能超过10亿美元,而发动攻击者仅得到比特币大约10万美元。为了根除上述问题,在本章中,作者详细论述了计算机犯罪、网络犯罪案例及不同类型的网络犯罪工具(包括硬件和软件),没有任何工具是万能的或是完美的,尽管每个案件都需一些的工具来进行验证,然而,使用不同工具实现新的发现仍必不可少。用两类不同工具得出相似的结果,更能增强证据的证明力。

参考文献

Abbasi, A., Zhang, Z., Zimbra, D., Chen, H., & Nunamaker, J. F. Jr. (2010). Detecting fake websites: The contribution of statistical learning theory. *Management Information Systems Quarterly, 34*(3), 435–461. doi:10.2307/25750686

Ablon, L., Libicki, M. C., & Golay, A. A. (2014). *Markets for cybercrime tools and stolen data: Hackers' bazaar*. Rand Corporation.

Al-Rafee, S., & Cronan, T. P. (2006). Digital piracy: Factors that influence attitude toward behavior. *Journal of Business Ethics, 63*(3), 237–259. doi:10.100710551-005-1902-9

Andress, J., & Winterfeld, S. (2013). *Cyber warfare: techniques, tactics, and tools for security practitioners*. Elsevier.

Bilge, L., Strufe, T., Balzarotti, D., & Kirda, E. (2009, April). All your contacts belong to us: automated identity theft attacks on social networks. In *Proceedings of the 18th international conference on World wide web* (pp. 551-560). ACM. Retrieved from http://www.eurecom.fr/en/publication/2782/detail/all-your-contacts-are-belong-to-us-automated-identity-theft-attacks-on-social-networks

Binh, H. T. T., Hanh, N. T., & Dey, N. (2016). Improved Cuckoo Search and Chaotic Flower Pollination optimization algorithm for maximizing area coverage in Wireless Sensor Networks. *Neural Computing & Applications*.

Bossler, A. M., & Holt, T. J. (2009). On-line activities, guardianship, and malware infection: An examination of routine activities theory. *International Journal of Cyber Criminology, 3*(1), 400.

Brightman, H. J. (2011). *Today's White Collar Crime: Legal, Investigative, and Theoretical Perspectives*. Routledge.

Buchanan, B. (2004). Money laundering—a global obstacle. *Research in International Business and Finance, 18*(1), 115–127. doi:10.1016/j.ribaf.2004.02.001

Casey, E. (Ed.). (2001). *Handbook of computer crime investigation: forensic tools and technology.* Academic Press.

Cheng, H., & Ma, L. (2009). White collar crime and the criminal justice system: Government response to bank fraud and corruption in China. *Journal of Financial Crime, 16*(2), 166–179. doi:10.1108/13590790910951849

Chowdhuri, S., Dey, N., Chakraborty, S., & Baneerjee, P. K. (2015). Analysis of Performance of MIMO Ad Hoc Network in Terms of Information Efficiency. In *Proceedings of the Emerging ICT for Bridging the Future-Proceedings of the 49th Annual Convention of the Computer Society of India CSI* (Vol. 2, pp. 43–50). Cham: Springer; doi:10.1007/978-3-319-13731-5_6.

Chowdhuri, S., Roy, P., Goswami, S., Azar, A. T., & Dey, N. (2014). Rough set based ad hoc network: A review. *International Journal of Service Science, Management, Engineering, and Technology, 5*(4), 66–76. doi:10.4018/ijssmet.2014100105

Chowdhury, A. (2016, October). Recent Cyber Security Attacks and Their Mitigation Approaches–An Overview. In Proceedings of the International Conference on Applications and Techniques in Information Security (pp. 54-65). Springer Singapore. doi:10.1007/978-981-10-2741-3_5

Cosmo (1765). From the movie Sneakers, from http://quotegeek.com/quotes-from-movies/sneakers/1765/

Das, S., & Nayak, T. (2013). Impact of cyber crime: Issues and challenges. *International Journal of Engineering Sciences & Emerging Technologies, 6*(2), 142–153.

Deloitte. (2017). About Deloitte. Retrieved from https://www2.deloitte.com/us/en/pages/about-deloitte/articles/about-deloitte.html

Duhart, B. A. M., & Hernández-Gress, N. (2016, December). Review of the Principal Indicators and Data Science Techniques Used for the Detection of Financial Fraud and Money Laundering. In *Proceedings of the 2016 International Conference on Computational Science and Computational Intelligence (CSCI)* (pp. 1397-1398). IEEE. 10.1109/CSCI.2016.0267

Ellison, L., & Akdeniz, Y. (1998). Cyber-stalking: The Regulation of Harassment on the Internet. *Criminal Law Review (London, England), 29*, 29–48.

Fidelie, L. W. (2009). Internet Gambling: Innocent Activity or Cybercrime? *International Journal of Cyber Criminology, 3*(1), 476.

Fokuoh Ampratwum, E. (2009). Advance fee fraud "419" and investor confidence in the economies of sub-Saharan African (SSA). *Journal of Financial Crime, 16*(1), 67–79. doi:10.1108/13590790910924975

Global Financial Integrity (GFI). (n.d.). Money laundering. Retrieved from http://www.gfintegrity.org/issue/money-laundering/

Goswami, S., Roy, P., Dey, N., & Chakraborty, S. (2016). Wireless body area networks combined with mobile cloud computing in healthcare: a survey. *Classification and Clustering in Biomedical Signal Processing, 388*.

Gottschalk, P. (2010). *Policing Cyber Crime*. Bookboon.

Guan, Y. (2003). Evidence and Collection Analyses Tools. Retrieved October 30, 2003, from home.eng. iastate.edu/~guan/course/backup/CprE-592-YG-Fall.../Lecture15.pdf

Hagen, J. M., Sivertsen, T. K., & Rong, C. (2008). Protection against unauthorized access and computer crime in Norwegian enterprises. *Journal of Computer Security, 16*(3), 341–366. doi:10.3233/JCS-2008-16305

Hansen, L. L. (2009). Corporate financial crime: Social diagnosis and treatment. *Journal of Financial Crime, 16*(1), 28–40. doi:10.1108/13590790910924948

Harbawi, M., & Varol, A. (2016, April). The role of digital forensics in combating cybercrimes. In *Proceedings of the 2016 4th International Symposium on Digital Forensic and Security (ISDFS)* (pp. 138-142). IEEE. 10.1109/ISDFS.2016.7473532

Harichandran, V. S., Breitinger, F., Baggili, I., & Marrington, A. (2016). A cyber forensics needs analysis survey: Revisiting the domain's needs a decade later. *Computers & Security, 57*, 1–13. doi:10.1016/j.cose.2015.10.007

Helplinelaw.com. (2000). *Helplinelaw.com is one of the pioneers of the online legal Services*. Retrieved from http://www.helplinelaw.com/docs/indian%20law/aboutus.shtml

Henning, J. (2009). Perspectives on financial crimes in Roman-Dutch law: Bribery, fraud and the general crime of falsity (falsiteyt). *Journal of Financial Crime, 16*(4), 295–304. doi:10.1108/13590790910993771

Hidarimanesh, S. N., & Esfahani, M. S. (2016). Bank fraud. *Recht & Psychiatrie, 724*(2247), 518–525.

Internet Live Stats. (n.d.). Retrieved from www.internetlivestats.com

Interpol. (n.d.). *INTERPOL is the world's largest international police organization, with 190 member countries*. Retrieved from www.interpol.int/public/FinancialCrime/Default.asp

Investopedia. (2017). Identity theft. Retrieved from www.investopedia.com/terms/i/identitytheft.asp

Jewkes, Y. (Ed.). (2013). *Crime online*. Routledge.

Khari, M., Shrivastava, G., Gupta, S., Gupta, R. (2017). Role of Cyber Security in Today's Scenario. *Detecting and Mitigating Robotic Cyber Security Risks, 177*.

Kimbahune, V. V., Deshpande, A. V., & Mahalle, P. N. (2017). Lightweight Key Management for Adaptive Addressing in Next Generation Internet. *International Journal of Ambient Computing and Intelligence, 8*(1), 50–69. doi:10.4018/IJACI.2017010103

Kizza, J. M. (2017). Cyber Crimes and hackers. In *Guide to Computer Network Security* (pp. 105–131). Springer International Publishing. doi:10.1007/978-3-319-55606-2_5

Larsson, P. (2006). Developments in the regulation of economic crime in Norway. *Journal of Financial Crime, 13*(1), 65–76. doi:10.1108/13590790610641242

Laudon, K. C., & Laudon, J. P. (2004). Management information systems: Managing the digital firm.

Legal Dictionary. (n.d.). Bank Fraud. Retrieved from https://legaldictionary.net/bank-fraud/

Milne, G. R. (2003). How well do consumers protect themselves from identity theft? *The Journal of Consumer Affairs, 37*(2), 388–402. doi:10.1111/j.1745-6606.2003.tb00459.x

Mukherjee, A., Dey, N., Kausar, N., Ashour, A. S., Taiar, R., & Hassanien, A. E. (2016). A disaster management specific mobility model for flying ad-hoc network. *International Journal of Rough Sets and Data Analysis, 3*(3), 72–103. doi:10.4018/IJRSDA.2016070106

Northeastern University. (1898) Northeastern. Retrieved from www.northeastern.edu/neuhome/academics/departments-programs.html

Ogilvie, E. (2000, December). The Internet and cyberstalking. In *Proceedings of Criminal Justice Responses Conference*, Sydney.

Picard, M. (2009). Financial services in trouble: The electronic dimension. *Journal of Financial Crime*, *16*(2), 180–192. doi:10.1108/13590790910951858

Pickett, K. S., & Pickett, J. M. (2002). *Financial crime investigation and control*. John Wiley & Sons.

Pontell, H. N., Geis, G., & Brown, G. C. (2007). Offshore internet gambling and the World Trade Organization: Is it criminal behavior or a commodity? *International Journal of Cyber Criminology*, *1*(1), 119–136.

Sammons, J. (2012). *The basics of digital forensics: the primer for getting started in digital forensics*. Elsevier.

Sectools.org. (2011), SecTools.Org: Top 125 Network Security Tools. Retrieved from http://sectools.org/

Simpson, S. (2009). *White Collar Crime: An Opportunity Perspective. Criminology and Justice Studies*. Taylor & Francis. doi:10.1007/978-0-387-09502-8

Smith, R., Grabosky, P., & Urbas, G. (2004). Cyber criminals on trial. *Criminal Justice Matters*, *58*(1), 22–23. doi:10.1080/09627250408553240

Snyder, H., & Crescenzi, A. (2009). Intellectual capital and economic espionage: New crimes and new protections. *Journal of Financial Crime*, *16*(3), 245–254. doi:10.1108/13590790910973089

Studymode Research. (2010), *Computer Crime and its Effects*. Retrieved May 30, 2010, form www.studymode.com/essays/Computer-Crime-And-Its-Effects-63666883.html

Taboona, A. (2017) Top 20 Free Digital Forensic Investigation Tools for SysAdmins. Retrieved from https://techtalk.gfi.com/top-20-free-digital-forensic-investigation-tools-for-sysadmins/

The Government of the Hong Kong Special Administrative Region (n.d.). InfoSec website is produced and managed by the Office of the Government Chief Information Officer of the Government, from https://www.infosec.gov.hk/english/crime/what_crc_1.html

The National Fraud Intelligence Bureau (NFIB). (n.d.). Advance Fee Fraud. Retrieved from www.actionfraud.police.uk/fraud-az-advance-fee-fraud

Walker, J. (1999). How big is global money laundering? *Journal of Money Laundering Control*, *3*(1), 25–37. doi:10.1108/eb027208

Wall, D. (Ed.). (2003). *Crime and the Internet*. Routledge.

Weebly. (n.d.). Cyber Crime. Retrieved from http://cybercrimeproject.weebly.com/sources.html

Yamin, M., & Sen, A. A. A. (2018). Improving Privacy and Security of User Data in Location Based Services. *International Journal of Ambient Computing and Intelligence*, *9*(1), 19–42. doi:10.4018/IJACI.2018010102

Yang, W., Wang, X., Song, X., Yang, Y., & Patnaik, S. (2018). Design of Intelligent Transportation System Supported by New Generation Wireless Communication Technology. *International Journal of Ambient Computing and Intelligence*, *9*(1), 78–94. doi:10.4018/IJACI.2018010105

Yoon, C. (2011). Theory of planned behavior and ethics theory in digital piracy: An integrated model. *Journal of Business Ethics*, *100*(3), 405–417. doi:10.100710551-010-0687-7

Zeltser, L. (2000). The evolution of malicious agents. Retrieved Oct 12, 2006 from http://www.zeltser.com/malicious-agents

Zuech, R., Khoshgoftaar, T. M., & Wald, R. (2015). Intrusion detection and big heterogeneous data: A survey. *Journal of Big Data*, *2*(1), 3. doi:10.118640537-015-0013-4

关键术语及定义

计算机：计算机是一种能够被命令自动运行一组任意算术或逻辑运算的设备。计算机遵循一般运行序列的能力被称为程序,使它们能够执行广泛的任务。

犯罪：犯罪指由国家或其他有权机关惩罚的非法行为。

网络犯罪：计算机关联性犯罪,指涉及计算机和网络的犯罪。

硬件：计算机硬件是构成计算机系统的物理组件。

互联网络：互联网是由相互连接的计算机网络组成的全球系统,使用互联网协议组件(TCP/IP)连接全球设备。

恶意代理：恶意代理是代表一种潜在入侵者的计算机程序有助于攻击系统或网络。

第十二章
利用网络追踪在 IP 网络中创建数字证据

戴安娜·贝贝卡鲁　意大利都灵理工学院

摘要

　　计算机取证是一种在公开法庭上以合法的、可接受的方式收集、分析和报告数字证据的实践。网络取证是计算机取证的一种，主要用于网络流量的监控与分析，包括局域网和广域网/互联网，以便识别安全事件、调查欺诈和网络滥用。在本章中，作者讨论了创建高速网络取证工具时的挑战，提出了网络追踪，一种防篡改设备，旨在经由网络流量数字签名产生具有证明价值的证据。由于每个 IP 包进行数字签名并不总是有效，作者使用了默克尔树这种特定技术来创建数字签名流和实现多包发送，通过使用优化的默克尔树遍历算法来实现数字签名，以节省时间和空间。通过实验，作者证明网络追踪签名快速且可在短时间内生成数字证据。

引言

　　数字证据科学工作组（SWGDE，2017）将"数字证据"定义为"以二进制形式存储或传输的具有证明力的信息"。"数字证据"的示例有：应用程序文件（如测试、图像）、系统文件（日志）或被操作系统忽略但存储在磁盘上的数据。本章讨论为网络流量创建数字证据的问题，是关于在网络节点（诸如路由器、计算机）接口或网络链路中监控网络活动证明力的信息。

　　这类数字证据在实践应用中非常有用，包括准确追踪数据以及在法庭上证明其正确性的能力。据此，我们给出了一个简单的例子：两个客户端 C1 和 C2 几乎同时连接到一个提供敏感时间服务（例如，股票期权交易）的公司服务器 S 上。即使 C1 在 C2 之前向 S 发送连接请求，IP 数据包也不能保证按此顺序到达 S：网络实际上可以延迟 C1 的数据包（相对于 C2 的数据包），要么由于链接路由器中数据包的进程不由自主运行，要么由于恶意软件用户的故意攻击。此例中提出的争议，服务器 S 可以用其内部日志来证明提供给用户的服务质量。这种日志通常情况下包含带有时间戳的数据包，其中，基本上包含到达服务器 S 的网络接口数据与系统 S 内部时钟所指示时间之间的联系。在某些情况下，例如，在某些银行应用程序中，日志中存储的信息可以被法庭接受作为证据，即使内部日志并未创建需要提供的存储数据，甚至对不完整的内部日志是如此，在这个意义上而言，部分数据包可能已经丢失或并没有在内部日志中加以记录。

在其他关键领域（网络攻击、金融服务）中，也需要十分清楚地知道数据包到达的时间信息。因此，在这种情况下，有必要追踪数据包在网络链路上或在设备接口上出现的时间。然而，这种应用程序实际上对时间精度并没有非常严格的限制，而是对时间的真实性和/或不可否认性（对时间的陈述）及数据包的顺序有限制。因此，公司或企业对这种解决方案非常感兴趣，该方案可为其内部网络活动及客户创建具有证明力的数字证据（比如计算机取证分析），在发生争议时就可以使用。

当前，对于网络活动而言，网络监控工具并没有解决数字证据所宣称的数据包到达时间这一问题。迄今为止，大多数网络监控技术和开发工具都提供了优化网络性能的必要性设置，通常用于识别和减少网络瓶颈、故障排除，以及识别、诊断和修复故障，或执行计划。这些工具还被用于预测必要额外资源的规模和属性。对网络活动特征加以描述，以便为网络建模和网络模拟提供数据，并识别和纠正病态网络行为。我们将在如下内容中介绍其中一些技术和工具。

本章首先对正在发展中的网络追踪设备进行了叙述，这是一个防篡改设备，可以用于一些需要数字证据的网络活动事例中，如提供服务质量的证明，实现先进的 IP 回溯，网络增值服务，或进行网络取证。网络追踪依赖于两个基本的数据输入模块，IP 数据包和时间及组成模块，如网络采样器用于网络节点或链接接口获取和过滤数据包，ACTS（授权认证时间源）用于获取授权和从时间源获得认证，网络追踪证据生成器模块用于签署数字网络流量及存储短期证据。在本章中，我们主要关注网络追踪证据生成器，并讨论它的设计、实现和在其性能测试中获得的结果。

网络追踪证据生成器是网络跟踪的核心应用程序，并负责对数据包流进行数字签名。在目前的方法中，我们采用了 Wong 和 Lam（1999）提出的（哈希）树链接技术，对一组 IP 数据包进行签名和验证。这种技术使用单个签名或验证操作来签名与验证一组称为区块的 IP 数据包。在实践中,利用身份验证树或所谓的"默克尔树"数据结构(Merkle,1982)来计算"区块摘要",它通过使用非对称算法进行数字签名,例如,RSA(Jonsson & Kaliski, 2003),以及适当签名者的不对称密钥,自从这项技术利用了非对称加密,它可以用于请求数据完整和身份验证的场景,以及(可能)承认的数据。迄今为止,默克尔树已经在许多加密应用程序中被使用,就像群发的认证协议(Perrig et al., 2002)具有安全性的群发认证方案(贝贝卡鲁等,2010),认证折射(Kocher,1998)、证书撤销(Berbecaru,2004)和执行微支付(Rivest & Shamir,1997)。

在树链技术中,每个数据包都是可单独验证的,因为它包含有符号的区块签名摘要,又被称为"区块签名"以及"链接信息",证明数据包在区块中。由于签名或验证操作的成本分散在许多数据包上,因此与单独执行相同的操作相比,该过程将签名和验证操作的速度提高了几个数量级。此外,在实现过程中,我们改进了该技术,使用了一种优化的遍历算法来构建默克尔树,以便签名者获得更好的连接时间。特别是,我们使用了 Szydlo 算法(Szydlo,2004),每个数据包摘要的计算,需要 $\log_2 N$ 时间和 $3\log_2 N$ 空间。我们描述了上述算法的运算情况,以便在网络追踪中创建数字证据,并在多个场合进行了演示。

背景

任何网络取证工具中需要处理的主要问题之一是数据包捕获。在过去,各种各样的网络监控工具和分布式系统被设计并加以完善(例如,Miessler, 2015; Apisdorf, 1996; Fraleigh, 2001; Ranum, 1997),但没有一个能够真正生成基于网络流量的数字证据。一般来说,网络监控现在仍被用来观察和量化网络中在微观与宏观时间尺度上正在发生的事情。两种类型的监控被执行:被动监控和主动监控。被动网络测量(PNM)指的是"在数据链路上观测数据包的方法,或者分享网络媒体而不会产生额外流量,也不会对现存网络行为带来干扰的方法"(Donelly, 2002)。不同类型的设备,如工作站、服务器、路由器或专用设备,可以完成被动数据包捕获。主动网络监控通常会观察向网络注入流量的影响,以调查网络性能或功能的某些方面。例如,因特网控制消息协议(ICMP)ping 数据包通常被注入来建立可达性,而 HTTP 协议请求被用来监控服务器响应时间(Shrivastatava & Gupta, 2014)。

一般而言,被动网络测量是观察网络数据包而不干扰其常规运行的最佳方法。为了分析数据包、协议和网络设备如何交互或记录所选择的事件,最重要的特性是对网络上关键性事件精确时间的记录,通常称为时间戳。然而,将所有数据包以数据包高发送率复制到捕获设备内存中费用高昂。由于主机无法跟上所有数据包的到达率,或者因为只有一些数据包是真正有用的,所以可以使用"数据包过滤器"来拒绝一些数据包和接受其他数据包,在进一步细化的基础上高效传输。多年来,人们开发了许多不同的数据包过滤器,如 Yuhara（1994）和 Engler（1996）,当前,用于被动网络监控开发最流行的工具之一是 Tcpdump 工具（Miessler, 2015）。一些网络取证工具利用数据包过滤器或原始库,如 libpcap（Garcia, 2008）来执行数据包捕获,而另一些工具则使用专用硬件,原因如下所述。

在某些情况下,诸如关键性的安全工具必须保持持续不断地运行而不能中断（Perry et al., 2016）,标准网络监控工具不适合进行取证分析以及与安全相关的偏差,因为不能保证所有数据包都被捕获和/或原始数据包排序被保留。此外,也可将流量引入网络。同时,网络监控工具与系统紧密结合能够提供精确的时间。例如,基于硬件的测量系统 Dag（Donnelly, 2002）的设计考虑到了精度:其主要目的是尽可能精确地捕获网络数据包和时间戳,反映数据包在系统网络接口到达的顺序。Dag 卡设计的主要原因之一是计算机内部时钟基于晶体振荡器设计,由于晶体振荡器的漂移影响而不适合创建时间指示,这可能导致频率改变数百赫兹,以防温度在几度之间变化。此外,时钟频率倾斜可能导致在 24 小时内超过 8 秒的时间指示误差,比平均数字手表差得多。创建 Dag 卡的第二个动机是由于运行软件网络测量工具主机的中断延迟、缓冲和处理时间所导致的错误而引起时间戳不准确。

目前,增强测量系统生产专用的 Dag 卡,该系统有一个专用硬件,能够在最高 40 Gbps 的网速下执行全线率数据包捕获（Endace, 2017）。与商用网络适配器相反,Dag 卡可以"通过零拷贝接口检索和映射网络数据包到用户空间,从而避免运行的中断"。到达的数据包存储在一个映射到用户空间的大型静态循环缓冲区内存中,从而避免为了昂贵的数据包拷贝浪费时间。此外,用户应用程序可以直接访问这个缓冲区,而无须调用操作系统内核。因此,对于需要十分精确信息的应用程序而言,Dag 卡是一个很好的解决方案。

Dag 卡,即增强数据捕获和生成卡（Endace DAG, 2015）,被用于（Perry et al., 2016）建立网络取证工具,允许在监控和数据采集（SCADA）网络中准确捕获所有网络流量,且不会影响原始的排序。此外,该工具还支持数据流量重播,以精确再现数据包的原始时间。该工具的运行与提出的网络追踪高度相关。然而,它无法创建已经记录的加密证明。提出的工具(Perry et al., 2016)旨在被用于"实时"安全关键系统(如变电站),以重现安全事件并捕获异常事件。因此,假定最终用户是可信的,或者无论如何,该数据无须进一步提供给另一个外部应用程序,也不会在法庭上被用作证据。在流量追踪上,一些程序对其进行了加密处理。例如,Kim 和 Kim(2011)提出了一个名为"网络取证证据采集(NFEA)"程序,在边缘路由器上生成安全追踪数据。通过使用所谓的认证证据标记程序来保护跟踪数据的真实性和完整性,在 ECB 模式下,使用 AES-256 算法计算路由时间和真实完整的路由器密钥,以及 IP 数据包的路由加密部分。

实际上,为了对常用网络流进行数字签名,到目前为止,我们已经提出了几种解决方案,在 Berbecaru 等(2010)对其中一些解决方案进行了研究。一些群发认证协议利用 MAC(消息认证码)和对称加密协议,而其他解决方案则利用非对称加密。例如,特斯拉(Perrig et al., 2005)基于对称加密协议,利用时间作为非对称源,然而,最近的建议,如 Bamasag 和 Toumi(2016)利用一个秘密共享程序来实现物联网中的连续身份验证。利用非对称机制的群发身份验证协议提供数据包的完整性、源身份验证性和不可拒绝性。但另一方面,需使用一些技术分担在多个数据包上创建或验证签名的消耗,以避免在签名或验证时造成时间延迟。此外,这种程序还必须支持生成签名时各种类型的冗余,以防止数据包丢失(Tartary et al., 2011;Perrig et al., 2000;Golle & Modadugu, 2001;Miner & Staddon, 2001)。

显而易见,执行网络取证的任何系统都有捕获和处理巨量数据的能力,并且它在每个事件运行中也会生成大量数据。因此,取证调查人员寻找线索并分析整块数据可能较为困难。即使网络收集器和网络追踪器中的储存模块主要针对将来的网络取证工作,值得一提的是,一些解决方案可以为未来的取证发展提供有用的见解。不断增长的网链速度(达到 100 Gbit/s)将使执行在线分析或后续取证调查存储流量变得非常困难,一些学者提出过滤网络流量的方法,例如(Ruiz et al., 2016)提出了一种"能够识别 IP 数据包有效负载中纯文本(人类可读性)的方法",这在取证和实时时间的分析中非常有用。该方法的作者还提供了其在 Field Programmable Gate Array (FPGA)中运行的细节。另一方面,在 Mate 和 Kapse(2015)看来,网络取证工具直接捕获网络数据包是为了识别诸如主机、打开端口、创建会话等,不是为了在网络上注入流量。

数据可视化也成为一个问题,因为一款好的可视化工具可以让分析人员轻松地发现新的异常流量和应用程序流量模块,甚至可以看到异常流量的其他细节。在取证调查和分析中,Fatima 等(2017)提出了一种带有可视化技术处理数据的数据融合方法。Promrit 和 Mingkhwan(2015)也提出了一种迭代可视化技术来演示取证分析的网络通信。

网络跟踪使用场景

服务质量证据

假设两个客户端 C1 和 C2 都试图连接到一个在线股票期权服务器 S,在很短的时间内执行金融在线交易。即使 C1 在 C2 之前向 S 发送连接请求包,但互联网基础设施并不能保证 C1 首先真的会得到 S 的服务:IP 数据包可能在到达目的地 S 的途中被无意延迟(如通过路由设备)或通过恶意软件攻击(即非故意的)。如果发生争议,管理服务器 S 的公司可以提供他们的内部日志文件,以证明客户端 C1 的数据包实际上是在 C2 之后到达的 S。但是,仅有服务器的内部日志文件是不够的,特别是如果需要一个证据来证明(由 S 提供的服务质量),且该证据应该在法庭上是合法有效的。

使用网络跟踪连接到服务器 S 的接口可以解决,用这种方法,依靠网络追踪提供的数据,公司可以提供证据(证明)在他们的服务器网络接口处 IP 数据包到达的顺序和时间,如图 12-1 所示。

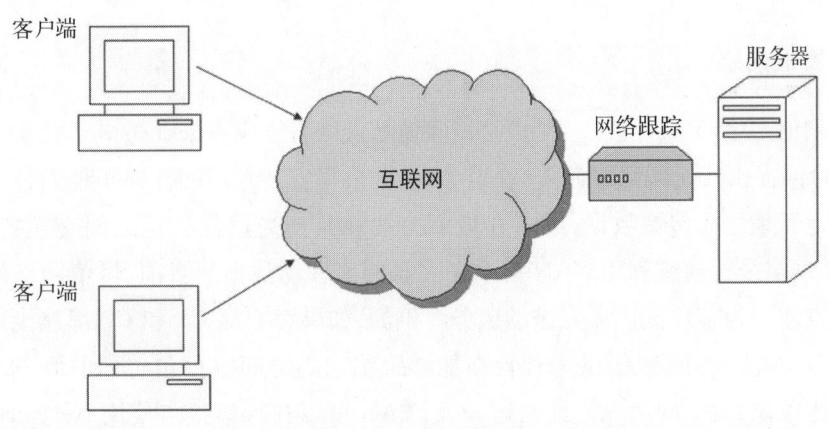

图 12-1　网络跟踪提供的服务质量证据图示

高级 IP 追踪

这个使用程序可以看作是前述段落中使用程序扩展的解释。由于 IP 协议是匿名的,因此很难准确识别 IP 数据包的真实来源。IP 地址可以使用简单广泛可用的工具或更多的欺骗源地址而被网络地址转换器(NATs)或移动 IP 合法使用。另一方面,网络路由设备是无状态的(IP 数据包缺省路由器无法跟踪),很大程度上基于目标地址,这意味着没有官方机构会保证对 IP 网络源的正确性负责。

解决这个问题的方法是一种被称为 IP 跟踪的技术:通过使用这些技术,受害者能够识别 IP 数据包的真正来源,并维护单个 IP 数据包所遍历的路径跟踪。换句话说,可以识别 IP 数据包从数据源到目的地的路径。在 IP 跟踪技术中,用部分信息概率地标记每个数据包(Dean,2001;Doeppner,2000;Goodrich,2002;Savage,2000;Song,2001),而 Snoeren(2001)提出的技术,是将数据包摘要以布鲁姆过滤器的形式存储于每个路由器。

如果必须识别不仅一个 IP 数据包从数据源传递到目的地的方式经过哪里(即路径),而且当它通过一个特定的网络点时,某些 IP 追踪系统允许关联一个时间戳(其时间指示来自一个全球时钟源,即 GPS 接收器)到达数据包,这被称为"数据包跟踪"(PatentBBNT,2005)。网络跟踪被应用到 IP 追踪,或是由于这种扩展应用也可进行 IP 追踪,或是网络跟踪链接着一个独立系统执行 IP 追踪任务(如支持 IP 追踪路由器),以防网络跟踪程序保持其主要作用去关联 IP 数据包的精确时间。在后一种情况下,当发生网络攻击时,数据必须由两个设备读取和处理。

增值网络

增值网络(VAN)被定义为"公司雇佣私人网络供应商来促进电子数据交换(EDI)或提供其他网络服务"。在过去,一些公司安装专用网在属于他们公司的不同运营地之间传输数据,或者在他们公司和其他受信任公司之间交换数据。如今,许多公司通过利用 VAN 技术在互联网上移动数据。目前,增值网络供应商则专注于为客户提供更先进的服务。例如,如果客户端 C1 和 C2 都连接到同一个 VAN,VAN 可以提供一种旨在能够跟踪它们之间数据包传递的服务。如果发生争议,为了向第三方证明这一点,VAN 可以在入口接点使用 NetTrack 设备,如图 12-2 所示。

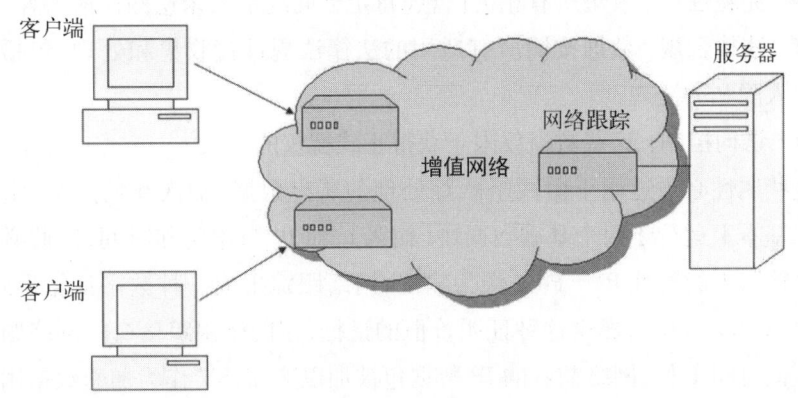

图 12-2　VAN 中运行的网络跟踪

证据分析与调查

证据分析是"理解、重现和分析之前已发生事件的过程"(Peisert，2005)。在成功进行证据分析的基础上,通过分析能够再现任何事件,无论用户的意图是什么,无论是非法入侵者还是内部授权的原因,还是独立于以前事件的性质。该工具强调证据分析应该遵循 5 个原则—Peisert(2005)对此进行了列举—否则,该工具将无法记录运行或导致需要足够多的细节来理解其含义。其中,5 原则之一是:"关于预期失败、攻击及攻击者的决定不应当控制日志记录。不信任用户,不信任策略,正如我们可能事先不知道想要什么。例如,忽视内部人员而聚焦关注外部人员,过于关注访问控制机制而忽略了记录系统事件。"通过在网络不同节点上安装网络跟踪设备,会建立一个内外信任的网络区域,分析人员应当能够恢复在特定时间瞬间通过该网络区域的 IP 流量,并将其用于取证分析。由于需要大量的存储,网络跟踪设备只能在某些情况下或一段时间间隔内加以激活,例如仅在夜间激活。

网络跟踪设计问题

一般来说,数据的证明值取决于以下(一般)属性:

P1 -真实性:可以证明数据已由特定的设备记录。

P2 -完整性:可以证明数据的毫无改变地被记录,之后也不会再改变。

P3 -准确性:这些数据是原始数据的真实复制,包括时间信息。

P4 -完整性：已收集所有相关信息（特定合同约定），未遗漏任何内容。

P5 -法律合规：数据按照所有适用的法律法规进行收集和处理，包括那些有关个人隐私的法规。

P6 -访问控制：这些数据仅限于获得正式授权的个人。

这些属性必须适用于由网络跟踪处理的所有数据（输入和输出）。由于网络跟踪基本上运行于两个基础数据块（输入），即 IP 数据包和时间，因此必须检查这些输入上的属性 P1 - P4。作为输出，网络跟踪生成一种数字证据形式（IP 数据包，T，SV），作为提供这种证明价值的证据，在网络跟踪接口的网络跟踪认证和认证时间 T 处，网络捕获的 IP 数据包被加以追踪，SV 作为加密数据用于证明完整性和真实性的目的（P1 和 P2 的属性）。

在我们看来，网络跟踪设备应满足以下要求：

C1：精微化，IP 网络中运行在数据处理最小单元上的设备是 IP 数据包。

C2：它产生计时证明，即当一个 IP 数据包被"看见"时，网络正处于一个具体精确的时间点，这个设备的作用是捕获这个 IP 数据包。

C3：它应该支持准确、真实和认证的数据包时间戳，即单个 IP 数据包与反映数据包顺序的时间戳相关联。时间戳中包含的时间必须从经过身份验证和认证的时间源获得。

C4：该设备必须是防篡改，并应产生具有法律价值的信息。网络跟踪防篡改和法律合规是其非常重要的特征，区别于其他以前的网络监控工具。

C5：该设备应当被视为一个封闭的盒子，这意味着应该允许特定部门访问存储在设备中的数据，例如，调查网络攻击的警察部门。因此，这种设备应该没有面向网络基础设备开放通信的端口，除用于对网络流进行采样的专用网卡。

在本章中，网络跟踪是一种基于 PC 结构的设备，其主要组件如图 12-3 所示。组件的完整描述超出了本章的范围。下面我们将主要详细介绍网络跟踪证据创建者。

网络跟踪证据创建者是网络跟踪设备的核心应用程序，负责生成数字证据。对安全敏感操作程序诸如 SV 的生成，可使用信任计算组的可信平台模块（TPM）来定义。我们假设 TPM 是平台运行网络跟踪证据创建者的信任根源。TPM 还可以用于测量网络跟踪证据创建者所有组件的完整性，因此，可以使用 TPM 功能将用户密钥的解密与平台状态加以绑定。仅当平台处于良好状态时，才能解锁和使用签名密钥。这样，网络跟踪证据创造者被认为是防篡改的。此

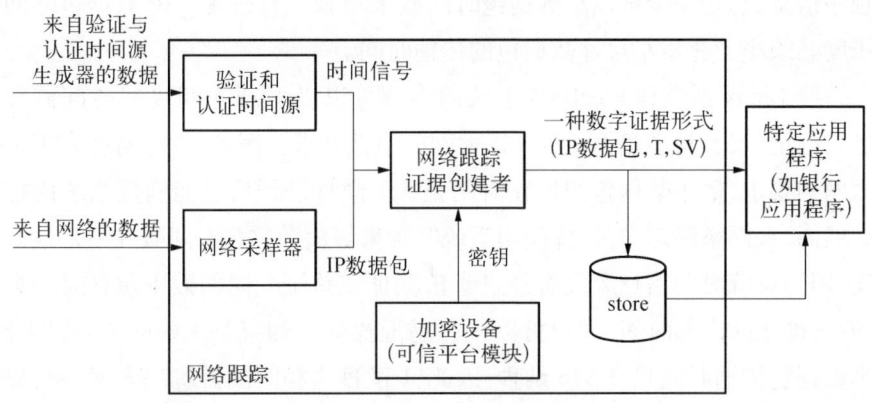

图 12-3 网络跟踪的组件

外,通过所谓的远程认证可以在任何时候远程验证网络跟踪证据创建者的完整性状态。利用 TPM,使用 P2 回应和 P6 属性,可关注到网络跟踪证据创建者所使用的安全敏感材料。

网络跟踪证据创建者的实施

IP 数据包时间戳解析

通过将网络上一个单独的比特节认定为一个最小事件,最有用的 IP 数据包时间戳解析度将是一个在物理层以比特率运行的时钟,这将在每一比特时间里产生一个唯一的时间戳。然而,当前大多数网络都是以字节为计算单位的,这意味着数据包在长度上通常表示为字节的整数。通过认定最小的网络事件为一个字节,一个以媒体字节率运行的时钟就足够了。但是,当一台计算机结构用于数据包的网络监控和时间戳时,系统时钟的频率决定了与 IP 数据包相链接时间戳的解析度。例如,即使在 10 Mb/s 的网络中,一个最小尺寸的数据包也仅在 57.6 微秒内传输。

因此,对 10 毫秒解析度的数据包时间戳而言,许多具有同一顺序的数据包可能具有相同的时间戳。在这种情况下,我们无法从时间戳中获知数据包的到达顺序。因此,这种顺序信息可能在数据包处理过程中丢失。如果多个数据包具有相同的时间戳,则无法准确确定生成数据包间隔到达的时间。此时,最小需求是时间戳所关联着的最小尺寸数据包应当是不同的。以此方式,数据包到达的顺序信息,总是完全可以从数据包时间戳来单独进行确定。IP 数据包时间戳解析度必须小于介质小尺寸数据包的传输时间。

一些 Linux 系统和 FreeBSD 系统的内核可以以 1 μs 解析度对时间戳数据包进行标记,很容易满足 10 Mb/s 以太网的最低要求。因此,也能满足 100 Mb/s 以太网的要求,最小数据包的传输时间是 5.7 微秒,所以,也能满足系统内核时钟。然而,在网络跟踪中,纯粹使用系统时钟来解决数据包时间戳并不是最好的方案,因为系统时间信息源没有经过身份验证或认证。时间戳中包含时间只是 PC 网络检查的内部时间,用户可以很容易地操作。如果是 1 Gbit/s 的以太网,最小数据包传输时间只有 576 纳秒,因此,1 微秒内核时间戳解决方案将会显得不足。

解决时间戳传输率问题一个可能的解决方案是使用专用的硬件,比如 Dag 卡。Dags 有一个时钟,即使在高速率网络上,它产生的时间戳解析度也小于最小数据包的传输时间,从而能够以最高 10 Gbit/s 的速度获取全部在线速率数据。

让我们假设 NetTrack 以 100 Mb/s 的速率对一个网络进行数据收集,并且一个 IP 数据包的大小是 128 字节,那么,这意味着大约每秒有 97.656 个数据包通过网络传输。因此,一个 IP 包在大约 10 μs 内传输时,大约 100.000 个包被 Dag 在一秒内捕获,并传输到 NetTrack 的内存区域。用户应用程序(例如,NetTrack 证据创建者)可以直接访问这个缓冲区,而无须调用操作系统内核。让我们假设并不是所有的 NetTrack 记录的数据包都必须提供给外部应用程序(例如,一个在线银行申请),根据 NetTrack 所有者和银行之间签订的合同,收集的数据只是其中的一部分,比如说,10%的数据包。这意味着 10 000 个数据包的数字签名需要在作为网络采样实例的时间间隔内完成,即 1 秒。显然,根据从 NetTrack 接收数据应用程序的要求,作为网络采样实例的 T = 1 秒时间段可以被缩短或扩展。显然,在 NetTrack 中,我们需要一个高效和可伸缩的解决方案,可以在短时间内对大量数据进行数字签名,并节省空间。接下来我们将探索和测试这个解决方案。

树链技术下 IP 数据包流的数字签名

让我们考虑 N 个数据包构成了一个区块。在树链接技术中,构建一个"身份验证树","区块摘要"是该树的根节点。例如,在图 12-4 中显示了一个八个数据包区块的二级身份验证树(二进制)"p_1"、"p_2"、…、"p_8",和数据包摘要

"H_1","H_2",…,"H_8",被分配给叶节点,而树的内部节点被计算为其子节点的消息摘要等,"$H_1-2=h(H_1|H_2)$"其中"h"表示哈希函数,"|"表示连接。

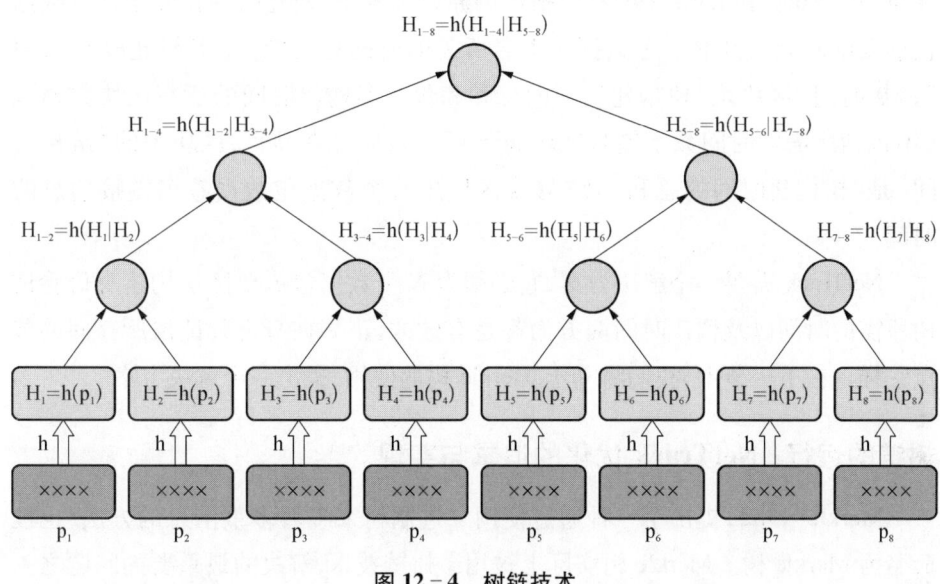

图 12-4 树链技术

身份验证树的根表示"区块摘要",它经过数字签名以获得"区块签名"(BS)。每个数据包都有自己的"认证数据",也称为"数据包签名"(PS),它由三个元素组成：数据块签名、数据包在数据块中的位置,以及从数据包到根路径中每个节点(在树中的每个级别)的相邻节点。例如,p_1 的数据包签名 1 是由区块签名组成的(例如,数字签名应用在 H_1-8)。在区块中的位置(例如 1)及 PS 所包含的"H_2","H_3-4" and "H_5-8"。为了验证区块中的数据包,验证者也必须在数据包到达时以数据包签名构建一个身份验证树。例如,为了验证第三个数据包摘要,验证者计算接收数据包的摘要"H_3",及其在树中的每个原始数据,即,"$H_3-4'=h(H_3',H_4)$","$H_1-4'=h(H_1-2,H_3-4')$"和"$H_1-8'=h(H_1-4',H_5-8)$","H_4","H_1-2"及"H_5-8"是数据包签名的一部分。然后,验证者检查数据包签名中的"H_1-8"是否等于从区块摘要中获得的区块摘要 $BS=Sign(H_1-8)$的"H_1-8",其中,Sign 表示"经典的"数字签名操作。签名是通过使用 RSA 密钥对来创建的。

"链接悬空"指数据包签名中的所有数据除了区块中的签名,PS 中元素的数量与身份验证树的元素相同,和存储在树叶中的数据包摘要的正确性而运行的哈希操作数量相等。在我们的方法中,构建身份验证所需的时间 N 个数据包区块的身份验证树被称为"树建时间",还包括计算数据包摘要所需的时间。请注意,在 Wong 和 Lam(1999)中描述的原始技术中,树建时间排除了计算数据包摘要的时间。计算一个数据包签名所需的时间称为"包签名构建时间",而"链接时间"区块是"树构建时间的总和和包签名构建时间的所有区块数据包(不包括所需的时间数字签名区块摘要)"。对验证者而言,区块中的"链接时间"是"树构建时间的总和"及"修改区块中每个数据包数据签名链接信息的时间"。

NetTrack 需要一个解决方案,它必须为 N 个数据包摘要区块构建身份验证树所需的时间以及构建时间两方面都是有效的,正如在身份验证树所存储的节点一样。在下一节中,我们将基于 Merkle 树的使用,提出一个解决方案。

树链的运行:NetTrack 优化的追求与实现

Merkle(1982)提出了一种通过使用二进制树来签署多重信息的方法,也被命名为 Merkle 树。Merkle 树实际上被用于树链技术,解决的最重要的问题之一是当树变大时,来节省空间和时间。Merkle 树的全部问题包括寻找一种有效的算法,为树上的连续叶子输出认证数据(在签名者处)。为了解决这个问题,文献中已经定义了几种算法,下面将进一步介绍。

经典算法

设置阶段

所有经典算法都是基于真实性问题之一,正如 R 所提出的那些问题一样。Merkle 对 Merkle 树的全部问题(Merkle,1982,1998),认为根节点的生成(或设置)是有代价的。事实上,高度为 H 的树可以基于 $N=2H$ 计算叶片,和一个在高度 $h(0 \leq h < H)$ 的一般节点将依赖于 $2h$ 叶值,这意味着它需要计算所有的 N 个叶值加上 $2H-1$ 个哈希函数的计算,以获得根值。另一个问题是保存所有节点值的默认假设,但可以很直观地看到,一个有用的 Merkle 树有许多叶子,就像我们举的例子一样。如果所有 $N=2H$ 叶子和 $N-1$ 个内部节点被存储起来,这将需要大量的空间。此外,决定从头开始重新计算身份验证树需要很长时间。事实上,靠近身份验证树顶部的一个内部节点需要 $2H-1$ 个哈希操作。

贯穿阶段

Merkle 树贯穿处理的是由签名者生成的一个"输出序列",每个叶子对应一个序列。在特殊情况下,NetTrack 必须生成这样一个输出,对应每个数据包摘要。每个输出都有两个组成部分:"叶前图像"(如数据包摘要)和叶的"身份验证路径"(如数据包签名),验证者使用它来验证叶前图像的值。验证者必须通过对叶前图像和身份验证路径的组件应用哈希来(重新)计算根值。叶前图像(如数据包摘要)通过验证者如果计算出的根值等于接收/发布的数字签名根值,则验证者接收到的数据包摘要是正确的。众所周知,无论是存储所有节点值或动态重新计算节点值以计算身份验证路径,都不能有效地使用所谓的"创建身份验证数据"的资源。通过存储所有节点,所占用的空间会随着树的高度呈指数级增长,而如果动态地重新计算节点以计算身份验证路径,则时间成本也会呈指数级增长。

面对这些方面存在的问题,一些 Merkle 树贯穿算法使用了摊销技术,这在保存节点所消耗的空间和贯穿树所需的时间方面更有效。在这些技术中,消耗的节点是通过许多"轮"来计算的,其中一个"轮"在树中验证一个叶所需的输出。在经典的 Merkle 贯穿算法中,在每一轮算法输出叶子的值及其相邻值,它舍弃了旧的相邻值,对于每个高度,它可以准备即将到来的相邻值。有了这种技术,即将到来的相邻值应该会按时准备好。对于中等大小的树,经典算法体现了合理的存储和计算效率,但不是"最优"算法。事实上,已经提出了其他成本较小的方法,下面将简要描述。Merkle 树贯穿的挑战是确保所有节点值在需要时都准备好,但以节省空间和时间的方式计算。

对数算法:分形算法、递归算法和对数-对数算法

雅各布森(2003)、伯曼(2004、2007)和 Szydlo(2004)的著作对散列树进行了改进贯穿,以更有效地处理包含大量数据的哈希树(这是很大的树)。这些算法提供了对数据存储占用的权衡以及对 Merkle 树贯穿计算的时间,目的是依次输出"叶前图像"和"身份验证路径"。

分形算法(Jakobsson et al., 2003)需要 T 在最坏情况下的计算努力 T_{max} = 2log N/log logN 哈希函数计算每个输出,并且总存储容量小于空间 $Space_{max}$ ≤ $1.5\log^2 N/\log\log N$ 的哈希值对于具有 N 个叶的身份验证树而言。该算法[Naor et. al, 2006)]已被用于创建一个新的一次性签名方案,与传统的 2 048 字节

RSA 签名相比,它创建的签名非常快(大约快 35 倍)。

Berman(2004)提出的递归算法可以工作在 $O(\log N/h)$ 时间和 $O[(\log N/h)2^h]$ 空间中,每轮的任意参数 h 的空间,用于分割 Merkle 树的 L 子树,用于计算和存储它们,其中 L=H/h。因此,这种算法被认为在空间和时间上的复杂度最差。

M.Szydlo 提出了所谓的 Log-Log 算法(Szydlo,2004),该算法依次计算 Merkle 树叶和叶子的身份验证路径,因此需要存储 $3\mathrm{Log}_2(N)-2$ 个节点值,仅计算的节点值为 $\mathrm{Log}_2(N)$ 每轮执行的基本操作。

NETTRACK 中对数算法的实验评估

基于在 Berbecaru 和 Albertalli(2008)中记录的初步实现,我们通过分层方法实现了 Log-Log 算法。现将这种实现的算法简要总结如下。

我们定义了一个专用的节点结构,包含了与叶子关联的数据包摘要和 Merkle 树中的节点索引。接下来,我们运用函数创建了新节点(node_create)用于计算节点的哈希值(node_hash)和删除不再需要的任何节点(node_destroy)的函数。为了构建 Merkle 树,我们实现了 Merkle 自身引入的树构建算法,即树状算法。该算法基本上使用一个堆栈,节点堆栈建立在节点结构上。为了创建、生成输出数据和验证 Merkle 树,我们实现了专门的树管理功能,可以很容易地从外部应用程序中使用。我们还开发了一些实用模块,如计算哈希,计算哈希值通过使用 OpenSSL 库(OpenSSL)支持不同的哈希算法,错误检查模块,用于检查和诊断错误条件以及时间空间记录器模块,用于估计日志算法的时间/空间成本。

时空成本评估。Szydlo 利用哈希值的大小和计算时间来估算空间和时间的复杂度,并通过一个规范证据来证明时间成本是由 $\log_2 N$ 对数限制的,空间成本为 $3\log_2 N$。在 Berbecaru 和 Albertalli(2008)的研究中,提供了对我们实现 Szydlo 算法的时间和成本的初步估算,独立于机器或操作系统的运行。简言之,我们估算,每次调用函数 node_hash 时,时间成本就会增加。使用空间通过调用 node_create 函数而增加,通过调用 node_destrosy 而减少。这些估算并不依赖于运行算法的机器类型,或操作系统,或任何其他正在运行的应用程序,但它们可以测量我们在多大程度上保持了算法的属性。我们已经观察到,为所有 N 个叶子计算的空间和全域时间都低于它们的理论界限,分别为 $3\log_2 N$ 和 $N\log_2 N$。由 Szydlo 自己计算得出。图 12-5 和图 12-6 提供了我们评估时间和空间成本的结果。

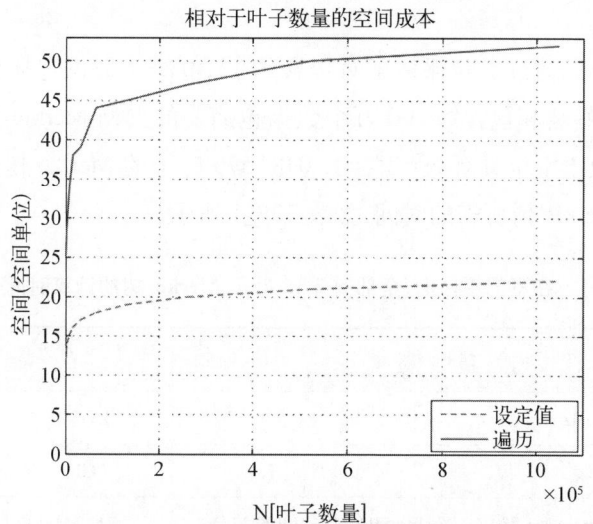

图 12-5 空间成本(理论界限为 $3\log_2 N$),空间成本在理论界限之下,由于中间媒介数据的存储,贯穿比理论设定上所需的空间更多,实现较好时间成本。空间单位是"一个字节"

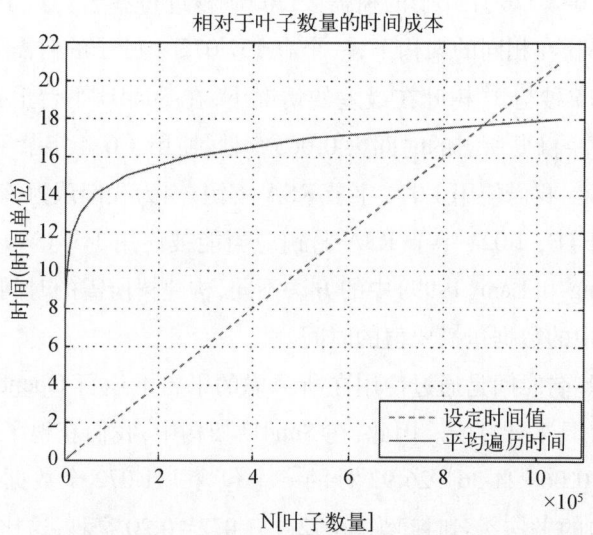

图 12-6 时间成本(理论界限为 $\log_2 N$),全部时间成本以对数设定并以线性表示。全部时间是按叶子计算的,时间单位是"一个哈希计算"

实验评价

接下来,我们通过实验评估了对包含约 131 072 个数据包摘要中等大小的 Merkle 树进行签名和包含约 100 万个数据包摘要的大型 Merkle 树进行签名所需的时间,对应于一个具有 $N = 2^{20} = 1'048'576$ 叶子的 Merkle 树。在不同平台上贯穿大型 Merkle 树所需的时间,如表 12-1 所示。

表 12-1　在不同平台上,全部有 2^{20} 个叶子 **Merkle** 树的计算时间一览表

处 理 器	内 存	时间(秒)
AMD Turion 1.8 GHz	1 GB	31.07
Intel Core2 2.4 GHz	2 GB	41.39
Sun4U ULTRA Enterprise 250 (2 X UltraSPARC-II 400 Mhz)	512 M	243.45
Dual Intel Pentium 4.3 GHz	1 GB	22.26

在最差的情况下,在 Sun4U 企业 250 平台上,设置 131 072 片叶子的树需要 2.55 秒,设置 1 048 576 片叶子的树需要 20.62 秒进行签名。对于使用 Log-Log 算法贯穿整个树,在相同的架构下,一个有 131 072 个叶子的树需要 24.36 秒,一个树需要 243.45 秒与 2^{20} 树叶在最差的情况下,在 Sun4U 平台上,使用 1 024 字节 RSA 签名区块摘要所需的时间为 0.065 5 秒,使用 1 024 字节 DSA 签名的时间为 0.034 5 秒。我们使用 1 024 字节 RSA 密钥,因为我们认为该密钥将用时较短,并且根据 IETF,1 024 字节 RSA 密钥应当能被使用 1 年(Weis, 2006)。还请注意,与 Wong 和 Lam(1999)中的方法不同,构建树所需的时间还包括计算存储在树的叶子中的数据包摘要值的时间。

区块摘要签名时间是通过使用在所考虑的平台上运行 OpenSSLv1.0 的"开放速度"实用工具来计算的。因此,在 Sun4U 架构中,我们获得了一个链接时间签名等于 2.5+0.06+24.36 = 26.92 秒的一个包含 131 072 个数据包的区块。因此,一个数据包的平均签名时间为 26.92/131 072 = 0.20 毫秒,这比每个数据包的签名、使用 1 024 字节 RSA 单独摘要要快得多。在延迟方面,NetTrack 可以提供在最差情况下(Sun4U)在 30 秒内捕获的 131 072 个数据包的数字证据,相较其他平台的延迟要低得多。例如,在一台配备了 Intel Pentium Mobile 1.7 GHz 和

1 GB RAM 的机器上，我们签署 131 072 个数据包摘要的链接时间是 9.44 秒，一个数据包摘要的平均签名时间为 0.07 毫秒。

树链接技术的作者（Wong & Lam，1999）指出，对于实时应用程序，在签名时，最多生成 N 个数据包的周期 T 必须大于 T_{sign} 加 $Chain_s(N)$，其中 T_{sign} 是区块摘要签名时间，$chain_s(N)$ 是一个包含 N 个数据包区块的链时间。我们已经证明，在中等到强大的平台上运行，就可实现这一需求。

结语

在网络取证工具中，捕获网络流量和创建在法庭上被合法接受的数字证据能力是网络取证工具面临的一个巨大挑战。我们的研究出于需要创建一个系统，名为 NetTrack，旨在创建 IP 流量的证据使用加密算法，更具体地说，在网络链接或在设备网络接口处，通过数字签名网络流量提供时间证明。这样的系统可以在几个场景中使用，例如，为了证明公司的服务质量，或提供执行取证分析所需的数据。由于网络速度的不断提高，捕获和存储要进行实时加密处理的流量本身就是一个具有挑战性的问题：可能需要特定的硬件来捕获关键网络中的数据包，以避免数据包的重新排序和数据包丢失。此外，还可能需要特定的硬件来精确标注数据包的时间戳。

在本章中，我们重点讨论了通过数字签名的数据包和附加的时间戳来创建证据。据我们所知，在其他网络取证工具中还没有涉及这一特性。对网络跟踪捕获的大量流量数据进行签名是一个挑战，因为经典的数字签名技术不足以用于这一目的。因此，我们采用并测试了一种基于 Merkle 树的 IP 数据包流数字签名解决方案。这样的树本身就提出了贯穿问题，这意味着它们需要优化的算法来在签名者处为树叶中的数据创建"证明"。通过实验，我们用 NetTrack 获得了令人鼓舞的结果：由 NetTrack 创建的数字证据可以在合理的时间，比如在 10 秒内交付给外部应用程序。

未来研究方向

由于 NetTrack 是可信计算的一个应用，因此可以进一步利用 TPM 进行防篡改。此外，网络跟踪证据创建者与认证和认证时间以及网络数据收集和过滤模块的接口可以扩展到允许基于应用程序需求的动态配置。例如，一些应用程序可能需要较高的时间精度，而其他应用程序可能需要为特定类型的流创建证据。我们还将研究其他的 Merkle 树全部算法，如 Berman 等（2007）和 Buchmann 等（2008），可以被网络跟踪证据创建者用来进一步改进，应用于产生数字签名证据所占用空间和时间方面的签名操作。

参考文献

Apisdorf, J., Claffy, K., Thompson, K., & Wilder, R. (1996). OC3MON: Flexible, affordable, high-performance statistics collection. In *Proceedings of the 10th USENIX conference on System administration* (pp. 97-112). Chicago, IL: USENIX Association.

Bamasag, O., & Toumi, K. Y. (2016). Efficient multicast authentication in internet of things. In *Proceedings of International Conference on Information and Communication Technology Convergence (ICTC)* (pp. 429-435). Jeju, South Korea: Academic Press. 10.1109/ICTC.2016.7763512

BBNT Patent. (2005). *Systems and methods for network performance measurement using packet signature collection*. Patent 6978223, Issued 20 December 2005 to BBNT Solutions LLC (Cambridge, MA). Retrieved July 11, 2017, from http://www.patentgenius.com/patent/6978223.html

Berbecaru, D. (2004). MBS-OCSP: an OCSP based certificate revocation system for wireless environments. In *Proceedings of the Fourth IEEE International Symposium on Signal Processing and Information Technology (ISSPIT 2004)* (pp. 267-272). Rome, Italy: IEEE. 10.1109/ISSPIT.2004.1433737

Berbecaru, D., & Albertalli, L. (2008). On the Performance and Use of a Space-Efficient Merkle Tree Traversal Algorithm in Real-Time Applications for Wireless and Sensor Networks. In *Proceedings of IEEE International Conference on Wireless and Mobile Computing, Networking and Communications (WIMOB 2008)* (pp. 234-240). Avignon, France: IEEE. 10.1109/WiMob.2008.14

Berbecaru, D., Albertalli, L., & Lioy, A. (2010). The ForwardDiffSig Scheme for Multicast Authentication. *IEEE/ACM Transactions on Networking*, *18*(6), 1855–1868. doi:10.1109/TNET.2010.2052927

Berman, P., Karpinski, M., & Nekrich, Y. (2004). *Optimal Trade-Off for Merkle Tree Traversal*. Report No. 49, Electronic Colloquium on Computational Complexity. Retrieved July 13, 2017, from http://preprints.ihes.fr/2004/M/M-04-29.pdf

Berman, P., Karpinski, M., & Nekrich, Y. (2007). Optimal Trade-Off for Merkle Tree Traversal. *Theoretical Computer Science. Elsevier Science Publishers.*, *372*(1), 26–36. doi:10.1016/j.tcs.2006.11.029

Buchmann, J., Dahmen, E., & Schneider, M. (2008). Merkle Tree Traversal Revisited. In *Post-Quantum Cryptography: Proceedings of PQCrypto 2008 (LNCS)* (vol. 5299, pp. 63-78). Berlin, Germany: Springer. doi: 10.1007/978-3-540-88403-3_5

Dean, D., Franklin, M., & Stubblefield, A. (2001). An algebraic approach to IP traceback. In *Proceedings of Network and Distributed System Security Symposium (NDSS 2001)* (pp. 3-12). Retrieved July 13, 2017, from http://www.csl.sri.com/users/ddean/papers/ndss2001a.pdf

Doeppner, T., Klein, P., & Koyfman, A. (2000). Using router stamping to identify the source of IP packets. In *Proceedings of the 7th ACM conference on Computer and communications security* (CCS) (pp. 184-189). Athens, Greece: ACM. 10.1145/352600.352627

Donnelly, S. F. (2002). *High Precision Timing in Passive Measurements of Data Networks* (Ph.D. Thesis). University of Waikato, Hamilton, New Zealand. Retrieved July 14, 2017 from https://wand.net.nz/pubs/1/pdf/stephen-thesis.pdf

Endace. (2017). *Endace Delivers High Performance, Reliability and Affordability with new 1/10/40 Gbps Packet Capture Card*. Endace.

Endace, D. A. G. (2015). *Endace Ltd. Datasheet: Endace DAG 7.5G4 network monitoring card*. Retrieved September 26, 2017 from https://www.endace.com/dag-7.5g4-datasheet.pdf

Engler, D. R., & Kaashoek, M. F. (1996). DPF: Fast, flexible message demultiplexing using dynamic code generation. In *Proceedings of ACM SIGCOMM '96 conference on Applications, technologies, architectures, and protocols for computer communication* (pp. 53-59). Palo Alto, CA: ACM. 10.1145/248156.248162

Fatima, H., Satpathy, S., Mahapatra, S., Dash, G. N., & Pradhan, S. K. (2017). Data fusion & visualization application for network forensic investigation - a case study. In *Proceedings of the 2nd International Conference on Anti-Cyber Crimes (ICACC)* (pp. 252-256), Abha, Saudi Arabia: ICACC. 10.1109/Anti-Cybercrime.2017.7905301

Fraleigh, C., Diot, C., Lyles, B., Moon, S. B., Owezarski, P., Papagiannaki, D., & Tobagi, F. A. (2001). Design and deployment of a passive monitoring infrastructure. In *Evolutionary Trends of the Internet (LNCS)* (Vol. 2170, pp. 556–575). Berlin, Germany: Springer; doi:10.1007/3-540-45400-4_36

Garcia, L. M. (2008). Programming with libpcap: Sniffing the network from our own application. *Hakin9, 3*(2), 38-46. Retrieved September 28, 2017 from http://recursos.aldabaknocking.com/libpcapHakin9LuisMartinGarcia.pdf

Golle, P., & Modadugu, N. (2001). Authenticating Streamed Data in the Presence of Random Packet Loss. In *Proceedings of Network and Distributed System Security Symposium (NDSS 2001)* (pp. 13–22). San Diego, CA: Internet Society.

Goodrich, M. T. (2002). Efficient packet marking for large-scale IP traceback. In *Proceedings of the 9th ACM conference on Computer and communications security* (pp. 117–126). Washington, DC, USA: CCS. doi:10.1145/586110.586128

Jakobsson, M., Leighton, T., Micali, S., & Szydlo, M. (2003). Fractal Merkle Tree Representation and Traversal. In *Proceedings of Topics in Cryptology - CT-RSA 2003: The Cryptographers' Track at the RSA Conference 2003 (LNCS)* (vol. 2612, pp. 314-326). Berlin, Germany: Springer. 10.1007/3-540-36563-X_21

Jonson, J., & Kaliski, B. (2003). *Public-Key Cryptography Standards (PKCS) #1: RSA Cryptography Specifications Version 2.1*. IETF, RFC-3447. Retrieved July 12, 2017, from https://tools.ietf.org/html/rfc3447

Kim, H. S., & Kim, H. K. (2011). Network Forensic Evidence Acquisition (NFEA) with Packet Marking. In *Proceedings of the 9th IEEE International Symposium on Parallel and Distributed Processing with Applications Workshops* (pp. 388-393). Busan, Korea: IEEE. 10.1109/ISPAW.2011.27

Kocher, P. C. (1998). On certificate revocation and validation. In R. Hirchfeld (Ed.), *Financial Cryptography: Proceedings of Financial Cryptography 1998 (LNCS)* (Vol. 1465, pp. 172–177). Berlin, Germany: Springer; doi:10.1007/BFb0055481

Malan, G. R., & Jahanian, F. (1998). An extensible probe architecture for network protocol performance measurement, In *Proceedings of ACM SIGCOMM '98 conference on Applications, technologies, architectures, and protocols for computer communication* (pp. 215-227). Vancouver, Canada: ACM. 10.1145/285237.285284

Mate, M. H., & Kapse, S. R. (2015). Network Forensic Tool -- Concept and Architecture. In *Proceedings of the Fifth International Conference on Communication Systems and Network Technologies (CSNT)* (pp. 711-713), Gwalior, India: Academic Press. doi: 10.1109/CSNT.2015.204

Merkle, R. C. (1982). *Secrecy, Authentication and Public Key Systems*. UMI Research Press.

Merkle, R. C. (1988). A digital signature based on a conventional encryption function. In Proceedings of Advances in Cryptology - CRYPTO '87 (LNCS) (vol. 293, pp. 369-378). Springer Berlin Heidelberg. doi:10.1007/3-540-48184-2_32

Miessler, D. (2015). *A tcpdump Tutorial and Primer with Examples*. Retrieved September 28, 2017, from https://danielmiessler.com/study/tcpdump/

Miner, S., & Staddon, J. (2001). Graph-based authentication of digital streams. In *Proceedings of IEEE Symposium on Security and Privacy (S&P)* (pp. 232–246). Oakland, CA: IEEE. doi: 10.1109/SECPRI.2001.924301

Naor, D., Shenhav, A., & Wool, A. (2006). One-Time Signatures Revisited: Practical Fast Signatures Using Fractal Merkle Tree Traversal. In *Proceedings of the 24th Convention of Electrical & Electronics Engineers in Israel* (pp. 255-259). Eilat, Israel: Academic Press. doi: 10.1109/EEEI.2006.321066

OpenSSL library. (2016). *Welcome to OpenSSL!* Retrieved from http://www.openssl.org/

Parry, J., Hunter, D., Radke, K., & Fidge, C. (2016). A network forensics tool for precise data packet capture and replay in cyber-physical systems. In *Proceedings of the Australasian Computer Science Week Multiconference (ACSW)* (pp. 1-10). Canberra, Australia: Academic Press. 10.1145/2843043.2843047

Peisert, S., Bishop, M., Karin, S., & Marzullo, K. (2005). Principles-Driven Forensic Analysis. In *Proceedings of the 2005 New Security Paradigms Workshop (NSPW)* (pp. 85-93). Lake Arrowhead, CA: Academic Press. 10.1145/1146269.1146291

Perrig, A., Song, D., Canetti, R., Tygar, J. D., & Briscoe, B. (2005). *Timed Efficient Stream Loss-Tolerant Authentication (TESLA): Multicast source authentication transform introduction*. IETF, RFC-4082. Retrieved July 14, 2017 from https://tools.ietf.org/html/rfc3447

Perrig, A., Tygar, J., Song, D., & Canetti, R. Efficient. (2000). Authentication and Signing of Multicast Streams over Lossy Channels. In *Proceeding 2000 IEEE Symposium on Security and Privacy* (pp. 56–63). Berkeley, CA: IEEE. 10.1109/SECPRI.2000.848446

Promrit, N., & Mingkhwan, A. (2015). Traffic Flow Classification and Visualization for Network Forensic Analysis. In *Proceedings of 29th International Conference on Advanced Information Networking and Applications* (pp. 358-364). Gwangiu, South Korea: Academic Press. 10.1109/AINA.2015.207

Ranum, M. J., Landfield, K., Stolarchuk, M., Sienkiewicz, M., Lambeth, A., & Wall, E. (1997). Implementing a generalized tool for network monitoring. In *Proceedings of the 11th Conference on Systems Administration* (pp. 1-8). Berkeley, CA: USENIX Association.

Rivest, R. L., & Shamir, A. (1997). PayWord and MicroMint: Two simple micropayment schemes. In M. Lomas (Ed.), *Security Protocols: Proceedings of Security Protocols 1996. (LNCS)* (Vol. 1189, pp. 69–87). Berlin, Germany: Springer; doi:10.1007/3-540-62494-5_6

Ruiz, M., Sutter, G., López-Buedo, S., & de Vergara, J. E. L. (2016). FPGA-based encrypted network traffic identification at 100 Gbit/s. In *Proceedings of International Conference on ReConFigurable Computing and FPGAs (ReConFig)* (pp. 1-6). Cancun, Mexico: Academic Press. 10.1109/ReConFig.2016.7857172

Savage, S., Wetherall, D., Karlin, A., & Anderson, T. (2000). Practical network support for IP traceback. In *Proceedings of the 2000 SIGCOMM conference on Applications, Technologies, Architectures, and Protocols for Computer Communication* (pp. 295-306). Stockholm, Sweden: ACM. doi: 10.1145/347059.347560

Scientific Working Group on Digital Evidence (SWGDE). (2015). Retrieved from http://www.swgde.org

Shrivastava, G., & Gupta, B. B. (2014, October). An encapsulated approach of forensic model for digital investigation. In *Consumer Electronics (GCCE), 2014 IEEE 3rd Global Conference on* (pp. 280-284). IEEE.

Shrivastava, G., Sharma, K., & Kumari, R. (2016, March). Network forensics: Today and tomorrow. In *Computing for Sustainable Global Development (INDIACom), 2016 3rd International Conference on* (pp. 2234-2238). IEEE.

Snoeren, A. C., Partridge, C., Sanchez, L. A., Jones, C. E., Tchakountio, F., Kent, S., & Strayer, W. T. (2001). Hash-based IP traceback. In *Proceedings of the 2001 SIGCOMM conference on Applications, Technologies, Architectures, and Protocols for Computer Communications* (pp. 3-14). San Diego, CA: ACM.

Song, D., & Perrig, A. (2001). Advanced and authenticated marking schemes for IP traceback. In *Proceedings of IEEE INFOCOM 2001 Conference* (pp. 878–886). Anchorage, AK: IEEE.

Szydlo, M. (2004). Merkle Tree Traversal in Log Space and Time. In C. Cachin & J. L. Camenisch (Eds.), *Advances in Cryptology - EUROCRYPT 2004: Proceedings of Eurocrypt 2004 (LNCS)* (Vol. 3027, pp. 541–554). Berlin, Germany: Springer; doi:10.1007/978-3-540-24676-3_32

Tartary, C., Wang, H., & Ling, H. (2011). Authentication of Digital Streams. *IEEE Transactions on Information Theory, 57*(9), 6285–6303. doi:10.1109/TIT.2011.2161960

Weis, B. (2006). *The Use of RSA/SHA-1 Signatures within Encapsulating Security Payload (ESP) and Authentication Header (AH)*. IETF, RFC-4359. Retrieved July 14, 2017, from https://www.ietf.org/rfc/rfc4359.txt

Wong, C. K., & Lam, S. S. (1999). Digital Signatures for Flows and Multicasts. *IEEE/ACM Transactions on Networking, 7*(4), 502–513. doi:10.1109/90.793005

Yuhara, M., Bershad, B. N., Maeda, C., & Moss, J. E. B. (1994). Efficient packet demultiplexing for multiple endpoints and large messages. In *Proceedings of the Winter 1994 USENIX Technical Conference* (pp. 13-13). San Francisco, CA: USENIX Association.

关键术语和定义

默克尔树中叶子的认证路径：从树叶到树根所有节点的路径。
数字证据：以二进制形式储存或传输的具有价值的信息。
取证分析：了解、再现和分析先前发生事件的过程。
IP 追踪：用于识别 IP 数据包的真正来源，并保留对单个 IP 数据包传输路径的追踪。
默克尔树：用实验室哈希值或小节点值（非叶子）标记每一个非叶节点的树形结构。
默克尔树的遍历：连续输出树中每个叶子认证路径产生的问题。
消极网络测量：在数据链或共享网络媒体上测量数据包，而不会在该媒体上产生额外数据流量的方法。

第十三章
分布式环境中的数字取证

阿莎·约瑟夫　印度韦洛尔大学
K.约翰·辛格　印度韦洛尔大学

摘要

本章是关于正在实施的一种数字取证框架的阐述,该框架可以与独立系统以及分布式环境,包括云系统一起使用,并结合了网络取证概念和操作系统的安全框架,这种框架组成了数据和事件监控的核心机制,系统监控是在内核模式下由各种内核模块完成的,而取证模型模块是在用户模式下使用哪些内核模块收集的数据完成的。因此,作者提出了一种犯罪模型的映射机制,使得规则集的使用来源于通常状况下的网络或数字犯罪模式,这种决策算法可以很容易地从计算机集群中的节点进行扩展,甚至扩展到云系统。作者讨论了在分布式环境和云扩展中进行数字取证所面临的挑战,以及说明并提出框架适用时的一些案例研究。

引言

本章是关于数字取证领域框架的持续实现,它可以用于独立系统以及分布式环境中的取证。研究方向结合了网络取证的概念、操作系统中的安全框架、与操作系统集成的数字取证支持、数字取证的挑战,以及在典型的分布式计算环境中针对这些挑战提出的解决方案。

数字取证已经存在了一段时间,并正迅速成为一种专业的和被接受的调查技术,有自身的工具和法律先例来验证。数字取证目的不是阻止犯罪的发生,而是主动或在系统或网络中攻击或事件发生后识别受害者和罪犯,深入分析并记录以进一步参考。计算机取证被定义为"为确定潜在法律证据而应用计算机调查和分析技术的行为"。而数字取证可以定义为"在可能的情况下,从事件重建中获得证据后,保存、收集、验证、识别、分析、解释和应用科学建立的数字证据向法庭展示"。数字取证可以分为不同的类别,如网络取证、磁盘取证、内存取证、云取证、网络取证等。攻击者通常被称为网络罪犯而不是数字罪犯,这些犯罪被称为网络犯罪。

背景

数字取证

在可能的情况下,从重建事件中获得证据后,应用于收集、保存、验证、识别、分析、解释、并向法庭提交数字证据建立的科学应用方法。

内存取证

它是对计算机内存转储的取证分析。先进的计算机攻击将使用隐形技术,以避免在计算机非易失性存储器(硬盘驱动、高速闪存卡等)上留下可追溯的证据数据。在这些情况下,计算系统的内存(RAM)转储将使用操作系统工具或第三方工具来实现进一步的取证分析。使用操作系统工具和操作系统组件的符号调试信息,可以在进程和资源级别上有效重建计算系统的状态,以进行合理分析。

磁盘取证

它是对存储设备的分析,这些设备在物理接口和存储技术方面分为许多类别。磁盘的取证分析主要由应用程序和操作系统日志、图片分析、已知犯罪性质的数字实体签名或关键字分析、时间线分析、邮箱、数据库、收藏夹、注册表等组成——包括通常由各种应用软件和操作系统使用的几乎所有持久性数据。

网络取证

它是关于计算机网络流量的监控和分析,用于证据收集、信息收集甚至入侵检测。与数字取证的其他领域相比,网络取证处理的是更不稳定的数据。因此,它被认为是一种主动的取证调查方法(Sammons, 2015)。

网络安全应该是所有人关注的一个大问题,因为网络几乎不断受到来自黑客、有组织犯罪和外国的攻击。网络犯罪、网络战争和网络恐怖主义不仅威胁我们的国家和公司,而且威胁我们的个人电脑。从取证的角度看,网络代表了一种更大的挑战。它们在大小和复杂性上差别很大。有几种工具可以帮助我们来保护我们的关键网络基础设施,包括防火墙和入侵检测系统。智慧组织为安全漏洞制定计划,使他们能够有效地做出反应,以最大限度减少损害,并增加他们识别行凶者的概率(Shrivastava et al., 2016; Shrivastava, 2016)。

云取证

云计算可以被看作是使用共享网络资源集合的数字计算。因此,云取证显然与网络取证密切相关。在云端,资源共享并经常复制(以避免数据丢失),云服务提供商通常来自不同司法管辖区的成百上千个租户,他们的计算需求被服务提供商拥有的共享网络资源所满足。在这样的多租户环境中,对这些共享资源隐私性和访问控制方面的信息安全至关重要。更为复杂的是,可以在云端动态地配置和删除大量的资源集。因此,很明显,数字取证的传统方法在云环境下往往效果较差。与其尝试分析大量数据以获取证据——这本身可能需要云服务的计算能力,一种积极主动的方法将会更加实用。在一种主动的方法中(正如我们在网络取证中看到的),我们使用分布式监控框架实时监控和分析云端系统。通过本章,我们将进一步看到更多的建设性框架。

数字取证工具是一种应用程序,自动匹配各种程序或特殊数字取证功能。这些工具被认为减少了大量数据分析、案例管理和标准化报告所需的时间,并使执行原本不可能手动完成的任务成为可能。众所周知,自动化降低了成本,并显著缩短了培训取证专业人员所需的时间(Saxena et al., 2012)。

David Bennett(2011)指出,法律证据可能构成广泛的计算机犯罪或滥用行为,如儿童色情、滥用语言、音频或视频,包括盗窃商业机密、盗窃或破坏知识产权和欺诈。数字证据通常是由应用软件和操作系统软件生成的事件日志。在现代操作系统中,任何应用程序都将在一个非常封闭的环境中运行,而操作系统将确保一种应用程序对系统中运行的任何其他应用程序加载最少的信息量。因此,很自然地,由这些应用程序生成的作为事件日志的证据数据缺乏整个系统的视角。在此,所发现的数据在取证分析和通过适当日志或记录保存来解决各种计算机犯罪都很重要,导致定性分析产生。

现有数据

这些是对印度网络犯罪进行研究的一些统计数据。在过去两年多的时间里,大约有 200 个零日漏洞被公布,在任何特定的时间内都有 1 160 万台移动设备被感染。2014 年,超过 3.48 亿身份信息被盗,共约 5.94 亿人受到网络犯罪的影响。

网络安全分析师的预测数据如下:

据预测,2017 年将是网络勒索之年。超过 30%的犯罪网络犯罪将涉及盗窃或跨境使用被盗数据。网络/数字犯罪将使全球经济损失超过 6 500 亿美元,到 2020 年将攀升至超过 1 万亿美元。到 2020 年,将有超过 15 亿人受到数据泄露的影响。图 13-1 显示了印度犯罪率的上升,特别在印度南部的部分地区犯罪率的上升。

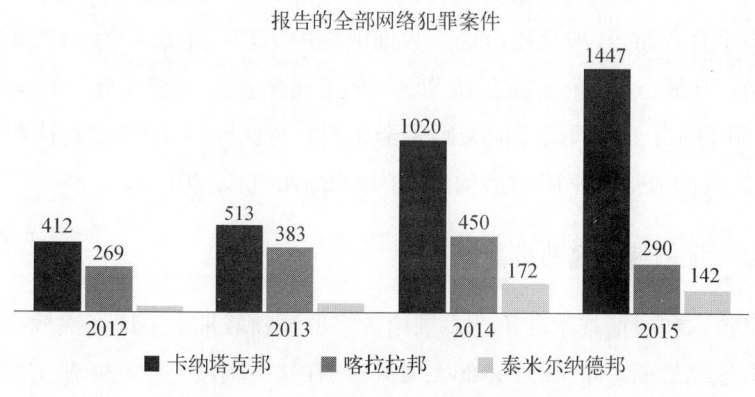

图 13-1 印度南部犯罪率上升图示

以下是来自国家网络/数字安全和安全标准峰会的一些研究数据。

印度网络犯罪率在 2015 年达到了顶峰。网络安全分析师预测,2016 年将是网络勒索之年。到 2019 年,超过 30%的犯罪将通过犯罪网实现,涉及盗窃或跨境使用被盗数据(Joseph & Singh, 2016)。到 2020 年,将有超过 15 亿人受到数据泄露的影响。图 13-2 代表了最近的统计数据。

更多近来的研究结果

中小型组织(SMBs)被定义为拥有 100 到 1 000 名员工,都难免受网络/数字犯罪的影响。根据最近守护者安保公司的"中小企业网络安全状况"报告显

图 13-2 报告的网络犯罪案件数据图示

示,多达 50%的中小型组织报告在过去 12 个月里至少遭受过一次网络攻击。对于这些中小企业而言,涉及盗窃资产数据泄露的平均成本总计为 879 582 美元。在被攻击成功后,这些企业需花费 955 429 美元来恢复正常业务。在一些中小企业中,60%的员工访问路径的密码完全相同。与此同时,63%的确认数据因使用弱的、缺省的或被盗密码而遭到泄露(Techpayments, 2016)。

数字取证领域研究的挑战

信息技术和通信技术的不断发展给数字取证领域带来了许多挑战。基于现有数字取证模型的进步(Shrivastava, 2017),在这一领域仍存在一些主要挑战:

1. 缺乏用于研究和分析目的的真实数据来源(Baggili & Breitinger, 2015)。
2. 缺乏有效和容易的数据获取与分析工具。
3. 在数据采集过程中,操作环境的局限。
4. 数据的可访问性——特别是分布式系统上的数据。
5. 数据量和进行调查所需的时间。
6. 跨国法律的最终缺乏和差异。
7. 多种操作系统平台和文件系统。
8. 拥有多个租赁权且涉及多个司法管辖区的云系统。

法律支持和取证标准化也是网络取证过程中遇到的挑战。如陈等所述(2015),在云端等分布式环境中进行实时和全面的稽核非常困难,而后期核查可能相当具有挑战性。进行全面调查和收集网络异常信息的能力也很有限。

证据灭失也是分布式数字环境中的一个主要挑战,特别是在云端网络中。环境或区域因素,如收集证据应该根据当地法律法规,可能会增加取证调查的时间和费用。合法用户的隐私权也是数字取证中遇到的问题。在多租户环境中,如何限定取证范围以保护合法用户的隐私仍然是一个面临的挑战。在云和分布式环境中,证据的固定、收集、保存可能非常复杂,因为调查涉及非标准的数据集,如进程、工作流信息等。证据的长期保存是一个巨大的挑战。

工作建议

从伊甸园开始犯罪便跟随着人类,自此人类一直面临着有趣的精神冲突,比如是否要向全世界宣布人类胆敢犯罪,是实施惩罚还是保护自身。这种冲突深植于内心并表现于外部行动中,罪犯实施犯罪,总会留下痕迹。证据是在实施网络/数据/数字犯罪,如恐怖主义、欺诈、身份盗窃或儿童色情时所遗漏的数字足迹。考虑到这些方面,从数字证据的解释中为了得到更多,建议采用一种新的方法——"犯罪和犯罪画像"。Nykodym(2008)指出,"在网络空间犯罪的人可以符合某个轮廓(一种画像)的观点似乎牵强,但证据表明,网络/数字罪犯确实存在某些明显的特征。"因此,使用 Tennakoon(2016)所讨论工具和技术的可能性可能值得在实际场景中进行测试。犯罪画像的步骤/阶段如图 13-3 所示(改编自 Tennakoon,2016)

犯罪画像分为六个阶段:

1. 了解受害者的什么方面吸引了罪犯("犯罪学")。
2. 动机识别。
3. 罪犯特征识别(专家、儿童)。
4. 收集证据。
5. 证据分析。
6. 重复以上步骤并加以细化。

从研究的角度来看,这种分析应该首先能够深入了解从该系统中收集到的所有数据。

本章的其余部分将专门介绍建

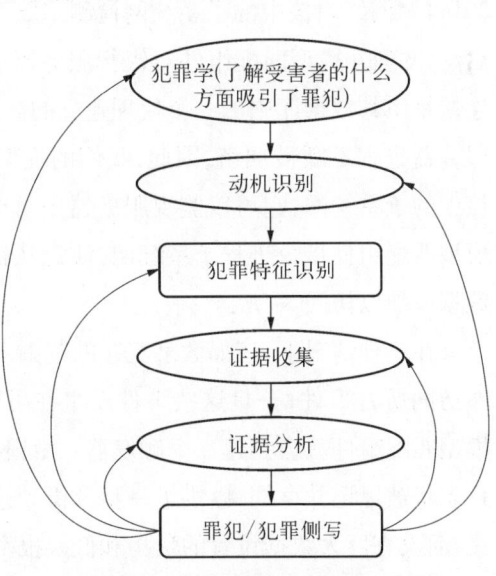

图 13-3 犯罪侧写步骤图示

议的框架,解释操作背后的基本概念和技术。需要注意的是,该系统被设计为可伸缩的,可以很容易地从单一主机解决方案定制到分布式数字取证系统,该系统可以是簇集、网格甚至云的集成。

典型场景

为了说明体系结构所构想的基本概念,我们考虑了以下场景:

攻击者获得受害者网上银行账户的所有凭证——包括他的手机或非法复制的 SIM 卡。实施的安全措施中,攻击者能够获取受害者的银行账户访问权——因为即使使用移动一次性密码(OTP)的双重身份验证也会被攻击者绕开。然而,当这种情况发生时,提示的系统结构可以在运行时检测、记录甚至提醒管理员,这种提示是如何实现的:

提示系统被安装在银行应用程序服务器运行的服务器上。银行服务器应用程序与所提示的软件框架不存在任何依赖或紧密关联。为简便起见,我们假设服务器不是分布式系统的一部分。为了保持匿名性,攻击者通常会试图从互联网上的公共代理服务器中登录到银行账户。我们可以从许多政府当局私人信息源获得一个包含此类代理服务器的详尽数据库。已经准备好的这样一个数据库,用于系统结构中的取证模型匹配组件(欺诈测试)(Shrivastava & Gupta, 2014)。网络内核中的子系统网检测到属于银行服务器进程的 TCP 链接协议被启动,并通知模型匹配组件对银行服务器进程进行连接。模型匹配组件检测到连接是由其数据库中的一个代理建立的。用户名和密码信息从攻击者的主机到服务器进程不断被加密,因此,我们的框架无法访问这些细节,但我们有一个内核中的子系统网,它可以监视服务器中每个进程的文件访问和网络访问。安全模型匹配组件指令进程子系统网,注意从银行服务器进程运行的本地网或网络数据库加以访问。

在这种情况下,诸如数字犯罪的范围不受限制,或者仅限于操作系统内核能够访问所有事件;一旦这些事件发生在可配置的时间窗口(大约数百毫秒)内,模型匹配组件就会创建一个触发器。由银行服务器进程生成的日志及其他相关日志将被标记并存档,以供进一步分析。这样,可能的犯罪证据就可以实时被收集,而没有巨大数据设置的负担和低误报率。更重要的是,没有一个现存服务器应用程序被修改(Shrivastava et al., 2012)。

操作系统的作用

操作系统是最强大的软件，是计算机系统的大脑，那么它如何帮助网络/数字取证呢？从传统刑事取证的角度而言，它相当于由最具智慧的人和知识渊博的人协助尸检一样。作为一个在数字计算平台上运行的主导软件，显然，操作系统软件针对系统中正在发生的事件拥有最终的掌控力。换句话说，作为操作系统的一部分，任何运行软件都具有从系统角度监控所有事件的能力。同样，通用操作系统在默认情况下具有最小的安全机制，因为它会影响最终用户的整体系统体验(例如，Windows 系统中闻名的用户身份验证模块-UAM)及来自网络或数字取证角度的事件日志甚至不具备操作系统具有的优先级。

许多服务器应用程序没有正确配置或正确维护安全及面向安全的稽核。数字犯罪的范围可能不限于由单个服务器/用户应用程序生成的事件日志。它可能分布在许多不同的软件(甚至硬件)上，目前，还没有一个中心模块来相互关联，对此加以分析，并做出一个关联性的安全决策。只有操作系统内核能够访问系统中的所有事件，因此，需要一种面向内核的方法来有效生成和记录主机/服务器系统中的安全事件。

通用操作系统强制执行的身份验证和授权不会对许多可能构成安全威胁的用户操作强制执行安全策略。这通常在用户友好性和系统性能方面是合理的。要想找到犯罪的有效证据，需要分析的数据量是巨大的。这主要是因为所有通常的日志记录方案在本质上都是非常原始的，并且不能区分正常日志和可能成为网络/数字取证证据的候选日志。许多数字服务都是基于云端的，并且本质上是跨主机边界分布的。从网络取证的角度来看，对这种分布式系统中潜在的安全威胁和相关事件的协调监控实际上是不存在的。

从上述原因中可以明显看出，数字证据收集只能通过一个安全增强的操作系统内核来令人满意地执行，该内核具有以下功能：它应该有一个子系统来执行基于一个或多个数字取证模型的安全策略。它还应该有一个子系统，用于监控来自这种策略执行的日志，并使用一个或多个数字取证模型对它们进行逻辑协调。

在本文中，提出了一种新的安全架构，它试图将上述功能合并到一个典型的操作系统内核中。为此，我们选择了 Linux 操作系统，并研究了在 Linux 内核中增强安全性和执行安全策略的现有方法。分析了各种数字取证模型，并确定了将它们作为策略纳入所述子系统的合适机制。还确定了收集执行这些策略生成事件的机制,并讨论了使系统分布式的可能性。

提示框架的目标

当前,针对通用目的操作系统,拟议工作的目标是找出和分类目前是否存在合适的网络安全/数字取证模型。如果有,在什么方面可以进一步改进和使其更有效？如果没有,可以提出一个实用的方法和模型。值得注意的是,对于分析犯罪和罪犯,获取证据和数字数据是最重要的。因为现实生活中的证据数据分析网络犯罪很难获得——实践中分析这样一个问题实际上非常困难——机制可以使日志复杂化和追踪被区分的现有系统,是一个非常重要的领域,许多研究还未进行。

首先,很难访问系统的运行时间状态。因此,可能会有不属于分析范围的重要信息,如网络连接、加密密钥、解密数据、进程列表和在内存中运行的修改代码。还应注意到,最近越来越多的数据被存储和管理在分布式主机中(主要是使用虚拟主机托管在云端中)。因此,在分布式环境中,与网络安全相关的事件记录与监控变得越来越重要。由 Chou(2009)在本文中提到的开放一种全新的安全方法,一种使用虚拟化工具保护日志的新方法,并将其与内核模块方法进行了比较。值得注意的是,从计算机系统中获取证据数据可以通过两种不同的方法来完成:

一种是使用由 web 服务器、FTP 服务器等应用程序生成的日志。另一种方法是使用内核模式分析和日志记录系统,它作为操作系统的一部分,从而拥有对系统中所有事件和数据的独家访问权。第二种方法与第一种方法有很大的不同,因为在操作系统内核中,可以从整个系统的角度对数据和事件进行分析——而在第一种情况下,日志中的信息受到相关应用程序范围的严重限制。然而,第二种方法涉及内核模式实现的额外复杂性(这比应用程序级实现要先进得多,文档化程度也更少)。

该问题进一步扩展到如何使用由操作系统生成的事件日志进行取证分析。换句话说,如何进一步扩展上述安全机制和模型,从而使证据在犯罪分析中更有用,这是网络取证的另一个相关领域。显然,这项工作需要访问一个典型的通用操作系统的设计和开发细节。考虑到使我们能够完全访问所有这些信息的开源开发模型,Linux 被选为这项工作的所有实践目的的平台。Chou(2009)简要介绍了内核模式下证据数据采集系统的研究领域。

提示的框架

在这项工作中,提出了安全架构,试图合并信息流控制和来源方法(Pohly et al., 2012)。这项工作的目标是证据收集和在收集的证据上应用数字取证建模。为此,我们选择了 Linux 操作系统,并研究了在 Linux 内核中加强安全和执行安全策略的现有方法(Wright, Cowan & Smalley, 2002;Wright, Cowan & Morris, 2002)。我们通过对各种数字取证模型进行分析,确定了将它们作为策略纳入所述子系统的适当机制。还确定了收集执行这些策略生成的事件机制,并讨论了系统分布式的架构。

该框架包括用于数据和事件监控的核心机制,几乎包含操作系统内核的所有子系统。此外,还定义了用户模式模块,它可以监视、分类和存储这些数据与事件。此用户模式模块可以根据预定义的取证模型做出决策。我们设计了这样一个系统,在内核中,整个系统监控由各种内核模块完成,这些内核模块收集来源数据的映射,并由用户模式应用模块进行取证模型映射,如图 13-4 所示。

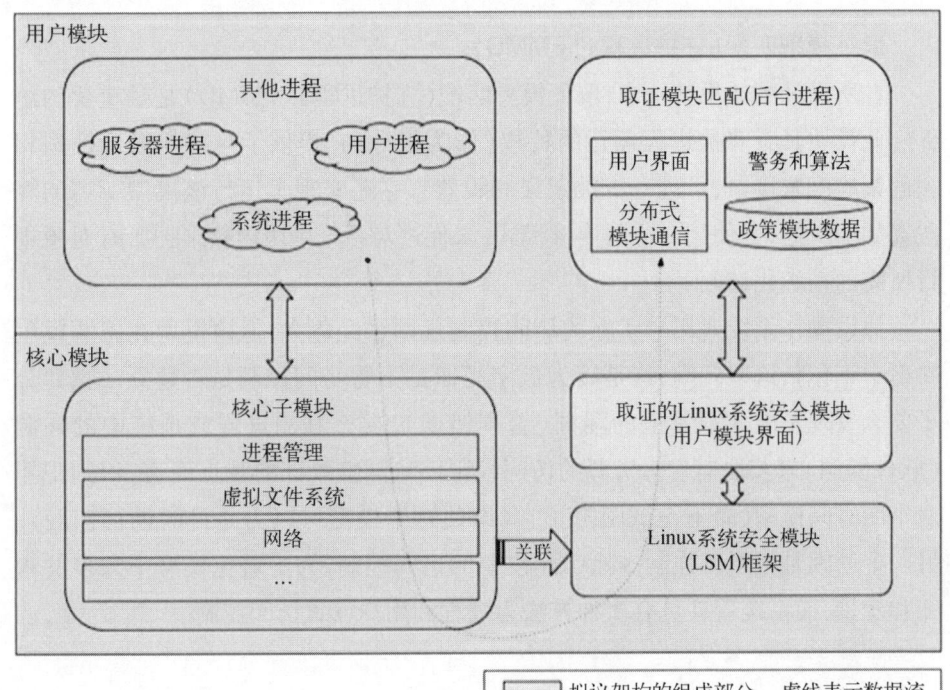

图 13-4 框架图示

Linux 安全模块(LSM)允许 Linux 内核支持各种计算机安全模型,同时避免任何单一安全实现的倾向。该框架是在 GNU 通用公共许可的条款下获得的,并且是 Linux 内核的标准部分,因为 Linux 版本 2.6、SELinux、Smack、TOMOYO Linux 和 Yama 是官方内核中目前被接受的模块。LSM 旨在提供成功实现强制访问控制模块所需的所有特定需求,同时对 Linux 内核进行尽可能少地更改(Bates, Tian & Butler, 2016)。LSM 避免了系统呼叫拦截的方法。相反,LSM 在内核的每个点上插入"钩子"(向上调用模块),内核用户级别系统将会实现访问网络内核中的目标。

LSM 取证模块

这是拟议体系结构的两个核心组件之一。此模块作为用户模式组件中取证模型匹配(FFM)组件的内核模块。本质上使用 LSM 框架监控系统中其他进程对内核访问对象(文件、网络接口、网络数据包、IPCs)的所有相关创建与访问。根据当前设置的策略,通过用户模式对应对象(FFM)监视进程和其他对象。

取证模型匹配(守护进程)(FMMD)

在所设计的体系结构中,取证模型匹配(守护进程)(FMMD)是最重要的组件。此模块具有守护进程运行的特权(作为根)。它提供了与特定取证模型相关的策略配置接口,可进一步被定义和设置。它还实现了运行该模型所需的算法。如前所述,它使用对应的内核模式,来促进对系统中由内核维护所有对象进行所需的精细化访问。

假设操作系统对用户实施的访问控制规则已经建立,但该模型在犯罪模型映射中不包括这些规则,这是因为数字犯罪是不管访问控制是否建立。犯罪分子要么发现了准入限制上的漏洞(管理错误),要么利用进程或系统中的漏洞(软件漏洞)来获取对目标资源的访问权限。从网络取证的观点而言,识别犯罪发生的时间模型,而不是试图阻止它(即使这个模型可以为此目的进行扩展)。另一个原因是将系统强制排除于此模型的访问控制,为了避免模型中太多的未知和变量,而系统管理员有多种方法为进程和用户设置访问控制。

犯罪模型映射算法

犯罪模型映射算法利用了基于常见的网络/数字犯罪模式的规则集。这些

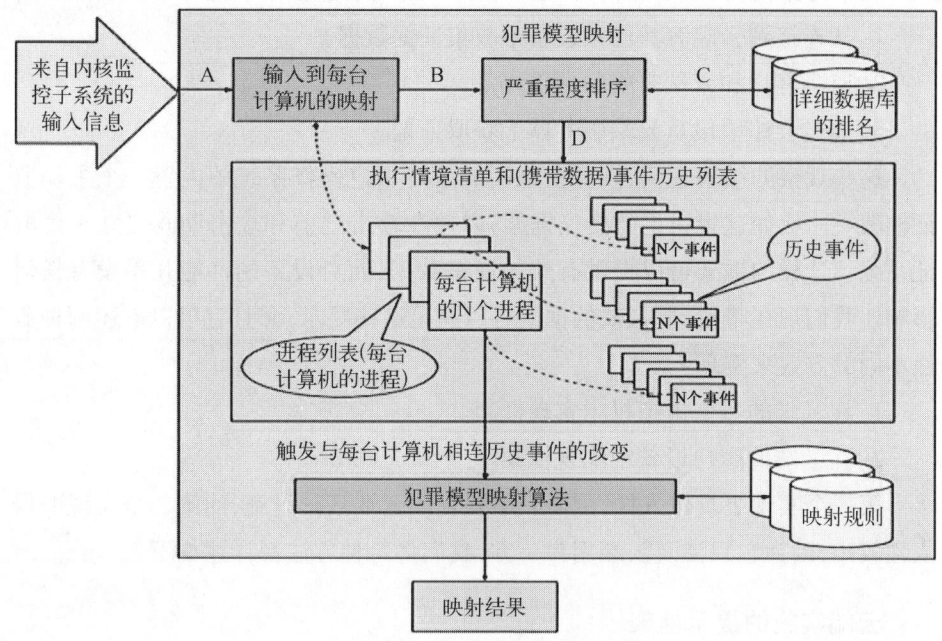

图 13-5 犯罪模型映射模块图示

模式中的每个模式参数都可在 EC 和与之相关的事件历史中轻易获得。这包括（但不限于）系统中已知服务器进程的列表、作为有效数据源和网络链接目的地的安全 IP 地址数据库、通常代理 IP 地址和攻击站点的黑名单 IP 地址列表、从外部连接的网络端口、从主机连接的网络端口、已知恶意二进制文件的校验等。

云端及其他分布式计算环境

分布式计算，特别是云计算，给数字取证带来了严峻挑战。主要的挑战之一是，证据资料可以被分发在各国（甚至各州）的许多服务器上。这暗含着一种多司法管辖和多租借的环境，可能会严重阻碍或延误调查。另一个问题是，服务器可以在几分钟内被提供和取消分配。由于云端资源的这种动态特性，针对多个客户的数据（和日志）可以分散在云端一组不稳定的主机和数据中心。

对传统取证应用另一个主要问题是考虑到云端提供的安全性、同步和共享特性，用户很可能会选择不将其数据的本地副本存储在其个人电脑和其他数字设备的本地存储上。与存储在云端数据的交互通常通过 web 浏览器进行。因此，几乎无法从客户端设备的存储中获得任何有用的证据数据。

迄今为止,在云端系统中,从逻辑上指出进行有效取证调查的三种选择:

1. 从连接到云端客户已知设备中收集证据数据。
2. 监听客户和云端之间的网络流量。
3. 通过合法手段从云端服务器上获取证据。

这些观察的结果表明,需要在通用的最终用户操作系统中内置一个主动取证框架——比如这里讨论的提议框架,以便在攻击之前和攻击期间建立一个取证系统。这样的框架可以提供有效的证据数据,而对设备的性能几乎没有任何影响。我们现在将看到,拟议的框架可以满足这些要求,并且它可以下述两种截然不同的方式来实现:

1. 在云端的每个虚拟机中实现框架。
2. 在云端的客户设备中实现框架。

第一个实现更具侵入性,因为它需要更改云端基础设施,而第二个实现的侵入性较小,因为它只涉及云端用户一方,我们将每种方法都详述如下:

云端实施的提示框架

目前为止,我们所讨论的系统边界仅由实现它的主机来设置。决策算法可以很容易地扩展为计算集群、网格甚至云端的一个节点。在本章中,我们正在考虑使用云环境来进行这样的分析。我们将分析一个拟议的技术和框架,以监控和管理云环境中的资源,它可以很容易地扩展到包括先前解释的取证特性。

在云计算中,底层大规模计算基础设施通常是不统一的,不仅因为一次采购所有服务器、网络设备和电源设备不经济可靠,而且因为不同的应用程序需要不同的计算机硬件,如工作流量大的计算可能需要标准和廉价硬件;科学计算可能需要特定硬件,而不是 CPU,如 GPU 或 ASIC。在大规模计算基础设施中需要管理各种资源、CPU 负载、网络带宽、磁盘配额,甚至操作系统类型。为了提供更好的服务质量,我们通过负载平衡机制、高可用性机制与安全和权限机制向用户或应用程序提供资源。为了最大限度地利用云端,应当计算应用需求容量,以便采购和维护最小的云计算基础设施设备。如果访问云计算基础设施,应用程序应分配适当的资源来执行计算,使时间成本和基础设施成本最小化。

为了在云场景中实现灵活和精准的资源监视与管理,高级资源管理和监视系统(ARMS)必须具备如下特征:

首先,它应该为云端运营商及其客户提供一种定义良好的方法,以便彼此正确地沟通,并在资源使用方面达成服务水平协议。

其次,物理资源(在物理主机中)的异构性应通过资源管理模式进行管理,该模式可以用来定义概念实体,统一使用资源分配算法。这个模式必须变得足够简单,以便云端运营商和客户可以在其资源协商中使用潜在的概念。

再次,系统应分布在整个云端中,以便它必须在每个由一个或多个管理程序运行虚拟机的主机系统中运行。该组件与主机操作系统以及管理程序(主机中的虚拟机和虚拟网络)集成,提供了对主机系统和托管虚拟机的完全控制。当做出对云运行有全球影响的资源管理决策时,分布式系统应能够在云端一起通信。这也可以用于拍摄系统快照,如 Alamulla, Iraqi, and Jones(2013)所描述的那样。

最后,资源管理系统必须能够在不同操作系统和不同管理程序的异构环境中运行。因此,实现应该可以移动的通用服务器类操作系统,它应能支持所有通用的系统管理程序。在云领域中,早期工作是通过设计和开发这种先进的云资源管理系统(ARMS)来实现这些需求。

建于资源使用上的精细控制与监控功能,如基于用户定义规则的带宽和内存,要求一些组件需作为主机操作系统的一部分。如果没有主机操作系统以及与主机管理程序的直接交互,这种控制在虚拟主机环境中是不可能的。如图 13-6 所示,这种组件是拟议解决方案的关键。

为了提供对云端系统的完整访问控制,需要控制云端内主机的物理网络(主机的真实局域网)及由驻留在主机中的系统管理程序管理的虚拟网络。为了实现这一点,ARMS 被设计为一个分布式系统,运行在云端设置的所有物理主机上。这种 ARMS 分布式属性也如图 13-6 所示。

因此,ARMS 通过将自己分布在云端主机网络上,实现了物理和虚拟级别上对整个云端进行访问控制和资源管理。此外,ARMS 存在于边缘主机设备(网关)上,也可以作为一个高效的防火墙,通过其分布式架构到达整个主机网络,如图 13-7 所示。

在云环境中,如果它可以与云资源供应系统集成,那么这种方法特别有效,在 ARMS 中,资源使用分配和监控是使用运行云端的每个物理主机上代理软件实现的。如果所提议系统与 ARMS 等系统的代理模块集成,它就有可能成为一种可行的解决方案,作为任何分布式系统的主动数字取证框架。

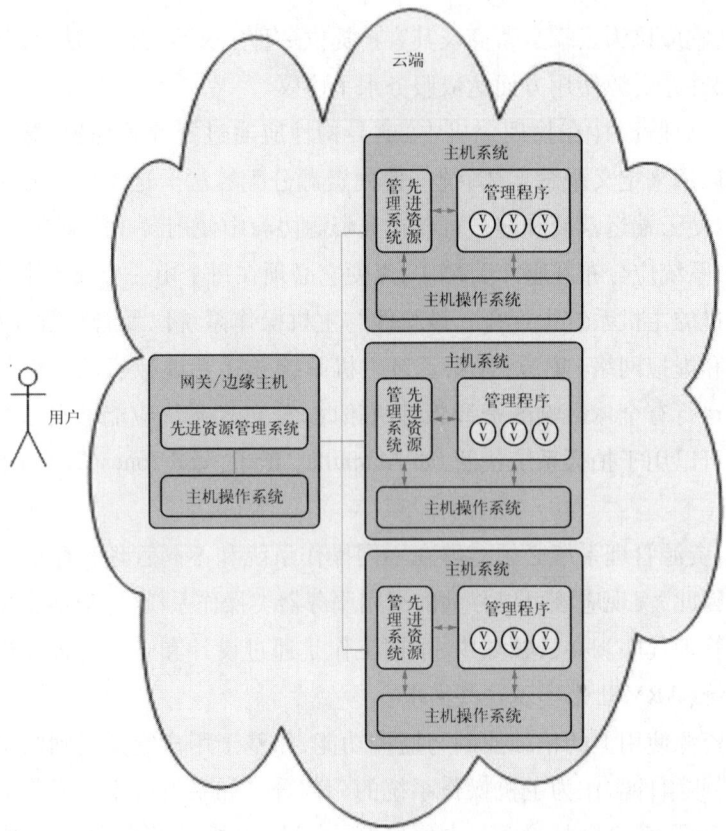

图 13-6 ARMS 架构

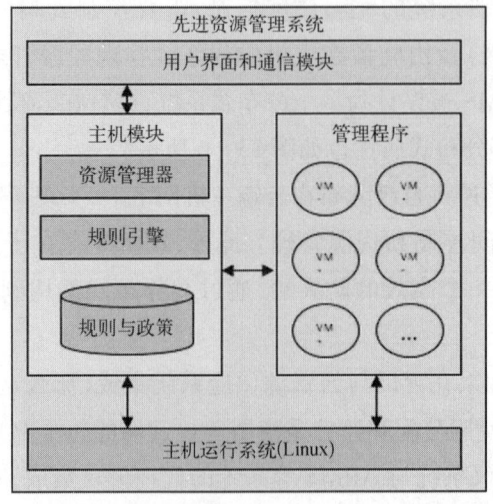

图 13-7 ARMS 系统架构

云客户端中提示框架的实现

在此,我们将有一个案例研究,其中提出的框架将能够表明,通过搜索局部组件,有可能找到关于用户云端交互的有趣证据材料。

案例研究:Dropbox 客户端

Dropbox 是一个非常流行的基于云端存储系统,用户可以在其中安装一个软件应用程序,作为 Dropbox 云存储服务的客户端。用户通常可以在其设备(PC 或移动设备)上定义一个目录(文件夹)。我们将把这个文件夹称为他的"Dropbox 本地文件夹"。客户端软件应用程序将监视"Dropbox 本地文件夹"以防进行更改,并保持其内容与 Dropbox 存储服务器中分配给用户的存储同步。

在本案例研究中,我们考虑了以下场景:

1. 用户在他的 Linux 工作站安装 Dropbox 客户端软件,而"我的 Dropbox"作为他主目录中的"Dropbox 本地文件夹"。
2. 用户在 Dropbox 本地文件夹中创建一个新的文件并保存。
3. 之后,用户将在 Dropbox 本地文件夹中删除该文件。

FFMD 有以下简单的策略定义:

```
[policy]
name=cloud_local_client;
id=1001;
type=file_monitor;
process=dropbox;
monitor=open,read,write,execute,delete;
directory=$home/*;
rank=1;
dependency=nil;
action=log;
```

请注意,该策略定义相对简单。它有一个名称和 id,并指定了您感兴趣的进程,以及它可以对用户任何主文件夹中的文件夹"MyDropbox"中的文件采取什么操作。这个规则不需要进一步匹配,它由策略的"nil"依赖属性表示,它的级别(重要性)是最高的,采取操作是简单的日志记录。

当用户执行上述操作时，以下是该框架的输出日志：

```
Event: Policy match: name=cloud_local_client, id=1001, type=file_monitor timestamp=1488643352 (03/04/2017 4:02pm UTC)
    process=dropbox, proc id: 12876, user: ashajoseph2015
    file_path=/home/ashajoseph2015/MyDropbox/test.txt
    file_action=open [flags: read |write] [success]
```

正如我们所看到的，内核文件监视器和进程监视器一起连接了由"Dropbox"进程创建的文件，并将其作为一个事件传递给 FFMD 模块。它使用简单的策略对事件进行分析，并使用所有相关的细节记录事件，如进程 id、用户 id、时间、文件路径等。

```
Event: Policy match: name=cloud_local_client, id=1001, type=file_monitor timestamp=1488643693 (03/04/2017 4:08pm UTC)
    process=dropbox, id: 12876, user: ashajoseph2015
    file_path=/home/ashajoseph2015/MyDropbox/test.txt
    file_action=unlink(delete) [success]
```

同样，内核文件监视器和进程监视器一起通过"Dropbox"进程连接了文件删除，并将其作为一个事件传递给 FFMD 模块。它使用简单的策略分析了事件，并记录了包含所有相关细节的事件。

案例研究：经由网络浏览器访问谷歌文档

1. docs.google.com 上的用户日志
2. 用户创建一个 word 文档
3. 用户删除一个 word 文档

在本例中，**FFMD** 有以下简单的策略定义：

```
[policy]
name=cloud_local_client;
id=1002;
type=network_monitor;
process=*firefox*,*chrome*;
monitor=connect,disconnect,timeout;
```

```
server=docs.google.com/*;
url=*;
protocol=http,https;
rank=1;
dependency=nil;
action=log;
```

该策略描述了要查找的浏览器进程（即在进程名称中有"火狐"或"谷歌"的进程），并要求框架监控网络中与 docs.google.com 下的服务器 HTTP 和 https 通信。这个简单的策略没有依赖关系；它的级别（重要性）是最高的，并且采取的操作是简单日志记录。

以下是框架实现的输出日志：

```
Event: Policy Match: name=cloud_local_client, id=1002, type=network_monitor timestamp=1488648660 (03/04/2017 5:31pm UTC)
    process=firefox, id: 12876, user: ashajoseph2015
    url: https://docs.google.com/document/u/0/create?usp=docs_home&ths=true type: request
    rank=1;
    dependency=nil;
Event: Policy Match: name=cloud_local_client, id=1002, type=network_monitor timestamp=1488648662 (03/04/2017 5:31pm UTC)
    process=firefox, id: 12876, user: ashajoseph2015
    url: https://docs.google.com/document/u/0/create?usp=docs_home&ths=true type: response 302
    rank=1;
    dependency=nil;
Event: Policy Match: name=cloud_local_client, id=1002, type=network_monitor timestamp=1488648665 (03/04/2017 5:31pm UTC)
    process=firefox, id: 12876, user: ashajoseph2015
    url: https://docs.google.com/document/u/0/d/1CdAfCImh-0oIIWOEM8w1PXZtwsBC56Wd-pjUNaq5WmSU/edit
    type: request
    rank=1;
```

dependency=nil;

Event: Policy Match: name=cloud_local_client, id=1002, type=network_monitor timestamp=1488648669 (03/04/2017 5:31pm UTC)

process=firefox, id: 12876, user: ashajoseph2015

url: https://docs.google.com/document/u/0/d/1CdAfCImh-0oIIWOEM8w1PXZtwsBC56Wd-pjUNaq5WmSU/edit

type: response 200

rank=1;

dependency=nil;

这些日志清晰地显示出通过用户 ashajoseph2015 at 03/04/2017 5:31 pm UTC 的 id1CdAfCImh－0oIIWOEM8w1PXZtwsBC56WdpjUNaq5WmSU 创建一个新文件。

这个案例研究展示了客户端网络监控的一些重要限制。因为这种连接是HTTPS（安全HTTP），在最初的HTTPS链接后，所有的通信都将被加密。所以，取证有用的信息只有URL。然而，积极的一面是，URL本身会提供一些重要的线索，如上述日志中看到的文件ID。有了这些信息和设备的IP地址，就有可能合法地从谷歌获得其余细节，如文件名、文件所有者和文件内容。

结语

由于互联网的发展和计算机技术的普及，数字犯罪的增加，取证计算和网络/数字犯罪调查得以出现。在本章中，我们回顾了计算机取证的文献，积极研究计算机取证的类别。这些研究类别包括框架、可信度、网络/虚拟化环境中的计算机取证和证据数据的获取与分析。回顾和讨论了每个类别的组成部分、方法和进程等。

此后，我们进行了广泛的文献检索。显而易见，在这个领域，缺乏有效的收集数据机制，缺乏有效的框架数据分类、证据数据规模和数据时间等。基于数据进行调查是未来的关键限制因素。进一步探索技术和科技，以减少潜在的此类问题。聚焦于犯罪分析方法和更好地跟踪与记录、观察系统中事件的方法。

在本章中，我们提出了一个建议，利用从复杂操作系统级证据获取方案中收集的数据来实现犯罪和犯罪分析，从而实现来自分布式和非分布式系统取证分析结果的完整性和正确性。如果将所提议的系统与 ARMS 等系统的代理模块加以集成，它就有可能成为一种可行的解决方案，成为任何分布式系统的主动数字取证框架。

参考文献

Alamulla, S., Iraqi, Y., & Jones, A. (2013). A Distributed Snapshot Framework for Digital Forensics Evidence Extraction and Event Reconstruction from Cloud Environment. *Proceedings of IEEE International Conference on Cloud Computing Technology and Science*, 699-704. 10.1109/CloudCom.2013.114

Baggili, I., & Breitinger, F. (2015). Data Sources for advancing cyber forensics: What the social world has to offer. *Proceedings of AAAI Spring Symposium*, 6-9.www.aaai.org/docs

Bates, A., Tian, D., & Butler, K. R. B. (2016). Trustworthy Whole-System Provenance for the Linux Kernel. *Proceedings of 24th USENIX Security Symposium*, 319-334.

Bennett, D. W. (2011). *The Challenges Facing Computer Forensics Investigators in Obtaining Information from Mobile Devices for Use in Criminal Investigations*. Retrieved from http://articles.forensicfocus.com

Chen, L., Xu, L., Yuan, X., & Shashidhar, N. (2015, February). Digital forensics in social networks and the cloud: Process, approaches, methods, tools, and challenges. In *Computing, Networking and Communications (ICNC), 2015 International Conference on* (pp. 1132-1136). IEEE.

Chou, B. H., & Tatara, K. (2009). A Secure Virtualized logging scheme for digital Forensic in comparison with Kernel Module approach. *Proceedings of the international conference of ISA*.

Hu, L., Zhang, X., Wang, F., Wang, W., & Zhao, K. (2012). Research on the Architecture Model of Volatile Data Forensics. *Procedia Engineering*, *29*, 4254–4258. doi:10.1016/j.proeng.2012.01.653

Joseph, A. (2012). Cloud Computing with Advanced Resource Management. *International Journal of Advanced Technology and Engineering Research*, *4*, 21–25.

Joseph, A. (2013a). *Enhanced Resource Management on cloud systems using Distributed Policy and Rule Engines* (Master's Thesis). VTU Bangalore, India.

Joseph, A. (2013b). Enhanced Resource Management using Distributed Policy and Rule Engines. *Proceedings of International Conference on Advanced Computing and Information Technology*.

Joseph, A. (2017). Provenance of Digital Assets-Blockchains and Bitmarks. *IEEE ComSocNwesletter*, *1*, 5.

Joseph, A., & Singh, K. J. (2016). The latest Trends and challenges in cyber forensics. *Proceedings of International Conference ICMCECE*, 107.

Morris, J., Smalley, S., & Kroah-Hartman, G. (2002, August). Linux security modules: General security support for the Linux kernel. *USENIX Security Symposium*.

Nykodym, N., Ariss, S., & Kurtz, K. (2008). Computer addiction and cyber-crime. *Journal of Leadership, Accountability and Ethics*, *35*, 55–59.

Pohly, D., McLaughlin, S., McDaniel, P., & Butler, K. (2012). Hi-Fi: Collecting High-Fidelity Whole-System Provenance. *Proceedings of Annual Computer Security Applications Conference*.

Sammons, J. (2015). *The Basics of Digital Forensics - The Primer for Getting Started in Digital Forensics. 2nded*. Syngress Publications.

Saxena, A., Shrivastava, G., & Sharma, K. (2012). Forensic investigation in cloud computing environment. *The International Journal of Forensic Computer Science, 2*, 64-74.

Shinder, D. (2010). *Profiling and Categorizing Cyber Criminals*. Retrieved October 2016, from www.TechRepublic.com/blog/it-security

Shrivastava, G. (2016, March). Network forensics: Methodical literature review. In *Computing for Sustainable Global Development (INDIACom), 2016 3rd International Conference on* (pp. 2203-2208). IEEE.

Shrivastava, G. (2017). Approaches of network forensic model for investigation. *International Journal of Forensic Engineering, 3*(3), 195–215. doi:10.1504/IJFE.2017.082977

Shrivastava, G., & Gupta, B. B. (2014, October). An encapsulated approach of forensic model for digital investigation. In *Consumer Electronics (GCCE), 2014 IEEE 3rd Global Conference on* (pp. 280-284). IEEE. 10.1109/GCCE.2014.7031241

Shrivastava, G., Sharma, K., & Dwivedi, A. (2012). Forensic computing models: Technical overview. *CCSEA, SEA, CLOUD, DKMP, CS & IT, 5*, 207–216.

Shrivastava, G., Sharma, K., & Kumari, R. (2016, March). Network forensics: Today and tomorrow. In *Computing for Sustainable Global Development (INDIACom), 2016 3rd International Conference on* (pp. 2234-2238). IEEE.

TechPayments. (2016). *20 Eye-Opening Cybercrime Statistics*. Retrieved from http://www.fitech.com/news/20-eye-opening-cybercrime-statistics/

Tennakoon, H. (2016). *The need for a comprehensive methodology for profiling cyber-criminals*. Retrieved on November 2016, from http://www.newsecuritylearning.com

Watson. (2013). *ExtremeXOS Operating System*. Technical Specification Report. The University of Cambridge.

Wright, C., Cowan, C., Morris, J., Smalley, S., & Kroah-Hartman, G. (2002, June). Linux security module framework. In *Ottawa Linux Symposium* (*Vol. 8032*, pp. 6-16). Academic Press.

Zhang, S., Meng, X., & Wang, L. (2016). An Adaptive Approach for Linux Memory Anaysis based on Kernel Code Reconstruction. *Eurasip Journal of Information Security, 14*, 13.

第十四章
僵尸网络攻击中计算机成功取证分析

卡维桑卡尔·利拉桑卡尔　印度印度斯坦科学技术学院
C.切拉潘　印度 GMK 工程技术大学
P.西瓦桑卡　印度国家技术教师培训研究院

摘要

计算机取证的成功在于对可适用证据进行完整分析。这种完整分析不但要分析可用证据,而且还要搜寻新的具体证据。这些证据可通过在网络遭受攻击期间的数据日志来获取,在分析网络攻击特别是僵尸网络攻击时,面临着许多挑战。首先,最重要的是僵尸网络攻击隐藏了策划者的身份,即僵尸管理员。僵尸管理员发布的指令由次级管理员来执行指挥和控制(C&C),这种指挥和控制(C&C)的回溯本身就是一项复杂的任务。其次,它伤害了无辜设备僵尸。本章讨论的这种分析法是以主动和被动的两种方式来解决这种挑战。本章最后讨论的这种分析方法是为了找到真正的策划者,以便在僵尸网络攻击时,保护无辜受损系统和保护受害者系统及保护组织免受影响。

引言

基于计算机犯罪的成功起诉取决于调查,调查人员应该询问所有与此有关的问题,如犯罪事件发生时的人是谁、发生了什么、如何以及何时发生的。这些都取决于如何审查证据。公众不会理解甚至不知道他们正在遭受某种网络攻击。这些攻击的受害者不仅是大公司,还有不知情的公众。黑客使用了多种方法绕过或入侵网络。他们首先要做的就是隐藏自己的身份,或者使用可信源身份入侵网络。他们试图破坏网络设备的数量,进而使这些网络设备成为被入侵的僵尸设备。这些受到损害的僵尸网络设备属于不知情的公众。黑客利用互联网为他们提供了无国界的环境。被入侵的僵尸设备在互联网上被使用并被带入了一个网络中。该网络非常强大,可用于对目标受害者发起预期攻击。

僵尸网络是由机器人或机器人网组成的网络。软件程序机器人服从指挥和控制(C&C)指令,它们就像远程定位一样,作为一个单一协调的机器人中央收集点。他们将接管一台远程机器(受害者1),并利用它攻击另一台机器(受害者2)。僵尸网络是在一个通用的C&C(命令和控制)服务器下被入侵的主机。它们的目的是引起拒绝服务攻击(DOSs)、id 盗窃、垃圾邮件淹没用户等等。

使用 Active Worms 损害了大量系统。这些被破坏的系统是机器人或僵尸设备。僵尸网络是由这些大量的机器人或僵尸设备在C&C的帮助下组成的。使用僵尸网络被破坏的数量:(1)通过电子垃圾邮件或恶意软件大规模分发自愿广告。(2)通过大规模嗅探流量,从而获得可被滥用的关键信息。(3)通过发动大规模的 DDoS 攻击,网络组件被摧毁。

由于C&C通道的存在,僵尸网络相比传统恶意软件更加危险。它是高风险的安全威胁之一。其中用于娱乐的恶意软件现在变成了用于经济利益的恶意软件。

通常使用许多方案对使用僵尸网络进行详细的分析和讨论,以使用僵尸网络进行洪水泛滥。检测方案提供了僵尸网络结构的三个主要组成部分的检测,即 Bot、C&C和 Botmaster。这些检测方案被分为两种模式,有效和被动。首先,通过两种主要方式,即相关性和行为分析,对机器人进行被动检测。

有各种僵尸网络检测方案。开发的一些僵尸网络检测方案是基于挖矿的检测,基于签名的检测和基于异常的检测技术。最重要的是,像基于主机检测这样的检测方案是在主机系统上构建的检测方案。一些基于主机的检测包括的检测方案有蜜罐/虚拟蜜罐、基于 DNS 的检测技术、渗透、过滤、分组过滤、补救措施和指数中毒攻击。为了执行取证分析,需要追溯到僵尸程序。数据包标记技术用于 Botmaster 的回溯,类似的概率数据包标记方案也用于 Botmaster 的跟踪,其他方案,如确定性数据包标记方案和概率数据包标记方案。

即使使用所有这些技术,僵尸网络最具挑战性的任务之一就是隐藏僵尸网络主人的身份,追溯命令和控制也非常困难,因为攻击来自受感染的僵尸,这些受感染的僵尸是不知情的公众,他们成为没有犯罪的受害者。这里需要进行适当的计算机取证调查。首先,将对受损的僵尸进行刑事定罪。但是,当将要犯罪化时,必须将大量受感染的系统定为刑事犯罪,这在法律上是不可能的,这增加了他们知情权披露的难度。安全专家的一部分作用是搭建具有其他安全功能的所有网络设备。

有许多方法可以对已经发生的网络攻击进行取证分析。此处讨论的方案是使用僵尸网络执行分布式拒绝服务(DDoS)攻击。现在,当取证调查发生时,第一步是分析攻击的强度。它需要使用僵尸网络验证网络犯罪的发生。在僵尸网络攻击的情况下,将来自受感染系统的数量加以统计,使用回溯机制追溯攻击。安装在受感染僵尸中的蜜罐就像计算机取证分析师一样运行,为找到网络攻击的真正来源提供了具体的证据(Shrivastava et al.,2010)。

僵尸网络 DDoS 攻击

僵尸网络是机器人网络或机器人网。软件程序机器人服从命令和控制(C&C)的指令。C&C位于远程位置,它们充当机器人的单个协调中心收集点。他们将接管一台远程机器(受害者1),并利用它攻击另一台机器(受害者2)。僵尸网络是公共C&C(命令和控制)服务器下的受损主机。它们的目的是产生拒绝服务攻击(DoS)、ID 盗窃、垃圾邮件淹没用户以及更多。

使用 Active Worms 使得大量系统受损。这些受损系统是机器人或僵尸。当这些大型机器人或僵尸在C&C(命令和控制)的帮助下,僵尸网络由这些大型机器人或僵尸形成。使用僵尸网络进行的破坏数量:(i)通过电子邮件或恶意软件进行大规模分布式自愿广告;(ii)流量的大规模嗅探,访问可能被滥用的关键信息;(iii)通过发射大规模的 DDOS 攻击,破坏网络组件。

图 14-1 表示僵尸网络结构。由于C&C(命令和控制)通道存在,僵尸网络与惯常恶意软件相比更危险。它是高风险的安全威胁之一。用于娱乐的恶意软件现在变成了用于经济利益的恶意软件。

僵尸网络生命周期

- **初始感染阶段**:在初始阶段中,通过扫描来利用漏洞。此扫描是在整个目标子网上进行的。扫描之后,利用发现的漏洞对目标受害者进行感染。为了感染目标,使用了许多发现的方法。
- **二次注射阶段**:感染一旦完成,外壳代码就被执行。此外壳代码/脚本使用 FTP、HTTP 或 P2P 从特定位置获取实际二进制文件的图像。带有机器人程

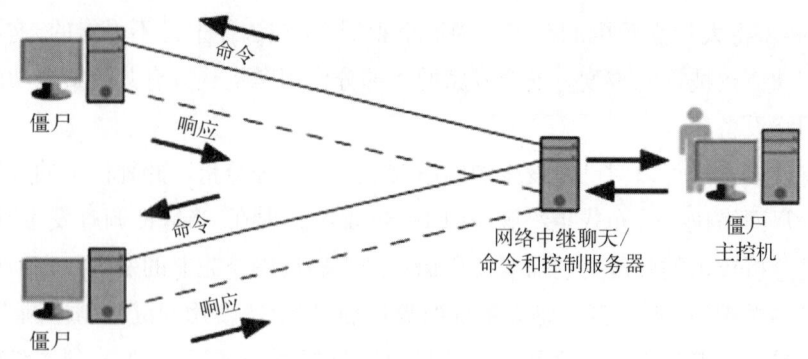

图 14-1　僵尸网络结构图示

序的目标计算机被安装,并且制造"僵尸"。每当启动受感染的僵尸系统时,机器人应用程序都会自动启动。

- **连接阶段**:命令和控制(C&C)之间的通道是使用机器人二进制文件建立的。通过建立与C&C通道的连接,僵尸被附加到攻击僵尸网络群中。
- **恶意命令和控制(C&C)**:机器人管理员使用C&C通道将命令广播给机器人僵尸大师,受损僵尸听从僵尸大师的命令。
- **更新和维护**:更新主要由C&C完成,以避免检测技术并维护僵尸网络。它还用于附加新功能,即机器人的功能。

图 14-2 和图 14-3 代表僵尸网络的生命周期。

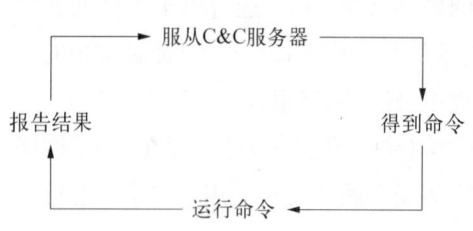

图 14-2　僵尸网络生命周期图示

Hachem 等给出了各种僵尸网络分类法(2011)。僵尸网络根据其结构分为中心化的和去中心化的机器人。它们基于其语言作为编译器(C,C++)和解释(Perl,PHP,JavaScript)的基础,最后,它们也会根据其功能作为攻击者(DDOS,Exploit),服务器(HTTP,FTP,RLOGIN)和代理(socks4,socks5,http)。僵尸网络具有多种分类方法,因为机器人是多面的、复杂的机器。恶意软件分类机器人具有蠕虫特性和间谍软件的组件。机器人通过邮件作为木马在网络传播,或通过明确的工具来指导安装木马,如链接垃圾邮件,网站,甚至通过对主机的显式攻击等。由于它们的自我感觉、目的、不同的语言及其在不同平台上的运行,所以形成了不同类型的机器人。机器人家族非常庞大。它们包括 PBOT,Kaiten,主要用于 Linux

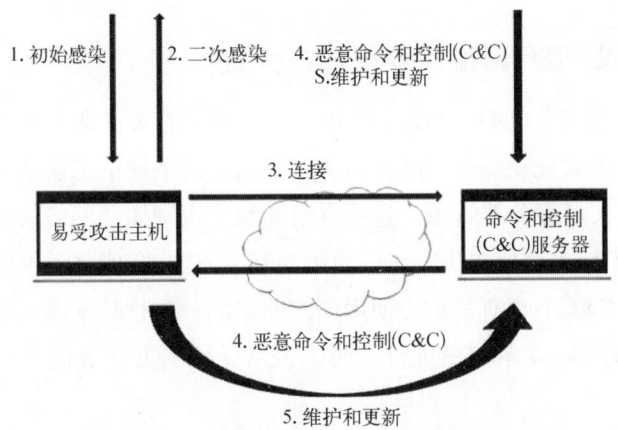

图 14-3 详细的僵尸网络生命周期图示

创建的环境;Agobot, SDBot, Scybots 和 gtbot,用于 Windows 环境中。机器人从 C&C 服务器接收命令,并相应地攻击目标主机。如果命令和控制服务器损坏,使命令无法到达机器人,它们将保持休眠状态(Gupta et al., 2010)。图 14-4 显示了使用僵尸网络生成 DDoS 攻击的示例场景。

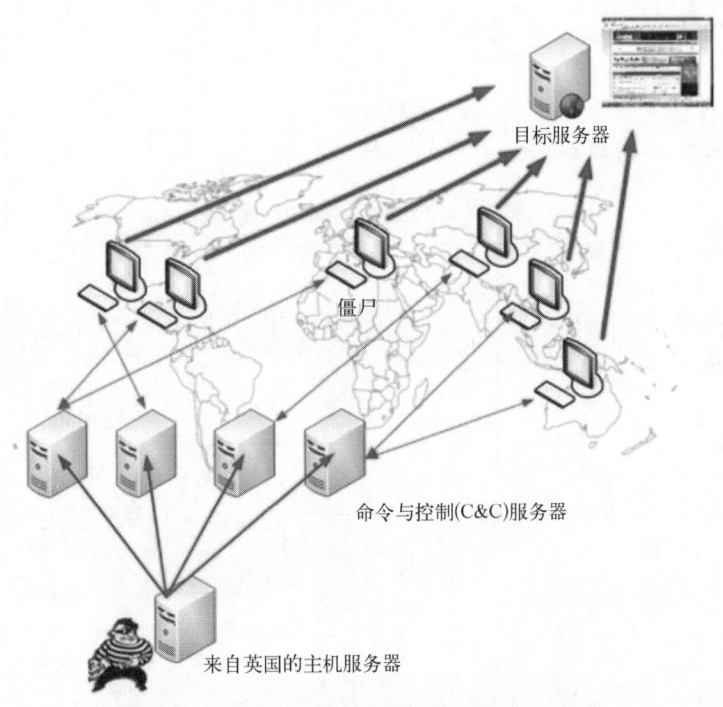

图 14-4 使用僵尸网络生成 DDoS 攻击图示

一次请求淹没(僵尸网络)DDoS 攻击检测

分布式拒绝服务(DDoS)攻击是由一个实例上的大量请求生成的。它使用恶意流量或利用大规模僵尸网络来模仿普通用户的平均请求速率并产生低速率攻击流来消耗大量服务器资源。这些方面增加了识别僵尸网络的困难因素。现在,为了更集中地关注所提出方法中使用的基本方法,我们将讨论用于检测僵尸网络及其各自C&C的现有模型。使用僵尸网络的一次性请求洪水通常可以进行检测和防御,图14-5 示例中进行了明确表示。检测方案提供三个主要的僵尸

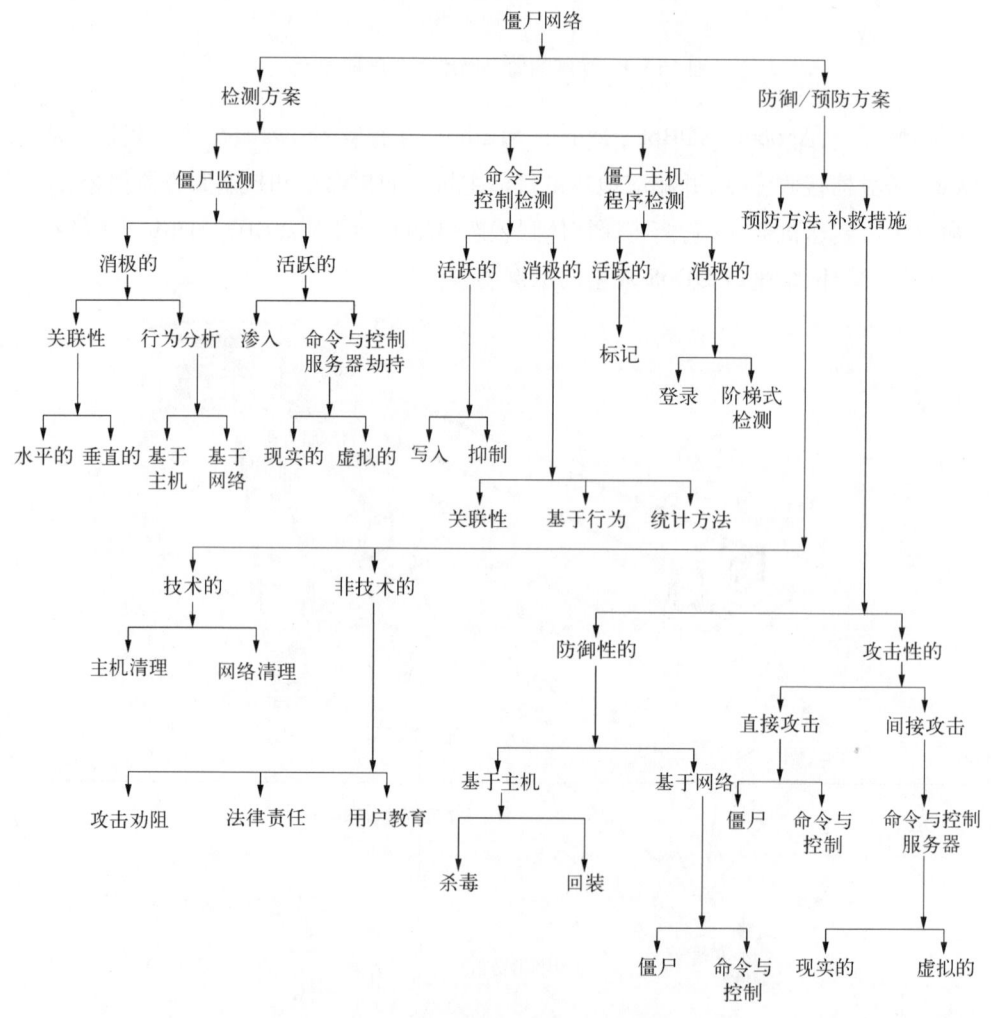

图 14-5 一次性请求淹没僵尸网络图示

第十四章 僵尸网络攻击中计算机成功取证分析

网络结构组件检测,即 Bot、C&C 和 Botmaster(僵尸主机)。这些检测方案有两种模式:主动和被动。首先,机器人的被动检测是通过两种主要方式完成的,即相关性和行为分析。

僵尸网络检测方案

以下讨论了一些僵尸网络检测方案

- **基于异常的检测技术**:基于多个网络流量异常对网络流量进行异常检测,这些异常可以指出网络中存在恶意机器人,这些异常包括巨大的流量,高耸的网络延迟,异常的系统行为和异常端口使用的流量陡增。Gu 等(2007)机器人猎手在该网络中使用入侵检测系统的对话跟踪。Tegeler 等(2012)提出了一种新型系统,机器人发现者,并使用高级属性分析机器人的网络流量,以检测受感染的僵尸机器。它基于机器学习的工作模式,因此分为两个阶段,第一阶段是训练,第二阶段是检测。第一个训练阶段需要维护一个跟踪文件,因此,这需要更高的空间复杂性。主要缺点是它需要保留历史记录。

Pratik Narang 等(2013)讨论了功能选择的算法。例如,基于相关的特征选择、基于一致性的子集评估以及使用机器学习技术的主组件分析。优点是通过异常检测技术解决了检测未知僵尸网络的问题。缺点在于如果没有发现异常,就无法检测到机器人。也无法检测到加密机器人,也没有实时检测。

- **基于特征码的检测**:入侵检测系统(IDS)可发现入侵信号。这是通过网络流量的实时日志 Snort(2009)来完成的,开源入侵检测系统(IDS)就是最好的例子。BotSniffer Gu 等(2008a)使用了时空行为相似性用于识别僵尸网络。这种方法的优点是通过使用基于签名检测技术来检测已知的僵尸网络。只要事先明确定义攻击,误报率就会很低。缺点是使用此方法无法检测到未知机器人。另一个缺点是反签名技术使恶意软件得以逃避。

- 基于挖矿的检测基础是流量的特征,如推送的数据包,每个数据包的字节数、TCP 标识、每秒字节数和持续时间。它使用贝叶斯网络算法、朴素贝叶斯和决策树对网络流进行了分类。Gu 等(2008b)认为机器人矿机独立于网络结构和协议。基于恶意活动模式和通信模式,机器人矿机中的流量被分成了几个组。这种方法的优点是它产生非常低的误报率,同时即使在正常流量中也能检测到受损计算机。

- 基于主机的检测是建立在主机系统上的检测方案。它是基于 Windows 主机文件特征的修改,随机无法解释的弹窗,机器缓慢和防病毒软件均无法正常工作。Santos 等(2011)提出了一种新技术,称为 Mashups。集成了几种工具来检测这种新的、不断发展的僵尸网络。它是在线沙箱,防病毒和流量分析工具的组合。使用这种免费的 WEB 工具获得了一种有意义的结果,如 MAP API 和 GEOCODING SERVICESS。该方法可能会被弃用,因为它仅使用在线工具箱,并且没有相关理论或显著证据支持其运行。因此,这可能仅用于扩展发现问题的视野,有助于发现更好的解决方案,缺点是不可能进行实时检测。

- **蜜罐/虚拟蜜罐**:这是关于僵尸网络非常重要的信息,如发给机器人的机器人程序指令和连接到网络机器人数量的检测。Choi 等(2012)使用蜜罐和蜜网技术监控僵尸网络。另一方面,攻击者试图通过开发新方法来寻找蜜罐。同时,防御者为蜜罐提供了更强大的防护罩。间谍机器人被发送用来检测僵尸网络中的恶意活动。Honeynet Project 和 Research Alliance (2008),发展出了一种利用防御雇佣者的技术。这种技术的优点是使用蜜网了解僵尸网络的特点和技术。缺点在于感染可能是也可能不是从本质上得以检测,蜜罐被认为是一种静默或故障。

基于 DNS 的检测技术

基于 DNS 的检测技术由 Springer reference(2014)提出,基于僵尸网络生成特定的 DNS 信息。主要用于高异常域名和 DDNS 查询率检测,并对类似查询率进行分类。DNS 在 IP 地址和域名服务器,邮件服务器和规范名称之间保存映射。这是基于僵尸网络产生的 DNS 信息分辨僵尸网络的检测技术。最近的方法是使用数据矿机。这种方法通过使用数据挖掘技术检测僵尸网络C&C流量。

僵尸毒虫比僵尸嗅探器先进。它聚集类似的恶意流量和通信流量。然后,通过恶意活动和类似通信模式共享的跨群集关联来识别主机。此方法的优点是使用 IP 标识信息。因此,它甚至可以找到具有加密通道的僵尸网络。缺点是只分析 HTTP 和 IRC 流量。这种技术具有同样的弱点,当使用虚假 DNS 查询时,可以很容易地避免被检测到。合法或已知域的错误分类发生在遇到生存时间短(TTL)的 DNS 时,就会增加误报率。

渗透

渗透是通过对机器人系统进行渗透测试来完成的。通过将C&C和其他机器人的身份更改为实际的机器人,对C&C和其他机器人进行探测。Nappa 等(2010)在基于Skypes的僵尸网络上使用了重放攻击。防御者会发出精心设计的虚假信息,以获取有关机器人信息。

定时分析

使用 Chen 和 Richard(2012)的自动网络流程中的上下文通用语词。FastFlux 创建了移动目标和弹性检测。优点是它提高了真正的正向率。缺点是降低了负向率,并进一步被减少。如果不考虑定时签名,则系统性能就会降低。

过滤

Saliva(2008)在 RFC 2827 中描述了过滤技术是最基本的网络级防御。ISP 用于基于不属于该终端站点 IP 源的入口过滤器模块。它在沿用 SYN 泛洪上运行欺骗性 IP 数据包非常有效。

数据包过滤

Kolias et al.(2011)讨论了在 TCP 和 IP 簇头中使用一些条件来过滤数据包数量,以及贝叶斯定理计算数据包。这种方法不适合处理大量的攻击流量。根据设定的规则,防火墙决定是接受还是丢弃数据包。缺点在于入口过滤提供的安全性较低和过滤没有被普遍部署,并且对 ISP 采用的策略完全无效。

HTTP 泛洪攻击

在 HTTP 洪水攻击的情况下,HTTP 请求的许多类服务器主要有两种,即 GET(获取)和 POST(发送)。GET 通常用于静态页面和数据,POST 用于组成形式。在大多数情况下,GET 由攻击者来使用,因为攻击者更容易实施。而在 POST 的情况下,它消耗了相对较大的资源而实施相对复杂的进程。当攻击者希望更成功时,他们就会通过定位大量资源的方法将整个目标植入攻击范围。它基本上用请求向服务器发送垃圾邮件,如刷新页面。大量的人员参与 DDOS 攻击,因此,服务器无法同时处理所有请求就会崩溃。Choi 等(2012)根据时间插槽(TS)和监视期(MP)检测 DDOS 攻击。在攻击期间,MP 和 TS 中的 HTTP 请求比正常流量要多,缺点是对参数的分析以获得准确检测为前提。

给出的补救措施之一如下所述：
- **索引中毒攻击**

Wang 等(2010)提出了索引中毒攻击帮助下的版权内容保护。在 P2P 网络中，觊觎者企图得到一个文件并搜索目标文件，当目标文件在虚假文件记录下转向中毒后，以某种方式返回虚假结果并被下载。通常用于抵御 P2P 僵尸网络攻击，其中，在 P2P 协议中，僵尸与僵尸程序之间的通信采用全部C&C通信机制来使用文件索引。

上述检测方案有助于僵尸网络攻击的取证分析。上述方案试图分析僵尸网络的行为，特别是受损的僵尸设备。

基于信息流的技术

当前，有许多技术用于 DoS 检测，这些技术仅仅使用的是流量信息。一种预想的数据结构通常用于收集流量测量，Gao 等(2006)提出了这种方法。然而，这种方法缺乏区分不同类型攻击的能力。Munz 等(2007)提出了其他的方法，被称为 TOPAS(流量流与数据包分析系统)。然而，它是基于网络管理员的要求而运行。Banks 等(2007)提出了一种自然计算技术的粒子群优化法，建议系统使用 ACO 技术来追踪针对僵尸系统 DoS/DDoS 攻击的受害者，这种方法通过使用路由器接入流信息来加以完成。它根据流量和信息素强度，计算出概率，高概率信息流路径由蚂蚁下载接入。

上述讨论的检测方案有助于僵尸网络攻击的取证分析。上述方案试图分析僵尸网络流量行为，特别是追溯攻击源。该方案有助于在通用路径上发现攻击源。它也可能导致出现两个攻击源的追踪，即受损僵尸与命令和控制。

僵尸主机程序的追踪

Kolias 等(2011)提出的一种蚂蚁算法，用于资源调度和与分离优化问题相关的车载路由。蚁群算法受到生物学上蚂蚁的启发，根据自然界蚂蚁的工作方式来运算。以僵尸网络为例，蚁群算法能成功地发现 DOS 攻击的运行路径，尽管它在发现C&Cs 和追溯 IP 地址方面仍显滞后。蚁群算法的运行甚至不需要有关路由器及其路由的完整信息。在这种方法中，群体智慧具有许多不同的算法，但其中，ACO 优于其他算法，在信息源检测方面性能最高。

图 14-6 提供了基于现有数据流的不同观点、数据包标记及可用混合 IP 跟踪技术。

第十四章　僵尸网络攻击中计算机成功取证分析

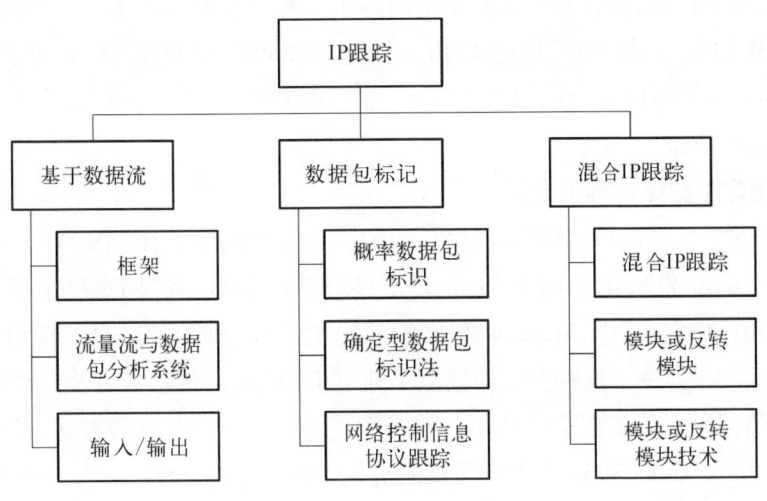

图 14－6　IP 回溯分析图示

- 数据包标识技术

Savage 等（2000）提出了概率数据包标识（PPM）方案。数据包通过路由器加以标识。即使使用欺骗性的 IP 地址重建了整个路径，这种方法也可检测到欺骗的 IP 地址。同样，Belenky 和 Ansari（2003a，2003b）提出了确定型数据包标识法，其中，每个输入路由器的数据包都被进行标识。在数据识别区域，用接口地址信息标记接入的数据包及使用保留标记来标识 ID 区域内的地址信息。接收到的信息是接入路由器的地址。确定型数据包标识标记的每个数据包和进入网络的每一个数据包，都会带来计算的延迟。概率数据包标识方案与该方案相似，仅根据概率无法进行标记。这两个方案进行路径重建都需要大量地接入数据包。

- 概率数据包标识方案

它是由计算机安全协会和联邦调查局（1999）开发的。Goodrich（2008）提出了针对大型 IP 追踪的概率数据包标识。这种方法的缺点是路径重建过程中需要高强度的计算工作，特别是当信息源数量创造高误报率时，根据 Dean et al.（2001）的说法，可能的重建路径分支实际上变得毫无用处。

- 其他概率数据包标识方案

Song 和 Perrig（2001）提出的 PPM 方法及 Govindan 和 Tangmunarunkit（2000）减少的过度重建。Adler 等（1996）检查了在 IP 簇头中需要标记的字节

与重建路径所需数据包数量之间的中间地带。另一方面，Savage 等（2000）使用边缘采样 PPM 方案，即所谓的 FMS。Gong 和 Sarac（2009），Yaar 等（2005），Al-Duwari 和 Govindarasu（2006），Lee 等（2004）和 Li 等（2004）提出了其他概率分组标识方案。

- 确定型数据包标识方案

Belenky 和 Ansari（2003a）提出了确定型数据包标识法（DPM）。Howard（1998），Kam 和 Simpson（1999）也提出过 DPM。最近，在"网络拒绝服务的标准框架和评估方法"中，Meadows（1999）提出用带有增加冗余信息的标识字段来减少虚假的正向率。这种方法的缺点是通过 DPM 成功转移带有信息源地址的不同阈值而出现重复欺骗。Zhang 等（2006）提出了一个有效的方案，被命名为 TOPO。Ehrenkranz 和 Li（2009）提出的源路径隔离引擎（SPIE）是一种 IP 追溯方案，可单独存储数据包摘要，而不是数据包本身。这种方法使得 Bloom filters 的使用产生了误报问题。TOPO 方法也存在相同的存储问题及误报问题。Bellovin 等（2003）提出了通过 ICMP 追溯方案决定攻击的全部路径，需要 ISP 才能实现这个方案（Gong & Sarac，2008）。

混合 IP 追踪技术

许多混合追踪技术都是可用的，它使得数据包标识与数据包日志。这些技术主要被用于 IP 欺骗，IP 追踪技术很少被谈及。Gong 和 Sarac（2008）提出了混合 IP 追踪技术方案，这一方案同时使用数据包标识和数据包日志记录，通过减少所需日志路由器的数量来减轻日志记录负担，同时，更多混合方案被提出。Choi 和 Dai（2004）提出的 Huffman 代码，Malliga 和 Tamilarasi（2010）提出的模块或反转模块（MORE）和模块或反转模块技术（MRT）。这些方案使用路由器的接口数和标识路由器的接口数。在 Huffman 代码方案中，上游接口数量是用 Huffman 代码进行加密的。Yang 和 Yang（2012）提出将接口数量插入数据包的标记字段中。MORE 使用 16 位字段，MRT 使用 32 位标记字段。这些方案利用日志表在路由器中存储标识阈值，这需要很大的存储空间。在路径重建期间，还需对日志表进行详尽搜索。由于日志表数量较大，在路径重构过程中，就会出现搜索效率低下和误报问题，日志表中的摘要可能会出现矛盾。

由于分布式拒绝服务（DDoS）攻击正在增加，因此，我们提出了一种有效的方法来检测和抵御来自 DDoS 攻击的僵尸网络。对这一问题的解决说明 DDoS 攻击可以检测、缓解和过滤。

上述检测方案的讨论有助于对僵尸网络攻击的取证分析(Shrivastava，2017)。上述方案试着分析了僵尸网络的流量行为，特别是追溯了攻击源。该计划在标识方案的帮助下有助于发现攻击源。这有助于找到最终的主谋，即僵尸程序员。

表 14-1 提供了具有各种参数的时间请求洪泛(BOTNET)检测方案性能比较。

表 14-1 现存时间请求泛洪(僵尸网络)检测方案的性能比较一览表

计划		机器人矿工（2008）	机器人猎人（2008）	机器人嗅探器（2008）	启发式（2012）	功能（2013）	基于计时（2013）
部署		未普遍部署	易于部署	易于部署	易于部署	路由器级别部署	未普遍部署
检出率		74.7%	69.81%	70.23%	80%至95%	98%	96.7%
误报率		23%	29%	29%	1%	2%	1.6%
攻击类型	多重洪水		√	√	√	√	
	欺骗洪水	√		√			
	一次要求洪水		√				

来自各种监测的详尽分析及上述讨论的防御方案，让我们清晰地看到，人们无法收集所有需要的证据对僵尸网络各个组件进行完整分析。受损的僵尸或命令和控制都可被检测，而僵尸程序的检测更加困难。需要特殊的标识方案才能追踪到僵尸程序。这类特殊的标识方案在任何网络中都很难运行。尽管如此，还是需要采取一些积极措施来找到真正的攻击源。

Alieyan 等(2017)的最新著作中讨论了使用 DNS 服务隐藏僵尸网络身份，僵尸网络检测技术依赖于 DNS 流量分析。Al 等(2016)讨论了关于使用机器学习模型检测僵尸网络的问题。Garg 等(2017)提出对经由 Botflex 接收的数据进行过滤和分类，并基于这种方法检测僵尸网络。

攻击僵尸网络的网络追踪中两个重要的挑战是：
- 这种攻击是受感染僵尸合法系统的数量。

- 这种区别存在于受损僵尸的请求和难以鉴别的合法设备间。
- 由于存在大量受感染的僵尸系统,因此,很难通过向防火墙添加整个受感染僵尸列表来进行防御。

采取这些步骤来确定僵尸网络僵尸程序源(Shrivastava, 2016)。

- 网络取证分析将对受损僵尸的运行进行分析,并与受损僵尸的现有行为进行比较。
- 通过比较,获取具体证据,并确定受损僵尸。
- 网络取证分析将在网络流量上进行,并基于频繁的路径变换来区分命令和控制。
- 与现有确定的指挥和控制网络流量及主机行为进行比较。
- 通过比较,获取具体证据,并确定真正的指挥和控制。
- 网络取证分析将基于应用特殊的标识方案来完成,用于发现真实的攻击源。
- 特别标识方案为我们提供了具体证据,以查明真正的攻击者。
- 要识别僵尸程序(攻击源),需要遵循证据的逐步收集。
- 首先,是受损的僵尸,其次是命令和控制,最后是大量的僵尸程序。

取证的最终目标是期望发现真正的攻击源,即主谋僵尸程序员。对受损僵尸的追踪以及命令和控制至关重要。只有当发现真正的僵尸网络攻击源时,才能攻击僵尸网络上成功地进行计算机取证分析。因为如果真正的僵尸程序员身份被泄露,那么来自该攻击源的攻击就很容易得到减少。通过专业的网络安全技术,使用这种方法可以抵御这类攻击,有助于使整个僵尸网络变得不再活跃。

结语

僵尸网络取证分析最具挑战性的任务之一是僵尸网络中隐藏的管理员身份,对其追踪、指挥和控制也非常困难,因为攻击是来自受损的僵尸,这些受损僵尸是无恶意的公众,他们是无犯罪受害人。这里需要进行适当的计算机取证调查以提供具体证据。本章讨论了与僵尸网络攻击相关的现有工作以及发现真正攻击源的取证方法。这种取证分析不仅能找到僵尸网络攻击已经发生的证据。还能发现僵尸网络攻击发生的证据,特别是使用受损的僵尸。而且,还可以收集证据来证明受损的僵尸不是真正的攻击源。取证分析识别并收集证据,证明命令和控制(C&C)是在僵尸程序的控制下运行。取证分析并不止于此,还可以找到证据来识别僵尸程序员攻击的真正来源,借助特殊的标识方案识别出策划的僵尸程序员。通过具体证据确定真正的攻击源,然后,可以很容易地减轻僵尸网络的影响。

参考文献

Al-Jarrah, O. Y., Alhussein, O., Yoo, P. D., Muhaidat, S., Taha, K., & Kim, K. (2016). Data randomization and cluster-based partitioning for botnet intrusion detection. *IEEE Transactions on Cybernetics*, 46(8), 1796–1806. doi:10.1109/TCYB.2015.2490802 PMID:26540724

Alieyan, K., ALmomani, A., Manasrah, A., & Kadhum, M. M. (2017). A survey of botnet detection based on DNS. *Neural Computing & Applications*, 28(7), 1541–1558. doi:10.100700521-015-2128-0

Banks, A., Vincent, J., & Anyakoha, C. (2007). A review of particle swarm optimization. Part I: Background and development. *Natural Computing*, 6(4), 467–484. doi:10.100711047-007-9049-5

Belenky, A., & Ansari, N. (2003a). IP traceback with deterministic packet marking. *IEEE Communications Letters*, 7(4), 162–164. doi:10.1109/LCOMM.2003.811200

Belenky, A., & Ansari, N. (2003b). On IP traceback. *IEEE Communications Magazine*, 41(7), 142–153. doi:10.1109/MCOM.2003.1215651

Bellovin, S. M., Leech, M., & Taylor, T. (2003). *ICMP traceback messages*. Marina del Ray, CA: Internet Engineering Task Force; doi:10.7916/D8FF406R

Choi, K. H., & Dai, H. K. (2004, May). A marking scheme using Huffman codes for IP traceback. In *Parallel Architectures, Algorithms and Networks, 2004. Proceedings. 7th International Symposium on* (pp. 421-428). IEEE. 10.1109/ISPAN.2004.1300516

Choi, Y. S., Kim, I. K., Oh, J. T., & Jang, J. S. (2012). Aigg threshold based http get flooding attack detection. *Information Security Applications*, 270-284.

Dos Santos, C. R. P., Bezerra, R. S., Ceron, J. M., Granville, L. Z., & Tarouco, L. M. (2011, October). Identifying botnet communications using a mashup-based approach. In *Network Operations and Management Symposium (LANOMS), 2011 7th Latin American* (pp. 1-6). IEEE. 10.1109/LANOMS.2011.6102273

Ehrenkranz, T., & Li, J. (2009). On the state of IP spoofing defense. *ACM Transactions on Internet Technology*, 9(2), 6. doi:10.1145/1516539.1516541

Garg, S., & Sharma, R. M. (2017). Classification Based Network Layer Botnet Detection. In *Advanced Informatics for Computing Research* (pp. 332–342). Singapore: Springer. doi:10.1007/978-981-10-5780-9_30

Gong, C., & Sarac, K. (2008). A more practical approach for single-packet IP traceback using packet logging and marking. *IEEE Transactions on Parallel and Distributed Systems*, 19(10), 1310–1324. doi:10.1109/TPDS.2007.70817

Goodrich, M. T. (2008). Probabilistic packet marking for large-scale IP traceback. *IEEE/ACM Transactions on Networking*, 16(1), 15–24. doi:10.1109/TNET.2007.910594

Gu, G., Perdisci, R., Zhang, J., & Lee, W. (2008, July). BotMiner: Clustering Analysis of Network Traffic for Protocol-and Structure-Independent Botnet Detection. In USENIX security symposium (Vol. 5, No. 2, pp. 139-154). Academic Press.

Gu, G., Zhang, J., & Lee, W. (2008, February). BotSniffer: Detecting Botnet Command and Control Channels in Network Traffic. In NDSS (Vol. 8, pp. 1-18). Academic Press.

Gupta, B. B., Joshi, R. C., Misra, M., Meena, D. L., Shrivastava, G., & Sharma, K. (2010). Detecting a Wide Range of Flooding DDoS Attacks using Linear Prediction Model. In *2nd International Conference on Information and Multimedia Technology* (pp. 535-539). IEEE.

Hachem, N., Mustapha, Y. B., Granadillo, G. G., & Debar, H. (2011, May). Botnets: lifecycle and taxonomy. In *Network and Information Systems Security (SAR-SSI), 2011 Conference on* (pp. 1-8). IEEE. 10.1109/SAR-SSI.2011.5931395

Honeynet Project and Research Alliance. (2008). *Know your enemy: Tracking Botnets*. Retrieved October 8, 2008, from http:// www. honeynet. org/papers/bots

Kolias, C., Kambourakis, G., & Maragoudakis, M. (2011). Swarm intelligence in intrusion detection: A survey. *Computers & Security*, *30*(8), 625–642. doi:10.1016/j.cose.2011.08.009

Malliga, S., & Tamilarasi, A. (2010). A hybrid scheme using packet marking and logging for IP traceback. *International Journal of Internet Protocol Technology*, *5*(1-2), 81–91. doi:10.1504/IJIPT.2010.032617

Savage, S., Wetherall, D., Karlin, A., & Anderson, T. (2000, August). Practical network support for IP traceback. *Computer Communication Review*, *30*(4), 295–306. doi:10.1145/347057.347560

Shrivastava, G. (2016, March). Network forensics: Methodical literature review. In *Computing for Sustainable Global Development (INDIACom), 2016 3rd International Conference on* (pp. 2203-2208). IEEE.

Shrivastava, G. (2017). Approaches of network forensic model for investigation. *International Journal of Forensic Engineering*, *3*(3), 195–215. doi:10.1504/IJFE.2017.082977

Shrivastava, G., Sharma, K., & Rai, S. (2010, December). The Detection & Defense of DoS & DDoS Attack: A Technical Overview. In *Proceeding of ICC* (Vol. 27, p. 28). Academic Press.

Snort I. D. S. (2009). *Snort IDS*. Retrieved January 5, 2009, from http://www.snort.org

Springer reference. (2014). *DNS based botnet detection*. Retrieved July 15, 2014, from http://www.springerreference.com/docs/html/chapterdbid/317753.html

Tegeler, F., Fu, X., Vigna, G., & Kruegel, C. (2012, December). Botfinder: Finding bots in network traffic without deep packet inspection. In *Proceedings of the 8th international conference on Emerging networking experiments and technologies* (pp. 349-360). ACM. 10.1145/2413176.2413217

Wang, P., Sparks, S., & Zou, C. C. (2010). An advanced hybrid peer-to-peer botnet. *IEEE Transactions on Dependable and Secure Computing*, *7*(2), 113–127. doi:10.1109/TDSC.2008.35

Yaar, A., Perrig, A., & Song, D. (2006). StackPi: New packet marking and filtering mechanisms for DDoS and IP spoofing defense. *IEEE Journal on Selected Areas in Communications*, *24*(10), 1853–1863. doi:10.1109/JSAC.2006.877138

Yang, M. H., & Yang, M. C. (2012). RIHT: A novel hybrid IP traceback scheme. *IEEE Transactions on Information Forensics and Security*, *7*(2), 789–797. doi:10.1109/TIFS.2011.2169960

Zhang, L., & Guan, Y. (2006, August). TOPO: A topology-aware single packet attack traceback scheme. In Securecomm and Workshops, 2006 (pp. 1-10). IEEE. doi:10.1109/SECCOMW.2006.359556

第三部分

大数据分析与机器学习、生物识别、音频水印和加密货币中的安全与隐私

第十五章
大数据对安全的影响

拉姆戈帕尔·卡希亚普　印度萨加尔科学技术研究院
阿尔伯特·D.皮尔森　加纳海角海岸大学

摘要

本章背后的动机是突出大数据的质量、安全问题、优点及缺点。在最近的研究中,问题和挑战来源于社交媒体数据与其他图像和视频的指数级增长。大数据安全威胁不断上升,影响着数据异质性、适应性和隐私保护分析。大数据分析有助于网络安全,但如果不提供新信息,进行数据驱动的计算并花费确定的信息量,就无法设想新的应用程序。本章演示如何保护大数据的固有属性。

引言

数据已经转变为每个经济体,行业,隶属关系,竞业限制和个人信息的关键部分。大数据所呈现出的特有计算困境,包括了数据灵活性、数据瓶颈限制、数据叠加中断、数据虚假关联及数据预测失败等。这些被感知的困境需要新的计算和量化视角加以解决,这也充分说明在大数据感知部分,存在大数据挖掘、争议和挑战。此外,本章还讨论了处理庞大数据的一些策略。海量数据是一种暗含数据流量超过数据组织结构和数据程序框架标准的术语总称(Herland, Khoshgoftaar & Wald, 2014)。

然而,随着大数据的广泛使用,单个信息不足以产生影响力的时候,海量信息受到广泛关注。海量信息的收集、检查和更新变得非常重要,在社会民生基础设施改善方面,基于信息产生的经验性推断带来的益处远大于领导者的地位和能力,如社会保险、金融收益、社会活力及灾难预测等。大数据时代的购买力为科学发展带来了前所未有的发展机遇,如改变医疗服务、促进金融发展、升级培训模式及多种方法开展社会协作与激励机制。由于数据容量、数据速度、数据分类同云端海量数据建立链接,数据的安全和保险令人难以想象(Gartner 曾警告过大数据安全问题,2014)。个人电脑系统中各种程序的交叉运行,带来的不稳定是由大数据模型使用引起的,导致整个模型中新层级被攻击的范围增大。这是大数据的特性,也是不当使用展现出的特性,因此,对数据安全和保险关注的动机表明数据使用企图的目的。

大数据的特质

海量信息之所以"巨大"是因为它实际上被假设为大量信息绝对数量的结果,暗含每秒数据的流量。这些数据源于某段时间大量的数据集或各类小数据集。这类数据集可能表现为超过 200 条可靠的信息,或者修改 200 万张照片,或者在社交媒体上发布 180 万个爱好,或者看到超过 200 万张的录音(Hoskins,2014)。"大数据"正在以惊人的速度从已知 IP 端点的数量中飞速发展。大数据是一个企业在既定范围内客观地发现隐藏事件或暗含模式时,对所有可访问信息进行概括时最接近的一个表达术语。一旦通过侦查设施将这些数据公之于众,只会产生增强信息访问的结果,而不会削弱高消费者的忠诚度、行政管理的高效率及高收入等等。另一方面,设计使用存储大数据据称还会引起司法行为和恶意软件中大量信息的安全问题。如果这种安全问题发生在企业关键性资产上,造成的结果将足以击垮这个企业(Miciuła & Miciuła, 2015)。可悲的是,许多与大量信息关联的工具及知识测试都是开源性数据。在大多数情况下,他们并没有将安全视为一种必备能力,从而引发大量的信息安全问题,个人、过程、信息和事物都是巨量信息的核心支柱。如图 15-1 所示。

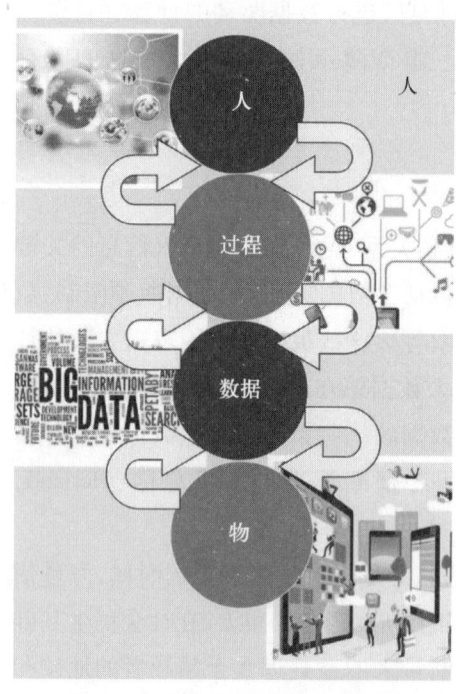

图 15-1 大数据的强大支柱图示

大数据安全问题

因此,沿着这些思路,这里有一个待定名单,列出了应当考虑的不可否认巨大信息安全问题的一部分。

1. 非社交信息存储:思考 NOSQL 这个数据库,它的大部分信息不需要任何其他人输入,只需要安全(某类中间载体赋值)(Bhagwath & Mallikarjun Math, 2016)。

2. 存储:在大量的信息设计中,信息通常被设置为多种级别,这取决于运行的业务需求与成本。例如,高需求的"热"信息通常会被刊登在连载媒体上。因此,安全能力将意味着制定一个级别认知程序。

3. 访问控制:与大企业的 IT 技术相似,基本上的当务之急是必须提供一个框架,在该框架中,由客户以其所愿进行编码确认或批准检查,并勾勒出所想。

4. 精确检查:这种检查有助于决定何时错过已发生的攻击,结果是什么,以及今后应该做什么来加以增强,这本身就是大量的信息,必须得到授权并确保有助于解决大数据安全问题(Appelbaum, 2016)。

大数据安全问题的发展趋势

理想状况下,大数据安全问题的九个领域中每一个领域都应当被彻底保护。现实状况是由于需要相似信息的原因,信息收集和检查设备处于安全状态时,信息则被"填充到"有用的中心部分,反之,则被标记为"准备中"。安全和数据状态管理(SIEM)程序应当可靠地传送全部安全日志,从而不断识别潜在的危害(Ma & Wu, 2014)。

作者对此问题首次记录的起因源于对分布式计算(Hadoop)的特别关注。Hadoop 并不是通过想象解决任何状况下最初的海量信息安全问题,令人欣慰的是,随着 Hadoop 应用的越来越普遍,各类驱动安全程序供应商开始创建业务生产创新模式来确保信息安全,并吸收开源信息,如 Apache Accumulo。因此,当今通过 Hadoop(相似程序)安全停留在以加密或验证方式形成的大数据安全问题,因存在大量缺陷而出现的任何事件都是可以想象的。那么,哪些是摆在大数据安全面前的问题呢?

当今,所有一切存在的事物都是巨量信息的体现,除了我们所想象的通往商业成功之路那些敏锐调查之外,因此,大数据工程既包括最基本的安全,也包括更多信息和更易被攻击的内容。所以,信息积累越多,越应强化安全,越应加大政府指导（Kshetri，2014）。海量数据安全分析（Win，Tianfield & Mair，2017）是可以用来抵御不断上升的网络安全攻击的武器吗？商业世界持续不断的数字化以前所未有的速度正在推动商业组织身处数字攻击的危险之中，大数据调查可能会提供保障来抵御这些攻击。

正在上升的数字安全威胁

万物都需考虑合作安全边界，除了云端和便捷行政管理机构基于发展原因而使这种安全边界消失的状况之外。在企业系统内部，大数据安全遇到了重大的改变，这种改变从传统的边缘安全工具向检查和区分有害信息方向发展（Kalra & Sekhri，2016）。近来，数字罪犯通过利用先进的复杂技术实施攻击和部分内部恶意人员进行的大规模破坏事件清晰地表明，传统处理数据安全的方法已难以为继。

组织体必须重思网络安全概念

随着网络技术的不断进步，网络的持续性攻击及网络的直接性，调查成为一个灵活使用数字的关键组成部分。当入侵者仅实施一次有效攻击时，每个组织必须确保自身免受到各种攻击，并须重新审视其数字安全理念（Horowitz & Lucero，2016）。这些组织需向 PDR 观念转变：预防——检测——响应。

如何适应大数据分析

大数据分析法的核心是增强发现，这就使得庞大信息检查定位可能成为最重要的因素。这种定位必须有能力识别不断变化的使用设置；执行复杂的快速检查；通过从服务器和应用程序日志运行的各种信息源执行复杂连接；应用程序日志组织会议和客户训练。这些需求是基于方法论上过去超前性检查的直接作用，也是对大量当前运行调查能力和真实信息大数据安全进行调查的能力。加入当前的检查条件，能够增强组织使用数字灵活性的安全能力（Hussain & Roy，2016）。

庞大的数据安全分析：新一代安全工具

正如安全企业对这些困难的反应，安全调查布局的另一个时代已经来临。它可以在整个行业中不断收集，存储和检查大量的安全信息。通过额外设置信息和外部风险知识的提高，来研究这些信息并使用不同关系进行计算，以识别其特殊性，并以这种方式区分可以想象的恶意程序。与通常的 SIEM 布局完全不同，此类设备在紧密恒定的情况下运行,并且根据每一个严重危险显示定位生成较少的安全警报(Lafuente, 2015)。图 15‑2 显示了大数据安全问题。这些警报通过合法的额外微元素得到增强,可以显著改善安全专家的工作,并能够快速识别和核查数字攻击。

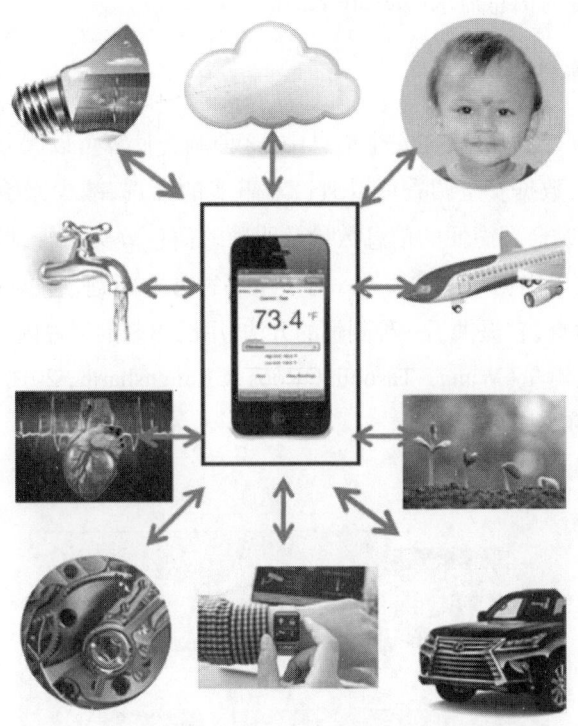

图 15‑2　大数据安全问题图示

什么让大数据安全分析成为可能

这种布局构想的最大跨越式创新点是海量信息审查。最终的成功点在于对已有巨量信息的内部计算,对于大多数企业而言这是合理的,他们已经朝着商品化方向发展进步并快速使用这类访问系统。例如,对于 Apache Hadoop 和廉价设备而言,目前,销售商已准备建立巨量信息集用于收集、存储和破解大量持续不断的非结构化信息(Tromp, Pechenizkiy & Gaber, 2017)。

连接数据以预测可疑活动

连接正在运行的数据并加以核实调查,可以将新发生的事件与先前发生的加以区分。结合外部安全知识源,提供有关最新漏洞数据,可以极大地促进识别系统中高级数字攻击的证据。同样,大量已记录信息对给定系统运行典型示例起到根本性的调节作用,通常用于区分异常。现有布局只适合机械化调整,几乎没有来自管理者的信息需求(Bakare & Argiddi,2017)。

识别相关事件

大数据调查计算显示,在安全信息中,这种调查计算可以区分异常信息和不同特征信息。大数据安全调查可以通过对事实的筛选,减少原始安全场景中的异常信息流,形成合理简便的信息数量及明确的信息分类警告,即使是一个没有实践经验的人也可以据此作出选择。对于全部思考的问题,通过保留所有记录数据来便于以后检查,它提供了一种测量的方法,用已出现的大量内部信息及其他异常信息关联进行测量(Wang, Tasoulis, Roos & Kangasharju, 2016)。图15-3显示未来大数据的增长及其挑战。

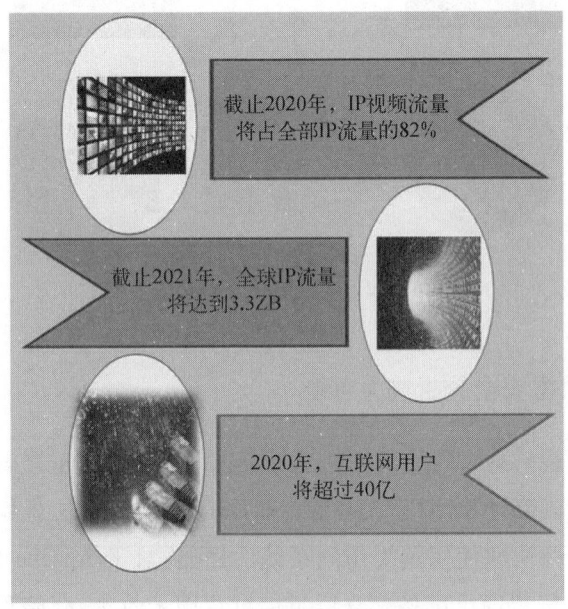

图15-3　未来的挑战图示

自动化的工作流程

最终,现存大量信息安全检查布局为各种机械化工作流程提供了区分危险的反应机制,例如,干扰明显已识别的恶意软件攻击或提供一个可疑场景用于鼓励调查的监督安全利益。在本次测试中,用于数字安全和勒索识别的机器化控制已被区分为未来选择的关键商业驱动者之一(Wang, Crawl, Altintas & Li, 2014)。

大数据安全分析报告的主要结果

这种测试将大量知识转换为内心等级认知及当前全球企业在数据安全和敲诈勒索方面的各种应对方法。该报告评估了贯穿于各个部门的大数据安全检查活动的意义、现状和可行的布局,此外,还展示了对这些活动的不同开放性、优势和困难的识别。还描绘了目前用于解决这些困难的先进技术范围。(Wu & Chin, 2014)。

庞大数据机遇需要大数据安全

海量信息收集测试正在迅速生成。如果你仍停留于过去的进步,就会面临大量的问题;然而,如果你制定了计划,你就会赢得许多商业成功的机遇。你可能正在考虑真正的困难是什么,以及什么使巨大的数据变得不同凡响而且更加繁琐(Wang, 2016)。令人烦恼的是,庞大的信息检查阶段被大量的敏感客户、事物、同事、容忍、质疑安全数据不足和强调无特征网络犯罪者的其他数据所填充。

细观大数据挑战

大量信息检查生成基本的开放入口。在任何情况下,组织机构都必须管理他们面临的安全挑战。例如,大数据检查聚焦于寻找关键的讯息来推动商机。这些讯息通常从海兰数据文档中收集的不稳定数据中获取。海量数据的容量大、分布广和速度高的特性,使其很难确保数据的可信性。设置较少的流量条件,能够确保这种设置得到控制,无论这些数据流是加入的各类数据源还是自我汇集的数据,大量数据条件增加了不断扩大数据量的关联度。

巨量数据问题和挑战

数据速度:这种数据结构正在生成前所未有的信息数量,包括更重要的操作、极速扩张的诊断和不断增长的信息用户数量。个人获取的信息数量越多,他们依赖于高速信息提升的机会越早,高速信息可能意味着每秒有大量的信息线索。通常而言,数据库框架在执行大量信息调查和信息流动上效率低下(Catlett & Ghani, 2015)。

数据分类:通过在线网络终端中的文本、图像、音频和视频,大量信息以多种形式变得更为接近。对所有意图和目的而言,大数据是新的信息,不同于旧有的系统管理本身,类似于非正式结构的数据。高级数据单元和不同的移动小工具可以被划分为相似的一类,传统数据库保留的数据常常是最近被观察到的数据,并不符合此类信息。相当多的信息是非结构化的、复杂的及根据信息基本属性宣告占满整个系统。更强的计算是为了更好地进行问题剖析(Dhar, 2014)。

大数据技术问题与挑战

适应内部故障

就如传送图像一样,随着信息推送的发生,信息必须保持一定的地位,就这点而言,无论损害发生在哪一点,都必须将其控制在值得称赞的最大限度之内,而不是整个工作之中。在工作中指责忍耐是枯燥的,而是需要一种超凡的计算能力。对一个低能的人而言,使用1%的能力谴责容忍机器或者编写计算机程序本质上都是一种荒唐的想法。

数据异质性

在当今时代,超过82%的信息是非结构化信息。它几乎涵盖了我们每天所创造的每一类信息,如基于Web的社交网络连接,存档共享,传真发送,消息及意义非凡的更多讯息。使用非结构化信息工作是一种糟糕的设计,成本也很高。将它们转换为有组织的信息却不可行(Wu & Chin, 2014)。

适应性

大数据灵活性检测激发了信息的适当登记。这种方法是准备将不同运行地点全部不同的、准确无误的数据连为一体。这需要非常的优势共享条件,这个条件很高并且面临各种各样的挑战,如实施不同目标的业务。同样,信息能够用来监督结构挫折,因为在处理广泛的数据捆绑包时,信息非常普遍(Jabeen, 2016)。因此,围绕数据积累的问题,使用这种限制性设计将使这类大量的数据请求更为接近。

庞大的数据存储和传输

通过数据平均范围的划定,海量信息得到了准备和整理,每次生成另一个限制性媒介,就能够衡生数据不断扩张的程度。目前,数据信息板块的最远点是每圈大约4兆字节,所以,超过1兆字节的时候,需要25 000个数据板块。尽管有可能一台单独的PC结构能够准备好1兆字节,但与其他数据板块相连时已超过了其容量。在远程可能的情况下,每秒1千兆字节的框架都具有80%的强大清晰的交换量表,其可行的信息交换极限值约为100兆字节。真正更为重要的是,寻找中心数据也面临着同样的挑战。如何利用信息对提出的荒谬观点加以反驳成为首选。

海量数据隐私和安全

在海量数据频繁检查中,来自数据库和关联地区的个人信息应与其外部大量的受教育积累信息加以连接,以保证全球具有这类特征的人们不再相互竞争排挤,从而更快地促进人们相互间的生活与学习。不断受到更多教育的人对大量数据检查滥用带来的问题具有更强的认知和思考能力,而且远超哪些学识浅薄的人。关注海量信息的安全和保险带来了巨大压力,同样,通过可靠信息源产生的庞大数据安全压力也在不断上升(Ghiglieri & Waidner, 2016)。海量数据背后潜藏的安全和保险压力,主要来源于大量数据被逐步公开后所揭示出的事实。

大数据的安全问题和挑战

组织机构从各个部门,编程应用程序和设备中收集数据。收集数据、认可数据并对数据源进行测试。就像Sybil的罢工一样,大数据被用于克隆虚假身份证件,使得哪些怀有恶意的用户安装设备、注入资金及虚假承诺占据主导地位。材料数据的数据源可以被额外加以控制,正如使用传感器能够虚假地改变温度及有助于谎报温度收集过程。GPS信号可以相对地受到控制(Batarseh, Yang & Deng, 2017),受威胁客户更改数据传输到中央数据收集系统。

实时安全监控

持续的安全监控在海量数据检查中已成为一种先进的数据测试技术,超越了通过安全工具传送的大量警报。各种误报及个人能力的限制使得这种超量检测速度具有可行性。安全性要求大数据系统和数据融合分离管理器通向应用程序、数据中心、应用程序威胁的入口,调至始终保持一种预警状态。通常情况下,建立一种特殊部分的自然组,要充分考虑每部分的安全性和混合部分的安全性。在社交云端中,分布式计算(Hadoop)将持续不断地在云端运行,偶尔被认为是一个事件,但是,这种事件应当被认为是包括了计算、存储和组成框架等部分的有机组合(Lafuente,2015)。数据中心及中心点之外连接点的安全性,在设置数据中心点的时候应当加以考虑。监控应用程序,包括了安全指南规定的恰当的关联性选择及充分考虑数据源的安全性。

隐私保护的数据挖掘与分析

海量信息安全性的突出强调,减少了信息标准的灵活性及增强了国家和企业的信息控制。一位对大量数据存储负责的组织机构的专家非常乐意提供危害数据安全的行动指南。

数据中心安全

通过加密来保证数据点对点传输提供了更小的、特别是描述的表面攻击使人印象深刻。这对于伪装单侧通道攻击显得束手无策而且令人困惑。无论如何,这都是一种无助的努力。与批准加密相关的各种风险获得了使用加密来控制技术的机会,人们在公开数据看到的计算信息很少注意到需要在权利和错误信息间做出选择。对于授权追踪和过滤编译数据的加密传统而言,敌对方不应当具有通过关联语词获取任何加密数据信息的能力,更难以谈及是否满意的问题。

细致的评论

数据安全专家需要有和时间一样快的动态影响力。事实上,明智的商业决策能够保证安全专家作出关键性决策时留有余地或者控制商业风险(Yang and Yecies,2016)。无论如何,异常数据安全威胁是明显的并被记录在案的,有可能是一种有用的运行数据而不是阻碍。

没有安全就没有机会

从现在开始,越来越多的组织机构正在掌握海量信息。现在是时候保证安全数据融入这些决策和行动方案中了,特别是对于那些握有可能产生大量脆弱数据的软件工程师而言,海量数据避免了复杂数据确认的低风险项目。数据安全是一项独立的、不懈的义务,必须成为海量数据旧有信息的一部分。安全数据需要一种广泛的方法来形成管理屏障关系,这种屏障关系来自心理上犹豫不决的危险场景转变为已形成的变化了的系统(Su and Xu, 2017)。数据安全必须是对其他安全工作的补充。例如,终点安全通过方法。在一个组织机构中,通过对准备和建立海量数据检查机制,将可以帮助该组织机构安全实现目标。

大数据的安全智能

大数据增加安全情报

当前,为了提供给安全运行中心持续不断的组织安全法案,驱动安全的内部架构必须依赖于有组织性和半组织性信息源的布局,包括信息日志、有组织活动及其他方面。用于评估安全架构的测量包括持续准备的信息规模和速度,删减大量原始信息是为了限制组织所需的海量安全信息布局。

当安全内部架构能够增强安全专家调查信息的能力及辨别正在发生的危险或确定新暴露的危险时,这种内部架构正是利用了当前风险布局和危险标识以增强对用户身份的核查(Lim, 2015),这种方法虽然能够实现监控和保持组织对数字信息的警戒能力及增强信息处理的反应时间,然而,另外一种困难正在浮出水面,要求公开大数据检查的安全信息。

主动减轻风险和识别威胁

正是数据信息分级边界的模糊,引起云计算和便携式创新的快速市场化,购物者致力于非正式社群,而一个组织不能只专注于这些状况,或许该组织更应当主动地减轻风险和认识危险。侵入者同样会利用现代方法专注于攻击系统,例如社交设计和网络钓鱼(Gheyas & Abdallah, 2016)。这种攻击策略也正用于调整当前的警戒方法,试图一方面掩盖大量无害运行中的恶意练习行为,另一方面,通过给人留下无害行为的印象来掩盖真实目的。事实上,当前动荡的金融和社会状况,正在进一步激起各类新的报复性练习。

大数据需求和大数据分析

先进的安全知识解决了新安全挑战需要大量信息和大数据调查的问题。因此,一个组织需要保存其长时间内进行信息检查的安全信息。有记录的调查能够揭示长时间的攻击技术并识别某段时间后的安全隐患。此外,安全信息源通常无法被用于组织限制信息源内容或监控潜在信息源,例如,识别哪些掌握着精确信息工作的客户及基于核心商业形式制定的计划(Diesner,2015)。信息源,包括电子邮件、在线网络、公司档案和网站资料,这些有助于增加额外设置的传统安全信息,而不论其是否是非结构化信息。

这种隶属关系能够抓住活跃或支持试图隐藏或掩盖无辜组织攻击的意识,这种意识的培养或许需要一个相当长的时间(几个月、几年)。药物面临的快速变化正倾向于向更多不同领域、令人难以置信的、充满活力的、相互协调和持续治疗的框架大踏步迈进。因此,这加速了治疗领域对机械先进性的渴望,与演示程序紧密关联的各类先进设备和工具,包括电子人类记录仪(EHR)和成像数据框架(Balogh et al.,2015)。随着目前药物研发变得逐渐复杂,将修复性成像技术合成到一个承载全部电子病历中也变得相当复杂,但另一方面,这会促使医疗技术变得更加熟练和更为经济。

当前的恢复性成像方式,例如,处理和计算机放射照相、超声、先进的乳房x线照相、透视、计算机断层扫描(CT)等,在社会保险中起着关键作用,因为它们提供的计算机图片包含了丰富的临床数据。自从这些图片被用于质疑人体内部器官与组织解剖横截面病变以及治疗效果的发现与筛查时,这些图片成为关键性资料(Abd-Eldayem,2013)。近年来,放射学通过随时随地恢复图片和计算机化框架结构,推动建立了数据的可访问性(Andriole,2014)。随着与计算机系统关联小工具的升级,越来越多的个人计算机之间实现了信息共享,安全风险超越了这种共享框架,导致计算机系统交叉联系中断(Abd-Eldayem,2013),这种方式使整个计算机系统受到网络攻击和干扰,让民众的幸福感、心理素质和声誉处于危险中(Quebec,2017)。

讨论

澄清准备场合的原因是为了在低层级图像/影像亮点中建立关联,分离案件、可变资料、优良因子和时间因素。人或程序/算法的主要任务是开展准备案件的评论。如果说到变量内容对案件起着决定性的协调作用,负责人就要在实时评论中缩减变量因素,包括变量的名称(Kashyap & Gautam,2015)。这种积极的元素匹配意味着当以例外的低级别元素作为示例被称为元素向量时,变量此时发生了改变。这种元素向量描述的是被称为元素协调示例的特殊元素用于协调元素向量的检查运行,为的是将组件布局元素从上述示例中分离出来。例如,如果与变量"Emotion_of_Ram"相关的元素是 Ram,在这点上,客户可以从物理上用"Dwindle"这类物质来解释所有包含 Ram 元素的准备案件。另一方面,评论性计算同样可以协调一种元素来调解包含各种低级组件的元素示例,例如,描述 Ram 元素的人脸状态和包含大量红色皮肤阴影罐的阴影直方图,由于 Ram 的外观在所有准备案例上都显示为红色,自然地能够说明这些案例中包含了 Ram 元素。在接下来的解释步骤中,在每一个准备示例中的评论对所记录因素的评估都被得到认知,特别是示例中使用的前述元素协调的方法。例如,管理员对所有准备的示例使用"Emotion_of_Ram"的变量进行评论,这些变量包含令人愉悦的外表,对"高兴"或"愤怒"的重视。同样,这种重视程度可以通过与低级组件相关被称为自尊协调的示例加以计算(Juneja & Kashyap,2016)。例如,自尊协调示例可以描绘足球场中各种身穿暗橘色衣服的特定观众的数量,例如:

- 大量带有橙色阴影的罐状直方图,
- 描述人体上部的多边形,或
- 描述特征边缘的差异。

最后,准备示例是时间布局检查的时间戳。我们评论的准备示例和具体时间及激励机制或分离时间的描述相关(Kashyap & Tiwari,2017)。Optalysys 正在为大量信息处理创建光学精密图形设备,该设备的运行比使用传统工具在成本消耗和资源利用率上具有更高的效率(Kashyap & Gautam,2016)。Optalysys 创新利用光,而不是电,以惊人的高速率和分辨率运行中央处理器的数字容量(例如傅里叶变换)。Optalysys 创新可用于执行设计协调,对照参考图片信息及区分相似性或不规则性。

更为可怕的是,考虑到安全危险扩张程度经常与无效反击袭击的信息措施相对应,大数据存储和准备能力的到来,给巨大的安全漏洞带来了可证实的危险,在企业实现大规模信息扩展之前,必须确保这些风险的安全(Abd-Eldayem,2013)。在本文第四部分提出的 BMC 大量信息布局中,将会对应该了解的基本大数据安全问题加以概述(Andriole,2014)。

实际上,大企业广泛使用的每个大数据安全问题都可以追溯到首次分布式计算(Hadoop)循环中的计划排除,并不是说分布式计算(Hadoop)的独特轮廓有缺陷或令人不安,简单说来,它只是不打算被用作承诺信息条件的一部分,而耗费大量的时间。无论如何，人们已经为解决这些安全问题作出了令人信服的调整和布局。在此，首先要理解潜在缺陷的陷阱是什么，之后针对哪些存在的安全缺陷进行检查，以避免潜在风险的产生。在公共领域中，用户身份验证和访问组织传送的分布式计算（Hadoop）必须确保客户确认和访问权限完全受到控制。Apache Sentry 是一种可信的布局，能够限制和控制客户在主要信息框架上的权限。有了如此多的信息，机构需要尽力同意管理的预先请求。在大数据框架中，有理由采取额外的预防措施，保证客户联系记录、框架会议记录和存放记录的安全，据此要求完成任一客户和框架的审核。一些主要的信息安全问题涉及本地分布式计算（Hadoop）中客户和管理验证的方式，在某种程度上是脆弱的。这使得分布式计算（Hadoop）框架面临恶意信息输入和更改的危险。确保已设置 Kerberos 和 LDAP 条例牢记于心，使得最终目标预防这一短板的出现。原生的分布式计算（Hadoop）传输方式为静态信息提供了信息加密能力；然而，要确保信息的流动则显得有些棘手。产生的系统加密技术能够保证移动信息的安全，但是，分布式计算（Hadoop）的本地设置不包括此类项目，因此必须为自己设置保险额度。

结语

大数据具有倾向性，没有它提供信息的新类型，进行数据驱动计算，并消耗确定的信息量，就无法展望新的应用程序。随着信息保存和程序条件变得越来越便宜，云条件显然更有能力保存和共享框架及调查应用程序，编写应用程序明显更有组织性，信息安全得到控制，强迫加密和一致性呈现出了一些困难，对于所有意图和目的，应当格外小心并倾向于以一种非常有序的方式处理。在本章中，提出一些安全挑战和建议，以使大量信息的准备和计算更加可靠，从而使其结果更加安全。海量信息来自大量信息的准备和各种基础等级的利用，新的计算结果将使用 NoSQL 数据库，主要是为了快速统计大量的信息，而并非完全确保来自真实安全风险的安全。这并非一种通用的时间观察方法，传递信息小工具的异常设计，不同合法性限制的困惑或另一种为安全和保护指定的特别快速的方法，应当建立一个海量特别信息问题处理的主生态系统。本文的观点有助于澄清整个大量信息中无效的特定部分，这部分因特定的危险而遭到破坏。在本章中，提出了主要的五个安全风险。期望本文将合作创新工作组的中心扩展到主要的五个困难，在分离大量信息阶段，最终提供显著的安全和保护。

参考文献

Abd-Eldayem. (2013). A proposed security technique based on watermarking and encryption for digital imaging and communications in medicine. *Egyptian Informatics Journal, 14*, 1–13. doi:10.1016/j.eij.2012.11.002

Andriole, K. P. (2014). Security of Electronic Medical Information and Patient Privacy: What You Need to Know. *Journal of the American College of Radiology, 11*(12), 1212–1216. doi:10.1016/j.jacr.2014.09.011 PMID:25467897

Appelbaum, D. (2016). Securing Big Data Provenance for Auditors: The Big Data Provenance Black Box as Reliable Evidence. *Journal of Emerging Technologies in Accounting, 13*(1), 17–36. doi:10.2308/jeta-51473

Bakare, A., & Argiddi, R. (2017). To Study, Analyze and predict the Diseases using Big Data. *International Journal of Computers and Applications, 165*(7), 17–19. doi:10.5120/ijca2017913917

Balogh, E. P., Miller, B. T., & Ball, J. R. (Eds.). (2015). *Committee on Diagnostic Error in Health Care; Board on Health Care Services; Institute of Medicine; The National Academies of Sciences, Engineering, and Medicine. Improving Diagnosis in Health Care*. Washington, DC: The National Academies Press.

Batarseh, F., Yang, R., & Deng, L. (2017). A comprehensive model for management and validation of federal big data analytical systems. *Big Data Analytics, 2*(1), 2. doi:10.118641044-016-0017-x

Bhagwath, S., & Mallikarjun Math, D. (2016). Distributed Systems and Recent Innovations: Challenges Benefits and Security Issues in Distributed Systems. *Bonfring International Journal Of Software Engineering And Soft Computing, 6*(Special Issue), 37–42. doi:10.9756/BIJSESC.8239

Bradley, P. (2013). Implications of Big Data Analytics on Population Health Management. *Big Data, 1*(3), 152–159. doi:10.1089/big.2013.0019 PMID:27442197

Dhar, V. (2014). Big Data and Predictive Analytics in Health Care. *Big Data, 2*(3), 113–116. doi:10.1089/big.2014.1525 PMID:27442491

Diesner, J. (2015). Small decisions with big impact on data analytics. *Big Data & Society, 2*(2), 205395171561718. doi:10.1177/2053951715617185

Everett, C. (2015). Big data – the future of cyber-security or its latest threat? *Computer Fraud & Security, 2015*(9), 14–17. doi:10.1016/S1361-3723(15)30085-3

(2014). Gartner warns of big data security problems. (2014). *Network Security, 20*(6). doi:10.10161353-4858(14)70062-5

Gheyas, I., & Abdallah, A. (2016). Detection and prediction of insider threats to cyber security: A systematic literature review and meta-analysis. *Big Data Analytics, 1*(1), 6. doi:10.118641044-016-0006-0

Ghiglieri, M., & Waidner, M. (2016). HbbTV Security and Privacy: Issues and Challenges. *IEEE Security and Privacy, 14*(3), 61–67. doi:10.1109/MSP.2016.54

Herland, M., Khoshgoftaar, T., & Wald, R. (2014). A review of data mining using big data in health informatics. *Journal Of Big Data, 1*(1), 2. doi:10.1186/2196-1115-1-2

Horowitz, B., & Lucero, D. (2016). System-aware cyber security: A systems engineering approach for enhancing cyber security. *Insight (American Society of Ophthalmic Registered Nurses), 19*(2), 39–42. doi:10.1002/inst.12087

Hoskins, M. (2014). Common Big Data Challenges and How to Overcome Them. *Big Data*, *2*(3), 142–143. doi:10.1089/big.2014.0030 PMID:27442494

Hussain, A., & Roy, A. (2016). The emerging era of Big Data Analytics. *Big Data Analytics*, *1*(1), 4. doi:10.118641044-016-0004-2

Jabeen, K. (2016). *Scalability Study of Hadoop MapReduce and Hive in Big Data Analytics*. International Journal Of Engineering And Computer Science; doi:10.18535/ijecs/v5i11.11

Juneja, P., & Kashyap, R. (2016). Optimal Approach For CT Image Segmentation Using Improved Energy Based Method. *International Journal of Control Theory and Applications*, *9*(41), 599–608.

Juneja, P., & Kashyap, R. (2016). Energy based Methods for Medical Image Segmentation. *International Journal of Computers and Applications*, *146*(6).

Kalra, S., & Sekhri, B. (2016). Security threats in big data. *Far East Journal of Electronics and Communications*, 623-633. 10.17654/ecsv3pii16623

Kashyap, R., & Gautam, P. (2013). Microarray Image Segmentation using Improved GOGAC Method. *Science and Engineering*, *2*(4), 67–74.

Kashyap, R., & Gautam, P. (2015, November). Modified region based segmentation of medical images. In *Communication Networks (ICCN), 2015 International Conference on* (pp. 209-216). IEEE. 10.1109/ICCN.2015.41

Kashyap, R., & Gautam, P. (2016, August). Fast Level Set Method for Segmentation of Medical Images. In *Proceedings of the International Conference on Informatics and Analytics* (p. 20). ACM. 10.1145/2980258.2980302

Kashyap, R., & Gautam, P. (2017). Fast Medical Image Segmentation Using Energy-Based Method. *Pattern and Data Analysis in Healthcare Settings*, 35-60.

Kashyap, R., & Tiwari, V. (2017). Energy-based active contour method for image segmentation. *International Journal of Electronic Healthcare*, *9*(2-3), 210–225. doi:10.1504/IJEH.2017.083165

Kshetri, N. (2014). The emerging role of Big Data in key development issues: Opportunities, challenges, and concerns. *Big Data & Society*, *1*(2). doi:10.1177/2053951714564227

Lafuente, G. (2015). The big data security challenge. *Network Security*, *2015*(1), 12–14. doi:10.1016/S1353-4858(15)70009-7

Lim, K. (2015). Big Data and Strategic Intelligence. *Intelligence and National Security*, *31*(4), 619–635. doi:10.1080/02684527.2015.1062321

Ma, X., & Wu, D. (2014). Research on Information Security Issues Facing the Era of Big Data. *Applied Mechanics and Materials*, *651-653*, 1913–1916. . doi:10.4028/www.scientific.net/AMM.651-653.1913

Miciuła, I., & Miciuła, K. (2015). The key trends for business building in the industry of big data. *Zeszyty Naukowe Uniwersytetu Szczecińskiego. Studia Informatica*, *36*, 51–63. doi:10.18276i.2015.36-04

Neela, K., & Kavitha, V. (2017). Enhancement of data confidentiality and secure data transaction in cloud storage environment. *Cluster Computing*. doi:10.100710586-017-0959-4

Ragesh, G., & Baskaran, K. (2016). Cryptographically Enforced Data Access Control in Personal Health Record Systems. *Procedia Technology*, *25*, 473–480. doi:10.1016/j.protcy.2016.08.134

Su, Z., & Xu, Q. (2017). Security-Aware Resource Allocation for Mobile Social Big Data: A Matching-Coalitional Game Solution. *IEEE Transactions on Big Data*, 1-1. 10.1109/tbdata.2017.2700318

Tromp, E., Pechenizkiy, M., & Gaber, M. (2017). Expressive modeling for trusted big data analytics: Techniques and applications in sentiment analysis. *Big Data Analytics*, *2*(1), 5. doi:10.118641044-016-0018-9

Wang, J., Crawl, D., Altintas, I., & Li, W. (2014). Big Data Applications Using Workflows for Data Parallel Computing. *Computing in Science & Engineering*, *16*(4), 11–21. doi:10.1109/MCSE.2014.50

Wang, L., Tasoulis, S., Roos, T., & Kangasharju, J. (2016). Kvasir: Scalable Provision of Semantically Relevant Web Content on Big Data Framework. *IEEE Transactions On Big Data*, *2*(3), 219–233. doi:10.1109/TBDATA.2016.2557348

Wang, Y. (2016). Big Opportunities and Big Concerns of Big Data in Education. *TechTrends*, *60*(4), 381–384. doi:10.100711528-016-0072-1

Win, T., Tianfield, H., & Mair, Q. (2017). Big Data Based Security Analytics for Protecting Virtualized Infrastructures in Cloud Computing. *IEEE Transactions on Big Data*, 1-1. 10.1109/tbdata.2017.2715335

Wu, Z., & Chin, O. (2014). From Big Data to Data Science: A Multi-disciplinary Perspective. *Big Data Research*, *1*, 1. doi:10.1016/j.bdr.2014.08.002

Yang, J., & Yecies, B. (2016). Mining Chinese social media UGC: A big-data framework for analyzing Douban movie reviews. *Journal of Big Data*, *3*(1), 3. doi:10.118640537-015-0037-9

关键术语和定义

大数据安全问题：安全性和保险问题因海量数据的速度、数量和收集而得到加强，例如，大规模的云企业，不太准确的数据源和设置分类，数据获取的溢出性质，以及云开发之间的高容量。

密码学：它是隐藏数据的训练和调查。它偶尔被称为代码；然而，这绝不是一个正确的名称。它是用于努力保护数据神秘性的科学，当今的密码学是算术，软件工程和电气设计的混合体。加密被用作 ATM（银行）卡、PC 密码和网络购物的一部分。

数据安全：数据保险，又被称为信息安全方式，是先进信息的一部分（IT），即具有限制或个人需要的游戏计划，以及弄明白 PC 系统中可以将哪些数据授予其他人。

第十六章
大数据分析的影响与网络安全挑战

阿鲁穆鲁根·拉穆　印度班纳里安曼理工学院
阿南达库马尔·哈尔多拉伊　印度阿克沙亚工程技术学院

摘要

　　为了仔细检查或评估大量的、不断出现的、性质多样的数据,新技术应运而生。随着这些技术的应用,进而被称为大数据技术,用于不断发现各种内外部数据源,识别数据隐性关联,制定有前途的战略,为经济增长和新的创新提供必需的参考,本章主要分析了大数据对个人和社会的实时使用。同时,集中讨论七个重要领域的关键用途:大数据用于业务优化和客户分析、大数据与医疗、大数据与科学、大数据与金融、大数据作为开放和效率的推动者、大数据与科学、大数据与金融、大数据作为政府开放和效率的助推器、大数据与新兴能源分配系统以及大数据安全。

引言

　　大数据分析对全球而言并不是全新的事物,散布在各个领域,并被许多分析学家所讨论。尽管大数据分析被视为或被认为是一个高度敏感的流行语,但它仅仅意味着对极其庞大的数据从细微视角识别其隐藏模式、新的关联、客户偏好、营销趋势或优先权,以及其他与业务有关的信息。各种商业公司的结构必然在他们的决策中是一个飞跃,以维护他们在高度竞争的商业世界中的地位,他们必须对其数据加以绝对控制,并制定可以付诸行动的发展战略(Xia, Liu, Lee, & Cao, 2016)。过去的几年,数据量呈现出了爆炸式增长,包括个人所产生的各种数据。这些海量数据很容易以非常低的价格被加以复制,并被存储于公共数据库中,通过互联网可以很轻松地对这些数据进行访问。

正如 IBM 公司每年所估计的那样,全球每天都会产生 25 亿千兆字节(GB)的数据量,而且每分钟都在增长。随着 Web 2.0 应用程序的使用,数据量急剧增加。计算存储的基础成本、快速发展的计算全新领域如云计算、人工智能和数据挖掘正在面临重大的突破性创新(Li, Tang, & Xu, 2016),所有这些都与极其广泛的传感器赋值和友好的互联网移动设备相结合,有助于极大地推动大数据。大数据这个术语仍然没有一个严格的定义,但被广泛用于解释大量数据的发展、数据可行性,数据的各种属性,以及这些数据(不同的性质,格式和来源)生成和传输的推动速率。

NIST(国家标准与技术研究院)结合主要的领域如速率(数据速度)、数量(数据量)和种类(数据源)等对大数据作出了一个可信性的定义。大数据完全不同于传统的数据存储和其他的商业智能分析领域(Jiang & Wang, 2016),后者已经存在了相当长一段时间。大量的大数据是完全非结构化的数据,它们由实际上的原始数据组成,这些数据以不断增加的速度产生,完全不同于以往的数据。

当前,实时分析人员能够继续解决高度困难模式,区分相关性,提取从本质上跨领域收集的实时数据中有价值的信息。这是通过在数据挖掘中,使用高性能技术,低廉价格的存储基础设施、统计关联算法和强大的技术来实现的(Bhatt, Dey, & Ashour, 2017)。大数据源的示例相当丰富、性质多样。涉及大型企业公司的内部网,在线政府目录,海量搜索数据,移动通信获取,社交通信平台上用户的实时交互数据,以及网络物理系统如 ITS 或智能交通系统,智能资源分配,智能汽车,融入各种家庭娱乐需求的超现代家用设备,以及配备了使用面部,情绪识别和行为检测等应用程序的家庭安全设施的家用电器(Shrivastava et al., 2011)。

这是一个具有快速增长趋势、大量影响我们日常生活的各种服务,并对社会经济产生重大影响的时代。大数据分析人员导出了关联算法,并利用人工智能,从不同生活领域收集的大量数据中发现隐藏的洞见。从给定的数据中进行决策优化,这可以通过实际战略评估在警察部队中加以利用,有助于减少公共犯罪。在医疗环境中,病人对某种疾病的危害随着传染病的传播而被加以计算。它还有助于了解在典型社会技术情况下人类反应的性质与后果。如今,数据默许是一种货币形式,属于丰富而稀有的商品。大数据的持有减少了个人和整个社会面临的新的隐私挑战,因为这些积累的数据也与其他数据库相连。基于大数据,通过自动化算法存储、分析和决策,对个人和社会产生了严重的影响,也对各种平台上人的基本权利构成了巨大威胁,如不公平歧视、偏见结果和许多个人问题等。

相关评论

当今,商业世界和机构当然是数据的驱动。纵观全局,大数据的使用及其广泛影响对生产力、创新和经济产生了重大影响,使得社会和企业都能广泛受益。

用于业务优化的大数据

使用大数据是新商业时代的标志性基石和关键,这意味着在业务交付中提供个性化服务,同样可以为营销人员和商业先驱创造奇迹(Shamoto, Shirahata, Drozd, Sato, & Matsuoka, 2016)。商业分析师可以分离和查看这种隐藏模式,并高度地深入了解信息源,包括来自大数据高级分析和现代存储数据平台提取的内外部数据。因此,大数据知识对企业领导者起到的是杠杆作用,从而不断为其业务流程增加更多的智能程序,运营效率得到大幅提升,在商业竞争中获得较大优势。随着使用大数据数量的增长,大量异构且极其复杂数据的相互关联导致商业精英及其分析师在广告和营销方面筛选和加速优化其各种策略计划(Wu, Zhu, Wu, & Ding, 2014)。大数据还有助于了解客户的确切需求,用法,购买趋向及早期定位区分的新发展模式。

大多数在线零售商以及其他公司零售商都非常依赖这些大数据技术来整理客户和客户的购买史,其他交易和他们数据库的库存,为了:

1. 聚集更高端的知识客户。
2. 为现有和潜在客户提供个性化的商品、服务和值得称赞的指导。
3. 基于客户需求的改变。

依赖移动设备或智能设备进行所有电子卡购买,交易和使用的客户不断增长大数据量的帮助下,并利用 OSN 或社交网络来记录他们的观点并分享他们亲密的个人想法和行踪,使大多数公司的营销人员能够通过简单的分析技术获得杠杆效应,在恰当时间和生活时段给客户提供精准的需求。可以很好地预见,在不久的将来,这种计划就会进一步变成现实。这意味着在竞争性商业智能中一种健康状态的出现,业务继续保持稳定,在技术上一种铭记于心的明智未来并保持市场需求。

大数据与大科学

科学可能会在高度潜在大数据的帮助下发生变化。数据密集型科学的未来在很大程度上取决于传统十年的发展。计算机模型的主要领域及困难和实用分析双倍持续增长的数量及来自不同数据库的各种数据,如健康和医疗数据,互联网浏览和搜索模式数据,安全和监控视频数据,基因组数据,提供地球图像数据的天文台,传感器网络,无线网络以及移动设备有助于大数据的增长及其在科学领域的重要性(Suganya & Anandakumar, 2013)。

实际上,随着数据密集型科学在未来的使用,一种应对科学领域探索和发明挑战的新理念已迫在眉睫。无处不在的数据研究允许大量数据杠杆发挥作用,需要新的模拟、计算、工具和技术进行数据管理。这种数据密集型科学的方法允许在物理和社会科学中整合各种生命特征方面的新希望。这也涵盖了从地球计算,基因组学,自然和环境研究到计算社会研究的应用领域。所有这一切都是为了一个纯粹的目的,并希望人类能够更好地予以实现,数据密集型研究或科学的使用将至少解决全球范围内带来的一些挑战,如全球变暖、流行病、提供和使用更好能量资源的效率,以及在各种其他事项中监测全球健康。

医疗和保健中的大数据

总体而言,医疗保健工业已经开始在医疗保健部门的所有领域中发挥其作用,如对公共医疗的监测、提供和医疗行业的研究,都开始依赖大数据。信息技术的依赖日益增加,该行业的利益相关者及其财务数据将通过系统收集,开发和相互分发大量数据,这些系统将个人的生物样本数据,医学成像数据,患者保险和索赔,医疗处方,健康记录和其他医疗相关统计数据相加(Anandakumar & Umamaheswari, 2017a)。在医疗保健行业,在这个时代所有上述的数据均已保存记录,然而,a) 在整体上连接内部和外部健康细节的新能力允许在地理、行为和健康适应性方面发展为一种模式,已超过了大量的人类健康数据,并可以形成一种模式,能够更好地掌握特定地理位置的医疗保健行业及其人员。b) 这将有助于更好地掌握研究,探索新的医学价值和对特定社会中隐藏健康趋势的受控观察,并为人们提供更好的医疗产品和服务。

营销经济服务中的大数据

大数据相关技术在 IT 部门增长最快的金融机构及其市场中发挥着过高的作用。该技术主要用于汇编和分析来自实时金融流的大量个人和经济性质的财务数据,如股票和股票市场。这有助于清楚地了解复杂金融系统所面临的风险和挑战,以及进行新投资的可能性(Kaseb, Mohan, Koh, & Lu, 2017)。在过去的几年里,保险和信贷公司正在利用 IT 领域及其发展,通过社交网络数据快速访问分析。他们可以回过头来找出有助于识别欺诈活动的复杂设计(Yang, Wang, Song, Yang, & Patnaik, 2018)。

这种金融大数据的实施有助于在较新的市场领域做出艰难的决策。他们的源数据经过分析,可行且有利可图的模式,可能无法跟踪。

它们将被揭示出来,它们将允许有价值的知识来预见股票市场的变化,并做出革命性的决策,这将对金融市场和机构产生更大的影响。

能量分配环境中的大数据

能量分配系统中智能电网的出现是另一个新领域,其中,大数据分析仍在其使用中积累动力。数据驱动的技术及其分析设备使用智能电表,安全的现场设备,最新的能源配置的 IT 组件,有助于汇编较新的数据。实际和现实生活中的大数据汇编和审查有助于能源部门得出结论,开发更好的发电,供应,分配和传输手段。

政府部门的大数据

在过去十年中,政府部门做出的展示大数据/公开数据的重大决定在各地都产生了巨大影响。大量的公共细节,如人口普查,犯罪细节,现实生活中的交通状况,医疗保健数据,气象统计数据已经遍布互联网供公众查看。这样做是为了保持数据的公开问责制和透明度,这将提高政府在公众中的尊重。政府希望,通过允许这种易于访问和使用的方式,将创造强大的经济增长,并由私人政党和商业机构(Lecuyer, Spahn, Geambasu, Huang, & Sen, 2017)创造新的创新。政府免费提供的这些数据证明了巨大的数据挖掘的丰富来源。正如英国政府所预见的那样,这些数据可以被政府组织和个人利用到难以想象的高度。这种无处不在的不良使用政府数据将使私人和其他机构能够利用数据处理和分析的最新技术,并且它们将被交叉链接,以帮助提高政府的运营效率和降低成本。通过削弱大数据在运营中的有效性的潜力,每年从欧洲公共部门节省了1 000亿美元。预计其他领域也将如此。例如,在私营部门,房地产情况将随着其对可用财产,其位置和价值以及犯罪数据的了解而发生巨大变化。他们将更好地为客户提供有关在哪里投资和不在哪里投资的建议(Kimbahune, Deshpande, & Mahalle, 2017)。

利用大数据检测网络犯罪

网络犯罪是影响公共、私人和个人领域的最新犯罪形式之一。打击这种犯罪需要大量的分析和对所有可能存在证据工具的可靠了解,对犯罪分子的活动做出准确而详细的预测。应考虑到犯罪分子的行为及其对变化和挑战措施的灵活适应能力。网络安全人员或信息官员采取大量行动来不断监督和保护他们的公司免受这些精通高科技的网络犯罪分子的侵害,这些网络犯罪分子的犯罪活动和威胁不断演变(Park, Chung, Khan, & Park, 2017)。由于网络犯罪的这种增长速度,私营公司倾向于缓慢而坚定地使用大数据分析设备和技术来保护自己。确定了这些网络犯罪分子的恶意攻击及其隐藏活动的变化趋势。他们的活动模式,检测到动机和意图,从而提供对安全细节的洞察的持续支持。此外,这些类型的数据在其他公司之间相互共享,并且跨境州际和国家间知识共享,以识别和降低网络犯罪率。这也有助于识别各个州和国家管辖区中类似类型的任何网络活动。这种大数据的汇编及其对安全和信息的分析满足了立法者及其执法机构对来自不同来源的新信息的渴望,例如互联网使用情况,移动兼容的无线网络,金融数据,旅行者数据以及许多其他手段,如监控视频,卫星图像等。当所有这些数据被巧妙地编译并放在一起用于分析目的时,安全人员就能够检测到犯罪分子的行为模式,他们的身份,以及更多的见解(Chowdhuri, Dey, Chakraborty, & Baneerjee, 2015)。

大数据的实时问题和挑战

毫无疑问,通过使用大数据技术及其各种工具,个人,公司,社会,组织,政府和非政府部门获得了大量积极的机会,但另一方面,对更重要的隐私和道德问题也存在疑问。大数据的分析设备或机制和配置将产生更大的影响,这可能在法律和道德上对隐私方面产生负面影响(Zhang, Shang, Lin, Li, & Tan, 2017)。

这将是大数据理论潜力的一个明确障碍,而大数据理论在这个关键时刻必须预见到这一点。

大数据安全和隐私方面的挑战

以各种理由(如金融,经济,社会和其他交易)使用大数据分析工具无疑为丧失公民权利铺平了道路,因为完全剥夺了个人自主权和隐私。从这个方面来看,他们失去了保持控制或监控其私人数据的自由,并防止网络犯罪分子,数据分析师的任何误用和/或滥用,尽管效用,增长和创新取决于大数据的保存和使用。以下给定的领域对大数据的隐私和安全概念构成了一些相对威胁。

增加敏感数据的前景

虽然增加的数据量由第三方通过互联网在线存储,访问和共享,但数据泄露的可能性也增加。因此,出现了一个关于个人数据访问,存储和使用的不可估量的查询列表,这一点至关重要。

如下所示未经授权访问的两个不同组件

最初的对手喜欢进入原始数据的数据库,并计划破坏解释或分析的过程。这是通过将错误的数据处理到数据库中或接管大量高度敏感的身份或财务数据来完成的。另一个不利的行为是对已经分析过的数据库采取行动,并窃取大法律分析师的行动和情报。

数据(Schmidt, Chen, Matheson, & Ostrouchov, 2017)。为了在数据中执行这种侵犯隐私的行为,需要仔细检查这些数据平台的软件和硬件,并使用它们的缺陷。

因此,开放受攻击的大数据基础设施(如云平台和数据中心)在很大程度上受到保护,免受安全漏洞和恶意软件攻击。这些是存储所有原始信息和知识高度敏感数据的地方。个人可能会遭受身份暴露,机密数据(如信用卡,借记卡详细信息),金融交易等,而公司的违规行为将导致其品牌形象,合作伙伴及其消费者的忠诚度,股票市场价值损失,情报数据以及由于不遵守隐私法规而造成的法律处罚。

个人控制下的个人数据丢失

大数据技术的过程在本质上是不断增长的,因此数据的收集,共享和处理已经变得非常难以控制个人数据的隐私。这个问题背后的真正原因如下：

1. 在大数据集的大场景中，信息技术基础设施通过收集和存储来进行推断来处理多个人的数据。这不掌握在个人手中。

2. 大数据需要大规模存储所有数据的概念以及个人和组织的基本隐私监管需求在这里处于战争状态。数据的最小化和目的约束原则是基本需求，与大数据性能原则同时实现是高度矛盾和荒谬的。

3. 对于来自大数据分析的数据和情报的所有权仍然存在争议，就像社交媒体和电子商务的其他在线平台一样。

所有上述问题不仅提出了对个人数据进行监视和控制其个人数据的权利的提高，还可以隐含地和明确地控制其个人数据，还可以维持适当关头的披露。同样，很难知道在数据的一生中是否可以在整个数据中获得监视和控制（Yusuf，Thomas，Spichkova，& Schmidt，2017）。最重要的是，根据欧洲数据保护指令的规范，可以自由地访问个人数据的主要问题，该指令与个人数据密切相关和对其个人数据的控制密切相关。

敏感数据集的长期可用性

存储价格与开发需求相结合，以取回所有长期以法律和商业为导向的大数据，允许整个政府，私人组织和个人研究人员社区组装他们的大数据平台。在这个数据库中，只有身份属性变化很少，并且记录了有关行为风格，生活方式，个人观点和个人情感的其余数据。一个人的所有这些数据都有可能（Zong，Ge，& Gu，2017）在一个人的一生中多次变化。社会数字化无疑改变了与个人数字信息相关的意义和讨论。所有这些信息都很容易复制，并且可以在交叉链接的数据平台中提供，这些平台很容易在线访问，并且实际上并不期望删除这些数据。推断出的分析情报大数据库不断永久记录以及个人在网上所做的所有披露和愚蠢的错误（Arulmurugan，Sabarmathi，& Anandakumar，2017）。即使对数据主体进行了长时间的了解，也不希望任何人记住这些内容。

数据完整性和出处问题

所有由大数据启用的应用程序都信息丰富，并且在上下文中敏感。这通常需要对数据主体的谱系和历史有一个清晰的智慧，同时也要考虑到与原始和不可靠数据库的接近性相关的数据质量，出处和完整性问题，这对大数据的分析构成了严峻的挑战。这些数据分析师没有办法或方法获得稳定的完整性和质量数据,也没有明确的想法来收集或识别大数据及其背景的谱系性质(Anandakumar, & Umamaheswari, 2017b)。这导致在业务中实现优化,管理收到的大量数据以及运行任何数据驱动的重要操作或流程的困难条件。数据的质量,它的出处以及它的完整性部分决定了分析的活动部分,即如何解释这些数据及其结果。应特别遵循敏感环境,例如分析数据依赖性,在组织约束范围内进行战术和战略性质的决策优化,以及执法部门对犯罪和恶意行为的检测(Matallah, Belalem, & bouamrane, 2017)。

数据推断和关联

从多个来源访问的个人的全部累积个人数据有助于识别大数据的隐藏设计。大数据已经具有增加所有数据库相关性的隐私影响所需的效力。在几乎所有的大数据平台或数据库中,来自不同性质的数据的汇编和关联是一项艰巨的操作,这也增加了重新识别的挑战。

缺乏透明度和管理

个人或私人/公共组织需要法律程序的两个主要需求,以帮助收集,处理和共享 PII 或个人身份信息,这是电子同意和通知的概念。在世界各地,这两种方法在隐私和数据保护的立法规定中都占有不可或缺的地位。虽然这是常见的程序,但不同国家和不同的法域对同意的概念和通知的概念可能有多种定义,关乎其主体(如其倡导者、公民、立法者和法律当局)的需要和解释。

在大数据集中的情况下,所有制度的实施都是一项有风险的任务,从收集数据时的个人可以选择签入/签出隐私声明,到告知他们做出同意决定的确切时间点,都在不断发生变化。在提供数字服务期间,尽管对个人进行了全部过程的说明,但个人似乎对此不能理解,也很少去关注已做过的同意性声明(Matallah, Belalem, & Bouamrane, 2017)。最后,这些特定行为产生的后果具有不同的寓意,使得大数据处理程序的全部性质变得更为复杂。

此外,在数据收集时收集的所有细节或信息都没有完整的上下文推断,无法根据这些数据进行预测,个人也不会事先同意。除此之外,使用大数据分析收集的不同数据和信息,多数原因在于,通过对个人隐私数据的关联使用,在本质上远超对数据本身的分析,而且会持续不断地变化。基于这种模式,用户很难事先评估他们的需求,并在与成本效益分析关联时进行潜在的评估,在允许使用他们个人信息,包括和揭示所有信息内容用于其他不同目的时,他们都会出现轻微的动摇心理(Mukherjee, Dey, Kausar, Ashour, Taiar, & Hassanien, 2016)。

事实上,个人完全不知道大数据工作技术的过程,他们的基础设施以及他们算法的功能。所有这些都是在没有数据主体确切知识的情况下完成的。他们不知道通知和管理他们给予的同意的背景和概念,以及如何在大规模大数据汇编中使用它,以及它如何帮助做出决策。因此,对透明度和赋予主题知识的需求应该由大数据方案的数据控制者来完成。

大数据收集同意中的这些约束或限制要求改变政策,以便在同意细节和澄清(即同意决定的信号),同意管理的透明度,完善同意和通知管理的过程,执行或实施以及撤销新兴大数据技术(Goswami, Roy, Dey, & Chakraborty, 2017)。

大责任

大数据算法的问责制也带来了另一个重大挑战,透明度的挑战。尽管大数据算法有助于实现对社会有益的产出,但总的来说,确实对个人产生了不赞成或有害的影响,与安装配置文件相当,但监视已经完成,并且采用了更多的歧视性方法。为了应对这些问题并找到对所有问题的补救措施,重要的是要改变从当前算法问责制的方法到当前方法的路径。应该允许数据主体有足够的宽容和可访问性,以便他们可以亲自检查输入系统进行计算的信息是否准确,并根据他们对隐私的个人偏好和对当前存在的规范的让步。

伦理问题和社会挑战

除了上述部分广泛讨论的技术问题和法律挑战之外,大数据分析的道德和伦理影响是另一个必须完全解决的巨大障碍。以下是列出的一些问题(Yamin & Sen, 2018)。

权力和信息不对称问题

信息不对称不过是一方拥有更多信息和信息的业务环境,不过是准备使用的权力。例如,在零售业务中的交易,与从事业务相当长的零售商相比,买方的经验相对较少。零售商了解有关商品的可用性,质量和现行率的确切细节以及通过长期经验评估市场价值的能力的确切细节比买方大。买方必须依靠他的有限知识和同行反馈,并接受零售商的要求。信息中的这种不对称性允许选定的少数人依靠大多数借助大数据来抵抗大多数共同的权力。较大的公众或个人无法获得此类知识,这将发展为国家或各个大企业中心以及各个人或各个客户之间的权力的情况。当这种数量前所未有的数据被积累起来,操纵公民和客户信息的能力被大型组织允许或访问时,这可能会导致私人和自私的议程,当侵入性的专制政府机构或政客可能取消毫无根据的社会控制时,难以想象的负面影响规模必然会对许多国家的民主造成巨大的伤害。

大监视

监控是另一个伟大的领域,大数据技术有其游乐场。对离线和在线的持续增长和基于系统的监控的需求很大。这些不仅被法律管理机构和情报部门使用,而且被个人和商业机构在商业基础上使用。大数据使用的算法及其特殊的基础设施被许多服务提供商在线使用。反过来,他们更好地汇编和审查有关客户需求和偏好的大量信息,从而有助于改善其服务,以获得更贴近客户友好的服务,并有助于有针对性的商业广告。这种对客户的持续监控有助于他们收集有关客户需求,偏见,偏好,消费习惯,社交互动和访问地点的兴趣,日常生活,浏览历史记录的宝贵知识,品牌偏好和继续在各行各业的一个人。没有什么是秘密了,所有这些集合都变成了数据控制器的数字宝库,知识绝对是力量。利用个人的数字档案,私人和政府情报部门的间谍部门可以获得有关所选人物的敏感知识,并帮助通过互联网在现实中监视他们。

社会分类和社会控制

通常而言,无权力的人和少数人群需要团结并特别保护。但是,借助大数据分析的详细信息,仅适用于少数权利人群,因此所有这些信息的安全性、隐私性、公平性和道德性都变得可疑。大数据允许针对特定个人的不良歧视活动,并且具有精确的可预测性。尽管大数据技术的活跃度允许对大量数据进行编译和分析,以帮助提高操作,决策和为人民的特定需求提供服务,但是,如果允许错误发生,这类知识更倾向于对公众加以歧视(Anandakumar & Umamaheswari, 2017c)。有时当存在价格歧视及其他目的,例如法律执行,客户评分,区分个人和组织行为,可能会受到恶劣对待,并在公共场合完全停止。先进的计算模型有助于区分个人和团体的异同,又有助于各种职位的区分。如果使用负面手段,这些可怜人可能要面对歧视的愤怒,并被蒙在鼓里,不知道他们为什么会处于这种状态,也没有任何办法来救护自己。在公共医疗卫生和保险公司领域,他们使用大数据技术使其达到完美状态。他们将所有患者的数据列表进行分类,以疾病为定位的互联网浏览历史,患者在线小组讨论,所有这些实际上都可以为个人提供更好的见解和服务。也允许他们歧视某一些人,因为他们的性别和性偏见取向(Elhayatmy, Dey, & Ashour, 2017)。

此外,在房地产领域,政府机构披露的有关财产和犯罪统计数据有助于他们进行地区划分,从而歧视穷人的生活和居住区价值的下降。这种技术主要用于复杂连锁酒店、航空公司收集和分析大量的数据,这些数据是关于房间、座位的可用性、价格以及特别需求。这些调查结果使他们能够改变价格及适时增加利润。这些特定环境表明消费者有兴趣花在必要的服务或计算技能上。基于人的年龄、性别、信仰、收入、种族、医疗条件、地理位置和购买习惯的所需数据定义的大数据模型,他们免除了这些人的信用积分。基于这些特别的点,消费者受到好或坏的歧视,并整齐地归入区别对待的特定类别。

在执法部门或机构的关联方面,大数据分析地点并将社区分为各个部分,并在没有明确掌握情况的前提下,得出许多相关性推论。因此,创建种族特征是为了鼓励预防性警务的黑暗性。它们还引起了对公民权利的关切,因此,消极的陈旧观念得以延续。

案例研究分析

NTT 数据电信公司大数据分析案例研究

NTT DATA 是全国领先的无线语音,信息传递和数据服务提供商,覆盖超过数亿用户。NTT DATA 与客户合作并升级 BI 系统,重设其架构,以提高 BI 的采用率和用户接受度。目前,支持跨平台开发其所有 BI 和数据存储系统的应用程序。

NTT DATA 面临许多业务问题,包括缺乏财务报告,物流和销售网点,低端客户服务,无法跟踪和捕获电子商务及电话销售,供需变化,过时的系统版本,冗余数据,太多的用户安全角色,缺乏更好的数据交换和协作。

大数据分析可以通过升级到 BW7.0 并激活、迁移商用目标 XI 3.1、优化数据模型/通用模型、重新设计安全性、连接 POS Bwand 第三方工具的 P.I 等加以改进。

通过升级他们的大数据分析系统，数据模型减少了35%，客户角色减少了70%，减少了数据冗余，真实的单机版，优化了BI安全性，BI标准化，远程和电子商务销售额每年增加21%，在线订单系统工作量减少了85%，店铺/条款分析，事件分析，收银柜员分析。

锡安银行公司

用于安全目的的大数据分析是最近发布的案例研究，锡安银行公司宣布，他们正在使用Hadoop集群和商业智能工具，比传统的SIEM工具能更快地解析数据。根据他们的经验，数据量和事件的频率分析对于传统的SIEM来说太多了，无法单独处理。在他们的传统系统中，在一个月的数据负载中搜索可能需要20分钟到一个小时。在他们使用Hive运行查询的新Hadoop系统中，他们在大约一分钟内得到相同的结果（Mythili & Anandakumar, 2013）。推动实施这一安全数据库不仅使用户能够从防火墙和安全设备等来源挖掘有意义的安全信息，还可以从网站流量中挖掘有意义的安全信息。

业务流程和其他日常交易。

将非结构化数据和多个不同的数据集合并到一个分析框架中是大数据的主要保证之一。

惠普实验室

通常而言，企业出于各种原因收集和处理安全相关数据的兆级字节，如网络事件、软件应用程序和人员的操作事件。这包括法规遵从性要求和取证后分析。但就大幅度而言，这些企业只存储数据，而不是用这些数据做任何有用的事情，这些数据变得非常庞大。据估计，惠普（2013）每天产生1万亿个事件，或每秒大约1 200万个事件。随着企业通过动态源启用事件日志记录，雇用大量员工，部署更多设备并运行并行软件，这一数量将会增长。流行的分析技术在这种规模上不能有效地工作，并且通常会产生如此多的误报，以至于它们的能力受到损害。随着企业转向云架构并收集大量数据，这个问题变得更加严重。这导致随着收集更多数据（Kamal, Ripon, Dey, Ashour, & Santhi, 2016）获得的可操作性信息越来越少。

HP Labs最新研究的努力旨在朝着一种方案发展，其中更多数据导致更好的分析和更可行的信息。设计和执行算法系统是为了从大型企业数据集中确定可行的安全信息,并将误报率降低到可管理的水平。收集的数据越多,可以从该数据中得出越有价值的信息。尽管如此,必须克服许多挑战才能实现大数据分析的实际能力。在这些挑战中,有关可扩展数据收集、运输、存储、分析和可视化的隐私,资产和技术方面占据上风。尽管面临挑战,但 HP Labs 的小组已成功解决了针对安全挑战的各种大数据分析,其中一些在本节中得到了强调。

首先,进行了大规模的图表解释,以识别企业网络中的恶意软件感染的主机,而恶意域则访问了每个企业主机。通过在企业中的每个主机和主机访问的域之间添加边缘,从大型企业数据集中以图形方式构建了主机域访问系统。然后将该图从黑名单和白列表中的最小真实信息播发,并使用信念传播来估计宿主或域是恶意的可能性。在这个庞大的企业中收集了超过 20 亿 HTTP 请求数据集的实验,并在 ISP 和 350 亿个网络入侵检测系统警报数据集收集了 10 亿 DNS 请求数据集,该数据集从全球 900 多个企业中收集表明可以使用最少量的真实信息实现高真实性率和低误报率,即具有标记为正常事件或用于训练异常检测器的攻击事件的有限数据。

结论

大数据分析迫在眉睫的价值已得到充分证明,因为全球广泛的商机开放确保新的未来,并从而确保了大量的安全性。事实证明,通过大数据揭示的知识可以轻松转化为有价值的业务。公司组织的可用数据分析技术和战术数据管理可以做出高度有效的决策。作为一名新兴数据分析师,应该完全配备使用三个 V(音量,种类和速度),并应使用最新技术进行更新。高级官员在行政管理方面更好地理解和实施这项技术,有助于更好的有效决策。未来将在数据分析中看到民主的兴起,整个商业组织将在全球范围内广泛使用大数据。提高效力,有必要构建大数据战略,并为未来主义和新数据库铺平道路。启动 BDM 组织的强大合并,培训员工遵循清晰填充的治理模型,并帮助做出与 IT 领域预算相关的业务决策。虽然编译、存储和分析大量数据并不是一个全新的概念,但银行和金融业倾向于使用本质上复杂的算法和许多设备来处理结构化数据的这种性质,并从中获得复合意义。从长远来看,到目前为止,这已经有所帮助多年了。但是,最近出现的大数据分析被视为正在取代这些旧方法,并以更具生产力和有效性的结果重新审视这种情况。

参考文献

Anandakumar, H., & Umamaheswari, K. (2017a). Supervised machine learning techniques in cognitive radio networks during cooperative spectrum handovers. *Cluster Computing*, *20*(2), 1505–1515. doi:10.100710586-017-0798-3

Anandakumar, H., & Umamaheswari, K. (2017b). An Efficient Optimized Handover in Cognitive Radio Networks using Cooperative Spectrum Sensing. *Intelligent Automation & Soft Computing*, 1–8. doi:10.1080/10798587.2017.1364931

Anandakumar, H., & Umamaheswari, K. (2017c). A bio-inspired swarm intelligence technique for social aware cognitive radio handovers. *Computers & Electrical Engineering*. doi:10.1016/j.compeleceng.2017.09.016

Arulmurugan, R., Sabarmathi, K. R., & Anandakumar, H. (2017). Classification of sentence level sentiment analysis using cloud machine learning techniques. *Cluster Computing*. doi:10.100710586-017-1200-1

Bhatt, C., Dey, N., & Ashour, A. S. (2017). Internet of Things and Big Data Technologies for Next Generation Healthcare. In *Studies in Big Data*. Springer International Publishing.

Chowdhuri, S., Dey, N., Chakraborty, S., & Baneerjee, P. K. (2015). Analysis of Performance of MIMO Ad Hoc Network in Terms of Information Efficiency. In *Advances in Intelligent Systems and Computing* (pp. 43–50). Springer International Publishing; . doi:10.1007/978-3-319-13731-5_6

Elhayatmy, G., Dey, N., & Ashour, A. S. (2017). Internet of Things Based Wireless Body Area Network in Healthcare. In *Studies in Big Data* (pp. 3–20). Springer International Publishing; .

Goswami, S., Roy, P., Dey, N., & Chakraborty, S. (2017). Wireless Body Area Networks Combined with Mobile Cloud Computing in Healthcare. In *Classification and Clustering in Biomedical Signal Processing* (pp. 388–402). IGI Global.

Jiang, Y.-G., & Wang, J. (2016). Partial Copy Detection in Videos: A Benchmark and an Evaluation of Popular Methods. *IEEE Transactions on Big Data*, *2*(1), 32–42. doi:10.1109/TBDATA.2016.2530714

Kamal, S., Ripon, S. H., Dey, N., Ashour, A. S., & Santhi, V. (2016). A MapReduce approach to diminish imbalance parameters for big deoxyribonucleic acid dataset. *Computer Methods and Programs in Biomedicine*, *131*, 191–206. doi:10.1016/j.cmpb.2016.04.005 PMID:27265059

Kaseb, S. A., Mohan, A., Koh, Y., & Lu, Y.-H. (2017). Cloud Resource Management for Analyzing Big Real-Time Visual Data from Network Cameras. *IEEE Transactions on Cloud Computing*, 1–1. doi:10.1109/tcc.2017.2720665

Kimbahune, V. V., Deshpande, A. V., & Mahalle, P. N. (2017). Lightweight Key Management for Adaptive Addressing in Next Generation Internet. *International Journal of Ambient Computing and Intelligence*, *8*(1), 50–69. doi:10.4018/IJACI.2017010103

Lecuyer, M., Spahn, R., Geambasu, R., Huang, T.-K., & Sen, S. (2017). Pyramid: Enhancing Selectivity in Big Data Protection with Count Featurization. *2017 IEEE Symposium on Security and Privacy (SP)*. 10.1109/SP.2017.60

Li, T., Tang, J., & Xu, J. (2016). Performance Modeling and Predictive Scheduling for Distributed Stream Data Processing. *IEEE Transactions on Big Data*, *2*(4), 353–364. doi:10.1109/TBDATA.2016.2616148

Matallah, H., Belalem, G., & Bouamrane, K. (2017). Towards a New Model of Storage and Access to Data in Big Data and Cloud Computing. *International Journal of Ambient Computing and Intelligence*, *8*(4), 31–44. doi:10.4018/IJACI.2017100103

Mukherjee, A., Dey, N., Kausar, N., Ashour, A. S., Taiar, R., & Hassanien, A. E. (2016). A Disaster Management Specific Mobility Model for Flying Ad-hoc Network. *International Journal of Rough Sets and Data Analysis*, *3*(3), 72–103. doi:10.4018/IJRSDA.2016070106

Mythili, K., & Anandakumar, H. (2013). Trust management approach for secure and privacy data access in cloud computing. In *2013 International Conference on Green Computing, Communication and Conservation of Energy (ICGCE)*. IEEE.

Park, G., Chung, L., Khan, L., & Park, S. (2017). A modeling framework for business process reengineering using big data analytics and a goal-orientation. *2017 11th International Conference on Research Challenges in Information Science (RCIS)*. doi:10.1109/rcis.2017.7956514

Schmidt, D., Chen, W.-C., Matheson, M. A., & Ostrouchov, G. (2017). Programming with BIG Data in R: Scaling Analytics from One to Thousands of Nodes. *Big Data Research*, *8*, 1–11. doi:10.1016/j.bdr.2016.10.002

Shamoto, H., Shirahata, K., Drozd, A., Sato, H., & Matsuoka, S. (2016). GPU-Accelerated Large-Scale Distributed Sorting Coping with Device Memory Capacity. *IEEE Transactions on Big Data*, *2*(1), 57–69. doi:10.1109/TBDATA.2015.2511001

Shrivastava, G., & Bhatnagar, V. (2011). Secure Association Rule Mining for Distributed Level Hierarchy in Web. *International Journal on Computer Science and Engineering*, *3*(6), 2240–2244.

Suganya, M., & Anandakumar, H. (2013). Handover based spectrum allocation in cognitive radio networks. *2013 International Conference on Green Computing, Communication and Conservation of Energy (ICGCE)*. 10.1109/ICGCE.2013.6823431

Wu, X., Zhu, X., Wu, G., & Ding, W. (2014). Data mining with big data. *IEEE Transactions on Knowledge and Data Engineering*, *26*(1), 97–107. doi:10.1109/TKDE.2013.109

Xia, F., Liu, H., Lee, I., & Cao, L. (2016). Scientific Article Recommendation: Exploiting Common Author Relations and Historical Preferences. *IEEE Transactions on Big Data*, *2*(2), 101–112. doi:10.1109/TBDATA.2016.2555318

Yamin, M., & Sen, A. A. A. (2018). Improving Privacy and Security of User Data in Location Based Services. *International Journal of Ambient Computing and Intelligence*, *9*(1), 19–42. doi:10.4018/IJACI.2018010102

Yang, W., Wang, X., Song, X., Yang, Y., & Patnaik, S. (2018). Design of Intelligent Transportation System Supported by New Generation Wireless Communication Technology. *International Journal of Ambient Computing and Intelligence*, *9*(1), 78–94. doi:10.4018/IJACI.2018010105

Yusuf, I. I., Thomas, I. E., Spichkova, M., & Schmidt, H. W. (2017). Chiminey: Connecting Scientists to HPC, Cloud and Big Data. *Big Data Research*, *8*, 39–49. doi:10.1016/j.bdr.2017.01.004

Zhang, C., Shang, W., Lin, W., Li, Y., & Tan, R. (2017). Opportunities and challenges of TV media in the big data era. *2017 IEEE/ACIS 16th International Conference on Computer and Information Science (ICIS)*. doi:10.1109/icis.2017.7960053

Zong, Z., Ge, R., & Gu, Q. (2017). Marcher: A Heterogeneous System Supporting Energy-Aware High Performance Computing and Big Data Analytics. *Big Data Research*, *8*, 27–38. doi:10.1016/j.bdr.2017.01.003

第十七章
大数据环境下安全与隐私的挑战

M.马尼坎达库马尔　印度蒂加拉贾尔工程学院
E.拉马努卡姆　印度蒂加拉贾尔工程学院

摘要

在信息时代,大数据正在彻底改变商业格局。这些数据的生成,是由每个用户从服务器、终端产品、智能手机、电器、卫星和一系列其他车辆传感器中产生的,诸如军事、农业等。终端用户在网络上做的任何事情都可以被跟踪、存储和分析,也可以从各种不同来源对用户进行分析,如社交媒体上的帖子、信用卡或电子现金购买,互联网搜索,移动电话位置等等。用户愿意提供与他们真实身份相关联的私人信息,以换取更快更好的数字服务。但是,从安全的角度来考虑,这些公司还不具备收集用户个人信息的基本权利,更多的风险与大数据安全密切关联,本章的主要目的是探求大数据环境中的安全关注和隐私问题。

引言

几乎所有的行业都在很大程度上推行大数据的概念,以存储千亿字节数据,用于基于用户视角的分析、营销和研究,以获得有关客户和其业务的更好的见解。由于许多行业注意到,在云存储(Manikandakumar et al., 2015)或专用服务器中存储终端用户的机密或私人信息,这些公司从法律和商业角度对于保护私人数据负有唯一的责任。与所有的新技术一样,安全与保护似乎充其量只是补充。正如大数据的定义(Gandomi & Haider, 2015),违规行为过大,可能会造成比最近更严重的声誉损害和法律后果。

需要分析组织中的新数据类型如下:
- 网络流,如电子商务、网络日志和社会网络分析数据。

- 业务特定的交易数据,如电话记录、地理空间数据、时间性和客户关系性交易数据。
- 从各种类型的传感器产生的数据,如运动、天气、能量、风、湿度、振动、气流、液体流量、压力和面向健康的传感器。
- 来自大量的存档文档、外部来源或客户交互数据、电子邮件、信息和推特中的文本数据。

根据《经济学家》杂志社的一项研究(Unit, 2007)
- 近90%的工业专家和商业领袖认为,数据现在就是企业生产的原始和基本来源,就如同土地、劳动力和资本。
- 在企业中使用大数据可以提高26%的业绩,而且据预测在未来几年内,这种提高可能会增长到41%。
- 58%的企业部门表示,他们正计划在未来三年内增加对大数据的投资。

根据Gartner(Beyer, 2011)的说法
- 约42%的信息技术专家表示,他们已经投资于大数据技术或计划在一年内投资。
- 那些将大量的、各种类型的信息和来源整合到合理的信息管理沟通中的组织,其表现将超过其行业同行20%以上。

四个V

大数据涉及高效存储数据的"四个V"——数量、速度、种类和价值。在定义大数据时,通常会讨论三个主要的V:数量、速度和种类。

数量

"大"的主要特征是要存储的数据的绝对数量。当技术和所用信息在极短甚至是几秒钟或更短的时间内迅速增加时,关注最小存储没有任何影响。汤森路透(2010)在其2010年年度报告中引用,世界"淹没在超过800百亿亿字节的增长数据中"。另一家名为EMC的数据存储公司透露,它即将达到900百亿亿字节,而且可能每年提高50%。

速度

大数据应用于研究(Swan, 2013)、电信(Hashem et al., 2015)、紧急护理

(Ramanujam 等,2016;Padmavathi 等, 2015),农业等,已经更多地关注实时和模拟数据的处理,以便进行数据访问和处理。同时频繁收到的串联方式也要进行处理。例如,在电信行业,电信运营商每天的每时每刻都在处理短消息、社交媒体状态更新和推文、电子商务交易、通过信用卡/借记卡刷卡购买的商品。

种类

数据通常分为结构化数据、非结构化数据和半结构化数据。大数据不仅涵盖了从 ERP 或 CRM(Manikandakumar et al., 2015)系统中规范化为固定模式并导出的"结构化"数据。它还包括半结构化数据、非结构化数据,如图像、电子邮件消息、剪报和视频。并非所有这三个 V 都必须适用于被称为大数据的数据。例如,可能需要实时分析数据,但数据量相对较小,并且主要以结构化格式存在。

价值

使得大数据令人兴奋的不是数据的规模和多样性,而是可以用数据做的事情的规模和多样性。这就是为什么大数据的概念增加了第四个 V。大数据可以通过支持业务的战略决策、准确地预测、预期、检测趋势和异常情况以及自动化流程(如定价或库存订单)来产生商业价值。

大数据的生命周期

收集

拥有或购买各种格式的来自内部和外部来源的数据,以满足确定的业务需求。数据可能存在于许多不同的存储中,并跨越多个域,而且在收集期间可能需要特殊的处理。

聚合

根据治理标准,组织和存储可供分析的数据。大数据为不同的数据提供了一个完整的集中视图。

处理

处理包括预测行为建模、模式识别和总结,产生改变业务结果的见解。大数据分析通常在基于云的环境中执行,因为它们允许平缓扩展存储,提供大量按需计算能力,并且与通常的工作负载隔绝。

分享、决策、访问和行动

通过仪表盘、数据服务和报告到个人电脑和移动设备,将数据传送到正确的地方,使其能够用于业务优势。云计算和网络技术使得向用户提供信息和工具变得更加容易,无论他们在哪里也无论他们使用什么设备。应用编程接口(API)和服务器可以将大数据分析的输出集成到现有系统中。

大数据专业化技能集

数据集市、仓库和关系数据库系统处理结构化数据并利用大量数据。大数据需要高计算能力的工具,如 Hadoop(White, 2012)和 MapReduce (Dean et al., 2008)工具,以处理和生成比所利用的存储更多的输出。此外,还需要具有特定技术技能集的专家来处理大量数据。如果对大数据分析不够熟练就会导致业务失败。

Hadoop 被用于分析大量的结构化和非结构化数据。Hadoop 的 MapReduce 框架解决了 web 搜索索引构建困难的问题。MapReduce 将处理过程隔离在多个资源上,以解决不适合单个资源的海量数据收集问题。将大数据技术与开源服务器相结合为大数据提供了一种具有成本效益的方法。大数据工具和相关技术的快速使用增加了对更具体工具技能集的要求。统计工程师,分析人员,知识工程师,预测人员,语义分析人员,文本分析人员,社会网络分析人员,数据挖掘人员都是这个领域的需求。这些人主要针对的是格式化和非格式化数据的处理,以传递新的商业方法和智慧。不同平台的专业人员也对安全、管理、优化和集群以及在 Hadoop 上实现数据有很高的需求。由 IBM、MapR、Cloudera 等供应商提供的基于技能的培训计划,以提升平台专业度来应对挑战。

大数据对信息保护的影响

大数据对许多公司的影响如下:
- 频繁地更新和补丁信息。
- 最新的分析和逻辑工作负载。
- 基础设施需要数据工程师执行分析过程。

- 软件工具和其他应用平台用于收集和分析大数据。
- 大数据平台中的多方位管理方案，用于向多个数据存储提供数据。
- 数据传输从分析系统流向数据仓库。
- 由于有多个分析仓库，分析环境困难重重。
- 平台特定的存储空间，如 Hadoop 分布式文件系统（HDFS）、分析型 RDBMS 柱状数据存储，或 NoSQL 图表数据库。

大数据技术与风险

大数据扩展了当前信息安全措施的边界并带来了新的挑战和问题。与大数据技术相关的各种风险是：

- 任何未被充分了解的行业都会带来漏洞。
- 在开放和免费平台上实施大数据可能会增加无法识别后门和凭证的概率。
- 必须满足监管要求，才能访问网络日志和用户审计跟踪。
- 恶意输入的机会和不充分的数据验证。
- 在处理大量的非结构化信息时，很难确保所有的数据都是可行的。
- 追踪和监控所有非结构化数据的来源也因其庞大的数据量而受到阻碍。
- 对多个数据位置的访问权限和用户验证可能无法正确处理。

像 NoSQL 这样的非关系数据库系统正在积极地进行分析，这使得安全解决方案很难与持续的需求保持平衡。很少有分布式系统需要与多级保护同步。以自动化方式进行的数据传输需要高安全性的支持，但这是目前所没有的。不道德的数据挖掘和处理方式，包括未经许可收集个人数据导致开销。在大数据环境中，由于可获得的信息量巨大，并不经常进行彻底和定期的审计。同样，由于大数据的巨大规模，数据的来源没有被反复跟踪和监测。

在安全方面，可以从两个角度看待大数据：

- 它对企业安全的潜在威胁，以及为防止这种情况而需要采取的措施。
- 它有可能为企业的安全作出贡献，并找到使之成为现实的方法。

在大数据分析和应用程序中使用开源带来了另一种程度的模糊性，即可能出现代码篡改、为网络罪犯安装后门以获得未经授权的访问，以及分配终端用户可能忽略更改的默认凭证。

网络安全和数据隐私

从错误的数据模式中生成决策

大数据分析处理的是大量数据,其中包含的变量较多,且存在虚假模式或相关性的概率较高。以样本数据的绝对数量建立变量之间的关系是不存在的。这样的结果可能会混淆和误导决策机构,从而导致分析管理人员做出错误的决定。

使用大型数据集的局限性:

1. 分析师的预测能力可能导致虚假的信心。
2. 受害者可以很容易地获取、操纵、曲解或滥用数据分析员给出的结果。

数据依赖性

在商业分析中,仅仅依靠数据并不能保证决策的成功。当分析员盲目地依赖数据时,数据之外的许多因素是至关重要的,如信任、尊重、战略目标和本能。强烈建议彻底了解数据。如果没有对相关背景的深入了解,分析师将无法将数据与战略联系起来。

大数据环境下信息保护的新安全要求

大数据环境应该能够定义或可能应用以下事项来保护具有新安全要求的信息。

- 识别正在加载到大数据平台(如 Hadoop HDFS)的文件,这些文件可能包含敏感数据,并了解其所在的位置。
- 对传输和静止中的敏感数据(结构化和多结构化大数据)进行加密的策略。
- 在传输或静止时编校敏感数据以存储在大数据分析存储中的策略。
- 在数据和分析处理过程中存储的传统数据之间传输时,可以对结构化和多结构化数据进行加密和编校。
- 对存储在基于文件的大数据分析存储中的所有敏感数据文件的访问进行控制。
- 可以监视和维护大数据环境中与敏感流和数据文件相关的所有管理活动。
- 可以控制在大数据分析平台上创建并允许访问大数据分析沙盒的用户。例如,Hadoop HDFS 和/或分析型 dbms。
- 可以控制加载到数据存储和沙盒中的数据源,用于分析并记录哪些敏感数据文件被加载以及何时加载。

- 可以对带入大数据分析数据存储和沙盒的敏感数据进行加密和/或编校。
- 可以控制分析应用程序及其对敏感数据流的访问,并报告随时间按应用程序名称访问的数据流。
- 可以控制访问 Hadoop 和其他 NoSQL 数据存储中的敏感数据文件的 MapReduce 分析应用程序,并报告通过应用程序的名称访问的文件。
- 可以保护和审计敏感大数据上的所有活动,不管它是在测试、开发还是生产环境中。
- 为了使用分析来帮助保护信息,应该添加以下需求。
- 可以利用大数据平台和分析来收集、监视和分析安全信息,以帮助解决高级安全和风险案例。

行业和机构必须保护自己免受各种与安全有关的大数据攻击。识别设备行为的异常,识别员工和承包商行为的异常,检测网络中的异常,评估网络漏洞和风险是需要解决的主要任务。

大多数被切断的设备总是会试图自动窃取数据。必须部署监控系统,以确保来自内部受害者的数据的安全性。

当不端行为发生时,向正确的人发出警告通知。企业还必须保护自己免受各种数据攻击。

为安全部署大数据

大数据模式分析能够检测和防止高级持久性威胁,通过使用改进的数据模式分析在早期识别攻击和威胁方面发挥关键作用。同时,大数据环境提供了从各种数据源自动整合和分析索引的机会,通过不断修改和有效地分析良好行为和不良行为,可以增强入侵检测系统(IDS)和入侵防御系统(IPS)。组织存储结构往往会降低安全系统的效率,因此企业应注意到大数据风格分析的潜在有效性可能会被削弱,除非企业解决存储结构问题。

大数据技术可用于为安全事件管理提供集中存储设施。另外,还有基于大数据技术的商业部署,可以作为传统日志管理工具的替代品。

大数据的网络安全方法:

1. 当恶意软件变得更加难以检测并反复出现时,恶意软件检测和分析。
2. 宏观趋势分析用于分析恶意软件的动向,以便更好地了解和展望威胁形势的发展方向。

3. 使用假设和统计的方式来衡量检测恶意软件的性能将提供明确的结果。
4. 需要面向属性的加密技术和访问权限来保护敏感数据。

企业安全

通过从交易记录、网站跟踪、点击流和社交媒体分析中收集到的 peta 字节级别的信息，希望从大数据中获得见解的组织通常会转向远程存储、分布式计算能力和云托管基础设施，而不是在内部存储和分析所有内容。因此，大数据的企业安全将更多地关注于应用程序，而不是聚焦于特定于设备。企业应在存放敏感和关键数据的场所隔离设备和服务器。网络和系统应该包括入侵预防系统和入侵检测系统。监测制度应包括实时安全信息和事件管理(SIEM)。

所有权权利

在流经企业的大量非结构化数据中，大数据流可能包含个人健康信息、财务记录、社会身份信息、知识产权等等。因此，安全的一个重要方面在于对这些不同形式的信息进行识别和分类，并确定其所有权。

大数据安全漏洞有可能影响到数百万人，因此应在企业内部采取措施，将风险降至最低。必须从每个数据集中删除独特的标识符，并在存储信息之前对其进行匿名处理。

属性级加密

访问控制和安全保护需要在数据层面而不是在存储数据的基础设施层面上应用。属性级加密是根据被加密的数据的特点来应用的。可以使用如全同态加密(FHE)等选项，以实现对传输到云端的加密数据的操作。

一般来说，有五个特征可以区分大数据安全分析。

可扩展性

可扩展性是数据分析独特的主要特点之一。这些平台必须具有近乎实时地积累数据的能力。网络流量是持续不断的数据包流，应该在捕获它们的同时快速分析。分析工具不能依赖于网络流量的平静期来处理待分析的积压数据包。

重要的是要理解,大数据安全分析不仅仅是以无状态的方式探测数据包或进行深度数据包分析。这些都是重要和必要的,因为跨时间瞬间关联事件的能力是大数据分析平台的关键区别。这意味着网络服务器等设备所记录的事件流。

报告和可视化

大数据分析系统的下一个重要功能是状态报告和对进一步分析的支持。安全工程师和专家可能拥有有效的报告工具来支持运营和合规报告。安全部门使用预先配置的安全指标来提供关键绩效指标的高级别概述。这两种现有工具都是必要的,但不足以满足大数据的最新需求。

需要使用可视化技术来表示从大数据源获得的数据,通过这种方式使安全分析人员能够轻松快速地识别这些数据。这些可视化技术被 sqrrl 正确地用于帮助分析人员理解网络数据中涉及更多实体(如网络交易和网站)的复杂关系。

持久性大数据存储

大数据安全分析之所以得名,是因为这些平台的数据存储和分析设施使其区别于其他安全技术。这些平台采用了大数据存储系统,如 Hadoop 分布式文件系统(HDFS)和延迟时间更长的存档存储。后端处理是用 MapReduce 完成的,这是一个成熟的批处理计算模型。虽然 MapReduce 具有很强的抗故障能力,但它是以 I/O 密集型处理为代价的。长期确定的存储通常依赖于关系型数据库或 NoSQL 数据库。该平台组装在组织的非关系型数据存储和其应用环境的其他部分之间。安全框架可以使用来自各种来源的数据,因此可以从自定义的数据收集方法中删除攻击通知和相关信息。

信息背景

由于安全事件产生了如此多的数据,存在压垮分析师和其他信息安全专业人员的风险,并限制他们识别关键事件的能力。

没有这种背景的数据远没有那么有用,并可能会导致更高的误报。背景信息还能提高行为分析和异常检测的质量。背景信息可以包含适度的静态信息,如某一员工在某一特定部门工作的事实。它还包括更多的动态信息,如可能随时间变化的典型使用模式。

功能的广度

大数据分析安全的最后一个明显特征是功能安全领域的跨度。大数据分析用于收集来自不同终端设备的数据,这些设备通过互联网连接到 TCP 或 IP 网络。这些数据源包括任何设备,从手持设备到基于物联网(IoT)的网络设备。与物理系统和服务器一样,大数据安全也必须关注基于软件的安全。漏洞测量和评估被用来确定给定环境中任何可能的安全薄弱点。

大数据安全分析的不同之处

大数据的安全分析与其他形式的安全分析不同。大数据安全方法需要可扩展性、集成工具、任何数据的可视化、背景信息的重要性和安全功能的广度。

加强大数据安全的方法

改善大数据安全的一些建议包括：
- 对含有关键数据的设备和服务器进行隔离。
- 将注意力集中在应用功能安全上,而不是设备层面的安全。
- 引入实时安全策略和相关事件管理。
- 提供反应性和主动性的安全防护。

结论

大数据时代已经开始的背景下,大数据是一个重要的增长领域。现在是时候从学术角度识别和应用大数据中的安全问题了,因为数据安全及其基础建设(如政策和法律)的结果还没有得到规范。随着反病毒和恶意软件防护行业的不断发展,在大数据环境下开发先进的安全和隐私是最实用的方法。大量的杀毒软件供应商提供了大量的解决方案,解决了针对安全威胁的增强的安全性问题。杀毒软件供应商需要慷慨地交换有关当前大数据安全攻击的信息,行业领袖需要共同努力以应对新型的恶意软件攻击。大数据分析基础设施还可以使用入侵检测服务,分析系统和环境行为,以发现可能的恶意活动。

参考文献

Beyer, M. (2011). *Gartner Says Solving 'Big Data' Challenge Involves More Than Just Managing Volumes of Data.* Gartner.

Borthakur, D. (2008). HDFS architecture guide. *Hadoop Apache Project*, 53.

Dean, J., & Ghemawat, S. (2008). MapReduce: Simplified data processing on large clusters. *Communications of the ACM*, *51*(1), 107–113. doi:10.1145/1327452.1327492

Gandomi, A., & Haider, M. (2015). Beyond the hype: Big data concepts, methods, and analytics. *International Journal of Information Management*, *35*(2), 137–144. doi:10.1016/j.ijinfomgt.2014.10.007

Hashem, I. A. T., Yaqoob, I., Anuar, N. B., Mokhtar, S., Gani, A., & Khan, S. U. (2015). The rise of "big data" on cloud computing: Review and open research issues. *Information Systems*, *47*, 98–115. doi:10.1016/j.is.2014.07.006

Manikandakumar, M., Mano Sharmi, K.; & Shanthini Devi, S. (2015). Analyzing Spam Messages and Detecting the Zombies Using Spam Count and Percentage Based Detection Algorithm. *International Journal of Applied Engineering Research*, *10*(55), 1284–1289.

Manikandakumar, M., & Shanthini Devi, S., & VengaLakshmi, S. (2015). A Survey on Data Warehousing and Data Mining Technology for Business Intelligence. *International Journal of Applied Engineering Research*, *10*(77), 352–356.

Padmavathi, S., & Ramanujam, E. (2015). Naïve Bayes classifier for ecg abnormalities using multivariate maximal time series Motif. *Procedia Computer Science*, *47*, 222–228. doi:10.1016/j.procs.2015.03.201

Ramanujam, E., & Padmavathi, S. (2016). Multi-objective genetic motif discovery technique for time series classification. *International Journal of Business Intelligence and Data Mining*, *11*(4), 318–337. doi:10.1504/IJBIDM.2016.082214

Reuters, T. (2010). *Web of Science*. Retrieved from https://clarivate.com/products/web-of-science/

Swan, M. (2013). The quantified self: Fundamental disruption in big data science and biological discovery. *Big Data*, *1*(2), 85–99. doi:10.1089/big.2012.0002 PMID:27442063

Unit, E. I. (2007). *World investment prospects to 2011: Foreign direct investment and the challenge of political risk*. Academic Press.

White, T. (2012). *Hadoop: The definitive guide*. O'Reilly Media, Inc.

第十八章
大数据对安全的影响:大数据安全问题与防御计划

卡萨拉普·拉马尼　印度斯里维迪安尼凯斯坦工程学院

摘要

　　大数据在主要商业领域具有极大的重要性,但是,安全和隐私面临的挑战也使得数据存储、处理和交换变得令人担忧。大数据封装组织最重要和最敏感的数据具有多层级数据复杂的实现,对任何组织而言,这种挑战就是允许任何终端用户获得有价值的数据时,确保其具有安全的数据访问权。大数据访问特权不受监管,将导致价值数据和敏感数据的丢失或被盗。访问特权升级也会带来内部威胁,再者,大数据的计算架构并不会去关注会话记录。因此,识别潜在的安全问题和采取补救缓解机制正成为一个挑战。因此,在本章中,多种多样的大数据安全问题与大数据安全防御机制被加以讨论。

引言

　　为了利用大数据的力量,人们需要一个不仅能够实时管理和处理巨量结构化和非结构化数据而且还能够保护数据隐私和安全的基础工具。

　　安全管理和数据访问是持久性数据和移动性数据的主要问题。持久性数据安全通常是分层管理的,包括:物理层面、网络层面、应用层面和数据库层面。而在应用程序和企业之间进行数据转移需要额外的安全保护,以保护传输中的数据免受未经授权的访问。

　　本章聚焦于突出使大数据处理具有可行性所必须纳入考虑的,安全和隐私两方面对大数据处理的容量和性能可能产生的影响。这一章节概述了大数据中安全和隐私挑战产生的根本原因及其影响。同时还阐述了为确保大数据环境安全而必须考虑的防御机制以及大数据处理不论现在或将来都应遵循的良好做法。

背景

什么是大数据?

智能手机、科学设施、阅读器/扫描仪、程序/软件、社交媒体和照相机正在作为数据生成点,在医疗保健、安全系统、交通控制、制造部门、销售、传感器、电信、网络游戏、定位服务和贸易中生成着大数据。从不同来源产生和收集的数据每两年就会增加一倍。大数据在企业、政府和科学领域逐渐变得越来越重要。捕捉、存储、过滤、共享、分析和可视化这些大量数据的过程本身就是大数据的一个挑战。大数据的目的是通过使用分析技术处理存储的大量信息来产生价值。大数据的运用在创造收入,提高服务水平,制定战略决策,提高执行效率,明确市场需求,测定新的发展趋势以及大面积推广新产品方面有很大的帮助。

大数据的特征

大数据的特征可以概括为 5 个 "V":数量(volume)、速度(velocity)、种类(variety)、真实性(veracity)和价值(value)。数量代表数据极多;速度代表数据飞快;种类表示从不同来源收集的不同数据类型的数据;真实性体现着数据的一致性和可信性;价值则体现了对于数据更深刻的理解,它支持从庞大数据集中做出的决策。定义大数据的特征将有助于获得数据中的隐藏模式。

大数据类型

大数据包括结构化、半结构化和非结构化数据。

• 结构化数据:代表与关系型数据库或任何其他形式的数据表相关的数据的正式结构,它可以由人类或软件或计算机生成。结构化数据通常用 SQL 来管理。结构化数据易于输入、查询、存储和分析。结构化数据的例子包括数字、文字和日期。

• 半结构化的数据:也称为自我描述结构,其包含一些标记,比如:用以分隔语义元素的"标签"。此外,数据的记录和字段可以被安排在层次结构中。XML、JSON、EDI 和 SWIFT 是这类数据的几个例子。

• 非结构化数据:没有预先定义的数据模型。现在,任何组织中 80% 的数据都是非结构化数据,这些数据来自电子邮件、视频、社交媒体网站和文本流。

与结构化数据类似,这种非结构化数据可以由人类或机器产生。人类生成的数据包括文本信息、电子邮件和社交媒体数据。机器生成的数据包括雷达和声呐数据、卫星图像、安全、监控、交通视频和大气数据。通常情况下,数据是由这三组的组合产生的。

大数据的用途

根据麦肯锡全球研究院(McKinsey Global Institute,2011)的说法,对大数据的适当管理将带来许多优势,例如:

- 通过使相关数据易于获取而创造透明度。

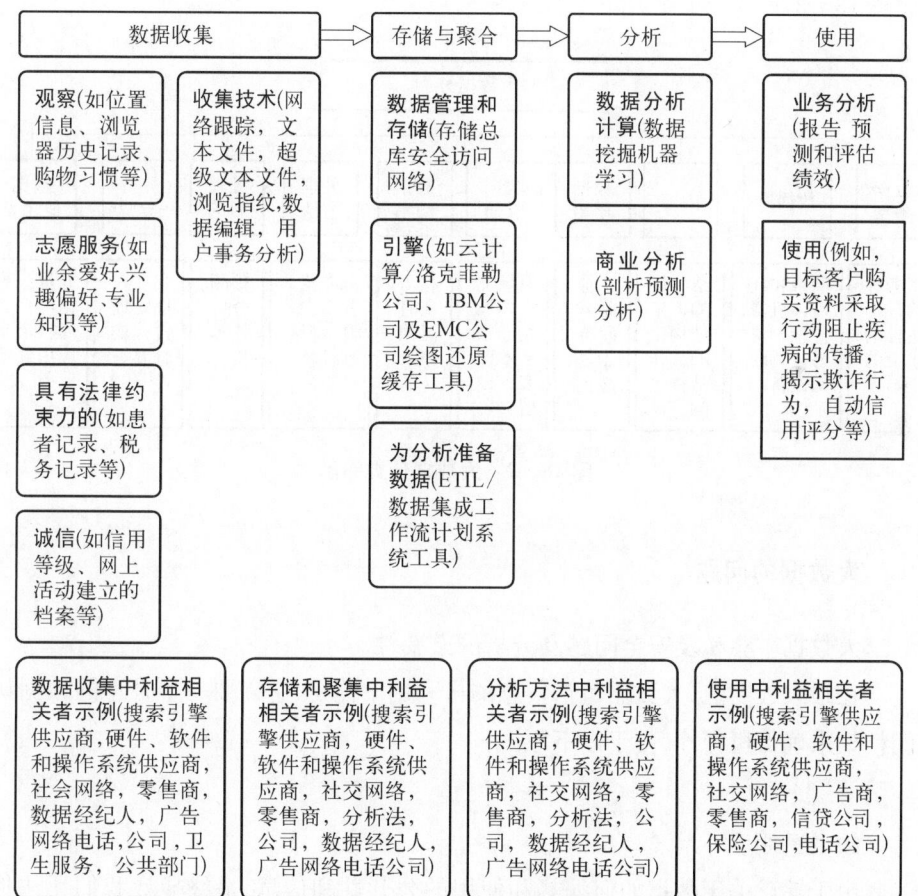

图 18-1 大数据价值链图示

- 通过实验暴露出变化的倾向,发现需求,并改善性能。可以对 i.e 数据进行分析来确定效益的变化倾向,并了解其根本原因。
- 对客户进行细分,以用户化他们的行动,并调整产品和服务以满足他们的具体需求。
- 用机器学习法则来取代/支持人类决策,以尽量减少风险。
- 创新出新的商业模式、产品和服务。

大数据分类

大数据可以根据数据类型、数据来源、内容格式、数据用途、数据消费者、数据分析、数据频率、数据存储、数据处理建议和数据处理方法归类为 10 种类型,如图 18-2 所示。

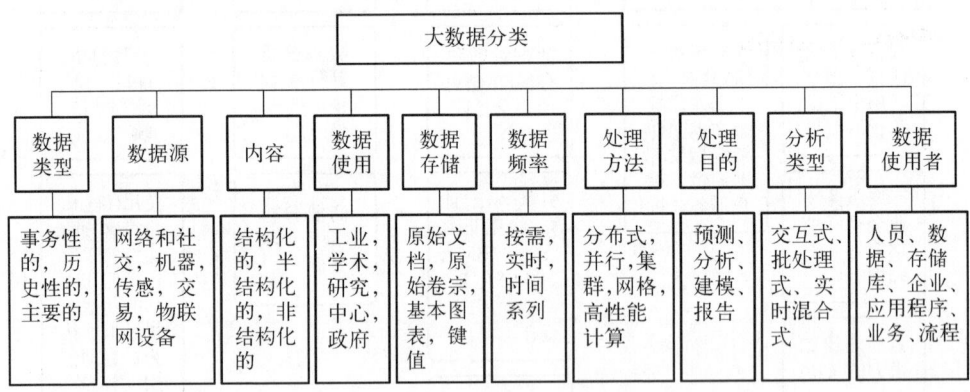

图 18-2 大数据分类图示

大数据的问题

大数据中隐私及安全问题及分析的必要性

在很大程度上,大数据包括信息的再利用。但是,它需要一个合理的数据访问框架来确保机密性,由于以下原因:

缺少透明度

由于缺乏关于数据如何编纂和使用的公开性和信息,最终导致我们无法控制我们自己的数据。例如,一个普通的互联网用户几乎不知道基于网络的促销市场是如何运作的,他们也不知道自己的信息如何被大量的各种各样的企业收集和使用的。

数据编纂可能会揭露敏感信息

通过大数据工具,可以识别一个人与政治、健康等方面相关的内在品质。

大数据还涉及数据安全方面的挑战,这对保护隐私同样重要。这种安全挑战的案例包括:以处理大数据为特定最终目标来利用不同的基础设施层、通过新的框架种类来处理大量的信息流,以及对大型数据集进行非通用性加密。

此外,当存储巨大的数据集时,数据漏洞可能会造成更严重的后果。根据麦肯锡全球研究院(McKinsey Global Institute,2014)的说法,获取和维护大量个人数据集的企业必须成为这些信息的负责任的保护者。

大数据中的各种安全和隐私问题

王云凌(Wang,2016)认为,现有的大数据方案关注的是数量、速度、真实性、多样性、可变性和价值,但没有关注安全和数据隐私。Kalyani(2015)认为,目前的 IT 安全惯例,比如访问权限、加密方案、传输层安全、防火墙,他们的局限性是众所周知的,使得攻击者对大数据的应用程序和操作系统展开恶意的攻击。大数据需要技术来审计、保护数据流程,并在数据、应用和基础设施方面进行监控。

根据 Abid Mehmood(2016)的说法,数据隐私代表了对收集和使用个人数据的方式拥有控制权的特权。在以下情况下,用户的隐私可能会被侵犯:

• 大多数商业机构都通过收集比如用户的医疗记录和与定位服务相关的个人信息等,来收集用户的购买偏好,以提高机构自身的市场竞争力。

• 敏感数据存储和处理的地点没有得到妥善保护,在存储和处理阶段可能会发生数据泄漏。根据 Porambage(2016)的说法,对于像医疗记录、犯罪记录、从政档案、财务数据、网站浏览数据或商业相关信息等个人数据而言一个严重的隐私问题就是,这些信息会在网络传输过程中被识别出来。

根据 Jing(2014)的说法,信息安全的目的在于保护数据免受恶意攻击并防止数据滥用牟取利益,以及确保数据的完整性、保密性和可用性。因此,这种信息安全机制将被扩展以实现大数据安全。

根据 Fei(2016)的说法,云安全联盟将大数据的隐私和安全问题分为以下四个不同的类别:

- 基础设施安全问题
    - 数据分散处理带来的风险。
    - 模式自由数据库导致的风险。
- 数据隐私问题
    - 数据挖掘和分析机制导致的风险。
    - 数据安全加密机制的不完备。
    - 访问控制机制不完备。
- 数据管理和完整性问题
    - 不安全的数据存储和交易日志程序。
    - 无效地细化审计。
    - 数据来源问题。
- 反应性安全问题
    - 节点与节点对接的过滤和验证机制不足。
    - 无效的实时安全监测机制。

基础设施的安全问题

数据分散对安全性的影响

当今时代的数据是分散式的,新技术被用于存储和处理大量的数据。例如,Hadoop 这种云计算技术就被探索用于大数据存储和处理。大数据采用基于并行编程的分散式编程框架进行计算和存储的机制,以对海量的数据进行处理。流行的大数据技术之一是映射-化简(MapReduce)框架,它在映射-化简(MapReduce)的初始阶段将一个输入文件分成多个分区,然后每个分区的映射器读取输入的数据进行一些计算活动,并提供一个键/值对表作为输出。

在第二阶段,还原器执行基于键/值对表的汇总操作。不安全的计算是由于大数据的分布式环境特征,在多个服务器/工作站上进行并行计算,导致了安全漏洞出现的机会。识别恶意节点并确保敏感数据不受不可信节点的影响是主要的挑战。另一个值得关注的问题是,有时映射器会有意或无意地会泄露个人的记录。此外,映射-化简(MapReduce)的计算可能会受到重放攻击、中间人攻击和服务器拒绝访问攻击。

根据 Fei(2016),恶意数据节点可能被添加到网络中,目的是接收复制的数据,然后传递修改过的映射-化简(MapReduce)代码。根据 Fei(2016)的说法,在分布式环境中,创建相应合法节点的简介并重新引入相关的修改后的副本可以避免攻击。在医疗保健领域,大量的电子医疗记录正在形成大数据。这些从联网医院收集的数据一般都存储在云端。

恶意用户可以通过使用不受信任的计算程序来进行入侵攻击,泄露敏感信息或者进行数据破坏并发起 DoS 攻击。大多数分布式节点的计算都只有单一级别的保护机制,这种保护机制是不足以抵挡的,因此并不推荐。

Hadoop 和其他大数据技术,例如:MongoDB,Accumulo 在涉及节点间的通信时并不安全,因为节点间通信没有使用 SSL 和 TLS 进行保护。

恶意程序有几种方式来制造巨大的安全隐患:

1. 像信用卡、个人档案等敏感数据可能被恶意程序访问,这可能会破坏数据并导致不正确的结果。

2. 恶意程序甚至可以对大数据环境进行拒绝服务攻击并导致经济损失。

非关系型数据库对安全的影响

大数据存储已经从传统的关系型数据库转变为非结构性的非关系型数据库(NoSQL)。非关系型数据库(NoSQL)架构被设计出来的目的是成为多源数据库,因此使其容易受到攻击。非关系型数据库(NoSQL)的保护措施是被嵌入到中间件中的,它们没有得到任何专门的安全机制的支持。在非关系型数据库(NoSQL)中,交易的完整性没有得到适当的维护。

在非关系型数据库(NoSQL)中植入复杂而完整的限制是十分困难的,因为这可能会妨碍数据库的功能,并使非关系型数据库(NoSQL)低效率而且不能再升级拓展。在非关系型数据库(NoSQL)中没有严格地明确认证技术。在非关系型数据库(NoSQL)中没有存储密码的机制。他们使用基础 HTTP 或基于消息摘要的认证方案,这些方案很容易受到中间人的攻击。

基于 Representational State Transfer(REST)的 HTTP 协议正在导致跨站请求伪造和注入攻击,如阵列注入、JSON 注入、REST 注入、视图注入、模式注入、通用查询语言(GQL)注入等等。非关系型数据库(NoSQL)也不支持在第三方的帮助下进行阻断。非关系型数据库(NoSQL)中的授权技术只在较高层次上提供授权。非关系型数据库(NoSQL)中的授权允许控制用户对数据库的访问,但不可能控制用户对特定数据集进行访问。采用薄弱的安全机制使得非关系型数据库(NoSQL)对于来自内部的攻击十分脆弱。由于日志分析机制和其他基本的安全机制不完善使得这些现象可能没有被注意到。非关系型数据库（NoSQL）大数据系统使用密码或系统默认密码，这使得任何人都可以轻松访问它们。

数据隐私问题

数据的收集、存储和使用趋势被大数据分析所改变。今天，消费者数据被转化为商业情报，并为不同的行业部门提供新的见解，包括制造业、金融服务业、医疗保健业、消费品信息和技术业、专职服务业、制药业和生物技术业。大数据有助于预测组织的营业额并确定产品的最佳价格，有助于新产品的开发并提高市场竞争力。

不道德的信息挖掘方法手段是允许在不征求用户同意或通知的情况下收集个人数据（Shrivastava & Kumar, 2017）。2013 年，云安全联盟的出版杂志上发表了一篇关于大数据安全与隐私十大挑战的文章，它指出数据分析技术正在导致信任危机、隐私被侵犯和公民自由减少。

它需要从多个节点收集和汇总数据以进行数据分析。在提供不同计算环境下的节点之间的兼容性的同时，保护数据安全同样是一个挑战。多年来，人们对保护隐私的数据挖掘（PPDM）进行了广泛的研究，但在不读取机密数据的情况下应用不同的挖掘算法仍然是一个挑战。在 PPDM 和分析中，最好的挑战之一是确保不可能推导出可辨识的个人数据。（Shrivastava & Bhatnagar, 2011）。

数据安全的加密机制不充分

数据加密和访问控制机制确保敏感数据的点到点安全并且只允许授权实体访问。现有的技术，如基于属性的加密（ABE），并不高效也不可升级。此外，现有的认证政策也需要改进，以确保分布散主体之间的安全通信。传统的加密政策是对所有的东西进行加密，或者什么都不加密，这在大数据集上是低效的，因为它使得记录的共享或搜索不是不安全就是很耗时。

加密数据的搜索和过滤、确保外包计算的安全是为大数据设计加密机制时需要考虑的其他挑战。当分布式文件系统被用来存储大数据并在云端处理时，通过加密来保护数据是非常具有挑战性的。文件系统的加密只能有效地适用于静止的数据。这需要在每次访问文件时对其进行加密和解密，这增加了计算时间。有时这种运营成本迫使用户在安全性和性能之间做出选择。

第十八章 大数据对安全的影响：大数据安全问题与防御计划

访问控制机制不充分

由于开箱即用的大数据安全工具的局限性和固有漏洞，节点和API认证成为人们关注的焦点。胭脂节点（rouge node）插入和被盗票据问题在可利用的漏洞列表中位居前列。安全设计缺陷：大多数大数据技术工具在构建时就被考虑为最小的安全模型。大多数服务都不对用户进行认证。

在大数据中，数据节点本身并没有执行任何访问控制机制。传统的基于SQL的数据库系统对用户有很好的访问控制机制，甚至在表层、行层和单元格层都有。大数据非关系型数据库（NoSQL）则缺乏综合的访问控制机制。

在大型网络化分析转换过程中，跟踪用户的不同角色并保留访问标签是一项复杂的任务，这可以被视为潜在的威胁。同时，精细化的访问控制实施给人以健全的安全感，但数据可能会移除更多的限制类别，使数据分析和决策变得至关重要。

数据管理和完整性问题

不安全的数据存储和交易日志

在大数据环境中，数据和相关的交易日志被存储在一个多层的存储介质中，因为很难由管理者手动在各层之间移动数据，也很难准确控制哪些数据被移动以及何时被移动。确切地控制哪些数据和何时被移动。大数据的指数级增长要求对存储管理进行自动分层。

但是，基于自动分层的数据存储解决方案并没有跟踪数据的存储位置，这就导致在新数据存储上存在安全挑战。根据《云安全》杂志关于大数据安全与隐私十大挑战的报道（2013年），新的安全机制势在必行，以阻止未经授权的访问并保持恒定的有效性。

自动分层的存储形式可以根据建立的策略自动存储PB级的数据，这可能导致安全受到挑战，如未经验证的存储服务和不匹配的安全策略。另外，交易日志也要受到保护。在自动分层环境中，有两种攻击是可能发生的：串通攻击、回滚攻击。

- 串通攻击：服务提供者之间互换钥匙和访问代码，可能会使他们获得过多的权限来访问他们未被授权的数据。
- 回滚攻击：过时的数据集将被上传以取代当前版本的数据集。

保密性、完整性、一致性和数据出处是与大数据存储有关的漏洞。对于日志和审计,有几个因素在这个领域造成了挑战,包括政策建模、适当的访问释义/文件,当有人突破了你的集群,你必须找到方法通过记录其活动来查出它。

大数据的交易日志是巨大的,需要保护。数据的保密性和完整性也是一个值得关注的问题,而其中加密和署名可能很重要。由于数据被存储在不同的分布式节点上因此认证、授权和加密可能被认为是每个节点的挑战。确保节点、中间件和用户之间的通信安全则是另一个需要顾虑的安全问题。

无效地细化审计

实时安全监控机制将能够了解攻击何时会发生。但是,其识别全新类型的攻击是一个问题。为了识别遗漏的攻击,就需要审计信息。此外,了解取证、监管和合规的原因是必不可少的。因此,审计应该更多地关注到人们不得不处理更多分布式数据对象的粒度级别。

数据来源问题

当你在大数据中发现一些信息时,你很难知道它是从哪里来的,因为这些数据有可能是从某个地方复制过来的。而数据在复制的过程中可能出现被编辑的情况。因此,数据的可信度取决于它产生的根源,所以确认数据是否值得信任是一个挑战。由不同的应用程序产生的数据元数据可以用来消除数据的歧义,也可以允许数据的重复使用。根据 Craig Gentry(2015)的数据出处的说法,一种元数据属于数据产品从其原始来源开始的衍生历史。大数据应用的编程环境会产生大量留下复杂元数据的来源图。为了安全和或大起源图中的保密应用,分析和检测元数据依赖性是需要密集计算的。

反应性安全问题

无效的输入验证和过滤机制

端点输入验证和过滤是另一个挑战,因为数据源的广度和数据池的规模都很大。数据收集过程的一个关键挑战是输入验证:什么样的数据是不被信任的?哪些是不被信任的数据源?因此需要进行数据过滤,以过滤流氓或恶意的数据。在大数据中,积累了 GBs 或 TBs 的连续数据,基于签名的数据过滤有一个限制,即要考虑什么样的行为方面的过滤是挑战。

验证数据来源同时发现数据是否是恶意的或不正确的,并过滤掉不可靠的数据这是十分困难的。ID克隆攻击和Sybil攻击可以欺骗多个ID,也可以向数据收集设备提供虚假数据,因为数据收集设备和程序对于攻击是十分脆弱的。企业需要大数据框架中的分析和监测工具,以便在攻击出现的第一时间识别出来。

计算元素的安全性,如Hadoop框架有两个部分,即映射器和还原器,而且敏感信息完全有可能被泄露,因此需要通过数据净化和去标识的过程来评估这些计算元素的可信度。

大数据应用需要从各种来源收集数据,这一过程涉及两个根本的安全风险:

1. 输入验证:如果所有的数据来源都是已知的,那么只有数据及其来源的可信度可以被评估。

2. 数据过滤:数据过滤也是一个主要问题,因为大数据应用收集了大量的数据,这使得数据的即时验证和过滤都变得十分困难。现有的基于签名的传统数据过滤技术可能无法完全解决输入验证和数据过滤的问题。

无效的实时安全监测机制

基于安全设备产生的警报数量,实时的安全监测是一个挑战。大数据技术允许快速处理数据,然而,由于数据量大、速度快,人类无法应对这些安全警报或假警报的相关影响。因此,需要技术或工具来检测实时异常,同时支持可扩展的安全分析。

Renu Kesharwani(2016)将大数据安全挑战总结如下:

- 大数据具有分布式的计算环境,只支持单一级别的保护,不值得推荐。
- 非关系型数据库(NoSQL)的发展使得大数据领域的安全解决方案难以跟上需求。
- 用于自动数据传输的自动分层机制需要额外的安全机制,因此无法使用。
- 当任何大数据系统接收到大量的信息时,需要进行验证,以保持可信度和准确性;然而,这一操作并不总是被实施。
- 在数据挖掘过程中,不道德的IT专家可以在没有得到用户许可或通知的情况下收集个人数据。
- 传统的访问控制机制、数据加密标准和用于安全通信的程序已经过时,这使我们不足以依赖它。
- 在许多组织中,访问控制的类型不是为了划分公司内部的保密程度而制定的。

- 由于涉及大量数据,详细的审计机制并不可取。
- 由于大数据的规模,持续监测和跟踪其源头是一个挑战。

大数据安全问题的防御方案:

数据管理

数据管理包括:数据分类、数据发现和数据标记

1. 数据分类:维护大数据的组织应该是:

a. 能够确定哪些数据更敏感,哪些字段应更优先应用于加密保护等。为此目的,各组织应准备一个数据分类矩阵。

b. 能够进行安全控制评估,以确定:

c. 数据的位置,如哪些数据要发布在互联网上,哪些数据应保存在安全区,可以访问数据的用户或系统的数量和安全控制,如密码学。

d. 能够确定数据对于攻击者的价值。

e. 属于知识产权的数据很容易被攻击者转卖。

f. 能够确定对收入和合规性的影响。

g. 确定和报告不同领域的违规行为,特定数据领域如持卡人信息的丢失可能会影响业务,同时这也会导致估算购买新安全产品和重新构建当前系统所涉及的成本。

h. 能够确定网络钓鱼攻击对个人数据的影响,如客户的电子邮件 ID 或信用卡信息等。

2. 数据发现:人们可以程序性地保护结构化数据的敏感字段,如 CSV 和 JSON 文件。然而,对于非结构化数据来说,对敏感数据进行分类并找到其位置是很困难的。因此,建立威胁模型和简介,并与数据分析师分享,对于防止数据外渗是非常有用的。应该建立有条件的搜索程序。

3. 数据标签:了解入口和出口的方法将有助于了解端到端的数据流。人们应该确定所有的数据输入方法,包括手动、自动和通过元层的方式,文件可能被复制到哪里以及使用什么样的接口,如命令行或 Java APIs。同样,人们应该知道所有的出口方法,例如通过配置单元(HIVE)查询报告作业、Pig 作业或通过 Sqoop 导出或通过 REST API 复制等等。这将决定控制边界和信任区。这也有助于数据发现和访问管理活动。

第十八章　大数据对安全的影响：大数据安全问题与防御计划

身份和访问管理

POSIX 风格的权限在 Hadoop 环境中提供接入控制

1. 数据计量和用户权利：使用机器学习算法和访问模型，应该确定每个特定用户/应用程序访问的特定数据阈值，从而可以进行数据计量。访问策略应该与数据相联系，而不是与访问方法相联系。基于属性的访问控制应该被利用。提供权限是一种利用数据属性用户和环境或位置的方法。

2. 基于角色的访问控制（RBAC）授权：在庞大的网络化系统中，安全管理是非常复杂的管理挑战。现有的访问控制机制成本高且容易出错，因为每个用户都被管理员赋予不同的权限。当使用者被授予超出其工作角色所需的权限时，他可能会访问机密信息。

RBAC 在从事大数据技术工作的人中正变得流行，因为它降低了安全管理的复杂性。RBAC 也被许多商业应用和庞大的网络化应用所采用。RBAC 允许你为不同的用户赋予不同的角色，并为不同的角色赋予不同的权限；这减少了用户被赋予超出其工作角色需要的权限的风险。

精细的访问控制可以通过 RBAC 来实现。数据访问应该由工作人员而不是用户来管理。用户和工作人员之间的关系应该通过所有数据访问路径组成成员和规则来确定。

数据隐私和保护

在 Hadoop 分布式环境中，文件级或块级的静态数据加密、字段级或列级加密（应用级）、数据标记化和数据屏蔽/删减提供了安全性。

1. 应用层面的加密技术：安全粒度和审计跟踪能力是通过标记化和字段级加密实现的。通过人工干预，应决定需要加密的字段，以及在何处和如何启用授权解密。

2. 透明加密：为了防止通过存储介质的访问，应该采用全盘加密或 HDFS 层加密。在 Hadoop 中采用静态数据加密将保护敏感数据并将磁盘保持在审计范围之外。在磁盘层面采用透明加密方案，使得当磁盘从集群中移除或停用时，残留的数据将成为人们无法阅读的格式。

3. 数据重构或数据屏蔽：在 ETL 过程加载数据之前，数据编辑或数据屏蔽可以消除个人身份识别信息，因此 Hadoop 中没有敏感数据。为了使 Hadoop 环境潜在地超出审计范围,可以部署静态和动态屏蔽工具进行批处理或实时数据处理。

网络安全

网络安全包括传输中的数据保护、授权机制和网络分区。

1. 传输中的数据保护：HTTPS 可以防止信息泄露和权限提升的威胁。今天的 Hadoop 环境正在使用 TLS 协议来提供认证,并确保通信名称服务器、节点和应用程序的隐私。为了确保数据的保密性,应采取以下控制措施：

a. 从客户端到 Hadoop 集群都使用 TLS 进行数据包级加密。

b. 从元数据节点到任务跟踪器和任务跟踪器到数据节点之间,在 Hadoop 集群内应用数据包级加密。

c. 为了防止网络嗅探攻击(Sniffing attack),在与企业目录通信时,使用称为 LDAPS 的轻量级目录访问协议(LDAP)通过 SSL 进行通信。

2. 网络安全分区：为了允许流量进入批准的级别,将 Hadoop 集群划分为节流点,如机架式交换机,因而：

a. 终端用户只能与单个数据节点连接,但不能与元数据节点进行连接。

b. 为了控制进出 Hadoop 环境的流量,可以使用 Apache Knox Gateway,它提供个体服务级别的粒度。

基础设施的安全性和完整性

基础设施的安全性和完整性包括审计、安全增强型 Linux、文件完整性检查、数据篡改监控、特权用户验证和活动监控。

1. 审核或日志：Hadoop 生态系统的每一个独特的变化都需要被审核并且审核日志应该被保护,具体包括以下内容：

a. 增加和删除管理节点和数据节点。

b. 管理以及任务跟踪器和元数据节点中的状态变化。

c. 包括防止在 Hadoop 集群中增加未经授权节点的活动。

d. 当数据不局限于 Hadoop 的一个组件时,数据安全会导致许多移动部件并且最终会变成高比例的分段储存。为了解决这个分段储存的问题,推荐采用以下技术。

i. Apache Falcon：专注于数据管理和控制数据生命周期。

ii. Cloudera Navigator：为了解决元数据的日志泛滥问题。

iii. Zettaset Orchestrator：拥有自己的从 Hadoop 组件中收集到的元数据。

2. 安全增强型 Linux 操作系统；美国国家安全局（NSA）创建了名为 SELinux 的安全增强型 Linux 操作系统，具有强制性访问控制。如果任何用户改变了他的主目录的设置，SELinux 政策会阻止其他用户和进程访问它。它可以防止命令注入攻击。即使任何恶意的用户访问根目录，但他仍然无法使用任何数据过滤方法执行任何操作。SELinux 根据所有可用的信息，如用户、类型、角色和级别，做出访问决定。

大数据系统安全管理的要求

一个成功的大数据系统在组织安全方面需要：

• 减少日常评估和响应活动中繁琐的手工任务。当一个问题被调查时，系统需要减少重复性和人工任务的数量，包括在 N 个不同的工具上执行相同的操作，在控制台之间切换等。系统应该努力持续减少每个事件所涉及的步骤，因为这些任务不可能在一瞬间被消除。

• 应用业务背景，以便为分析员指出主要的影响问题。安全团队应该能够映射出他们考虑监测的系统，并能够管理被支持的关键业务应用和流程。系统和第三方之间的依赖关系需要被理解，同时也要理解他们当前的合规性和脆弱性。

• 给分析员只提供最合适的数据。安全专家们经常提到"减少误报"。系统应该消除噪声，并为分析员提供影响力大的问题的工作指针。系统应该提供数据帮助突出最大的问题可能是什么以及原因。

• 补充人的知识。该系统应支持分析员分析重要的关键项目。这涉及提供内置的技术，以确定当前的威胁以及高优先度的问题。这些技术用于识别攻击者群体正在使用的当前工具、方法和程序。

• 眺望"地平线"。抵御当前威胁的系统是在"与时间赛跑"。该系统需要具有预测性，能够提出早期预警。通过内部态势感知来了解外部威胁情报，使内部安全团队从被动防御状态转为主动防御和预防状态。

处理大数据隐私问题

根据《云安全联盟杂志》（2013 年）的文章《大数据分析安全情报》，可以通过考虑以下框架的发展策略来分析大数据隐私保护的可能策略。

1. 隐私政策允许访问目标平台中的存储数据。
2. 为这些政策制作有用的执行监测。
3. 生成的显示器与目标平台的整合。

大数据隐私可以在数据生成、数据存储和数据处理等各个阶段进行处理。

数据生成阶段的大数据隐私

在数据生成阶段,可以通过访问限制或伪造数据来最小化隐私侵犯的风险。

1. 访问限制:如果数据包含不能被他人共享的敏感信息,数据所有者就会提供大量的数据。为了保护隐私,需要考虑到一些措施,如加密工具、脚本拦截器、反跟踪扩展。

2. 篡改数据:在特定情况下,为了防止对敏感数据的访问,在得到数据之前数据就可以被篡改。在这种情况下,真实的数据不能被轻松地获得在数据被篡改的情况下。数据篡改可以通过以下技术实现。

a. Socketpuppet 工具是用来隐藏网上的个人身份。通过对一个特定的个人数据使用众多的 Socketpuppets,它被视为个人数据与很多不同的人有关系。因此,很难将不同的 Socketpuppets 的数据与一个个人数据联系起来。

b. Mask Me 是一个用安全工具掩盖个人身份的例子。这尤其适用于有病人健康记录的数据、有所有者的信用卡详情的数据等情况。

数据存储阶段的大数据隐私

根据《云安全联盟杂志》(2013年)的文章《安全情报的大数据分析》,随着数据存储技术的进步,存储大量的大数据并不是一个挑战。根据 Kesharwani(2016)的说法,主要的挑战是在不泄露个人敏感数据的情况下确保大数据的存储。根据 Priyank Jain(2016)的说法,数据保护的传统安全机制可分为四类,即文件级数据安全方案、数据库级数据安全方案、媒体级安全方案和应用级加密方案。

根据 Liu(2011)的说法,信息可用性确保了授权用户对所需数据的访问。因此,大数据存储的首要问题是确保个人的隐私。例如,公共密钥加密(PKE)是确保这种要求的现有方法,其中加密的内容只能由有效的收件人解密。数据云中的用户隐私可以通过以下任何一种技术实现。

1. 基于属性的加密：访问控制是基于用户的身份来授予对所有资源的完全访问权。

2. 同态加密：可由 IBE/ABE 部署方案设置，通过更新可能的密码文本接收器来进行。

3. 存储路径加密：确保云中大数据的安全存储。

4. 混合云的使用：混合云环境的使用是公有云和私有云环境的结合，在一定程度上提供了对数据访问的安全途径。

数据处理阶段的大数据隐私

在数据处理阶段的大数据隐私保护可以分两个阶段实现。收集的数据有可能包含影响数据所有者隐私的敏感数据。因此，第一阶段的目的是保护这些敏感数据不被主动披露。第二阶段旨在从数据中提取重要的信息而不侵犯隐私。

处理大数据隐私的技术

有传统的技术用于提供大数据中的隐私。这些传统技术的缺点导致了先进技术的引入。

解除身份识别

根据 Cheng（2015）和 Mehmood（2016）的说法，取消身份识别是这种传统的隐私保护技术之一。

随着取消身份识别，重新识别的可能性也会增加。有三种类型的取消身份识别的隐私保护方法。

- K-匿名（K-anonymity）
- L-多样性（L-diversity）
- T-相近（T-closeness）

1. K-匿名（K-anonymity）：K-匿名允许最大化数据的效用，同时将披露风险限制在一个可接受的水平。因此，它特别适用于隐私保护但是它仍然受到独立攻击，如未排序的匹配攻击、时间攻击和补充释放攻击。该问题的另一个限制是属性被屏蔽，而不是单个项。这个限制是由数据匿名化的 L-多样性方法处理的。

2. L-多样性（L-Diversity）：通过减少数据表现的粒度，基于 L-多样性的匿名化组可以保障数据集的隐私。K-匿名模型扩展到 L-多样性模型(Distinct, Entropy, Recursive),通过这样的方法同时利用概括和抑制方法,将任何给定的记录映射到数据中的至少 k 个不同的记录。这种方法的缺点是,它依赖于敏感属性值的范围。除此以外,L-多样性方法还容易受到偏度和相似度的攻击。

3. T-相近(T-closeness):根据 Li N(2007)说法,T-相近是基于匿名化的 L-多样性组的一个附加增强。通过考虑属性的数据分布值,将 L-多样性模型扩展为 T-相近模型(平等/层次距离),以区别处理属性值。T-相近的主要提升是它拦截了属性的披露。T-相近的主要缺点在于随着数据规模和种类的增加,重新识别的概率也在增加。

差异化隐私

差别化隐私是一种技术,它允许用户从存储人们个人信息的数据库中访问用户数据,而不暴露个人的身份。通过数据库系统实现差异化隐私对信息的干扰是最小的。这种干扰应该减到最小的,它应该保护数据隐私,并为分析人员提供足够的有用信息。

在 DP 中,分析人员不直接访问数据库。数据库分析员和数据库被一个称为"隐私保护"的中间软件分开,以保护隐私。

基于身份的匿名化

根据 Samarati 的说法,英特尔创建了 P(1998)一个开放的匿名化架构,允许利用广泛的工具,用于对网络日志记录进行去识别和再识别。人们发现,企业数据具有与标准匿名化实例不同的属性。这个概念揭示了大数据技术在处理匿名数据时的好处。发现匿名化的数据暴露在相关攻击之下,而不是掩盖敏感的个人信息。

匿名化需要超越简单地屏蔽或概括某些特定领域。为了取得有价值的结果,英特尔使用 Hadoop 来分析匿名数据。需要对匿名数据集进行仔细分析,以确定它们是否会受到攻击。

用于保护敏感数据隐私的各种加密技术

随着对提高安全性的需求的快速增长和过时的数据加密技术的局限性,对先进加密技术的需求也在增加。在本节中,我们建议采用新的加密技术,如可搜索、秩序保护和同态方案。

可搜索加密

为我们提供了在加密数据中搜索的便利。可搜索加密是一种保护个人敏感数据的乐观的方法,它同时还保留了在服务器端搜索的能力。SE 允许在服务器端对加密数据进行搜索,而不会出现明文数据的信息泄露。除了在服务器端存储的文件和关键词的安全性外,在可搜索加密方案中,查询关键词的安全性也应得到保证。此外,搜索模式和访问模式也应受到保护。可搜索加密可以分为几个主要分支:可搜索对称加密(SSE)、带关键词搜索的公钥加密(PEKS)和确定型加密。

维护秩序的加密方案(OPES)

OPES 是一种确定性的加密技术,加密算法生成的密码文保持了明文的数字顺序。该技术的主要目标是将用户提供的目标分布作为输入,并改变明文的数值,使改变后的数值不改变顺序,同时确保改变后的数值遵循目标分布。

保序加密技术通过直接支持对加密数据的范围查询处理而不需要解密,这使得该技术非常重要。这项技术是专门为现有的索引结构设计的,因此可以很容易地与现有的数据库系统结合起来。在不解密的情况下,OPES 直接允许对加密数据进行比较操作。

给定一系列非负整数,Ozsoyoglu(2003)认为关系数据库的属性级加密,表明可以有一个明显确定的保序函数。输入分布函数是一个严格增长的多项式函数的序列。由于这种分布方法从不考虑输入分布,所以加密值的分布形状随着输入分布的形状而变化。

Agrawal(2004)设计了 OPES,使加密结果与输入分布相互独立。该技术的加密结果在统计学上是无差别的,这是通过引入"扁平化"阶段实现的。

CryptDB 是一个通过探索中间设计点,为使用数据库管理系统的应用程序提供保密性的一个系统。这个系统是由 Popa(2011)提出的。

同态加密

同态加密允许我们以这样的方式对数据进行加密,即对加密数据进行数学运算并解密其结果与对未加密数据进行类似的运算产生相同的答案。同态的定义是在加密数据上进行的操作与在未加密数据上进行的操作之间的对应关系。

可以利用这种对应关系来执行在云中安全的操作。部分同态密码系统是一种具有加性同态或乘性同态，但不同时具有加性同态或乘性同态的系统。同态密码系统有许多形式，被设计用来执行特定的操作。Craig Gentry（2015）最近提出了一种完全同态密码系统。少数同态加密技术是完全同态加密，整数上的完全同态加密，AES 的同态评估。

从安全角度管理大数据的良好做法（ENISA-CSA，2015 年）

- 如果大数据信息被储存在云中，云提供商应该有足够好的安全机制。此外，供应商应定期进行安全检查，并在未达到足够安全标准的情况下商定罚款事宜。
- 为了保证大数据的安全性，必须进行粒度审计。审计信息的保密性和完整性也很重要。大数据和审计信息将被分开存储。审计信息将被定期监控，并通过用户的细化访问控制。进行保护。这可以通过现有的开源审计工具来执行。
- 制定一个适当的访问控制政策，如允许授权的用户访问。访问控制可以用两种方式处理，即授予用户访问权和限制用户访问权。通过实施为特定场景选择正确技巧的政策，可以提供更好的安全性。为了提供最好的访问控制，CSA（2013）提出了以下建议：
  - 对易变的元素进行规范化，对不可变的元素进行去规范化。
  - 通过追溯保密规定，确保适当地实施。
  - 维护访问标签。
  - 追踪管理数据。
  - 使用 SSO（单点登录）。
  - 通过使用标记方案维护精确的数据联合。
- **保护数据：**原始信息和分析结果都应该得到妥善保护。应使用加密技术，以确保没有机密数据被泄露。
- 存储管理是大数据安全的一个重要部分。一种被称为安全不受信任的数据存储库（SUNDR）的技术被用来检测恶意服务器代理对文件的非法修改。这项技术建议使用签名的信息摘要，通过数字标识符来识别每个文件。这得到了许多技术的支持，如基于政策的加密方案、用于延迟撤销的加密密钥旋转和密钥更新、数字化权利管理(DRM)以保护版权等。在现有的基础设施上建立自己的安全云存储是更好的选择。

- **安全通信**：运输数据应适当,以确保其机密性和完整性。
- **实时安全监督**：对信息的访问应受到监督。应部署与威胁情报有关的工具,以防止对机密数据的未授权访问。
- 端点安全至关重要,这可以通过使用移动设备管理(MDM)只连接网络中受信任的设备,进行资源测试,并使用受信任的证书来实现。此外,异常值检测和统计相似性检测技术被用于过滤恶意输入,同时防止身份证欺骗攻击、Sybil攻击等。
- 为了处理实时数据,建议通过实施互联网协议安全(IPsec)、安全外壳(SSH)和Kerberos等工具来应用大数据分析。在处理不断溢出的数据时,数据合规性是一项主要任务。这种开销可以通过考虑计算机栈中每一级的安全以及实时分析来解决。通过部署前端安全系统,如应用级防火墙和路由器,可以在云、应用级和集群等计算机栈的每个层面实现安全控制。应注意防范那些试图绕过大数据基础设施的攻击,以及"数据中毒"攻击(即监测系统被伪造的数据所欺骗)。
- 在不断增加的数据集中管理数据隐私确实很难。数据隐私的关键是通过实施诸如差分隐私和同态加密等技术来保持可扩展性和可组合性。差分隐私最大限度地减少了记录识别,同时最大限度地提高了查询准确性。同态加密提供了在云中存储和处理加密数据的可行性。通过培训员工使他们了解最新的隐私法规并在授权机制的帮助下确保维护软件基础设施,这有助于维护数据隐私。鼓励实施"保护隐私的数据构成"有助于通过监测和审查与数据库相连的基础设施来控制各种数据库的数据泄漏。
- 数学加密技术在这些日子里得到了发展。构建一个允许进行如对加密数据进行搜索和过滤等操作的系统,实际上是在加密数据上运行布尔查询。可搜索对称加密(SSL)就是这样一种技术。关系加密通过匹配标识符值和属性值来帮助比较加密数据,而无须共享加密密钥。在公钥系统中,通过基于身份的加密(IBE)使密钥管理变得简单。这种技术允许对某一身份的纯文本进行加密。基于属性的加密将访问控制与加密方案相结合。云中重复数据的识别可以通过使用利用了加密密钥融合的加密方案来实现。
- SSL证书提供了巨大的安全和保护。它对网站和浏览器之间发生的所有通信进行加密。因此,SSL证书对于基于网络的数据交易是强制性的。安全性的提供是通过对密码进行加密并通过对静止的数据进行加密来确保端到端的加密。除了安全套接字层(SSL)、高级加密标准(AES)、安全哈希算法2(SHA-256)、RSA、传输层安全(TLS)等算法也可以提供安全加密。

• 数据出处被称为源自大数据应用的出处元数据。这也是需要大量保护的数据种类。建议制定一个协议,如控制访问的基础设施访问协议。还建议利用如总和检查等机制来设置定期状态更新和持续的数据完整性验证。数据出处的最佳实践包括实施可扩展和动态细化访问控制,以及实施加密方法。

• 使用防火墙保护大数据环境。像Bit defender这样的反病毒应用程序,在各种希望保护他们自己的大数据存储库免受网络攻击的组织中使用。

• 端对端谱系追踪、实体匹配和彻底评估可以帮助快速检测安全漏洞。

表18-1 安全和隐私方法一览表

安全机制	目的	方法
云环境下的安全	确保云端数据存储过程安全	验证、加密-解密、压缩
		密钥建立和基于ID的加密算法
Hadoop安全	Hadoop的安全与隐私	用户和名称节点间建立信任,数据随机加密技术
	Hadoop分布式文件系统安全	Kerberos(安全协议)网络认证协议机制,靶心算法及名称字节方法
监视机制	入侵检测结构	恶意攻击识别度
	检测异常情况或预测网络行为	数据收集、分析、整合和解释
	检测异常用户行为	自我保护网络控制系统
核查机制	核查动态存储大数据	MuR-DPA:基于默克尔哈希树自上而下的方法
密钥管理方法	生成强密钥并验证数据中心	量子加密算法和Pair-Hand协议
	确保群组密钥传输安全	在线密钥生成中心使用Diffie-Hellman(迪菲-赫尔曼)密钥协议机制及线性秘密共享方案
	确保群组数据共享安全	转移条件代理的重新加密方案
	确保非结构化大数据安全	数据分析,如数据过滤、聚合与分类;现有安全标准的安全套装及算法

续 表

安全机制	目 的	方 法
匿名方法	使用匿名化为敏感领域设置隐私	K-匿名方法
	带有隐私保护的数据挖掘	基于自适应效用的 K-匿名化模式
	可扩展的匿名化能力	混合自上而下和自下而上的子树匿名化技术
	可扩展的大数据隐私保护	两阶段聚类算法

结语

大数据是最近研究问题的最重要领域。大数据的商业影响有可能为一些垂直部门带来显著的生产力增长。大数据为创造前所未有的商业优势和提供更好的服务创造了机会。所有的挑战和问题都需要通过有效的方式来做到有效处理。主要的问题是为大数据提供很好的安全性,以便大数据可以通过云和现代系统来处理和管理。一个成功的安全管理的大数据有一个系统,能以最快和有效的方式提取和呈现关键数据以进行分析。本章阐述了影响大数据存储、处理、通信以及可能的防御机制的各种安全问题、隐私问题和因素。在本章中,我们从大数据应用的角度介绍了各种隐私保护技术。就大数据安全而言,现有的技术发展有可能导致新的易受攻击的大数据出现,保护大数据的必要性增加。

这项研究表明,要获得具有隐私的大数据可能很困难但也并不是无法实现的。许多与知识产权、网络安全、数据隐私和数据完整性有关的问题,以及大数据的行为准则和开发责任都需要解决。

大数据组织需要采用三个关键的安全控制:预防、侦查和管理以确保大数据生命周期的安全。

- **预防**:当数据处于静止/移动状态时,使用加密技术确保其安全,并使用访问控制和身份管理。
- **探测**:采用审计机制来监控异常行为,并就整个大数据环境的潜在问题提供合规报告/警报。
- **管理**:为了安全通过特权用户分析、敏感数据发现、加密密钥管理能力和配置管理,实施管理流程和程序。

为了实现上述目标,新的研究方向隐私保护型数据挖掘应该是强有力的。

在这种方法中,数据发布时应进行适当的抑制、泛化、扭曲和分解,使个人的隐私不受损害,但又能将披露的数据用于分析目的。K-匿名算法是实现安全的最佳方法之一。数据收集者不是一个值得信赖的人,因此需要保护隐私的发布模式,以便不泄露基础数据的敏感信息。因此,模式隐藏方法将数据通过这样的方法转换,使得特定模式不能通过数据挖掘得出。安全多方挖掘是一种分布式的挖掘方法,在这种方法中,要进行挖掘的数据被纵向或横向地划分给几个节点。这种分割的数据是不共享的,因此仍然是私有的,但深挖的结果可以合并,并在参与的节点之间共享。

未来,为了提供高度安全的大数据环境,建议实施应用安全而不是设备安全,隔离拥有敏感数据的设备和服务器,应用反应式和主动式保护机制,定期审计,分析日志并更新整个组织的攻击信息,这可以帮助更好地组织数据。

参考文献

Agrawal, R., Kiernan, J., Srikant, R., & Xu, Y. (2004). Order-preserving encryption for numeric data. *Proceedings of SIGMOD '04*, 563 – 574. 10.1145/1007568.1007632

Big Data Analytics for Security Intelligence. (2013). Retrieved from www.cloudsecurityalliance.org/research/big-data

Big Data and Privacy principles under pressure in the age of Big Data analytics. (2014). Retrieved from https://dzlp.mk/en/node/2736

Boneh, D., Di Crescenzo, G., Ostrovsky, R., & Persiano, G. (2004). Public key encryption with keyword search. Advances in Cryptology – EUROCRYPT '04, 506–522.

Boneh, D., & Waters, B. (2007). Conjunctive, subset, and range queries on encrypted data. *Theory of Cryptography Conference (TCC '07)*, 535–554. 10.1007/978-3-540-70936-7_29

Brakerski, Z., Gentry, C., & Vaikuntanathan, V. (2011). Fully Homomorphic Encryption without Bootstrapping. *Cryptology ePrint Archive Report*.

Brakerski, Z., & Vaikuntanathan, V. (2011). Efficient Fully Homomorphic Encryption, LWE. *Proceedings of FOCS*.

Chang, Y. C., & Mitzenmacher, M. (2005). Privacy preserving keyword searches on remote encrypted data. *ACNS 05*, *3531*, 442–455.

Cheng, H., Rong, C., Hwang, K., Wang, W., & Li, Y. (2015). Secure big data storage and sharing scheme for cloud tenants. *China Communications*, *12*(5), 106–115. doi:10.1109/CC.2015.7122469

Cheon, Coron, Kim, Lee, Lepoint, Tibouchi, & Yun. (2013). Batch fully homomorphic encryption over the integers. *EUROCRYPT*, 315-335.

Collins, T., Hopkins, D., Langford, S., & Sabin, M. (1997). *Public Key Cryptographic Apparatus and Method*. US Patent #5,848,159.

Coron, Naccache, & Tibouchi. (2012). Public key compression and modulus switching for fully homomorphic encryption over the integers. EUROCRYPT 2012, 446-464.

Coron, J. S., Lepoint, T., & Tibouchi, M. (2014). Scale-invariant Fully Homomorphic Encryption over the Integers. *PKC 2014*, *8383*, 311–328.

Differential Privacy for Everyone. (2012). Retrieved from http://download.microsoft.com/Differential_Privacy_for_Everyone.pdf

Fei, H. (2016). Robust cyber-physical systems: Concept, models, and implementation. *Future Generation Computer Systems*, 449–475.

Gentry, Halevi, & Nigcl. (2015). *Homomorphic evaluation of the AES circuit* (Updated Implementation).

Gentry, C. (2009). Fully homomorphic encryption using ideal lattices. *Symposium on the Theory of Computing (STOC)*, 169-176.

Goh, E. J. (2003). Secure indexes. *Cryptology ePrint Archive*. Retrieved from https://eprint.iacr.org/2003/216.pdf

Hussain, N. I., & Saikia, P. (2014). *Big Data ppt*. Retrieved from http://www.slideshare.net/nasrinhussain1/big-data-ppt-31616290

Jain, Gyanchandani, & Khare. (2016). Big data privacy: A Technological Perspective and Review. *Journal of Big Data*, *3*(25).

Jing, Q., Vasilakos, A. V., Wan, J., Lu, J., & Qiu, D. (2014). Security of the internet of things: Perspectives and challenges. *Wireless Networks*, *20*(8), 2481–2501. doi:10.100711276-014-0761-7

Kesharwani, R. (2016, August). Enhancing Information Security in Big Data. *International Journal of Advanced Research in Computer and Communication Engineering*, *5*(8).

Lauter, Naehrig, & Vaikuntanathan. (2011). Can homomorphic encryption be practical? ACM-CCSW, 113–124.

Li, N. (2007). t-Closeness: privacy beyond k-anonymity and L-diversity. *IEEE 23rd international conference on Data engineering (ICDE)*.

Liu, S. (2011). Exploring the future of computing. *IT Professional*, *15*(1), 2–3. doi:10.1109/MITP.2012.120

Machanavajjhala, A., Gehrke, J., Kifer, D., & Venkitasubramaniam, M. (2006). L-diversity: privacy beyond k-anonymity. *Proceedings of 22nd International Conference Data Engineering (ICDE)*. 10.1109/ICDE.2006.1

McKinsey Global Institute. (2011). *Big data: The next frontier for innovation, competition, and productivity*. Author.

Mehmood, Natgunanathan, Xiang, Hua, & Guo. (2016). Protection of Big Data Privacy. *IEEE Access on Special Section on Theoretical Foundations for Big data Applications: Challenges and Opportunities*, 1821 – 1834.

Mehmood, A., Natgunanathan, I., Xiang, Y., Hua, G., & Guo, S. (2016). *Protection of big data privacy*. IEEE Translations and Content Mining.

Meyerson, A., & Williams, R. (2004). On the complexity of optimal k-anonymity. *Proceedings of the ACM Symposium on Principles of Database Systems*.

Ozsoyoglu, Singer, & Chung. (2003). Anti-tamper databases: Querying encrypted databases. *Proceedings of the 17th Annual IFIP WG 11.3 Working Conference on Database and Applications Security*.

Popa, R. A., Zeldovich, N., & Balakrishnan. (2011). *CryptDB: A practical encrypted relational DBMS*. Technical MITCSAIL-TR-2011-005, MIT Computer Science and Artificial Intelligence Laboratory, Cambridge, MA.

Porambage, P., Ylianttila, M., Schmitt, C., Kumar, P., Gurtov, A., & Vasilakos, A. V. (2016). The quest for privacy in the Internet of Things. *IEEE Cloud Computing*, *3*(2), 36–45. doi:10.1109/MCC.2016.28

Rivest, R., Shamir, A., & Adleman, L. (1978). A method for obtaining digital signatures and public-key cryptosystems. *Communications of the ACM*, *21*(2), 120–126. doi:10.1145/359340.359342

Samarati, P., & Sweeney, L. (1998). *Protecting privacy when disclosing information: k-anonymity and its enforcement through generalization and suppression*. Technical Report SRI-CSL-98-04, SRI Computer Science Laboratory.

Sedayao, J., & Bhardwaj, R. (2014). Making Big Data, Privacy, and Anonymization work together in the enterprise: Experiences and Issues. *Big Data Congress*. 10.1109/BigData.Congress.2014.92

Shirudkar & Motwani. (2015). Big-Data Security. *International Journal of Advanced Research in Computer Science and Software Engineering*, *5*(3).

Shrivastava, G., & Bhatnagar, V. (2011). Secure Association Rule Mining for Distributed Level Hierarchy in Web. *International Journal on Computer Science and Engineering*, *3*(6), 2240–2244.

Shrivastava, G., & Kumar, P. (2017). Privacy Analysis of Android Applications: State-of-art and Literary Assessment. Scalable Computing. *Practice and Experience*, *18*(3), 243–252.

Sokolova, M., & Matwin, S. (2015). *Personal privacy protection in time of Big Data*. Berlin: Springer.

Song, D. X., Wagner, D., & Perrig, A. (2000). Practical techniques for searches on encrypted data. *Proceedings of IEEE Symposium on Security and Privacy*, 44–55.

Tarekegn, G. B., & Munaye, Y. Y. (2016). Big Data: Security Issues, Challenges and Future Scope. *International Journal of Computer Engineering & Technology*, *7*(4), 12–24.

The Economist Intelligence Unit Ltd. (2012). *Big Data: Lessons from the Leaders*. Retrieved from http://www.bdvc.nl/images/Rapporten/SAS-Big-data-lessons-from-the-leaders.pdf

Top Ten Security Big Data Security and Privacy Challenges. (2013). Retrieved from http://www.cloudsecurityalliance.org

Wang, Y., Wang, J., & Chen, X. (2016, December). Secure Searchable Encryption: A survey. *Journal of Communications and Information Networks.*, *1*(4), 52–65. doi:10.1007/BF03391580

Wiener, M. (1990, May). Cryptanalysis of Short RSA Secret Exponents. *IEEE Transactions on Information Theory*, *36*(3), 553–558. doi:10.1109/18.54902

Yogesh, Simmhan, Plale, & Gannon. (n.d.). *A Survey of Data Provenance Techniques*. Technical Report IUB-CS-TR618.

第十九章
提高阶梯式异常检测性能的各种机器学习方法比较

海马拉塔·杰亚普拉卡什　印度蒂加拉贾尔工程学院
M.K.卡维塔戴维　印度蒂加拉贾尔工程学院
S.葛莎　印度韦洛尔大学

摘要

近年来,隐蔽分析器使用高维覆盖表示法对隐蔽图像进行智能检测,检测率很高。因此,隐写人员正在努力解决这个问题,保护封面元素的依赖性,并保护隐藏秘密信息的检测。任何阶差分析算法都可以通过两种方式来取得成功:1)提取最敏感特性来暴露信息隐藏的足迹;2)设计或建立一个有效的分类器引擎,通过学习所有的隐蔽敏感特征,来更好地检测隐蔽图像。在本章中,作者采用第二种方式改进了隐蔽异常检测,本章提出了一种应用机器学习工具对转向分析问题进行比较的观点,并且提出能产生较高检测率的最佳分类器设计。

引言

隐写师的目的是将一些未公开的信息隐藏在被称为数字图像的无害的封面文件中,然后通过一个不确定的渠道将其作为隐写文件发送。相反,被称为隐写分析的异常检测旨在检测隐写图的存在。在过去的二十年里,隐写术和隐写分析都经历了一个急剧的发展。有三个原因使隐写分析的研究获得了更大的关注。首先,感觉到隐藏信息的出现,这可以说是恐怖分子或非法团体之间的秘密通信。然后,隐写分析的更大成就有助于提高信息隐藏/隐写和水印的安全性。隐写分析在计算机取证、网络战争、犯罪活动等方面都有帮助。最后,它激发了研究人员为多媒体构建增强的数字模型,这导致了在其他领域如数字取证的巨大成功应用。在最近的工作中,已知最好的检测器是用于检测隐写方法的监督学习。在这一章中,我们建议研究最近几种可用于图像隐写分析的机器学习算法。本章的目的是介绍使用机器学习算法检测隐写对象的效率。

由于许多图像格式在通信网络上大量存在,JPEG 图像是最经常被用于数据隐藏目的的图像。为 JPEG 格式选择的主要隐写程序是 JSteg(Upham, n.d.)、Outguess(Provos et al., 2001)、F5(Westfeld et al. 2001)、Steghide(Hetzl et al., 2005),然后是基于模型的隐写术(Sallee et al., 2005)。因此,Outguess 和 JSTEG 明显改变了 DCT 系数直方图,而原先的攻击纯粹依赖于 DCT(离散余弦变换)系数的一阶统计(Zhang et al., 2003)。之后,更有前景的探测器被设计为采用井 DCT 系数覆盖模型的可能性比率试验(Thai et al., 2015;Hastie et al., 2009)。

F5 和 nsF5(Fridrich et al., 2007)以及 Steghide 的有可能成功的检测器,自 DCT 量化系数以来,基于模型的隐写术目前被设计为熟练的特征分类器,JRM(JPEG 丰富模型)(Kodovský et al., 2012)。当特征从空间域的残差中挖掘出来时,即 JPEG-相位-感知特征,J-UNIWARD 和 UED(Guo et al., 2012;Lerch-Hostalot et al., 2016)通过使用这样一个基于特征的模型可以完美地检测出来。这种特征的例子是 GFR(Song et al., 2015)、PHARM(Holub et al., 2015)、DCTR(Holub et al., 2015)等。这种设计的概念就是 JPEG 的相位概念,也就是 JPEG 的 8*8 网格中的剩余位置。通过从残余物中收集到的信息按照它们的分段进行演绎,可以进一步建立有希望成功的隐写检测器。

隐写方法

• **Steghide**:实际 LSB 对图像和音频的实施是以 Steghide 为圆顶的。它可以通过增加一个图形来修改原始算法,以减少像素的修改量。为了提高隐藏的安全性,在信息被嵌入之前,对隐藏的信息进行适当的加密和压缩。随后,伪随机序列被生成,并以密码作为种子。这个对应的序列属于图像像素,LSB 位被修改为序列信息位。为了从提高视觉上的不易察觉性,考虑交换与消息位不同的 LBS 位。这可以通过一个图形来处理,其中每个顶点代表变化,每 20 条边就是一个成功的交换。最后,平衡的信息位被隐藏起来,替换掉相应的 LSB。

• **重新审视 LSB 匹配**:它将一对像素作为固定部分。二进制函数(递减或递增)被用来隐藏一个位对。

• **基于模型的**:基于模型的隐写算法的研究将保留图像的分布以及分布系

数。分布值是通过使用条件概率来估计的。

• 边缘自适应 LSB 匹配的再探讨：这种方法与像素对相同，数据的嵌入是按区域进行的。首先，给定的图像按随机块大小划分。为了提高安全性，随机轮调被应用于该块。阈值中的像素对被考虑同时采用二进制函数用于信息隐藏。

• F5 隐写术：F5 隐写术是一种转换领域的隐藏算法，密码启动一个伪随机数字生成器，用于对 DCT 系数进行搭配。然后基于矩阵编码将位数嵌入到特定的系数中。为了执行这样的操作，图像系数被用作一个编码字，其中消息位具有可修改位。然后通过使用散列函数，用 XOR 操作将信息位以序列方式嵌入。当信息每次被嵌入时，当总和不为零时，相应的结果就是必须改变的系数的索引，同时一致的值也被减少，另一方面，代码字保持不变。最后，JPEG 压缩继续进行，紧接着的是重新进行排列组合。

• 扩频：扩频主要是为军事设备开发的，以减少信号的干扰和中断。扩频的一个例子是跳频。在跳频的情况下，信息位被分割并通过由密钥控制的不同频率发送。在图像中使用扩频，信息位被调整成独立的、分布的高斯序列，然后进行嵌入。

隐写分析的方法

隐写分析的查找器可以通过两种方法构建。最初的方法是数字信号检测。从隐藏源的算法完善出发推导出探测器，随后得到探测器的性能误差。归一化统计检测在寻找隐蔽源之间的差异方面不太敏感。取而代之的是采用的隐蔽模型，但它将指标的最优性和合理性误差限制在所选择的隐蔽模型中（Ker et al., 2006）。因此，通过使用这个简单的模型，我们无法捕捉到使用图像传感器获取的独立图像基质之间的全部关联。此外，它在检测简单的嵌入操作，如 LSB 嵌入和匹配方面取得了成功 Hostalot et al., 2013; Zhang et al., 2010; Chen et al., 2016）。但在检测复杂的和内容自适应的隐写算法，如小波获得权重（WOW）（Fridrich et al., 2011），高度不可检测的 SteGo HUGO（HUGO）（Pevny et al., 2010），HUGO BD,通用小波相对畸变（UNIWARD）（Houlb et al., 2014），边缘自适应方面相当困难，因为要测量高度非稳态自然图像的局部模型参数是不现实的。

另一种方法是考虑作为一个分类问题（隐写/清洁），它不需要任何覆盖分布。单独地，图像被描述为一个特征向量，因此它是一种启发式的降维。之后，通过使用任何机器学习工具,该数据库由隐写图像和干净图像组成,经过训练和测试。这种方法的主要优点是为任意的嵌入算法构建检测器很容易。缺点是,在检查未知来源的特定图像时,分类器可能不精确。因为它不可能有几个来自隐蔽源的样本,并在一定时间内检测隐写通道。

设计一个实用的隐写分析基准需要许多选择。第一个选择是从每个图像中提取统计特征(Ho et al., 1995)。这种提取的目的是减少要分析的空间的维度。众所周知,提取信息是一个破坏性的过程,因为发生在从图像空间到低维空间的投影可能导致信息的破坏。在隐写分析器看来,提取的特征包含最重要的相关特征。第二个选择是选择最合适的模型,以便根据所设计的有用特征来辨别隐写的图像。在许多情况下,有监督的机器学习模型被用来对隐写的图像进行分类。

隐写分析的一般类别

由于隐写分析的目的是注意到隐藏在可疑介质中的信息的单纯存在,该领域已经朝着改进方向发展。隐写分析的一般类型可分为以下几类。

具体的/有针对性的隐写分析

这种方法的假设是在检测前已经知道了隐写嵌入算法。它试图通过分析图像来检测隐藏的信息,并把重点放在被隐写算法改变的统计数据/特征上。

更详细地说,这种类型的技术是通过检查巩固过程和寻找图像统计数据来确认的。因此,这种方法悄悄地需要细致的嵌入过程。因此,这样的方法一旦使用时与目标隐写技术相矛盾,就会产生实际的精确结果。特定的隐写分析技术(Xiong et al., 2010)被用于检测经过隐写嵌入的秘密信息,如 LSBM 匹配、JPEG 压缩、扩频,以及其他变换域(Chanu et al., 2012; Qian et al., 2015)。Chi-Square 是第一个用于检测信息位的特定统计隐写分析工具。

盲目/通用隐蔽分析

盲目隐写分析的目的是检测隐写图像,它已经经历了与任何类型的隐写算法。盲式隐写分析器受到训练数据的限制。随着训练数据的增加,计算的复杂性是一个严重的问题。这种隐写分析器的局限性取决于机器学习,即它取决于一系列的训练集特征。例如,对于 JPEG 图像,其特征是分辨率、压缩率、传感器噪声等。不管怎么说,有了可能的封面图像集,精确的隐写分析器应该进行训练。

定量隐写分析

定量隐写分析的目的是预测被隐藏在覆盖介质中的秘密通信的长度。除了隐写检测之外,要找到隐藏信息的长度是相当困难的。这个概念是由 Chandramouli 和 Memon(2001)所熟知的。详细来说,该方法发明了在隐蔽通信中摘录围绕隐蔽通信的进一步信息。因此,许多文献中的定量隐写分析的目标是一种特定的加固算法,并通过一些结构范例成功地摘取有效载荷信息。除此之外,为了计算隐写信息的有效载荷,现代隐写分析器通过使用一些有用的特征集使用有监督的机器学习。

在文献中,已经提出了许多方法来设想隐写的有效载荷。几乎所有强有力的方法都是样本对分析(SPA)、正则单数隐写分析(RS)、三重/四重和差异图像直方图(DIH)(Fridrich et al., 2001; Sorina et al., 2003; Tao et al., 2003)。这些方法主要集中在基于相邻像素特征的图像结构相关性上,因此被称为结构性隐写分析。所有这些方法的基本知识是,由于隐写通信嵌入导致 LSB 翻转,可能会影响样本对信号的穿透信息。同样,加权隐写(Fridrich et al., 2006),它通过使用估计的封面版本找到有效载荷。为了估计覆盖版本,使用了诸如局部差异、饱和度等属性。这些算法的主要问题是,尽管它达到了很高的精确度,但它只针对特定的隐写算法。

另一方面,通用的定量隐写分析无论用于嵌入的算法和用于嵌入窃取信息的领域如何,它都会努力找到秘密信息的长度。这些工作通过提取有用的图像特征集和使用监督式学习来学习这样的特征。许多研究工作都是为了提取复杂的特征(Shi et al., 2012; Xiaz et al., 2016)以找到先进的隐写算法。这些隐写算法导致干扰了封面元素之间较弱的束缚,之后为了找到这些,需要复杂的统计描述符。但问题是,这种特征集的维度相对较高。处理这样的维度问题需要一个强大的框架(Hou et al., 2016; Lerch-Hostalot et al., 2016; Sajedi et al., 2016)。只有少数研究工作提出了通用的定量隐写分析(Guan et al., 2011; Pevny et al., 2012)。

法医隐写分析

除了定量隐写分析外,法医隐写分析的目标是获取实际的隐藏信息。这类法医隐写分析器的第一步要求是其算法应该支持通用隐写分析。因为一旦对相关的图像进行了检测，那么就需要知道特定图像的隐藏算法来提取隐藏的信息。在这种情况下，法医隐写分析仅仅接近密码分析。

使用蛮力搜索是确定隐写密钥的最佳方法。这就是词典式攻击和挖掘指控的通信，当搜索一个可识别的前导符号时，该符号可以通过隐写键产生。无论如何，当嵌入的信息没有任何可检测的排列时，这种方法都是不成功的，而且由于隐写密钥的存在，很难被发现，同时还需要测试完全可能的加密密钥。因此，加密密钥空间的复杂性和隐写大小的乘积是成正比的。

对于隐写密钥的搜索方法，Fridrich 等（2012）展示了嵌入范例和其夹层装置涉及的后续点。

1. 横向隐藏一个伪随机路径生成方程的隐写密钥。
2. 位被隐藏为独立像素的等价物。
3. 在需要的情况下，像素奇偶性是通过巩固过程来改变的。

利用伪随机数生成器（PRNG）实现了随机路径选择，它与内核的结果方程、密码短语或用户无视的隐写密钥一起广播。PRNG（伪随机数生成器）输出用于在像素上创建伪随机游走。沿着伪随机游走，秘密消息作为位流元素奇偶校验嵌入。这有助于改变元素的奇偶性，因此它可能是概率性的或确定性的（Shrivastava et al.，2013）。

特征提取

在使用机器学习设计分类器时，以某种方式体现图像是非常有帮助的。因为信号维度很高，而隐写信号与噪声的比率很低。在特征提取的情况下，图像是用特征体现的。为了进行有效的隐写分析，这个特征应该对隐写嵌入做出敏感的反应，而且它应该对图像内容非常不敏感。在本节中，我们介绍了现有的隐写分析器所做的最著名的特征集，尤其是在空间和 JPEG 的图像领域。

空间领域中的特征提取

从根本上说，噪声残差值高度依赖于像素值以外的内容。对于每个像素，噪声残差被计算为像素值和其邻近像素处获得的预测值之间的差异。基于这个观点，从空间域的噪声残差中，图像被表示出来。此外，除了像素之外，噪声残差的动态范围是有限的，因此，隐写噪声使用较大的信噪比（SNR）。同样，它也有一个优势,就是容易找到一个很适合的模型。但问题是这个信号的维度非常高,与原始图像成正比。

由于隐写嵌入,相邻样本的依赖性被扰乱了。因此,从残留物中提取一阶静态是不够的,需要提取残留物的联合统计。为了做到这一点,首先将残余物量化为少量的样本,然后形成同现矩阵(联合概率质量函数)。同现矩阵的问题是同现箱的数量将随着同现的维度呈指数增长。在本节中,我们将讨论两个强空间域特征集。

空间丰富模型(SRM)(Kodovsky et al.,2012;Fridrich et al.,2007)是一个非常强大和有前途的图像统计描述器。用量化后的残差形成四维同现矩阵,并在多样化的内容中进行检测。同样地,从空间域中,也提取了几个特征集:减法像素邻接矩阵和减法DCT系数邻接矩阵(SDAM)(Farsi et al.,2014)LLT直方图系数纹理特征和共发生矩阵(Xian et al.,2012)LLT系数直方图的纹理特征,共现矩阵等。

变换域中的特征提取

在这一部分中,我们对图像通用隐写分析中的特征挖掘方法进行了评估。同时,我们主要吸收了从图像的小波子带中挖掘出的算法特征。然后,通用隐写分析的设计建立在两个选择上:① 特征提取;② 用于隐匿检测的分类器。因此对于众多的特征挖掘系统都采用了基于离散小波变换的描述方法。在2002年,Farid等提出了第一个通用隐写分析方法。通过QMF(正交镜像滤波器)在三个阶段分解一个检查图像。每个子带的PDF(概率分布函数)矩都是从复杂的频率小波子带系数和对数线性预测故障子带中挖掘出来的。因此产生了72个维度的特征,并作为输入给FLD(费希尔线性判别)分类器用于隐写检测。后来Farid的特征集被Lfu和Farid等(2004)扩展,从一阶和高阶彩色小波统计中提取216个特征。用于鉴别图像的分类器是单级SVM(支持向量机)。同样,四级dwt被用于(Shunquan Tan et al.,2014)捕捉小波系数子带的PDF矩和对数线性预测误差子带。

Guoming等(2012)通过使用Haar离散小波变换将一个图像分解为三个层次,提取了基于特征的小波转换。同样,Xiangyand等(2011年)将一个图像分解成三个层次,收集了255个特征,这些特征是由每个子带的85个系数得到的直方图的绝对特征函数矩。为了区分隐写的图像和封面,使用了反向传播的神经网络。

为了捕捉小波子带的前三个 CF(特征函数)时刻,Xuan 等(2005)将一个图像分解成三个阶段,并将得到的 39 个特征作为贝叶斯分类器的输入,以组织隐写图像。Holotyak 等(2005)提出的方法通过使用信息估计法计算出隐写小波子带。隐写版本的更高频率小波系数子带的 PDF 矩被挖掘为 33 个维度的特征。最后,FLD(Filsher 线性判别)被用作用于区分隐写版本和纯净版本的分类器。此外,Yang 等(2011)通过假设性的检查估计了绝对 CF(特征函数)和 PDF 时刻,并找到了更敏感的特征来嵌入隐写信息。

他们的实验结果表明,从预测子带、高频小波子带、预测错误子带或图像噪声的小波系数子带中获得的 CF 矩是额外的复杂的隐写信息嵌入而不是 PDF 矩。另外,针对对数预测故障子带,一阶 CF 矩不比 PDF 矩更健康。

机器学习

支持向量机

支持向量机是一种很好的、更有前途的用来检测隐写图像的算法。基本上,SVM 是一个线性和二进制学习器,当解决非线性问题时;核被用来将其转换为线性,可以将特征向量映射到高维空间。SVM 扩大了两个不同类别的数据样本的边际。SVM 的成功完全取决于核函数。核函数被用来将输入数据转换到高维空间;因此,决策边界就被确定了。SVM 的问题是,对于适度的六个问题,SVM 训练的复杂性减缓了核函数运算周期及核函数克矩阵,即特征维度乘以训练,设置维度的平方数等于克矩阵。

这可能会限制隐写分析人员有意地投射符合所涉及问题的特性集。换句话说,训练 SVM 分类器的复杂性是通过特征和训练实例的数量的立方来培养的。容易解决的问题需要较少的支持向量,因此训练过程很快,但在特征高度重叠的情况下,需要大量的支持向量来训练样本,因此非常耗时。对于一个分类问题来说,基于特征和支持向量的数量,复杂性会线性增长。作为替代性的集合分类器,大大地给了隐写分析者自由,不需要考虑特征维度、训练集大小,并以更快的开发周期建立检测器。

Deepa 等(2016)提出了针对 WOW 隐写图像的隐写分析方案。使用 SPAM 和 CCCHEN 特征集检测由 WOW 隐写方案创建的隐写图像。为了对窃取的图像进行分类,使用了 SVM 分类器。Muthuramalingam 等提出了建立在低维信息特征上的隐写分析系统。利用小曲线的理念,子带图像表示法提供了辨别能力;特征由经验矩形成。支持向量机被用来区分隐写图像和纯净图像。他们的结果比以同样,支持向量机也被许多作者如(Liu et al.,2003;Cogranne et al.,2015;Pathak et al.,2014;Shankar et al.,2016)用于隐写图像检测中具有各种核函数的分类器。

人工神经网络(ANNs)

在过去的十年中,神经网络被熟练地应用于隐写图像检测。人工神经网络是人们熟悉的重要数据分析工具。它能准确地捕捉到线性和非线性模型,而且据说它是数据聚类、分类、函数近似等等的有力工具。我们将看到作者是如何将ANNs用于隐写检测的。由于ANN是一个类似数学的模型,它假设整个结构是生物神经方案。它采用了自然神经系统的一些特征,而自然神经系统是一个被称为神经元的计算单元的集合。这些神经元作为生物模型被体现在可以完成操作任务的回路概念组件中。神经元的简单模型是基于自然神经元的功能而产生的。ANN组成一个相互关联的人工神经元集合,并通过连接主义的计算方法来实践数据。

这样的模型说明了神经系统中轴突和树突的相似性。灵活性、坚固性、集体计算是这个模型的华丽结构,因为它具有自组织和自适应的性质。一个人工神经元由三个有趣的基本组成部分组成:① 神经元突触显示为权重。前面提到的相互关联的神经网络和支持连接。这里的权重是由一个数字分配的,突触被表示出来。② 权重的正值表示兴奋性连接,负值表示抑制性连接。因此,所有的输入都加在一起,并通过权重进行修改,这被称为线性组合。③ 最后,利用激活函数测量输出信号的振幅。举例来说,当产量在 0 到 1 之间或在 -1 到 1 之间时,就可以接受。

网络节点的结构看起来像一个微分方程。节点之间的连接要么是最近的层之间的相互连接,要么是与同一层中最近的神经元相互连接。从上一层输出的激活值被作为输入到后续层的节点。来自激活函数的激活值被传递到非线性函数上。如果这些向量本质上是相似的,那么就考虑方程函数,另一方面,如果向量是二进制的,那么就考虑硬限制的非线性。一些斜率函数被认为是 tanh(+1 或 -1),sigmoid(0 或 1),对数,指数和高斯。同样地,网络被认为是模拟的或离散的。模拟网络与连续输出相联系,而离散网络则与两个状态相联系。当每个神经元的状态在网络中被更新时,离散网络可以被认为是同步的。然后同样的,当在给定时间内只有一个特定的被更新,离散网络被认为是非同步的。

一个前向网络通过权重集使用神经状态之间没有封闭的依赖链将输入传递给下一层。当网络输出取决于当前输入时,整个网络被设定为静态,而如果输出取决于过去的输入或输出,整个网络被设定为动态。同样,基于时间因素,网络被称为自适应或非自适应。在自适应的情况下,神经元之间的相互联系随时间变化,另一方面,当网络没有随时间发生任何变化时,它被称为非自适应的。

在实际情况中,大多数模式都不是线性分离的。为了实现良性分离,非线性分类器大多被用于模式分类。多层网络是一种非线性分类器(如多项式判别函数-pdf),因为它使用了隐藏层。在多项式判别函数的情况下,输入向量基本上被预处理了。在实际应用中,神经网络是通过学习一些样本来对模式进行分类。为了学习模式,到目前为止,已经开发了几种权重更新方法,即监督和非监督方法。当输入和输出都被考虑时,问题就在监督学习方法下处理,而在无监督学习的情况下,输入是可用的,而目标输出则无法提供。一旦兴奋性输入的总和达到其阈值,那么一个神经元就会被激活。在神经元收到任何输入之前,这种状态始终有效。这个模型可以用来假设一个可以计算任何逻辑函数的网络,但这是不符合生物规律的。为了克服这样一个模型的缺陷,有人提出了一个学习和概括的模型。

为了仔细检查邻域平面内像素的纹理,Lafferty 等(2004)提出了一种基于局部二进制模式纹理运算器的隐写分析方法。它计算了邻居之间的像素的统计数据,邻居之间的相关性。同时,一阶统计和直方图仓之间的 delta 被用作特征。反向传播神经网络被用来训练和测试纯净图像和隐写图像。同样,许多作者将神经网络用于不同领域的隐写检测(Shaohui et al.,2003;Davidson et al.,2005;Sabeti et al.,2010)。

集合分类器

由于目前的隐写分析,对逐渐复杂的图像模型有信心,所以需要可扩展的机器学习工具。为了解决复杂性的问题,我们使用了一个集合分类器。这个背景是由弱基学者的判断组合而成的。在 Kodovský 等(2011)、Kodovský 等(2014)、Kodovský 等(2012)、Fridrich 等(2011)、Tao 等(2003)和 Pevny 等(2010)中,作者将集合分类器作为一个完全自动化的框架,集合分类器的研究领域得到蓬勃发展。

集合分类器由许多单独训练的基础学习者组成。从特征空间 F 中,基于随机选择的子空间来构建朴素的分类器。随机子空间所选择的维度比整个维度 d 要小,因此,训练的复杂性大大降低。集合分类器通过使用训练集进行精细的训练,当一个新的未见过的测试图像被给出时,每个基础学习器将给出自己的决定,最终的决定将由每个基础学习器给出的所有决定累积而成。由于选择的基础学习器是弱基学习器,每个基础学习器的表现性能也是弱的,但汇总的准确性是提高的。这种策略仅适用于个体基数学习器足够杂乱的情况,即对未见的新数据产生错误。为了增加基础学习器的共同多样性,每个基础学习器都以自举的方式进行训练,而有些样本是从训练集而不是从完整的训练集中抽取的。这被称为聚集或装袋,可以准确地获得测试误差。我们将对集合分类器的完整概念进行深入解释。

作为 SVM 的替代品,Fisher Linear Discriminant(FLD)集合分类器最初被认为是一种可扩展的学习工具,除了训练集的巨大规模外,它在高维特征空间中也是一种有前途的检测器。假设从一个图像是 $f \in \mathbb{R}^d$ 所采特征 d 的行向量。训练集和测试集都包含封面和隐写图像的 d 特征,而训练集的隐写和封面的特征是矩阵 $N^{training} \times d$ 大小,其由 $c^{training}$ 和 $s^{training}$ 分别组成。FLD 认为,在这两个级别之间,特征的功能是 μ_{cover} 和 μ_{stego},大小 d×d 的协方差矩阵为 $\sum_{cover}$ 和 $\sum_{stego}$。通过使用所有这些线性决策,rile 被定义为:

$$R: \begin{cases} H_0 & if\ f.w^T - b < 0 \\ H_1 & if\ f.w^T - b > 0 \end{cases} \tag{1}$$

其中,b 是一个阈值,f 是一个行向量,FLD 决定了权向量 $w \in R^d$ 它最大化以下 fisher 比:

$$Fisher\ ratio\ F(w): \frac{w(\mu_{cover} - \mu_{stego})^T(\mu_{cover} - \mu_{stego})w^T}{w(\sum_{cover} + \sum_{stego})w^T} \tag{2}$$

一些实验观察表明,训练样本的 fisher 比的最大化暗示了得到的权重向量 w。

和

$$w = (\hat{\mu}_{stego} - \hat{\mu}_{cover})\left(\hat{\Sigma}_{cover} + \hat{\Sigma}_{stego}\right)^{-1} \qquad (3)$$

和

$$\hat{\mu}_{cover_i} = \frac{1}{N_{training}} \sum_{n=1}^{N_{training}} cover_{n,i}^{training}, \quad \hat{\mu}_{stego_i} = \frac{1}{N_{training}} \sum_{n=1}^{N_{training}} stego_{n,i}^{training},$$

$$\hat{\Sigma}_{cover_{n,i}} = \frac{1}{N_{training}-1} \sum_{n=1}^{N_{training}} (cover_{n,i}^{training} - \hat{\mu}_{cover_i})(cover_{n,j}^{training} - \hat{\mu}_{cover_j}),$$

$$\hat{\Sigma}_{stego_{n,i}} = \frac{1}{N_{training}-1} \sum_{n=1}^{N_{training}} (stego_{n,i}^{training} - \hat{\mu}_{stego_i})(stego_{n,j}^{training} - \hat{\mu}_{stego_j})$$

设 I_d 是一个大小为 d×d 的单位矩阵，直接进行"类间"协方差矩阵的反演，但在大多数情况下，为了提高数值稳定性 λI_d 被添加到协方差矩阵中，因此，$\hat{\Sigma}_{cover} + \hat{\Sigma}_{cover} + \lambda I_d$ 在特征空间维度 d 和训练样本 $N^{training}$ 的数量的情况下，数量级相近，则类间协方差矩阵往往是病态的。

Fisher 线性判别集合是一组 L 基学习器，可以在特征空间中均匀随机选择的维度子集上进行训练。为了使基础学习器多样化，这种方法最初是与决策树一起使用的。它适用于多数投票程序。这是一个集合，通过多数投票的方式结合所有基础学习器给出的所有决策的方式，给出最终评估。集合的训练规模是足够好是因为 $d_{sub} \ll d$。通过使用交叉验证集或自举来确定 d_{sub} 和 L。

在一些作品中，多数人投票规则被似然比取代。一旦多数票规则被 LRT 取代，那么合集就自动变成了线性分类器。而且，线性和非线性 FLD 集合分类器的性能也是一样的。实际上，当高维丰富的图像模型决策边界接近于线性时，线性和非线性之间没有区别。在目前的数字图像隐写情况下，线性分类器可以完成与原始多数投票-FLD 集合分类器相同的分类精度。那么这就使我们产生了一个问题，即是否存在基于 FLD 的更简单的方法。因此，有四种线性分类器，如 Ridge 回归、Fisher 比率的 L2 正则化、用 LSMR 和 LASSO 正则化来解决 LLS 问题。

1. Fisher 比率的 L2 正则化

来自 L2 正则化的 Fisher 比率可以通过将 Fisher 比率的强化与以下内容互换来完成

$$w = \text{argmin}\, F(w)^{-1} + \lambda \|w\|_2^2$$

这可能导致与使用 Tikhonov 正则化的 w 相同的权重向量。

$$w = (\hat{\mu}_{stgeo} - \hat{\mu}_{cover}) \left(\hat{\sum}_{cover} + \hat{\sum}_{stgeo} + \lambda I_d \right)^{-1} \tag{4}$$

2. Ridge 回归

Ridge 回归的另一个名称是表示为 Tikhonov 正则化-最小平方估计。为了进一步解释这个分类器,把在一个矩阵中的训练样本视为

$$X = \begin{pmatrix} c^{training} \\ s^{training} \end{pmatrix} \tag{5}$$

而它的标签矢量 $y \in R^{2N^{training}}$ 定义了作为例子的 x 的相应类别。其中

$$y = (-1 - 1 - 1 \cdots + 1 + 1 + 1 \cdots)^T.$$

$$w_{rr.} = \underset{w \in \mathbb{R}^d}{\operatorname{argmin}} \| y - Xw^T \|_2^2 + \lambda \| w \|_2^2 \tag{6}$$

其目的是找到一个加权向量 $w_{rr.}$ 与实际标签和估计标签之间的平方误差。

3. 用 LSMR(最小残差)解决 LLS 问题

在解决线性系统的大量优化方法中,ridge 回归可以用一种叫作 LSMR 的大型优化方法来实现。使用 LSMR 的原因是,它的计算复杂度低,而且对内存空间的要求也不高。这可能涉及我们寻找正则化 λ 和用于 LSMR 参数的忍耐。这极大地解决了计算效率和最优解之间的权衡。

4. LASSO 正则化

机器学习小组总是倾向于使用 L1 正则化,因为它可以生成稀疏的解决方案,并确定线性分类器的特征集,因此它被称为 LASSO(最小绝对收缩和选择运算器)。

深度学习

在过去的几十年里,深度学习(Krizhevsky et al.,2012;Russakovsky et al.,2015;Szegedy et al.,2015)是一个新兴的领域,它被认为是隐写分析器的一个特别有希望的替代方法,它依赖于具有集成分类器的丰富图像模型。卷积神经网络(CNN)是一种深度学习的方法,它以一组有用的特征和新的分类程序作为隐写分析器。检测发生在 2d 形状变化的基础上,也被用于许多模式识别问题中。Couchot 等(2016)提出了一个基于 CNN 的隐写分析系统,该系统在卷积的最后

一层设置了较少的卷积和较大的过滤器。它能有效地处理更大的负载,优于其他具有相同嵌入密钥的隐写分析系统。

在一些隐写方案中,DNA 序列被用作隐藏介质来掩盖秘密信息。由于 DNA 的内部结构复杂,隐藏信息的检测很困难。为了检测这种方法,作者提出了深度递归神经网络来检测 DNA 隐写。同样,Wu 等提出了基于深度残差学习的网络来捕捉复杂的统计数据,同时也保留了隐写信号。除此之外,即使存在覆盖源不匹配,Pibre 等(2016)的卷积神经网络和全连接神经网络对不匹配问题非常稳固,他们的结果显示,在检测隐写图像方面比最先进的隐写分析法更有前景。Sedighi 等(2017 年)提出了一个用于丰富的特征的优化方法。由于 CNN 软件包的可用性,空间丰富特征的投影等特征集被优化,并从量化的噪声残差中模拟出一个新的直方图层。

最近许多发表的关于使用 CNN 的工作主要集中在只检测空间域隐写 (Shuang et al., 2007; Qian et al., 2015; Qian et al., 2016; Thai et al., 2014; Xu et al., 2016a、2016b)。尽管 JPEG 隐写术在实践中使用更为方便,但应用 CNN 检测这种 JPEG 隐写术的域方案还存在一定的差距。为了填补这一空白,Zeng et al.(2017)提出了一种混合 CNN 优化方法,对解压后的输入图像文件的几个 DCT 量化子带进行优化。该方法使用了三个卷积层,并采用了通常出现在空间域隐写分析中的平均集合。该实验使用了从图像网络数据库中收集的 1 400 万张图像,结果表明,由于使用了大量的训练数据,CNN 在检测 JPEG 隐写方案方面优于常规的基于特征的隐写分析方法。后来 Xu 等(2017)明确表示,使用"浅架构和平均池化层太保守"来充分发挥深度学习的力量。更深入地讨论一下,空间域隐写术直接改变图像的像素值,因此 CNN 在挖掘这种局部模式方面非常强大,冒着学习隐藏模式的危险,这将最终损害训练模型的通用性。

为了解决这个问题,作者(Xu et al., 2017; Xu et al., 2016)设计了一个 CNN 框架来区分最强大的 JPEG 隐写方法——J-UNIWARD(JPEG 通用小波相对畸变)。实验在 BOSS 基础数据库图像上进行,压缩后的 JPEG QF(质量因子)为 75 和 95。每张压缩图像都用吉布斯模拟器嵌入了 J-UNIWARD 隐写方法,所有速率为 0.1—0.4 bpnzAC(每非零交流系数比特)。他们的结果发现,所设计的 20 层 CNN 与批量归一化、有价值的梯度反向传播的快捷连接一起工作,比最先进的基于特征的隐写分析性能更有前景,而且 20 层 CNN 比大规模 JPEG 隐写分析的错误率降低了 35%(Zeng et al., 2017)。

该工作的结构如下。为了将每个输入投射到 16 个不同的频段,使用了 4×4 非抽取式 DCT。在这项研究中,使用了各种 DCT 尺寸,如 2×2、4×4、3×3、5×5 和 8×8,但在 DCT 尺寸为 4×4 时获得了最佳结果。另外,在去除最高频率子带或直流子带时,没有观察到确切的改进。对于特征提取的目的,子带的大小和量化已经被使用。子带被全局阈值 8 截断,这可以有效地防止信息丢失。截断是限制输入数据范围的一个重要步骤,它也能达到快速汇集的目的。确保这些预处理步骤是 CNN 的重要部分,包括 20 个卷积层和一个全局平均池层。这可以帮助分类器学习优化的函数,将每个预处理的输入转化为 384 维的特征向量。为了减少内部协变移位和校正线性单(ReLU),使用了批量规范化(BN)。GPU 的内存为 12 GB,单 GPU 以及卷积核使用的是沿空间维的 3×3。

特征正常化

目前,为隐写分析设计得更有希望的特征集是由使用大量非线性和线性像素预测器提取的相邻噪声残差的共同存在(联合概率质量函数)组成的丰富模型。由于特征处理的维度和更多的训练复杂性问题,我们需要低复杂度的机器,如集合分类器(Kodovsky et al.,2014)、正则化线性判别器(Cogranne et al.,2015)和线性版本(Cogranne et al.,2015)。为了达到更好的检测率,并在不使用任何复杂的机器学习工具的情况下利用特征向量信息,在进行分类之前,对特征向量进行预处理器转换。Boroumand 等(2016)使用了非线性特征转换,用一个简单的决策边界来分离隐写和覆盖特征。这项工作被扩展到评估核化 SVM 中的隐性特征图,并进行了明确的转换。

特征选择

在特征选择中,其目的是通过提取冗余和无关的特征,选择特征子组以形成原始特征,来执行最佳的预测方案。这可以通过提取隐写算法方向上显明特征来实现,它有助于缩短训练时间,降低特征提取难度,也有助于大幅提高特征分类与特征预测性能。

为了提高分类器的效率,在三种类别下讨论了几种特征选择方法。1. 滤波法,2. 包裹法,3. 混合法。滤波法评估特征的相关性取决于信息的数字特性,并对特征进行排序。一般来说,具有高等级和高鉴别能力的特征会被选中。对于隐写分析,已经提出了各种基于差别测量的过滤方法,如欧氏差别、巴塔查亚差别和马哈拉诺比斯差别。为了去除多余的特征，还提出了信息增益和交互信息。基于相关性的特征选择措施是存在的，它对特征子集而不是每个特征进行排名。其背后的概念是，代表一个特征子组的每个特征必须与它的类变量有高度的相关性。在其他一些基于方差分析（ANOVA）的研究中，图像质量指标（IQM）被排序，并通过多元回归分析分类器将图像检测为隐写或纯净。

第二种方法是评估特征子集有效性的包装方法。对单个特征子群进行精度评价，选择精度最大的组合特征子群。在一些隐写分析的研究中，采用了前向选择算法，从最好的特征开始，一个接一个地添加新特征，直到分类器识别出最大的精度。这可能有助于克服详尽的搜索需求，但对于高维特征来说，这不是一个有效的方法。另一方面，许多研究工作已经在PSO（粒子群优化）、GA（遗传算法）、ABC（人工蜂群）等基础上完成。

滤波方法的优点是，它的计算简单。它可以优先考虑高维特征选择，因为它在计算时间和成本方面提供了良好的计算效率。他们的优点是不依赖于分类器，也就是说，在生成学习模型之前，很难知道所选子集的性能。另一方面，包装方法提供了良好的准确性，因为它计算了每个特征子集的性能，并选择了具有最大准确性的特征集组合。问题是，对于高维的特征集，它在计算上是排他的。

为了克服包装器和过滤方法的问题，近年来，混合方法得到了考虑。其思路是使用过滤方法来选择特征子集，并将其输出作为输入到包装器方法中。在这种情况下，包装器方法的评估减少了计算的复杂性，另一方面，增强的精度也可以保留。这种混合方法在各种应用中都很现实，如恶意软件检测、隐写分析、生物医学、互联网流量分类等。但是，在隐写分析中使用混合方法进行特征选择仍然是一个未开发的领域，也只有较少的研究工作被完成。

关于深度学习的出现，由于不担心深度学习中的数据大小，这样的特征选择方法在模式识别的研究中的使用将被减少。

结语

在这一章中，我们试图提供一个简短关于机器学习算法用于检测隐写图像分类器的介绍。文献中使用了许多机器学习算法。许多隐写算法都试图通过高维特征集来检测最近的隐写算法。集成学习和深度学习是目前最有发展前景和速度最快的学习方法，并且极大地避免了复杂性问题。而且，即使特征集包含了成千上万的特征，并且系统使用数据集中的成千上万个目标进行训练，深度学习

第十九章　提高阶梯式异常检测性能的各种机器学习方法比较

是训练如此庞大数据集的最佳工具。另一方面，为了克服训练时间和空间的复杂性，处理庞大的高维特征集，建议采用集成学习和深度学习的方法。

参考文献

Boroumand, M., & Fridrich, J. (2016). Boosting Steganalysis with Explicit Feature Maps. *Proceedings of 4th ACM Workshop on Information Hiding and Multimedia Security*. doi: 10.1145/2909827.2930803

Chandramouli, R., & Memon, N. (2001). Analysis of LSB based image steganography techniques. *Proceedings of ICIP 2001*. 10.1109/ICIP.2001.958299

Chanu, Singh, & Tuithung. (2012). Image Steganography and Steganalysis: A Survey. *International Journal of Computer Applications, 52*(2), 1-11.

Chen, X., Gao, G., Liu, D., & Xia, Z. (2016). Steganalysis of LSB Matching Using Characteristic Function Moment of Pixel Differences. Image Detection and Analysis Technique. *China Communications*, *13*(7), 66–73. doi:10.1109/CC.2016.7559077

Cogranne, R., Denemark, T., & Fridrich, J. (2014). Theoretical model of the FLD ensemble classifier based on hypothesis testing theory. *IEEE International Workshop on Information Forensics and Security (WIFS)*, 167–172. 10.1109/WIFS.2014.7084322

Cogranne, R., & Fridrich, J. (2015). Modeling and extending the ensemble classifier for steganalysis of digital images using hypothesis testing theory. *IEEE Transactions on Information Forensics and Security, Volume, 10*(12), 2627–2642. doi:10.1109/TIFS.2015.2470220

Cogranne, R., Sedighi, V., Pevný, T., & Fridrich, J. (2015). Is Ensemble Classifier Needed for Steganalysis in High-Dimensional Feature Spaces? *IEEE International Workshop on Information Forensics and Security*. 10.1109/WIFS.2015.7368597

Couchot, J.-F., Couturier, R., Guyeux, C., & Salomon, M. (2016). *Steganalysis via a Convolutional Neural Networks using Large Convolution Filters for embedding process with same stego key*. Cornell University Library.

Davidson, Bergman, & Bartlett. (2005). An artificial neural network for wavelet steganalysis. *Proceedings of SPIE- The International Society for Optical Engineering, Mathematical method in Pattern and Image Analysis, 5916*, 1-10.

Deepa, S., & Uma Rani, R. (2016). Steganalysis on images based on the classification of image feature sets using SVM classifier. *International Journal on Computer Science and Engineering, 5*(5), 15–24.

Farid, H. (2002) Detecting hidden messages using higher-order statistical models. *Proceedings of IEEE International Conference Image Processing, 2*, 905–908. 10.1109/ICIP.2002.1040098

Farsi, H., & Shahi, A. (2014). Steganalysis of images based on spatial domain and two-dimensional JPEG array. *Journal of the Chinese Institute of EngineersVolume, 37*(8), 1055–1063. doi:10.1080/02533839.2014.929711

Filler, T., & Fridrich, J. (2010). Gibbs Construction in Steganography. *IEEE Transactions on Information Forensics and Security, Volume, 5*(4), 705–720. doi:10.1109/TIFS.2010.2077629

Fridrich, J., & Goljan, M. (2006). On estimation of secret message length in LSB steganography in spatial domain. In Proceedings of Security, steganography, and watermarking of multimedia Contents VI. *Proceedings of the Society for Photo-Instrumentation Engineers, 5306*, 23–34. doi:10.1117/12.521350

Fridrich, J., Goljan, M., & Du, R. (2001). Detecting LSB steganography in color and gray-scale images. *IEEE MultiMedia, 8*(4), 22–28. doi:10.1109/93.959097

Fridrich, J., & Kodovský, J. (2012). Rich models for steganalysis of digital images. *IEEE Transactions on Information Forensics and Security, 7*(3), 868–882. doi:10.1109/TIFS.2012.2190402

Fridrich, J., Kodovský, J., Goljan, M., & Holub, V. (2011). Breaking HUGO – the process discovery. *Information Hiding, 13th International Workshop, 6958*, 85–101.

Fridrich, J., Kodovský, J., Goljan, M., & Holub, V. (2011). Steganalysis of content-adaptive steganography in spatial domain. *Information Hiding, 13th International Workshop, 6958*, 102–117. 10.1007/978-3-642-24178-9_8

Fridrich, J., Pevný, T., & Kodovský, J. (2007). Statistically Undetectable JPEG Steganography: Dead Ends, Challenges, and Opportunities. *Proceedings of the 9th ACM Multimedia & Security Workshop*, 3–14.

Guo, Ni, & Shi. (2014). Uniform Embedding for Efficient JPEG Steganography. *IEEE Transactions on Information Forensics and Security, 9*(5), 814–825. 10.1109/TIFS.2014.2312817

Guo, L., Ni, J., & Shi, Y.-Q. (2012). An Efficient JPEG Steganographic Scheme Using Uniform Embedding. *Proceedings of Fourth IEEE International Workshop on Information Forensics and Security*. 10.1109/WIFS.2012.6412644

Guoming, C., Qiang, C., Dong, Z., & Weighing, Z. (2012). *Particle swarm optimization feature selection for image steganalysis*. IEEE Computer Society.

Hastie, T., Tibshirani, R., Friedman, J., & Franklin, J. (2009). *The elements of statistical learning: data mining, inference and prediction* (2nd ed.). Springer. doi:10.1007/978-0-387-84858-7

Hetzl, S., & Mutzel, P. (2005). A Graph-Theoretic Approach to Steganography. *Communications and Multimedia Security, 9th IFIP TC-6 TC-11 International Conference, CMS 2005*, 119–128. 10.1007/11552055_12

Ho, T. K. (1995). Random decision forests. *Proceedings of International Conference on Document Analysis and Recognition*, 278–282.

Holotyak, T., Fridrich, J., & Voloshynovskiy, S. (2005). Blind statistical steganalysis of additive steganography using wavelet higher order statistics. *Proceedings of 9th IFIP Conference on Communication and Multimedia Security, LNCS 3677*, 273–274. 10.1007/11552055_31

Holub, V., & Fridrich, J. (2015). Low-Complexity Features for JPEG Steganalysis Using Undecimated DCT. *IEEE Transactions on Information Forensics and Security, 10*(2), 219–228. doi:10.1109/TIFS.2014.2364918

Holub, V., & Fridrich, J. (2015). Phase-Aware Projection Model for Steganalysis of JPEG Images. *Proceedings of SPIE, Electronic Imaging, Media Watermarking, Security, and Forensics 2015, 9409*, 1–11.

Holub, V., Fridrich, J., & Denemark, T. (2014). *Universal distortion function for steganography in an arbitrary domain*. EURASIP Journal on Information Security.

Hou, X., Zhang, T., & Xu, C. (2016). New framework for unsupervised universal steganalysis via SRISP-aided outlier detection. *Image Communication, 47C*, 72–85.

Ker, A. K. (2006). Fourth-order structural steganalysis and analysis of cover assumptions. Proceedings of SPIE 6072, Security, Steganography, and Watermarking of Multimedia Contents VIII, 6072, 1–14. doi:10.1117/12.642920

Kodovský, J., & Fridrich, J. (2011). Steganalysis in high dimensions: Fusing classifiers built on random subspaces. *Proceedings SPIE, Electronic Imaging, Media Watermarking, Security and Forensics of Multimedia XIII, 7880,* 1–13.

Kodovský, J., & Fridrich, J. (2012). Steganalysis of JPEG Images Using Rich Models. *Proceedings SPIE, Electronic Imaging, Media Watermarking, Security, and Forensics 2012, 8303.* 10.1117/12.907495

Kodovský, J., & Fridrich, J. (2012). Steganalysis of JPEG images using rich models. *Proceedings SPIE, Electronic Imaging, Media Watermarking, Security, and Forensics of Multimedia XIV.* 10.1117/12.907495

Kodovský, J., Fridrich, J., & Holub, V. (2012). Ensemble classifiers for steganalysis of digital media. *IEEE Transactions on Information Forensics and Security, 7*(2), 432–444. doi:10.1109/TIFS.2011.2175919

Krizhevsky, A., Sutskever, I., & Hinton, G. (2012). Imagenet classification with deep convolutional neural networks. Proceedings of Communications of the ACM, 60(6), 84-90.

Lafferty & Ahmed. (2004). Texture based steganalysis: results for color images. *Proceedings of SPIE, Mathematics of Data/Image Coding, compression and encryption VII with applications, 5561,* 145-151.

Lerch-Hostalot, D., & Megías, D. (2013). LSB matching steganalysis based on patterns of pixel differences and random embedding. *Computers & Security, 32,* 192–206. doi:10.1016/j.cose.2012.11.005

Lerch-Hostalot, D., & Megías, D. (2016) Unsupervised steganalysis based on artificial training sets. *Proceedings of EngApplArtifIntell, 50,* 45–59. 10.1016/j.engappai.2015.12.013

Liu, Q., Sung, A. H., Qiao, M., Chen, Z., & Ribeiro, B. (2010). An improved approach to steganalysis of JPEG images. *Information Sciences, 180*(9), 1643–1655. doi:10.1016/j.ins.2010.01.001

Liu, S., Yao, H., & Wen, G. (2003). Neural Network based steganalysis in Still Images. *Proceedings of IEEE International Conference on Multimedia and Expo (ICME),* 509-512. doi:10.1109/ICME.2003.1221665

Lyu, S., & Farid, H. (2004). Steganalysis using color wavelet statistics and one-class vector support Machines. Proceedings of SPIE security, steganography and watermarking of multimedia contents, 5306, 35–45. doi:10.1117/12.526012

Pathak & Selvakumar. (2014). Blind image steganalysis of JPEG images using feature extraction through the process of dilation. *Digital Investigation, 11,* 97–77.

Pevný, T., Filler, T., & Bas, P. (2010). Using high-dimensional image models to perform highly undetectable steganography. In *Information Hiding, 12th International Workshop, Lecture Notes in Computer Science.* Springer-Verlag. 10.1007/978-3-642-16435-4_13

Pevny, T., Fridrich, J., & Ker, A. D. (2012). From blind to quantitative Steganalysis. *IEEE Transactions on Information Forensics and Security, 7*(2), 445–454. doi:10.1109/TIFS.2011.2175918

Pibre, L., Pasquet, J., Ienco, D., & Chaumont, M. (2016). Deep learning is a good steganalysis tool when embedding key is reused for different images, even if there is a cover source-mismatch. *Proceedings of SPIE, IS&T International Symposium on Electronic Imaging, Media Watermarking, Security, and Forensics.* 10.2352/ISSN.2470-1173.2016.8.MWSF-078

Provos, N. (2001). Defending Against Statistical Steganalysis. *Proceedings of 10th USENIX Security Symposium,* 323–335.

Qian, Y., Dong, J., Wang, W., & Tan, T. (2015). Deep learning for steganalysis via convolutional neural networks. In *Proceeding of SPIE 9409. Media Watermarking, Security, and Forensics.* doi:10.1117/12.2083479

Qian, Y., Dong, J., Wang, W., & Tan, T. (2016). Learning and transferring representations for image steganalysis using convolutional neural network. *IEEE International Conference on Image Processing*, 2752–2756. DOI:10.1109/ICIP.2016.7532860

Russakovsky, O., Deng, J., Su, H., Krause, J., Satheesh, S., Ma, S., ... Li, F.-F. (2015). ImageNet large scale visual recognition challenge. *International Journal of Computer Vision, 115*(3), 211–252. doi:10.100711263-015-0816-y

Sabeti, V., Samavi, S., Mahdavi, M., & Shirani, S. (2010). Steganalysis and payload estimation of embedding in pixel differences using neural networks. *Pattern Recognition, 43*(1), 405–415. doi:10.1016/j.patcog.2009.06.006

Sajedi, H. (2016). Steganalysis based on steganography pattern discovery. *Journal of Information Security and Applications, 30*, 3–14. doi:10.1016/j.jisa.2016.04.001

Sallee, P. (2005). Model-Based Methods for Steganography and Steganalysis. *International Journal of Image and Graphics, 5*(1), 167–190. doi:10.1142/S0219467805001719

Sedighi, V., & Fridrich, J. (2017). Histogram Layer, Moving Convolutional Neural Networks Towards Feature Based Steganalysis. *Proceedings of IS&T, Electronic Imaging, Media Watermarking, Security, and Forensics*.

Shankar & Upadhyay. (2016). Performance analysis of various feature sets in calibrated blind steganalysis. *International Journal of Computer Science and Network Security, 16*(8), 29-34.

Shi, Y. Q., Sutthiwan, P., & Chen, L. (2012). Textural features for steganalysis. In *Information Hiding. 14th International Conference, IH 2012*. Springer.

Shrivastava, G., Pandey, A., & Sharma, K. (2013). Steganography and its technique: Technical overview. In *Proceedings of the Third International Conference on Trends in Information, Telecommunication and Computing* (pp. 615-620). Springer. 10.1007/978-1-4614-3363-7_74

Shuang, H. Z., & Hong, B. Z. (2007). Blind steganalysis using wavelet statistics and ANOVA. *Proceedings - International Conference on Machine Learning and Cybernetics, 5*, 2515–2519.

Song, X., Liu, F., Yang, C., Luo, X., & Zhang, Y. (2015). Steganalysis of Adaptive JPEG Steganography Using 2D Gabor Filters. *The 3rd ACM Workshop on Information Hiding and Multimedia Security (IH&MMSec '15)*.

Sorina, D., Xiaolin, W., & Zhe, W. (2003). Detection of LSB steganography via sample pair analysis. *IEEE Transactions on Signal Processing, 51*(7), 1995–2007. doi:10.1109/TSP.2003.812753

Szegedy, Liu, Jia, Sermanet, Reed, Anguelov, ... Rabinovich. (2015). Going deeper with convolutions. *Proceedings of IEEE International Conference on Computer Vision and Pattern Recognition (CVPR)*, 1–9.

Tan, S., & Li, B. (2014). Stacked convolutional auto-encoders for steganalysis of digital images. *Signal and Information Processing Association Annual Summit and Conference (APSIPA)*. 10.1109/APSIPA.2014.7041565

Tao, Z., & Xijian, P. (2003). Reliable detection of LSB steganography based on the difference image histogram. *Proceedings of. IEEE International Conference on Acoustics, Speech, and Signal Processing*, 545–548.

Thai, T., Cogranne, R., & Retraint, F. (2014). Statistical Model of Quantized DCT Coefficients: Application in the Steganalysis of Jsteg Algorithm. *IEEE Transactions on Image Processing, 23*(5), 1–14. doi:10.1109/TIP.2014.2310126 PMID:24710399

Thai, T. H., Cogranne, R., & Retraint, F. (2014). Optimal Detection of OutGuess using an Accurate Model of DCT Coefficients. *Sixth IEEE International Workshop on Information Forensics and Security.* 10.1109/WIFS.2014.7084324

Upham, D. (n.d.). *Steganographic algorithm JSteg.* Retrieved from http://zooid.org/ paul/crypto/jsteg

Westfeld, A. (2001). High Capacity Despite Better Steganalysis (F5 – A Steganographic Algorithm). In *Information Hiding, 4th International Workshop* (Vol. 2137, pp. 289-302). Springer-Verlag.

Wu, S., Zhong, S., & Liu, Y. (2017). Deep residual learning for image steganalysis. *Multimedia Tools and Applications*, 1–17.

Xia, Z., Wang, X., Sun, X., Liu, Q., & Xiong, N. (2016). Steganalysis of LSB matching using differences between nonadjacent pixels. *Multimedia Tools and Applications*, 75(4), 1947–1962. doi:10.100711042-014-2381-8

Xiang, Y., & Zhang, W. H. (2012). Effective steganalysis of YASS based on statistical moments of wavelet characteristic function and Markov process. *Proceedings of International conference on computer science and electronics engineering*, 606–610. 10.1109/ICCSEE.2012.218

Xiangyang, L., Fenlin, L., Shiguo, L., Chunfang, Y., & Stefanos, G. (2011). On the typical statistic features for image blind steganalysis. *IEEE Journal on Selected Areas in Communications*, 29(7), 1404–1422. doi:10.1109/JSAC.2011.110807

Xiong, G., Ping, X., Zhang, T., & Hou, X. (2012). XiaodanHou. (2012). Image textural features for steganalysis of spatial domain steganography. *Journal of Electronic Imaging*, 21(3), 033015-1. doi:10.1117/1.JEI.21.3.033015

Xu, G. (2017). Deep Convolutional Neural Network to Detect J-UNIWARD. *Proceedings of 5th ACM Workshop Information Hiding Multimedia Security. (IH &MMSec)*. 10.1145/3082031.3083236

Xu, G., Wu, H.-Z., & Shi, Y.-Q. (2016). Ensemble of CNNs for steganalysis: An empirical study. *Proceeding of 4th ACM Workshop on Information Hiding and Multimedia Security (IH&MMSec '16)*, 103–107. DOI: 10.1145/2909827.2930798

Xu, G., Wu, H.-Z., & Shi, Y.-Q. (2016, May). Structural design of convolutional neural networks for steganalysis. *IEEE Signal Processing Letters*, 23(5), 708–712. doi:10.1109/LSP.2016.2548421

Xuan, G. R., Shi, Y. Q., & Gao, J. J. (2005). Steganalysis based on multiple features formed by statistical moments of wavelet characteristic functions. *Proc. 7th International Information Hiding Workshop, LNCS 3727*, 262–277. 10.1007/11558859_20

Zeng, J., Tan, S., Li, B., & Huang, J. (2017). *Large-scale JPEG image steganalysis using hybrid deep-learning framework.* arXiv: 1611.03233v2

Zhang, T., Li, W., Zhnag, Y., Zheng, E., & Ping, X. (2010). Steganalysis of LSB matching based on statistical modeling of pixel difference distributions. *Information Sciences*, 180(23), 4685–4694. doi:10.1016/j.ins.2010.07.037

Zhang, T., & Ping, X. (2003). A Fast and Effective Steganalytic Technique AgainstJsteg-like Algorithms. *Proceedings of the ACM Symposium on Applied Computing*, 307–311.

第二十章
减少随机样本数量的音频水印

罗希特·阿南德　印度潘特工程学院

古尔善·施瑞瓦斯塔瓦　印度巴特那国立理工学院

萨钦·古普塔　印度维韦卡南达专业研究院

彭升龙　中国台湾东华大学

尼迪·锡德瓦尼　印度工程技术友好学院

摘要

数字信号水印是一种通过主机信号不可识别且安全地传输自由数据的方法，包括浸入和脱离实际主机。一些算法规则已经被研究，用于在主机音频文件中，强大而安全地嵌入和提取水印，但它们在压缩和重新取样方面还没有产生良好的效果。在本章中，提出了一种利用随机载波将水印浸入音频信号序列中来压缩波文件的好方法，水印在量化前，进行自适应差分脉冲码调制（ADPCM）后，水印被顺利地嵌入到音频流中。该方案已经被付诸实施，而且将其参数与已知最佳的听觉水印方法进行了比较，使用工具去测量这些参数，生成了结果和表格值，发现了较大的峰值信噪比（PSNR）和较小的比特误差率（BER），强有力地证实了该方案的可行性。

引言

由于在线网络的发展和数字内容的兴起，世界发生了巨大的变化。不同种类的宽带传输网络工程/网络和以二进制格式（文本、图片、音频和视频）呈现的交互式媒体信息为现代化和新颖性解锁了如此多的挑战和可能性。易于使用和通用的软件，以及各种数字设备（例如，紧凑型和可移动的 mp3 播放器和 CD 播放机、便携式摄像机、数字扫描仪、数码相机、DVD 播放机、CD 和 DVD 录音机、笔记本电脑等)价格的不断下降,为来自世界不同地区的客户创造了设计、修改和交换与多媒体有关的不同类型数据的可能性。不同的高速互联网连接和近乎精确的数据传输,使人们可以轻松地共享大量的多媒体文件,并创建同质的数字重印本。数字交互式媒体文件不会因为如模拟音频和视频家庭系统磁带的重复复制过程而失去任何优势。此外,不同种类的模拟媒体的记录介质和传输网络是非常不经济的。就大脑版权监管而言,数字手段相对于模拟手段的这些好处可能会转变为缺点,因为无限复制而不损失精度的可能性会导致占有权持有人的巨大经济损失。在数字领域中,毫不费力地更改内容和精确复制鼓励了精神上的占有和避免非法涉猎不同类型的混合媒体数据,这成了一个关键的、专业的和检查的问题(Adya, 2007)。

视听数据的大量使用以及将混合媒体快速传输到拥有非常优质服务的设备的不同客户,正逐渐成为一个巨大的挑战。基于硬件的复制保护系统现在已经被模拟媒体所回避。由于不同种类的混合媒体处理平台的可能性,数字媒体非常容易被入侵。简单的保护机制现在已经过时了,因为可以通过不影响数据正确性的简单数据格式轻松消除标头信息。

将编码技术应用于混合媒体,可以避免没有真正解密钥匙的人接触到不同的混合媒体细节。因此,细节提供者因携带可识别的多媒体而得到奖励,每个支付了版权费的消费者都应该有一个合适的解密钥匙,以便解开已经收到的文件。在对混合媒体文件进行解码后,它可以很容易地,没有任何障碍地以重复的方式进行复制和分发。现在的软件和高速互联网提供了帮助,以最少的技能和所需的意识来完成它。一个非常常见的例子是对基于数字版权管理和数字多功能磁盘加密的系统的黑客攻击。因此,与安全有关的现有协议仍然倾向于保护用户和可以为混合媒体提供数据的人之间的通信媒介。如果事务项是数字指定的,那么这些协议是完全无关紧要的。

上面讨论的水印类型可用于使数字媒体安全并免受篡改过程的影响。数字水印是指将一个清晰的数字签名(包含在广播监控、防篡改等应用中有用的数据)嵌入到主机信号中。一个水印嵌入器有一个输入作为水印信息(即一个二进制序列和一个秘密密钥)和第二个输入作为主机信号(如图像、音频或视频等),而水印植入器的产品是一个非常安全的水印信号,可以在以后被播放到水印检测器。水印检测器的功能是找出多媒体信号中是否有任何水印,如果有这样的水印,其中编码的是什么样的信息。水印与隐写术以及信息隐藏领域有很大关系。在隐写系统中，信息的发生是保密的。在信息隐藏中，信息是不可感知的，即它指的是隐蔽的通信(Cvejic，2004，2007;Foo，2008)。

最初，与水印有关的算法只为数字静止图像和数字视频序列设计，但与音频文件中的水印有关的研究稍后开始。所有用于音频文件的水印算法都是利用人类听觉系统的视觉特性，将水印添加到主机信号中。在音频比特序列上嵌入信息比在图像上嵌入信息更困难，但许多对图像水印算法的攻击是可行的。

水印必须与隐写术区别开来。后者的目的是在任何视听数据(如A)中隐藏一个数据，以获得一些与A完全相似的新信息(如A′)，这样入侵者就无法识别A′。另一方面，水印是指在任何视听文件(如A″)中隐藏一个信号(如S)，以获得一些与A″实际相似的信号A‴，这样窃听者就不能删除、编辑或替换D″中的M(Dey et al.，2013)。

在数字水印的情况下，一些比特的框架可以被装入数字类型的图片、声音或视觉文件，这可以识别文件的所有权细节和事实(如作者、权利等)。此外，代表水印的实际比特必须分散在文件中，通过这种方式使它们不能被识别和编辑。此外，这个水印应该是难以去掉的，这样它可以很容易地在文件的修改中保持不变，例如，按比例缩小的有损压缩技术(Adya，2007)。在水印嵌入中，水印可以与密钥一起嵌入。由于密钥的不确定性，系统的安全性很高。水印应该是这样的：即使在信号失真的情况下，它也能始终被恢复。水印的嵌入过程如图20-1所示。

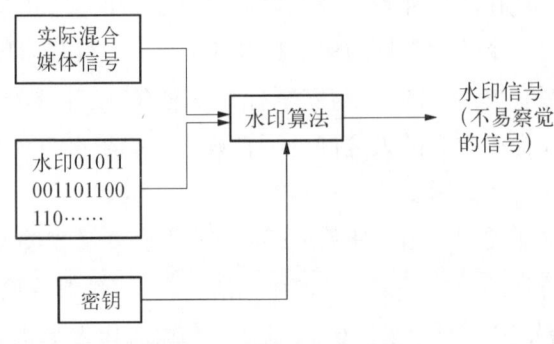

图20-1 水印嵌入过程图示

在水印提取中，同样的密钥可能用于从被破坏的水印信号中取出水印。与用于安全和加密的普通和秘密密码系统不同，它有助于在行为发生后提供错误行为的证据。水印提取过程如图20-2所示。

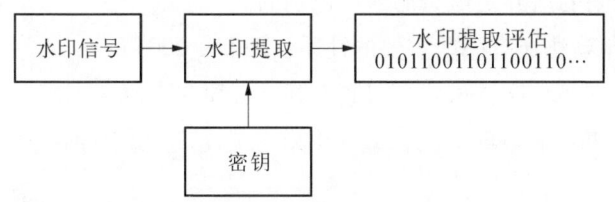

图 20-2 水印提取过程图示

数字水印可根据以下情况进行分类：

1. 工作领域(空间领域和频率领域)。
2. 文件类型(文本、图像、音频和视频)。
3. 人类的感知(可见和不可见)。
4. 应用(基于源和基于目的地)。

本文讨论的水印只是音频水印,可以是盲目型的,也可以是非盲目型的。非盲法利用实际的来源来恢复水印,使用简单和基本的相关或相干技术,而盲法则在没有实际来源的情况下检测原始水印。非盲法比盲法更安全,因此在此讨论它们(Basia, Ioannis, & Nikos, 2001)。

一些不应过分妥协的参数是音频质量、可靠性、稳健性和音频编码。

1. 音频质量：系统不应大量损害音频质量。从理想的位置上对原始声音/音频的任何改变都是不可接受的,在描述它为"完美"之前,都需要改进。其次,大多数听众由于其发声和言语潜能受到限制,在这种情况下,无法对音频的状态进行大规模和水平的审视。对于这些类型的观众,一定程度的受限和不可感知的退化是无可非议的。第三,人们在非常恶劣的条件下(比如在汽车里)可能会承受一些明显的恶化。这类条件的极大邻近性给水印系统的应用带来了很大的困难。

2. 可靠性：被指定用于管理客户访问的水印系统应该快速、可靠地检测出水印。真正阻止未经授权的人进入并不是那么关键。在这个问题上,很难开发出任何性能令人满意的安全保障系统。识别应用在短期内可能会或可能不会如此可靠。需要的可靠性可以通过更长时间的提取获得。

3. 稳健性：一个用于水印的系统必须对物质的轻蔑以及损害无懈可击。水印应保持到内容变得"无价值"为止。

4. 音频编码：具有极低比特率的无音频系统与具有将辅助数据模糊化能力

的水印系统之间的差异是可见的和可识别的。

此外,水印算法还有一些重要的性质(Cvejic,2004):

1. 视觉透明性:这意味着水印嵌入算法必须在不改变主信号的视觉质量的情况下嵌入水印。水印算法的保真度是指实际信号和水印序列之间的视觉相似度。

2. 比特率:水印序列的容量(bps)要求,即在实际主机听觉信号的每单位时间内插入水印的二进制数字集,取决于应用程序。例如,许多应用,如复制控制,需要嵌入一个独特的识别号码或作者的 ID,平均容量为每秒 0.6 比特。在许多其他可视化的操作中(如主机中的语音暗化),必须有一些技术来插入水印序列,其数据率(容量)是每单位主机数据比特的一个明显的片段,即最高几十 kbps。

3. 强度:它指的是在对信号进行管理和特征提取后提取水印序列的能力。水印技术对大量特征提取变化的要求很强,这完全依赖于应用。例如,在射频信号广播和监督的情况下,插入的水印必须能够抵御由于传输过程造成的失真,包括低频信号的过滤、压缩等,因为水印的识别是直接从电视广播信号中进行的。在其他一些技术中,由于被标记为脆弱的音频水印算法,强度可能不具优势。

4. 盲目或非盲目检测:使用实际的主机信号从水印流中提取水印是指非盲目检测,这大大改善了检测器的性能。原始音频信号可以从水印信号中扣除,从而得到孤立的水印流作为结果。另一方面,盲检测不是指进入实际的音频,导致实际信号中隐藏的数据总量的减少。整个插入和提取水印的现象可以被模拟成一个通信媒介,其中水印可能因为信道效应和强烈干扰而变形。强烈的干扰指的是实际主机的存在,以前指的是特征提取操作。

5. 安全性:这意味着,对手不应该有能力恢复插入的数据。水印过程的安全性就像编码方法的安全性一样,可能是有利的。水印序列的安全性必须由控制水印嵌入的密钥来控制。窃听者必须不能恢复数据,尽管他知道水印是由主机包含的,而且主机也知道完整的插入算法。对安全保障的需求因不同的应用而异。例如,在某些情况下,在将水印插入主机音频之前,可以对数据进行加密。

6. 成本和复杂度:音频水印的实施是相当复杂、繁琐和不经济的任务,取决于所涉及的应用、嵌入算法和提取算法的复杂性。例如,在广播监控的情况下,插入和提取应该在实际时间内进行,而在版权保护应用的情况下,持续时间并不影响现实的执行。

为了评估音频质量,主要使用主观测试。然而,这种测试是不经济的,长期拖延的,不现实的。一些本能的质量测试技术是退化类别评级(DCR),配对比较(PC)和绝对类别评级(ACR)。两个不同的流(实际的和修正的)显示给志愿者(即人类),他们必须在原始序列的主题上判断修正流的标准。整个实验被划分为不同的阶段(每个阶段的持续时间最多保持在半小时)。每个阶段都有许多模拟数据流被整合。这些数据流可以用来提高志愿者的技能,也可能在最终的评分中被排除。视频流由志愿者在校准的基础上进行评分,与他们对情报评估的标准相一致。这通常指的是平均观察者得分(MOS)。MOS 分数为 1 对应的是不可接受的分数,MOS 分数为 5 对应的是优秀分数。对于客观测试,两个常用的测量参数是 PSNR 和均方误差(MSE)。这些参数被用于计算输入和输出之间的绝对差异。这些参数在质量分析(QA)和监测中非常重要。PSNR 值在 35 dB 或以上被认为是好的。

对音频水印算法特征的性能评估标准的选择代表了有效设计高性能水印算法的一个关键问题。有四个重要的性能评估标准。它们可以适用于任何水印系统。主要的标准是(Gordy & Bruton, 2000):

1. 比特率
2. 视觉质量
3. 计算的复杂性
4. 对信号处理的稳健性

数字水印的不同应用领域(Cvejic, 2004)是:

1. 所有权安全:在有关所有权的应用中,可以在混合媒体的实际信号中插入具有所有权细节的水印。这个只有占有者才熟悉的水印必须是非常安全和稳固的。这使得权利人在发生冲突时能够验证这个水印的存在,以证明他的所有权。水印的识别至少应该有一些虚构的可能性,以引起危险信号。相反,占有权安全需要设置一定的插入能力,因为在很小可能出错的情况下插入和取出的比特的实际数量并不一定很大。

2. 所有权的证明:水印作为所有权的原始证据,其管理具有很大的挑战性。真正的困难在于竞标者使用软件将实际的合法权利通知替换为自己的合法权利通知,然后自称自己拥有合法权利。为了实现安全,限制识别器的可访问性是非常关键的。如果任何竞争者没有识别器,水印的消除将是最麻烦的。但是,尽管拥有者(权利)的水印没有被消除,竞争者可能试图颠覆拥有者。一个竞争者,使用他自己的水印系统,可能会很好地把它框起来,使水印信息可以在占有者的实际主机信号中得到。通过对问题反驳的少量修改,可以在一定程度上降低难度。

3. 真实性和涉猎识别：在内容真实性的工作中,一组附属数据被插入到主混合媒体信号中,随后被用来发现原始主信号是否被涉猎。消除水印或使其无法识别的力度并不重要,因为从黑客的角度来看,这种煽动性是不存在的。但是在非法的主机信号中嵌入真正的水印是绝对应该避免的。在务实的成就方面,从内容涉猎上追踪和区分非预期的毁坏也是明智之举。(例如,由于 MPEG 的限制而造成的失真)。为了满足与所有权保护相关的应用程序对一些额外数据的需求,通常需要较高的水印插入容量。识别必须在不需要原始主机信号的情况下进行。

4. 指纹：在指纹图谱中插入水印的补充数据可用于跟踪超媒体文档特定文本的创建者或接收者。例如,在将音乐光盘或视频光盘分配给众多接收者之前,具有不同身份号码的不同水印被插入不同的记录中。用于指纹的技术应具有良好的韧性,以抵抗全球攻击和信号处理调整,如有损压缩或过滤等。指纹需要各种技术的优秀反串通特性,即在主机超媒体文件中插入两个或多个身份号码几乎是不可能的。如果发生这样的事情,识别器就无法区分哪个重印本存在。指纹应用程序的嵌入程度跨越了占有权安全应用程序所需的范围,且比特率相当低。

5. 广播跟踪：就广播而言,听觉水印有多种应用。它的好处是,它可以插入超媒体主机内。它不需要利用信号的特定部分来进行广播。因此,它通常可以与以前建立的广播设备支持相协调,包括模拟和数字传输介质。主要的困难是,水印的插入比将基本数据放入文件头要复杂得多。还有一个问题是,水印可能会引入变形,这可能会削弱超媒体的光学或语音特征。迄今为止,一些基于水印的广播跟踪应用已经在利润丰厚的基础上可用,如节目类型识别、广告方法和广播报告分析等。客户因此获得了潜在知识的充分证据,这使客户能够：

　　a. 证明正确的节目及其相关宣传

　　b. 监控项目内的贸易市场

　　c. 利用在线编程软件对程序内超媒体进行自我调节监控

6. 转录管理和检索控制：就在这种类型中,插入的水印表示对记录或检索的一些规定。水印的标识符大多是与通过复制记录的声音统一在一起的,例如,视频光盘转录调节技术或安全数字音乐倡议(SDMI)。在检测到水印并对其所有内容进行解码后,可以通过指导特定的硬件或软件过程,如激活或停用记录部件或元素,来实施转录调控或检索控制策略。

这种类型的应用需要水印技术对故意的指责和信号处理改进免疫,以便能够完成盲水印识别,以具有在原始信号中插入有效位的能力。

7. 知识载体:插入的水印被设想为拥有很大的能力,可以使用盲检测技术进行识别和解密。虽然不需要对抗全局指责的强度,但可能需要抵抗通常处理(例如 MPEG 压缩)的某种级别的韧性。插入主机超媒体中的突出水印很可能被用作与外部目录连接,该目录有关于超媒体文件的具体补充细节,如拥有权利信息和授权要求。一个更吸引人的用途是关于数据的数据通信(称为元数据)以及混合媒体。例如,插入到听觉片段中的元数据可能有关于交响乐家、艺术家、一般旋律等细节。

首先,简要讨论音频水印的类别,然后稍微进行文献回顾,紧接着研究目标,再研究所提出的水印技术的施行,最后,性能参数的结果将用各种类型的音频信号以图表形式显示。

音频水印的类别

音频水印可以根据操作模式分为不同的类别(Walker, 2004):
- 时域方法
  - 附加的噪声
  - 附加混响
  - 改变相位
  - 振幅调控
- 频率(变换)域方法
  - 附加调制的载体
  - 在变换域中附加噪声
  - 扣除频段
  - 添加槽口后再添加载体的组合
  - 带外信号
  - 改变频谱分布

- 编码域方法
  - 在有偏误差分布的帮助下,改变编码的系数
  - 在编码系数上附加类似噪声的信号

所有这些都将被简要地研究。

时域方法

添加噪声

水印可以简单地作为一个低电平信号叠加到信号上。如果水印与随机噪声差别不大,它就会增加音频信号的有效背景噪声水平。实现这种类型的系统的最常见的方法是使用扩频调制。其他类型的调制系统也是可能的。其中一种方案是基于最小有效位(LSB)调制。它可以在音频和视频系统中使用。它可用于携带辅助数据。这样的系统可以支持高数据率,但不完全健全。实际上,它可以在数字相干系统中被使用。

添加回声

众所周知,人类的听觉系统在某些标准下对回声是非常不敏感的。在很短的时间范围内(大约20毫秒),如果信号的振幅比原始主机信号低一些,信号的重复就是不明显的。为了水印的目的,回声的振幅不需要很低。数据可以通过使用10毫秒(例如)的回声来代表二进制0级,30毫秒(例如)的回声来代表二进制1级来嵌入。相对于原始主机信号,振幅可以在-20 dB和-40 dB之间。二进制数据序列可用于以较慢的速率直接携带水印数据,或以较高的速率作为扩频调制系统的一部分。

修改相位

音频通常是相位不敏感的,因为人类听觉系统(HAS)不知道信号的绝对相位或相对相位,也不知道信号相对于其他端口的部分。这就是目前水印系统的基础。在这种方法中,信号以块为单位转化为傅里叶世界。傅里叶组成部分的相对相位被调制以携带水印信息。大多数情况下,参考块的相位被设置为参考值,相位所携带的代码信息与参考值相抵消。信号再次被转换到时域。在另一种方法中,单个块中的各组成部分之间的相位差可以被设置为特定值。在所有情况下,诱导的相位变化必须改变以降低可听度。检测是通过相同的转换序列

和计算傅里叶组成部分的相位差异来进行的。调制也可以是原始水印数据或扩频编码。

振幅调制

在这一点上,信号的时域包络可以被改变以携带水印数据。整个包络可以在一个大的时间尺度上被调制。虽然没有音频系统以这种方式工作,但为电影院设计的商业视频系统可以通过引入虚拟的闪烁或帧率的变化来改变整体的亮度。

频率域方法

水印可以被添加到一些变换域中。大多数常用的变换是傅里叶变换、DCT、Hadamard 和小波变换。所有这些都是很容易计算的。最好是使用一个能以最佳方式表达人类感知系统特性的域。以下方法是基于对普通频率域即傅里叶变换域的修改。在某些情况下,这些方法也可以通过线性滤波或模拟系统来实现。

添加调制载体

这样一个系统需要一个计算和利用心理声学可听阈值的系统。如果它们的振幅不受任何掩蔽阈值功能的控制,几乎所有添加的音调有时都能被听到。这些音调被额外调制以传达水印信息。这样的系统非常简单,可以做到不被察觉,但不安全。黑客不需要很长时间就能确定这些频率,并对其进行充分的扭曲,从而导致检测器失效。

在变换域中添加噪声

与其在原始信号域中加入类似噪声的信号,不如将水印嵌入一个合适的变换域中。同样的域可以很容易地用来计算感知函性和屏蔽函数。

减去频率段

消除窄频带的想法是非常简单的想法。然而,潜在的数据率有点低,因为音频通常包含有一些未使用的频段。这样的系统将很容易被发现和克服。

增加凹槽和增加载体的组合

它指的是前两种方法的结合。如果添加的载体具有与原来在每个频段的音频相似的特性,那么这个系统肯定不会那么容易被察觉。它也将是非常稳固的,特别是对数字编码来说,水印信号更有可能被看作是音频信号的一部分。MPEG音频标准的谱带复制(SBR)方法可能形成计算这种计算上不同(但视觉上相似)的信号的基础。

"频带外"信号

在正常音频频谱之外添加信号是一个非常古老的想法。它曾多次被用作"破坏者"来干扰使用模拟磁带录音的复制。会导致与唱片放大器/磁头中的偏置信号产生声音互调。它现在已经完全过时了。任何基于"频带外"载体的水印系统也同样难以克服这种信号干扰,即使通过装有强力带限滤波器的现代数字处理系统也无法改变。

频谱分布的修改

有些系统已经被提出,可以修改频谱加权。这与在变换域中添加噪声是一样的(只要它是在高分辨率的傅里叶域中进行的),但该方法中的加法被该方法中的乘法所取代。如果在一个广泛的频谱上进行,它将是具有类似限制的频域方法。

编码域方法(MPEG、DTS、ATRAC 等)

利用有偏误差分布改变编码系数

信号在一个用于降低比特率的音频编码器中被粗略地量化。该量化的决策阈值是基于在一些相对较窄的频带中的感知阈值的主观建模。但在一个基于分配的决策阈值的系统中,阈值不是不可改变的。阈值可以稍加更改,而不会对输出质量产生太大影响。如果这些决策阈值被水印信号以一种小的和预先确定的方式改变,那么对质量的影响将是相当小的,但这些改变在接收器中可以被检测到。

在编码系数中加入类似噪声的信号

水印数据可以简单地被添加到系数中(作为一种通过有偏差分布来修改编码系数的替代方法),就像在变换域中工作的任何其他加法系统一样。

.NET 框架结构

NET Framework（Wigley, Sutton, Wheelwright, Burbidge, & Mcloud, 2002）是一个由互联网络组成的平台,但旧的工作站应用平台不应受到影响。.NET 是一个语言、技术和工具的集合体,它们被整合在一起以提供制作强大的应用程序所需的结果,这些应用程序可以相互交互,并产生与语言和平台不相关的数据和应用逻辑。这个平台由三层组成：用户和程序接口(ASP.NET 和 Windows Forms)、.NET 框架基类和通用语言运行时间。这个框架的组成部分显示在图 20-3 中。

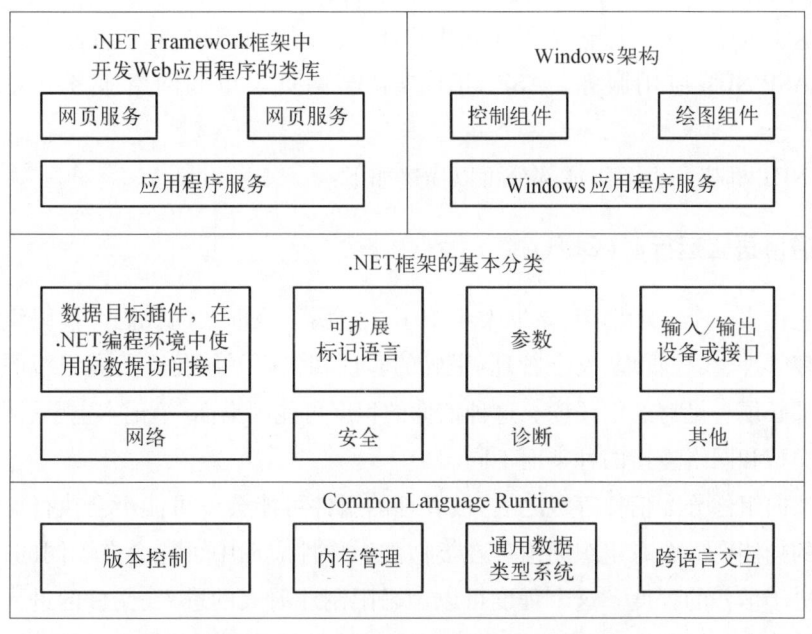

图 20-3 .NET 框架的不同组成部分图示

这个子结构的主要基础是通用语言运行时间,其原理是填充、实施和组织密码,并将其整理为二进制数字代码格式的过渡性配置。这种类型的代码格式是指中间语言(IL)。一些语言如 C#.NET 和 Visual Basic.NET 有不同的编译器来支持这种类型的代码格式。.NET 框架的这一组件采用了即时编译器(JIT),以便在实施前将中间语言的密码整理成本地的比特密码。它的重要特点是版本管理、内存管理、跨语言的交互和传统的数据类型系统。

这类子结构的第二层是基类（用于.NET 配置），其主要目的是为数据的检索及其利用、数据的序列（输入/输出）、保护、线程治理等提供服务和对象原型。应用程序编程接口（API）是在不同的基类中编码的。存储库是面向对象的类的存储。这些类可以被重新表述，也可以被升级，以允许应用程序的快速发展。这些类型的类别鼓励形成从不同类型的网络服务、网页和网络服务到 Windows 的不同传统应用等。

这种类型的框架包括一些运行时主机，这些运行时主机是无组织的成分，在机制内存储通用语言运行时，并开始实施有组织的密码，从而使情况能够从有组织的以及无组织的属性中受益。用于给.NET 框架开发软件的工具包提供了许多运行时主机，并帮助第三方运行时主机的发展。

这个框架的第三层包括程序和用户接口。两个子组件是 Windows 应用服务和 ASP.NET 应用服务。ASP.NET 支持与网页表单和网络服务有关的新技术。

.NET 框架的主要组成部分可以描述如下：

通用语言运行时（CLR）

它代表一个起诉框架，该框架组织了注定属于该框架的代码。代码组织涉及内存管理、线程管理、安全管理、密码的验证和代码系统化。所有组织的组成部分都必须有足够的信任度。这种信仰的程度可能因桌面/笔记本电脑、网络链接的类型和网络连接的种类而不同。

在向组件分配信任等级之后，被管理的组件可能会或可能不会执行应用程序中的功能。一个有组织的组件在类似的操作性应用中可能会有不同的行为，这取决于信任的程度。这个程度可以用来限制注册表的进入、文件的进入或网络的操作性。通用语言运行时提供了安全性，使客户能够在不危及精密工具或方法的不适当进入情况下进行不同的实践，例如，一个人可以通过在电子邮件中点击文件两次来访问一个可执行文件，尽管这可能导致任何类型的听觉或视觉冲击，但进入任何桌面/笔记本电脑中的私人信息都没有威胁。这使得网络设定可以像普通工作站设定一样充满属性。

CLR 还使用了一个通用类型系统，以提供语言的互操作性。各种第三方编译器可以产生与 CTS 相匹配的有组织的类、类型等。这一代通过 CTS 为框架提供保护和稳固性。

这种类型的运行时的另一个目的是提高程序员的吞吐量。通过框架的不同语言,程序员可以选择任何想要的语言。每种语言都可以从公共语言运行库、类库和组件中受益。

固有的自激活内存管理也倾向于增加应用程序和框架的稳固性,从而减少许多通常的应用程序的不准确性。

通用语言运行时还必须提高应用程序的性能,这可以通过两种方案实现:JIT 编译器(用于在执行时将有组织的密码整理为固有的设备位密码)和服务器端应用程序(用以巩固应用程序的推理和营销作用,也允许在更接近依赖资源的地方执行)。

类库

这是一组与 CLR 结合在一起的可再生类。与.NET 相关的应用程序受益于对类库中存在的不同类型的类的开发和扩展性能。

它从非常通用的类开始,然后继续到具有特殊和精确服务性的类。由于其适当的管理,它是直截了当的并易于学习和使用的。该模型非常简单地将其他公司的部分与现有的类库相结合。

.NET 框架类帮助开发者执行各种常规的编程功能,其中也包括文件检索、字符串组织和数据库关联等任务。此外,一些类使与应用程序开发有关的环境变得既非常灵活又有很强的适应性。不同种类的应用程序在这个框架中得到了帮助:

• 网络服务、控制台应用程序、Windows 应用程序(Windows 框架)、脚本应用程序等。

例如,Windows Forms 的分类可能对制作 Windows 图形用户界面(GUI)的应用很有用。此外,这可以通过一系列可持续的图形用户界面而变得容易。作为一种替代方法,网页表单和 HTML 使其迅速发展,激发了基于网页的应用程序。

客户端应用开发

客户端应用程序表明正在使用得非常习惯的应用程序域。客户端应用是指那些可以用一种形式恳求的和重复操作的应用程序,这些应用程序被称为客户端应用程序。这些应用的例子可以从文本的操作到个性化的会计包都有所不同。这样的应用程序可以通过从 Windows 的开始菜单中打开一个表格来启动。通常情况下,文件夹和实用程序是本地保存和运行的,并与本地外设关联。Windows 框架的有组织控制允许在多维空间上安装应用程序,但客户能够将应用程序看作是一个网页。

早些时候,开发人员使用 C 或 C++以及 Microsoft Foundation Classes(MFC)或快速应用程序开发(RAD)环境(如 Microsoft Visual Basic)开发这类应用程序。.NET 的子结构将初级商品的特征包含在一个单一的同质的蓬勃发展的场景中。单独场景的目的是为客户简化应用程序的演进。通过增加安全性和性格属性,可以进一步增加这种谦逊性。由于所有功能齐全的应用程序都可能位于网页上,用户机器中存在的其他一些应用程序也可能构建在网页上。应用程序可以解释密码保护界限,该界限限制了应用程序在任何设备上可以执行的操作。这为开发人员提供了与安全性相关的属性,尽管应用程序是用机器语言运行的。每个对象和网页服务器都有不同于其他服务器的安全优点。Windows Forms 应用程序比基于网页的应用程序要好得多。Windows Forms 应用程序有一定程度的信任,因此允许二进制和本地执行代码,以便与一些支持连接。这可以进一步用于完成应用程序所需的图形用户界面组件。

服务器应用程序开发

网络服务是服务器端上的应用单元。这些服务可以像网站一样被充裕地分配。网络服务的组件并不是为某个特定的网关准备的。这些只是可再生的元素,所以它们可以被其他应用所使用。传统的应用程序,基于网络的应用程序和其他网络设施可以利用网络的不同服务。网络服务是面向互联网的移动应用开发。ASP.NET 的环境允许不同的开发者使用.NET 的子结构来针对与网络服务相关的应用程序。最重要的特点是能够在框架支持的语言中生成网页表单。由于 Visual Basic.NET 可以用来创建网页表单,因此不需要学习多种语言来制作不同类型的应用程序。网页表单可以在本机机器代码中实现,并且可以像各种有组织的应用程序一样,以类似的方式利用 CLR。这使得网页表单可以快速地进行整理和执行。

此外,.NET 子结构提供了一组类和机制,以便在与网络服务相关的应用程序的发展和衰竭中使用。网络服务基于各种标准,如 XML(一种可扩展的数据格式)、WSDL(网络服务描述语言)等。该框架应用这些标准来鼓励信息交换和非微软解决方案的使用。

网页表单和网络服务都得益于互联网信息服务的可适应体系结构。虽然这些技术依赖于互联网信息服务，但它们的连接形成了最初的布局和现有并不繁琐的保护。

Windows Forms

随着语言转向网络环境，.NET 框架阻碍了传统 Windows 应用程序开发。

Windows forms 的概念简化了应用程序的发展，并可以很好地用于创建属性丰富的 Windows 应用程序用户界面。Windows forms 是一个新的软件包，通过.NET 框架来发展和利用 Windows 的各种应用程序。它支持的创新方法包括：通用的应用框架、有组织的执行环境、一致的保护以及与对象相关的各种布局原则。此外，Windows forms 为网络服务提供了帮助，可以毫不费力地通过一个被称为 ADO.NET 的特定的.NET 数据模型链接到信息/数据的存储。

.NET 框架中的 Windows forms 有助于 Windows 用户界面应用程序的发展。虽然布局与网页表单非常相同，但类以及执行都非常不同。开发环境是这样的：对于一个应用程序开发人员来说，使用 Windows forms 或网页表格来编写应用程序是非常容易的。

Windows forms 的主要目标是使用的舒适性和可回收性。所有的 Windows forms 都建立在主要是指针的委托上。每一个事件都可以有一个处理程序，这样处理程序的定义就不需要总是由其他模式来完成。使用 Visual Studio.net 制作 Windows forms 项目的结果是，只需创建一个项目文件，并进行整理。没有头文件，没有界面定义文件，没有引导应用程序文件，没有资源文件和库文件。开发人员可以用不同的语言（从 C#到 COBOL）编写 Windows forms 应用程序（或网页表格应用程序）。通过允许开发人员僵硬地使用他们想要的语言，这导致了训练曲线的减少。Windows forms 受益于微软的下一代 2-D 图形系统。

网页表单

这些是由 ASP.NET 提供的驱动程序框架。它们的主要目的是拥有基于应用程序的用户界面。该工程已经进一步升级，通过包括更多的功能，如开发拖动一个项目，然后将该项目拖放到屏幕上的其他位置，从而产生新一代的进化。

它们包含一个模板和一个模块。模板由用户界面元素的安排和组织的细节组成。模块由所有与用户界面相关的认知和论证组成。网络元素的好处是,它们控制了所有的所需的协调。

新的编程语言

Visual Studio.NET 是微软的.NET 子结构部署环境。创建这个一致的开发域基本上是为了帮助不同的编程语言,这些语言将整理成 Microsoft 的中间语言(MSIL)。

简短调查

下一章节将对音频信号的水印进行简要调查:

Bassia,Ioannis 和 Nikos(2001)开发了一种时域的音频水印方法,这种方法不使用实际信号来检测水印。水印信号是使用只由版权所有者保存的单一数字密钥产生的。

Cvejic 和 Seppanen(2003)在小波域中开发了一种非常可靠的音频水印技术。在该技术中,水印根据密钥嵌入到视觉上重要的、随机选择的音频子带集合中。这种嵌入就像跳频扩频技术一样,在预先指定的时隙中执行。

Larbi 和 Meriem(2005)开发了水印,作为即将处理的音频系统的预处理步骤。水印信号被用来改变音频信号的不同统计特征。

Lei,Xue 和 Lu(2006)提出了一种新的本地化的强大音频水印技术。在这种技术中,首先选择强的局部区域(代表音乐边缘或鼓声等),然后将水印嵌入这些强位置。这些位置对更好地解释音乐有极大的好处。

Wang,Wei 和 Panpan(2007)开发了一种新型的灵活的数字音频水印技术,它依赖于支持向量回归(SVR)。在这种技术中,水印是在自适应量化的帮助下,根据本地音频的相关性插入到音频信号中。

Chen,Zhao 和 Wang(2008)提出了一种全新的针对 MP3 压缩音频信号的水印算法。该算法可以在离散余弦变换(DCT)后,但是在量化之前,嵌入水印。

Zhang 和 He(2009)在离散余弦变换(DCT)和离散小波变换(DWT)领域的随机共振(SR)的基础上,开发了一种不可见的和稳固的音频水印算法。DWT 和 DCT 的域系数被用作 SR 系统的输入。

Wang(2010)提出了对平均信号进行量化,然后嵌入加扰的水印。该技术被认为是相当稳健的,但受到白噪声的影响。

Panda 和 Kumar(2011)提出了一种嵌入到音频宿主信号中的抗攻击且高效的水印算法。所提出的方案被认为对诸如噪声添加、重新量化和重新取样等攻击是非常强大且听不见的。

Ding,Wang,Shen,Lu 和 Hu(2012)提出了一个新颖的基于非嵌入式 DWT 的音频水印方案。该方案显示,版权信息可以被隐藏而不会降低声音质量。

Wang 和 Bo(2013)展示了一种基于 DWT 和 DFT 混合的优秀方法,然后对振幅进行量化,以嵌入水印。该方案的优点是在提取水印时不需要原始音频信号。

Muhaimin,Danudirdjo,Suksmono 和 Shin(2015)开发了一种用于隐写音频信号的自相关嵌入式水印方法。同时,由于隐写信号与其隐藏水印的延迟版本之间具有自相关性,因此水印提取也很容易。

Elshazly,Nasr,Fuad 和 Samie(2016)提出了一种新的水印方案,其中原始音频信号经过小波变换,然后通过奇异值分解(SVD)变换对低频系数进行分解。结果矩阵是一个对角矩阵,水印比特流和同步代码流被嵌入其中。然后,可以应用反 SVD 和反 DWT 来获得水印信号,之后可以提取出水印。该技术已被发现对各种攻击具有稳固性。

拟议方案

文献调查中还存在一些空白。在大多数论文中,结果都是初步的,可能会有很大的改进。这里将计算峰值信噪比(PSNR)和误码率(BER)等参数,以显示这项研究的优势。这项工作将是已经完成的研究工作的延续(Chen et al.,2008)。在本研究工作中,将使用随机载波(而不是之前研究中的固定载波)在应用 ADPCM 压缩技术,即自适应差分脉冲编码调制(不同于离散余弦变换)之后,但在量化之前将水印嵌入到音频流中。拟议方案可以将水印嵌入到.wav 文件中,以强加版权并确保不同类型的混合媒体不被破坏。一个密钥流将被用来绕过一些样本,抓取下一个样本,将信息的一个数字插入到样本的最下面的数字中,然后将改变后的单元注册到最终流中。在整个信息被掩盖后,其余的样本就会被复制。ADPCM 的优点是它能减少/压缩数据,但缺点是任何高频都会有一点失真。

主要问题是产生一种算法,利用 ADPCM 技术和量化技术来开发水印音频,从而绘制出 PSNR 和 BER 的值。拟议技术的有效性将通过与现有研究结果的比较来体现(Chen et al.,2008)。

设计和实施

实施的步骤可分为以下几步：

1. 开发一种将水印嵌入音频文件的算法
2. 开发一种算法，从水印文件中提取水印文本。
3. 绘制 PSNR 和 BER 等参数
4. 将结果与现有研究中制定的传统方案进行比较(Chen et al.,2008)。

拟议的水印技术显示在图 20-4 中。首先，原始音频(.wav)文件被分割成 16 位帧，然后采用 ADPCM 压缩技术(图中未显示，因为这种压缩被认为是成帧的一部分)。此后，选择一些随机的比特样本，使水印的检测变得几乎不可能。最终，水印被嵌入这个随机样本文件中。ADPCM 是基于相邻样本之间的差异不会那么大的假设。4∶1 的压缩比是随着采样率的增加而减少衰减的。在 44.1 kHz 的频率下，压缩后的信号可能是实际样本的精确复制。

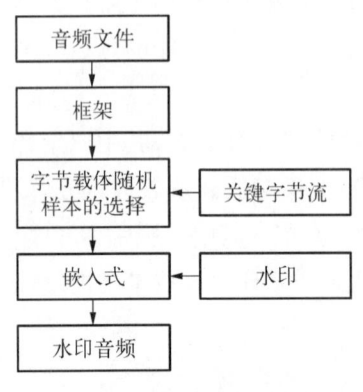

图 20-4 音频水印流序列图示

波形文件是一种资源交换文件格式(RIFF)，连同"波形"块有两个子块："fmt"子模块(指定声音的数据格式)和"数据"子模块(表示原始数据样本)(Khan, n.d)。

嵌入水印

添加水印等同于将其隐藏在位图像素中。水印首先被添加到压缩的波形文件中，然后用一个关键流来跳过一些样本，抓取下一个样本，在样本的最低位插入一个信息位，然后将改变后的单元写入目标流。在整个信息像这样被添加后，其余的样本被复制。其步骤是：

1. 将音频文件分割成 16 位的帧。
2. 使用常用的压缩技术(本例中为 ADPCM)。
3. 使用密钥选择随机样本，然后将水印添加到所选样本的最低有效位上。

这可以按以下方式进行：

读取信息的第一个字节。对于每一个信息位，从密钥流中读取一个字节。关键字节与留下的几个样本一致。从波流中读取一个样本。然后从现在的信息字节中获得即将到来的位,之后将其置于样本的最后一位。

提取水印

在这种方法中,密钥流被用来寻找所需的正确样本的位置(如在添加水印的情况下)。然后,样本的最后一位被读取并转移到信息的当前字节中。字节完成后,将其写入信息流中,然后继续下一个字节。这些步骤是:

1. 首先,使用密钥来知道要添加水印的样本的位置:从密钥流中读取一个字节,根据密钥字节留下的一对样本,并从波流中读取一个样本。

2. 从样本的最低有效位提取水印位,并插入水印数组。

完整的随机样本水印算法可以用.NET框架来描述。所提出的随机样本水印算法的可执行文件包含音频编码和解码所需的所有字段(如添加加密密钥、添加水印、上传原始音频的窗口和嵌入/提取水印功能)。

嵌入水印算法

在音频信号中嵌入水印算法的步骤为:

1. 首先在系统上安装.NET框架,然后部署所提出的随机采样音频水印方案的可执行形式。

2. 在安装一个带有名称的图标后,在系统屏幕上创建了音频水印。该图标被双击,得到嵌入/提取水印的屏幕。它由许多按钮组成,如隐藏信息、浏览等。水印可以被嵌入到.wav 文件格式的音频文件中。

3. 点击浏览按钮,可以看到"打开对话框"已经出现。此后,从电脑中选择一个压缩的音频文件。

4. 选择音频文件后,关键文件和水印音频文件的名称都会被浏览到。

5. 将水印(要编码的)写在文本框中,然后点击"隐藏"按钮,以便将数据编码到给定的音频文件中。

6. 点击"隐藏"信息按钮后,水印就成功插入到音频文件中。带水印的音频文件可以用与文本框相同结果中指定的名称保存。水印音频文件的保存格式与原始音频文件格式相同。

提取水印算法

从音频信号中提取水印算法的步骤是:

1. 第一步是点击浏览按钮,然后加载带水印的音频文件,以及嵌入/提取水印屏幕上的关键文件。

2. 点击"提取"按钮,就可以从有水印的音频文件中提取水印。

3. 如果密钥是有效的,接收者将得到水印。水印将出现在信息文本框中。如果钥匙不匹配,信息框将显示"钥匙不匹配"的信息。

结果和讨论

模拟和测试可以通过以下程序完成:

1. 选择音频(.wav)文件,因为它的质量最好。使用一些软件可以非常容易地处理波段音频。使用.wav 格式不在于它的简单性、熟悉性以及简单结构。

2. 让版权信息成为"此信息在声音文件中不可见"。

3. 在"随机采样音频水印技术"的帮助下,私人和保密信息被嵌入到音频中。这样,就形成了一个有水印的音频信号。

4. 然后,在步骤 3 中形成的信号通过通道传输给接收方。在接收端收到这个信号后,解码技术只有在知道有效的私钥的情况下才能从水印信号中恢复水印。因此,接收方检索到的水印文本是"此信息在声音文件中是不可见的"。

计算峰值信噪比(PSNR)和误码率(BER)的不同步骤是:

1. 在电脑上安装.NET 框架。然后出现音频 PSNR 工具的可执行形式。

2. 安装完成后,屏幕上会出现"音频 PSNR"图标。现在双击该图标,可以看到音频信噪比、PSNR 和误码率屏幕。误码率和信噪比或 PSNR 都可以作为输出参数来选择。本研究中感兴趣的参数是 PSNR 和 BER。

3. 点击"浏览"后,出现"打开对话框",然后从计算机中选择一个音频文件。

4. 选择音频文件后的最后一步是点击"浏览"关键文件,然后点击"查找结果"按钮,得到水印音频信号的 PSNR 和 BER。

表 20-1 显示了提议的和现有技术的 PSNR 和 BER 值。这些值显示了三种不同类型的音频:流行音乐、古典音乐和人声。结果表明,建议的技术比现有的技术有更高的 PSNR,而 BER 与现有的算法相同(即零)。图 20-5 还显示了建议的算法和现有算法的 PSNR 结果。

表 20-1　技术与计算峰值信噪比和误码率（古典、流行和人声音频）

算　　法	音频信号	计算峰值信噪比	误码率
MP3 压缩的音频信号自适应水印算法	古典(1)	56.4	0
	流行(2)	53.4	0
	声乐(3)	55.4	0
随机样本水印算法	古典(1)	61.7	0
	流行(2)	61.3	0
	声乐(3)	61.2	0

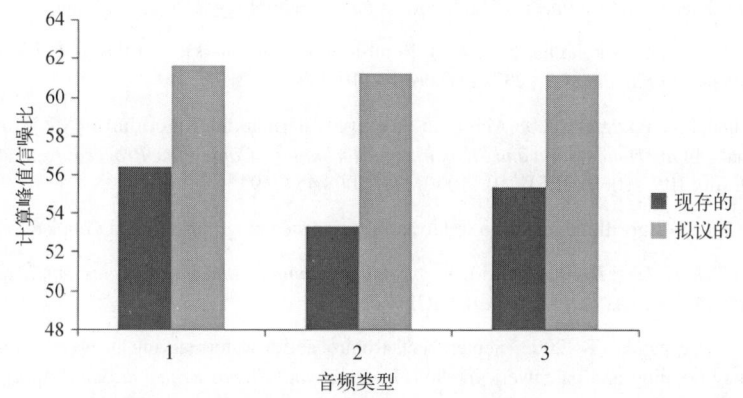

图 20-5　拟议算法和现有算法的 PSNR 比较(1-经典,2-流行,3-声乐) 图示

结语

随机样本音频水印方案提供了更精细的结果,在插入和提取的普通条件下,误码率接近于零。此外,基于任意样本音频水印的方法允许完全水印恢复,而不像高 PSNR 值规定的那样对实际主机信号造成太大的失真。我们讨论了压缩的自适应差分脉冲编码调制(ADPCM),它在 PSNR 方面给出了更好的结果,误码率为零,而信号的实际标准没有被降低。通过与现有技术的比较,证明了所建议的技术是相当强的。这种技术通常用于保存相当高标准的"第一代"归档文件。

未来的范围

人们对知识产权的管理和安全有着极大的兴趣。在实际音频中嵌入一些

"秘密信号"或水印可以被视为管理材料使用的极好方法。一些技术已经被用来在音频设备中设置"守门员",这样就可以防止未经许可的复制和未经许可的模仿。大量的研究将在未来的需求上进行。该研究在未来可能会在以下方向上有所扩展:

1. 在讨论的技术中,只有文本被嵌入到音频信号中。这项技术可以进一步用于将图像上的水印(而不是文字)插入音频信号中。

2. 所讨论的结果是初步的,将来可能会进一步改进。

参考文献

Adya, M. (2007). *Audio watermark resistant to mp3 compression* (Doctoral dissertation). Department of Computer Science and Engineering Indian Institute of Technology Kharagpur, India.

Bassia, P., Pitas, I., & Nikolaidis, N. (2001). Robust audio watermarking in the time domain. *IEEE Transactions on Multimedia, 3*(2), 232–241. doi:10.1109/6046.923822

Chen, B., Zhao, J., & Wang, D. (2008, May). An Adaptive Watermarking Algorithm for MP3 Compressed Audio Signals. In *Instrumentation and Measurement Technology Conference Proceedings, 2008. IMTC 2008. IEEE* (pp. 1057-1060). IEEE. 10.1109/IMTC.2008.4547194

Cvejic, N. (2004). Algorithms for audio watermarking and steganography. Oulun yliopisto.

Cvejic, N. (Ed.). (2007). *Digital audio watermarking techniques and technologies: applications and benchmarks: applications and benchmarks*. IGI Global.

Cvejic, N., & Seppanen, T. (2003, September). Robust audio watermarking in wavelet domain using frequency hopping and patchwork method. In *Image and Signal Processing and Analysis, 2003. ISPA 2003. Proceedings of the 3rd International Symposium on* (Vol. 1, pp. 251-255). IEEE. 10.1109/ISPA.2003.1296903

Dey, N., Maji, P., Das, P., Biswas, S., Das, A., & Chaudhuri, S. S. (2013, January). An edge based blind watermarking technique of medical images without devalorizing diagnostic parameters. In *Advances in Technology and Engineering (ICATE), 2013 International Conference on* (pp. 1-5). IEEE. 10.1109/ICAdTE.2013.6524732

Ding, F., Wang, X., Shen, Y., Lu, Y., & Hu, J. (2012, June). Non-embedded audio watermark based on wavelet transform. In *Software Engineering and Service Science (ICSESS), 2012 IEEE 3rd International Conference on* (pp. 8-11). IEEE. 10.1109/ICSESS.2012.6269393

Elshazly, A. R., Nasr, M. E., Fuad, M. M., & El-Samie, F. A. (2016, May). Synchronized double watermarking audio watermarking scheme based on a transform domain for stereo signals. In *Electronics, Communications and Computers (JEC-ECC), 2016 Fourth International Japan-Egypt Conference on* (pp. 52-57). IEEE. 10.1109/JEC-ECC.2016.7518966

Foo, S. W. (2008). *Audio-watermarking with stereo signals*. Academic Press.

Gordy, J. D., & Bruton, L. T. (2000). Performance evaluation of digital audio watermarking algorithms. In *Circuits and Systems, 2000. Proceedings of the 43rd IEEE Midwest Symposium on* (Vol. 1, pp. 456-459). IEEE.

KhanS. (n.d.). Retrieved from C# from www.programmersheaven.com

Larbi, S. D., & Jaïdane-Saïdane, M. (2005). Audio watermarking: A way to stationnarize audio signals. *IEEE Transactions on Signal Processing, 53*(2), 816–823. doi:10.1109/TSP.2004.839899

Li, W., Xue, X., & Lu, P. (2006). Localized audio watermarking technique robust against time-scale modification. *IEEE Transactions on Multimedia, 8*(1), 60–69. doi:10.1109/TMM.2005.861291

Muhaimin, H., Danudirdjo, D., Suksmono, A. B., & Shin, D. H. (2015, August). An efficient audio watermark by autocorrelation methods. In *Electrical Engineering and Informatics (ICEEI), 2015 International Conference on* (pp. 606-611). IEEE. 10.1109/ICEEI.2015.7352571

Panda, J., & Kumar, M. (2011, October). Application of energy efficient watermark on audio signal for authentication. In *Computational Intelligence and Communication Networks (CICN), 2011 International Conference on* (pp. 202-206). IEEE. 10.1109/CICN.2011.40

Walker, R. (2004). *Audio watermarking, R&D White Paper WHP 057*. British Broadcasting Corporation.

Wang, C., & Bo, G. (2014). A novel approach to generate and extract audio watermark. *International Journal of High Performance Systems Architecture, 5*(1), 33-38.

Wang, W. (2010, December). A new average quantized watermark for audio signal. In *Information Science and Engineering (ICISE), 2010 2nd International Conference on* (pp. 1728-1731). IEEE.

Wang, X., Qi, W., & Niu, P. (2007). A new adaptive digital audio watermarking based on support vector regression. *IEEE Transactions on Audio, Speech, and Language Processing, 15*(8), 2270–2277. doi:10.1109/TASL.2007.906192 PMID:20428476

Wigley, A., Sutton, M., Wheelwright, S., Burbidge, R., & Mcloud, R. (2002). *Microsoft. net compact framework: Core reference*. Microsoft Press.

Zhang, L., & He, D. (2009, January). A novel robust audio watermark algorithm based on stochastic resonance. In *Microelectronics & Electronics, 2009. PrimeAsia 2009. Asia Pacific Conference on Postgraduate Research in* (pp. 185-188). IEEE. 10.1109/PRIMEASIA.2009.5397415

第二十一章
比特币：去中心化的数字加密货币

费罗兹·艾哈迈德·艾哈迈德　印度加利米亚大学
普拉桑特·库马尔　印度诺伊达高等工程技术学院
古尔善·施瑞瓦斯塔瓦　印度巴特那国立理工学院
梅德萨利姆·布勒尔　突尼斯斯法克斯大学

摘要

在本章中，讨论的是确保交易安全的一种去中心化的数字加密货币系统，通过加密技术和独立于任何中心化的第三方来实现。也讨论了比特币的不同特征，以及用一些事实和案例来说明两个比特币用户之间如何进行交易。互联网的快速发展促进了对所有类型的在线交易和比特币网络交易的网络攻击。在本章中，还讨论了伴随网络犯罪和对网络犯罪的惩罚，出现的一些安全问题。

引言

使用电子手段的在线交易处理已经彻底改变了人类社会。它带来了一个使用电子产品的无现金电子商务时代。要把钱转入一个账户，人们不再需要在银行排队等候几个小时。为了购买笔记本电脑或预订机票，人们不需要携带大量的现金到店主那里。现在不需要店主或银行雇员保持冗长的登记簿来记录每月的交易。现在，预订酒店房间或预订飞机或购买笔记本电脑只需点击一下就可以了。这都是因为计算和通信技术的发展。虽然简单而强大，但这些电子金融交易也有一些限制，其中一个限制是这些交易涉及一些第三方作为处理电子支付的中介。以防需要的金融机构不能撤销交易或无法处理中间纠纷。第三方的参与使得每次交易的成本变得更加昂贵。

为了克服与电子金融交易的传统方法有关的限制，Nakamoto（2008）和

Moore(2013)提出了一个不同的电子支付系统。一个被称为比特币加密货币系统的电子去中心化支付系统。这个系统是基于加密证明和安全,为客户提供这种虚拟货币来出售或购买服务或商品。这种货币被称为比特币。

比特币作为一种基于点对点的数字货币在 Nakamoto(2008)中被介绍。在比特币之前使用的传统的无现金交易系统是依赖于第三方的,需要可信的第三方来清算双方的交易。在比特币中,与其他交易系统不同,整个比特币网络扮演着可信第三方的角色,来在两个账户之间进行交易。正在进行的交易由网络中的节点验证其合法性。这些节点创建了一个类似于数据记录文件的分类账,跟踪账户余额,并根据当前状态使用分类账中的记录来验证交易,并相应地更新。与其他数字交易系统不同,比特币是不可逆的交易网络类型。一旦交易提交,没有手段撤销交易除了接收方返回发送者通过另一个交易。其结果是,比特币没有回扣,并且相应的它有一个缺点,即比特币丢失或被欺诈性地盗走是不能退还的。

比特币,一种电子数字加密货币的形式,由网络本身创造和控制。这些都是由矿工使用高计算能力的计算机来解决与比特币有关的数学问题。比特币不像各国的货币那样是印刷品,而且不受各国家边界的限制,因此在国际上被接受和使用。

比特币与其他货币有什么不同?

以数字方式交易的比特币可以像普通货币一样用来在网上购买东西。在这个意义上,比特币就像美元、欧元、卢比或日元等传统货币。

然而,使比特币比传统数字货币更强大的特点是,它是去中心化的。在双方进行货币交易的情况下,像银行这样的中心化第三方负责交易。但在比特币网络中,不需要任何第三方来控制交易。这使得执行交易变得容易和便宜,因为不需要一个大银行来控制资金。像银行这样的第三方每次都要对交易收费,而在比特币网络中却不是这样的。

是谁创造了它?

中本聪(Satoshi Nakamoto)这个不知名的人设计了比特币,也创造了它的原始实现。这是一个基于数学证明的电子系统。其基本想法是建立一个独立于任何第三方干预、去中心化的数字货币网络,应该能够即时进行电子转移,而且交易费用非常低。

谁在印刷？

比特币不是在任何中央银行或任何其他银行或机构下的实物印刷。它对民众来说是神秘的，由它自己的协议控制。创造印刷货币的银行可以生产更多的货币来包装国家的债务，从而使其货币贬值。

与其他货币不同，比特币是由网络上的一群人以电子或数字方式创造的。这个团体或社区向所有人开放，任何有兴趣的人都可以加入。这使得注册和使用比特币工具变得很容易。另一方面，从安全方面来说，给所有人以灵活性可能是有风险的。但事实并非如此，因为交易的处理和确认是由大多数用户批准的。这就像民主投票系统一样，只有在获得一半以上的选票后才能选出领导者。如果超过一半的票数是欺诈性的，那么有51%的概率会被攻击，这将在本文中前半部分讨论过。比特币是利用分布式比特币网络中一些计算能力强的机器创造出来的，被称为比特币挖矿。该网络自行处理交易，没有任何第三方的干预，因此有效地使比特币网络成为一个独立的网络。

比特币的创造有什么限制吗？

比特币不能像传统货币那样被构想出来，而是有需要遵循的比特币协议。其中一条规则是，矿工创造的比特币不能超过 2 100 万个，"什么是比特币？"。这就保持了比特币的价值，而不像传统货币那样可以无条件地印制，导致货币贬值。"Satoshi"是比特币最小的单位或部分，以创造者中本聪（Satoshi Nakamoto）的名字命名。一单位 Satoshi 相当于千亿分之一的比特币。

比特币是以什么为基础的？

所有国家的货币价值都是根据黄金或白银的价值决定的。如果一个人在银行给了一些钱，根据钱的价值，他可以得到一些黄金作为交换。虽然这在现实中并没有实行，但这是有可能的，因为汇率是基于黄金或白银的。比特币是基于某种数学而不是黄金或白银。比特币是使用遵循数学公式的软件程序而产生的。这个数学公式是免费提供的，所以，世界各地的人都可以检查它。应用数学公式来生产比特币的软件程序也是开源软件。所以，任何人都可以免费使用它，人们可以不花钱就拥有它，但是要确保它是在做应该做的工作。

比特币的特点

比特币的一些重要特征使其与普通货币不同,这些特点是:

去中心化的网络

比特币网络不受任何中央机构控制,交易不受任何第三方如银行的维护或管理。但参与比特币开采和处理交易的每个节点都是网络的一部分。这些机器或节点一起工作,控制网络中的交易。不需要第三方来维护交易的记录。交易的接受或拒绝是由网络的节点决定的,同时节点也会保存交易的记录。

易于设置

在任何金融单位(如银行)开立一个简单的账户,都需要办理很多手续。为数字交易设立这个账户是另一项繁忙的任务。比特币地址很容易创建,不需要经过任何安全程序。它是免费的并且不需要透露或验证你的身份。

不具名的

比特币地址不需要像银行那样进行任何类型的身份或位置验证。一个用户可以拥有许多比特币地址,而不需要用户的姓名、地址或任何个人信息。比特币交易不需要透露进行交易的双方之间的个人信息。

完全透明的

就像银行为客户的每一笔交易保存分类账一样,比特币网络也为所有交易保存分类账。它将网络中曾经发生的每一笔交易的记录储存在一个被称为区块链的庞大账本中。区块链维护公开广播比特币地址的所有细节,存储在该地址的大量比特币将向网络中的每个人公开。但用户的身份是不对其他人公开的。没有人知道这是谁的地址。

比特币是通过地址发送和接收的。不同的地址可以为不同的交易产生。通过为不同的交易使用不同的地址,可以使交易活动在比特币网络上更加安全和不透明。作为一个安全方面,最好不要使用相同的地址进行大量的交易,同时将合理数量的(不是那么大的)比特币转移到一个地址。

更便宜的交易

第三方银行和金融机构对交易收费。他们可能会对国际转账收取相当高的费用,具体费用也会根据金额不同而不同。比特币不分国界,所以每笔交易在网络中都得到同样的对待。也会有一些交易费用,但与银行相比这些可以忽略不计。

迅速

通过传统的方法进行交易是很耗时的,而且向任何地方汇款都有一些限制。在比特币的情况下,人们可以随时随地在几分钟内汇款。

这会花费比特币网络几分钟的时间来处理交易并进行验证。

不可撤销的

在商业银行中,有时客户可以撤销交易,称为扣款。但在比特币中却不是这样的。一旦比特币被发送出去,发送者就无法取回它们。一旦它们消失了,它们就永远消失了。取回他们的唯一办法是接收者把它们还回来。

比特币网络的背景

比特币是一种去中心化的加密货币(Bonneauand, 2015; Barber, 1892),只以数字形式存储和交换。它遵循开放标准,并由免费开放会员的点对点网络维护。这个网络被命名为比特币网络。比特币也被写成 BTC,通过交易的方式在双方之间使用地址进行交换。区块链是一个公共账本,它保持所有的交易细节。每个节点通过保存该区块链的副本来维护记录。经网络节点验证的交易最终被添加到区块链中。

比特币网络是一个节点共享资源而不通过服务器的网络。它通过分布式算法和加密工具进行工作,允许实体用称为比特币的数字货币购买商品或服务。比特币的一些主要概念是:(i)交易由每次想将比特币从他的账户中发送给他人的人进行。它可以是一个希望用比特币交换商品或服务的买家。(ii)区块链,其中包含由网络验证的交易记录。它由网络单位集体维护,作为已发布交易的分类账,以及(iii)区块链中待确认的待处理交易池。这些由网络的所有单元在本地进行维护。在比特币交易中,有三个主要实体参与了比特币生态系统:

用户、发送者和网络中的比特币接收者,在网络中交易的对等的传播方式、区块链的维护,以及挖掘交易的矿工,同时决定哪个交易出现在区块链中,以及它们将出现在区块链中的交易的顺序。这些交易记录在比特币生态系统中是非常重要的。

基于比特币系统的基础知识

从上述比特币的概念中,我们可以了解到,去中心化的数字加密货币是怎么回事。它不依赖于一些中央机构来控制其功能,而是依赖于一些数学计算和密码学。矿工使用具有很强计算能力的比特币挖矿设备而不是普通的计算机来制造比特币。比特币的创造和管理依靠数学公式和密码学。它没有一个中央专用服务器来控制交易。在比特币网络中,网络中的多个节点负责验证两个节点之间的交易,而不像传统系统那样由一个中央机构控制。交易被记录在一个叫作区块链的公开分布式账本中。比特币网络由一些重要的组成部分组成,下面简要说明其中一些组成部分。

交易

交易(Ladd,2012;Meiklejohn,2013)是一个将比特币从一个比特币账户转移到另一个比特币账户以换取商品或服务的过程。换句话说,它是在网络上传播的一段有符号的数据,如果有效,最终会作为区块链中的记录结束("比特币交易")。该过程的主要目标是将一定数量比特币的所有权转移到所有者的比特币地址。当一个人想要转移比特币时,交易就会发生,并由发送方的钱包创建。这项交易会被广播到网络进行验证和确认。网络中的节点将响应它并重新广播该交易。如果交易被发现是有效的,它就被包含在他们正在挖掘的块中。验证过程由矿工执行,矿工设置计算机来计算加密哈希函数。这需要一些时间,可能需要10到20分钟,然后只有交易被添加到区块链中。一旦被记录到区块链,交易将反映在接收者的账户上,他将能够在他的钱包中看到交易金额。

在图21-1的帮助下,对交易的过程进行了解释。

彩色编码的部分是本标准交易的主要组成部分,其内容如下:

- 交易 ID(图中黄色标注的字符串是该交易的交易 ID)。
- 描述符合元数据(在右边的蓝色括号中包含交易 ID 的描述和其他细节)。

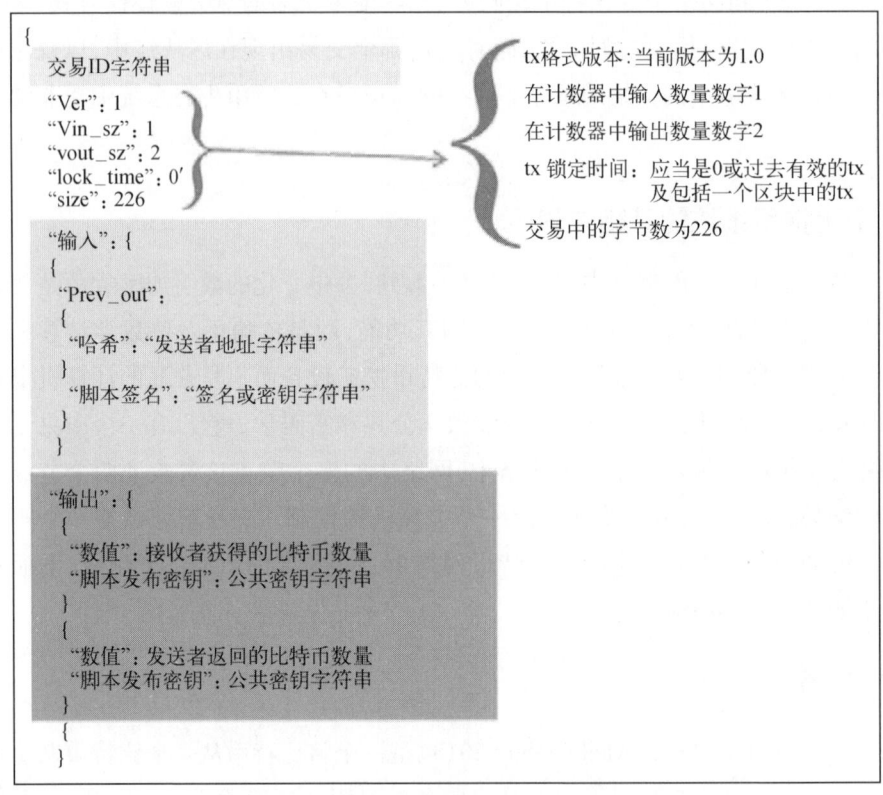

图 21-1 比特币交易实例"比特币交易"图示

- 输入(是加密的比特币的详细数额,在交易实例中显示为粉色区域的发件人地址)。
- 输出(交易的一部分,包含发送给接收方的金额细节,以及发送方绿色区域的更改)。

关于交易的四句现实版箴言:
- 任何比特币金额都会被发送到接收方生成的地址。
- 在接收者一方,这些比特币被锁定在接收地址上,这个地址通常用钱包来标识。
- 在花费比特币时,这些比特币将来自你钱包中已经存在的金额。这些可以是以前收到的或者是被添加到钱包里的。
- 地址接收比特币,每当接收者要接收比特币时,它都会创建一个发送比特币的地址,而不是直接将比特币添加到钱包中。

当金额被发送到一个账户时,金额会反映在钱包里。加到钱包里的金额不会像银行账户那样加到已经存在账户里的金额上。进入钱包的比特币也不会像物理或普通钱包中的硬币那样混杂在一起。每笔交易收到的金额在钱包中保持独立。该账户从其他发送方或自身交易的变化中收到的金额与钱包收到的确切金额是分开和不同的。然后,这些被发件人单独用于其他交易。这里有一个例子:

假设 Bob 创建了一个新账户并且他的钱包里有 0.0 BTC。假设它收到了三个比特币,金额分别为 0.5、5 和 2 BTC,如下所示:Jerry 向与钱包相关的地址发送了 5 个 BTC,Alice 向与 Bob 钱包相关的其他地址支付了两次支付,分别是 0.5 和 2。

钱包里现在有 7.5 个 BTC 的余额,如图 21-2。比特币也可以中本聪来代称,这个名字是因比特币的开发者而起。钱包里有 750 000 000 个中本聪。但是,如果有人偷看钱包,他不会看到上述两种情况下的金额,但金额会根据其原始交易分组为 0.5、5 和 2 BTC。

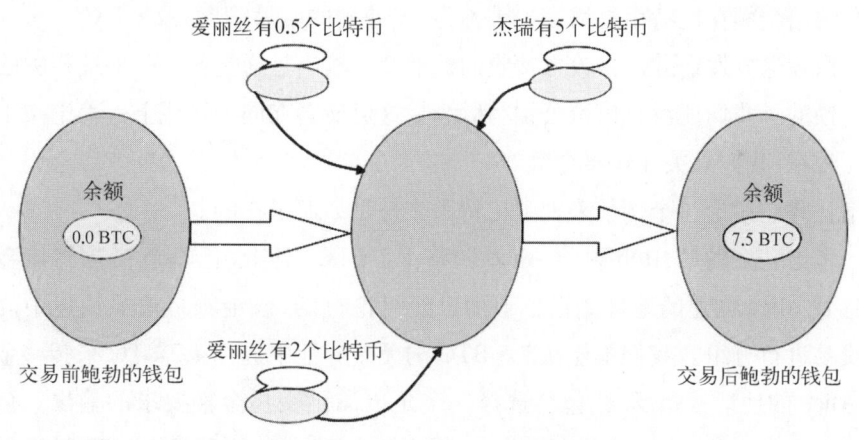

两人向鲍勃持有的比特币钱包地址发送金额

图 21-2　比特币交易图示

一笔交易收到的金额不会与钱包中的金额混在一起,图 21-3。每笔交易的金额在钱包中是独立的,并分别用于其他交易。如示例图所示,这三个金额分别出现,这些金额被称为其原始交易的产出。这些输出在比特币钱包中始终是断开的、独立的和不同的。

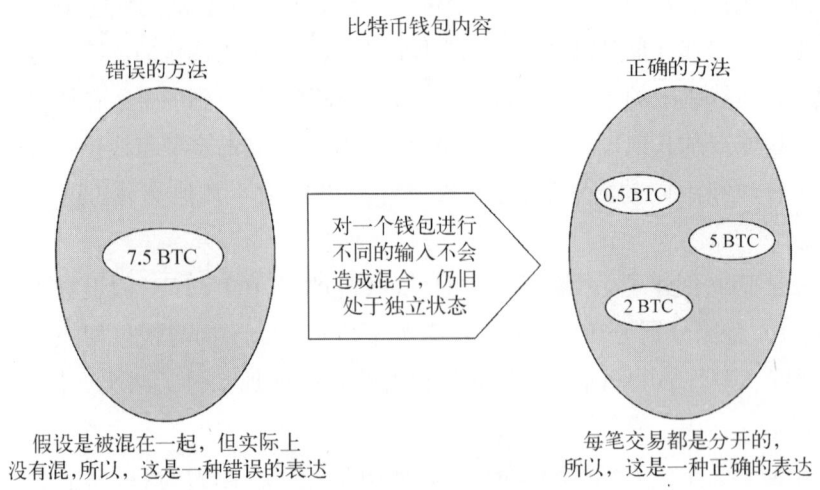

图 21-3 如何将比特币放在钱包中的图示

一个输出是一个被发送到比特币地址的金额。该金额使用一些加密规则进行加密。金额与这些规则一起被发送到地址,这样金额就可以在接收方被解锁。这种输出金额在比特币的语言中被称为"未花费的交易输出"或 UTXO。

由发送方发送并由接收方接收的标准交易输出是通过与接收地址相关的私钥解锁的。我们还没有讨论公钥/私钥对,这可能会在同一篇或下一篇论文中讨论。现在,我们只关注输出金额。

让我们讨论一个例子来理解比特币交易是如何工作的。

考虑一个场景,Bob 想给 Alice 转移 1.2 BTC。实际上,Bob 必须将该金额转移到 Alice 创建的地址。正如上面已经讨论过的,该金额将按照钱包中的原始交易进行分组。我们不能从 7.5 BTC 的无差异池中选择 1.2 BTC 来转移金额到 Alice 的地址。相反,钱包会选择一个足以满足交易金额要求的输出。金额被选择为一个整体,而没有将其分割,因此在这里,这种情况下,2 BTC 被选择为输出。2 BTC 的输出被钱包解锁,同时 2 BTC 的金额作为一个整体被用作 1.2 BTC 的新交易的输入。因此,2 BTC 是这个过程中被称为"花费"的输出。实际需要转移给爱丽丝的金额只有 1.2 BTC。这是由发件人的钱包创建的花费交易控制的。

在这 2 个 BTC 中,花钱交易向 Alice 的地址发送了 1.2 个 BTC,这些将作为输出留在 Alice 的钱包中,并将在他的钱包里用于其他交易。金额中剩余的

0.8 BTC被称为变化。该变化被交易通过一个新创建的地址发回给发送者的钱包。因此，0.8 BTC被送回Bob的钱包，在钱包中作为0.8的新输出出现，并准备在一些新的交易中使用。因此，钱包中的新输出将如图21-4所示。

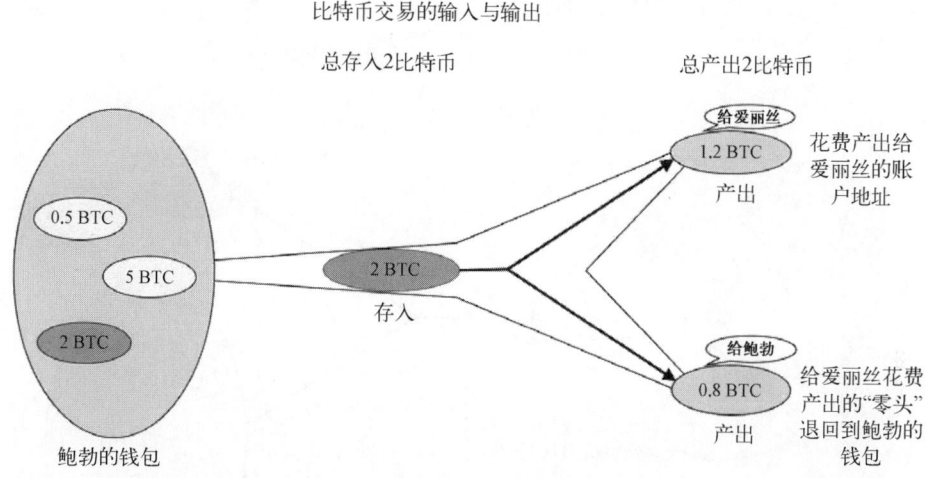

图21-4 比特币交易的输入与输出图示

所有这三个"等待被花费"的产出，在比特币账户持有人的钱包里是安全的，直到它们被选为我们要花费的下一笔交易的输入。一个或多个产出被选为新支出交易的输入。为了选择输出作为下一个消费交易的输入，不同的钱包使用不同的方法或规则。因此，选择UTXOs作为新的花费交易的输入是基于应用于钱包客户端的逻辑。大多数硬币选择钱包政策首先使用较老的UTXOs，但根据条件和因素，不同的算法会采用不同的方法。一个商家可能会得到一些小额的收入，然后进行一次或几次付款，而在移动钱包代理的情况下，传入的支付可能是单一的，而传出的支付可能是很多的数量。从钱包中选择UTXOs的过程在这里并不重要，但在本文中还是要简单讨论一下。该子主题的中心是，与物理钱包不同，比特币钱包收到的金额是仍然是独立和独特的，同时这些金额是分开使用的。

简单讨论一下比特币交易的工作原理，不同于在实体钱包中的样子，用户接收到的许多不同的交易都单独保存在用户的钱包中。在创建花费交易时，这些单独收到的金额（UTXO's）被分别或组合使用，以使金额足以满足我们想要发送至对方地址的数量。由于被选择作为输入的金额总是比我们实际需要转移的金额大。在网络中,输入被分解成两个输出:一个给接收方,一个作为发送方收到的零钱返回到他的钱包里。发送者回收到的零钱成为他钱包中的 UTXO 净值,而发送至接收者的金额成为另一个 UTXO 到接收者的地址。发送者发送的原始 UTXO 在交易中被花费,并永远销毁(图 21-5)。

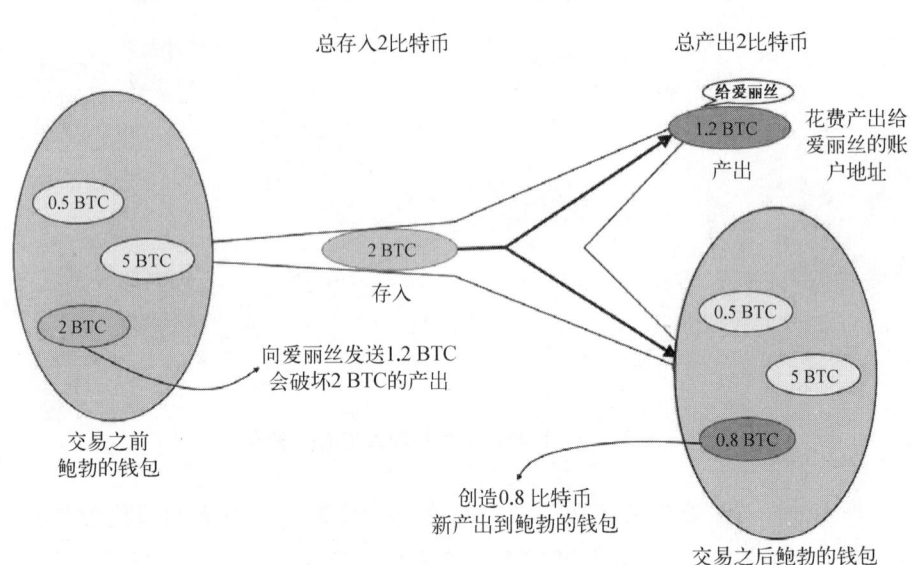

图 21-5 消费并产生新的 UTOXs

  由于 UTXO 被选中进行支付,它需要与接受它的地址相关的私钥。该私钥由 UTXO 确认,并承认它为新的花费交易的输入。这个机制中,以前的交易产出再次被消费交易用作新的输入,这是比特币协议图 21-6 函数的基本原理,由创建者中本聪(Nakamoto Satoshi)在中本聪的设计中定义。

  在比特币网络中,交易是一个使比特币金额从一个比特币账户传输到另一个比特币账户过程。这个过程在点对点的基础上进行。收件人账户持有人可以使用这些比特币进行一些新的交易即授权将占有的比特币转移到一些其他账户。每次交易由一个或多个输入组成,显示对比特币账户的债务。在交易过程中这些输入被网络转换为一个或多个输出,这显示了添加到比特币账户的信用。

  任何交易的输入和输出之和并不总是相同,原因是少量的比特币作为交易费贡献给了矿工。这笔费用非常小,矿工的账户将以此作为手续费记入贷方,因此在一笔交易中,输入的总和略大于输出的总和。

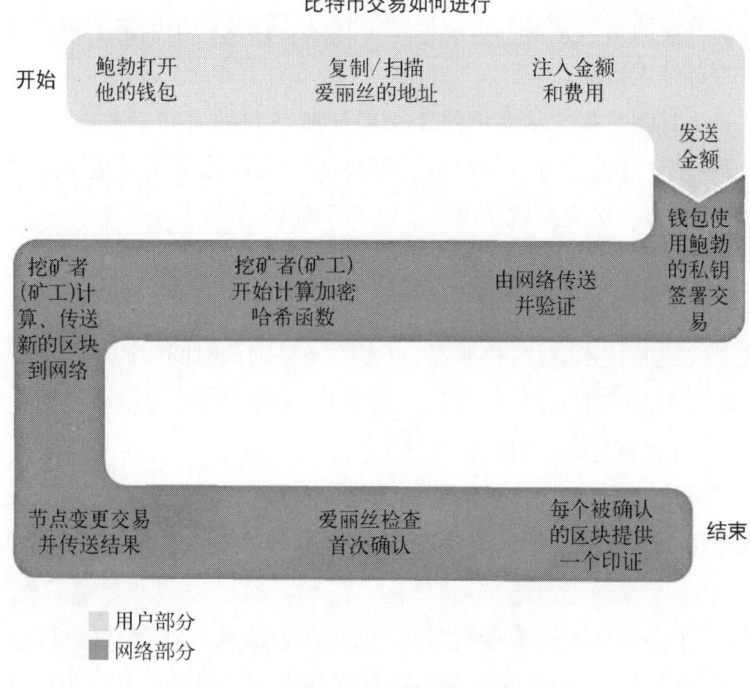

图 21-6 比特币交易流(比特币)图示

比特币支付

在网上交易的情况下,服务、货物和金钱的交换是同时发生,因此需要立即进行交易验证。一旦付款得到验证,货物或服务就会同时被派送或提供,例如,在使用快速信用卡的情况下。否则,货物和服务只有在接收方的付款被处理后才会被提供或派送。交易中的这两种情况被称为慢速支付和快速支付。比特币交易同时使用快速支付和慢速支付的场景。在本节中,下面将简要讨论在这两种场景中如何处理比特币交易。假设在比特币 P2P 网络中有一个供应商 V 和一组客户 C。

"慢速支付":交易确认

这种类型的支付对供应商 V 来说是最传统和安全的,供应商在向 C 提供服务之前,要等待任何一个区块对客户 C 的付款进行确认。该交易由网络验证,确认后被添加到区块链上作为确认。只有这样,供应商才会向客户发起服务。

由于客户或顾客 C 可以通知供应商 V 关于交易确认,所以恶意客户 A 欺骗 V 接受虚假或重复消费的交易的可能性微乎其微。在比特币网络上被确认的交易只被合法的对等人接受。

交易确认时间是指交易在网络中被确认所花费的时间。平均而言,生成一个新区块需要 10 分钟,但根据比特币网络的算力,可能更多或更少。有时通常需要多次的确认,一次交易成功需要 3 到 6 个确认。

快速支付: 交易受理

在这个快速的技术时代,很明显,更多的交易确认时间阻碍了许多以快速服务为象征的组织的进步。因此,像自动售货机,商店,超市等供应商对比特币支付缺乏信任,因为交易确认时间较长。

为了促进快速支付,比特币网络还为供应商提供了快速交易选项,无须等待交易确认即可提供服务,且只有当交易的金额不大时,才会提供服务(Rieke, 2013)。

因此,对于零确认的低成本交易,一旦交易金额被发送到其地址之一,供应商就提供服务或商品。服务是在网络确认交易之前提供的。此时由供应商进行的唯一验证是,供应商可以为特定的交易在客户的钱包中进行检查。一旦由客户端发送到供应商地址的交易被广播,就提供了该交易的充分证明。交易只需要几秒钟就可以通过交易金额在发送方和接收方之间传播,到达接收方的钱包需要一些时间——它支持"零确认交易"和快速交易和支付。

区块链

到现在为止,我们简要地定义了区块链,并将其定义为分布式账本。这是正确的,但还有更多关于它的东西需要发现。现在是时候仔细研究一下区块链的结构和功能了。而我们会说问题是比特币如何保持这些区块的秩序并达成全系统的一致共识。

在网络中区块链是使数字货币或比特币在比特币网络中从一个账户转移到另一个账户的技术。币的所有权是由区块的顺序决定的,为此,在区块中有一个指针,指向区块链中最后验证的区块。这在图 21 - 7 中有所显示(Tschorsch, 2015)。这个指针是用前一个区块的哈希值实现的,这使得区块链的结构呈现链接列表式。链的区块高度被定义为从列表开始到列表结束的区块数量。链中的区块确认该交易在添加到区块链时已占优。比特币按照 Haber(1991)的思路实现了时间戳服务的一个分布式变体。

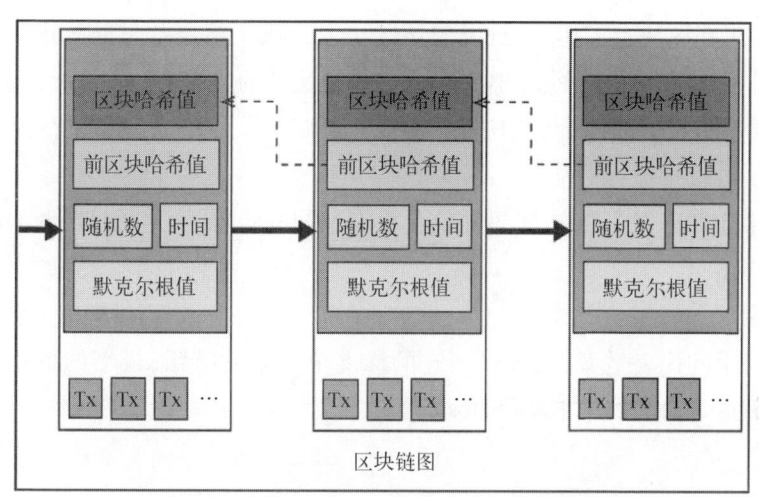

图 21-7　区块链图(Tschorsch,2015)图示

　　挖掘比特币的矿工也在不断增加区块链。同时,由于比特币的流行,网络链上的交易数量也在大幅增加。因此,它增加了区块大小,也增加了区块链。交易数量的增加本身就增加了验证特定交易的工作量。为了使这个交易成本和时间合理,比特币网络使用了基于 Merkle 树(Becker,2008；Merkle,1987)的简化支付验证(SPV)(Nakamoto,2008)。这增加了新的交易作为叶子,并建立了一个以哈希值为树根的树。哈希树有利于确认,而不需要所有的交易。分支或新节点可以从不信任的来源加载,但根部在挖掘过程中是安全的。如果计算出的哈希值与原始哈希值不匹配,那么该交易将被检测为有问题或非法,并被丢弃。如果哈希值匹配,那么该交易被网络认为是合法的,然后被添加到区块链中作为确认。

　　因此,在理论上,我们可以将区块链视为一个不可改变的数据库或分类账。在应用中,控制区块链的分叉和数学规则有能力改变它。这些就像保存比特币交易记录的账本,由运行比特币软件的网络节点维护。发送方和接收方之间的交易被播放给运行比特币软件的节点。一旦交易被验证,它就被储存在他们的区块链账本或数据库中。

区块链通过这三个步骤工作：

• 当交易由发件人转发时，矿工会用之前存储的所有交易创建一个区块，并由 Markle 根哈希树进行验证（Becker，2008；Merkle，1987）。

• 矿工在区块上工作，一旦发现该区块上完成了给定数量的工作。它使用一些数学公式，并通过密码学找到满足交易合法性的哈希值。

• 随着哈希值的匹配，该块被广播，并被矿工作为链的前导块存储在区块链中。

哈希的加密安全性在于，两个交易没有相同的哈希值，这就是所谓的碰撞。

单位

比特币的代表是 BTC，XBT。它的标准单位是比特币，最小的单位是以比特币的创造者命名的中本聪（Satoshi）。

开采

网络中的比特币矿工（Paul，2014）使用特殊的软件来解决复杂的数学问题，同时也提供了维护区块链中的区块的服务。由于对网络中新转发的交易进行多次验证，因此保持了记录的一致性、完整性并使其不可更改。前一个区块的加密哈希值被新的区块所存储。它使用 SHA-a256 散列算法。新加入网络的区块应该满足被网络接受的条件。这意味着挖工应该能够找到一个用于散列后的块内容的数字。散列后的结果应该小于网络的困难目标。使用的数字被称为 nonce。这个证明很容易验证，但是很难为一个节点生成，这就是散列算法在加密使用中强大的原因。

钱包

比特币钱包是加密货币的数字钱包。比特币钱包是一个软件应用程序，比特币在这里被存储，从其他钱包接收，并发送至其他钱包创建的地址。它就像一个银行账户，但与银行不同不受任何管控。比特币使用公钥加密技术进行交易，钱包应该至少存储一个公钥/私钥。有各种类型的钱包，其中众所周知的是：

软件钱包

软件钱包应用程序或客户端软件，需要下载，创建和使用钱包软件钱包。它们既可用于手机也可用于电脑。进一步说，这些应用程序可用于不同的平台，如安卓、Windows、MAC等。人们还应该记住这一点，即这些钱包的安全性与它们所使用的设备一样。

在线钱包

不可否认，在线钱包是所有比特币钱包中最容易使用的钱包。创建一个比特币钱包就像在任何网站上创建一个账户一样容易。人们可以使用任何设备，如连接到互联网的手机、电脑、平板电脑等，创建和使用这个钱包。在这种情况下，安全威胁是，用户的证书存储在其他一些可能被破坏的服务器上。这种类型的钱包应该只被用于日常的小额交易。

硬件钱包

硬件钱包是可以插在电脑上进行交易的硬件设备。这些设备如闪存驱动器，USB形状的设备可以随身携带。这些是最安全的钱包，也是免受计算机恶意软件威胁的安全钱包。这是因为该设备保持脱机状态，所以产生的凭证更安全。他们也很容易使用，因为他们不需要了解任何复杂的技术细节。通过用密码保护确保钱包设备的安全，可以使硬件设备更加安全。如果客户是普通用户并进行大额交易，那么他绝对应该使用TRIZOR或Ledger钱包等硬件钱包。

纸质钱包

它也是一种离线模式的钱包，比对应的在线钱包和软件钱包更安全。在这种类型中，凭证被打印在纸上。但是，人们应该记住，纸张可能被盗、损坏或撕裂，因此把纸张放在安全的地方并附有多个副本很重要。

比特币交易的安全问题

像威胁计算机和计算机网络一样，比特币交易处理系统也有很多安全问题（Pozzolo et al.，2014）。其中一些主要问题如下：

钱包软件面临的威胁

钱包应用程序（Rieke et al.，2013）和网站很容易受到拒绝服务攻击。有时，钱包的凭证会被破坏。钱包的安全性可以通过很多方式被操纵（Sharma et al.，2012）。例如，冒名顶替——在这种情况下，攻击者窃取用户的凭证，并作为合法用户执行欺诈性交易。还有其他方式，如恶意软件攻击、中间人攻击和网络钓鱼等。虽然,对于这类威胁也有一些对策(Halvaiee, 2014; Aggarwal, 2007; Haber, 1991)。

时空跳跃攻击

攻击者通过公布错误的时间戳来操纵比特币网络。攻击者通过改变节点的网络时间计数器来欺骗节点,由于这个原因节点可能会接受替代的区块链。这导致了网络计算资源的浪费,也会使攻击者很容易进行双重消费攻击。

>50%的攻击

这种攻击也被称为51%攻击,被认为是比特币交易处理系统的主要威胁之一。它发生在一个用户或一组用户在采矿过程中获得超过50%的计算能力,并有扰乱网络的意图。他们能做的是决定哪些交易要包括在内或不包括在内。

他们可以在网络中拒绝服务。他们可以阻止商业的发生。如果他们有强大的网络力量,他们可以回滚交易,可以阻止新的区块被添加,并可以通过支持合法未成年人的非法挖矿来逆转已经存在的事先确认。但他们不能改变交易,不能调整人们的余额,也不能虚报交易。

双重消费攻击

双重消费是一种攻击类型,即同一比特币被发送者用于两个不同的交易。这里的发件人是攻击者,并使实际交易无效。这个问题主要发生在快速交易模式中,在交易确认之前,接收方提供服务(Pinz & Rocha, 2012; Kadam, 2015)。

双重消费攻击的原理是:假设攻击者 A 想从供应商 V 那里获得服务。A 创建了两笔交易,一笔给 V,另一笔给自己。A 将交易转发给 V(A 到 V),并开始利用强大的矿工秘密地将交易挖给自己(A 到 A)。供应商在没有交易确认的情况下向 A 提供服务。欺诈的高权力矿工使区块链在更短的时间内比合法的区块链更长。因此,欺诈性的交易被网络确认,而实际的交易被拒绝。这就是所谓的双重消费攻击(图21-8)。

自私地挖矿

在自私攻击中,矿工开采区块但不将区块传播到网络上。矿工可以是一个

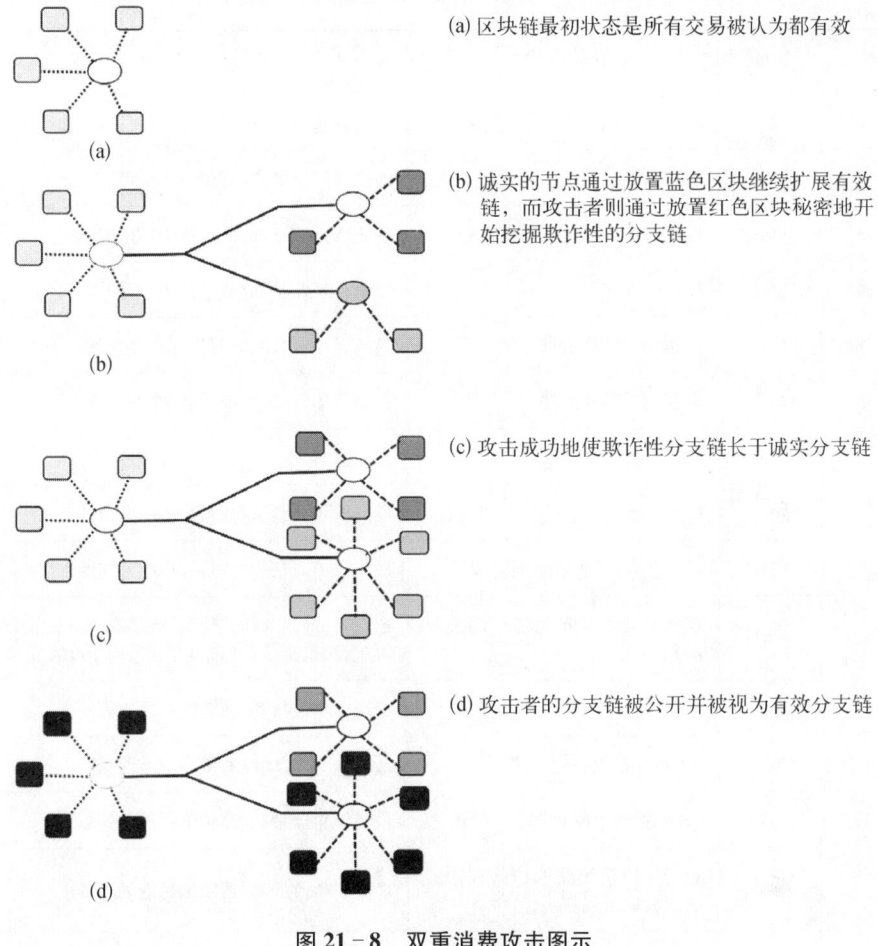

图 21-8 双重消费攻击图示

(a) 区块链最初状态是所有交易被认为都有效

(b) 诚实的节点通过放置蓝色区块继续扩展有效链，而攻击者则通过放置红色区块秘密地开始挖掘欺诈性的分支链

(c) 攻击成功地使欺诈性分支链长于诚实分支链

(d) 攻击者的分支链被公开并被视为有效分支链

矿工或一个矿工池。这使得它允许攻击者以更低的散列能力扩展块的引线，也被认为是 51% 攻击的捷径。自私挖矿允许矿工利用不公布所挖区块的优势，以获得对其他矿工的轻微优势。

网络合法性和伦理性

2000 年通过的《信息技术法》是为了处理网络犯罪（Upadhyaya et al.，2016）和电子商务违法行为。该法的主要修订是在 2008 年进行的，于 2009 年 10 月 29 日生效。根据 2008 年《信息技术（修正）法》，犯罪行为列表和相应刑罚处分见表 21-1。

表 21-1 网络犯罪相关的重要条款一览表

序号	条/款	犯罪	刑罚
1	65	回火计算机源文件	最高 3 年监禁和/或最高 20 万罚款
2	66	劫持计算机系统	最高 3 年监禁和/或最高 50 万罚款
3	66B	接收被盗计算机或通信设备	最高 3 年监禁和/或最高 10 万罚款
4	66C	使用他人密码	最高 3 年监禁和/或最高 10 万罚款
5	66D	欺骗使用计算机资源	最高 3 年监禁和/或最高 20 万罚款
6	66E	发布他人私人图像	最高 3 年监禁和/或最高 20 万罚款
7	66F	网络恐怖主义行为	终身监禁
8	67	以电子形式发布违法犯罪信息	最高 5 年监禁和/或最高 100 万罚款
9	67A	发布包含性行为的图像	最高 7 年监禁和/或最高 100 万罚款
10	67B	在网上发布儿童色情作品或早产儿	初犯者,最高 3 年监禁和/或最高 100 万罚款;再犯者,最高 7 年监禁和/或最高 100 万罚款
11	67C	未能保存记录	最高 3 年监禁和/或缴纳一些罚款
12	68	不遵守/拒绝遵守秩序	最高 3 年监禁和/或最高 20 万罚款
13	69	未能/拒绝解密数据	最高 7 年监禁和/或缴纳可能的罚款
14	70	对受保护系统获取访问权限或试图获取访问权限	最高 7 年监禁和/或缴纳可能的罚款
15	71	虚假陈述	最高 3 年监禁和/或最高 10 万罚款
16	72	破坏保密性或隐私	最高 3 年监禁和/或最高 10 万罚款
17	72A	通过泄露信息违反法律合同	最高 5 年监禁和/或最高 50 万罚款
18	73	发送假冒电子签名	最高 2 年监禁和/或最高 10 万罚款
19	74	公共场合传播虚假信息或出于非法目的传播虚假信息	刑期为 2 年和/或罚款
20	84C	企图实现不法行为	最常监禁刑和/或罚款

表 21-2 中还显示了 IPC 网络犯罪的条款和犯罪行为。

IT 法和 IPC 的网络犯罪部分包括网络恐怖主义、霸凌、网络跟踪、伪造、非法、不诚实、欺骗或欺诈、未经授权的计算机使用或数据篡改等(Shrivastava, 2017)。IPC 部分也有一些专门的法律禁止通过发送信息或电子邮件进行诽谤、恐吓和勒索。如表 21-2 所示,它也有针对盗版行为的特别法律。

表 21-2 IPC 和特别法律之中规定的违法或犯罪一览表

网络犯罪条款	类 型	违 法 犯 罪 行 为
51 IPC	盗版	违反或侵犯版权
63 IPC	盗版	非法复制计算机程序
63B IPC	盗用版权行为	违反版权法的规定
292 IPC	淫秽	以书籍、录像带等形式销售不雅或冒犯性物品
293 IPC	淫秽	向未成年人出售不雅、冒犯性或不道德内容的物品
294 IPC	淫秽	对女性族群表现出的不雅或冒犯
378,379 IPC	盗窃	盗窃计算机硬件
383 IPC	敲诈/敲诈勒索	敲诈上传低俗内容或非法在线的任何人
420 IPC	网络诈骗	创建非法网站
463 IPC	伪造或假冒	使用假的电子邮件伪造计算机文件
499 IPC	恶意诋毁诽谤	通过电子邮件发送诋毁诽谤信息
500,509 IPC	电邮中伤或在线毁谤	诋毁某人或对妇女实施任何有害行为
503 IPC	威胁、恐吓	发送邮件威胁某人
506,507 IPC	犯罪警报	犯罪威胁的罪行

结语

在本文中,提到了比特币和它的性质和特点。它还包括比特币网络所基于的概念。显示了比特币从一个钱包到另一个钱包的交易过程。网络的去中心化性质和对网络的威胁也包括在内。网络犯罪和他们的惩罚也得到了很好的比较。比特币网络正在逐日增加。当电子商务市场被世界范围内的比特币所控制时,日子就不远了,因为它不受国家边界的限制。

参考文献

Aggarwal, D., Singhal, P., Kaur, S., & Bhatnagar, V. (2007, November). PDOD: Tree-Based Algorithm For Outlier Detection. *Proceedings of Int'l Conference on Computer Vision and Information Technology*.

Barber, S., Boyen, X., Shi, E., & Uzun, E. (2012, February). Bitter to better—how to make bitcoin a better currency. In *International Conference on Financial Cryptography and Data Security* (pp. 399-414). Springer. 10.1007/978-3-642-32946-3_29

Becker, G. (2008). *Merkle signature schemes, merkle trees and their cryptanalysis*. Ruhr-University Bochum, Tech. Rep.

Clark, J. B. A. M. J., Edward, A. N. J. A. K., & Felten, W. (2015). *Research Perspectives and Challenges for Bitcoin and Cryptocurrencies*. Academic Press.

Dal Pozzolo, A., Caelen, O., Le Borgne, Y. A., Waterschoot, S., & Bontempi, G. (2014). Learned lessons in credit card fraud detection from a practitioner perspective. *Expert Systems with Applications*, *41*(10), 4915–4928. doi:10.1016/j.eswa.2014.02.026

Haber, S., & Stornetta, W. S. (1990, August). How to time-stamp a digital document. In *Conference on the Theory and application of Cryptography* (pp. 437-455). Springer.

Halvaiee, N. S., & Akbari, M. K. (2014). A novel model for credit card fraud detection using Artificial Immune Systems. *Applied Soft Computing*, *24*, 40–49. doi:10.1016/j.asoc.2014.06.042

Kadam, M., Jha, P., & Jaiswal, S. (2015). Double spending prevention in bitcoins network. *International Journal of Computer Engineering and Applications*, *9*.

Khaosan, V. (2014). *How Bitcoin Transaction Works*. Retrieved from https://www.cryptocoinsnews.com/bitcoin-transaction-really-works/

Ladd, W. (2012). *Blind signatures for bitcoin transaction anonymity*. Retrieved from http://wbl.github.io/bitcoinanon.pdf

Maxwell, J. C. (1892). *A treatise on electricity and magnetism* (3rd ed.; Vol. 2). Clarendon Press.

Meiklejohn, S., Pomarole, M., Jordan, G., Levchenko, K., McCoy, D., Voelker, G. M., & Savage, S. (2013, October). A fistful of bitcoins: characterizing payments among men with no names. In *Proceedings of the 2013 conference on Internet measurement conference* (pp. 127-140). ACM. 10.1145/2504730.2504747

Merkle, R. C. (1987, August). A digital signature based on a conventional encryption function. In *Conference on the Theory and Application of Cryptographic Techniques* (pp. 369-378). Springer.

Moore, T., & Christin, N. (2013, April). Beware the middleman: Empirical analysis of Bitcoin-exchange risk. In *International Conference on Financial Cryptography and Data Security* (pp. 25-33). Springer. 10.1007/978-3-642-39884-1_3

Nakamoto, S. (2008). *Bitcoin: A Peer-to Peer Electronic Cash System*. Retrieved from https://bitcoin.org/bitcoin.pdf

Paul, G., Sarkar, P., & Mukherjee, S. (2014, December). Towards a more democratic mining in bitcoins. In *International Conference on Information Systems Security* (pp. 185-203). Springer. 10.1007/978-3-319-13841-1_11

Pinzón, C., & Rocha, C. (2016). Double-spend Attack Models with Time Advantange for Bitcoin. *Electronic Notes in Theoretical Computer Science*, *329*, 79–103. doi:10.1016/j.entcs.2016.12.006

Rieke, R., Zhdanova, M., Repp, J., Giot, R., & Gaber, C. (2013, September). Fraud detection in mobile payments utilizing process behavior analysis. In *Availability, Reliability and Security (ARES), 2013 Eighth International Conference on* (pp. 662-669). IEEE. 10.1109/ARES.2013.87

Sharma, K., Shrivastava, G., & Singh, D. (2012). Risk Impact of Electronics-Commerce Mining: A Technical Overview. *Risk (Concord, NH)*, 29.

Shrivastava, G. (2017). Approaches of network forensic model for investigation. *International Journal of Forensic Engineering*, *3*(3), 195–215. doi:10.1504/IJFE.2017.082977

Stack Exchange. (2017). *What does a Bitcoin transaction consist of?* Retrieved on October 30, 2017 from https://bitcoin.stackexchange.com/questions/4838/what-does-a-bitcoin-transaction-consist-of

Tschorsch, F., & Scheuermann, B. (2016). Bitcoin and beyond: A technical survey on decentralized digital currencies. *IEEE Communications Surveys and Tutorials*, *18*(3), 2084–2123.

Upadhyaya, R., & Jain, A. (2016, April). Cyber ethics and cyber crime: A deep dwelved study into legality, ransomware, underground web and bitcoin wallet. In *Computing, Communication and Automation (ICCCA), 2016 International Conference on* (pp. 143-148). IEEE. 10.1109/CCAA.2016.7813706

What is Bitcoin? (n.d.). Retrieved from http://www.coindesk.com/information/what-is-bitcoin/

第二十二章
一种基于指关节指纹的强大生物识别系统

拉文德尔·库马尔 印度 HMR 技术管理学院

摘要

在各种生物识别指标中,基于手部生物识别技术被广泛使用并利用了长达 20 年之久。基于手部生物识别技术变得非常流行,因为它们在人群中的接受度更高,易于使用、精确度高、价格便宜等等。本章提出了一种新的基于手部生物识别技术,被称为手指指关节指纹(FKP)个人认证系统。FKP 是从手指指骨关节获得图像并以其内部皮肤模式为特征,像其他生物识别力一样,FKP 也具有高度的辨识能力。该系统由四个模块组成:图像采集、ROI 的提取、特征选择和提取、特征匹配。提出了基于信息理论新特征的匹配理论,并且,通过对来自数据库 660 个不同手指的 7 920 张图像进行实验,评估了该系统的性能,根据匹配率评估了该系统的有效性,获得了预期结果。

引言

生物识别处理基于个人所拥有的特征进行身份验证和授权的自动化系统。最新研究文献中提出的各种生物识别方式有:指纹(Maltoni et al., 2009; Kumar et al., 2012a, 2012b, 2012c; Kumar et al., 2013a, 2013b, 2013c; Kumar et al., 2014a, 2014b; Kumar et al., 2016; Jain et al., 2004)、face(Jain & Li, 2011; Alling et al., 2016)、人脸(Jain & Li, 2011; Alling et al., 2016)、视网膜扫描(Seto, 2015)、手部几何学(Kumar et al., 2017)、语音(Rabiner & Juang, 1993)、虹膜(Huang et al., 2002)、手部静脉(Kumar & Prathyusha, 2009)和声纹(Wang et al., 2004)等。随着技术的进步,基于生物识别的个人验证和识别解决方案已经成为我们高度安全的网络化社会的必需品。随着欺诈和安全漏洞

的增加，对安全的生物认证系统进行个人身份识别和认证的需求变得越来越明显。

为了提供电子和金融交易、个人数据的安全和隐私，并限制访问，基于生物识别的安全解决方案是非常可取的。几乎在所有的领域，如政府、军事和其他商业应用，都有对这种生物识别技术的需求。最近生物识别技术的进步也为社会的其他领域，如组织安全网络基础设施、法律和秩序的执行、在线交易、获得健康和社会服务、政府身份识别服务（如印度的 Aadhar）做出了贡献。

最新的研究将指纹与其他生物识别指标结合起来以便有更好的结果，并提高在庞大人口中的可接受性。可以进行各种生物统计学的融合，如指纹和脸部、嘴唇运动和声音、语音和脸部、手部几何学和指纹、指纹语音和脸部、指纹和掌纹、指纹、掌纹和手部几何学，以获得具有改进匹配性能的多模式生物统计学。这种多生物特征的融合可以发生在不同的层面，如图像层面、特征层面、等级层面和决策层面等。

随着我们的社会变得越来越移动化和电子链接化，传统的密码（用于电子资源的访问控制）和身份证（用于商业和金融交易）系统对于访问高度限制的系统不再可靠。因此，这类系统的安全漏洞变得非常容易，因为卡片可能丢失或被盗，PIN 或密码可能被冒名顶替者猜到。此外，复杂的密码很难被合法用户记住或想起，而非常简单的密码又很容易被冒名顶替者猜到。个人识别或提供访问安全基础设施途径的问题随着基于生物识别技术的认证系统的出现得到了解决，而不是通过验证方法。

生物识别是一个希腊术语，其中 bios 是生命的意思，metron 是测量的意思，是利用一个人所拥有的生理和行为特性对一个人进行自动认证的工具（见图 22-1）。通过使用生物识别技术，以"你是谁"这样的问题进行询问，而不是"你拥有什么"（如物理身份证）或"你记得什么"（如代码或密码）这样提问，就很容易将身份与个人联系起来。目前部署的生物识别认证系统是基于脸部、视网膜、指纹、虹膜、面部热成像、手部几何学、掌纹、步态、签名和声纹来建立一个人的身份。在单模态生物识别系统中，各种生物识别指标被单独使用，而在多模态生物识别系统中，两个或更多的生物识别指标在不同层面上被融合在一起，如：在特征提取层面，在分数计算层面或在等级或匹配层面，以提高性能。生物识别系统可能也有一定的局限性，但与传统的安全访问方法相比，这些局限性可以忽略不计。除了增强安全性，用户的便利性、设计和记忆密码的需要也因生物识别系统的使用而得到缓解。生物识别系统也被用于否定认证,它可以确定这个他或她是否是它所拒绝访问的那个人。

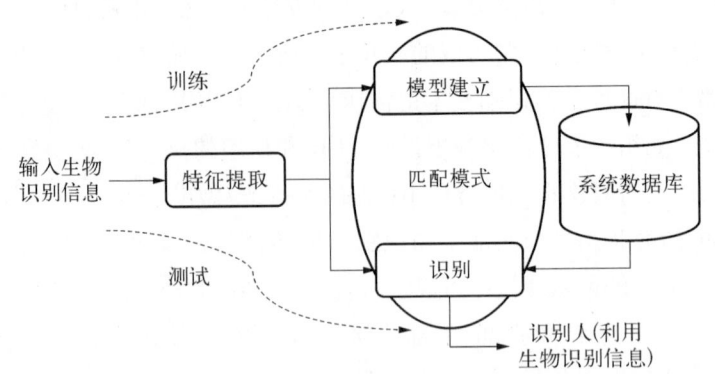

图 22-1　一个典型的生物识别系统图示

生物识别系统以两种模式运行,即验证(一对一匹配)模式和识别(一对多匹配)模式。在识别模式下,一个人的身份被确定,而在验证模式下,用户的身份是根据他或她声称的身份进行识别的。生物识别系统在访问控制或安全方面的应用数不胜数,例如自动取款机、计算机登录、驾驶执照、机场服务台、杂货店等。生物识别技术大量的应用或使用并不意味着它是一个完全解决的和研究成熟的问题,新设备或生物识别指标的设计仍然有改进的余地。

生物特征认证系统可以被描述为一个模式识别系统,包括捕获生物特征数据的传感器,从捕获数据中提取特征的特征提取模块,代表提取特征的模板生成模块,以及将捕获的特征与先前存储在数据库中的特征进行匹配并根据匹配结果做出决策的识别模块,典型的生物特征认证系统的方图如图 1 所示。

训练一个生物识别认证系统意味着使该系统能够从捕获的生物识别数据(一般是图像)中提取突出的特征。任何生物识别系统的接受程度都取决于在不同的发散条件下提取大多数平移和旋转不变的特征。模板的生成是一个非常关键的任务,因为它要照顾到生物识别系统的各种设计问题,如准确性、计算速度、系统成本、异常处理的安全性和隐私等。在测试阶段,将从未知测试图像中提取的特征模板与数据库中已存储的模板进行对比识别,并与已声明的模板 id 对比以达到验证的目的。从上述讨论中可以看出,生物识别系统的整个过程属于模式识别问题的范畴。该模式匹配过程的最终匹配结果有助于做出接受或拒绝人的身份或给予安全资源的访问权的决定。

生物识别技术模式概述

目前,各种生物统计学方法在实践中被用于安全系统的各个领域中。在过去的许多年里,许多研究人员对生物统计学方法进行了详尽的研究,并证明了许多方法,如面部、虹膜、视网膜、耳朵、舌印、掌纹、指纹、手静脉、手的几何形状、手指静脉、手指表面、内指关节印、声音、签名和步态在人类群体中具有独特性,可作为生物特征识别系统的生物特征指标。各种生物识别指标如图22-2所示。

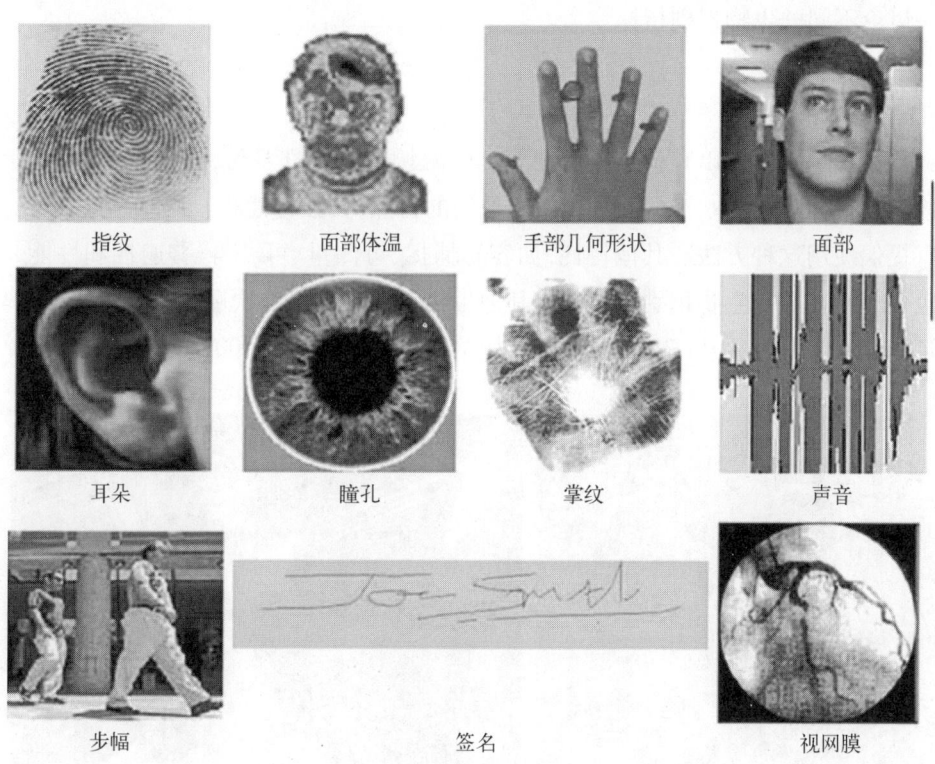

图22-2 不同种类的生物识别指引图示

有几个特征可以决定一个身体或行为特征的适用性(Jain et al., 2004),这些可以作为生物识别指标或模式,包括:

- **普遍性**:每一个人都应该有基本的特质。
- **独特性**:就特定的群体而言,一个人应该根据其潜在的特征来进行唯一的区分,也就是说,任何两个个体拥有相似特征的可能性最小。

- **永久性**：该特征应该是永久性的并且多年没有变化的。
- **可测量性**：该特征应该是可以定量测量的。
- **性能**：衡量所用匹配技术的速度、准确性和稳健性。
- **可接受性**：确定某些特定的生物识别技术在人口中的接受程度。

文献显示，没有一个生物识别指标拥有所有这些列出的特征。生物识别指标的选择在于它必须被用于哪个应用领域的事实。这意味着没有任何生物识别指标可以被称为完美的，这些都是应用程序专用的。任何特定的生物统计学方法是否适合于某一应用是由要使用的方法的目的和特点决定的。在下一节将逐一讨论不同的生物识别指标。

指纹

指纹识别自古以来就被用于犯罪和金融调查中确立身份，也是当今所有生物识别指标中最受欢迎的一种。由于他们的特点，如独特性和一致性，多年来一直提倡使用这种方法。其他特性，如容易捕捉、可测量、可获得、普遍性和性能，也促使它在自动生物识别系统中比其他生物识别技术更受欢迎。图22-3说明了指纹在汽车点火和门锁系统中的使用情况（Zhou et al.,2000；Kumar, 2018）。

图 22-3 基于指纹的生物识别系统图示
（a）使用指纹的物理访问控制系统 （b）由车主或授权人士使用的基于指纹的汽车点火识别系统

指纹被认为是个人指尖上的沟壑和脊线的图案。像脊线的末端和分叉这样的特征点被称为细节点，被指定为识别和验证的关键点。另一种基于图像的方法使用各种关键描述符，如这种脊线和皱纹的模式可以在不同的尺度上进行分析，表现出各种类型的特征：第 1 级（全局级）在这个级别上，像核心、循环和三角点这样的奇异点被考虑为第一级索引。在第 2 级，细微点被用于识别。在第 3 级，非常精细的细节，如宽度、形状、曲率、脊柱的边缘轮廓等，被考虑用来区分不同的对象。由于指纹为生物识别系统提供了不同层次的特征，因此具有以下许多优缺点：

优点
1. 指纹具有较高的准确性。
2. 具有成本效益的生物识别产品。
3. 经过高度研究和开发的技术。
4. 容易捕获或获得的。
5. 由于指纹图像的尺寸较小，因此指纹模板需要的存储空间较少。
6. 许多标准都是可用的，如 NIST，FVC 等。

缺点
1. 它非常具有侵入性，因为它仍然与犯罪鉴定有关。
2. 在干湿图像的情况下，系统将不能很好地执行。
3. 为了捕获高质量的图像，数据库需要更多的内存。许多系统需要 500 dpi，每像素 8 位才能达到系统的有效性能。

面部识别

面部识别系统的灵感来自基于面部结构和某些关键点的人类自然识别方式。随着计算技术和网络技术的发展，出现了自动面部识别的需求，以便从图像或从传感源捕获的视频帧中识别或验证一个人。由于可用于采集面部图像的采集设备种类繁多，因此所采集的图像之间自然会有很大的差异。美国国家标准与技术研究所(NIST)已经提出了面部图像采集的指导方针。研究文献中提出的主要人脸识别方法主要分为两类：脸部外观和脸部几何形状。基于面部生物识别技术的系统一般安装在检查站，如图 22-4 所示，中国首次在奥运会开幕式的入口安检中使用。

十年来，各种人脸识别方法在文献中被提出。在许多其他方法中，特征脸的方法很受欢迎，因为它能很好地处理光线变化和大尺寸的脸部图像。基于关键

图 22-4 2008 年 8 月 8 日,安装在国家体育场入口处的人脸识别系统,用于检查观众的身份

特征的方法是基于使用局部外观模型对人脸图像的某些特征进行自动检测。事实上,许多研究人员也使用了许多混合方法,这些方法是基于人脸的全局模型。尽管存在许多利用人脸图像进行人类识别的技术,但由于下面讨论的一些挑战,这一领域仍然没有像指纹那样成熟。

挑战

1. 在一段时间内,面部外观经常发生变化。
2. 图像采集的几何形状不是旋转和平移不变的。
3. 基于面部的识别系统是一个非常昂贵的事情。
4. 与其他生物识别特征相比,图像尺寸非常大,需要高存储空间,而且使用 JPEG 和 MPEG 压缩会降低图像质量。

语音识别

语音是唯一可以通过电话交谈来识别人的生物识别技术。在这项技术中,口语被翻译成文本。一些语音识别系统的训练是通过在说话者阅读文本时将其翻译成文字来进行的。在这个系统中,个别声音的声纹被分析以提高系统的匹配精度。那些不需要训练的系统被称为"独立说话人",而那些需要训练的系统则被称为"依赖说话人"的系统。

优势
1. 被社会高度接受。
2. 识别时间非常短。
3. 成本效益高的解决方案。

劣势
1. 受个人状态的影响,如寒冷、压力和情绪。
2. 识别精度不高。
3. 声纹可能被非常厉害的有技巧的人员模仿。

签名确认

一个人签署他的名字的方式也可以被接受为个人识别的生物识别技术。基于签名的识别已经在政府、商业和法律交易中使用了很长时间。

优势
1. 零成本技术。
2. 验证时间非常短。
3. 非侵入性的。

劣势
1. 行为特征随着时间的推移而变化,同时也取决于说话人的个人情绪和身体状况。
2. 签名人的签名有差异,甚至同一签名人的连续签名也有很大差异。
3. 也可能被有技巧的人伪造的。

DNA

DNA 被认为是终极的生物识别技术,因为 DNA 序列以数字形式存在于身体的每个细胞中。基于 DNA 的认证是基于对身体每个细胞核中发现的 DNA

序列的等位基因的比较。

优势

1. 完美的准确性。
2. 医学科学中标准化的鉴定方法。
3. 出错的可能性非常小。

劣势

1. 同卵双胞胎会有相同的 DNA。
2. 比较两个 DNE 序列的操作非常复杂和昂贵。

视网膜扫描

视网膜扫描是用来比较眼睛后面的血管图像的。视网膜扫描也是一个非常昂贵的过程,因为图像采集只能在视网膜是透明的近红色区域进行。

优势

1. 永久性结构,不受任何影响。
2. 几乎不可能构建假视网膜。
3. 准确性非常好。

劣势

1. 视网膜获取对用户来说不是很友好。
2. 成像设备是非常昂贵的东西。
3. 只能对活人适用。

虹膜识别

虹膜是人眼的彩色部分,它含有丰富的纹理信息。虹膜识别使用复杂的模式识别数学技术来分析个人的虹膜视频图像,以设计一个自动的生物识别系统来进行人类身份识别。虹膜捕捉装置是一种距离图像捕捉装置,它将在不接触的情况下捕捉虹膜图像,并与成像系统的镜头保持固定距离,如图 22‐5 所示。

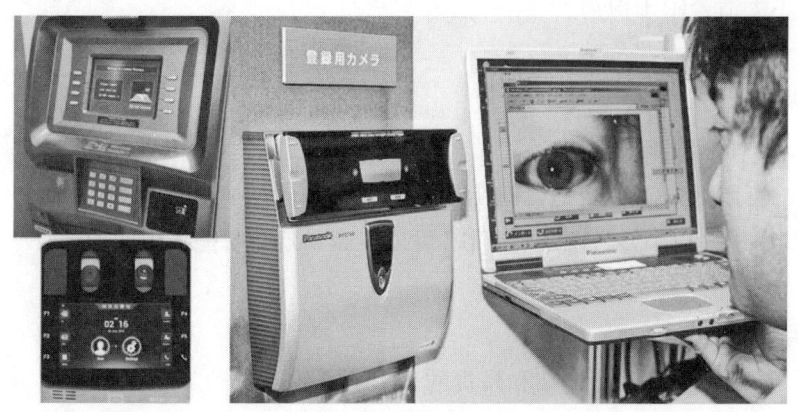

图 22-5　不同类型的虹膜采集系统图示

优势

1. 如果捕获的图像具有高分辨率,就会有高度准确的生物识别。
2. 非常快速的处理系统。

劣势

1. 该成像系统非常昂贵。
2. 处理时需要更多的存储空间。
3. 处理系统的成本很高。
4. 整个过程并不太方便用户使用。

手部几何学

人类手的特征并不是很特别,但相对来说(手指的长度)是不变的。在注册阶段,用户需要合作,将手放在扫描仪上,以捕捉正面和侧面的图像,如图 22-6 所示。手部几何学从手部图像中提取的独特特征非常少,例如手指长度、宽度、距离等,模板尺寸非常小,因此导致了非常快速的匹配过程。由于区别性非常有限,基于手部图像的认证只能用于验

图 22-6　手部几何系统情景图示

证,而不太适合用于识别。

优势

1. 处理速度非常快
2. 由于尺寸紧凑,更适合用于授权系统。
3. 由于体积小并且匹配速度快,可以很容易地在智能卡中使用。

劣势

1. 捕获装置是高度复杂和昂贵的。
2. 准确度非常低。
3. 仅在有限情况下使用。

作为生物识别器的手指关节表面

随着信息技术领域的进步和我们日常生活中在线交易的快速增长,需要一个非常可靠的用户认证系统来实现非常有效和高度安全的访问控制。

从上面的讨论中,我们可以很好地理解,没有一个生物识别指标能完全满足终极生物识别器的要求。与其他生物识别指标相比,基于手的生物识别技术由于其独特的内在特征和在用户中的高接受率而在最近获得了普及。采集过程中的无接触和无挂钩的环境也使基于手的生物识别系统更加方便和用户友好。最新的研究集中在基于手部的生物识别指标上,以进一步探索基于手部图像的认证方法在使用手部图像的各种人员认证中的应用的额外特征。本章着重于开发自动识别系统,以提取指节纹理和从手指背面提取的其他基于手部几何的特征,并评估它们的性能,以成为潜在的生物识别指标。

个人身份识别在各机构和行业中得到了普及,因为它被用于各种领域,包括资源的访问控制、金融和商业交易以及执法等。个人的生物特征可以用来确定个人的身份,并作为身份的证明被网络社会和法院的司法所接受。随着计算技术领域在软件和硬件技术方面的快速发展,许多研究人员在过去的三十年里专注于新的生物识别特征的应用上,如指纹、手静脉、视网膜、手掌几何学、掌纹、虹膜、面部、内指节纹、签名、声音、步态、耳朵、手指表面等。一些生物识别系统在研究和开发方面没有得到充分的利用,而其中一些已经在政府、银行和其他认证领域得到了大规模的应用。例如,自2004年以来,中国香港在其旅客自动通关系统中部署了一个基于指纹的认证系统。与其他类型的生物识别技术相比,基于手的生物识别技术吸引了相当多的关注。从文献中可以看出,基于手部的生物识别技术,如掌纹、手形、指纹、指关节内侧纹理和手部静脉,在工业、政府和机构部署的生物识别系统中得到很好的研究和利用。基于手的生物识别技术流行的主要原因归因于它更高的准确性,易于使用和用户接受。近年来,人们发现指关节表面的图像模式在人群中是独一无二的,可以作为一种独特的生物识别特征来识别。Woodward 等(2005)首次从手指表面提取了 3-D 特征,他们用美能达(Minolta)900/910 传感器建立了关节表面的 3-D 手部数据库,以确定一个人的身份。他们所提供的解决方案在使用上并不可行,因为这不足以有效地作为仅利用手指外表面特征的识别系统来接受。实施手指外表面生物识别特征的实际困难是:传感器的能力成本,采集设备的尺寸和重量。这一过程对于 3-D 数据的获取和处理在实际应用中的处理也是非常耗时的。图 22-7 显示了指节纹理采集系统的设置和使用美能达(Minolta)900/910 传感器获得的图像。

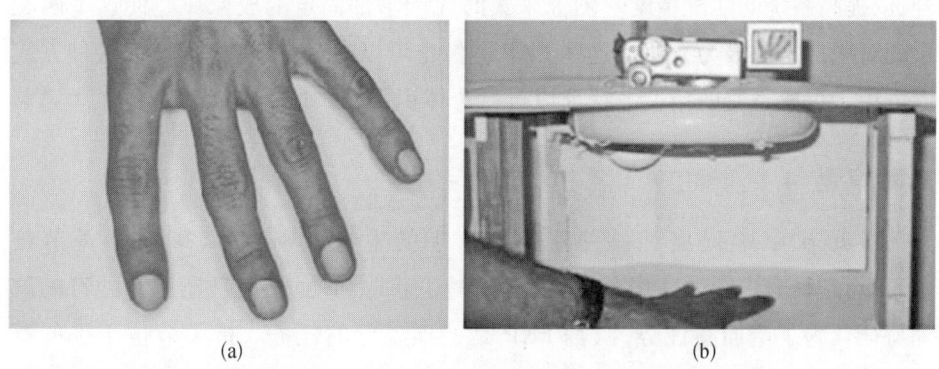

图 22-7 (a) 采集的图像 (b) 使用美能达(Minolta)900/910 传感器进行的采集设置

后来,Kumar 和 Ravikanth(2009)提出了更多利用二维指关节表面纹理进行个人识别的方法。他们用自己开发的设备采集了手背图像,然后在对采集的手背图像进行预处理后,他们提取了手指关节区域。Kumar 和 Ravikanth 使用了子空间分析方法,如 ICA、LDA 和 PCA 以及它们的组合来提取特征以进行匹配。图 22-8 中显示了提取的指关节纹理的图像。

指节

生物特征学的研究,特别是一个人的手部解剖,属于医学和生物学的一个分

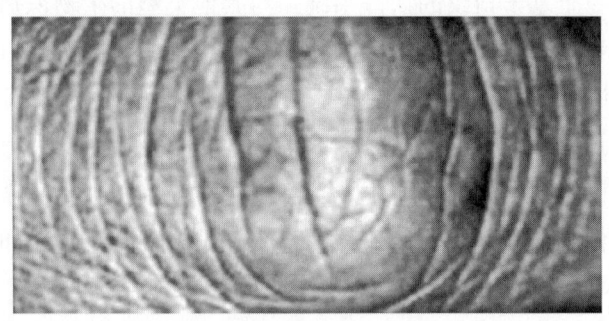

图 22-8　提取手指指关节纹理图示

支,被认为是非常复杂的。手指的背面区域也被称为手背,在设计用于个人识别的生物统计系统时非常有用。这一领域仍在调查之中,最近吸引了研究人员的大量关注。指节纹是在手指弯曲处形成的图像图案,非常独特和有特色。另一方面,在采集过程中也可以捕捉到同一手指的几何特征,并与指节纹匹配系统整合,以提高系统的匹配精度。图像采集时无须手部固定的成像环境使这个匹配系统对用户来说最为方便。这些 FKP 图像也可以通过在线方式获取,这种方式也可用于提取不变的指关节特征以进行个体识别。

文献审查

最近,文献中提出了一种新的基于手的生物识别技术,即手指关节纹(FKP),它具有广泛的应用范围,因为它易于获取和使用,而且还具有独特的纹理特征。为了增加其优势,欺骗 FKP 是一项艰巨的任务。指关节位于手的背面,不像指纹那样会被割伤和擦伤。因此,它们更安全、更可靠。Zhang 和他的同事们的突破性工作(Zhang et al.,2009, 2010, 2011)使指关节成为突出的生物识别模式。以下部分介绍了关于 FKPs 及其在认证中的使用的简要文献调查。

他们的采集系统装置在手指弯曲时纹理清晰的情况下捕捉 FKP 图案,并且必须正确放置,这样才能提取出独特的 FKP 特征。本地方向图被用来对齐图像,并裁剪 ROI。Gabor 滤波器结合了幅度和方向信息,用于特征提取。Kumar 和 Zhou(2009)使用编码方案提取了局部方向,然后通过对局部特征的傅里叶变换的应用来获取全局特征。他们通过使用他们的角距离计算和编码图来比较两个 FKPs。

两个提取的特征子集被结合起来,这些特征子集是从 Gabor 变换和统计学提取的,然后将它们的分数融合在一起,从而得到良好的识别结果。Xiong 等(2011)提出的局部 Gabor 二元模式(LGBP)已经成功地实现了对人脸的识别,并激励人们使用 LGBP 进行 FKPs 识别。为了降低大尺寸 Gabor 特征的维数,Usha & Ezhilarasan(2016)使用正交线性判别分析(OLDA)来降低 FKP 的维数。

乐清(Le-Qing)(2011)的 SURF 算法使用了不同的特征描述符合关键点检测器。该算法采用 Hessian 矩阵近似进行关键点检测,并利用积分图像降低了计算复杂度。Haar-小波响应在兴趣点附近的分布描述了描述符。SURF 特征的使用是基于拉普拉斯符号的,以提高匹配速度和稳固性。

为了增强图像,使用了 2D Gabor 滤波器,然后使用方向增强的 SIFT(OE-SIFT)描述符进行处理(Morales et al.,2011)。Kumar 和 Zhang(2005)提出了一项技术,该技术使用从手指关节纹的梯度计算出的特征组合。这项技术利用方向(梯度场方向),将平均梯度改进为局部梯度向量,有助于提取指关节在指节中的位置。

Zhang 等(2009)提出使用一种技术,即使用傅里叶变换系数评估图像的特征和相似性,使用傅里叶变换系数组之间的带限相位关联(BLPOC)技术。

用于特征提取的 RieszCompCode 包含 6 个位平面,其中二阶 Riesz 变换的图像响应形成前 3 个位平面,后 3 个位平面由经典企业代码方案导出。该技术在利用 Riesz 变换和企业代码对局部图像特征进行刻画方面具有优势,并在 Grover 和 Hanmandlu(2017)中实现。

单基因编码检测像素来隐蔽地提取该点的局部方向和局部相位。这是一维解析信号的一个各向同性二维扩展(Zhang et al.,2010b)。

提出了图像的数据向量之间的角度和距离来评估相似性。这两个参数使用平行融合策略进行组合,然后提取低维特征,使用复杂位置保护投影(CLPP),它保留了输入数据集的流形结构。特征之间的冗余信息被扩展的 CLPP,称为 OCLPP(正交复局部保留投影)去除,生成正交函数(Jing et al.,2011;Matallah et al.,2017;Yang et al.,2018)。

Woodard 和 Flynn(2005a)利用三维范围图像信息提取了包括纹理、颜色、手指长度测量和折痕图案在内的手部指关节表面信息。Ravikanth 和 Kumar,(2007)采用子空间分析技术,利用二维指关节表面图像提取特征。

Gabor 小波被用来提取手指关节和手掌指纹的融合代码,然后采用代码间距来生成分数,以便在决策层面融合两种模式(Zhang et al.,2009)。

FKP 识别系统

FKP 的成像系统示意图

图 22-9 描述了典型的 FKP 生物识别系统的结构。提出的认证系统主要由两个模块组成：数据处理模块和数据采集模块。这个数据采集模块还包含各种组件，如手指支架、CCD 相机、图像采集器和 LED 光源。处理模块主要包括三个步骤：ROI 提取，特征的提取和表示，以及最后的匹配阶段。图 22-9 显示了 FKP 图像采集装置的流程图，其尺寸为 160 mm×125 mm×100 mm。数据采集的目的和要求是提供一个恒定的环境，在这个环境中，数据采集是一致和稳定的。这种一致性有助于减少从同一手指采集的图像之间的差异，即类内差异。以类似的方式，数据处理和数据采集算法的复杂性可以通过图像采集过程中的稳定性有效降低，从而提高识别的准确性。为了使采集系统更方便用户使用，还必须消除或尽量减少其他限制。

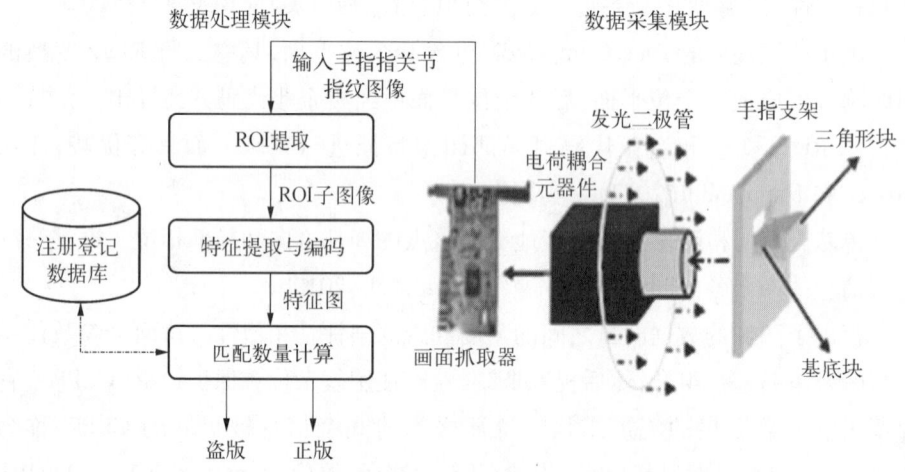

图 22-9 使用 FKP 的人员认证系统的典型流程图示

为了提高数据采集的一致性、稳定性和友好性，我们在系统中创造了一个特殊的采集环境。为了实现恒定的照明和固定的采集，CCD 相机和 LED 光源被封闭在一个盒子里。这个系统最困难的部分是用户如何将他们的手指放在基座上，这样的变化应该是最小的。为了处理这种情况，我们建造了一个固定的手指支架来支持手指放在系统上。如图 22-1 所示，用户必须将他们的手指关节固定在特别设计的基底块和设备的三角块上。为了采集 FKP 图像,采用上述安排的设备,用基底块放置手指,用两个斜面块放置近端指骨和中端指骨。这种设计将有效地减少数据采集时插入的变化。为了保持近端指骨和中间指骨之间的恒定角度可以使用这个三角形块,这样可以有效地对指关节表面的线条特征进行成像。一旦捕捉到清晰的图像,就需要通过各种处理块进行处理,如预处理、提取特征和匹配。这样获得的 FKP 图像的尺寸为 768×576,分辨率为 400 dpi。图 22 - 10 显示了使用上述开发的设备所捕获的样本图像。每一行显示了从同一个人身上采集的图像。从同一个手指上采集的图像是在不同的时间或时段收集的,而且至少间隔 56 天。这个开发的图像采集装置有个优点是,即使是在不同时段从同一个手指上采集的图像,其组内差异也非常小。另一方面,该系统有一个非常大的类间差异,来自不同手指的图像有很大的不同,这种较小的类内差异和较高的类间差异的特性使 FKP 成为一个很好的用于人员认证的生物识别指标。

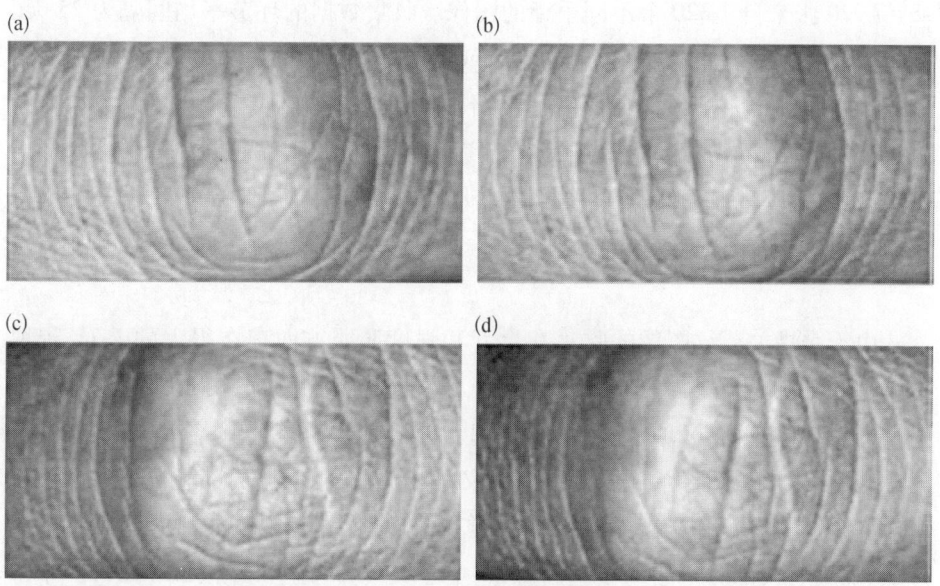

图 22 - 10　FKP 图像样本。(a),(b)是在间隔 56 天的情况下从同一个手指上采集的,而(c)和(d)是从不同手指上采集的。

(香港理工大学)指节指纹数据库

　　近年来,基于手的生物识别技术在其他各种生物识别技术中得到了普及。在手指的指关节周围,外表面的一个固有图案被称为"指节指纹",它被认为具有很高的辨别力和独有的特征。

香港理工大学生物识别研究中心已经开发了FKP采集设备,并构建了一个标准的FKP数据库。这个数据集有助于研究的进展,并提供标准数据集来测试他们在FKP识别领域的结果。通过将构建的FKP数据库免费提供给学术、非商业用途,不同研究人员开发的各种FKP识别算法的有效性得到了测试。

香港理工大学FKP数据库描述

FKP数据库的图像取自125名男性和40名女性志愿者,其中143名受试者的年龄段在20—30岁之间,其余的年龄段在30—50岁之间。我们组织了不同的环节来收集个人的样本。每只手的四个手指(拇指除外)被考虑用来收集数据,每个用户的每个手指都被拍摄了6张图片。按8个手指6张图片的比率,总共从每个受试者收集了48张图片。香港理工大学FKP数据库最终包含165×48=7 920张来自1 320个不同手指的图像。收集数据的环节平均间隔为25天。

捕获的数据被储存在名为"nnn_fingertype"。"nnn"的文件夹中,来识别每个个体。最后,这个数据库中所有在两个不同时段收集的原始FKP图像被保存为"FKP Database.zip"。香港理工大学还使用所述的提取算法提取了ROI,以提供ROI图像,并以"FKP ROI.zip"的文件名保存。

ROI 提取

由于手指关节纹图像的收集在尺寸和强度照明方面存在很大的差异,提取感兴趣的区域已经成为一个强制性的步骤。同样明显的是,由于手指在采集设备上的位置(空间位置)的变化,同一手指在不同时段采集的图像也有很大的差异。因此,为了从图像区域中提取有意义的相关特征,根据局部坐标系对图像进行对齐是至关重要和必需的。与其对准和处理整个图像,不如只考虑感兴趣的区域,那里有大部分可用的鉴别信息,这个区域被称为感兴趣区域(ROI)。本节介绍一种提取可靠的ROI的方法。在提取ROI时,我们考虑到一个事实,即手指总是平放在采集面上,据观察,图像的底部边界总是保持稳定,这被认为是X轴。最初,Y轴位于指关节的中心,因为我们认为大多数相关的特征都包含在ROI内。可以发现,沿着趾骨关节两侧画的线会有不同的凸起方向。考虑到这一事实,提出了代码行像素的凸方向有助于y轴的确定。图22-11说明了确定坐标和提取ROI的这些步骤。以上讨论的步骤列举如下:

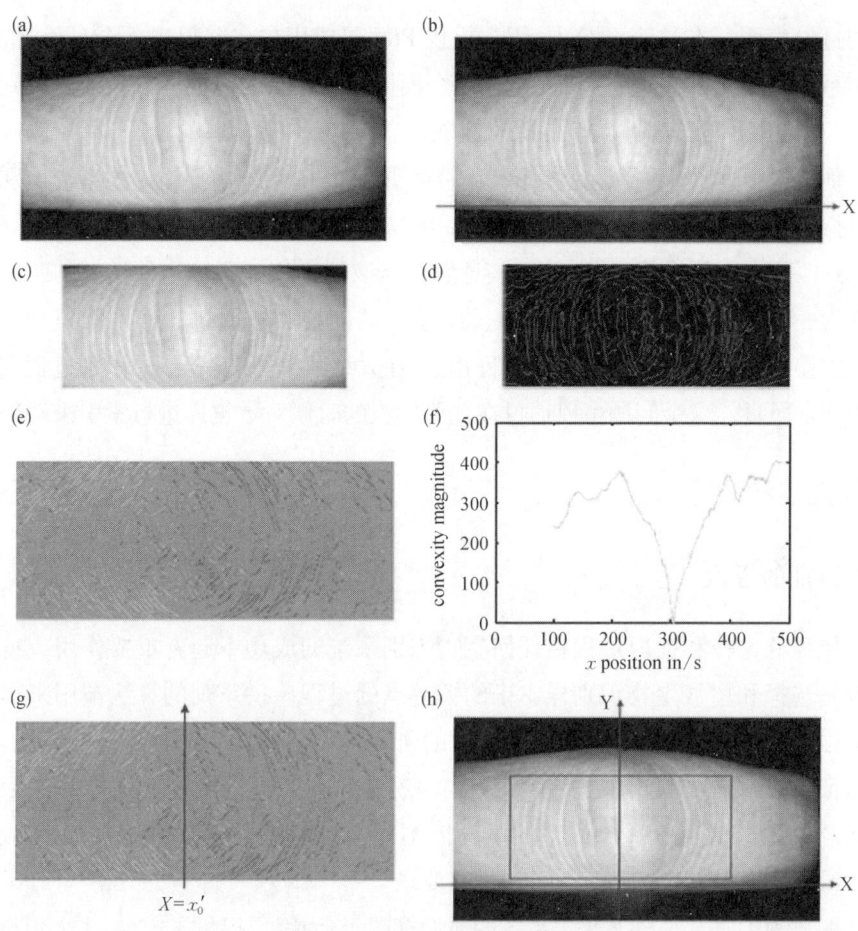

图 22-11 确定坐标和提取 ROI 的步骤

（a）经过高斯平滑处理和下采样操作后得到的图像(ID) （b）系统 X 轴的确定 （c）得到的 ROI 图像(IS) （d）在(Is)上应用 Canny 边缘检测器获得的图像(IE) （e）对(IE)应用凸方向编码方案以得到(ICD)图像 （f）FKP 图像 X 轴上的凸幅图 （g）得到一条直线 X = xo' （h）得到一个坐标系,这里矩形显示了提取的 ROI 区域。

1. 图像下采样
2. 确定系统的 x 轴坐标
3. 通过裁剪图像提取 ROI
4. 应用 Canny 边缘检测器
5. 确定凸方向以定位系统的 Y 轴

生物识别技术的运作模式

生物识别系统一般以两种不同的模式运作：识别或验证。验证确认了一个人的身份声明。在这个系统中,用户提供 PIN 码或用户名并提出一个身份,生物识别系统从用户那里捕捉特征,生成一个模板并与存储的模板进行验证以找到匹配/不匹配的决定。这种类型的操作也被称为一对一(1∶1)的匹配。另一方面,在识别过程中,用户不需要提供任何身份声明,而是由系统捕捉用户的生物识别数据,对其进行处理并生成一个模板。然后将这个模板与整个存储的模板进行匹配,以找到匹配点。如果找到了匹配,该身份就与该用户相关联。这种类型的匹配也被称为一对多(1∶M)匹配,像"我是谁"这样的问题可以通过任何生物识别系统的识别操作模式来回答。与验证过程相比,在大型数据库的情况下,识别过程在计算上非常昂贵。这个问题可以通过在注册模板的时候对数据库进行索引来解决。

特征提取和特征选择

特征的提取

特征的选择和提取过程在任何生物识别系统的成功中起着重要作用。特征提取是选择和增强生物识别样本中的关键点的过程。一系列的算法被用来提取和增强这些特征。因此,对生物统计学的研究集中在设计和开发可靠的算法,用于特征的提取、选择、增强、表示和以计算效率的方式进行匹配。这些算法根据部署的生物识别认证系统类型的不同而不同。有时还需要将维度从 D 维减少到 d 维($d<D$),以尽量减少空间和时间要求。

图 22-9 描述了 FKP 采集系统的典型框图,它为用户提供了方便,个人可以很容易地将他/她的手放在基底块上,通过调整手指的方式,使中指骨和近指骨接触到三角形块的两个斜坡。采集装置的设计方式是,在不同的采集环节中,手指位置的空间变化可以降到最低。特别设计的三角块有助于保持中指和近端指骨之间的恒定角度,使其有一个固定的幅度,以便清晰地捕捉 FKP 表面的脊线特征。捕获的原始图像被进一步预处理,用于特征提取、模板表示和匹配。该设备捕获的 FKP 图像大小为 768×576,分辨率为 400 dpi。捕获的四张样本图像显示在图 10 中,其中第一行的前两张图像是在 56 天间隔的不同时段为同一手指拍摄的,第二行的图像来自不同的手指。同一手指的 FKP 样本在一段时间内没有变化,这说明 FKP 作为生物认证系统中的生物识别指标是可以接受的。图 22-12 显示了一个典型的图像采集装置。

用于不同生物识别指标的特征提取过程:
- 提取指纹的典型特征是脊的末端和分叉。

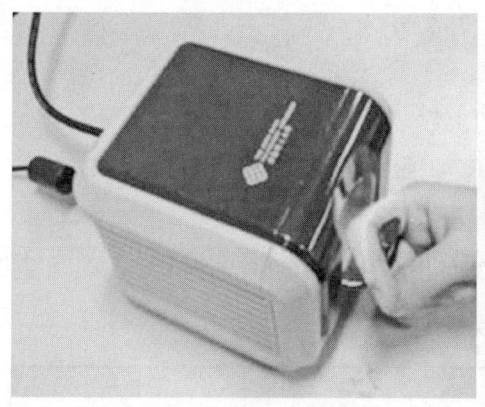
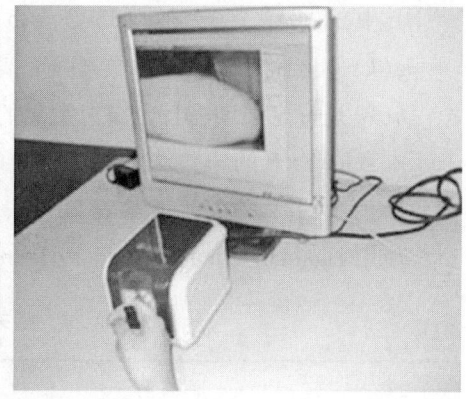

图 22-12　FKP 图像采集装置

- 去除语音记录系统中某些频率和模式的噪声。
- 从耳朵,颧骨,前额和鼻子的数字图像中移除某些伪影。
- 虹膜中的条纹和皱纹的编码映射。

所有的模式识别问题都涉及根据查询图像的内容,从大量的图像数据库中自动匹配/检索图像。这一领域的模式识别被称为 CBIR(基于内容的图像检索),它在图像信息检索的研究界获得了广泛的关注。一般来说,用于此类模式识别问题的算法通常有以下三个任务:

- 特征提取
- 特征选择
- 特征分类

特征提取是模式识别问题中非常重要和关键的任务,被定义为创建特征模板的过程,它被用于分类和选择任务。为了提高处理时间,在不损失关键特征的情况下,要大大减少特征集的大小。这样一来,特征选择过程将有助于从特征集中选择唯一的鉴别性特征并用于分类任务。最后,选定的特征被称为模板的特征向量,被提供给分类或匹配模块以决定是否匹配。

在这一章中,特征提取过程应用于由约 165 名用户的 7 960 张图像组成的指纹数据库,每张图像至少有 12 个样本,分别是右键、左键、右中和左中。下面将讨论用于特征提取的几个函数:

Hanman_Anirban 熵函数是(Hanmandlu,2011)。

$$\sum_1^k h(k) * g(k) * e^{-[g(k)/n^3]} \tag{1}$$

其中,n 是窗口的大小,如 3×3、5×5、7×7 等。

$g(k)$ 是该窗口中显示的像素强度值。

$h(k)$ 是特定强度在特定窗口发生的次数。

本章取 5×5 的窗口大小,结果以 ROC 曲线的形式如图 22 - 13、22 - 14、22 - 15 所示,并以表格形式如表 22 - 1、22 - 2、22 - 3 所示。

使用 Hanman Filter(Sayeed & Hanmandlu,2016)进行特征提取:

表 22 - 1 指关节性能一览表

样　本	识别率
左关节	91%
右关节	92%
左中关节	91%
右中关节	86%

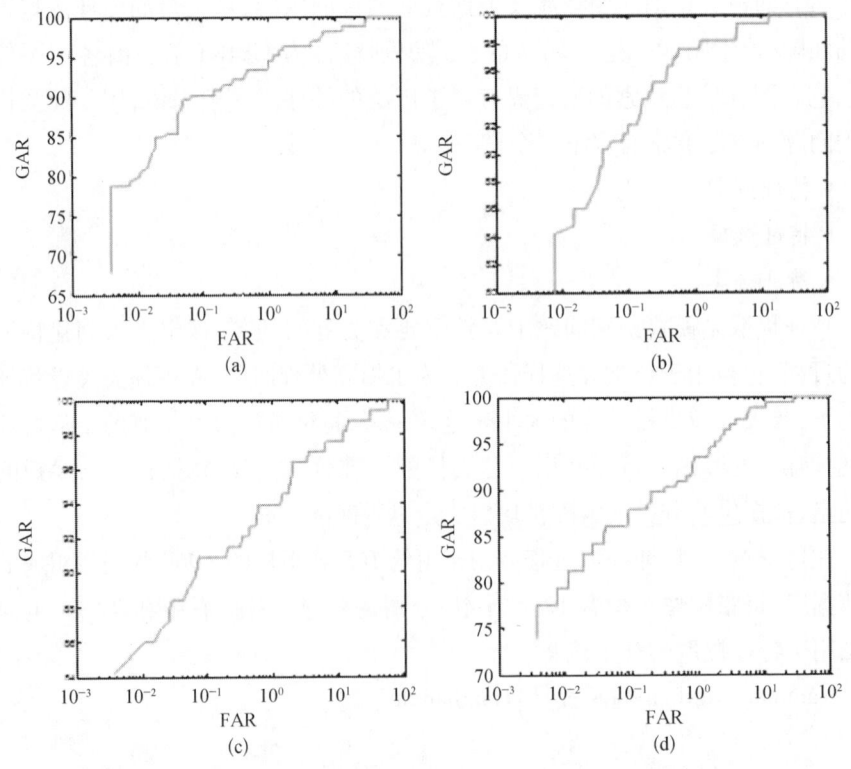

图 22 - 13 (a) 左键 (b) 右中 (c) 右键 (d) 左中的 ROC

$$f(x) = \mu_{ij} * I(i,j) * \cos(2\pi/v) \qquad (2)$$

$$\mu_{ij}(s) = e^{-\left[\frac{I(i,j) - I_{avg}}{s * f_{ref}}\right]^2} \qquad (3)$$

表 22-2　指关节性能一览表

样　本	识别率
左关节	87%
右关节	85%
左中关节	90.5%
右中关节	87%

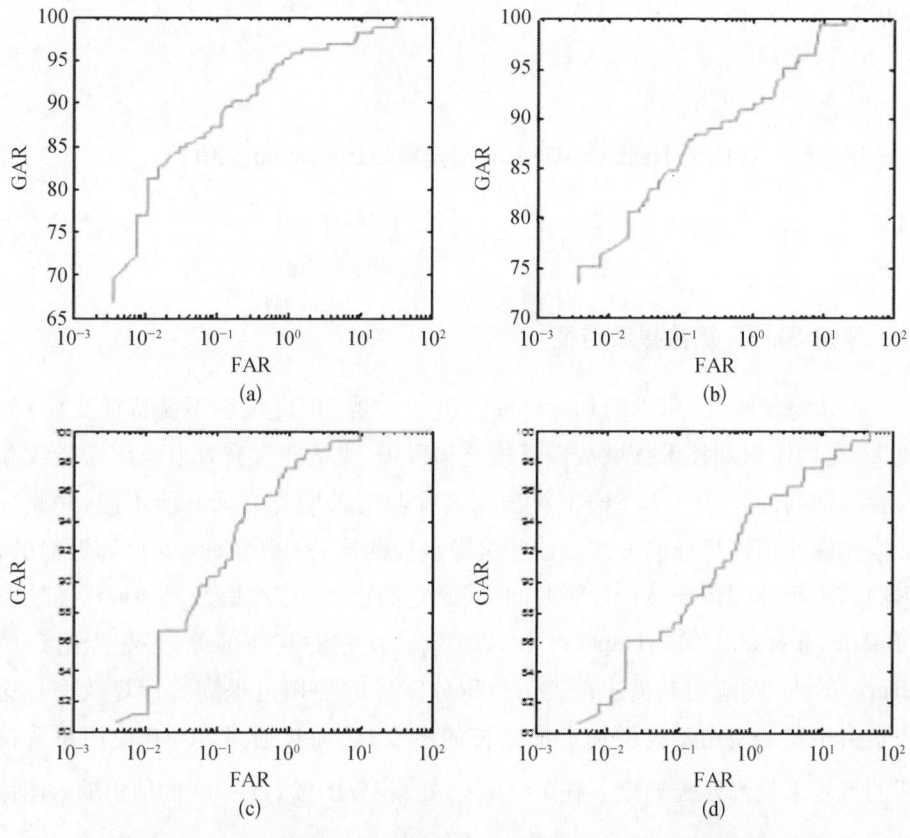

图 22-14　(a) 左键　(b) 左中　(c) 右中　(d) 右键的 ROC 曲线

u = 1, 2, 3
s = 0.4, 0.6, 0.8, 1.0
v = 1, 2, 3, 4

使用 Hanman 滤波器进行特征提取的另一种变化显示为(Sayeed & Hanmandlu, 2016):

$$f(x) = \mu_{ij} * I(i,j) * \cos\left(\frac{2\pi}{v}\right) * f_{ij}(s,u) \tag{4}$$

$$\mu_{ij}(s) = e^{-\left[\frac{I(i,j)-I_{avg}}{s*f_{ref}}\right]^2} \tag{5}$$

$$f_{i,j}(s,u) = f_u^{[(I(i,j)-I_{avg})/2^8]} \tag{6}$$

$$f_u = \frac{f_{max}}{2^{u/2}} \tag{7}$$

u = 1, 2, 3
s = 0.4, 0.6, 0.8, 1

用于特征提取的 Hanman-Anirban 熵函数(Hanmandlu, 2011):

$$\sum_{1}^{k} g(k) * e^{-\left[\left(\frac{g(k)}{n^3}\right)*h(k)\right]} \tag{8}$$

使用 SURF 算法提取特征

加速稳健特征(SURF)(Le-Qing, 2011),是 SIFT(尺度不变特征变换)的改进,在物体识别技术领域被广泛接受和采用,也被非常有效地应用于指纹和人脸识别问题。SIFT 和 SURF 算法在其检测的关键点方面有所不同,并删除了描述和使用该特征的方式。这些关键点检测器是基于 Hessian 矩阵近似的,它们利用积分图像来减少计算时间,因此它们也被称为"快速 Hessian"描述器(Badrinath et al., 2011; Gupta et al., 2013)。在它的其他部分,兴趣点附近的 Haar-wavelet 响应由其描述符表示。积分图像的使用也提高了计算效率。这些索引步骤的使用不仅增加了描述符的不变性,而且通过 SURF 使用拉普拉斯的符号来提高匹配速度。在 $x=(x,y)$ 处,积分图像 $I\sum(x)$ 的值由输入图像 I 的点 x 生成的区域表示,以矩形形式表示原点周围像素的总和。$I\sum(x)$ 的计算只需要四个步骤的加法，这是图像的强度之和。左中节形态的匹配精度仅为 20%。

表 22-3 指关节性能一览表

样　本	识别率
左指关节	56%
右指关节	64%
左中指关节	58%
右中指关节	66%

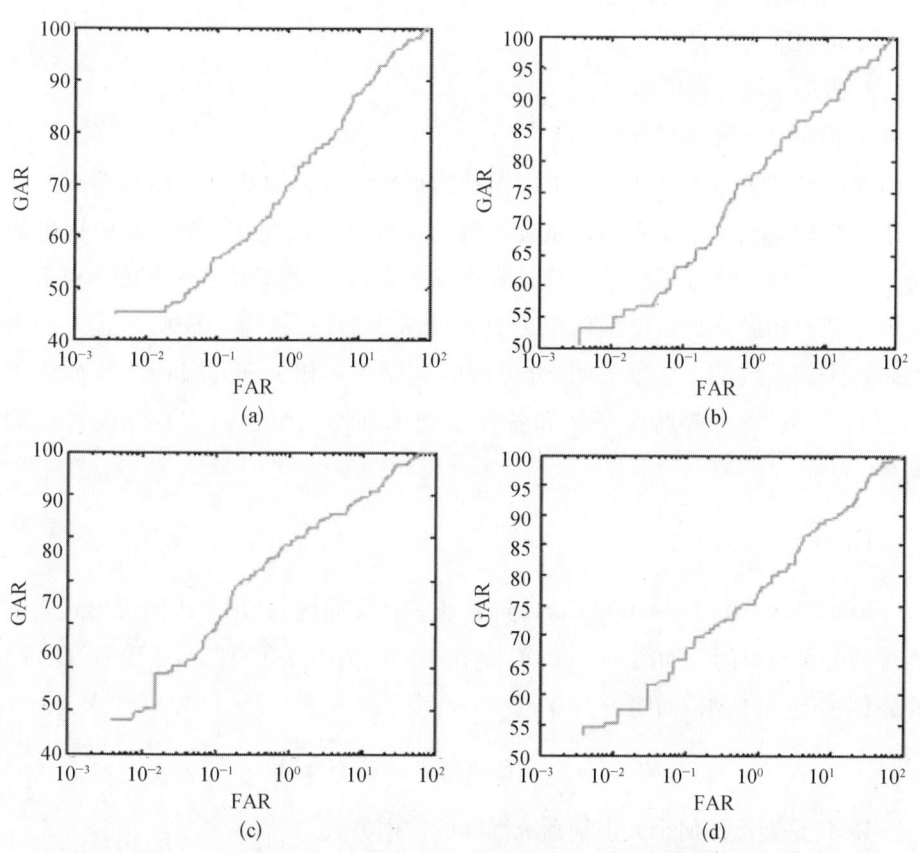

图 22-15 (a) 左键 (b) 左中 (c) 右键 (d) 右中的 ROC 曲线图示

特征的选择

特征的选择与特征提取同样重要,是根据一定的相关性、信息、选择标准和相互信息从特征集中选择最有用或相关的特征,以过滤掉不重要的和多余的特征。专门的分类器如嵌入或包裹方法可被用于实现特征选择和对数据集的分类。特征减少或选择也是通过选择原始变量的子集来减少特征维度。对于特征选择,变量子集选择或属性选择以建立稳健的学习方法,机器学习和统计方法在文献中被广泛使用。这些特征选择技术也被用于生物学领域,该过程被称为判别性基因选择。只有基于 DNA 微阵列实验的有影响力的基因才会被这种选择所检测。通过以下方法去除最多余的和不相关的特征,学习模型的性能得到了提高:

1. 消除维度效应的诅咒。
2. 增强能力的概括性。
3. 提高学习过程的速度。
4. 提高模型解释能力。

使用监督学习来设计基于生物识别的识别系统需要特征选择和缩减。在基于生物识别技术的个人认证系统领域的现有研究并没有评估文献中提出的特征的重要性。特征子集的选择过程有助于定位以及去除存在的冗余和不相关的特征。稍微降低特征集的维度有助于减少假设,这对于成功部署人的识别系统是最关键的。文献表明,分类性能会受到不相关和冗余训练特征的不利影响。这就是选择特征子集和各种生物识别模式组合的实验性能背后的动机。

ROC

ROC(Receiver Operating Curve)(接收者操作曲线)是用来以图形形式表示匹配或分类结果的。如图所示,ROC 是在不同阈值(η)下的真实接受率(GAR)和错误接受率(FAR)的图表。

$$ROC(\eta) = (FAR(\eta), GAR(\eta)) \tag{9}$$

ROC 是展示任何个人识别系统性能的常用方式。

真实接受率(GAR)是 1 - False Rejection Rate (FRR)。FRR 是指合法用户

被生物识别系统接受的概率。FRR 和 FAR 都被称为错误率,是阈值(η)的函数。这些错误率用假说来解释为

H_0: I≠T,模板和验证特征不是来自同一个手指。

H_1: I=T,模板和验证特征来自同一个手指。

与每个假设相关的决定给出如下:

D_1 匹配,D_0 不匹配。

假设 H_0 也被称为零假设,其结果是输入图像(I)的特征与模板图像(T)的特征不匹配。在此零假设中,相似度评分 S(I, T)低于阈值(η)。然后我们决定 D_0(拒绝),否则就必须做出 D_1(接受)决定。基于生物识别技术的识别系统中的匹配过程容易出现两类错误,基于假设检验的表述是:

$$Type1: Falsematch(if\ H_0\ is\ true then\ D_0\ is\ decided).$$

$$Type2: Falsenon-match(if\ H_1\ is\ true then\ D_1\ is\ decided).$$

因此,从上述错误中,第 1 类错误的概率用 FAR(假接受率)表示(即接受 H_0.n 冒名顶替用户),第 2 类错误的概率用 FRR(假拒绝率)表示(即拒绝 H_0.n 正名用户)。第三种类型的错误也常用于介绍 ROC,即平等错误率(EER),定义为(η).的值,在这个值上,两个错误率(FRR=FAR)是相等的。

实验结果和结论

实验结果

实验在 Intel core i5 上进行,使用 MATLAB 7.12 版本和 Windows 7。匹配是通过比较每张图像提取的特征和数据集的所有其他图像的特征来进行的,在我们的实验中使用了不同的类别的 660 张(165×4)图像和数据库中的3 960 张(660×6)图像用于计算 FAR 和 FRR。我们观察到真实匹配和错误匹配的总数分别为 23 760 和 828 920。匹配阈值(η)的选择将控制匹配率。我们为每个手指绘制了所有可能的阈值的错误接受率(FAR)和真实接受率(GAR)的图表,并称为接收操作特性(ROC)曲线。这个 ROC 图表显示了生物识别系统的性能。表 22-5 显示了使用不同特征提取函数对不同模式的识别率的详细结果。

表 22-4 特征函数及其各自的匹配精度一览表

特 征 函 数	样 本	匹配度
$\sum_{1}^{k} h(k) \times g(k) \times e^{-[g(k)/n^3]}$	左指关节	91%
	右指关节	92%
	左中指关节	91%
	右中指关节	86%
$f(x) = \mu_{ij} \times I(i,j) \times \cos\left(\frac{2\pi}{v}\right) \times f_{ij}(s,u)$	左指关节	87%
	右指关节	85%
	左中指关节	90.5%
	右中指关节	87%
$f(x) = \mu_{ij} \times I(i,j) \times \cos\left(\frac{2\pi}{v}\right) \times f_{ij}(s,u)$	左指关节	86%
	右指关节	86%
	左中指关节	83.5%
	右中指关节	87.5%
$\sum_{1}^{k} g(k) \times e^{-\left[\left(\frac{g(k)}{n^3}\right) * h(k)\right]}$	左指关节	56%
	右指关节	64%
	左中指关节	58%
	右中指关节	66%

结语

基于手指关节纹(FKP)的认证系统引入了一种新的生物识别特征来进行认证。这些特征使得基于指纹的认证系统具有使用方便、模板尺寸小、识别精度高等优点,能够赢得市场。本章获得的实验结果表明,FKP 有实力成为未来具有高精确度和高效率的生物识别技术。基于信息理论的特征提取函数被用来将图像的丰富内容转化为特征提取。挑选出最具鉴别力的特征,从而创建了一个特征向量,用于分类任务,以提高匹配精度并改善时间的复杂性。

实验是在香港理工大学设计和开发的 FKP 数据集上进行的,该数据集包含由他们设计的设备捕获的 7 960 张图像。在四个功能中，特征提取是最有鉴别力的而且表现得更好。其他特征也可以被用来提高匹配的准确性，指关节指纹作为一些重要的生物特征用于身份认证。

参考文献

Alling, A., Powers, N. R., & Soyata, T. (2016). Face recognition: A tutorial on computational aspects. In *Emerging Research Surrounding Power Consumption and Performance Issues in Utility Computing* (pp. 405–425). IGI Global. doi:10.4018/978-1-4666-8853-7.ch020

Badrinath, G. S., Nigam, A., & Gupta, P. (2011, November). An efficient finger-knuckle-print based recognition system fusing sift and surf matching scores. In *International Conference on Information and Communications Security* (pp. 374-387). Springer. 10.1007/978-3-642-25243-3_30

Bharadi, V. A. (2012). Texture Feature Extraction for Biometric Authentication using Partitioned Complex Planes in Transform Domain. *Proceedings of the International Conference & Workshop on Emerging Trends in Technology.*

Borgen, H., Bours, P., & Wolthusen, S. D. (2008, August). Visible-spectrum biometric retina recognition. In *Intelligent Information Hiding and Multimedia Signal Processing, 2008. IIHMSP'08 International Conference on* (pp. 1056-1062). IEEE. 10.1109/IIH-MSP.2008.345

Ferrer, M. A., Travieso, C. M., & Alonso, J. B. (2006). Using hand knuckle texture for biometric identification. *IEEE Aerospace and Electronic Systems Magazine*, *21*(6), 23–27. doi:10.1109/MAES.2006.1662005

Grover, J., & Hanmandlu, M. (2017). Personal identification using the rank level fusion of finger-knuckle-prints. *Pattern Recognition and Image Analysis*, *27*(1), 82–93. doi:10.1134/S1054661817010059

Gupta, J. P., Singh, N., Dixit, P., Semwal, V. B., & Dubey, S. R. (2013). Human activity recognition using gait pattern. *International Journal of Computer Vision and Image Processing*, *3*(3), 31–53. doi:10.4018/ijcvip.2013070103

Hanmandlu, M. (2011). Information sets and information processing. *Defence Science Journal*, *61*(5), 405. doi:10.14429/dsj.61.1192

Huang, Y. P., Luo, S. W., & Chen, E. Y. (2002). An efficient iris recognition system. In *Machine Learning and Cybernetics, 2002. Proceedings. 2002 International Conference on* (Vol. 1, pp. 450-454). IEEE.

Jain, A. K., & Li, S. Z. (2011). *Handbook of face recognition*. New York: Springer.

Jain, A. K., Ross, A., & Prabhakar, S. (2004). An introduction to biometric recognition. *IEEE Transactions on Circuits and Systems for Video Technology*, *14*(1), 4–20. doi:10.1109/TCSVT.2003.818349

Jing, X., Li, W., Lan, C., Yao, Y., Cheng, X., & Han, L. (2011, November). Orthogonal complex locality preserving projections based on image space metric for finger-knuckle-print recognition. In *Hand-Based Biometrics (ICHB), 2011 International Conference on* (pp. 1-6). IEEE.

Kumar, A., & Prathyusha, K. V. (2009). Personal authentication using hand vein triangulation and knuckle shape. *IEEE Transactions on Image Processing*, *18*(9), 2127–2136. doi:10.1109/TIP.2009.2023153 PMID:19447728

Kumar, A., & Ravikanth, C. (2009). Personal authentication using finger knuckle surface. *IEEE Transactions on Information Forensics and Security*, *4*(1), 98–110. doi:10.1109/TIFS.2008.2011089

Kumar, A., & Zhang, D. (2005, July). Biometric recognition using feature selection and combination. In *International Conference on Audio-and Video-Based Biometric Person Authentication* (pp. 813-822). Springer Berlin Heidelberg. 10.1007/11527923_85

Kumar, A., & Zhou, Y. (2009). Personal identification using finger knuckle orientation features. *Electronics Letters*, *45*(20), 1023–1025. doi:10.1049/el.2009.1435

Kumar, A., & Zhou, Y. (2009, September). Human identification using knuckle codes. In *Biometrics: Theory, Applications, and Systems, 2009. BTAS'09. IEEE 3rd International Conference on* (pp. 1-6). IEEE.

Kumar, R. (2017). Fingerprint matching using rotational invariant orientation local binary pattern descriptor and machine learning techniques. *International Journal of Computer Vision and Image Processing*, *7*(4), 51–67. doi:10.4018/IJCVIP.2017100105

Kumar, R. (2017). Hand Image Biometric Based Personal Authentication System. In *Intelligent Techniques in Signal Processing for Multimedia Security* (pp. 201–226). Springer International Publishing. doi:10.1007/978-3-319-44790-2_10

Kumar, R., Chandra, P., & Hanmandlu, M. (2012a). Fingerprint matching based on orientation feature. *Advanced Materials Research*, *403*, 888–894.

Kumar, R., Chandra, P., & Hanmandlu, M. (2012c). Statistical descriptors for fingerprint matching. *International Journal of Computers and Applications*, *59*(16).

Kumar, R., Chandra, P., & Hanmandlu, M. (2013a). *Fingerprint matching based on texture feature. In Mobile communication and power engineering* (pp. 86–91). Berlin: Springer. doi:10.1007/978-3-642-35864-7_12

Kumar, R., Chandra, P., & Hanmandlu, M. (2013b, December). Fingerprint matching using rotational invariant image based descriptor and machine learning techniques. In *Emerging Trends in Engineering and Technology (ICETET), 2013 6th International Conference on* (pp. 13-18). IEEE.

Kumar, R., Chandra, P., & Hanmandlu, M. (2013c, December). Local directional pattern (LDP) based fingerprint matching using SLFNN. In *Image Information Processing (ICIIP), 2013 IEEE Second International Conference on* (pp. 493-498). IEEE.

Kumar, R., Chandra, P., & Hanmandlu, M. (2014a). Rotational invariant fingerprint matching using local directional descriptors. *International Journal of Computational Intelligence Studies*, *3*(4), 292–319. doi:10.1504/IJCISTUDIES.2014.067032

Kumar, R., Chandra, P., & Hanmandlu, M. (2016). A Robust Fingerprint Matching System Using Orientation Features. *Journal of Information Processing Systems*, *12*(1), 83-99.

Kumar, R., Chandra, P., & Hanmandlu, M. (2012b). Fingerprint singular point detection using orientation field reliability. *Advanced Materials Research*, *403*, 4499–4506.

Kumar, R., Hanmandlu, M., & Chandra, P. (2014b). An empirical evaluation of rotation invariance of LDP feature for fingerprint matching using neural networks. *International Journal of Computational Vision and Robotics*, *4*(4), 330–348. doi:10.1504/IJCVR.2014.065569

Le-Qing, Z. (2011, July). Finger knuckle print recognition based on SURF algorithm. In *Fuzzy Systems and Knowledge Discovery (FSKD), 2011 Eighth International Conference on* (Vol. 3, pp. 1879-1883). IEEE.

Maltoni, D., Maio, D., Jain, A., & Prabhakar, S. (2009). *Handbook of fingerprint recognition*. Springer Science & Business Media. doi:10.1007/978-1-84882-254-2

Matallah, H., Belalem, G., & Bouamrane, K. (2017). Towards a New Model of Storage and Access to Data in Big Data and Cloud Computing. *International Journal of Ambient Computing and Intelligence*, *8*(4), 31–44. doi:10.4018/IJACI.2017100103

Morales, A., Travieso, C. M., Ferrer, M. A., & Alonso, J. B. (2011). Improved finger-knuckle-print authentication based on orientation enhancement. *Electronics Letters*, *47*(6), 380–381. doi:10.1049/el.2011.0156

Rabiner, L. R., & Juang, B. H. (1993). *Fundamentals of speech recognition*. Academic Press.

Ravikanth, C., & Kumar, A. (2007, June). Biometric authentication using finger-back surface. In *Computer Vision and Pattern Recognition, 2007. CVPR'07. IEEE Conference on* (pp. 1-6). IEEE.

Seto, Y. (2015). Retina recognition. Encyclopedia of biometrics, 1321-1323. doi:10.1007/978-1-4899-7488-4_132

Shariatmadar, Z. S., & Faez, K. (2011, November). An efficient method for finger-knuckle-print recognition by using the information fusion at different levels. In *Hand-Based Biometrics (ICHB), 2011 International Conference on* (pp. 1-6). IEEE.

Usha, K., & Ezhilarasan, M. (2016). Personal recognition using finger knuckle shape oriented features and texture analysis. *Journal of King Saud University-Computer and Information Sciences*, *28*(4), 416–431. doi:10.1016/j.jksuci.2015.02.004

Wang, Y., Wang, Y., & Tan, T. (2004). Combining fingerprint and voiceprint biometrics for identity verification: an experimental comparison. *Biometric Authentication*, 289-294.

Woodard, D. L., & Flynn, P. J. (2005). Finger surface as a biometric identifier. *Computer Vision and Image Understanding*, *100*(3), 357–384.

Sayeed, F., & Hanmandlu, M. (2016). Three information set-based feature types for the recognition of faces. *Signal, Image and Video Processing*, *10*(2), 327–334.

Xiong, M., Yang, W., & Sun, C. (2011, May). Finger-knuckle-print recognition using LGBP. In *International Symposium on Neural Networks* (pp. 270-277). Springer Berlin Heidelberg.

Yang, W., Sun, C., & Sun, Z. (2011, July). Finger-knuckle-print recognition using gabor feature and olda. *In Control Conference (CCC), 2011 30th Chinese* (pp. 2975-2978). IEEE.

Yang, W., Wang, X., Song, X., Yang, Y., & Patnaik, S. (2018). Design of Intelligent Transportation System Supported by New Generation Wireless Communication Technology. [IJACI]. *International Journal of Ambient Computing and Intelligence*, *9*(1), 78–94. doi:10.4018/IJACI.2018010105

Zhang, L., Zhang, L., & Zhang, D. (2009). Finger-knuckle-print verification based on band-limited phase-only correlation. In Computer analysis of images and patterns (pp. 141-148). Springer Berlin/Heidelberg.

Zhang, L., Zhang, L., & Zhang, D. (2009, November). Finger-knuckle-print: a new biometric identifier. In *Image Processing (ICIP), 2009 16th IEEE International Conference on* (pp. 1981-1984). IEEE.

Zhang, L., Zhang, L., & Zhang, D. (2010, August). Monogeniccode: A novel fast feature coding algorithm with applications to finger-knuckle-print recognition. In *Emerging Techniques and Challenges for Hand-Based Biometrics (ETCHB), 2010 International Workshop on* (pp. 1-4). IEEE.

Zhang, L., Zhang, L., Zhang, D., & Zhu, H. (2010). Online finger-knuckle-print verification for personal authentication. *Pattern Recognition*, *43*(7), 2560–2571. doi:10.1016/j.patcog.2010.01.020

Zhang, L., Zhang, L., Zhang, D., & Zhu, H. (2011). Ensemble of local and global information for finger–knuckle-print recognition. *Pattern Recognition, 44*(9), 1990–1998. doi:10.1016/j.patcog.2010.06.007

Zhou, X. S., Cohen, I., Tian, Q., & Huang, T. S. (2000). Feature extraction and selection for image retrieval. *Urbana (Caracas, Venezuela), 51*, 61801.